U0688687

背影渐远犹低徊

清北民国大先生

李杰 韩宁 著

中国文史出版社
CHINA CULTURAL AND HISTORICAL PRESS

图书在版编目（CIP）数据

背影渐远犹低徊：清北民国大先生 / 李杰, 韩宁著
. -- 北京：中国文史出版社, 2024.5

ISBN 978-7-5205-4663-8

Ⅰ.①背… Ⅱ.①李…②韩… Ⅲ.①科学工作者—
列传—中国—近现代 Ⅳ.①K820.5

中国国家版本馆CIP数据核字(2024)第089325号

责任编辑：卜伟欣

出版发行：中国文史出版社
社　　址：北京市海淀区西八里庄路69号院　　邮编：100142
电　　话：010—81136606　81136602　81136603（发行部）
传　　真：010—81136655
印　　装：廊坊市海涛印刷有限公司
经　　销：全国新华书店
开　　本：16开
印　　张：35.75
字　　数：518千
版　　次：2025年3月北京第1版
印　　次：2025年3月第1次印刷
定　　价：88.00元

文史版图书，版权所有，侵权必究。
文史版图书，印装错误可与发行部联系退换。

序　言

　　19世纪60年代开启的洋务运动拉开了中国近代教育的序幕。自此，北京大学与清华大学成为我国高等教育宝塔上两颗最为璀璨的明珠。在中国的教育史上，北大与清华两所大学不仅承担了中华五千年文明传承的任务，而且成为旧民主主义革命与新民主主义革命思想宣传的主阵地，同时也为新中国的社会主义建设培养了众多的人才。

　　2021年2月，电视剧《觉醒年代》在CCTV-1综合频道播出后，社会主义思想在中国的传播历程得到了全社会的普遍关注，在这个思想碰撞、思想传播的过程中，北京大学与清华大学的师生无疑起到了重大的作用。本书精选了曾经在北京大学、清华大学学习、工作过并且在各自领域对中国革命建设有重大影响力的三十六位著名学者，范围包括思想政治、中国传统文化、教育、物理、数学、建筑、地质、逻辑等学科，对他们的家庭背景、少年教育、思想成长、研究领域、学术成就、家庭生活等在尊重历史的基础上，按照时间顺序进行了简要介绍。为了提升本书读者的阅读感受，在人物与历史事件的描写过程中，进行了相关的历史背景介绍，丰富了读者的阅读内容。在本书的撰写过程中，突出了历史性、知识性、文学性与趣味性的结合。

　　司马迁用《诗经》中的一句话——"高山仰止，景行行止"来表达对孔子的崇敬之情，并且说"虽不能至，心向往之"，这两句话用来描述我对民国大师如"滔滔江水，延绵不绝"的崇拜之情也非常合适，他们是我，我相信也是很多中国知识分子心中永远的精神偶像。

　　民国大师群体的产生有其历史必然，这与中国历史上的文化复兴多发生在朝代交替，多种文化冲突和交融时（如战国时代、魏晋时期、隋唐之际、两宋之时），有类似的规律特点，在某种程度上，可以说

民国学术风潮的兴起是中国的又一次文化复兴，而中华民族的文化正是在这无数次血与火的洗礼中不断顽强发展和壮大的。

这部书最大的特点是用极短的篇幅对现代中国学术思想的摇篮——民国时期的北京大学、清华大学的三十六位学术大师进行了全景式扫描，虽然简略，但难得的是对传记人物的思想精髓和人生经历的闪光点几乎都做到了准确的捕捉，我们看到的不是完整的人物传记，而是每个人物的历史定格。把大师们跌宕起伏的戏剧人生浓缩在一本书内，更便于翻阅、检索和记忆，这就是我写这部书的意义所在吧。

我尽力去抓取大师们身上的闪光点，如在写国学大师刘文典时，借其学生描述刘文典先生的样子是："他的长衫特别长，扫地而行。像辛亥革命以前中国妇女所穿的裙子一样，不准看到脚，走路不能踩到裙边，只得轻轻慢移'莲步'。他偶尔也穿皮鞋，既破且脏，从不擦油。"这会给人以强烈的画面感，让我们的脑海里深深刻上了一个拘谨、刻板甚至有一点迂腐的学究印象。

这本书里我刻意对民国大师们充满个性的记述还是很多的，而正是因为如此，我们才觉得大师们是食人间烟火的优秀的卓越的普通人，而不是神坛上除了让人敬畏而其他无感的偶像。

在民国大师的思想呈现方面，我也尽力去抓了每个人物的精魂所在，如钱玄同先生认为，"教育是教人研究真理的，不是教人做古人的奴隶的；教育是教人高尚人格的，不是教人干禄的；教育是改良社会的，不是迎合社会的"；此外，1932年5月李四光应邀到武汉出席武汉大学新校舍落成典礼，毕业纪念刊的编辑们希望李四光为纪念刊题词，他拿起笔墨写下了两行大字："用创造的精神和科学的方法求人生的出路。"还有，我们都知道辜鸿铭是彻底的保皇派，但1903年湖广总督张之洞为慈禧皇太后六十八岁寿辰举行隆重大典，在一片欢乐的气氛中，辜鸿铭却不合时宜地一字一句大念起："天子万岁，百姓花钱，万寿无疆，百姓遭殃。"他敢骂慈禧，也敢当面骂袁世凯。他还说过一句名言："所谓的银行家，就是晴天千方百计把伞借给你，雨天又凶巴巴地把伞收回去的那种人。"很显然，这句话也适用于今天的社会现实生活。从中我们不难看出，辜鸿铭先生虽然是守旧派知

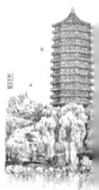

识分子，但他心系民生和家国的热忱之心不输于任何人。也正是他在蔡元培辞去北大校长之时，仗义执言，发出了"校长是我们的皇帝，所以非得挽留不可"的呼声。

魏晋诗人嵇康总结魏晋时的世风是"越名教而任自然"，这句话用在都是性情中人的民国大师们身上也很贴切，我根据我多年积累和查找的资料，尽力呈现大师们的真性情。沈从文先生为了追求张兆和，给她的第一封情书就一行字："我不知为什么忽然爱上你？"就这一句话，让我突然就爱上了我平时不怎么感冒的沈从文，当沈从文写下"我行过许多地方的桥，看过许多次的云，喝过许多种类的酒，却只爱过一个正当最好年龄的人"，这种今天看起来傻得可爱的浪漫一下子就攫住了读者的心。此外，"狂人"黄侃在刘师培死前，为了不让刘师培带着"吾家四世传经，不意及身而斩"的遗憾离世，而向他正式拜师——其实两人年纪、学问相差不大——的情节；还有金岳霖先生不避嫌，专门与梁思成和自己倾慕一生的林徽因作邻居，还亲自养鸡下蛋给林徽因补充营养，这些真性情的流露，无不让我们扼腕和动容。

本书选取的三十六位民国大师，政治立场或有不同，私德品行上或不完美，但无一例外在民族大义上都不含糊。卢沟桥事变后，鲁迅的弟弟周作人以"家中还有老小"为托词不来西南联大而投靠了日本人，刘文典先生气愤地对周作人大骂。他的亲弟弟刘管廷本也投靠了日伪政府，刘文典得知后极为愤怒，与弟弟断绝关系，将他逐出家门。刘文典曾留学日本，非常精通日语，日本人为逼他就范，两次派宪兵抄了他的家，刘文典与夫人张秋华安坐在椅子上，"身穿袈裟，昂首抽烟，怒目而视，以示抗议"。日本人问他话，刘文典一言不发，翻译官责问他为什么对太君的问话一言不答，他怒道："我以发夷声为耻！"陈寅恪先生在被困香港期间，食物严重短缺，但他和夫人宁愿饿死，坚决不吃日本人的米面，拒绝为日本人修订历史教科书。大师之所以是大师，除了高山仰止的学术成就，更体现在正义凛然的气节上。

最后，让我们借用书中钱穆先生的学生余英时评价钱穆所说的话——"胡适是个受到他那个时代限制的学者，只管领一代风骚，但钱先生却不会限于时代格局而褪色，时间愈久愈能看出他的价值……

将来中国文化还未灭绝，就会有人认识他不朽的一面"——同样，我们说，民国大师们的学识、风骨、气节、个性，不会限于时代格局而褪色，时间愈久愈能看出其价值，他们已经成为我们文化的一部分，而将永远沉淀在我们的文化血液里。

李杰

2023 年 11 月 27 日

目录

孙家鼐

状元帝师，中国第一校长

文星降寿州

1827 年 4 月 7 日，即清道光七年三月十二日，午时，"祥瑞之光"笼罩着寿州古城（今安徽省淮南市寿县），百姓都说九天之上的文曲星下凡降落到了寿州古城北大街东侧、三步两桥以西的孙家老宅里。这个将被叫作孙家鼐的男孩的诞生，不但将给寿州孙氏家族带来不尽荣耀，也将为未来的中国教育历史增添无限光彩。

孙姓是寿州当地的名门望族，孙家祖先自来到寿州安家落户以来，诗礼传家，耕读为本，逐步兴旺发达，在当地被称作"孙半城"，是没有第二家能比的大姓。早在乾隆年间，寿州就有"南孙北刘"两大当铺之说，南孙即指孙蟠（从辈分上论是孙家鼐太爷爷）。这位孙家先祖是一位非同寻常的人物，可谓官场、商场、学术多头发展、齐头并进。在官场上，孙蟠头冠二品顶戴，官至浙江按察使，为按察使加二级（即享受在按察使官品上加二级的待遇，官秩由原来的正三品增二级为正二品，但只是待遇提高，官级不变）；在商场上，他在寿州城关开办了"石舟当铺"（孙蟠号石舟），重信誉，轻谋利，信守"君子爱财，取之有道"，绝不重利盘剥，欺诈乡亲。孙蟠还经常用所获财利，用作赈灾、助学、修桥、补路等社会慈善事业和公益活动，获得清王朝嘉奖，颁给"盛世醇良"匾额。在学术上，孙蟠著有《群经析疑》《读书十八则》《十洲诗文抄》（孙蟠字十洲）《南游记程》《浪游凄响》《旅窗晴课》《乐老堂百廿寿印谱》等书，可惜这些著作多已散佚。

孙家良好的家风以及对后代人才培养的重视，使得孙家人才辈出，"状元帝师"、中国第一校长孙家鼐，就是其中的佼佼者。

孙家鼐可以说是一个含着金汤匙出生的婴儿。家人的关爱，为其提供了良好的成长环境。当时已经七十五岁的爷爷孙克伟与七十七岁的奶奶方氏听到三儿子崇祖家又为他们添了一个孙子——这是崇祖家第五个男孩了——的时刻，老两口喜出望外，拄着拐杖，相互搀扶，急匆匆地来到老三家里，此时，那些"十四房"的奶奶、伯娘、婶子、大姐、大嫂们闻讯，已经抢先一步赶到这里，屋里屋外站满了前来道喜的人。这个天庭饱满、地阁方圆、白白嫩嫩的孩子得到了全家人的喜爱（《帝师家族》系列之一——

孙家鼐的状元之路）。

孙家鼐是家中最小的儿子，大哥孙家泽年长他十三岁，二哥孙家铎年长十一岁，三哥孙家怿年长六岁，四哥孙家丞年长两岁，另外，他上面还有三个姐姐。一群哥哥姐姐对多了的这个小弟弟，都十分喜欢，时常帮助母亲照看他。到了孙家鼐两三岁时，母亲和哥哥、姐姐们便教他识字、写字、背诵诗词，他聪明伶俐，领悟力极强（《帝师家族》系列之一——孙家鼐的状元之路）。

孙家鼐的父亲孙崇祖，本职工作就是从事教育事业，孙家鼐出生时，孙崇祖正在池州府（位于长江下游南岸，辖区大致相当于今日安徽省的池州市及铜陵市）任教谕（学官名，元、明、清三朝，县学亦置教谕，掌文庙祭祀，教育所属生员）。孙崇祖每次探亲休假期间，把心思几乎全放到了孩子们的学习上，而且管理严格，哪个孩子学习不用功，作业疲沓，就罚谁写字、背书，或面壁思过。在孙崇祖的书房里，有其亲自撰书的一副对联：

光阴迅速，纵终日读书习字能得几多，恐至老无闻，趁此时埋头用功；

事世艰难，即寻常吃饭穿衣谈何容易，惟将勤补拙，免他年仰面求人。

孙家鼐的母亲林氏的娘家是距寿州二百里地的怀远县（今安徽省蚌埠市怀远县）的大户，林父是个廪贡生，属当地士绅，家道殷实，所以林家也算是书香门第。林小姐从小受到家庭的良好教育，知书达理、聪慧干练。年长丈夫三岁的她结婚后勤俭持家、教子有方。她经常以竹子的生长道理教育孩子们，成功没有捷径，只有从小打下坚实的基础，长大后方可成为栋梁之材。在家里，林氏把督促子女读书学习，作为生活中的头等大事。她除了经常恭敬地向私塾先生了解孩子们的学习情况外，还时常抽查、提问和辅导孩子们学习，严格督促落实孩子们的学习任务。她的"朝内无人莫做官，家门无官莫经商"的思想，把"学而优则仕"的观念融入子女成长、成才的奋斗道路。得益于林氏严厉的家规约束和激励，孙氏兄弟五人最终"一门三进士，五子四登科"。

1833 年（道光十三年），孙家鼐六岁，进入私塾学习，此时的他已经从父母和哥哥、姐姐那里学习和掌握了《三字经》、《百家姓》、"四书"、"五经"、"唐诗"、"宋词"等国学经典中的许多基本内容，良好的学

习基础使得私塾先生对孙家鼐刮目相看。

1838 年（道光十八年）至 1842 年（道光二十二年）发生的几件事情对于少年时代孙家鼐的成长产生了巨大的影响。这几年里，他的大哥、二哥先后考中进士，入朝为官，走上仕途，实现父母所期望的人生奋斗目标。这也成为孙家鼐发奋学习的动力。

据《寿州孙氏族谱》记载：孙家鼐的大哥孙家泽，继二十一岁时考中举人后，二十四岁时（1838 年）又一举高中进士，后任职于国史馆，成了一名京官。就在第二年，二哥孙家铎二十四岁，也考中举人，并于二十六岁时（1842 年），也考中进士，不久被朝廷任命为江西省彭泽县知县，成为朝廷命官。两位哥哥的成功，使得弟弟孙家鼐深受鼓舞，进一步坚定了他发奋读书，坚持走科举之路的决心和信心。

1843 年（道光二十三年），孙家鼐十六岁，成为庠生（明清科举制度中府、州、县学生员的别称），受知于学使（学政，是提督学政的简称，三品衙门）李公函，并考取秀才。1845 年（道光二十五年），十八岁的孙家鼐，奉父母之命，媒妁之言，迎娶了怀远县宋氏。婚后的孙家鼐，时常感到自己所确立的愿望与目标还遥遥无期，这是因为在清朝科举制度下，秀才是最低级别的生员，还不够入朝为官的资格。要想入仕为官，必须通过科考，一个台阶、一个台阶地往上爬。此时的孙家鼐，深感心中的压力与肩上的责任巨大。他安于寿州城的家中，一边刻苦攻读，志在厚积薄发，以期夺取功名；一边帮助母亲打理大家庭的事务，同时，还要呵护照料侄儿侄女的成长。

天妒英才，历经坎坷

就在孙家鼐婚后不久，一个坏消息从京城传来：大哥孙家泽身染重病。听到消息后的孙家十分着急，商量后决定让小儿子孙家鼐火速赶到京城，探望病中的孙家泽。孙家鼐星夜兼程到达北京后，一踏进大哥家的院门，顾不上与大哥的家人寒暄，赶紧来到卧室，看到原本英姿焕发、灵动帅气的大哥，如今变得面色蜡黄消瘦，眼窝深陷，头发凌乱，胡须寸长，显得非常赢弱憔悴。眼见此状，孙家鼐不由得心头一酸，紧握着大哥那骨瘦如柴的双手，两行热泪潸然而下。看到自己看着长大的五弟千里迢迢的代表

父母及其他兄弟姐妹来家里看望自己，孙家泽也控制不住自己的情绪，兄弟俩紧紧拥抱，号啕大哭！

宣泄出悲伤的情绪后，孙家鼐向嫂子详细了解了大哥的病状。嫂子说，自从孙家泽生病以来，他们几乎访遍京城名医，但不论怎么变换药方、药材，孙家泽的病情不但不见好转，反而日益加重。哥嫂思来想去，决定铤而走险，请御医来诊治。要知道私请御医不但需要花大价钱，而且还要冒巨大的风险。为了挽救自己心目中的偶像大哥孙家泽的生命，孙家鼐与嫂子几经周折，通过打点关系，在一天夜里，终于把御医请到了家里。乔装打扮的御医，到达孙家泽府上后，一句话也不说，直接至病榻，看相把脉后，草草开了处方就匆匆离开了。孙家鼐与嫂子得到御医开出的药方后如获至宝，第二天一早就迅速赶到药房抓药，并按照御医的吩咐，如法按时煎服。可是一两个月过去了，孙家泽的病情不但未见好转，而且又进一步恶化了。最终，所有人的努力化为泡影，御医的药方也是回天乏力。1846 年（道光二十六年）8 月 14 日，大哥孙家泽英年早逝，撒手西去，年仅三十三岁。

在孙家鼐兄弟五人中，大哥家泽表现是最为优秀的，尤其是在学习上也是最用功、最上进的。孙家泽去世后，就连道光皇帝都感念孙家泽的人品才华，得知寿州孙氏家族一门数代忠于大清，祖上曾捐巨资支持过地方和国家建设，又念及孙家泽身后遗下二位夫人、八个未成年的孩子，深为惋惜和同情，于是，钦赠孙家泽为工部左侍郎，加三级，命令户部照例给予遗属以优待。

大哥孙家泽去世后，孙家鼐一边刻苦攻读，一边承担了照顾嫂子和侄儿侄女的重任。1850 年（道光三十年），二十三岁的孙家鼐成为拔贡；1852 年（咸丰二年），孙家鼐二十五岁时参加顺天府（设于京师之府制，包括现北京地区的行政区划及河北涿州等总共二十四个州县）乡试（是省一级大规模的选拔性考试，是科举考试过程中竞争最为激烈、影响最为深远的一级考试），高中举人（明、清时称乡试考中的人为举人）。自从孙家鼐中举之后，家庭和家乡人都对他再进一步的发展充满了期待，因为他的大哥、二哥都于早年就考取了进士，三哥、四哥也在朝中为官，相比之下，孙家鼐的聪慧和功底远在哥哥们之上。可是现实生活并没有按照孙家鼐的预期设想而进行。在接下来近十年的几次会试中，年轻的孙家鼐却是连考

不中。

关于这一点，寿县（清代时为寿州）坊间一直流传着因为孙家鼐无意间做了一件蠢事，老天罚他背书十年的说法：有一次，孙家鼐随母亲到城东报恩寺进香，在母亲的提议下，家鼐拜过佛，还抽了一根签占卜前程。抽出的签中有这么四句话："代人去捉刀，师爷杀妻小，罚背十年书，才得吉星照。"

后来，在寿州府衙里有一个书办与孙家鼐熟识，多次跟孙家鼐说他妻子很剽悍，经常打骂虐待他，并使其右臂受伤，所以决心要休了她，只是因为自己手受伤，不能提笔，所以请孙家鼐代笔写一纸休书。孙家鼐见那个书办一副可怜巴巴的样子，就动了恻隐之心，未曾多想就按照书办的口述，帮他代写了一纸休书。实际上，那个书办只是用苦肉计实现了休妻阴谋，实际上是另有所爱。后来，他的妻子回到娘家含愤自尽了。娘家人一怒之下告到官府，结果是，该书办受到革职处分，孙家鼐因此也背上了黑锅，冥冥中受到"罚背十年书"的惩罚。

当然，这仅仅是一则故事传说而已，不可当真。事实是，1851年（咸丰元年）初爆发了太平天国运动，此后，淮北捻军起义，寿州程六麻子率众揭竿而起，江淮大地，烽火连天，血流成河，已经没有一个安静的学习会考的环境了。1853年（咸丰三年），洪秀全等率领太平军于三月十九日占领江南重镇江宁（今江苏省南京市），定为都城，改称天京。五月，洪秀全北伐，战火蔓延江淮。此时，太平军越巢湖西进，清军连败，寿春镇总兵恩长战死，太平军攻占正阳关，又东进围攻寿州。1853年春，金光箸调寿州知州。金光箸上任后，为保境安民，率民团积极备战守城。此后几年间，太平军与清军反复争夺正阳关。

1854年（咸丰四年），孙家鼐父亲孙崇祖生病去世，由于孙家鼐的三个哥哥均在外地当官履职，无暇顾及家里，寿州老家只留下老五孙家鼐一人主持。处理完父亲的丧葬之事，家中经济已经到了捉襟见肘的地步，国难家愁全部压在了二十七岁的孙家鼐身上，身为儿子、叔叔、丈夫、父亲的他实在是没有心思去读圣贤之书。到了下半年后，为了养家糊口补贴家用，孙家鼐经人引荐，就到了金光箸府衙里做幕僚，月俸八两，奉命守城和随军征战。

1857 年（咸丰七年）闰五月，捻军攻克正阳，金光箌战死。新任知州上任后，孙家鼐因与新上司相互不熟悉，同时也厌倦了幕僚生涯，于是请辞回到家中。这时的孙家庄园由于战争的破坏与兵匪的掠夺侵占，境况已经不堪想象。由于清军的围剿与太平军的内讧，此时的太平军已露败象，寿州赢来了暂时的安定。为了缓解家庭的经济压力，孙家鼐与母亲商量，变卖了家中财产，换得本钱，在寿州城中做起了生意。

　　由于不善生意之道，不到半年，孙家鼐的买卖就赔了个精光。无奈之下，他写信给正在浙江乐清当知县的四哥孙家丞求援。浙江本是经济富庶之地，而且那个时候浙江还没有受到太平军的影响，于是，孙家鼐便带上老母亲、二嫂、四嫂等家小十几口人，去乐清投奔四哥。但他们好不容易走到了江苏盱眙县，又听说太平天国在浙江那里也闹起了兵祸，而且战事吃紧，于是，全家人停止前往乐清，返回盱眙。

　　就在全家离开盱眙折回寿州的时候，遭到了一帮匪徒的打劫，孙家鼐为了保护嫂子和妻女不受凌辱，就未做反抗，任凭匪徒将随身银两和首饰细软以及值钱的东西全部抢光。失去了路费盘缠，孙家鼐领着全家，靠一路乞讨，回到了寿州城的家里。由于妻子一路劳累和在被抢劫中受到了惊吓，不足月的次子降生了，孙家鼐百感交集，取乳名"履未儿"。然而不幸的是，没过多久，这个小生命就夭折了。

　　1859 年（咸丰九年）春季来临时，因大清政局稍趋稳定，乙未年会试（会试，是中国古代科举制度中的中央考试，因考试在春天举行，故又称"春试"或"春闱"。应考者为各省的举人，录取者称为"贡士"，第一名称为"会元"）在京如期举行。孙家鼐由于在前几年经历了多次不幸所以并不想报名，无奈林太夫人拿出他父亲的遗愿，执意要让他报名去试一试。在林太夫人的再三央求和催促下，孙家鼐为了不让母亲伤心，不得不答应母亲，准备赴京应试。孙家鼐辞别母亲时，郑重表示这将是他最后一次参加会试。

驶入"梦"开始的地方

　　三场会试完毕，孙家鼐回到住所等待消息。阅卷大臣批阅试卷后将拟定的前十名，提供给咸丰皇帝，这些人将参加殿试，而孙家鼐就名列其中。

金殿上，咸丰皇帝以大清国立朝以来的兴盛为题，让考生当场撰写出一副对联。孙家鼐博学机敏，他不但经典义理功底深厚，而且音、韵、诗、对造诣也很高。他即兴发挥，写出的对联是：

亿万年济济绳绳，顺天心，康民意，雍和其体，乾见其行，嘉气遍九州，道统继羲皇舜尧；

二百载绵绵奕奕，治绩昭，熙功茂，正正直直在朝，隆平在野，庆云飞五色，光华照日月星辰。

这副对联既歌颂了清王朝的丰功伟业，又把其两百多年的历史与"顺治""康熙""雍正""乾隆""嘉庆""道光"历代皇帝的年号，一一对应，将其十分巧妙地嵌于对联之中，对仗严密贴切，比喻虽有夸张但不显浮华，虽是歌功颂德但不显谄媚。咸丰帝看后，频频点首、赞不绝口！惊呼："妙！妙！妙！"于是，朱笔提起，钦点孙家鼐为头名状元！

此后的孙家鼐，在官场上一帆风顺。1860 年（咸丰十年），孙家鼐任武英殿总纂（清代官名，负责国史、实录等官修书编纂）；1862 年（同治元年），他任会试同考官；1864 年（同治三年），他任提督湖北学政；1865 年（同治四年），他又任翰林院侍讲；1866 年（同治五年），他任翰林院侍读；1868 年（同治七年），他任上书房（清代皇子读书之处，位于乾清门内东侧南庑，一般派满汉大学士一人或二三人为上书房总师傅，并设汉文师傅若干人，称为"谙达"的满蒙师傅若干人）；1870 年（同治九年），他任侍读学士；1873 年（同治十二年），孙家鼐回籍丁母忧（丁忧：古代官员的父母死去，官员必须停职守制的制度。丁忧一般为三年，在此期间不能为官）。

1875 年 1 月 12 日（同治十四年十二月初五）同治帝驾崩，四岁的光绪继位。从 1876 年开始，光绪皇帝被送到毓庆宫读书，师傅最初是内阁学士翁同龢和兵部侍郎夏同善。后因夏同善奉命视学江苏，1878 年（光绪四年）4 月 1 日，孙家鼐任毓庆宫学习行走（毓庆宫，位于北京故宫内廷东路奉先殿与斋宫之间，康熙年间特为皇太子胤礽所建，雍正以后不再预立皇太子，改为皇子居所，是同治、光绪、宣统三位皇帝的读书处。从光绪朝开始，毓庆宫成为皇帝典学之所，同时出现了负责皇帝典学的毓庆宫行走一职），正式就任光绪帝师。

帝师并不好当。当时光绪皇帝年纪还小，天性好玩，不爱读书，打又不能打，骂又不能骂，别人都拿他没有办法。孙家鼐经过一段时间的摸索，"发明"了一个办法：每天将光绪皇帝的表现记在小册子上，拿给慈禧太后看。慈禧太后对光绪皇帝管束得非常严厉，动辄打骂，所以这位名义上的当时清朝最高统治者在内心深处是十分惧怕那位姨妈兼大妈的实际当权者的。三番五次后，光绪皇帝"变乖"了。孙家鼐的这个办法并没有影响师徒二人的感情，在以后长时期的共处后，光绪皇帝与孙家鼐的关系非常好，形同父子。

1879年3月30日，孙家鼐任内阁学士（内阁学士，清代官职，为内阁大学士的属官，品级从二品，一度兼礼部侍郎衔），兼礼部侍郎；4月2日，他又署工部左侍郎。

从1880年9月至1883年7月，孙家鼐分别担任工部左侍郎兼署吏部左侍郎、兼署礼部左侍郎、礼部右侍郎、兼署吏部右侍郎、户部右侍郎，兼管钱法堂事务，同时署理吏部左侍郎。再加上1887年他出任的兵部右侍郎，孙家鼐把当时六部的副部长当了一遍（侍郎是正二品，是朝廷六部的二把手，一般一部设两名）。

1884年11月至1889年2月，孙家鼐被赐紫禁城骑马（朝臣得赐在紫禁城内骑马，既是皇帝对大臣的恩遇，也是一种荣典）、任顺天乡试复试阅卷大臣、署都察院左都御史、充经筵讲官，后又任吏部右侍郎，并赏头品顶戴。至此。孙家鼐得到了象征荣誉与尊严的各种待遇，并跻身一品大员的行列。

1889年阴历八月至1897年，孙家鼐从署理工部尚书开始，先后署理刑部尚书、都察院左都御史、户部尚书，后任工部尚书并兼任顺天府府尹（相当于现在的首都市长）、礼部尚书，1897年8月2日，他出任吏部尚书。

1894年，"中日甲午战争"爆发。甲午海战失败后，朝野震惊，孙家鼐提出了变法自强的政治主张，认为要振兴中华，要注重科学，兴办实业，国家欲富强、民族要兴旺首先要开办学堂。

甲午战争失败后，康有为、文廷式、翁同龢等人于1895年（光绪二十一年）8月在北京创立"强学会"，其中不乏陈炽、丁立钧、张孝谦、沈曾植、梁启超、沈曾桐、杨锐、袁世凯、徐世昌、李鸿藻、张荫桓、刘

坤一、张之洞、王文韶、聂士成等名士与高官的参加与支持。他们议论时政，译书译报，宣传变法维新，给当时的政治生活注入了新的活力。孙家鼐积极参加强学会活动并为其提供活动休息场所。他利用帝师的身份来影响光绪皇帝，屡向光绪推荐维新派郑观应的《盛事危言》、汤光潜的《危言》和冯桂芬的《校邠庐抗议》等书，并请印刷数千份发给各级官员。在思想上，孙家鼐赞成维新派关于以"开民智""通下情"为第一议题的政治主张，认为"报纸是通下情之重要途径，阅报能去皇帝壅蔽，但要严禁凌乱宸聪"。在行动上，孙家鼐与马吉森合股在河南安阳创办广益纱厂；令其侄孙孙多森在上海创办阜丰面粉厂、中孚银行，并投资兴办了启新水泥公司、北京自来水厂、井陉矿务局、滦州官矿公司等。由此可见，孙家鼐不仅是思想家，也是一位实干家。

受孙家鼐"国家要富强，民族要兴旺，首先要开办学堂"主张的影响，1896 年（光绪二十二年）初，光绪皇帝命孙家鼐筹建政府出版机构——京师官书局，它包括一个图书馆、一个印刷厂以及一所学堂。接着光绪又命在北京建立一所大学堂，委派孙家鼐筹建，并兼任管学大臣。

孙家鼐于 1896 年 3 月 24 日向光绪奏报官书局章程，将农务、制造、测算之学置于与律例、公法、商务同等地位，并率先提出了京师大学堂分科立学的主张。他认为，"非分科立学不为功"。在这份奏折里，他还强调了"中学为体，西学为用"的著名观点，并定为立学宗旨。然而，在他看来，无论"中学"或"西学"都不是一门"学科"，它们是学问的门类，是学习和求知的方式，至于京师大学堂所要传授的"学问"，孙家鼐则分立十科，并不作中西学之分，其中有六门学科涉及科学和技术。这六门学科的内容均包括基础科目与应用技术，如制造、格致（化学和物理）等学均被列入"工学科"。孙家鼐"中学为体，西学为用"的教育思想得到了后人的高度颂扬。

1896 年 6 月，刑部左侍郎李端棻上奏《请推广学校折》，其中总结了当时已开办的一些新式学校存在的"教之道未尽"的五大弊端及形成原因，郑重提出重点是"推广学校"的新教育体制，主张"自京师以及各省府州县皆设学堂"，而且由低到高，他分别提出各级学堂的不同要求、学习内容和学习时间。在此折中，李端棻第一次正式提议设立"京师大学"（据《李

端菜上〈请推广学校折〉的前前后后》，发表于《史林漫步》期刊）。

1898年初，随着变法维新运动的日益发展，康有为在《应诏统筹全局折》中再次提出："自京师立大学，各省立高等中学，各府县立中小学及专门学。"

1898年6月11日，光绪帝颁布了"明定国是"诏书，正式开始了中国近代史上一次重要的政治改革——"戊戌变法"，而建立京师大学堂是其重要举措之一。诏书中强调："着军机大臣，总理各国事务王大臣，会同妥速议奏。"【《戊戌变法》（二），中国历史学会主编，上海人民出版社1957年版，第17页】

被任命为管学大臣的孙家鼐于六月二十二日上《奏筹办京师大学堂大概情形折》，主要内容为：

一、为举人、进士出身之京官设立仕学院，以专门学习西学为主。

二、大学堂应为毕业生代筹出路，其已授职者，由管学大臣出具考语，各就所长请旨优奖；其未仕者，亦由管学大臣严核其品学，请旨录用。

三、精简学科门类，如经学、理学可合并为一门，兵学宜另设武备学堂。

四、编译局主要应编译西学各书，旧有经书仍应以"列圣所钦定者为定本"，即使非钦定本，也不得增减一字，以示尊经。

五、总教习可设二人，分管中学和西学。西学教习薪水应从优。

六、应取消学生"膏火"（生活津贴费），而改为奖赏，以激励学生努力向学。

京师大学堂的办学经费为三十万两，常年用费为二十万零六百三十两。户部指定从华俄道胜银行中国政府存款五百万两的利息中支付；不敷之数，由户部补足。

1898年7月3日，光绪帝正式批准设立京师大学堂。最初校址在北京市景山东街（原马神庙）和沙滩（故宫东北）红楼（现北京五四大街29号）等处。1898年8月9日，"京师大学堂"成立，孙家鼐为第一任管学大臣，被聘为总教习。经孙家鼐推荐，许景澄任中学总教习，美国传教士丁韪良（W. A. P. Martin）任西学总教习。至此，中国现代意义上的真正大学——作为今天北京大学前身的京师大学堂正式诞生，孙家鼐也以吏部尚书、协办大学士的身份成为中国第一任大学校长。

最初的京师大学堂分为预备科（简称"预科"）、大学专门分科和大

学院三级。预科又分政、艺两科，政科包括经史、政治、法律、通商；艺科包括声、光、化、农、工、医、算学。预科学制三年，毕业后可升入大学专门分科，并给予举人出身资格。大学专门分科相当于后来的大学本科，分科相当于学院；科下又分门目，相当于后来的系。规定共设七科：政治、文学、格致、农业、工艺、商务、医术。每科下设几个门目，七科共设三十五门。大学专门分科学制三年至四年，毕业后可升入大学院（相当于后来的研究生院）深造，并给予进士出身。大学堂另设速成科，包括仕学、师范二馆，学制三年至四年，毕业后可任初级官吏或学堂教习。当年九月十三日正式举行速成科招生考试，十月二十六日又举行了第二次招考，两次共录取学生一百八十二名。因为开学日是十一月十八日，即公历 12 月 17 日，所以中华人民共和国成立以前即以公历 12 月 17 日为北京大学校庆日（1953 年，北京大学决定以"五四运动"纪念日为新的校庆纪念日）。

1898 年 9 月 21 日，慈禧太后发动"戊戌政变"。经此国变之后，光绪遭到幽囚，维新派或出逃，或被治罪。慈禧进行了全面复辟，把变法实施的所有新政统统废除，唯独保留了正在艰难筹建的京师大学堂。当时在天津出版的《国闻报》曾记载："戊戌政变"后的"北京尘天粪地之中，所留一线光明，独有大学堂而已"（转引自朱有瓛编：《中国近代学制史料》，下册，第 649 页）。

这一极不寻常的现象，非常令人费解，于是就出现了很多的说法。原北大哲学系博士、中山大学哲学系教授、博士生导师罗筠筠为纪念北大成立九十周年而写的《教育改革乃强国之本——京师大学堂创办人、大学士孙家鼐》（中国文化书院编《北大校长与中国文化》，三联书店 1988 年版，第 1–12 页）一文中就说："光绪二十四年（1898 年）9 月 21 日，顽固派发动政变，光绪被囚，变法失败，维新派的改革措施几乎全被废除，唯有京师大学堂因'萌芽早，得不废'，命孙家鼐继续负责筹办，但教学方针和内容都发生了很大变化。学堂规模也大大缩小了。"而夏孙桐在《书孙文正公事》一文中披露，京师大学堂大难不死有"赖荣文忠（荣禄）调护"。值得一提的是，2003 年 7 月，北大史专家肖东华等在《风骨——从京师大学堂到老北大》中断言："戊戌政变发生，旧党保持朝政，新政多被废除，独京师大学堂赖孙家鼐之力得以保全。"

抛开具体细节不谈，孙家鼐独特的人格魅力、渊博才识与为人处世和做人、成事的原则，是京师大学堂得以保留的重要原因之一。孙家鼐身为帝师，理应属于"帝党"，但是作为一个能够"持论甚公"之人，还是很得慈禧太后赏识的；还有一点就是孙家鼐对于改革维新的方式，也不同于康有为、梁启超等人，他主张向欧美学习，指出"中国以礼教为建邦之本，纲常名义，万古常新"，变法乃维护清廷统治的工具，固有制度不可打破，属于维新派中的温和人士。再加上慈禧也考虑，京师大学堂的存在也可以为其执政培养新型的人才，所以孙家鼐没有受到处罚，依然在朝廷供职。慈禧还下懿旨"大学堂为培植人才之地，应予以继续兴办"，就这样京师大学堂成为"戊戌新政"的仅存硕果。光绪二十四年十月初九日（1898年11月22日），京师大学堂进行了首次正式招生，于光绪二十四年十一月十九日（1898年12月31日），首次正式开学。

"百日维新"失败后，康有为、梁启超分别逃往法国、日本，谭嗣同等"戊戌六君子"被杀。其后，慈禧太后不仅将皇帝光绪囚禁在瀛台，甚至考虑废掉光绪，另立新君。作为帝师的孙家鼐闻后力谏不可，乃至称病乞罢，回乡探亲，以示抗议。然而这一举动非但没有引起慈禧太后的忌恨，反而对孙家鼐更加倚重。

围绕孙家鼐这次请辞回乡，还发生了两件事，从中可以看出孙家鼐的为人为官之道。

其一是：孙状元还乡的消息传到寿州，古城的大街小巷都在议论。寿州知州魏绍殷、总兵郭宝昌决定以最隆重的礼仪接待衣锦还乡的孙大人。1899年12月16日，知州率领文武官员，一大早便来到靖淮门列队迎候。可是直到中午，也不见孙家鼐的身影。原来这位孙大人早已从东门进城回"状元府"了。孙家鼐轻车简从、不愿惊动地方官员的行为，州人十分敬佩。

其二是：一天夜晚，孙公戴小帽，身着便服，手提灯笼，独自探望亲友。在他回府行至钟楼巷附近时，巧遇都司率队查街巡逻，孙公便面墙而行，以示礼遇，不料被都司误认为是"形迹可疑的窃贼"，当即缉拿带走。当他们来到"状元府"门前时，孙公要求叩门请人作保，守门人王兴见状大惊，痛斥都司妄行，这可吓坏了都司。次日，知州、总兵带着都司前来请罪，孙公不但没有怪罪，反而称赞都司忠于职守，并建议提升。一时间被州人

传为佳话。

光绪二十六年（1900年）五月发生了"庚子国变"。为扑灭义和团的反帝斗争，扩大对中国的侵略，英、美、法、俄、德、日、意、奥八国组成的侵略联军，于1900年6月，由英国海军中将西摩尔率领，从天津租界出发，向北京进犯。慈禧太后与光绪皇帝下令"西狩"，孙家鼐奉诏至西安复任礼部尚书。

1901年9月7日，李鸿章代表清廷在《辛丑条约》上签字，议和达成。10月6日，慈禧太后从西安启程回京。1902年年初，孙家鼐官拜体仁阁大学士，1903年后转东阁大学士，1905年任文渊阁大学士，1907年为武英殿大学士，任资政院总裁。

1908年（光绪三十四年），孙家鼐受封为太子太傅，"历蒙赐'寿'，颁赏御书及诸珍品，赐紫缰，紫禁城内坐二人暖轮，恩遇优渥"（《清史稿》）。

1909年（宣统元年），年逾八旬的孙家鼐上书朝廷，表明自己年老体迈，有病在身，请求告老还乡，而朝廷出于对孙家鼐的尊重与褒奖也对其"温诏慰留"。1909年11月29日，八十二岁高龄的孙家鼐去世。朝廷考虑其一生的功劳与品行，对孙家鼐给予了极高的荣誉——赠太傅衔，谥号文正（"文正"是封建时代给予文臣的最高谥号，纵观历史，一共也只有二十七人有幸获此殊荣，其中清朝八人，除孙家鼐之外的另外七人是汤斌、刘统勋、朱珪、曹振镛、杜受田、曾国藩、李鸿藻）。

至此，孙家鼐完成了中国古代文人学士的"四大梦想"，即中状元、做帝师、就任大学士、死后谥"文正"，可谓前不见古人，后不见来者，堪称"中国读书第一人"。

孙家鼐一生几乎没有大起大落，这跟他的低调内敛、韬光养晦有关。他的同僚、对手翁同龢对他的评价是："孙家鼐沉潜好学，服膺王阳明之书，立志高远，凝厚而开张，余欲兄事之。"亲历晚清四五十年的英国人李提摩太的评价是："孙家鼐是所有中国官员中最有教养、最具绅士风度的人之一。"《清史稿》对孙家鼐的总结是："家鼐简约敛退，生平无疾言遽色。虽贵，与诸生钧礼。闭门斋居，杂宾远迹，推避权势若怯。尝督湖北学政，典山西试，再典顺天试，总裁会试，屡充阅卷大臣，独无所私。尝拔一卷厕二甲，同列意不可，即屏退之，其让不喜竞类此。器量尤广，庚子，外人请惩祸首戮大臣，编修刘廷琛谓失国体，责宰辅不能争，家鼐揖而引过。其后诏举御史。家鼐独保廷琛，谓曩以大义见责，知忠鲠必不负国，世皆称之。"

　　遗憾的是，作为状元、帝师，孙家鼐的许多文章作品和著作毁于义和团起事期间，幸存于世的仅有少量，如《钦定书经图说》《太傅孙文正公手书遗折稿》等奏稿和赠友人的对联等。通过这些现存于世的作品，后人可以欣赏这位传世名家的文采与书法。孙家鼐久历宦海，深知政潮险恶，不主张后代为官，所以他的两个儿子都成了中医，远离政坛，但是寿州孙家却是人才济济，如孙少侯、孙多慈、孙传樾、孙多鑫、孙多森（孙家家谱排字：士克祖家传，多方以自全，同心仰化日，守土享长年）等人在今后的数十年间，仍然在中国官场、商场、文化领域多有建树，继续书写寿州孙氏的传奇。

辜鸿铭

爱国奇才

出生在马来的中国人

早在英国人殖民马来半岛之前，闽南同安人陈敦源因酒后失手误伤了人，为逃避官府缉拿，远渡重洋来到马来半岛的槟榔屿登陆落户。为表示悔罪之意，决定弃"陈"姓改为"辜"姓。

到了辜礼欢这一代，作为当地"最可敬之华人"，被初登马来半岛的英国殖民者委任为地方居民的首任行政首脑——甲必丹（Captain）。

作为辜礼欢的孙子之一，辜紫云不喜欢从政，帮助英国人布朗在槟榔屿经营橡胶园，娶葡萄牙人与马来人混血女人为妻。

1857年7月18日，辜紫云次子出生，这就是辜鸿铭，字汤生。辜鸿铭的父亲辜紫云能讲流利的闽南话、英语和马来语，母亲能讲英语和葡萄牙语。生长在这种家庭环境下的辜鸿铭，自幼对语言有着出奇的理解力和记忆力。

由于橡胶园主布朗先生没有子女，又非常喜欢辜鸿铭，便收其为义子，并教他阅读莎士比亚、培根等人的作品。1867年，布朗夫妇将槟榔屿橡胶园交给辜紫云代为经营，带着小汤生返回苏格兰老家。

临行前，辜鸿铭的父亲辜紫云在郑和的塑像前点上一支香，把儿子叫到眼前，对他说，第一，不要剪辫子，第二不可信耶稣教，最重要的是无论你走到哪里，无论你身边是英国人、德国人，还是法国人，都不要忘记，你是中国人。母亲则用中文大声地在辜鸿铭面前重复说："记住中国人。"

抵达苏格兰后，辜鸿铭开始通过阅读《浮士德》学习德语，用弥尔顿的《失乐园》、莎士比亚的作品以及卡莱尔的《法国革命史》来精进英语和法语。除学习语言外，布朗还安排了最好的老师教他数理化，并且在家开设了科学实验室。

周游列国

辜鸿铭十四岁被送到德国学科学，后考入莱比锡大学，获得土木工程学位。在欧洲，虽然他的生活完全是西方贵族化的，但他依然是种族歧视的对象，尤其是他脑后的那根辫子，给他惹来不少的麻烦。于是，辜鸿铭剪掉了自己的辫子，并把它送给了一位可爱的欧洲姑娘。

回到苏格兰后，辜鸿铭进入英国最古老的名牌大学——爱丁堡大学就读，并且布朗亲自带他谒见布朗父亲的生前好友爱丁堡大学校长卡莱尔。卡莱尔告诉辜鸿铭："人类的一线光明就是你们中国古代的民主思想，可叹的是，民主思想在中国还没有实现。"（钟兆云著《辜鸿铭》，中国青年出版社）面对卡莱尔的教诲，辜鸿铭充满了感激，不停点头称是。从辜鸿铭以后的爱国言行上看，父母的叮嘱以及卡莱尔的教诲，完全影响了他的一生。

在爱丁堡大学，辜鸿铭通过了拉丁语、希腊语两门古语，以及数学、形而上、道德哲学、自然哲学和修辞学等众多科目考试。1887 年，二十岁的辜鸿铭摘取了爱丁堡大学文学硕士学位的桂冠。从爱丁堡大学毕业后，辜鸿铭又到牛津大学进修了一段时间，随后赴意大利、奥地利、德国等地游学，取得了德国柏林一所学院的博士学位后，来到巴黎学习法语。短短数年间，辜鸿铭获得了包括文、理工、哲等多学科的十几项文凭与学位，成为一位知识渊博、满腹经纶、能言善辩、大器早成的青年学者。在巴黎期间，辜鸿铭不仅接触到了古老的中国文化，也通过与一位高级妓女的接触，让他看到了那些大腹便便的政客、将军与商业巨贾人前背后的千姿百态。

学成后的辜鸿铭从布朗先生那里得到父母去世的消息后，决定东返，回到父母墓前守孝。1880 年，西装革履、留着分头、一副洋博士派头的辜鸿铭返回马来半岛，不久后被殖民当局派往新加坡任职。

来自中国的诱惑

1881 年年底，马建忠作为大清帝国派往南洋宣慰侨胞的官员到达了新加坡，辜鸿铭怀着好奇之心立即前去拜访。在马建忠那里，辜鸿铭知道了《离骚》，认识了李白、杜甫、韩愈、苏东坡、关汉卿、汤显祖等人，使辜鸿铭更加了解到中国文化的博大精深，知道了宋代诗人陆游的著名爱国诗句"位卑未敢忘忧国"。

送别马建忠的第二天，辜鸿铭立即向殖民当局提出辞呈，乘坐头班汽船回到槟榔屿老家，大声告诉兄长说自己愿意蓄辫和改穿中国衣服，做回一个中国人，改变"假洋鬼子"的模样。随后辜鸿铭与一支由英国人组成

的探险队回到中国。辜鸿铭到广州经桂林转赴昆明，不久，他离开探险队，在香港留居下来。在港期间，辜鸿铭继续整理苦读汉学著作和中国经典，写下平生第一篇有关中国的论文《中国学》并刊登在《字林西报》上。受《大学》中"汤之盘铭"之影响，他给自己取字"鸿铭"。随后，辜鸿铭由天津、上海赴福建探亲，然后折回香港。在返港的船上，经两广总督张之洞的下属知府杨玉书介绍，辜鸿铭准备投到张之洞麾下做一名幕僚兼外文秘书。在两广总督府见过张之洞后，辜鸿铭回到自己的房间迅速脱下西装，改穿起长袍马褂，戴上红顶瓜皮小帽儿，穿上一双正宗的双梁布鞋，除了相貌还略带欧洲血统外，他已经是一个真正的中国人了。这时的辜鸿铭已感到英雄有了用武之地，暗下决心，一定要尽己所学，协助张之洞大干一场。

襄赞张之洞

辜鸿铭第一次到办公室就劝张之洞做到知己知彼、百战不殆，所以既订外国报纸三十余份，杂志五百余种，为张之洞条分缕析，究其因应之道，使张之洞能明晰国际局势，帮助极大（据严光辉《辜鸿铭传》，1996 年 12 月海南出版社出版）。紧接着，他愤怒地将洋人订单中的"native goods"改为"Chinese goods"，以提高中国商品的地位。

在广州热闹的商业街上，辜鸿铭第一次领略到了玲珑般的"金莲"鞋，并通过苏东坡的《菩萨蛮·咏足》、唐伯虎的《排歌》，体会到了宋、明文人对"三寸金莲"的渴慕之情。在陈塘地区老举寨，辜鸿铭第一次亲身体会到"三寸金莲"带给他的魔力，发出了"古之人不余欺"的感慨。从此喜欢"三寸金莲"，以至于在辜鸿铭以后的生活中，流传有许多辜鸿铭谈论女人小脚的故事。据陈彰《一代奇才辜鸿铭》描述"女人之美，美在小足，小足之美，美在奇臭，食品中其臭豆腐、臭蛋之风味，差堪比拟"。王森然《辜鸿铭先生评传》中描述："中国妇人小脚之臭味，较诸巴黎香水，其味尤醇。"

1887 年，经历了几次失败的相亲后，在一所广州民居中，辜鸿铭终于相中了心中的妻子。起初，女方父母说什么也不肯将女儿嫁给"鬼"，直到听说辜鸿铭是混血儿，又在总督府高就，才半推半就地答应下来。新婚礼堂就设在两广总督府为辜鸿铭新调配的大房里，张之洞亲自为辜鸿铭主

持婚礼。就这样，辜鸿铭心中标准的东方小脚女人——淑姑，就成了他正式的妻子。从此，淑姑的"三寸金莲"以及从中发出的奇异怪味便成了辜鸿铭文思之源泉。

在两广总督府的这几年，辜鸿铭收获颇丰。张之洞本是探花出身、清流领袖，他与辜鸿铭一主一宾、亦师亦友的关系对辜鸿铭的影响很大，再加上身边赵凤昌、梁敦彦、梁鼎芬等社会名流的熏陶，使辜鸿铭的汉学水平迅速提高。配合其原有的西方文化功底，他在外文秘书的岗位上如鱼得水。这时的辜鸿铭襄赞政务，协办洋务，点评时政，剖析中西文明。在中国人面前，他高谈英法两国为强盗；在德国人面前，辜鸿铭批评卫三畏的《中国总论》，伟烈亚力的《中国文学札记》，理雅各的《中国经典》；在日本人面前，他分析蔷薇花与泥土之关系，充分维护了中华文明应有的国际地位。

张之洞办洋务的一个重要内容就是练兵，为此他亲自组建了广胜军，并不惜重金广求利器，远募洋将，以资教练。他从德国请来的两位教官，欣然接受了朝廷给予的职衔、顶戴和军服，但提出在会见张之洞时拒绝跪拜。为解决这一难题，辜鸿铭从耶稣说到乾隆；从中国说到德国；从乾隆时来给乾隆祝寿的英国使臣马嘎尔尼说到拿破仑。凭借他的三寸不烂之舌，终于使得两位德国军官在演练台前对着一脸严肃的张之洞跪拜下去，而且恭敬有加。这一结果不由得使两广官员对辜鸿铭刮目相看。

1889年，张之洞忍痛离开了初具规模的大型枪炮厂和钢铁厂，与辜鸿铭、赵凤昌、蔡锡勇、凌仲恒、梁敦彦六君子赴湖北任职湖广总督。刚随张之洞到湖广总督任上，辜鸿铭就以狮子大张口的方式吓退了前来贿赂买官的人。辜鸿铭深知，他作为张之洞的幕僚，直接或间接地影响着当地官场的习气，自然也会受到社会的瞩目，必须讲究"良心"两个字。

张之洞将原来在广东所筹建的织布局、枪炮厂、炼铁厂迁到湖北继续兴办。六君子中，除辜鸿铭与凌仲恒外都得到了张之洞的实际重用，这让辜鸿铭感到不爽，感觉受到了冷落。在大醉一番后，辜鸿铭一病数天。不过，病好后的一件事，使辜鸿铭又重新在张之洞面前找回了面子。经原东海关监督盛宣怀推荐，英国人伍尔兹作为著名的兵工专家，来到张之洞面前，辜鸿铭一口流利的英语和德语，使伍尔兹感到十分震惊。后来经过仔细辨

认和回忆，伍尔兹认出眼前这位就是十年前倒看英文报纸吓退自己的那个辜鸿铭。于是，在武昌驿馆休息了两天后，伍尔兹没有辞行便匆匆离去。随后，辜鸿铭又利用自己的人脉，从德国聘请了时任克虏伯工厂技术总监的真正的兵工专家威廉·福克斯来到武汉。

1891年2月至9月，在长江中下游地区爆发了一场大规模的群众反抗外国教会侵略的斗争，烽火蔓延到了安徽、江苏、浙江、江西、湖北、湖南等省的数十个城镇，尤其是湖北各地连续发生反洋教事件，凡是有外国教堂的地方，群众多愤然而起，焚烧教堂，驱逐传教士，这就是中国近代史上著名的"长江教案"。

住汉口的欧美各国领事及牧师，恶人先告状，要求张之洞"严惩反对洋教的刁民，并且加以赔偿"。辜鸿铭驳斥了"西方传教士带入中国来的基督教能帮助中国人民提高道德水平"的谬论。面对英、法、德、俄领事提出的军事威胁，辜鸿铭撰写了《为吾国吾民争辩——现代传教士与最近骚乱关系论》，发表在《字林西报》上。文章发表后，著名的英国《泰晤士报》及其他不少西方报刊都先后对此文转载或摘编，并配发评论性文章，也对辜鸿铭的人格力量和道德勇气表示了特殊尊敬。

1891年4月，俄国皇储尼古拉，即后来的沙皇尼古拉二世与希腊王子到达武汉，张之洞率一众官员前去迎接。俄国皇储态度傲慢。为体现大清帝国的尊严，辜鸿铭建议尼古拉向岸上等候的湖北百官招手致意，并要求沙俄皇储随从依次向总督大人报上自己的职名。

第二大，在汉阳晴川阁的招待宴上，辜鸿铭流利的法语与希腊语赢得了沙俄皇储的尊敬。离别时，俄皇储一扫傲慢之情，紧紧地握着辜鸿铭的双手，说："辜先生，我非常欣赏您的语言才能，更佩服您的才思敏捷。"并摘下手上那块镂有皇冠的金表，恭敬地送给辜鸿铭。

由于婚后妻子淑姑一直没有生育，一年后，辜鸿铭娶了武昌城"樱花"咖啡屋的弹琴仕女、日本人吉田贞子为妾。辜鸿铭明知洋人对中国纳妾的激烈反对，在婚礼前，他还是将请柬一张张递送到了洋人手里。面对洋人的指责，辜鸿铭从希腊神话中的天神宙斯到斯巴达国王阿里斯东；从法兰西国王查理曼大帝再到西班牙国王卡洛斯四世的首相戈多伊；从波斯的王公贵族到我们的东邻日本，一一列出了一夫多妻的普遍存在性。面对既然

男子可以纳妾，女子亦可多夫的问题，辜鸿铭理直气壮地回答："当然不行，人家家里只有一个茶壶配上几个茶杯，哪有一个茶杯配上几个茶壶的道理。"（罗家伦《回忆辜鸿铭先生》）辜鸿铭心安理得地拥有了"兴奋剂"淑姑以及"安眠药"贞子两个女人。婚后不久，辜鸿铭的一妻一妾分别给辜鸿铭生下了女儿珍东与儿子守庸。

由于对张之洞兴办铁厂的某些具体方式有不同的看法，以及不认同张之洞与李鸿章、李瀚章（李鸿章大哥）等封疆大吏关系的处理方式，辜鸿铭与张之洞终于爆发了一场激烈的争吵。之后，辜鸿铭被张之洞"委以重任"，打发去自强学堂当教习了。在自强学堂辜鸿铭被分在英文门。

没想到的是，辜鸿铭的第一节课竟然是从教孩子如何打架讲起。不过辜鸿铭讲得很绅士，就是在打架的时候也要强调公平、公正、人人平等，不准合伙斗殴，强者更是不能欺负弱者。辜鸿铭在自强学堂的最后一节课也是以打架方式结束的。由于不愿意看到自己的学生被茶馆老板欺负，辜鸿铭竟然让学生课后到茶馆门前声讨，并请来了武昌知府给学生撑腰，结果当然是学生大获全胜。学生斗争胜利了，但辜鸿铭也由此得罪了自强学堂的提调钱恂，不久，辜鸿铭与钱恂在办公室经过一番争吵后，辜鸿铭不辞而别，离开了自强学堂。

辜鸿铭离开武汉后便与贞子一起来到了上海，除了会见朋友，就是教训洋人和做了一些小小的义举之外，也没有什么大的举动。这天，辜鸿铭正在赵凤昌寓所喝茶清谈，听到了日本出兵朝鲜的消息，辜鸿铭十分气恼。不久清军在中日战争中败迹初现，辜鸿铭更加痛恨李鸿章而仰慕张之洞。正在这时，辜鸿铭接到了湖北总督张之洞要他回去的电文，原来，在这期间，日本和英国等报刊对中日战争爆发之因，歪曲事实真相，张之洞认为切不可漠然处之，需要一位有力的辩士，而非辜鸿铭不能担负此任。

1894 年 11 月，中日战事日趋紧张，朝廷急命两江总督刘坤一率军北上驰援，而令张之洞赴南京署两江总督。由于张之洞要购买大批的军火，所以决定派辜鸿铭去上海银行筹措借款。张之洞告诉辜鸿铭，督署衙门内外，游说洋行，非你不能胜任，借不来军饷，买不来枪炮，我们只能等着挨日本人的打。辜鸿铭果然不负所望，不但取得了借款，而且不拿回扣，表现出他的清廉正直。

甲午战争战败后，以"公车上书"闻名的康有为来到总督府拜会张之洞。听到康有为到来，辜鸿铭怀着"生不愿封万户侯，但愿一识韩荆州"（李白《与韩荆州书》）的心绪来到了张之洞书房门口，正听到康有为就维新变法高谈阔论。门外的辜鸿铭二话不说就闯了进去，要与康有为进行辩论。康有为得知辜鸿铭大名，有意避战，所以让张之洞安排辜鸿铭离开，避免了第一次和辜鸿铭的正面交锋，不过他也因此失去了辜鸿铭对他的敬意，以致后来辜鸿铭不愿与康有为为伍。

1896 年，刘坤一重回两江总督任上，张之洞又回到武汉。此时恰逢日本公使矢野文雄要求清政府派留学生赴日留学。学生们得知留学之地是日本后，个个情绪激动，都不愿去。辜鸿铭听到后，自告奋勇与梁鼎芬一起来到学校。辜鸿铭采用了欲擒故纵法，告诉学生不报国仇，不强中华，就不是炎黄子孙，就愧对国家，愧对祖先。然后辜鸿铭问了学生三个问题，第一个问题是甲午海战中，日本兵击沉我舰船的炮艇马力有多大？学生们对"马力"一词一头雾水；第二个问题是日舰安装的是什么炮？射程有多远？炮弹的穿击力有多大？学生们依然无人能够回答；辜鸿铭的第三个问题是日军是怎样绘制我国地图的？依然没有人回答。于是辜鸿铭连续叫了黄兴、宋教仁、吴禄贞等学生中的佼佼者，他们都低声回答不知道（据钟兆云《辜鸿铭》，中国青年出版社）。于是，辜鸿铭谈到知己知彼、百战不殆，到日本留学就是为了知彼，就是为了战胜他们，学生们终于明白了到日本学习的真正目的。

这天，梁启超成为湖广总督衙门的座上宾。张之洞对梁启超的才华极为欣赏，全神贯注地听梁启超讲他的维新学说。对于向西洋学习的维新改革，辜鸿铭并不感兴趣，就与梁启超辩论起来。在与辜鸿铭的交锋中，梁启超也未占得上风。之后不久，维新派的另一个重要人物章太炎也来到武昌，与梁启超一起加入辩论的战团。

口舌之间的争论不分胜负，而在实践中，康有为、梁启超等维新派却已经做出了大刀阔斧的改革。对辜鸿铭的直接影响是，就连淑姑也开始与辜鸿铭讨论放足的问题。也就是在这个时候，辜鸿铭的英文译本《论语》正式出版。

"戊戌变法"失败后，武昌城内迎来了日本首相伊藤博文。在与张之

洞的会谈中，伊藤博文主动提出要会见辜鸿铭。二人的谈话首先是从宗教方面谈起的，最后，辜鸿铭的结论是，西方宗教使得欧洲政治成为一门学科——政治学；而中国自孔子以来，造成了中国政治的宗教化现象，儒教与政治合一（钟兆云《辜鸿铭》，中国青年出版社）。在谈到日本的崛起时，伊藤博文把其归结于向西方学习，并建议中国要摆脱落后挨打的局面，最关键的是要拥有西方高度发展的物质成果；而辜鸿铭的结论是，日本之所以有今日之生，并不是单单学习西方知识，而是保存并发扬了中华帝国汉唐古风的结果。

进入 20 世纪，中国北方地区掀起了义和团运动，提出了"扶清灭洋"的口号。义和团声势浩大的反帝斗争，引起了西方列强的强烈恐惧，各国纷纷照会清廷在短期内将义和团剿灭，在遭到拒绝后，德、英、法、美、日、俄、意、奥以保护使馆为名派军队进入京津地区。为防止列强染指长江流域的企图，张之洞、刘坤一等发起了"东南互保运动"。由此，受张之洞委派，辜鸿铭来到上海，与英国驻上海总领事兼各国领事团长华伦进行谈判。让人意想不到的是，辜鸿铭不仅迟到近一小时才到英国总领事馆，而且他居然雇了四个洋人替他抬轿。在接连两天的谈判中，辜鸿铭只是一味地指责英国如何不好，传教士如何不好，中国教民如何不好，根本就没有谈到正题。磨尽了英国人的性子后，辜鸿铭亮出张之洞给华伦的手谕："上海租界归各国保护，长江内地各国商品产业均归督抚保护，本部堂与两江总督刘制台意见相同，合力任之，并饬上海道，与各国领事迅速妥一办法，请尊处转至各国领事。"（钟兆云《辜鸿铭》，中国青年出版社）这场谈判辜鸿铭不仅没有失败，还取得了意想不到的效果，华伦表示最大限度地接受中国方面的意见。

八国联军攻占北京后，慈禧太后任命李鸿章和庆亲王奕劻为议和全权大臣，又命张之洞、刘坤一为会同办理大臣一起参与和谈事务，于是，张之洞委派辜鸿铭到北京协助办理。

辜鸿铭到达北京后，首先去拜访李鸿章，从李鸿章那里得知，此次谈判已经不是割地赔款那么简单的问题。他们的要求是太后老佛爷要为德国公使克林德偿命，另外还要皇上亲自去德国给德皇谢罪，然后才肯和谈。对此，辜鸿铭提出了首先从德国开始分化八国联军关系的谈判建议。

谈判前，在与八国联军司令、德国人瓦德西的会面中，瓦德西态度强横，坚决要求对慈禧太后做出惩罚。在这位态度蛮横的老友面前，辜鸿铭丝毫不肯让步，列举了克林德公使死前无端挑衅开枪，打死义和团二十多人的事实，提出如果八国联军不肯罢休，他们将面临有组织的四亿中国人民的反抗。面对辜鸿铭的据理力争，瓦德西同意正式谈判。

在谈判中，八国联军首先提出的是七亿两白银的战争赔款，经过谈判双方的讨价还价，最后把赔款的数额预定在四亿五千万两。对这个数额，张之洞与辜鸿铭依然觉得十分庞大，希望通过谈判继续削减。而面对咄咄逼人的英法两国，李鸿章却决定接受这个数额，这使辜鸿铭十分气愤，大声地说出了"卖国者秦桧，误国者李鸿章"的话语。他当着李鸿章的面，还说出了"我耻与尔等卖国之人为朋"，然后一拂衣袖扬长而去。随后辜鸿铭离开北京，经上海回到武汉。

1903年，张之洞为慈禧皇太后六十八岁寿辰举行隆重大典，为此，湖北巡抚端方专门新编写了《爱国歌》歌颂清王朝和慈禧太后。在一片欢乐的气氛中，辜鸿铭却不合时宜地一字一句大念起来："天子万岁，百姓花钱，万寿无疆，百姓遭殃。"（王森然《辜鸿铭先生评传》）好在张之洞不愿将事情闹大，于是装聋作哑，一副酒力微醉之样，把这件事情遮掩过去。事后梁敦彦问辜鸿铭，你写《尊王篇》，为太后说尽好话，现在为何如此这般？辜鸿铭说，我是清醒之人，《尊王篇》那是骗洋鬼子的，为的是告诉他们，我民心犹存，是汽油，再使之不敢欺负老大中华。可我心底下对太后确实有腹诽的。

1904年，辜鸿铭陪同张之洞奉旨入京觐见，路过保定时，受袁世凯的邀请，参观了袁世凯编练的新军，辜鸿铭毫不客气地就袁世凯练兵的目的直接提出批评。

进入京师后，由于辜鸿铭没有品级，也没有官职，所以不能随同张之洞觐见光绪皇帝。辜鸿铭闲着无事，少不得又要前往八大胡同寻花问柳，进出于清音小班。也就是在清音小班的一次偶然机会，辜鸿铭与王买办、杨御史一起从庆亲王奕劻那里"黑"到了六十万两银子，辜鸿铭自己分到了五万两。

在京的几个月时间里，张之洞没有得到他想要的军机大臣的职位，几

乎处于半闲置状态，只是主持了经济特科进士考试。而张之洞看中的第一名梁士诒与第二名杨度也因为康梁问题，被皇榜撤除，不久杨度离京南下远去日本。

正直的清官

在张之洞返回湖北，就任鄂督之前，为辜鸿铭保举了外务部部郎的官衔，这也算是辜鸿铭京师之行的最大收获。

回到自己的家中，迎接辜鸿铭的不是孩子们的欢声笑语，而是躺在床上奄奄一息的贞子。一段时间后，贞子去世。

贞子去世后，辜鸿铭茶饭不思，想起唐代诗人元稹《遣悲怀》中的那句"闲坐悲君亦自悲"，辜鸿铭不由得也吟出了一首"此恨人人有，百年能有几，痛哉长江水，同渡不同归"的悼亡诗来。

辜鸿铭的丧妾之痛深深感动了有过类似情怀的张之洞，想到二十年来，辜鸿铭从未向他提出晋升和改善物质待遇的要求，心有愧怍的张之洞向朝廷保举他为上海黄浦浚治局谈判代表，并任督办一职，希望辜鸿铭借此离开这个伤心之地，让繁杂的政务来冲淡他锥心的悲痛。数日后辜鸿铭带着淑姑一起离开武昌。

到达上海后，辜鸿铭与英国驻上海总领事华伦和德国领事席尔进行谈判，辜鸿铭为清朝政府争到了疏浚黄浦江工程的经办权。

上任后，辜鸿铭立刻查账，发现少了十六万两银子，再查，这笔银子是被两个荷兰籍职员以挖河泥工费为名冒领了。辜鸿铭责令二人必须把银子退还。二人先是找到英国领事华伦，对辜鸿铭进行金钱贿赂与施美人计，后是法国领事与美国领事以工程的专业性为由来搪塞辜鸿铭。没想到辜鸿铭给他们亮出了莱比锡大学土木工程的学位证书。就在辜鸿铭顶住各种压力，主张严办的时候，在两江总督周馥的干预下，这起洋人舞弊案最终被搁置。辜鸿铭愤怒之下把案件原委和证据以及自己所遇到的经历，写成文章，发表在《捷报》上。

1906 年 9 月，沙皇俄国驻上海总领事勃罗江斯基要回国述职，辜鸿铭便送过去三本他签名的书，一本是《日俄战争的道德原因》，请勃罗江斯基回莫斯科后呈交俄国皇帝，另两本是《尊王篇》和英译《中庸》，请勃

罗江斯基转交托尔斯泰。

托尔斯泰收到辜鸿铭的著作后十分高兴。一个月后，托尔斯泰写了复信，题为《致一个中国人的信》，其中说道："我怀着极大的兴趣阅读了先生的著作，特别是《尊王篇》。"该信先后发表在德文《新自由报》、法文《欧罗巴邮报》、日文《大阪每日新闻》上。

1907年春夏之交，黄浦江浚治工程大体告竣，辜鸿铭的任务也算完成了。而这时，他接到了来自武昌的电示，内容是张之洞已经补授军机大臣，要辜鸿铭北上入京，张之洞已推荐他任外务部员外郎。在浚治局三年，辜鸿铭除了公开的收入外，从未收过分文贿赂，更没有从下属和百姓身上搜刮过一文钱，因此，临行时他受到沪上百姓的热烈欢送。

辜鸿铭到达北京后，立即去拜访新任军机大臣、体仁阁大学士张之洞。三年未见，彼此都感觉对方相貌发生了很大的变化，张之洞变得苍老了很多，而辜鸿铭身上中国人的相貌越来越突出，混血人的面目则变得越来越不明显。两天后，辜鸿铭来到外务部衙门，任从五品员外郎。他的顶头上司就是尚书袁世凯。

1908年11月15日，辜鸿铭回家时满脸忧伤，一言不发，直奔书房，哭得悲痛欲绝，原来是光绪皇帝与慈禧皇太后在两天内接连去世。对大清帝国、对光绪皇帝与慈禧太后，辜鸿铭始终是爱戴有加，他不止一次在众多洋人面前，为慈禧太后做各种辩护。自他回国以来，他也一直希望有朝一日能有亲睹大清帝后的殊荣。可惜这一切都因为大清帝后的先后离世而永远不再有可能。

1907年中秋过后的一天，辜鸿铭与国学大师罗振玉、王国维一起来到苏州胡同一个名叫伯希和的法国教授家里。看到伯希和收藏的如此众多的敦煌莫高窟文物，辜鸿铭、罗振玉等人心疼不已。在肯定伯希和的职业精神外，辜鸿铭也明确地告诉他："拿走这些中国文物是完全错误的，因为中国的文物你们是没有权利拿走的。"之后，辜鸿铭、罗振玉、王国维等人就开始了想方设法搜购敦煌文物的工作。

一向反对新政的辜鸿铭却无意间从新政中得到了好处。1910年1月，他得到了一份殊荣：钦赐游学专门一等，赏文科进士出身。这是清廷在取消科举之后第一次进士名衔的颁赏。美中不足的是，辜鸿铭觉得将自己列

入"游学专门"之类，可见朝廷仍以洋学生对自己，所重者也还是自己的西学，而不是因为自己所倾心，并有造诣的传统国学，而且他还排在严复之后。不久，辜鸿铭荣升为正三品外务部左丞。他还没来得及高兴多久，就因好友梁敦彦看出袁世凯被摄政王载沣贬回老家后有卷土重来之势，便力劝辜鸿铭辞职返乡。起因是辜鸿铭一向看不起袁世凯，觉得他既非举人亦非进士出身，只是凭借祖上余荫、出卖皇上才得以官运亨通。在公开的外交场合，辜鸿铭骂袁世凯是流氓，智商只等于北京倒马桶的老妈子。他甚至曾经上书帝后，表示任用袁世凯是"用小人办外事，其祸更烈"（赵洪林《论晚清地方洋务人才观》，《衡水学院学报》）。对于梁敦彦的劝说，辜鸿铭虽明确表示不怕袁世凯，但也因梁敦彦的一句"袁世凯害怕你"，终于辞去外务部左丞，举家南下，后赴上海任南洋公学监督。

蔑视袁世凯

1912 年 10 月，正当袁世凯权倾一时、炙手可热时，上海南洋公学校长辜鸿铭用英语写的《中国牛津运动故事》和汉语写的《张文襄幕府纪闻》两本书出版，书中谩骂、讥讽、挖苦袁世凯的文字之尖酸泼辣，成为海内外奇谈。

《中国牛津运动故事》出版后，辜鸿铭把它连同《张文襄幕府纪闻》一并寄给了托尔斯泰，托尔斯泰的回信先后在德文《新自由报》、法文《欧罗巴邮报》上发表，《世界周刊》等英文报刊也曾予以转载。托尔斯泰去世后，1911 年 2 月出版的《东方杂志》把托尔斯泰写给他的那封长信题名为《俄国大文豪托尔斯泰伯爵与中国某君书》，并再一次刊发。

1910 年 11 月，托尔斯泰逝世，让辜鸿铭深感遗憾；1911 年 4 月爆发的黄花岗起义与 10 月爆发的武昌起义，更是让辜鸿铭痛苦不堪；当听到宣统皇帝退位的消息后，辜鸿铭泪流满面，捶胸顿足地大叫"没有皇帝坐龙庭，中国还叫什么中国呀？"（钟兆云《辜鸿铭全传——改变崇洋媚外的中国》）。

辛亥革命后，辜鸿铭决定举家北上避居青岛。为什么要选择青岛呢？一来，儿子辜守庸在中德合办的青岛大学就读；二来青岛是德国人的租界，

而辜鸿铭在德国人心目当中有极高的声望。此时的青岛正是清朝遗老遗少的避难所，庆亲王奕劻、小恭王溥伟、过气尚书盛宣怀等都曾在这里暂住或常留。青岛不仅庇护了大清的遗老遗少，由于辜鸿铭在德国人中的声望也很高，还庇护了辜鸿铭与儿子辜守庸的辫子，但束缚了三岁小女儿娜佳的双脚。

1913年，辜鸿铭和泰戈尔一起获诺贝尔文学奖提名，理由是因为他翻译了大量中国典籍，向西方广为介绍了中国儒家经典，弘扬了中国数千年的传统文化道德观和人生哲学，激烈地批评了以西欧为中心的大国沙文主义（钟兆云《辜鸿铭》）。

1913年辜鸿铭离开青岛后，住进了位于北京朝阳门内的椿树胡同18号，小恭王溥伟赠送给他的一座四合院内。在此期间，他的生活倒也简单，无外乎就是会会老友，教孩子英文，为慈禧太后辩护，顺便骂骂袁世凯。由于他辞掉了南洋公学的职务，辜鸿铭一直处于坐吃山空的状态，以致淑姑不得不时常典当一些家里的金银器皿用于度日。不过，天无绝人之路，这天他的老友伍尔兹来到辜鸿铭家里，告诉他英国的汇丰银行、法国的汇理银行、德国的德华银行、日本的正金银行、俄国的道胜银行组成了银行团，要和民国政府谈判借款事宜，需要一个称职的翻译，各国在京大使馆推荐的人物中都一致提到了他。辜鸿铭毫不客气，随口要出了六千银元的价格，这个数字相当于一个中级公务员月薪的百倍。

当辜鸿铭得知这批借款是袁世凯用来准备进行内战的，他愤怒地来到了五国银行团执行总裁、英国汇丰银行总裁喜理乐面前，决定终止合同，辞职不干，他告诉喜理乐："所谓的银行家，就是晴天千方百计把伞借给你，雨天又凶巴巴地把伞收回去的那种人。"这句话后来被当成谚语收进了英国《大不列颠词典》。

民国临时大总统袁世凯，准备创办一个通讯办公室。袁世凯的长子袁克定的外籍老师弗兰西斯向袁世凯推荐了辜鸿铭。没想到在总统的办公室居仁堂，辜鸿铭对袁世凯又是一顿冷嘲热讽，搞得袁世凯只好赶紧送客了之。令弗兰西斯和袁世凯没想到的是，辜鸿铭宁愿全家喝西北风，也不愿意在袁世凯处谋生。

临时大总统袁世凯为了收买人心，决定给每个议员发放一定的津贴。

辜鸿铭抱定的心态是袁世凯给的钱不拿白不拿，即使拿了，也不做袁世凯的橡皮图章。津贴到手后，辜鸿铭顺手施舍了乞丐，还到八大胡同吃了花酒。袁世凯经过艰难的三轮投票，正式当上大总统后，便下令停止国会活动，辜鸿铭因此也失去了议员的资格。

1914 年第一次世界大战爆发，袁世凯宣布中立。秋天，日本宣布对德作战并与英国组成联军，两个月后，日军攻下青岛。欧洲大战后，日本趁列强无暇东顾加快侵华步伐。1915 年 1 月 18 日，日本代表与袁世凯秘密地签订了不平等的"二十一条"，这条消息被《芝加哥每日新闻》一字不漏地刊登出来，辜鸿铭虽然难抑心中激愤，却奈何不了局势。

独特的北大教授

1915 年，凝结了辜鸿铭数十年研究中国文化的心血的英文版 The spirit of Chinese people（中文名《春秋大义》，后为《中国人的精神》）正式出版。此书出版后销路极佳，对于中国人写的英文著作而言，这是千年未遇的盛事，辜鸿铭的名声在世界范围内迅速提升。

辜鸿铭的出名也引起了梁上君子的关注，他的稿费、淑姑的私房钱和一盒玉器被偷，眼看辜鸿铭又要受穷了。但就在此时，传来了国立北京大学向社会招聘教授的消息，辜鸿铭决定"以英文谋生"，于是便来到北大。不出意外，在招聘现场出尽风头的辜鸿铭，收到了北京大学代理校长胡仁源的聘书。

在当年 9 月初举行的北京大学开学典礼上，辜鸿铭在做发言时，完全是天马行空，以骂代讲，无所不及，大谈"你们中华民国的官场是腐败的，社会文化风气是混浊的，我真的不希望我所做事的北大也染上了这个沉疴"。

辜鸿铭的第一节课也很奇特，他站在学生面前只抽烟不说话。他知道所有的学生都对自己的小辫儿感兴趣，所以就先从小辫儿入手。辜鸿铭告诉学生，他当年在英国爱丁堡大学参加百米竞跑，在冲刺到离终点线只有两米时没料到一跤跌倒，但是由于惯性跌倒时辫稍刚好甩到了终点线，他因此最终赢得了冠军，正是这条辫子给他带来了荣誉。然后辜鸿铭严肃而又温和地说，剪掉身体上的辫子很容易，不过每个人精神上也都有条辫子，

想去掉那条辫子可不容易。

然后辜鸿铭给学生"约法三章"，并称："你们受得了的就来，受不了就趁早退出。第一章，我进来时你们要站起来，上完课要我先出去，你们才能出去；第二章，我问你们话和你们问我话时都得站起来；第三章，我指定你们要背的书，你们都要背，背不出不能坐下。"（罗家伦《回忆辜鸿铭先生》）

袁世凯努力争当中国皇帝的时候，辜鸿铭却做了国会代表，可是这个国会代表并没有推戴袁世凯做皇上，反而认为他是个贱种，不配坐龙庭。做了83天皇帝的袁世凯命赴黄泉后，北洋政府下半旗志哀，并令全国停止一切娱乐三天。可椿树胡同18号的辜宅，却是彩灯高悬、鼓乐喧天，像过盛大节日一般。辜鸿铭的逻辑是，总统为公仆，国民为主人公，仆死了关主人屁事，所以喝酒听戏两不误。

1916年冬天，蔡元培出掌北京大学帅印，这位"兼容并包"的校长非但没有解雇"反动顽固"的辜鸿铭，反而在隆冬之时，亲赴椿树胡同18号给他发聘书。之后他还听从辜鸿铭的意见，决定在北大开设拉丁文课程。

1917年，受蔡元培的邀请，陈独秀来到了北大，不仅如此，《新青年》也来到了北京。陈独秀的声望与学识让辜鸿铭深深感到不安，他认为，像陈独秀这样的人是没有资格做北大文科学长的，所以他准备好好地与陈独秀较量一番。在教育陈独秀之前，辜鸿铭用英文和拉丁文教育了美国教授乔尔斯、用法文教育了法国教授费丹、用德文教育了德国教授詹姆钟。这些举动让辜鸿铭在新聘的外籍教员中声名鹊起，大家都对他充满了神秘感和敬畏感。

辜鸿铭从八大胡同桌案上的《北京英文日报》上得到了中国要对德宣战的消息，这使他大吃一惊。在中华民国总统顾问辛博森的豪宅里痛批了这个英国佬一顿以后，辜鸿铭回到家里，闭门谢客，专门写了一篇《义利辨》的檄文，发表在日本人在北京创办的《北华正报》上。其反对中国参战的观点与孙中山等人是一致的。

几天后，辜鸿铭接到了梁敦彦的电报，要他到徐州会晤。到达徐州后辜鸿铭才知道，真正邀请他的人是辫帅张勋。一条小辫儿使辜鸿铭与张勋志同道合，两人相见恨晚，引为知己。但张勋复辟的闹剧很快就结束了，

辜鸿铭这位才当了几天的"外务部侍郎"只好再次回到北大教书。

1917 年初秋，在鲜花和掌声中来到北大的胡适，在蔡元培的亲自安排下，做了一场题为《大学与中国高等学问之关系》的演讲，就在他微笑着向台下致礼时，下意识地用英文轻声念了一句荷马的诗："You shall know the difference now that we are back again."（如今我们已回来了，你们请看分晓吧），他用荷马的诗，以增强自己到北大要打出一片天地的信心，他以为别人听不懂，不料却被前排的辜鸿铭听个正着。辜鸿铭告诉胡适他的英语说得实在不敢恭维，在英国那是下等人的发音。

第二天，胡适正式来到北大红楼授课时，又被辜鸿铭就什么叫革命、什么是民主教育了一番，然后，辜鸿铭劝说胡适脱掉洋装、留辫子，说官话，做个像样的中国人。胡适在北大的地位（文科评议员）、对北大哲学课程的改革（中国哲学史大纲）、新文化革命思想，包括胡适的人格魅力，无一不让辜鸿铭感到威胁与挑战，于是不论是在北大的课堂上还是礼堂里，辜鸿铭都与胡适摆开了擂台。

但要说辜鸿铭的演讲实在精彩，他旁征博引、气势恢宏，尤其是英文演讲，博得了北大师生的一片掌声。关于学习英文的目的，辜鸿铭告诉学生："我教你们学习英文，是希望培养些融汇中西知识的人才，不是造就一些美国化或英国化的中国人，而是要造就一些于中国有用的中国人。"以后，以辜鸿铭为代表的守旧派与以李大钊、陈独秀、胡适等为首的"新文化运动"展开了长达数年的激烈争辩。

在与"新文化运动"作斗争的过程中，辜鸿铭"老流氓"的性情也丝毫不改，按照新国会选举法，凡国立大学教授，凡在国外大学获得学位的都有选举权。一位姓陈的政客来拉拢辜鸿铭投他一票，结果辜鸿铭收了此人四百元的投票费后，不顾盗亦有道，到了投票那天，他不去投票，而是去天津嫖娼去了（胡适《记辜鸿铭》）。

1918 年 11 月 13 日，被视为国耻的克林德牌坊被北京市民拆除，这一天，辜鸿铭当然要去为克林德牌坊送终。正当他对克林德牌坊高谈阔论时，遇见了前科状元、清朝驻俄罗斯帝国、德意志帝国、奥匈帝国、荷兰四国公使洪钧的"夫人"赛金花。作为状元遗妾、公使夫人，赛金花当年曾舌战克林德公使的妻子，与这克林德牌坊的建立有很大的关系。就在克林德

牌坊被拆除的时刻，赛金花向辜鸿铭讲述了小说《孽海花》的作者之一曾朴的阴暗心理，以及《孽海花》中的不实之处。《孽海花》就是根据赛金花一生的经历改编的小说作品，是晚清四大谴责小说之一。

之后，北京大学也经历了动荡，陈独秀辞职了，蔡元培出走了，随后爆发了著名的"五四运动"。看到学生们浩浩荡荡地冲出校园，辜鸿铭上前大声阻止。不久，辜鸿铭在《北华正报》上发表文章，劝阻学生停止干涉政治以及参与反日行动，遭到北大学生的围攻和质问。6月，蔡元培宣布辞去北大校长之职，辜鸿铭在北大挽留蔡元培的集会上发表高论："校长是我们的皇帝，所以非得挽留不可。"（汪修荣著《民国教授往事》）在辜鸿铭的心里"现在中国只有两个好人，一个是蔡元培先生，一个是我。因为蔡先生点了翰林之后不肯做官就去革命，到现在还在革命。我呢？自从跟张文襄（张之洞）做了前清的官以后，到现在还在保皇"（罗家伦《回忆辜鸿铭先生》）。9月，蔡元培复任北大校长后，北大实行了男女同校制度，这使辜鸿铭十分反感，甚至提出辞去教职（王森然《辜鸿铭先生评传》）。

1920年，英国著名作家毛姆亲自来到辜鸿铭的府上拜访他。辜鸿铭对毛姆点评了英国哲学家罗素的观点与学说。辜鸿铭认为，还是美国的汽油更管用。在谈到对"新文化运动"、对共产主义的看法时，辜鸿铭充满了鄙视和不屑。告别辜鸿铭的时候，毛姆说他感到来中国不看辜先生，那就等于到北京未见长城、故宫一样算是白来了。在毛姆后来出版的《中国游记》里，专门收录了《辜鸿铭访问记》。

1921年夏末，日本著名作家芥川龙之介来拜访辜鸿铭。在交谈中，辜鸿铭向芥川龙之介分析了战争的起源，批评了欧洲的政治制度，认为只有中国文化才能消除战争。芥川龙之介发现，只有辜鸿铭能使他理解中国人的情绪。

1923年，蔡元培因不满当局做法，辞去北大校长之职。辜鸿铭与蔡元培同进退，也辞去了北大教职，不久就任一家英文报纸的主编。

最后一份荣耀

1924年，清废帝溥仪召见了辜鸿铭，双方交谈一番后，溥仪请辜鸿铭一起共进午餐，这是辜鸿铭从大清王朝获得的最后一道"荣耀之光"。

1924 年春，素有"东方诗神"之称的印度诗人泰戈尔来到了北京。在北京前门火车站，梁启超、胡适、蒋梦麟、梁漱溟、熊希龄、范源濂、林长民等一大批中国学界名流已在此等候。当徐志摩向泰戈尔介绍辜鸿铭时，泰戈尔当即表示没有想到辜鸿铭会"一身大清装束"亲自到车站隆重迎接他。与其他人对泰戈尔的谄媚态度不同，在经过与泰戈尔近距离接触后，尤其是听到泰戈尔在清华大学的演说后，辜鸿铭对泰戈尔产生了疑问，甚至对他《创造性的一》直接提出了疑问。在泰戈尔面前，也只有辜鸿铭有资格对其提出疑问。

1924 年 9 月，经日本友人著名汉学家鹫泽吉次推荐，受朝鲜总督斋藤实之邀，辜鸿铭到汉城游览观光。10 月，辜鸿铭应日本大东文化协会之邀，东游日本讲学，他用英语在东京、京都、大阪、神户、滨松等地做了多次讲座。辜鸿铭是近代唯一被正式邀请到日本讲学的中国学人。

1925 年 4 月，受日本大东文化协会的邀请，辜鸿铭再度赴日讲学。7 月，辜鸿铭接奉系军阀张作霖聘作顾问的函帖，与张作霖相见，不久后再次返回东京。

辜鸿铭于 1927 年秋天从日本回国。1928 年年初，七十二岁的辜鸿铭受山东督军张宗昌聘请，出任山东大学校长，但未及到任，4 月，辜鸿铭就在北京椿树胡同家中病逝。

得知辜鸿铭逝世的消息，废帝溥仪赐以旌额，赏银治丧。曾任民国首任总理的唐绍仪为辜鸿铭未得以国礼安葬甚为遗憾。先后做过国民政府国务总理的王宠惠、许世英等也都高度肯定了辜鸿铭为中国文化走向世界所做出的杰出贡献。

后世很多人在评价辜鸿铭时，都认为他是个狂傲的怪才，但是笔者却认为对辜鸿铭最好的评价是：一个忠诚爱国的奇才。林语堂在《辜鸿铭》一书中写道："许多外人笑我持心忠于清室，但我之忠于清室，非仅忠于吾家世受皇恩之王室，乃忠于中国之政教系，即系忠于中国之文明。"

唐国安

清华大学首任校长

位于中国广东省的香山县可谓人杰地灵，且不说这里是民族英雄、伟大的爱国主义者、中国民主革命的伟大先驱、中华民国和中国国民党的缔造者、三民主义的倡导者孙中山和民国时出任第一任内阁总理的唐绍仪的故乡，这里还是我国著名的清华大学的首任校长唐国安的出生地。

留美幼童出国门

根据香山县唐氏族谱，唐氏一族可以追溯到南宋开禧元年（1205 年），宋神宗时参知政事（副相）唐介的九世孙唐居俊率家人由南雄珠玑巷（今韶关境内）迁居至香山釜涌（今天珠海市唐家湾），唐居俊也就此成为香山唐氏始祖，从此开启了唐氏家族在此繁衍生息的新篇章。而后唐氏家族不断发展，逐渐成为当地举足轻重的名门大族。到了清朝光绪年间，这一带的唐姓人口已达数千人。

1840—1842 年的"鸦片战争"和战败后清政府签署的《中英南京条约》开启了中国近代史屈辱的第一页。1887 年（光绪十三年），葡萄牙政府与清朝政府签订了《中葡会议草约》和《中葡和好通商条约》，澳门成为葡萄牙殖民地。从此以后，这个距离唐家镇仅几十华里的殖民地在政治、经济、文化、宗教等多方面发生了重大的变化，对唐家镇也产生了潜移默化的影响。这里的唐家子弟率先接受了西方新式教育，并出现了前往西方学习西方文化的社会意识。受第一个毕业于美国耶鲁大学的中国留学生、第一位留美博士容闳和买办唐廷植、唐廷枢、唐廷庚等人的影响，在容闳的"中国幼童留美运动"（1872—1881）名单中，就包括了六名香山唐氏子弟，其中就包括未来清华大学的首任校长——唐国安。

唐国安，字国禄，号介臣，1858 年（咸丰八年）9 月 27 日出生于广东省香山县唐家镇鸡山村的一个基督教家庭里。虽然早在清朝中期就有一些唐氏族人出洋经商，并且出现了像唐廷植这样的美国旧金山华人、华商领袖，但是唐国安父亲这一支却在当地务农，以种稻养蚝为生，且家境比较贫寒。据记载，唐国安的故居只是由其父亲唐陶福所建的两间面山向北，宽九米、深八米的青砖土木结构的房屋（《唐国安——清华首任校长》，原载《中华儿女》）。

唐国安的少年时代正赶上中国自强运动方兴未艾，清朝政府与各省官

员都试图广泛吸收中国所需要的西方的思想与技术，其目标就是"师夷长技以制夷"。位于"珠澳中西文化走廊"的广东香山县更是接受西方文明的"急先锋"，早在1847年（道光二十七年）1月初，香山县南屏村（今珠海市南屏镇）人容闳就跟随香港马礼逊纪念学校校长布朗来到美国学习，1854年他从耶鲁大学毕业，成为第一个毕业于美国著名大学的中国人。早在上大学时，容闳就梦想着让国人如他一样接受西方教育。在他后来的自传里，他写道："予既受此文明之教育，则当使后予之人，亦享此同等之利益"，萌发了创立"幼童留美计划"的想法。

1870年，曾国藩往天津处理"天津教案"，容闳给曾当翻译。容闳认为实现梦想的时机到了，于是大胆向曾提出了他的留学教育计划，马上得到了曾国藩的赞同，后者立即与李鸿章联合上奏，获得了清廷的批准。

19世纪70年代初，唐国安在家乡读私塾，经族叔唐廷枢举荐，以第三十六名排序入选清政府公派留美幼童生。这些孩子共分四批前往美国，总共一百二十人（《留美幼童——中国历史上最早的官派留学生》）。1872年（同治十一年）8月11日，包括蔡绍基、梁敦彦等平均年龄只有十二岁的三十名幼童在容闳带领下自上海出发，坐船前往美国旧金山；唐国安被安排在1873年（同治十二年）与蔡廷干、唐元湛等三十人第二批赴美；1874年（同治十三年），后来曾做到国务总理的唐绍仪作为第三批留美幼童之一前往美国哥伦比亚大学。

当唐国安及其他留美幼童从美国西部乘火车去东部时，他们欢呼雀跃，高兴不已；在看到印第安人插着羽毛的奇装异服，成群的野牛在山谷中奔跑时，他们更无法抑制心中的快活。到达美国的东部城市哈特福德(Hartford)后，年幼的留学生三五人一组被分到美国友人家里。他们的女主人出于爱怜，一见面就抱起来亲他们的脸颊，幼童们个个满脸通红，不知所措，从女主人丰腴的怀里溜下来，一面用小手背擦着脸颊上的口水，一面瞪圆眼睛定定地看着女主人的黄色头发、猫绿蓝眼睛，惊魂未定。礼拜天，房东带他们去教堂，他们不好开口拒绝，只能悄悄地溜了。

唐国安先入读康涅狄格州哈特福德市新不列颠中学，六年后毕业，于1880年升入耶鲁大学法律系。在校学习期间，唐国安成绩一直优异，几乎每次考试都名列前茅。在大一的时候他曾因拉丁文作文，获得伯克利二等

奖学金。唐国安不仅学业出色，而且情商极高，有很强烈的家庭责任感，由于父亲在他留美期间已经过世，家庭经济条件一般，因此他在美求学时，经常把官府拨给的零用钱（幼童来回路费及衣物，每人银七百九十两。幼童驻洋学费津贴屋租衣服食用等项，每年计银四百两。当时的币值，每四两银约合美元五点五元）寄给家中父母，博得了乡人的广泛赞誉（吴雁飞《唐国安：情系清华，爱校如家的"守业"校长》）。

1881 年（光绪七年）9 月 6 日，对这些在美国学习生活了近十年的中国留学生来说，是一个伤心的日子，由于政治、文化、社会习俗等多方面的原因，清朝政府以"洋化"为由下令将他们这些留学生全部召回。他们被迫中断学业，悉数被"遣送回国"。在耶鲁大学法律系学习仅一年的唐国安只能被迫回国，以肄业的形式离开耶鲁。

这年 11 月 16 日，美国前驻天津署理领事毕德格（W.N.Pethick）、在天津行医的英国医生马根济（J.K.Mackenzie）向李鸿章建议设立医学馆，为陆海军培养医官。医学馆学制三年，第一届招八人，以后每届招四人，并拟定《医学馆章程》和预算。12 月 12 日，署天津海关道周馥报告李鸿章，前奉批准开设天津医学馆，并从由美回华的第二、三批学生内挑选八人，交该医学馆习业。16 日，周馥继续报告，从美国撤回的第三批学生唐国安等二十三人由天津分配，拟拨医院六名。此外又在第二批返回学生中，挑选二人学医。这样，医学馆第一批八名学生，都在留美幼童中作了调配。唐国安就是在此时，被官方安排改行学医了。

对李鸿章和周馥来讲，做好留美幼童的回国安排，让他们继续从事与洋务相关的工作或学业，就算是做好了善后。对唐国安而言，学医非其所愿，何况草创时期的医学馆，除了马根济执教外，仅有两个外国医生兼职帮忙，办学条件很差。在美国受过最好的高中教育，并在纽黑文见识过耶鲁大学医学院的唐国安，自然不将其放在眼里。到了 1883 年（光绪九年）春天，唐国安借母亲生病、回家探亲的机会，私自离校，脱离学籍，去宁波、镇江等地谋生（《唐国安：从留美幼童到清华创始人》）。

1884 年（光绪十年），唐国安与香港的一位姑娘结婚。婚后没有孩子，收养了侄子唐宝森【钟源《梦系清华园（39）：四大校长之首任校长唐国安》】。

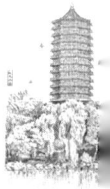

肄业归来，弃医从商

唐国安请假回乡期满后，并没有回到医学馆继续学习，而是以"奈因亲老多病，不令远离，而迫于家累，不得已在宁波、镇江等处就近枝栖"（光绪十一年十二月十二日周馥给李鸿章的上书，载《北洋纪事》）为由，在宁波、镇江等地谋生。

1885 年（光绪十一年），唐国安进入美商旗昌洋行——十九世纪美国在华的最大企业——任翻译，后被公司派到天津，参与为李鸿章采购外国军火的业务，这个时候他是以外企白领的身份，回来与老东家打交道。按照当时"不准在华洋自谋别业"的规定，这是不被允许的，他此时的处境颇为尴尬。好在唐国安脑筋活络，想出了向北洋捐银二千两，为自己"赎身"的办法。在《北洋纪事》中，1886 年 1 月 16 日（光绪十一年十二月十二日），周馥给李鸿章的上书中描述是："本年八月初，承旗昌洋行招致，在沪办理翻译事件。因与订立合同，十月间，洋东属来天津，经理采办军火事宜。因思国安在洋肄业等费，均资帑项，只以亲老家贫，未能图报于万一，清夜自思，惭愧无地。唯刻下既已受雇于外，情愿报效银二千两，以表微忱。兹先凑备行平银一千两，呈请察收，其余一千两俟明年十二月初一日，再行呈缴，禀请批示等情。并据美国驻津副领事毕德格投具洋文保结前来。"

毕德格与李鸿章私交甚好，是李最信任的外国人之一，再加上唐国安的族叔兼出国留学担保人唐廷枢，本来就是轮船招商局和开平煤矿的主要负责人，在北洋有着很大的活动能力，他也为唐国安做了疏通，所以李鸿章对此事也是网开一面。李鸿章接到周馥禀报后，作出批示："学生唐国安，出洋肄业九年，曾费公款，刻值用人之际，按照奏定章程，本难听其自谋别业，姑念旗昌洋行在华承办军火事宜，需人翻译，暂借该生应用，俟旗昌原订期满，仍饬恪遵中国差遣，以付定章，不得违误。所请报效津贴医馆经费银二千两，姑准赏收，仰将缴还到银一千两解交支应局，专备医馆施药之用。明年十二月续缴银一千两，仍由该道届时收取解局具报。此外肄业各生，概不准托辞请假，援以为例。"（《北洋纪事》）

利用庚款，筹建游美学务处

1890—1898 年，唐国安担任开平矿务局的英语秘书和总经理助理；1899 年，唐国安奉调前往辽宁，担任京奉铁路的职工总管；1900 年，由于爆发了"义和团运动"，唐国安到南方躲避，投身于香港商业界；1901 年前后，唐国安协助成立了香港基督教青年会，并担任董事会主席；1903—1907 年，唐国安在上海担任粤汉铁路局财务总监，然后又回到京奉铁路局。

1904 年，时任驻美公使梁诚先生（第四批留美幼童）和当时的美国国务卿海约翰磋商庚子赔款的结算问题（使用黄金结算还是使用白银结算）。在双方交谈中，海约翰承认庚子赔款数量浮夸过多的事实，遂要求美国放弃其超出"真正损失"的那部分赔款。

1905 年，因为美国的排华法案、粤汉铁路等问题，中国和海外华侨界爆发了大范围的抵制美货的爱国运动，一时之间美国对华出口锐减，美国一批"心地善良"的"有识之士"开始游说美国政府，改变对华战略，以教育为突破口在中国培养代理人。在美国伊利诺伊大学校长爱德蒙·詹姆士、美国传教士明恩溥等人的游说下，美国总统西奥多·罗斯福向国会提出了一个谘文，指出："我国宜实力帮助中国厉行教育，使此巨数之国民能以渐融洽于近世之境地。援助之法宜招导学生来美，入我国大学及其他高等学社，使修业成器，伟然成才，谅我国教育界必能体此美意，同力合德，赞助国家成斯盛举。"

1905 年，就在美国政府考虑将部分"庚子赔款"退给中国的同时，唐国安正在上海担任粤汉铁路局财务总监，他和颜惠庆（曾出任北洋军阀政府总理，中华民国政治家、外交家、作家）两人为上海《南方报》开辟英文版，面向旅居上海的外国人，每期发表社评一篇，两人轮流主笔。他敢于针砭时弊，利用媒体为国民争取权利，表现出不畏强权的英雄气概和对同胞的一片热忱。《南方报》英文版曾被誉为"用英文自办日报的先驱，保障国权的楷模"（史轩《唐国安：清末民初留美教育事业的兴办人》，清华大学校报电子版）。

步入政坛，享有盛誉

1907 年，由于堂兄唐绍仪的举荐，四十九岁的唐国安入京任职，先是担任总督府译员，后为袁世凯家族的家庭教师，同年成为外务部储才馆的正式司员，协助处理国际事务，兼管京奉铁路。当时袁世凯担任外交大臣，为抵制外国势力，防止中国被进一步瓜分，袁世凯广为招募和重用那些曾经在西方和日本留过学的精英分子。唐国安的堂兄唐绍仪长期担任袁世凯的助理，他帮助袁世凯广揽精英，先后招募了唐国安、梁敦彦和颜惠庆等人进入外交部门为国服务，不久，这些年轻的、受过良好西式教育的外交官在国际上开始崭露头角。

1908 年 5 月 25 日，美国国会通过罗斯福的咨文。同年 7 月 11 日，美国驻华公使柔克义向中国政府正式声明，将美国所得"庚子赔款"的半数退还给中国，作为资助留美学生之用（实际退款数额为一千一百万美元左右）。

1908 年秋，唐国安作为译员随清政府军机大臣毓朗、外务部尚书梁敦彦前往厦门，迎接美国太平洋舰队来访。在厦门期间，他曾接待当地菲律宾华侨代表，了解他们的困境并向毓朗禀报，转天即陪同毓朗去鼓浪屿向美国领事交涉，使菲律宾华侨的问题很快得到合理解决，为此华侨驰函致谢。

1909 年 2 月 1 日（宣统元年正月十一日），由美国发起的万国禁烟会议在中国上海开幕，会期一月。美、英、法、德、意、奥、荷、葡、俄、日、波斯（伊朗）、暹罗（泰国）十二国代表及中国以两江总督端方为首的代表团出席了会议。会上，作为中国代表团正式代表和发言人的唐国安表现极为出色，他以娴熟的英语和丰富的国际知识与英国、荷兰代表进行论辩。唐国安学贯中西，用实际数据分析了鸦片对中国社会、经济等各方面的恶劣影响。他既承认人们对鸦片有一个认识过程，又强调禁烟在世界范围已经刻不容缓；2 月 24 日会议结束前，唐国安的总结性演讲尤其成功，收到了满堂喝彩，特别是唐国安引孔子"己所不欲，勿施于人"和《圣经》"爱你邻人，如爱自己"的名句结束发言，彰显了唐国安的学识与口才，与会各国代表都对唐国安的这一演讲印象深刻。媒体评论说唐的发言"逻辑性、

说服力很强"。

从万国禁烟会议回来，唐国安就被清政府外务部看上，准备委以重任，这就是"庚子赔款"资助赴美留学生的选拔工作，而之所以如此，显然与他早期的留洋经历有很大关系。1909 年 7 月 10 日，清政府外务部和学部会同上奏折《收还庚子赔款遣派学生赴美办法大纲事》，"拟在京师设立游美学务处，由外务部、学部派员管理，综司考选学生，遣送出洋，调查稽核一切事宜。并附设肄业馆一所，选取学生入馆试验，择其学行优美，资性纯笃者，随时送往美国肄业"（清华大学校史研究室编《清华大学史料选编》第一卷，第 115 页）。1909 年 7 月 17 日，外务部下拨经费，作为办理庚款留美事务的专设机构——游美学务处开始办公。游美学务处的管理人选，经外务部会办大臣那桐与学部管部大臣张之洞反复磋商，确认外务部署左丞兼学部丞参上行走周自齐为游美学务处总办（《清华校友通讯》第 5 卷第 6 期，1939 年 11 月 1 日），外务部候补主事唐国安任会办（中国第一历史档案馆编《清游美学务处档案史料》，《历史档案》1997 年第 2 期，第 65—67 页）。周自齐，每月薪水二百五十两，支半薪；唐国安，每月薪水四百两；学部员外郎范源濂，每月薪水二百两，支半薪。由此可见，唐国安才是当时游美学务处的实际负责人。

新成立的游美学务处，先是在北京东城猴尾胡同（1947 年改为侯位胡同）租赁一所民房，作为临时办公地点，主要工作是聘任各员分任职事，拟具暂行章程，刊用木质关防，准备招考。因猴尾胡同办公地点过于狭小，学务处不久又搬入史家胡同一个大院内办公。

按中美双方商定的计划，考虑到美国大学开学时间，当年秋天就应送一百名学生到美。由于时间紧迫，学务处遂将京师报考与各省咨送第一格学生汇集一起通考。消息传出，来自全国各地的六百三十多名考生，云集北京城内史家胡同游美学务处报名。

1909 年 9 月 4 日至 11 日（宣统元年七月二十至二十七日），第一次考试在北京史家胡同的学部衙门考棚开考，具体时间与考题为：

9 月 4 日考试国文，为第一场；

9 月 5 日考试英文，为第二场；

9 月 6 日、7 日校阅试卷，各按分数先行取录，张榜晓示，已录取者

准其接试科学。

9月8日放初榜；

9月9日考试代数、平面几何、法文、德文、拉丁文，为第三场；

9月10日考试立体几何、物理、美史、英史，为第四场；

9月11日考试三角、化学、罗马史、希腊史，为第五场。（以上均据《1909：庚子赔款第一期留美生》）

游美学务处的三位主官周自齐、唐国安、范源濂为主考官，按照规定，每场"随时校阅，各给分数，俟取定之后，传至本处核对笔迹，相符然后取具愿书，另定日期放洋赴美"。

最终，共四十七名学子从六百三十人中脱颖而出，其中就包括此次考试的第一名程义法、程义法的哥哥程义藻、唐绍仪的堂侄唐悦良、后来先后出任清华学校（清华大学前身）和清华大学校长的金邦正、梅贻琦等人。

10月12日，留美学子从上海乘蒸汽机轮船"中国"号出发，11月6日抵达旧金山，同行的还有唐国安侄子唐孟伦。一行人于11月13日抵达华盛顿。由于当时美国学校早已开学，唐国安和驻美学生监督容揆根据学生的学习程度，分别将他们安排于不同学校就读。唐国安还和容揆到各校考察留学生的学习和安置情况，见到"所有教授、管理诸法，均甚相合，诸生皆安心向学"，这才放心，第一批护送成功，为以后护送开了个好头。回国后清廷正式任命唐国安为外务部考工司主事。

在游美学务处选送第二批"庚子退款"留美学生之前，清政府学部于1910年4月15日颁发了《各省考选游美学生办法》，将考生分为两格进行招考。第一格年龄为十五岁到二十岁之间，第二格年龄在十二岁到十五岁之间。后因肄业馆建设工期不能满足美国开学时间的要求，决定按照第一期招考办法实行，仅招考第一格学生，第二格学生待肄业馆竣工后再行招生。考试分两场进行，第一场仅考中文和英文，也就是初试，通过初试者再进行复试。

初试在1910年7月21日进行，考试地点设在地安门附近的政法学堂，到场考生四百余名。上午考中文，题目为："不以规矩不能成方圆说"；下午考英文，题目为："借外债筑路利弊之关系论"（《外学两部考试游美学生》，《申报》，1910-07-28：第1张第6版）。7月25日初试发榜，

共录取二百七十二人，凡平均分及格者，"皆与录取"（《考试留美学生草案》，《申报》，1910-08-05：第 1 张第 5、6 版）。

复试于 7 月 26 日进行，上午考代数、平面几何；下午的考试科目分别是希腊史、罗马史、德文或法文；7 月 27 日考物理、植物、动物、生理化学、三角；28 日因天降大雨停考一天；7 月 29 日考高等代数、立体几何、英国史、美国史、世界地理、拉丁文。

8 月 2 日，游美学务处录取学生七十名。这批学生于 8 月 16 日启程赴美。特别值得一提的是，未来掌管北京大学的胡适（第五十五名），掌管浙江大学的竺可桢（第二十八名），后来蜚声国内外的著名学者、汉语言学之父、音乐家赵元任（第二名，后靠两篇奇文《施氏食狮史》和《季姬击鸡记》有力地回击了中文拉丁化逆潮，挽救了汉语的大师）都名列其中。本次考试还录取了备取生一百四十三名，作为在建中的游美肄业馆（后改名为清华学堂）高等科学生，经培训后赴美留学。

所谓游美肄业馆的创设，是唐国安的创举。还是在第一次招考结束后，因为很难挑到足够数量的合格人才，没能达到原定的派送一百个学生的目标，唐国安等人为此感到不安。于是，为做好留学生赴美前的准备，游美学务处积极筹办肄业馆，目的之一就是"教习学生充分科目"，使学生可以直接升入美国大学。馆址选在北京西北郊之王府旧园——清华园。经向宣统皇帝奏准，1909 年冬招标对园内主要建筑工字厅进行修葺。经过一番修整，1911 年 2 月，游美学务处肄业馆全部迁入了清华园，一所正规的留美预备学校就此问世，当时取名"清华学堂"。3 月，正在美国访问的唐国安接外务部急电，奉命火速经欧洲回国，主持学堂开办事宜。经过紧张的筹备工作，4 月 29 日，清华学堂正式成立，周自齐被任命为学堂监督，范源濂、唐国安为副监督，胡敦复受聘为教务长。

1911 年，第三次"庚子退款"资送赴美留学生考试在清华园学堂开考，参加考试者均为清华学堂高等科学生，其中大部分是上年录取的备取生（还包括数名经过高等科培训的中等科学生）。考试时间为 6 月 23 日至 29 日，共一百三十四名学生参加考试，采用平时排名与考试成绩各占 50% 的形式录取学生六十三名（唐国安另保送幼童生 12 名）。此批留美学生于 1911 年 8 月 7 日启程赴美。

送走第三批留美学生后，正当周自齐和唐国安为新学年实施新计划的时候，10月10日爆发了"武昌起义"，清政府把"庚子退款"专项经费拿去用作军饷，美国人一怒之下拒绝拨付。没有钱，教职员和学生生活无着，不少学生只好请假回家。1911年11月，清华学堂不得不暂时关停。

清华学堂暂时关停后，唐国安继续回外务部履职。1912年1月1日，中华民国临时政府在南京成立，孙中山任临时大总统。1912年1月底，唐国安最后一次代表清政府出席了在荷兰海牙举行的第二届国际禁烟会议，会上终于制定了对各国都有约束力的第一个国际禁毒公约《海牙禁止鸦片公约》，世界范围的禁烟有了国际法的依据，这也标志着中国半个多世纪以来的禁烟努力获得了巨大胜利。

1912年2月12日，中国末代皇帝溥仪宣布退位。3月，袁世凯掌权，唐国安的本家兄弟唐绍仪出任第一届内阁总理，负责组阁。在这期间，清华学堂监督周自齐与副监督范源濂，先后摇身变成了国民政府高官，离开了清华学堂。唐国安却无意仕途，在参加海牙国际禁烟会议回国后，便只身留在了清华学堂，独立支撑摇摇欲坠的局面。为了保卫学校财产，唐国安与庶务长、自己的侄子唐孟伦，买入一批枪支，扩充校警一倍，日夜巡逻守护校园。同时，唐国安积极奔走在复校的路上，他一方面在经济上向各银行贷款；另一方面向财政部催要所欠学堂的二十万两白银，暂时维持学堂的日常运行。

1912年5月1日，清华学堂正式复学，三百六十名学生如期归校。唐国安立即被任命为清华学堂监督。在唐国安等人的努力下，1912年5月23日，经呈报外务部批准，游美学务处撤销，招生、国内准备、遣派、留学监督等职权，统统归学堂统一操作管理。

无意为官，献身清华

1912年10月17日，经呈报外务部批准，清华学堂更名为清华学校，并实行校长负责制。外务部任命唐国安为第一任校长，周诒春为副校长。唐国安主持清华学校工作以后，确立校训："自强不息、厚德载物、寿与国同、人文日新"，立志要在中国办出一所能为国家培育高等人才的高等学府。

唐国安上任后，根据以往的经验，修订了学校原有的章程。主要有：

（一）将一度实行的中等科五年、高等科三年的"五三制"改回中等科四年、高等科四年的"四四制"，充实教学内容，实行高等科文（文法）实（理工）分班；

（二）将高、中等科混合招生改为中等科统招、高等科插班招；

（三）坚持"进德修业，自强不息"的教育方针，加强对学生的管理，等等。

唐国安等人力图通过上述各项措施，提高学生素质水平，提高学校的档次，让学生经过几年学习之后，中等科（高小程度入学）毕业能达到美国高中一、二年级水平，高等科毕业能达到美国大学一、二年级水平，相当于美国的初级大学。学生赴美后，可以直接上三、四年级，缩短了上大学的期限，也为早日进入研究院攻读硕士、博士学位创造条件。这些措施在其后来补充修订的《清华学校近章》中得以体现。

在对清华学校进行学业制度改革的同时，唐国安积极争取学校的财务充足与安全，就是在病中，他还上书外务部，保证"庚子退款"的专项使用。有了资金的保证，清华学校在人员数量与办学场地上也得到发展，经过唐国安的两次努力，到1913年年底，清华园在原有四百五十亩的基础上扩充四百八十亩，加上先前购进的周边地约二百亩，学校已拥有近一千二百亩之校园。教师人数由三十人增加至五十人，并聘请了不少外籍教师到校任教。

长期艰苦的工作，严重影响了唐国安的身体健康。1913年春，唐国安心脏病发作。他发病三次，虽然勉力支撑，但病情仍日益加剧。8月21日，他毅然向外务部递交"自请免官"报告，提出"因病辞职，荐贤自代"，正式推荐当时正护送留学生赴美的周诒春为继任校长。可惜报告还未批下来，唐国安就因心脏病猝发，于8月22日下午与世长辞。这位清华第一任校长在任上完成了开创百年清华的伟大使命。

唐国安一生大部分时间生活在民间，晚年虽身为政府官员，却很少有官气。在五十五年的生命中，唐国安以其渊博的知识和卓越的个人魅力，致力于新闻、外交和教育工作，极具开拓性。他晚年主持游美学务和清华建校工作，无疑是容闳留美教育计划的"复活和延续"（中国台湾学者林子勋语）。他为人一贯忠于职守，思想开明，待人诚恳，爱护学生，深受师生的爱戴。著名教育家，清华学校 1911 级校友陈鹤琴在《我的半生》中回忆道："他是一个基督徒，待人非常诚恳，办事非常热心，视学生如子弟，看同事如朋友，可惜做了（校长）不久，就得病去世了，我们都觉得很悲痛，好像失掉了一个可爱的慈母。"

蔡元培

学界泰斗，世人楷模

位于中国浙江省中北部的绍兴，天地钟灵，山川毓秀，文治武功，名士云集。这里不仅长眠着治水利民的夏禹，诞生了让人发奋图强、励精图治的"卧薪尝胆"的历史典故，养育出具有"沉鱼"美貌的美女西施，而且出现了王充、刘宗周、黄宗羲等汉、明、清时期的思想大家。被伟人毛泽东赞誉为"学界泰斗，人世楷模"的北大校长蔡元培，就出生在这个文人荟萃、国学盛隆的江南名城。

北大校长出绍兴

蔡元培，小名阿培，字鹤卿，又字子民等，1868年1月11日（同治六年十二月十七日）出生在浙江绍兴山阴县城中笔飞坊的一座商家宅院里。蔡家原籍浙江诸暨陈蔡乡，明朝中期前后迁至山阴县，以经商为生。蔡元培祖父蔡延桢，字佳木，一生潜心读书，颇具志向。他典当行学徒出身，后升为典当行经理。蔡元培父亲蔡光普，蔡延桢长子，当地某钱庄经理，为人宽厚优容，对人有求必应，朋友评价是"持己接人，都要到极好处"（张晓唯《蔡元培传》，百花文艺出版社）。日后蔡元培总是给人以"忠厚长者"的形象，应是得到其父的遗传。蔡元培母亲周氏，性格刚强且独立，十分重视对子女"自立""不依赖"品德的培养。按照蔡元培先生自己的说法，"我母亲是精明而又慈爱的，我所受的母教比父教为多"（蔡元培《自写年谱》，《蔡元培全集》第七卷）。日后蔡先生在中国大力提倡女权运动，应是对其母的尊敬与纪念。

蔡元培父母共育三子四女，排行居四的蔡元培天性祥静平和，且最是聪慧好学，世代经商的蔡氏家族（仅六叔从文）也有意培养他走科举之路，改换门庭。

1872年（同治十一年），五岁的阿培进入自家开设的私塾，按照兄弟辈的排字，正式取名为元培，字鹤卿，开始诵读《百家姓》《千字文》等启蒙读物，进而便是"四书五经"等稍高一些的课程，此外还学习习字和对课两种功课。

1878年（光绪四年），蔡元培父蔡光普病逝，蔡元培一家经济状况立即陷入窘境，母亲周氏谢绝了亲友们的资助，开始变卖家当，乡亲们也主动偿还前期借款，一家人勉强度日。家里的私塾没有了，蔡元培只能就近

到别人家私塾附读。一年后，蔡元培进入严师李申甫塾馆读书，开始学习八股文。1880年（光绪六年），十四岁的蔡元培转入王懋修塾馆继续深造。

要说这位王先生还真是一位教育专家，对蔡元培严格按照"应试教育"模式（八股文）加以教导，但在讲解时却大谈历史典故，对前人的优劣得失，他总是让大家自己评判，真正做到了"专"与"博"的综合培养，这对蔡元培人格的养成起到了重要的作用。

步入科举

蔡元培十六岁左右，在其科举引路人本家六叔蔡铭恩（其时为秀才，晚于蔡元培中举人）陪同下，第一次参加小考，结果失败。1883年（光绪九年），蔡元培十七岁时第二次应试，考取了秀才。此后两年蔡元培开始在家乡充任塾师，开始了其教育生涯。

1886年初春，蔡元培的母亲因患胃病和肝病不幸病故，蔡元培遵循古制，星夜守候在母亲的棺木之侧，以表达对母亲的深深爱意与敬重。1885年中秋时节，十九岁的蔡元培怀着试试看的心情，第一次到省城杭州参加乡试，结果名落孙山。1886年，蔡元培不再担任塾师，经由同乡先辈田宝琪介绍到绍兴望族徐树兰府上充任其侄子徐维泽的伴读并兼为徐氏校勘所刻书籍。在此期间，蔡元培偶尔写写八股文，却经常不按常理出牌，做成所谓怪八股，以求文章的奇僻古奥，使得常人几乎难以读懂。按照蔡元培的说法，好像同人开玩笑一样。

1888年秋，蔡元培第二次前往杭州应乡试仍未中。第二年春，他与绍兴城内钱庄出纳王荣庭的次女王昭结婚。这是一段包办婚姻，在结婚之前，蔡元培只知道自己的妻子是大家闺秀，其余的就一概不知了。王昭花钱极为节省，与蔡元培性格豪放、不拘小节相比，形成尖锐的矛盾，夫妻二人常常因为一件很小的事就能吵起来。为了改善夫妻关系，蔡元培写出了《夫妻公约》。在这份公约的约束下，二人相互理解，感情也在相处当中被培养了出来。婚后数月，蔡元培便第三次赴杭州参加因光绪皇帝亲政而举行的恩科乡试。这次，蔡元培凭借其"怪八股"受到主考官李文田的赏识，得中第二十三名举人，并与沈宝琛（后为内阁学士，末代帝师）一起得到御史李慈铭的注意。

1890 年春，时年二十四岁的蔡元培赴京赶考，参加恩科会试，他与徐维泽同行，在考场上，蔡元培再次以"怪八股"考中第八十一名贡士（清制称会试考中者为贡士）。但是，由于蔡元培对自己楷书书法的不自信，没有等到发榜就与徐维泽赶回家乡绍兴，不料竟是榜上有名。1892 年春，蔡元培再次赴京补应殿试，经复试后被列为第三等，参加了在保和殿举行的殿试，此次会试的主考官是翁同龢，阅卷大臣为工部左侍郎汪鸣銮等。得汪鸣銮的赏识，蔡元培出乎其意外地考中了二甲第三十四名进士，进而被点为翰林院庶吉士。1894 年散馆考试后，蔡元培被授予翰林院编修。

弃官从教

就在蔡元培开始供职翰林院做京官的时候，1894 年爆发了"中日甲午战争"，结果是中国惨败，这使得蔡元培认真地思考了许多问题。随后，随着《马关条约》的签订，蔡元培于冬天请假一年返居故乡。1896 年，在绍兴赋闲的一年里，蔡元培开始大量涉猎翻译著作和新学著作。11 月，蔡元培的长子阿根出生，年底蔡元培独自回北京，1897 年初夏，王夫人携幼子来京，蔡元培从绍兴会馆搬出，迁入绳匠胡同寓所，与家人团聚。

1898 年，在京城内变法维新，气氛更加浓烈的氛围下，蔡元培开始努力学习日语，读、译日文的本领使蔡元培日后受益匪浅。9 月，"戊戌政变"的消息传来，"戊戌新政"恰如一场春梦在血雨腥风中骤然消散。蔡元培悲愤之余，痛切感到康党之所以失败是因为不先培养革新之人所致。同年 10 月，蔡元培请假离京，举家南归，实际上放弃了京职，开始了人生新的一页。

1898 年深秋时节，蔡元培回到故乡绍兴。之后他接受绍兴知府熊再莘和乡绅徐树兰的邀请，出任 1897 年年初创立的绍郡中西学堂总理（校长）。他在职期间，出于对日语的重视，把学校外语课程由原有英、法两种再增设日语，并托人延聘日籍教师中川外雄来校任教。在中西学堂任职期间，蔡元培读了严复的译著《天演论》及亚当·斯密的《国富论》等著作，使他对西方社会学说的了解更加系统，思想认识也跃上一个新高度。由于在学堂教员中，新旧两派之争非常激烈，蔡元培愤然辞职，后经多方斡旋，终回学校复职，直到同年 10 月，学堂暂时停办离去。在此期间，蔡夫人

王昭病逝，年仅三十五岁，1900 年 10 月，蔡元培离开绍郡中西学堂，前往杭州筹办师范学校。

1901 年 8 月，蔡元培经代理南洋公学监督刘树屏介绍进入南洋公学（今上海交通大学前身），担任特班中文教习，邵力子、李叔同、黄炎培等都是班中学生，并结交张元济这位密友。

蔡元培在杭州办学的时候，认识了才女黄仲玉，她出身于书香门第，不但没有缠足，而且识字，又精通书画，满足蔡元培对于续弦提出的五个要求。1902 年元旦，蔡元培举行了第二次婚礼，随后夫妻寓居上海。在以后十八年的婚姻当中，蔡元培从大男子主义逐渐转变成为追求妇女平等权利的斗士，应当说他的第二位夫人黄仲玉对他影响很大。

1902 年 9 月，蔡元培在杭州创办爱国女学，同年 12 月爱国女学开学，蔡元培担任校长。

迈出国门

1902 年夏，蔡元培第一次走出国门，远赴日本游历。在日本，蔡元培被中国留学生涌动的爱国与变革热情感染。从日本归来后数月，发生了所谓"墨水瓶事件"，即南洋公学校方借口学生给守旧派老师座位上放墨水瓶，而无理开除学生，从而引发南洋公学退学学潮，蔡元培愤然辞职。

1904 年 11 月，蔡元培参与发起"光复会"（清末著名的革命团体，以暗杀和暴动为主要手段），被推举为会长。1905 年夏，中国同盟会在日本东京成立，孙中山委任蔡元培为上海分会主持人。蔡元培后在江浙一带发展了黄炎培等一批同盟会会员，并在后来协调同盟会与"光复会"的关系方面起到积极作用。1906 年春，蔡元培离开黄浦江畔返回故乡，随后便回到北京，到翰林院销假。

1907 年，蔡元培得到自费留德的机会，并得到上海商务印书馆的资助，于是前往德国开始留学生涯。在柏林度过了不是很满意的一年后，蔡元培进入莱比锡大学读书。在这里，蔡元培没有选定某一专业而攻读学位，只是凭兴趣爱好自由听课，在校的六个学期总共听了四十一门课程，包括哲学、文学、文明史、人类学、教育学、心理学、美学、绘画艺术等，凡是时间不冲突的，他都去听课。在莱比锡的几年里，蔡元培听课之余还有其

他一些活动，相对来说，留德的四年是蔡元培能够潜心治学、辛勤笔耕的一段黄金时期。1911年10月，在德国得知武昌起义的消息，蔡元培兴奋不已。随后，他接到曾经的学生陈英士的邀请，10月上旬，蔡元培结束四年之久的留德生活返回祖国。

1912年，孙中山在南京就任中华民国临时大总统，委任蔡元培为教育总长。教育部办公条件简陋，但办事人员确实绝对一流（包括鲁迅在内）。在蔡元培主持全国教育工作时期，教育部发布了《普通教育暂行办法》（1912年1月），将学堂改称学校，规定所用教材要符合民国共和的宗旨。按照蔡元培撰写的《对于教育方针之意见》的观点，他提出新的教育方针为"五育并举"，所谓五育即军国民教育、实利主义教育、公民道德教育、世界观教育和美感教育。

此时的中国，政治风云动荡。蔡元培在此后的北京政府做了三个月的教育总长后，得到袁世凯的批准，于7月辞职。9月，他再次进入莱比锡大学，继续听课与研究。1913年，宋教仁遇刺后，蔡元培回到上海。9月，他又前往巴黎。在法国的三年多时间里，蔡元培热衷于社会公务。直至1916年6月袁世凯死后，经时任教育总长范源濂的邀请，蔡元培回国出任北京大学校长。

做北大校长

1916年12月26日，时任大总统的黎元洪正式任命蔡元培为北京大学校长。蔡校长与北京大学早前曾有一些渊源。早在1912年，还是北京大学的前身京师大学堂时，蔡元培就曾任大学堂所属译学馆的国文教习，并兼授西洋史，任教数月后，他主政教育部，参与改定京师大学堂为北京大学，推荐严复为北京大学首任校长，还亲临校内发表演说。

蔡元培作为校长来到北大的第一天，学校员工照例排列校门两旁，深深行礼以示欢迎，蔡校长也摘下礼帽鞠躬还礼，让人感到这位新校长的平易近人。1917年1月9日，蔡元培在校内发表就职演说，其中强调：大学者，研究高深学问者也（《蔡元培全集》），由此向人阐述了他眼中大学的性质。

蔡元培到北大履职后的重要贡献是：

第一是聘任高水平的教师。蔡元培上任后采纳汤尔和与沈尹默的提议，

决定聘任倡导新文化运动的陈独秀为文科学长，并劝其将《新青年》迁京续办；陈独秀又向蔡元培推荐《新青年》的投稿人，时在美国留学的胡适来校任教（1917 年 8 月到任）；几乎与此同时，刚刚二十三四岁的自学青年梁漱溟通过范源濂的介绍，被蔡元培聘到北大教授印度哲学课程（1917 年冬到任）。1918 年 4 月，经许寿裳和鲁迅的推荐，周作人应聘来到北大，随后聘为教授；7 月间，章士钊应聘为文科教授，主讲逻辑学，并兼任图书馆主任；11 月，经章士钊推荐，李大钊进入北大担任图书馆主任。这一年，蔡元培还聘任了失意潦倒的国学大师刘师培为文科教授。总之，蔡元培选聘教师只有一个标准，那就是学术造诣。按照这一标准，蔡元培解聘了一些不合格的教师，其中不乏英、法籍教师，这引起了英国公使的不满，导致北京政府外交总长的过问，蔡校长依然坚持予以除名。

第二是注重理科的发展。蔡元培原本在理念上极为推崇科学的价值，平生不遗余力倡导科学，他主持北大后，北大的理科在夏元瑮等原有教员的基础上，陆续从欧美毕业留学生中招聘了李四光、丁西林、王抚五、颜任光、李书华、何洁、翁文灏、朱家骅等一批杰出学者，随着他们来校任教，西方近代自然科学开始比较系统地输入我国文化教育领域，逐渐形成一种新知识体系。此外，法学科也改变了先前主要由政府官员兼课的状况，马寅初、陶孟和、陈启修、周鲠生、王世杰等专业学者相继应聘而来，法学、经济及社会科学等学科逐渐独立和完善。

第三是成立研究所，强调必要的学术研究。蔡元培认为要革除北京大学教师年年抄发旧讲义的陋习，而不断提高授课水平，就必须在教学之外从事必要的学术研究，任职一年之内，他便要求各学科成立相应的研究所，由专业教师和高年级师生共同研讨学术问题，并决定由商务印书馆印"行北京大学丛书"，分别出版北大教师的学术著作。1918 年秋，蔡元培又提议创办《北京大学月刊》，作为师生发表学术论文的专刊。

第四是整顿北京大学的风纪。蔡元培入主北大时，北京的社会风气混浊不堪，北京大学师生也受其影响较深，赌博、嫖娼、打牌、捧角现象屡见不鲜。蔡元培在就任北大校长的演讲词中说道："方今风俗日偷，道德沦丧，北京社会，尤为恶劣，败德毁行之事，触目皆是，非根基深固，鲜不为流俗所染。""所以诸君须抱定宗旨，为求学而来，入法科者，非为做官；

入商科者，非为致富。宗旨既定，自趋正轨。"1918 年 5 月，在蔡元培的倡导下，北京大学成立了"进德会"，蔡元培任会长，五百多名师生加入该组织。

第五是兼容并包。兼容并包是蔡元培办学的主要思想之一，他心目中的大学是共同研究学术的机关。蔡元培与陈独秀、胡适等为新文化运动的旗手，但在学术上也接纳辜鸿铭、黄侃、刘师培等旧学的存在，将这些人直接聘为北大教授。北京大学不仅研究中国的学问，也要研究世界的学问。蔡元培在为《北京大学月刊》撰写的发刊词中指出："非徒输入欧化，而必于欧化之中为更进之发明；非徒保存国粹，而必以科学方法，揭国粹之真相。"正如梁漱溟所说："因其器局大，见识远，所以对于不同主张，才品不同的种种人物，都能兼容并包，右援左引，盛极一时。"（梁漱溟《纪念蔡元培先生》，《我的努力与反省》第 324 页）故北大师生称其为"古今中外派"。

第一次世界大战结束后，蔡元培再次明显涉足社会政治领域，他发表了题为《劳工神圣》的著名演说，主张和平解决国内政治争端（北洋政府与南方革命政府），与教育界人士发起了退款兴学运动，促使西方列强退还"庚子赔款"，用以发展中国教育文化事业。1919 年春天，在巴黎举行的和平会议上，传来了中国外交失败的消息，由此爆发了震惊中外的"五四运动"。

对于这场爱国运动，蔡元培明显保持某种"放任"姿态。他一方面与政府周旋；另一方面安抚学生劝其复课，同时与各国立学校校长奔走营救被捕学生。

为抗议政府逮捕学生，蔡元培于 5 月 8 日夜晚，正式向政府提交辞呈，第二天清晨便悄然离开北京前往天津。蔡元培在天津逗留数日，旋即南下上海、杭州，息影于西子湖畔，专心译书著说，并发表声明表示不愿再担任北大校长。随着"五四运动"的胜利，在教育部及北大师生的极力劝说下，蔡元培于 7 月 9 日通电放弃辞职。随后，由于曹锟、张作霖等人的原因，1920 年 10 月，蔡元培告别北大师生陪同著名教育学家杜威和到华不久的英国哲学家罗素等人赴湖南长沙进行学术演讲，一个月后，他束装启程踏上赴欧美考察的漫长路程。

蔡元培在法国期间，与他共同生活近二十年的妻子黄夫人不幸逝世，此时的蔡元培正在处理难度极大的留法勤工俭学财政问题，无暇回国处理妻子丧事。

在近十个月的时间里，蔡元培做了一次名副其实的环球旅行，先后游历了法国、瑞士、比利时、德国、奥地利、匈牙利、意大利、荷兰和英国。1921年9月18日，蔡元培经上海回到北京。他在北大一面平复学生运动的余波；一面致力于"教育独立"运动，同时致力于学制改革。1922年9月下旬，蔡元培以会议主席身份主持了北京政府教育部召开学制会议，随后公布了新学制：小学由七年缩短为六年，义务教育暂时以四年为准，重视学生的职业训练和补习教育，课程设置和使用教材侧重实际，实行选课制和分科教育，兼顾学生升学和就业两种需要，充分体现了蔡元培的教育思想。随着以后北京发生的"罗文干案"（以王宠惠为首的"好人政府"财政总长罗文干因对奥借款案而被控入狱，陷入复杂的政治纠纷，前后三次被捕，史称"罗文干案"。蔡元培有感于行政权力干涉司法独立，人权遭蹂躏，愤而提出辞职）和北大学生因学校规定向学生征收讲义费而直接抵制学校当局的风波，蔡元培于1923年1月17日再次提出辞职，并于1月18日早晨离京南下上海。

蔡元培在上海逗留期间，完成了他的第三段婚姻。蔡元培的老友见他经历了丧偶之痛后情绪比较低落，便张罗着为他续娶。蔡元培思索后提出了三个条件：第一，具备相当的文化素质；第二，年龄略大；第三，熟谙英文，能成为研究助手。结果蔡元培的科举同年许仲可夫妇在上海所办的爱国女校的一名学生周峻被介绍给了蔡元培。周峻，字养浩，早年还是蔡元培在上海成立的爱国女校的一位学生。她在上海蔡元培当校长的那所学校读书时，就经常听他的报告与讲演，对校长的风采早就铭记于心。周峻当时三十三岁，比蔡元培小整整二十二岁。1923年7月10日，蔡元培和周峻在苏州留园举行了隆重的婚礼。

婚后第十天，蔡元培携妻带儿离开上海，再赴欧洲。这一年秋天和冬天的大部分时间里，蔡元培生活在比利时的布鲁塞尔，着手编译《简明哲学纲要》一书。1924年年初，为了便于周峻学习美术，蔡元培一家移居法国，周峻在相夫教子之余攻读西洋美术课程，她把对蔡元培的爱倾注在她

的作品——《蔡元培半身像》中。而蔡元培则在上面题诗一首"唯卿第一能知我，留取心痕永不磨"。然后辗转英国伦敦、德国哥尼斯堡、荷兰海牙、瑞典斯德哥尔摩从事社会活动。

蔡元培在欧洲各地演讲、筹款、参会期间，中国国内发生了两件大事：其一是1925年3月，孙中山在北京逝世，消息传到欧洲，蔡元培立即撰写挽联和祭文，深切悼念这位"中国自由神"；其二是1925年5月30日，震惊中外的"五卅运动"在上海爆发，引起了很多国家的"排中"情绪，蔡元培撰写了《为国内反对日英风潮敬告各列强》，澄清事实真相，对辱华观点予以驳斥。

在北京政府和蒋梦麟、周作人、刘半农、傅斯年等北大师生的不断请求下，蔡元培结束了欧洲之旅终于踏上归程，于1926年初春返抵上海，但是他不顾周作人、胡适等人的一再请求，以胃病发作为由拒绝返回北大，而是选择了为南方政府即将开始的北伐做政治上的策应。北伐军进入长江流域后，蒋介石在南昌自立中心，蔡元培、吴稚晖、李石曾、张静江四位国民党元老一致拥蒋，蔡元培成为这一时期政治圈内的重要人物。

1927年6月蔡元培被任命为大学院院长，10月在南京正式就任。1928年，蔡元培任国民政府常务委员、代理司法部部长、监察院院长及中央研究院院长等职。次年，辞去各职，专任中央研究院院长——"作为中华民国最高学术研究机关"，其职责为"实行科学研究，并指导、联络、奖励全国研究事业"，到1929年年初，中央研究院在南京、上海、北平等地先后建立了物理、化学、地质、天文、气象、动植物、心理、工程、历史语言、社会科学等十个研究所，丁西林、李四光、竺可桢、傅斯年等人担任这些研究所的所长职务。

蔡元培晚年从政时期，他的一个重要使命便是弥合国民党党内派系纷争，其间蒋介石与桂系之间、蒋介石与胡汉民之间、蒋介石与汪精卫之间的矛盾不断，蔡元培实际上扮演的是一个救火者兼和事佬的角色。蔡元培的另一个重要使命，便是平息学潮。1931年9月18日，日本驻中国东北地区的关东军突然袭击沈阳，以武力侵占东北爆发了九一八事变。面对南京政府的不抵抗政策，全国各地学生纷纷抗争，全国很多城市的大中学生汇集南京请愿示威。对于这次学生的罢课、示威运动，蔡元培本是持不

支持态度的，认为牺牲这么多光阴与学业是很可惜的事情。所以当各地学生于12月15日到国民党中央党部示威的时候，作为全国学界领袖的蔡元培代表政府出面接见学生代表。只是这个时候没有人会听这位老师的苦口婆心的"唠叨"，他并且遭到了学生代表——美女发言人薛迅（中华人民共和国成立后曾担任河北省委副书记、副主席等职，毛主席称赞她是"女中英杰"）的掌击。据《中华民国史事纪要》一书记载，蔡氏"甫发数语，该团学生即将蔡氏拖下殴打"。在与警察的冲突中，学生从台上架起六十五岁的蔡元培，拿他当挡箭牌，瘸着一条腿的蔡元培被拖、拽、背、拉，直到靠近郊区的地方才被警察解救下来。事后蔡元培接受记者采访时说道："予头部受棍击，似无伤害，唯右膀被暴徒扭拉，颇伤及筋络。"不过蔡元培口头上并没有怪罪学生，反而认为是自己没有把学生教育好。

1932年12月，他与宋庆龄、杨杏佛、林语堂等发起成立中国民权保障同盟，蔡元培为副主席。中国民权保障同盟的实质工作是营救被国民党当局拘捕的政治犯，在其存在的半年时间里，先后营救了许德珩（中华人民共和国成立后任全国政协副主席、全国人大常委会副委员长）、侯外庐（中华人民共和国成立后任全国人大代表、全国政协第六届委员、常务委员等）、罗登贤（中共第六届中央政治局委员、中华苏维埃共和国中央执行委员）、廖承志（六届全国人大一次会议上被提名为国家副主席候选人）、陈赓（新中国开国元勋、中国人民解放军大将）、丁玲（著名作家）等各方面人士。

1933年6月18日，杨杏佛与其子杨小佛驾车外出，被特务设伏枪杀于上海亚尔培路，中国民权保障同盟被迫停止活动，蔡元培的社会政治活动明显沉寂下来。1935年7月，他印发了一个启示，宣布从8月起，辞去一切兼职，停止接受写件，停止介绍职业，开始写一些回忆性文章，准备撰写个人传记——《自写年谱》。

1936年1月11日，蔡元培迎来了自己的七十岁生日。文化教育界的朋友和学生没有忘记利用这一机会来表达对这位忠厚长者的由衷敬意，在中国科学社为他举行的庆寿宴上，马君武（政治活动家、教育家，与蔡元培同享盛名，有"北蔡南马"之誉）代表该社理事会做了致辞，给予蔡元培高度的赞扬。不久，画家刘海粟和钱新之、张寿镛等在上海国际饭店发起盛大活动，庆祝蔡元培七旬寿辰，前来祝寿的多达千人，其中颇多知名人士，诸如沈钧儒、黄炎培、马寅初、许寿裳、于右任、梅兰芳、林语堂、张学良、李四光、丁西林、王昆仑等。

1936年，中国工农红军胜利到达陕北之后，面对日益严峻的日本侵华态势，中国共产党加紧了全国抗日民族统一战线的建设。1936年8月25日，中共中央发出致国民党中央并转全体国民党党员信，提出在抗日的大前提下，国共两党实行第二次合作。9月22日，毛泽东给蔡元培发来一函，再提中国共产党关于第二次国共合作的倡议，信中说："五四运动时期北大课堂，旧京聚会，湘城讲座，数聆先生之崇论宏议，不期忽忽二十年矣！……从同志从朋友称述先生同情抗日救国事业，闻之而欢欣者，更绝不止我一人，绝不止共产党，必为全民族之诚实儿女毫无疑义也。然而，百尺竿头，更进一步，持此大义，起而率先，以光复会、同盟会之民族伟人，北京大学中央研究院之学术领袖，当民族危亡之顷，作狂澜逆挽之谋，不但坐言，而且起行，不但同情，而且倡导。"（《毛泽东书信选集》，人民出版社1983年版）蔡元培虽然没有给毛泽东复信，但是，对国民党的抗日态度，却极为不满，对抗日民族统一战线，是心驰神往。他对前来探望的刘海粟说："现在大片国土沦丧，人民流离失所，当权者对救国大业是包而不办。"（《世纪风采》第八期）

因为在1936年冬天蔡元培患了一场大病，精力大衰，因此1937年全面抗战爆发后，蔡元培除了以其名望呼吁世人谴责日寇外，不可能有更多的作为，同年11月底，蔡元培由丁西林等人陪同离开上海，到达香港，一个月以后，蔡夫人和一些子女抵港。

此后的两年，蔡元培隐居香港，他深居简出、静心养病，极少公开活动，唯一操心的就是中央研究院的战时运作问题。1938年5月20日，蔡元培应"保卫中国大同盟"和"香港国防医药筹赈会"之邀，出席了在圣约翰大礼堂举行的美术展览并发表演说，强调抗战时期需要人人具有宁静而坚毅的精神，在全国抗战中担当起一份责任。

1939年7月，国际反侵略运动大会中国分会推举蔡元培为名誉主席。1940年2月5日，陕甘宁边区自然科学研究会在延安成立，毛泽东和陈云等出席会议并讲话，公推蔡元培为名誉主席。半个月后，延安举行各界宪政促进会成立大会，毛泽东出席会议并作著名的《新民主主义的宪政》的

演说，会议又通过蔡元培为名誉主席团成员。

1940年3月3日清晨，蔡元培在寓所起床时忽觉头晕目眩，摔倒在地，随即口吐鲜血，经医生诊断，疑为胃溃疡，建议住院治疗。第二天蔡元培住进香港养和医院，不久即大量排血，陷入昏迷状态。虽经中外医师精心救治，施以输血手术，依然无效，蔡元培于3月5日上午9时45分逝世，终年七十二岁。

蔡元培一生清廉，晚景清贫，无一间屋，无一寸土。此时的香港，房租既贵，物价也不断上扬，"中研院"所寄月薪为法币，兑换成港币就很少了，以致蔡元培在香港的经济非常拮据。导致营养不良，晚年多病。蔡元培一生多居高位，为公众服务数十年，却从不为自己谋私利，没有多少积蓄。在香港，他虽然主持中华教育文化基金，却不愿从中得一点私利。由于经济所限，就连长女蔡威廉（母亲黄仲玉）也因怕费用多担负不起，不能住医院生产，于1938年5月死去。对于自己的病，蔡元培总是治标不治本，没有做一次彻底的治疗，延误了治病的时机（《中国档案报》2018年1月5日总第3165期第三版）。

蔡元培逝世后，全国各地举行悼念活动，多家报刊发表社论或转文，称誉他的功德，各主要党派和团体及其领导人也纷纷致电吊唁。蔡元培葬礼当日，国民党总裁、军事委员会委员长蒋介石发来唁电；3月7日，中国共产党领袖毛泽东从延安发来唁电称："孑民先生，学界泰斗，人世楷模。"3月9日，中共中央又发来唁电，并派廖承志专程前来吊唁。3月16日，国民党政府自重庆发出对蔡元培的褒奖令，称蔡元培"道德文章，夙负时望"。

3月24日，国民政府在陪都重庆美术专科学校礼堂举行公祭和追悼会，蒋介石等在重庆的党政大员出席公祭，于右任、邵力子、沈钧儒、黄炎培、张伯苓、马寅初、张澜、朱家骅等五百余人参加追悼会。

4月14日下午，延安各界千余人在中央大礼堂举行蔡元培、吴承仕二先生追悼大会，会场悬满挽联，周恩来送的挽联是："从排满到抗日战争，先生之志在民族革命；从五四到人权同盟，先生之行在民主自由。"

中国香港，在新界西贡区西南部，沿着港岛的海岸线，走上一道长长的斜坡，穿过路边的高层住宅楼，可以看到路的尽头立着一个牌坊，上面写着："香港华人永远坟场。"蔡元培先生就安葬在这里，其墓地由一块长约三米的墨绿色大理石构成，没有雕像，甚至连相片都没有，简单朴素，却不失格调。墓碑上题写他的号"孑民"。从此，在高楼丛中、海岸线旁，蔡先生永远日夜面向大海，听着涛声。

張伯苓

南开之父

"琵琶张"的传人

在广袤的华北平原北部，燕山脚下，渤海之滨，有一处"天子车马所渡之地"（明李东阳《重建三官庙碑记》）。在这座昔日直隶总督的驻地，现中华人民共和国直辖市、国家中心城市天津，1876 年（光绪二年）在一个贫寒的塾师家中诞生了中国现代职业教育家、私立南开系列学校创办者、西方戏剧以及奥运会的最早倡导者，被誉为"中国奥运第一人"的张伯苓。

张伯苓，原名寿春，字伯苓，后以其字行世，祖籍山东，原在大运河使船往来南北，以贩运油粮为生。经过明、清两朝的快速开发，当时天津这座既有海运又有河运，北连北平、东北，南接江淮平原的交通枢纽城市日益繁盛，张氏先祖在此经商并发家致富，并最终在此落户。张家老祖宗当时开了一家行店，起名叫作"协兴号"，取其协力同兴的意思，专养楠木船，南北贩运油粮杂货，经过几个世代的经营，家道日渐兴旺。张伯苓祖父名张虔，青少年时期为国学生，决定弃商从儒，没想到却屡试不中，以致三十八岁时就疯癫而死。张伯苓父亲张云藻，字久庵，为独生子。这位久庵公生性淡泊，视富贵如浮云。他自少年时代起即酷爱音乐，醉心骑射。长大后的张云藻汲取父亲屡试不中，以致癫狂而死的教训，不以科举功名为重，根据自己喜爱，游访名师大腕儿，悉心向学，后来终成正果。他对吹拉弹唱很感兴趣，无一不精，尤擅长弹奏琵琶，在艺人表演兴盛的天津，张云藻以弹得一手好琵琶闻名江湖，当时人称"琵琶张"。

张云藻出山后在城内设馆授徒，并以此为终身职业，一度举家落户天津宜兴埠（今天津市区北部），在当地大户、肄业于天津水师学堂，后来成为教育家的温世霖家族执教。张温两家就此建立了深厚友谊，进而有了姻亲关系。

张云藻年轻时先娶胡氏为妻，后胡氏病故，续娶杨氏。在张云藻四十三岁那年的 4 月 5 日，张伯苓诞生，这对张云藻而言算是老来得子，一家欢喜自不待言。更令张氏夫妇及家族长老们惊喜的是，以后四年内又接连生了两位千金。张云藻五十九岁那年，送子观音再次光临张家，夫人杨氏又生下一个男孩儿，取名彭春（中国教育家张彭春，后曾任清华教务长）。张彭春的诞生结束了家族中张云藻一支两世单传的历史，张家人丁

张伯苓 南开之父

兴旺，家业随之振兴起来。

张伯苓天资聪颖、性情刚直，少年时最好打抱不平，路上遇见不平之事，就要上前去为人析辨是非曲直。遇有强梁不逊，不听劝告的，就撸起袖子，向前相助被欺者。张伯苓少年时力气甚大，时常因此打伤人，被打的人找到家里来讲理，张云藻唯有对着人道歉认错，但事后对儿子也不深责，这位父亲的教育理念是："不可因此伤了他的这一点正义之气。"

也许是意识到自己以弹奏乐器谋生的艰难，张云藻从张伯苓才五岁时，就异常重视对他的教育。张云藻不仅亲自传授张伯苓学习"四书""五经"等儒家经典，而且"重启发，贵实践"，经常跟张伯苓强调学习与生活的结合，这也影响了张伯苓后来的教育理念。

由于张家家中贫寒，张父只好把张伯苓送到同族本家的塾馆附读，后转入一家刘姓富人开办的义塾中求学。义塾，又称"义学"，是专为家境贫困的子弟提供普及教育而设立的教育机构。义塾虽好，但周边的人却经常鄙视这些家贫的学生，对此张云藻总是鼓励儿子说："我小的时候还梳着小辫子，你爷爷就经常教导我说，人愈倒霉，愈应当勤剃头、勤打扮，总当洁净光滑，显示精神。"祖父传下来的这句话，张伯苓也铭记一生，日后张伯苓还将这句家训用来教育南开学校的学子们，以示要自强不息、精锐进取。后来天津南开大学"四十字镜箴"中的"面必净，发必理，衣必整，纽必结"应该与此有关。

入学北洋水师学堂

1889 年（光绪十五年），当时年仅十三岁的张伯苓，考入了设在天津的北洋水师学堂，学习轮船驾驶等近代新学知识，开始了接受新式教育和西方思想的人生历程。

北洋水师学堂是由直隶总督兼北洋大臣李鸿章于 1881 年 8 月（光绪七年七月）正式创办的。校址选择在天津城东八里、大直沽东北的东机器局之旁，由著名启蒙思想家严复任总教习，学制为五年，待遇优厚（学生月给赡银四两，可供八口之家生活之用），目的是给北洋水师培养海军人才，储备技术力量。学校的各种设施与教职员配备、学生选拔，盛极一时。张伯苓身手敏捷、头脑灵活，他"在学校五年，在驾驶技术、兵操等各方

面均名列前茅，连校长严复都知道张小辫爬竿最快"。

在接受了五年的正规新式教育后，1894 年（光绪二十年）秋，十八岁的张伯苓以最优等第一的成绩毕业。此时的他身高已超过一米九，虎背熊腰、威风凛凛，一副威武雄壮的模样。毕业后张伯苓进入北洋水师舰队实习，当年"甲午海战"爆发，随后北洋水师全军覆没，中国战败。张伯苓在家闲居一年。1895 年（光绪二十一年）冬，张伯苓娶宜兴埠安氏女，因该女久患痨疾，婚后五日去世。1896 年（光绪二十二年）2 月，张伯苓续娶王氏。同年春，他被派往曾参加过甲午海战的通济舰服务。《马关条约》签订后，英国强租威海卫，但由于威海卫在日本手中，清廷派大员去山东办理接收和转让手续，张伯苓随通济舰前往。船到威海卫的头一天，中国官员降下日本的太阳旗，升起中国的黄龙旗。第二天，中国官员又降下中国的黄龙旗，升起英国的米字旗。张伯苓目睹了这场"国帜三易"的接收和转让仪式，见证了这一丧权辱国的场面，义愤填膺。从威海卫归来之后，张伯苓认为海军报国无望，深感"自强之道，端在教育"，立志"创办新教育，造就新人才"（《张伯苓教育言论选集》，南开大学出版社），转而决定退役，投身"教育强国"。

弃武从文，开办南开中学堂

1898 年严修（字范孙）创立严氏家馆，聘请张伯苓担任塾师，主要负责讲授英文、算学、物理、化学等西方科学知识。英文用的教材是《科学读本》（*Scientific Reader*）的小册子，语法另教；数学教几何、代数、三角，一直教到立体几何为止；物理则包括力学、光学、电磁学等内容。严氏家馆创办之初，规模很小，主要是以教育严氏子弟为主，一共只有六个学生，其中智崇、智怡、智庸、智钟、智惺等五人都是严范孙的子侄辈，另外一位就是故人子弟陶孟和（后来的社会经济学家，曾任中国科学院副院长）。在授课过程中，张伯苓一反往日家塾教学的刻板与教条，不再让学生们坐在座位上摇头晃脑地死记硬背，而是在轻松愉快的气氛中学习，使孩子们对深奥的知识能更好地吸收和理解。事实证明，张伯苓以循循善诱之方式将这些来自西方的科学知识传授给学生的做法，取得了非常好的效果。其后三年，又有天津"新八大家"之一的盐商"益德王"王奎章聘请张伯苓

为王氏家馆的学生教授英文、数学等自然科学知识，张伯苓欣然接受聘任。

1904 年 5 月，在严修的带领下，张伯苓去日本考察，8 月 3 日，二人携带着部分购买的教育与科学仪器启程回国。1904 年 10 月 16 日，受日本考察结果的影响，严氏家馆与王奎章商定，在严、王两馆的基础上创办私立中学堂，张伯苓任该学堂监督。校址选定在严家偏院，师生用具由严家负责，教学仪器由王家担负，每月学校正常运转经费纹银二百两，严、王两家均摊，学生学费三元。分高级师范班与普通班，师范班学生来源于原严、王两学馆的学生等十几人，另招募学生七十余人，分甲、乙、丙三班，后来曾任清华大学校长的梅贻琦、曾任清华大学前身清华学校校长的金邦正等学生尽在其中。

1905 年 2 月，根据严修的意见，张伯苓将学堂更名为"私立敬业中学堂"，取"肃敬授业"之意。同年年底按照时任直隶总督袁世凯的意见，"私立敬业中学堂"改为天津私立第一中学堂。1906 年，在郑菊茹先生捐赠南开隙地十余亩备建筑校舍之用，以及徐世昌、卢木斋、严子均等人捐款的帮助之下，1907 年 2 月天津私立第一中学堂由严宅迁入新校址，更名为南开中学堂。

张伯苓的办学理念十分明确，他提出："教育一事，非独使学生读书习字而已，要德智体美四育并进而不偏废。"强调"造就具有'现代能力'之学生"。所谓现代能力者，概括地说即"科学知识与民治精神是也"。（《南开中学一览》，1929 年）其中最关键的是培养开拓素质，创造能力。张伯苓认为，现代教育之目的即欲养成每一国民的现代力，必须使学校的全部教育工作都有利于学生开拓素质创造能力的锻炼。南开教育的这种锻炼包括三个方面。其一是有关个人能力方面的开拓素质的锻炼：在思想上"要养成能有创造的精神"；在身体上"要养成能敢冒险能吃苦的精神"；在感情上"要培养学生和大自然相融合的美趣"。其二是锻炼团体生活的开拓素质：一方面要善于领略团体的共同目标，另一方面要更新领导与被领导的观念，不能是少数人发号施令，多数人唯唯诺诺地盲从，要树立人人都可凭借一技之长公开竞争的意识。其三是生产技能方面的锻炼：要使学生真正认识精神与物质的关系，要用思想支配物质，同时要注重实际（《南开中学一览》，1929 年）。

对于学生的德育教育，张伯苓更是十分看重，认为"德育是万事之本"，他信奉孔子"仁者爱人"的思想，教育学生知书达理，互敬互爱。张伯苓十分看重校风建设，学校不许学生谈淫秽之语，严禁学生进妓院，甚至连坤书馆（又名"落子馆""乐子馆"，演北方曲艺杂耍的场所）也不准前往，学校开设青春期教育课程，对学生进行性生理、性心理教育。张伯苓的教育理念得到了全社会的认可。各界著名人士，如梁启超、熊希龄、黄兴、林森、冯玉祥、段祺瑞、黎元洪、袁世凯、胡适、沈钧儒、叶圣陶、邹韬奋、陶行知、冰心、张学良、吉鸿昌、张自忠、商震、翁文灏等都愿让自己的子弟和亲属到南开来读书。南开著名校友，曾任中华人民共和国总理的周恩来对南开的评价是："南开的教育，是正常而自由的。"我国著名教育家陶行知说："南开在一般学校中是办理的最认真而有精神，他之所以有这种精神，就是因为他在课堂之外，还相当注意学生整个的生活，不肯把学生完全当作书呆子教。"（陶行知《贺客与吊客》，《生活与教育》第一卷第 16 期）

1908 年春，张伯苓应直隶提学使卢木斋的邀请，兼任保定直隶高等学堂总教习。同年在华盛顿举行了第四次国际渔业大会，张伯苓以直隶省代表身份出席，并于会后在华盛顿、纽约、欧洲等地考察教育。

在美国欧洲考察时，他每到一所学校都看到校园文化景象万千和学生愉快的社团生活，唱歌的、演剧的、体育比赛的，各展才华，蔚然成风，这与张伯苓培养德智体美全面发展的人才理念是一致的。注重体育、注重文艺教育也成为张伯苓办学特色之一。

注重文体的南开校长

张伯苓把体育教育看作教育的一个重要方面，"教育里没有了体育教育就不完全；德智体三育中，我中国人所最缺者为体育"。

南开成立的第一年，张伯苓就带领部分学生参加了青年会在天津南市举行的运动会，其中一名学生取得跳高第三名。

1907 年，在南京举行"宁垣界第一次联合运动会"（暨江南第一次联合运动会），全国有八十一所学校参加，张伯苓率领南开十一名选手参赛。师生一路坐船颠簸劳顿，第一天预赛因旅途疲乏未得休息，成绩受到了影

响，尤其是跳高项目，身体虽过横杆儿，但脑后辫子却常把横杆扫下，队员懊愤不已。在第二天的比赛中，学生大多将辫子剪下秃头登场，结果大奏功效，一举夺得第一名。

1907年12月24日，他在天津基督教青年会礼堂举办的第五届联合运动会颁奖仪式上发表《雅典的奥运会》演说，呼吁中国投身国际奥林匹克大家庭："我对吾国选手在不久的将来参加奥运会充满了希望；我国应立即成立奥林匹克运动会代表队。"

1908年5月28日，张伯苓的一篇演讲发表在天津基督教青年会所办的英文刊物《星期报》（*Tientsin Young Men*，1908.5.23）上，其内容是介绍古代奥运会的历史、现代奥林匹克运动的现状，还特别建议中国应派遣选手参加奥运会，并且力争申办。这一演讲后来被凝练为著名的"奥运三问"：中国何时能派人参加奥运会？中国何时能够派支队伍参加奥运会？中国何时能够举办奥运会？随后张伯苓利用到欧洲考察教育的机会，目睹了在英国伦敦举行的第四届奥运会的比赛盛况。张伯苓赴欧考察归来后，用幻灯机给大学生放映了他们现场所拍的第四届奥运会的照片。在以后由南开中学堂与天津青年联合会举办的年度运动会发奖大会上，张伯苓再次以《中国与国际奥委会》为题作了激情演讲，进一步推进了现代体育和奥林匹克运动在中国的传播。

1909年10月举办的南开建校五周年纪念活动上，张伯苓公演自编自导的新剧《用非所学》，并扮演主角贾有志。

1910年10月，基督教青年会发起并组织了全国第一届运动会。比赛共有田径、网球、足球、篮球四项，其中足球、篮球为表演项目。由于张伯苓被誉为中国奥运第一人，所以被选为裁判长，也是所有裁判中唯一的中国人。

1911年，清华学校代理总办范源濂聘请张伯苓到北京出任清华学校教务长，总揽清华学校校务，对清华学校的学生课业进行改革，由此张伯苓开始往返于北京天津两地。

辛亥革命爆发后，国民党在南京成立临时政府，1912年，中华民国正式成立，南开中学堂改名为南开学校，张伯苓任校长，1912年7月10日，张伯苓出席中华民国临时政府教育部召开的中央临时教育会议，当选大会副议长。

1913 年，周恩来考入南开中学。周恩来是个品学兼优的学生，又很有社会活动能力，给张伯苓留下深刻的印象。张伯苓很快成为周恩来的崇拜偶像，周恩来也很快变成张伯苓最好的三个学生之一（孟治《对中美文化交流有关人物的回忆》，《美国中国历史协会公报》第 11 卷第八期 1976 年 10 月号）。由于周恩来品学兼优，张伯苓破例批准免除他的学杂费，这在私立学校十分少见。周恩来由此成为当时南开学校唯一的免费生（张希陆《周恩来——南开最好的学生》，载《周恩来青年时代》第一期，"周恩来青年时代在天津革命活动纪念馆"编，1980 年 5 月）。在南开中学时期，周恩来常到张伯苓家中去，师生俩经常进行长时间谈话，内容涉及社会问题和国家大事。

受欧美教育考察的影响，张伯苓作为教育家，在办学中把演剧与育人联系起来，把演剧作为改革教育的方法来看待。1914 年，张伯苓组织师生新剧爱好者正式成立学校新剧团，分设编纂部、演作部、布景部、审定部，各部门负责人都是由师生共同担任。作为学生的周恩来就担任过布景部副部长。周恩来是南开新集团的第一批演员，曾参加演出《一元钱》《恩怨缘》《一念差》《仇大娘》等剧，在剧中扮演女角儿孙慧娟、范慧娘、烧香妇等角色。当时人们对他的评价是：牺牲形象，粉墨登场，倾倒全座。邓颖超在天津女子师范读书时，曾经专程到南开看过周恩来演出。南开新剧也受到北京、天津等地广大群众的欢迎，鲁迅、梅兰芳、胡适等社会名流也看过南开新剧团的演出或阅读过剧本。同年，张伯苓在南开师生集会发表演说，再次强调三育并进，不可偏废。

爱护学生的南开大学校长

早在 1911 年 9 月，中国、菲律宾、日本联合发起了一个区域性国际比赛，被看作后来亚运会的前身。1915 年 5 月 9 日，张伯苓作为领队赴上海参加第二届远东运动会，这是中国举办的第一次国际体育赛事。比赛设田径、游泳、自行车、足球、篮球、排球、棒球、网球八大项目，另有表演节目。中国派出两百余名选手参加了所有项目的角逐，成绩优异，获得了十六个项目的冠军，并以总分九十三分的绝对优势荣获总分第一名。11 月，因李

家桐辞职，张伯苓代理"直隶省立女子师范"校长。

1916年10月，张伯苓应邀到东北演讲。他在奉天（今沈阳）做了一场题为《中国人不亡吾辈在》的演讲。这个演讲让在座的张学良感到愤怒。但也激发了张学良的斗志，使其下定了"我不能总是扮演这种有钱的纨绔子弟的角色，我必须为中国为社会做点儿什么的决心"（管宁、张友坤译注《缄默50余年张学良开口说话》，辽宁人民出版社1992年版，第19页）。就是这次演讲，张伯苓在张学良的心中留下深刻的印象，并成为以后他们交往和发展友谊的契机，张学良再见到张伯苓时必执弟子之礼。

晚清废除科举制后，学子们纷纷投入新式学校，但是当时国内大学匮乏，如果出国留学又耗资巨大，不是一般家境学生所能承受，为了培养人才，严范孙与张伯苓决定在南开中学基础上，考虑建立南开大学。

为了筹划南开大学，张伯苓于1917年毅然辞去南开中学校长的职务，远渡重洋到美国哥伦比亚大学师范学院研修教育，师从孟禄、杜威、桑代克等教育名家，学习近代教育史、教育哲学、心理学、教育行政学等课程。他还与严范孙一起学习如何组织和建立私立大学，对于教育宗旨和大学应设的科目，他得出的结论是："一切均以切于实现现实生活为准。"（张伯苓《访美感想》，《选集》第61页）这后来成为张伯苓创办南开大学的不易之典，必遵之举，也是张伯苓教育思想中最重要的一个方面。在哥伦比亚大学留学一年后，张伯苓放弃了学院再次给予他荣誉奖学金供其继续学习的邀请，于1918年12月底回到了南开。

1919年春节刚过，张伯苓与严范孙赴京，与教育总长傅增湘以及蔡元培、胡适、陶孟和等人商讨南开大学的筹划工作。张伯苓深知，筹办大学一是人才，二是经费，为此首先成立了南开大学筹备处，制定了《南开大学计划书》，明确了办学规模、系科计划和经费教师问题，强调经费和办学规模不能求全求大，系科则分文理科及职业科，初步拟定十一万元做开办第一年经常、临时等费用，计划第二年三万元，第三年六万元，第四年八万元，四年以后即八万元为定数，而拟募集基金一百三十万元。

在南开大学的筹建中，在张伯苓与严范孙的努力下，江苏督军李纯捐赠五十万元、袁世凯的家人捐赠十万元，士绅卢木斋个人捐资十万元，张学良也认捐二十万元，美国洛克菲勒基金会也捐赠二十五万元，曾经先后

当过民国总统的黎元洪、徐世昌、冯国璋也都曾慷慨解囊，并且不设置交换条件。对于这些捐助，有的青年学生非常激进地要求张伯苓"不要军阀的臭钱"，张伯苓对此的回应颇有艺术，他说："美好的鲜花，不妨由粪水培育出来。"1919 年 5 月，在新购得的南开中学南面地段上动工建筑未来的南开大学。在各界人士的鼎力相助下，南开大学最终在 1919 年 9 月顺利开学，中华民国前总统黎元洪及教育界人士范源濂、严范孙、卢木斋、直隶教育厅厅长王章祜、省长代表和天津各界名流出席。周恩来、马骏、张克忠、郑通和黄肇年等都是南开大学第一届新生。

1919 年 5 月 4 日，北京爆发爱国学生运动，拉着横幅、喊着口号的学生激愤之下，放火烧了交通总长曹汝霖的公馆赵家楼，军警当场逮捕了三十多名学生。此时身为南开中学校长的张伯苓坚定地站在了学生这一边。5 月 7 日，南开中学召开国耻纪念会，张伯苓作了主题演讲，之后就带领全体教工、学生联名致电当局："北京徐大总统钧鉴：京师学生因爱国热诚，致有被逮之事，情有可原。吁请即为释放，以顺舆情。曷胜翘盼待命之至。天津南开学校校长张伯苓暨全体职教员学生同叩。"

11 月 13 日，上海圣约翰大学以张伯苓"醉心教育，成绩卓然"授予他名誉文学博士学位。

1920 年发生的"一·二九流血惨案"中，周恩来、于方舟、郭隆真、张若名等四名代表被逮捕后，张伯苓到警察厅拘留所看望周恩来，1920 年 7 月 17 日，周恩来等人出狱后严范孙与张伯苓商议以"范孙奖学金"资助周恩来赴欧洲勤工俭学。

1921 年夏，张伯苓与梁启超、范源濂、蔡元培、陶行知等在北京发起组织"实际教育调查社"。同年 12 月，"实际教育调查社"与"中华新教育共进社"、《新教育》杂志社在北京召开联合会议，决定合并成立"中华教育改进社"，张伯苓为董事。"中华教育改进社"在济南讨论女子教育时，张伯苓明确主张要发展女子教育，必须速办女子中学。

1922 年 4 月，"中华业余运动联合会"在北京青年会所召开成立大会，张伯苓当选会长，发表了《中华业余运动联合会宣言》，公开申明领导促进全国社会体育及负责"国际竞赛举行"。9 月，张伯苓聘请舒舍予（老舍）、范文澜等为南开中学教师，9 月 21 日邀请董守义任南开柔软体操教员，教

练篮球及田径。

在 1923 年 3 月 4 日于南开举行的"中华教育改进社"京津董事会上，张伯苓与蔡元培、范源濂、黄炎培、胡适、陶行知等八人被推举为代表，出席在美国旧金山举行的万国教育会议。8 月 26 日，在北京召开的"中华平民教育促进会"总会成立大会上，张伯苓当选执行董事。

张伯苓早在主持严范孙学堂时就招收过女童，是为"严氏女学"，南开大学成立后的第二年就招收了女生，成为继北京大学开放女禁后的又一所大学。1923 年 3 月，张伯苓在大学每年亏损五万多元，中学亏损三万多元的情况下，仍然决定开办女学。办学经费先由男中借出一千元经常费，会计课主任华午晴捐资二百元，而张伯苓本人则节省其母丧葬费一千多元一并用作创办费。这年秋季，张伯苓在全市招收了七十八名女生，开办初一、初二两班，至此女中正式成立，并定名为南开女子中学。后来的著名作家韦君宜就毕业于南开女中，她曾给予张伯苓高度的评价。

就在张伯苓南开办学风生水起的时候，南开大学商科学生宁恩承的一篇名为《轮回教育》的小文章引起了轩然大波。该文认为，中国的教育实际上是按照两个圈子转来转去，一个圈子是自中学到大学，自大学再转到中学去，即中学毕业考大学，大学毕业到中学去当教员，教中学生念英文、学算学，预备升大学，大学毕业了又去当中学教员，如此循环不已，一代一代当教员；另外一个圈子是高一等的圈子即大学毕业，留学，留学回国，当大学教员，教学生出国留学，如此循环。该文结尾尖锐提出，最后要问我们能不能逃出这个轮回呢？教育轮回能救国吗？

《轮回教育》刊出后，京沪中文各报相继转载，《华北明星》《上海字林西报》《京津泰晤士报》等几家英文报纸，还把该文译成英文，使其影响远超南开之外。这篇文章引起了很多教员的不满，张伯苓进退两难，调处无方，只得离校而去。1925 年 1 月 8 日，校董事会发布布告，本校大学部不得已暂行停课，诸生立即一律归家，容俟筹定办法再行通告。随后两年，张伯苓在"中华教育文化基金会"董事会天津第一次会议上，当选副董事长、受聘任齐鲁大学董事长，中国教育学会理事会理事。随后，张伯苓、林祖涵、陈其瑷、蔡元培、于右任等三十人成为中山大学筹备委员会特聘委员。奉系势力入驻天津后，1927 年，张学良打算让张伯苓出任天

津市市长，张伯苓回复说，国家最需要的是积极发奋、振作有为的人才，我的志向在教育，而不在政治上，还是让我把心思用在教育上吧。

受《轮回教育》一文的影响，1928年，张伯苓着手制定南开大学发展方案，提出南开大学主张的"土货化"。方案全面评述了照搬欧美教育模式"概皆洋货"的弊端，鲜明提出：今日国人思想急需的"莫过于科学精神与方法"，中国大学教育之要务"是关于中国问题之科学知识，乃至中国问题之科学人才"。方案对外昭告，南开大学抱定的志愿是："知中国""服务中国"。为落实方案提出的目标，南开大学在学科建设、课程设置、教学方法、人才培养、科学研究等方面采取了一系列重大改革。

首先是调整课程设置，改革教学方法，加强理论与社会实际的联系，采取措施强化学生实际能力的培养。

其次是增设与工业发展有密切关系的院系，20世纪30年代初，张伯苓即着手在南开大学建立工学院，1930年，成立机电工程系。机电工程系在天津电灯电车公司建立了实习基地，请该公司比利时工程师具体指导，并与该公司合作开设了"机电制造及工厂管理""设计及管理公共电气事业"两门课程。张伯苓最早在南开大学就实行了"两证"的教育改革。不久后张伯苓筹建化学系，并附应用化学研究所。

不仅理工科如此，张伯苓强调经济学院也要建设成密切联系中国实际，承担教学与学术双重任务的学院。从适应中国实际需要出发，经济学院拓宽了专业口径，实行通才教育。

在张伯苓好友陶行知的热情鼓励下，1928年3月18日，张伯苓向学校董事会提出了创办南开小学的计划。同年秋天，南开小学正式成立，张伯苓特意从美国请来基尔帕特里克的女弟子阮芝仪博士为实验导师，从事设计教学法的实践。至此，再算上张伯苓分别于1927年创办的南开经济研究所和1932年创办的应用化学研究所，形成了一个完整的南开教育体系。

1929年1月，张伯苓再次踏上了赴欧美考察的道路。在纽约，他把主要精力用在了考察美国教育和社会情况上。对比美国社会的繁荣，他认为，富强是中国应当解决的最大问题，总体来说，要切记这三项：第一，提倡工商业；第二，移民边界；第三，节制生育（《选集》第175页）。4月19日，张伯苓由纽约到费城参观各类学校，对留学生发表题为《中国之现状》的

演讲，劝导留学生就学读书要从中国实际情况出发有所选择。"其于中国情形相合者学之，否则舍之"。在谈到政治主张时，他认为孙中山先生的建国大纲对社会的发展作了明确的阐述，步骤井然，如能行之不误，定能进入盛平之事。他希望留学生免去空谈的弊病而务实际做实事，多多研讨有关中国切要之问题。

6月初，张伯苓由美国抵达伦敦，受到留英南开同学会会长老舍及宁恩承等南开校友的热烈欢迎。随后，他到英国广播无线电台演讲《将来科学教育之需要》，强调中国要发展更多的应用性科学，要培养掌握现代科学技术的人才。随后，他先后赴法国、意大利、瑞士、德国、奥地利、丹麦、挪威等国考察教育，9月2日回到南开。

1930年4月1日，全国运动大会在杭州召开，这是首次由中国人自己独立设计、筹备和组织的大型运动会，而且完全按照奥运会的程序和规则举行比赛。按照奥运会业余运动的原则，社会各界均有人参加。号称"东北怪杰"的刘长春就是在这次运动会上获得了100米、200米、400米和4×400米接力四个项目的第一名。张伯苓在这届运动会上任总裁长。回到南开后，张伯苓在南开分别接待了傅作义、张学良夫妇等军政要人，商讨南开大学的发展事宜。

投身政治，力主抗战

20世纪初，日本帝国主义长期觊觎我国的东北、华北地区。张伯苓对日本人的态度是不卑不亢，软中带硬。1931年，南开大学女子宿舍芝琴楼即将落成，日本驻天津当局闻讯立即派人来校联系，要送日本国花樱花树以示友好。张伯苓不好硬性回绝，与外语教授段茂澜连夜在芝琴楼周围栽种上桃树。日本人目睹碧绿水灵的桃树恼羞交加，但又不好表示，只能承认张伯苓这老头子不好对付。

1931年9月，日本悍然发动九一八事变，9月22日，张伯苓被公推为天津中等以上学生、学校抗日救国联合会主席，领导广大师生投入抗日救亡斗争。以后，日军在天津不断制造事端，寻机挑衅。12月5日，一辆日军铁甲车开到南开大学门前桥头要入校搜查，当时的《北洋画报》报道："张伯苓校长在事变中异常镇定，而为教职员学生谋，无不精心尽力。"

这个时候东北政务委员会移至北平，扩大为华北政务委员会，张学良为委员长，张伯苓等为委员。

"一·二八事变"后，南开组织募款，张伯苓带头捐款五百元，慰劳抗敌官兵，并打算亲赴江西共产党苏区调停内战。4月，他被推为天津市民总代表接待前来中国调查日本侵华的国联调查团。长城抗敌斗争中，张伯苓作为天津中等学校以上及全市抗日救国会会长，夜以继日组织学界支援抗日前线工作。对驻扎在临榆县、北戴河、滦县、河北通州、喜峰口等地的中国驻军提供物资帮助。日本对张伯苓的抗日言行恨之入骨，1932年5月19日，日军乘车深夜前来南开大学，并在校门桥头放置炸弹。宿舍在校外的学生只能迁入学校礼堂，女生被迫迁至法租界。

直至"西安事变"前，张伯苓在抗日救国、发展中国体育运动以及中国教育事业三条轨道上齐头并进。

在第十七届华北运动会上，张伯苓任总裁判。在第五届全国运动会上，张伯苓任田径总裁判，并在全国体育协会会议上当选董事。在第十八届华北运动会上，张伯苓任副会长兼总裁判长。第六届全国体育运动会时任裁判委员会主任委员。

1934年10月17日，张伯苓宣布南开以"允公允能"为校训，以培养学生"爱国爱群之公德，为社会服务之能力"。

1936年8月底，南渝中学（后改为重庆南开中学）在重庆沙坪坝建立，10月25日，张伯苓致函蒋介石报告南渝中学成立经过。

不论是举办体育赛事，还是兴办学校，张伯苓始终向社会宣传抗日爱国思想，提振民族士气。

1936年12月12日，"西安事变"爆发，张伯苓正在重庆，受孔祥熙之托，给周恩来打电报，后又打电报给张学良痛陈利害，吁请释放蒋介石。孔祥熙要求张伯苓去西安会见张学良，进行斡旋，张伯苓接电后立即飞往南京商议具体事宜。

1937年7月29日夜里，日军的炮火射向美丽的南开大学校园，把这所私人文化教育机构夷为平地。日军不仅轰炸南开大学，同时也对张伯苓苦心经营的南开中学、南开女中和南开小学进行毁掠。日军野蛮轰炸南开大学后，立即对校园进行了军事占领，并把校园的一部分改为野战医院农

场，一所日本天津中学也曾迁至南开大学校内。南开大学被日军轰炸后，南开师生辗转南迁到南京，张伯苓亲自与周恩来联系，将南开部分进步学生通过八路军驻南京办事处送往延安。以后张伯苓还陆续写信给周恩来介绍青年学生去陕北参加抗日工作。

南开大学被炸时，张伯苓不在天津，此前他应邀出席蒋介石在庐山召开的"国是谈话会"，张伯苓、梅贻琦、胡适等都参加了。13 日，周恩来与蒋介石谈判国共合作事宜，也到庐山，见到了张伯苓。张伯苓在"国是谈话会"上带头提出"拥护抗战的前委员"，得到大家的赞同，周恩来对此也表示支持。庐山会议后，张伯苓路过南京，本想立即返津，但是得到了南京朋友的极力挽留。7 月 31 日，蒋介石约张伯苓、胡适、陶希圣共进午餐，席间宣布决定对日作战，张伯苓第一个慷慨陈词："南开已被日军烧毁了，我几十年的努力都完了，但是只要国家有办法能打下去，我头一个举手赞成，只要国家有办法，南开算什么，仗打完了，再办一个南开！"

就在南开被炸后半月，国民政府教育部密电张伯苓，准备在长沙设一所临时大学，特组织筹备委员会，聘张伯苓为委员，定于 1937 年 8 月 19 日在教育部开预备会。8 月 28 日，教育部部长王世杰任命张伯苓和清华大学校长梅贻琦，北京大学校长蒋梦麟为长沙临时大学筹备委员会常务委员。此时蒋介石密电张伯苓，其四子张锡祜所在空军部队飞机在转移中失事，机毁人亡。张伯苓沉默许久后表示："吾早以此子许国，今日之事，自在意中，求仁得仁，复何恸为！"

长沙临时大学 11 月 1 日正式开课，张伯苓、梅贻琦、蒋梦麟三位校长任常务委员。随后南京沦陷，战火逼近长沙，学校被迫迁往昆明，1938 年 4 月，长沙临时大学改为"国立西南联合大学"。新学校常委仍是张伯苓、梅贻琦、蒋梦麟这三位校长。三人中，梅贻琦是张伯苓的学生，蒋梦麟是张伯苓的好友，三人同心协力，互相信任，使得西南联大能够迅速发展。由于张伯苓身在重庆，校务实际由梅贻琦驻昆明来主持。

从 1938 年开始，张伯苓一改他过去的初衷，开始投身政治，并且成为很显赫的人物。这一年，在蒋介石关照下，张伯苓当上了国民参政会副议长。6 月，国民党中常委通过了参议员名单，张伯苓与毛泽东、陈嘉庚、梁漱溟、胡适、史良、邓颖超、董必武、章士钊被指定为参议员。1940 年

9 月，国民参政会设主席团，张伯苓被推为主席之一。

1944 年对张伯苓来说是非常重要的一年。这年 1 月国民政府为褒奖张伯苓终身从事教育事业，给予他一等景星勋章。4 月 5 日是张伯苓七十寿辰，国民党党政要人、南开校友近千人前来祝寿。蒋介石亲书"南极辉光"四字；周恩来、邓颖超送至条幅。很多人用鞠躬，甚至磕头的方式向张伯苓表达敬意。为庆祝南开建校四十周年，10 月 16 日，蒋介石亲自到重庆南开中学，称颂张伯苓桃李满天下；10 月 17 日，张伯苓在重庆南开中学举行的南开建校四十周年纪念会上发表演讲，并为《南开四十年纪念校庆特刊》著文《四十年南开学校之回顾》。周恩来也在百忙中赶来了，并与南开校友张劢生，上演了"国共两部长，合作抬校长"（周恩来、张劢生当时均任国民政府军事委员会政治部副部长）一幕。

抗战期间张伯苓在投身政治的同时，也是念念不忘南开大学的复校工作。早在 1937 年 7 月 31 日，蒋介石约见张伯苓、胡适、梅贻琦等人时就表示"南开为国而牺牲，有中国，即有南开"。1942 年春节前，张伯苓拜会蒋介石面谈南开大学复校问题，蒋介石本着对南开的承诺，答应复校时给予私立南开与国立大学同等待遇。张伯苓后又主持召开南开大学复兴筹备会，决定遵循以前的奋斗之精神，仍维持私立。1942 年 10 月，张伯苓接待美国总统罗斯福的代表威尔基参观重庆南开中学。1943 年 2 月，张伯苓邀请在昆明的南开教员来重庆商讨复学计划。8 月，张伯苓致函教育部陈立夫，保荐昔日南开弟子曹宇出国深造。

大量的工作与活动，使年逾古稀的张伯苓体力常感不支，以前就有的前列腺肿大的疾病不时发作，10 月开始便血。国民参政会秘书长邵力子电请蒋介石批准张伯苓入陆军医院检查。

婉拒蒋介石，留守新中国

1946 年 5 月 4 日，经历了联大校史上最后一次毕业典礼后，西南联大就地解散。虽然张伯苓一再要求，但在时任教育部部长朱家骅的再三坚持下，南开大学由私立改为国立，张伯苓仍任南开大学校长。

由于病情加重，1946 年 1 月 12 日，张伯苓在其长子张希陆的陪同下离开重庆，到达上海，4 月中旬到达美国，住进哥伦比亚长老会医学中心，

经美国医生实施外科手术，切除前列腺，然后回到其弟张彭春家养息。此次赴美得到了蒋介石一万美元的赠送。5月，哥伦比亚大学决定授予张伯苓名誉博士学位，这是对他五十年来献身教育事业给予的高度评价和褒扬，这也是他继1919年由上海圣约翰大学授予博士后，获得的第二个博士学位。6月9日，旅美南开校友假纽约"华美协进社"庆祝张伯苓荣获名誉博士，并补祝七十寿庆。特意赶来的南开校友老舍与曹禺共同为张伯苓献上一首祝寿诗。

12月18日，张伯苓乘坐美轮斯丹荷特号到达上海，蒋介石电示上海市市长吴国桢代表他欢迎张伯苓回国。为了感谢蒋介石对他赴美治病的关心，也是为了进一步与蒋介石面商南开的发展，1947年1月3日，张伯苓乘"凯旋号"特快列车由上海抵达南京，5日，蒋介石设宴款待张伯苓，并对他发展南开的计划表示赞赏。

19日，张伯苓从北平返回天津，天津市市长杜建时遵照蒋介石的命令，专门组织几千人到站欢迎。回到阔别近十年的南开大学，张伯苓十分高兴地在黄钰生、序经、杜建时等人陪同下巡视校园，然后在胜利楼客厅会晤校友和新闻记者。

张伯苓从美国刚刚回来一个多月，加利福尼亚大学作出授予他名誉法学博士的决定。由于张伯苓回国后一直在上海、南京、重庆、天津间奔走，他未能及时收到加利福尼亚大学的信，由其弟张彭春代为答复并表示感谢。

抗战胜利后，张伯苓主张和平反对内战，但对共产党坚持的武装斗争又有偏见。1947年5月，他作为主席团主席之一出席了国民参政会四届三次大会。

会后，蒋介石电示天津市市长杜建时选张伯苓为天津市国大代表，11月24日，张伯苓以十三万余张选票高票当选。1948年5月，在蒋介石、陈布雷、杜建时等人的一再恳求下，张伯苓同意担任考试院院长三个月，并兼任南开大学校长一职。10日上午，在南京考试院礼堂举行院长接任典礼。张伯苓到南京不久，教育部就对他兼任南开大学校长提出异议。按照当时教育部的规定，职国立大学校长不得兼职。10月，南开大学收到教育部公文称："国立南开大学校长张伯苓呈请辞职，应予免职，任命何廉为国立南开大学代理校长"（《何廉回忆录》，第295页）经此之后，张伯

苓由北平、南京然后转赴重庆南开中学。在这里，他一直深居简出，基本上息交绝游。

1948 年 12 月，人民解放军发起平津战役，蒋介石亲自写信给天津市市长杜建时，令他派人将张伯苓眷属送往南京。张伯苓的夫人、二儿媳叶泽、三儿媳翟安贵、四个孙子及李若兰等人经青岛、南京飞往重庆。

10 月国民党政府由广州迁重庆办公后，张伯苓一度想去美国。经重庆南开中学校长喻传鉴力劝，张伯苓决定留在重庆，但辞去考试院院长职务。蒋介石到重庆后，两次看望张伯苓，请他去中国台湾和美国，这时张伯苓已收到中国香港署名"无名氏"的来信，信中特别提到"飞飞不让老校长动"。这个"飞飞"，即周恩来。看到信后，张伯苓的精神振奋起来，更加坚定了留在大陆的决心。11 月下旬，蒋介石再访张伯苓，催促他离开重庆，态度极为诚恳，只要张伯苓肯走，什么条件都可以答应，但最终遭到张伯苓及夫人的婉拒。送走蒋介石后，张伯苓回到屋里，自言自语地说："我一只脚踩在臭沟里。"（杜建时《蒋介石拉拢张伯苓的经过》）

重庆解放后的第二年春天，张伯苓突然得了中风，口角歪斜，几天后，才渐渐恢复过来。

病好后，他给周恩来写信，说他"正在闭门思过"，以后为了表示拥护共产党和人民政府，决定把私立重庆南开中学、小学和幼儿园捐献给国家。

1950 年 4 月，张伯苓经傅作义向周恩来转达了希望北归的意思，周恩来当即批示："许可其北来天津居住。"周恩来并委托中央统战部秘书长童小鹏和秘书何谦代他迎接张伯苓，傅作义等人前往机场欢迎。随后，周恩来也很快亲自赶到，他对张伯苓北归表示欢迎。

张伯苓在北京住了四个多月后，秋天回到天津，在大理道 87 号与三子张锡祚同住。其间他和一些老友吃饭欢聚，畅谈听戏，感到生活很惬意。但是在当时的条件下，张伯苓没有受到公正待遇，很多人不能理解和正确对待他。回天津的第二天，张伯苓迫不及待地想去南开中学，却没有受到欢迎，在校期间他受到了意想不到的冷遇，只好悻悻地离开学校。10 月 17 日校庆前，中学的一位化学老师来找张锡祚，转达了学校不希望张伯苓出席校庆活动的意思，张伯苓的希望再次落空，从此精神一蹶不振。

1951 年 2 月 14 日晚，张伯苓突然中风，口眼歪斜，不能说话，经医生抢救，病情稍有稳定，但已不能进食。23 日，张伯苓与世长辞，终年七十五岁。他没有留下什么资产，生前常对儿子们说，"留德不留财"。张伯苓去世后，周恩来曾前来吊唁并发表讲话。

张伯苓去世后，他在天津的学生和生前好友发起筹备追悼会，发起人包括周恩来、傅作义、张治中、邵力子、竺可桢、茅以升、曹禺、老舍、梁思成等人。在追悼会上，南开校友、天津图书馆馆长黄钰生致悼词，陶孟和、喻传鉴、杨石先等先后讲话。

遗憾的是，张伯苓生前的遗愿——死后埋葬在南开大学校园内——没能实现。

1986 年 4 月 5 日，全国政协和国家教育委员会在南开大学举行了"张伯苓先生诞辰一百一十周年纪念大会"，时任国务院副总理兼国家教委主任李鹏在纪念大会上发表《纪念爱国教育家张伯苓先生的讲话》。这一天张伯苓铜像与张伯苓纪念亭也在南开大学揭幕，至此中国近代伟大的教育家张伯苓先生才真正算是回到南开这所他当年一手创建的大学的怀抱。

殉道导师 王国维

1929 年 7 月，象征中国教育水平最高机构的清华大学的象牙宝塔的尖顶——清华国学研究院轰然倒塌，压垮这一高大建筑的第一根"稻草"就是 1927 年 6 月 2 日"四大导师"之一的王国维的投湖自尽。

海宁才子不考举人

1877 年（光绪三年）12 月 3 日，王国维（初名国桢，字静安，亦字伯隅；初号礼堂，晚号观堂，又号永观，谥忠悫）出生于浙江海宁盐官镇双仁巷的王氏旧宅。海宁位于钱塘江北岸，古称海昌，是浙江的历史名镇，而今更是闻名中外的观潮胜地。"千古海昌佳绝地"，在数千年的历史变迁中，海宁名人辈出，除了颜真卿兄弟、干宝、谈迁等历史名家外，近代也出现过曾任"京师同文馆"天文算学总教习的李善兰、"现代布尔乔亚的代表诗人"（茅盾语）徐志摩等文化名人。

按王国维《补家谱忠壮公传》所说，北宋时，其先祖王禀在太原战死后，高宗南渡，传旨召见王禀孙王沆，追封王禀为安化郡王，让王沆在直隶临安之海昌城建造"安化坊"，王家之后遂成海宁"巨族"。明清之际，王氏家道中落，如王国维所说："自宋之亡，我王氏失其职，世为农商，以迄于府君。"（王国维《先太学君状》，1906 年）王国维的父亲乃誉公少年贫困，十三岁那年随其曾祖父、祖父为"避洪杨之乱"逃到上海。结果祸乱随及，王国维的曾祖父、祖父均在逃难中客死上海。办完丧事后，乃誉公进了一家杂货铺当学徒，战乱过后，随同杂货铺一起返回海宁。以后乃誉公投奔了一位在江西溧阳县做县令的亲戚，以做幕僚为生，生活趋于稳定。

王国维三岁丧母，由其祖姑母抚养长大。王国维六岁那年进入了私塾，跟随一位名叫潘绶昌的老先生学习《三字经》《百家姓》《千字文》"四书"（白文）之类。1887 年，十一岁的王国维随全家从城内双仁旧宅迁入城西南的周家兜新区，由乃誉公亲自为他选定了离周家兜不远的一家私塾，由李善兰的塾师陈寿田为他讲授"四书"、"五经"、《左传》、《通鉴》等。按王国维回忆："家有书五六箧，除《十三经注疏》为儿时不喜外，其余晚自塾归，每泛览焉。"（《三十自序》一）

王国维自身的兴趣爱好，私塾老师的培养，父亲乃誉公的关怀与帮助

三者的结合，使王国维在美育、智育、体育三个方面得到了全面均衡的发展。1892 年，王国维十五岁考中秀才，这使他"名噪乡里"，与同乡陈守谦、叶宜春、褚嘉猷一起并称"海宁四才子"。

乃誉公虽然思想开明，淡泊名利，但依然希望儿子走向"正途"。关键是乡试，也就是考举人，只有做了"举人老爷"才可以谋得一官半职。1893 年，王国维再赴杭州，准备参加秋试（恩科），但他不喜欢"八股制艺"，结果"不终场而归"（陈守谦语），看来是交了白卷。1894 年，迎来乡试正科，王国维又赴杭州应试，但由于夏天爆发了"中日甲午战争"，王国维不待考试开始，就返回了海宁。

1896 年，王国维遵父命成婚。新婚妻子姓莫，娘家世代经商。王、莫两家早已定亲，而且未来的岳父也十分欣赏王国维的才华。王国维与莫氏夫人的感情非常好，这里仅用两首王国维的词做一个简单的证明：

其一是 1905 年（光绪三十一年），王国维离家去苏州任教，与自己的妻子莫氏离多聚少，抱着对家人和夫人的相思王国维填写的《清平乐》：

樱桃花底，相见颓云髻。的的银缸无限意，消得和衣浓睡。

当时草草西窗，都成别后思量。料得天涯异日，应思今夜凄凉。

其二是公元 1905 年春天，长期奔走在外的词人回到家乡海宁，见莫氏面色更显憔悴，万分感伤之时填写的《蝶恋花》：

阅尽天涯离别苦，不道归来，零落花如许。花底相看无一语，绿窗春与天俱暮。

待把相思灯下诉，一缕新欢，旧恨千千缕。最是人间留不住，朱颜辞镜花辞树。

莫氏婚后先后生下潜明、高明、贞明三个儿子后，于 1908 年年初逝世。

1897 年，已经成家立业的王国维在第二次考试中再次失利。直至 1905 年，清廷颁旨，废除科举，王国维始终没有取得功名。

受恩罗振玉

1898 年年初，经许家惺推荐，王国维在父亲的陪同下来到了上海，就职于《时务报》馆当书记员，主职报纸校对，兼职门房及书信文稿抄写。

作为"乡下人"的王国维来到上海，也显得极不适应。按照其父乃誉

公的说法："静儿出门，吃亏有数端：貌寝（无威仪）一也；寡言笑，少酬应，无趣时语，二也；书字不佳，三也；衣帽落拓，四也；作书信条，字句不讲究，五也。"（《王乃誉日记》，中华书局 2014 年影印本，第二册第 839 页）果不其然，王国维来到《时务报》后领到的第一次薪水是大洋十二元，仅是其前任许家惺的一半左右，扣除来馆后预支的生活费，实得六元，还不够他下半月的生活费。这让王国维很不开心，萌生退意。其父乃誉公害怕王国维一旦离开《时务报》馆，会给人留下"心眼太活"的印象，告诫王国维"绝使且留"（《王乃誉日记》，中华书局 2014 年影印本，第二册第 830 页）所幸的是，王国维来到《时务报》的时候，正是罗振玉等人成立东文学社之时。

东文学社是中国近代第一所日语学校，其创办宗旨是："交接东人"与"译书译报"。规定学习年限三年，学生应是十五岁以上，且须"精通中文"的青年，寄宿或走读不限。王国维经过一个月的学习，但在考试中仍然取得了不合格的成绩，不过由于罗振玉偏爱王国维才学，不仅破格录取了他，而且给予他"贫困生"的待遇，免去他的各种费用。

进入东文学社学习后，由于汪康年兄弟近乎苛刻地对待王国维，在罗振玉的帮助下，王国维离开了《时务报》馆，来到东文学社担任"庶务"，这样不但可以不交费用，而且每月可以领到三十块大洋的工资。

"戊戌变法"那年的盛夏，王国维因为严重的脚气病回到了海宁。经过夏、秋季的休养，王国维回到上海，担任东文学社的"学监"。王国维作为"学监"不受学生欢迎，但他的学识却深受师生赞赏。在此期间，他为《支那通史》代写了序言，又为《西洋史要》作序，这两部著作都以东文学社的名义刊印，并且十分畅销。

1900 年"庚子之变"之后的夏天，罗振玉宣布学生提前肄业，东文学社被解散。王国维面临着何去何从的再次选择，恰巧浙江当局预定于庚子春夏间，在杭州举行"出洋考试"，这给了他新的机遇。在杭州，王国维准备"出洋考试"，一旦考上，那就可以享受"公派"官费留"西洋"了。然而好事多磨，杭州的"出洋考试"没有举行。王国维回到上海，在农报馆翻译农学学报。在罗振玉的劝说下，他改往东洋，并请已返日本度暑假的藤田剑峰联系去东京留学事宜。1901 年 2 月 9 日，王国维乘坐日本三菱

公司的"博爱丸"轮船，从上海启程东渡，抵达东京后，准备进入东京物理学校学习。

东京物理学校的生活使王国维感到极不适应，按照他自己所说是"昼习英文，夜至物理学校习数学"。王国维本身本不擅长数学学习，再加上脚气病的发作，致使他难以在日本支撑下去，于1901年6月26日返回上海。王国维回国后，原想在海宁家中休养一段时间，等待官派留学的机会改赴"西洋"留学。8月，他被身为武昌农业学校监督（校长）的罗振玉电招到了武昌，安排他协助藤田剑峰做武昌学校的"授译"。1901年年底，罗振玉辞去武昌农校监督之职，改任南洋公学日文分校监督，委任王国维为分校"执事"。接着，1902年春，罗振玉委派王国维再赴日本为他聘请"译手"，以译编开办新式学堂所需的教科书。从1902年春开始，王国维开始购买大批的关于西方哲学、心理学、伦理学、社会学名著，并且在一年内就读完了。从1903年起，他开始攻读康德、叔本华之书，其中有康德的《纯理批译》（今译《纯粹理性批判》）与叔本华的《意志及表象之世界》（今译《作为意志和表象的世界》）等。

1902年11月，王国维应张謇之邀担任通州（南通）民立师范学校教师，这是一所由我国近代著名实业家、教育家张謇创建的我国第一所独立设置的师范学校。任职通州师范期间，王国维实现了他人生事业的华丽"蝶变"。在这里，王国维主要教授伦理、国文两门课程，但更重要的是，他成为张謇创办通州师范的重要助手，主要工作一是审定管理章程，参与选聘教习；二是教学场所布置；三是查询教学讲义；四是招生考试；五是协商校事。

1904年，王国维写完《红楼梦评论》，这是中国文学研究史上第一部真正意义上的中西文学比较研究论文。他以叔本华的哲学思想为理论基础，从故事内容、人物描摹着手，系统探究小说题旨和美学、伦理学价值，是红学史上的里程碑。《红楼梦评论》比蔡元培的《石头记索引》早了十三年，比胡适的《红楼梦考证》早了十七年。

1904年8月，罗振玉延请王国维执教江苏师范学堂。至此，王国维与通州师范缘分已尽，但他仍与通州师范、南通文教界人士保持着一定联系。

当时的罗振玉为江苏教育顾问和师范学堂监督（校长）。在江苏师范学堂执教的一年多时间，是王国维学术生涯取得丰硕成果的重要阶段。他

先后撰写了《叔本华遗传说后》、《叔本华与尼采》和《释理》等哲学论文，还兼任《教育学杂志》主编之职。1905 年 5 月至 6 月，王国维又发表了《子思之学说》《孟子之学说》《荀子之学说》《论平凡之教育主义》《论新学语之输入》和译文《哥罗宰氏之游戏论》，在学术界产生了很大影响。

1905 年（光绪三十一年）11 月，罗振玉辞去江苏师范学堂监督职务。王国维也去职返乡，在家闲居半年。此时，清政府成立学部（教育部），罗振玉出任学部参事。王国维于 1906 年春应罗振玉约请进京。这是王国维初次进京，京城给王国维的感受就像他填写的《浣溪沙》一样：

七月西风动地吹，黄埃和叶满城飞。征人一日换缁衣。

金马岂真堪避世，海鸥应是未忘机。故人今有问归期。

这年 7 月，父亲乃誉公在家病故，王国维赶回海宁料理丧事，自秋至冬都在家服丧。当地乡绅上门请他出任海宁学务总董，但王国维考虑到上至国家下至海宁的教育形势不甚乐观，再加上没有办学经费，没有教职人员，所以王国维婉言谢绝了。

任职学部

1907 年春，王国维安葬了父亲之后返回北京。王国维被委派在清政府"学部总务司行走"，而真正入了官门。从 1907 年至 1911 年"辛亥革命"，王国维在学部的实职是"编译图书籍编译"。进入学部后，在罗振玉的引荐下，他拜识了时为"学部尚书"的荣庆，并且向荣相国递了"门生帖子"。此时京城给王国维的感受表现在他再填的一首《浣溪沙》中：

城郭秋生一夜凉，独骑瘦马傍宫墙。参差霜阙带朝阳。

旋解冻痕生绿雾，倒涵高树作金光。人间夜色尚苍苍。

1907 年夏天，刚刚在学部任职的王国维不得不迅速从北京动身，返回家乡海宁，原因是妻子莫氏因为产褥热而卧病在床。盛暑炎夏，王国维乘船走水路，颠簸了半个多月才踏进家门。此时，莫夫人已经处于弥留之际，不久就离开了人世，享年三十四岁。处理完妻子的后事后，王国维把孩子托给继母叶太夫人照料，暂时回到他供职的学部。几个月后，王国维的继母叶太夫人也离开了人世，这回连孩子也没人照顾了，亲戚们都劝他再娶，最后由他的岳母莫太夫人做主，为他续订了一门亲事。1908 年 3 月，王国

维与新娘潘丽正举行了婚礼。潘氏夫人也是海宁人氏，是莫氏夫人的表外甥女，知书达礼为莫氏太夫人所欣赏。两个多月后，王国维在岳母莫老太太亲自陪伴下，带着新婚的潘夫人和三个年幼的孩子以及莫夫人生前的女佣钱妈，举家迁往北京，租住在宣武门内新帘子胡同的一家四合院内。

1906—1907 年（光绪三十二年至三十三年），王国维在其主编的《教育世界》杂志先后刊出《人间词甲稿》，其中有词作六十一首，大致是1904 年年初至 1906 年春的作品；《人间词乙稿》，收录词作四十三首，大概是 1906 年春夏至秋 1907 年的作品，两书共收词一百零四首。《人间词》在晚清词中独具一格。国民党《中央日报·泱泱副刊》主编卢前（冀野）在《饮虹簃论清词百家》中赞王国维："人间世，境界义昭然。北宋清音成小令，不须引慢已能传，隔字最通圆。"（马兴荣、吴熊和、曹济平《中国词学大辞典》，浙江教育出版社 1996 年版，第 387 页）

王国维在学部任职期间，大量翻译了一些外国的著作，包括《欧洲大学小史》《论幼稚园之原理》《法国小学校制度》《世界图书馆小史》等。这些类似于后来官办"内参"之类的译文，主要供教育当局及相关官员参阅。除了这些"内参"外，还包括几部经典性作品，如丹麦作家海甫定的《心理学概论》、英国作家耶方斯的《辩学》、美国心理学家禄尔克的《教育心理学》。除此之外，王国维还忙里偷闲写了篇题目为《书辜氏汤生英译〈中庸〉后》的长篇文章，向张之洞的幕僚辜鸿铭发起了挑战，将他翻译的西文《中庸》逐条举例批驳，指出其在学理方面是中学"固陋"，而在译文方面是西学"欺罔"（《王国维传》，陈鸿祥著）。

1908—1909 年，王国维著名的文艺批评著作《人间词话》发表于《国粹学报》上。王国维根据其文艺观，把多种多样的艺术境界划分为三种基本形态："上焉者，意与境浑；其次，或以境胜；或以意胜。"王国维比较科学地分析了"景"与"情"的关系和产生的各种现象，在中国文学批评史上第一次提出了"造境"与"写境"，"理想"与"写实"的问题。《人间词话》不同于当时有影响的词话，它提出了"境界"说。"境界"说是《人间词话》的核心，统领其他论点，又是全书的脉络，沟通全部主张。

继《人间词话》之后，王国维开始了戏曲史的研究。早时王国维的学术兴趣是哲学，然后从哲学转为文学，王国维一度在是做诗人还是做哲学

家之间纠结。在定居北京后，王国维决定将他的学术兴趣由文学转为戏曲，并且在写出了《人间词话》的同时，也写出了《戏曲考源》并发表在《国粹学报》上。这是王国维关于戏曲的第一部专著。到1911年10月辛亥革命前，短短两三年时间，王国维相继撰写了《唐宋大曲考》《优语录》《古剧脚色考》等专著。而他校注《录鬼簿》则是为着对元代剧作家进行研究考察。在此基础上王国维最终著成了《宋元戏曲考》（《王国维传》，陈鸿祥著）。

避战于日本

1911年10月10日，传来了武昌新军起义的枪声。眼看京城岌岌可危，王国维在家多备盐米，准备一旦京城有变，就闭门不出。最终王国维与罗振玉、刘季英三家老小共二十余口，乘坐日本"温州丸"商船从天津大沽口启程，于1911年11月27日抵达神户，然后转道前往京都吉田山下之田中村安家。

1912年1月1日，孙中山在南京就任中华民国临时大总统。2月12日清帝宣统正式宣布退位。2月13日孙中山辞临时大总统。2月15日参议院"选举"袁世凯为临时大总统。3月10日袁世凯在北京就任大总统。远在日本的王国维，身在异国他乡的吉田山下，只能通过赋诗的方式来感慨国家的命运。他写下了《读史二绝句》。

其一：

楚汉龙争元自可，师昭狐媚竟如何？

阮生广武原头泪，应比回车痛哭多。

其二：

当涂典午长儿孙，新室成家且自尊。

只怪常山赵延寿，赭袍龙凤向中原。

然后又作《咏史》五首诗斥袁世凯，通过《颐和园词》为中国封建王朝送上了最后的挽歌。

在田中村安家后，罗振玉在藤田剑峰的帮助下，在京都郊外的净土寺附近建造了单家独院的私宅"永慕园"，并附建藏书室，起名"大云书库"。

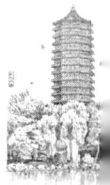

1913 年 3 月，王国维也从田中村迁居到离永慕园较近的神乐冈。在日本，王国维除了与罗振玉"共研文史"之外，几乎摒绝了外界的一切干扰。这时王国维主要是为罗振玉寄存京都大学图书馆内的藏书整理编目，而罗振玉就像发工资一样，按月发钱给王国维，补贴王国维家用。此间也是王国维本人在学术研究上新著迭出、硕果累累的阶段。

早些时候，英籍匈牙利学者斯坦因和法国巴黎大学教授伯希和等人以"探险""访古"为名，窃掠我国包括敦煌千佛洞大批卷轴在内的百余箱文物。1913 年，罗振玉得知法国学者沙畹正将斯坦因窃取的汉晋木简整理成书，于是致函沙畹，"欲得其影片"。在王国维看来，这批与殷墟甲骨同为国之瑰宝的文物散流国外已够痛心的了，将其整理研究之责，自当在中国学者。自 1913 年年底至 1914 年春夏，王国维与罗振玉尽三四个月之力，将沙畹寄来的照片，重新整理考释，写成《流沙坠简》。

希望复辟，害怕革命

1915 年春，潘夫人思乡心切，王国维遂送潘夫人带着女儿先回了海宁，只有长子潜明伴着他再返京都迁住罗家。1916 年 2 月初，王国维与潜明自京都乘车至神户，乘坐"筑前丸"，于 1916 年 2 月 9 日抵达上海。1916 年 3 月，潘夫人携带子女、仆人从海宁来到上海。

1917 年，张勋复辟，把已经宣布逊位的小皇帝溥仪重新拉出来，这让王国维看到了"希望"。可是好景不长，随着复辟的失败，王国维的希望短时间就破灭了。随着俄国十月革命的爆发，以及随之而来的五四运动，王国维"心绪恶劣"，十分担心"最可怕之社会运动"，尤怕"俄国过激党之祸延及东方诸国"。早在王国维回到上海之初，受哈同洋行经理、仓圣明智大学校长姬觉弥的聘任，王国维担任了《学术丛编》的编辑主任。《学术丛编》决定停办后，改聘王国维担任仓圣明智大学（由热衷于中国古典文化的犹太富商哈同夫妇创建于上海，是一所从小学到大学的全日制学校，学生的膳食、住宿和学杂费全部由学校提供。课程则侧重于中国古代文字、古董和典章制度）教授。这个差事不仅保证了王国维全家衣食生计，而且还有两件事使他十分得意。

其一就是演习古礼。按照仓圣明智大学的要求，学校师生要"习礼"。

在姬觉弥的恳求下，王国维答应"每月往三次"去学校"指点一切"（《王国维传》，陈鸿祥著）。其二就是学校准备开办预科，并请王国维担任经济学教授。

除仓圣明智大学外，从1917年起，包括日本的京都大学、南京的东南大学和以蔡元培任校长的北京大学，都曾多次致信或派人来沪登门聘请，但王国维直到1921年才允以"不受薪"的"通讯导师"。1921年春夏间，王国维精选了时间跨度整十年的作品，选编了《观堂集林》，于1923年年底印成完书。

走进清华

1924年冬天，冯玉祥发动"北京政变"，驱逐溥仪出宫。王国维引为奇耻大辱，愤而与罗振玉等前清遗老相约投金水河殉清（清朝），因阻于家人而未果。王国维结束了"南书房行走"的工作，遂有崇仰他学问的胡适、顾颉刚等人推荐他担任新成立的清华大学国学研究院院长，王国维推而不就院长职，仅任教职。他讲授《古史新证》《说文》《尚书》等课程，从事《水经注》校勘及蒙古史、元史研究，以其精深的学识、笃实的学风、科学的治学方法和朴素的生活影响了清华学人，培养和造就了一批文字学、历史学、考古学方面的专家学者。同时，他自身的学术也更加精进，学术成果丰硕，达到了炉火纯青的地步，其论殷周、释甲骨、释钟鼎，处处卓绝，语语精到，皆出自己心得、发明和独创，对古代历史、古代地理等研究做出重大贡献，博得海内外学人的推崇和尊敬。

1925年9月14日，国学研究院普通演讲正式开始，王国维讲《古史新证》。1925年10月15日，加授《尚书》课程。与梁启超、陈寅恪、赵元任、李济（一说吴宓）被称为"五星聚奎"的清华五大导师，桃李门生、私塾弟子遍布中国史学界。

谜一样的离世

1927年6月2日，王国维早起盥洗完毕，即至饭厅早餐。王国维到达办公室，准备给毕业研究生评定成绩，但是发觉试卷、文章未带来，命研究院的听差从家中取来。卷稿取来后，王国维很认真地进行了评定。随后，王国维和研究院办公处的侯厚培共谈下学期招生事，相谈甚久，言下，欲借洋二元，侯给了五元钞票，王国维即出办公室。王国维雇了一辆人力车，前往颐和园。王国维吸完一根烟，11时左右，跃身头朝下扎入水中，于园中昆明湖鱼藻轩自沉。

事后人们在其内衣口袋内发现遗书，遗书中写道"五十之年，只欠一死。经此世变，义无再辱"，短短数言，却给了后人无数的猜测。

清废帝溥仪事后赐王国维谥号为"忠悫"。1927年8月14日，王国维被安葬于清华园东二里许西柳村七间房。

章士钊

「老虎」总长

章士钊，幼名永焘，字行严，又字行年，笔名黄中黄、青桐、秋桐等，1881年（光绪七年）3月20日生于湖南省善化县（今长沙市）。1935年章士钊在主修（长沙）《章氏河间堂续修族谱》"序"中写道："章氏受姓，本太公之支封，因郫邑以为氏……明万历时由蓟北迁楚南，卜筑长沙河西之它市里，继又移宅省垣……至六世已分八房。"章士钊的家族并非望族，累代为农，到了他的曾祖这一代才积累了一些财富成为地主。到了章士钊祖父润生公时，他家田产颇多，每年可收租供二千五百石左右，已是一个大地主。由于有了田产，章家"始读书求功名以传其子孙"（《章士钊》，邹小站著，团结出版社）。到了章士钊父亲时家业又迅速衰败，章士钊在《湘产濒毁记》中描述1895年后，章士钊的父亲有年收入二百余石的田产，只能算是一个中等地主。

章士钊父亲章锦，字芗坪，人称章九大爷，曾在乡里为里正，"在地方上享有很高的声望"（章行严《湘产濒毁记》，《青鹤》第一卷第二期），后业中医，"一生行善，以医全活人甚众"，热心地方事务，"为人解纷犹肯用力"（孤桐《铜官感旧图记》，《甲寅周刊》第一卷第34号）。章锦本是一位乡村塾师，但鄙视科举制度。他生有四子，长子为章士瑛，次子章士爵为曹夫人所出，章士钊排第三，四子章士夔为刘氏所生。刘氏出身书香门第，知书达理，甚是贤惠。

章士钊后来在与梁漱溟的通信中写道，"幼时讲诵，母课甚勤，愚初习试帖，每就母征典点请韵"。兄弟四人都受过良好的传统教育，且都擅长书法。

章士钊从小在兄长章士瑛的私塾读书，在章士瑛指点下，一面学作八股文章，一面要习训诂之学。章士钊读书十分用功，"家贫书不多，倾帙求赅详，午夜不肯息，明发同鸡荒"（章士钊《近诗废疾·初出湘》，《文史杂志》第一卷第五期），"以致因用功过度而致吐血"（章士钊《与黄克强相交始末》，《辛亥革命回忆录》第2集，文史出版社）。

1894年，章士钊十三岁。这一年他在长沙求学，在城里买到湖南永州刻的一部《柳宗元文集》，从此开始攻读柳文，对柳文爱不释手。以后近八十年间，无论走到哪里，他都随身携带柳宗元的文集。柳宗元的文章对他有着极大的影响。章士钊十五岁时赴童子试，但未被录取，之后在长沙

白茆堂求学。1897 年，章士钊的母亲刘氏去世。为生活所迫，章士钊到一位刘姓亲戚中为童子师。1898 年，章士钊再去参加童子试，结果还是没有考上，但结识了秦力山、沈荩等人，大家变成了文友。

母亲去世后，章士钊和四弟章勤士在姐姐的资助下到武昌求学，本打算进自强学堂，因错过招考日期，所以寄读于武昌两湖书院。1901 年，章士钊在两湖书院学生宿舍认识了黄兴。同年在朱启钤家又找到了一份童子师的工作，教朱家子女学习《柳宗元文集》。

1902 年春，章士钊带着弟弟章勤士离开武昌，到南京投考张之洞创办的江南陆师学堂，并被录取，得到学堂总办俞明震和教师马惕吾的赏识。在江南陆师学堂，章士钊受到了梁启超和谭嗣同学说的影响。1903 年 4 月，江南陆师学堂三十多名学生因反对学堂无理开除学生而集体退学。章士钊走"废学救国"的道路率领着三十多名学生离开南京，奔赴上海参加爱国学社。在爱国学社，章士钊一面学习，一面根据在江南陆师学堂学习的军事课程，充当军事教员。

在上海，章士钊结识了章太炎、张继、邹容，并与他们结为兄弟，章太炎为大哥，章士钊排老二，张继为老三、邹容为四弟。

1902 年，日本进步人士宫崎寅藏写出了《三十三年之梦》一书，此时的章士钊已经在友人王侃叔那里了解了孙中山的事情，认为他绝非一般的草莽英雄可比，对他有了敬畏之心。1903 年 8 月，章士钊用过去在陆师学堂学过的那点日语知识，在字典的帮助下，把它翻译成中文，题名为《大革命家孙逸仙》并公开出版。在章士钊编译这本书时，因一时失误，错将孙中山的真名孙文与化名中山樵的两个名字连缀成文，写作"孙中山"。"孙中山"这个名字也随之传开，竟成了正式的名字。后来章士钊还有些得意地写道："久而久之，从不见有提出问题。先生似亦闻而默认。本非'约定'，卒乃俗成也。"（章士钊《疏黄帝说》，《辛亥革命回忆录》）

章士钊的才华受到了当时书报主持人陈范的欣赏，据说陈范欲将女儿陈撷芬（《爱国女报》的创始人之一）许配给他，于是聘任章士钊为《苏报》主笔，以待将来。1903 年 5 月 27 日，章士钊二十二岁时入《苏报》主事。他虽然没能如愿得到陈撷芬的芳心，但是在《苏报》的办理上却大有可为。例如，章士钊在《苏报》上推荐了邹容的《革命军》，又将章太炎的《驳

康有为论革命书》中的精彩部分在《苏报》重新发表。

1903 年 7 月，清政府查封了《苏报》，逮捕了章太炎、邹容等六人，蔡元培、吴稚晖等人事先闻风而逃往国外，作为《苏报》的主编，章士钊却安然无恙。

《苏报》被封后，章士钊、陈独秀、张继、何梅士、苏曼殊等人在谢小石的资助下，于 1903 年 8 月 7 日正式创办了《国民日日报》。章士钊在《国民日日报》上发表了《箴奴隶》等文章。章士钊在忙于编辑《国民日日报》的同时，又创设了一个东大陆图书译印局，出版了很多革命书籍。

1904 年，上海成立爱国协会，章士钊任副会长。7 月，黄兴来到上海找到章士钊，准备于 11 月 16 日（慈禧太后七十岁寿辰之日）在长沙举行武装起义，要求章士钊等在上海暗中接济。事败后，黄兴跑到上海，与章士钊、杨守仁三人结为兄弟，准备再战。

11 月 19 日，上海发生了万福华枪击王之春的事件，万福华被捕后章士钊独自到监狱探访，不料自投罗网，导致其余庆里招待所内所驻的革命党人郭人漳、张继、方表、苏鹏、徐佛苏、章勤士等也被捕入狱。章士钊虽然连累大家受苦，但同志们并没有责怪他，在狱中大家都保持乐观情绪。章士钊表示，出狱后将在西湖道上开一牛肉店，虽没有美妇，也要学司马相如，卖食佐读，以终其身（白吉庵《政客里的文人，文人里的侠客：章士钊的传奇人生》，团结出版社）。后经泰兴县令龙璋保释，除万福华，其他人于四十余天后释放出狱。据苏鹏回忆，章士钊出狱后，"腻有李苹香诗妓，接居香巢，浴以芳泽，衣以文锦，软语温存，过其似蜜非蜜之生活"（苏鹏《海沤剩沈》，《近代资料史》）。

1905 年 1 月，章士钊东渡日本，进入正则学校学习英文，不久黄兴也搬来与他同住。夏天，孙中山由欧洲抵达日本。7 月孙中山拜访杨度。在杨度的推荐下，孙中山来到章士钊的住所拜访黄兴。孙中山提议组建同盟会，黄兴表示赞同。8 月 2 日，在东京举行同盟会成立大会。对于同盟会，章士钊的态度是拒不参加。孙中山、黄兴、张继等人劝说章士钊加入同盟会无果，为此马君武还和章士钊动了拳头也是无效，章太炎便搬出了吴弱男做他的工作。早在章士钊办《苏报》时，就引起了住在南京的吴弱男的注意。吴弱男随其父吴彦复移居上海后，章士钊也常到吴家去玩，与吴弱

男姐妹关系甚密。1905年春，吴弱男姐妹入东京青山女子学院读书。同盟会成立后吴弱男担任了英文书记，与孙中山经常见面交谈。吴弱男的出面说服同样不仅不成功，吴弱男自己还搭进去，竟成了章士钊的未婚妻，同盟会与章士钊的关系是"赔了夫人又折兵"。此时章士钊的观点发生了转变，由"废学救国"转变为"苦读救国"，认为"党人无学，妄言革命"，从此与孙中山、黄兴等人的关系逐渐疏远。

章士钊在苦读英文和数学等课程之时还在东京实践女子学校任教，据说学员中有秋瑾等人。

1905年11月，日本政府文部省公布了《中国留学生取缔规则》，引起了中国留日学生的分裂。风波平息后，陈独秀、苏曼殊来到东京，与章士钊一起生活与学习。后章士钊与一个大佐夫人谈恋爱，被大佐知道后要和章士钊决斗，章士钊逃跑，避免了一场大祸（濮清泉《我所知道的陈独秀》，《文史资料选辑》第71辑）。

1907年春，章士钊因胃病在东京住院三个月，其间他整理了教学中的中国文法资料，定名为《初等国文典》，交普及出版社出版，后改名为《中等国文典》，同年4月由上海商务印书馆出版。《中等国文典》出版后，章士钊得到了一笔稿费，于是产生了留学英国的念头。在好友杨守仁的帮助下，章士钊取道上海，来到英国爱丁堡大学攻读政治、法律、逻辑学。

船到法国时，章士钊、杨守仁、蒯光典（时任欧洲留学生监督）曾在巴黎逗留，拜访了吴稚晖。当时吴稚晖正在巴黎主编《新世纪》周刊，章士钊把初到巴黎时与友人参观妓院的事写了一篇题为《观娼感念》的文章交给了吴稚晖。5月，章士钊又在上海《学报》上发表了《康德美学》一文。

1909年春，从日本学成回国，在苏州景海女校任英文教员的吴弱男接到了章士钊的来信，不久吴弱男由上海乘船来到伦敦。4月6日，章士钊与吴弱男在伦敦举行结婚典礼。次年1月4日，他们的大儿子章可出生。

为了生活从1910年起，章士钊担任了北京《帝国日报》的海外通讯员，以秋桐为笔名在该报发表了大量的文章介绍西方政治学说，兼评国内政治。武昌起义成功后，孙中山表示，可以委任章士钊担任国民政府秘书长的职务。此时章士钊在英国的生活十分窘迫。于是这年冬天章士钊决定放弃学位与吴弱男带着长子章可、次子章用一起回国。由于章士钊回国已晚，南

京政府秘书长和各部部长职位都已分配完毕，于是接受于右任的邀请，来到《民立报》担任主编。

此时的中国政治混乱、言论嘈杂、思想意识不统一，章士钊的政治观点虽然得到了黄兴、宋教仁等人的支持，但也受到了同盟会许多元老的反对。半年后章士钊离开了《民立报》，不久与王无生一起办起了一个《独立周报》。

袁世凯掌权后，为了分化革命力量，派人到南方劝说章士钊到北京，并委任他为北京大学校长。章士钊本不愿接受这一职务，于是决定到北京向袁世凯当面请辞。章士钊到北京后，袁世凯对他十分热情，任北大校长一事也顺利辞掉。袁世凯还给章士钊在东华门外锡拉胡同安排了住宅，并让他回上海将家眷接到北京去住。不料吴弱男并不买袁世凯的账，反而劝章士钊不要依附袁世凯为好，"男子立名当自致，依妻党进，非夫也"（章士钊《孤桐杂记》，《甲寅》周刊第 1 卷 17 号）。1913 年 3 月 20 日，国民党代理理事长宋教仁在上海火车站被刺杀。"宋教仁枪杀案"后，章士钊开始对袁世凯心存二心，袁世凯将他软禁在锡拉胡同。后来章士钊装病只身逃出北京，南下加入反袁行列。

在孙中山与黄兴的授意下，章士钊游说粤汉川铁路督办岑春煊反袁，并与岑春煊一起来到武昌说服黎元洪，但黎元洪不为所动。7 月 12 日，李烈钧在江西湖口起兵宣布江西独立；7 月 15 日，江苏都督程德全宣布江苏独立，并委任黄兴为江苏讨袁军总司令，黄兴任命章士钊为秘书长，是为"二次革命"。

"二次革命"失败后，章士钊与程潜、李根源等人流亡日本东京，随后吴弱男带着三个孩子也来到了日本。1914 年 5 月，在黄兴的支持下，章士钊创办《甲寅》月刊，他在该刊第一号发表了《政本》一文，对袁世凯的专制从理论上进行抨击，同时也为资产阶级民主政治做宣传。以后章士钊把陈独秀约到东京，帮助他在《甲寅》编辑部工作。《甲寅》的创办，不仅使章士钊与陈独秀、李大钊有了密切的往来，胡适也在《甲寅》上发表了他的译作《柏林之围》，促成了章士钊与胡适的友谊。《甲寅》遭禁后，章士钊等人也离开东京，回到上海。

1916 年 5 月 1 日，岑春煊在肇庆成立两广护国军督司令部，自任督司令，

梁启超、李根源为正副督参谋，章士钊为秘书长。同日滇、黔、桂、粤四省护国军军务院在广东肇庆成立，唐继尧任抚军长，岑春煊任抚军副长代行抚军职务，唐继尧、岑春煊、蔡锷、梁启超、陆荣廷、李烈钧等均任抚军，章士钊出任军务院秘书长。7日，黎元洪继任总统并恢复国会，章士钊以议员身份代表湖南到北京参加国会。

1917年1月28日，在章太炎等人的支持和鼓励下，章士钊在北京恢复《甲寅日刊》，邀请李大钊、高一涵、邵飘萍任编辑。章士钊还邀请李大钊做了家庭教师，教授他的三个孩子。同年章士钊应北京大学校长蔡元培之邀任北京大学逻辑学教授，兼图书馆主任（馆长）。

"logic"一词在我国有多种译法，如"名学""论理学""辩学""理则学"等。1910年11月22日，章士钊在梁启超主编的《国风报》第29期上发表《论翻译名义》，力主采用"逻辑"的译法，通行至今。

当年章士钊在北大讲逻辑学，可谓盛况空前，曾先后更换过好几个大教室，仍然是座无虚席，影响很大。据当时旁听生高承元回忆："盖海内自有讲学以来，未有之盛也。翌日乃一大教室，可容四五百人拥挤如故。"（章士钊《逻辑指要》）根据冯友兰的回忆："那时候，章士钊（行严）在北大，给一年级讲逻辑，我去旁听过两次。他原来讲的并不是逻辑，而是中国哲学史——墨经。我有几个问题，写信给章士钊，请他解答。他回我一封信，叫我在某一天晚上到校长办公室等他。我按时到了校长室，他还没有到。我坐在幔子外边等他。又陆陆续续来了些人，像是要开什么会的样子。最后，章士钊到了，他那时候还比较年轻，穿得也很讲究，风姿潇洒。他看见我，同我说了几句话，也没有解答问题。我看要开会，就退出来了。"（《冯友兰自述》，中国人民大学出版社）

章士钊在北大时穿针引线将昔日好友杨昌济、李大钊请到北大任教。李大钊到北大之后一时没有合适职务，章士钊认为李大钊的才学胜他十倍，随即辞去所任北大图书馆馆长一职，由北大转聘李大钊任职。

1917年章士钊根据北京大学担任教授时的逻辑学教学课程整理了《逻辑指要》初稿，于1943年由时代精神社印行。

1917年，第一次世界大战接近尾声，中国面临的一个是否参战的选择。章士钊对参战问题很重视，曾在《甲寅》上发表了《加入欧战问题之意见》

等一系列文章反对参战。随后，他的观点发生了变化，4 月在《甲寅》周刊上发表《外交问题》一文，支持政府参战。

南北议和时章士钊受岑春煊派遣到日本，希望能够得到日本政府的支持与援助。与日本政府的谈判没有达到目的，章士钊回国参加岑春煊领导的军政府，并担任与北方议和的代表。

正当南北双方在上海举行和会之时，北京爆发了震惊世界的"五四爱国学生运动"。6 月 11 日晚，陈独秀在北京前门外新世界游艺场散发了他自己起草的一份题为《北京市民宣言》的传单，陈独秀当场被警方逮捕。22 日，章士钊致函北京政府代总理龚心湛，要求释放陈独秀，"钊与陈君总角旧交，同出大学，于其人品行谊知之甚深，敢保无他，愿为佐证"（毛泽东《陈独秀之被捕及营救》，《湘江评论》创刊号）。

1920 年新年，章士钊在《中华新报》元旦号上发表了一篇《裁兵与造法》的文章，广州国会对章士钊给予除名。这年春天，岑春煊与汪精卫计划筹建一所西南大学，由汪精卫、章士钊为筹办员。章士钊的规划要领是，西南大学要学术独立，不受政治的牵制；西南大学永久独立，脱离教育部管辖，成为一个学者自治的团体。后因时局变迁，未能如愿。

章士钊的言行与当时革命形势的发展出现了严重的不合，于是 1921 年年初他回到了北京，检讨自己的政治主张。2 月 17 日，得到黎元洪资助，章士钊自上海出发赴欧洲考察。他首先抵达马赛，然后赴英国。在伦敦，章士钊拜访了英国学者威尔斯、萧伯纳、潘悌等人，向他们请教救治中国之道。根据潘悌的言论，章士钊写了《联业救国论》寄回国内由商务印书馆出版。9 月因父亲去世，章士钊回湖南料理丧事。

1922 年 1 月，章士钊在《中华新报》上发表《论败律》，表明他对几年从政失败的态度，认为自己从政失败，就应该自动下野。8 月章士钊回到北京，积极宣传农业立国主张。10 月 13 日，章士钊在湖南学术研究会上做了题为《农村自治》的演讲，第二天在湖南甲种农业学校就农业生活做演讲。鉴于章士钊对中国农业的主张，12 月 12 日，章士钊被委任为北京农业大学校长。章士钊的办学宗旨是"以办到师生农民通力合作，建树将来农村立国之基础"（袁景华《章士钊先生年谱》，吉林人民出版社）。北京农业大学所设农艺、森林、畜牧、园艺、生物、病害虫、农业化学七

个系，还要建设农业实验场等，所有事务"尽聘农业专家办理"（《章行严在农大讲演词》，《晨报·副刊》1922年12月28日）。章士钊上任后解散了学校原来的"促进会"，在校内增设了一个意见箱，每周打开查看。

这一年，章士钊来到德国柏林，对该国的政治学术进行考察。在法国勤工俭学的学生为争取开放里昂大学而进行斗争。10月应吴稚晖之邀，章士钊来到巴黎，在大使馆共同商议解决问题的办法。章士钊的建议遭到了学生的反对。10月13日，章士钊离开巴黎，返回柏林。同时章士钊受周恩来的委托利用自己外交豁免权，把一台印刷机和一批革命宣传学习材料，从法国带给德国留学生。

1923年，因为北京曹锟贿选总统一事，章士钊作为参议员不肯受贿，南下上海受聘于《新闻报》任主笔。11月15日，段祺瑞被推为临时执政后，特邀章士钊北上。章士钊由上海赴天津加入了段祺瑞集团，被委任为司法总长。吴稚晖说"章此番跌入了粪坑深处"，胡适说"老章又叛变了"，沈尹默宣布与章士钊绝交。鲁迅嘲笑章士钊"陋弱可哂"（何立波《章士钊与李大钊的特殊情谊》，中国共产党新闻网）。陈独秀说："章士钊和我俩不同，不爱文艺而致力于法政，是一个十足的官迷。"（濮清泉《我所知道的陈独秀》，《文史资料选辑》第71辑）

章士钊上任后，司法部曾发出一道训令，要求宣传共产党者，依刑律内乱罪从严办理。陈独秀针对这个问题，在《向导》杂志上发表了一封公开信，质问章士钊为何对共产党如此仇恨。

1925年4月14日，段祺瑞宣布章士钊兼任教育总长。章士钊上任后，提出了一套"整顿教育"计划：（一）清理教育部所欠各学校的债务，设法偿还；（二）根据当时国立各大学师资力量欠缺或不足，学生分配不均，有的大学科系学生很少的情况，提出要合并北京国立八所大学，请蔡元培回国担任校长；（三）仿英国伦敦大学城，设立考试委员会，严格考查学生成绩；（四）设编译馆，要求各大学教授参与，优加奖励，期以必成，务必在一年之内有新著数十百种出版。

章士钊的计划出台不久，在北京学界爆发了一场纪念"五七"国耻的学生爱国运动，这项整顿计划搁浅了。1925年5月7日，北京各大中学校师生正准备上台演讲，并计划到天安门开不忘国耻的纪念会。不料各校门

口均有军警把守，严禁学生外出。午后有学生冲破军警阻拦走向天安门，不料天安门也被武装警察占领。学生分头转向神武门前开会，然后转到景山。散会后有人提议赴魏家胡同 13 号章士钊家，质问他为何禁止学生开纪念会，与军警发生冲突。随后章士钊提出辞职，于 18 日携家眷到天津居住。

"五卅运动"后的 6 月 17 日，章士钊复任司法总长之职，随后章士钊及时恢复了《甲寅》周刊。7 月 29 日，章士钊正式调任教育总长。

章士钊上任教育总长时，正赶上北京女子师范大学驱逐校长杨荫榆。1924 年 5 月，北洋政府教育部任命杨荫榆（中国第一个女校长，著名作家、戏剧家、翻译家杨绛的姑姑）为北京女子师范大学校长。杨荫榆早年离异，脾气有些古怪，她担任校长后，强调秩序、学风，要求学生只管读书，不要参加过问政治活动，把学生的爱国行为一律斥为"学风不正"，横加阻挠。5 月 7 日，女师大部分师生不承认她是校长，坚持要她下台。5 月 11 日，女师大学生召开紧急大会，决定驱逐杨荫榆，并出版《驱杨运动特刊》。8 月 8 日，章士钊批准了杨荫榆的辞呈。其实章士钊是支持杨荫榆，反对学生运动的。8 月 10 日，章士钊主政的教育部正式下令停办女师大，另成立国立女子大学。章士钊的行为引起了女师大学生的反对。

此时鲁迅正在教育部任佥事之职（相当于科长），又在北京女子师范大学任教。他对女师的学生运动是支持的。鲁迅的态度引起了章士钊的不满。1925 年 8 月 12 日，章士钊呈请政府免去鲁迅教育部佥事的职务。8 月 15 日，鲁迅一纸诉状将章士钊告到平正院，结果鲁迅胜诉。1925 年 11 月 19 日，章士钊在北京魏家胡同 13 号的家被广大群众和学生捣毁。章士钊无暇顾及与鲁迅的官司，匆匆逃到天津。章士钊后向段祺瑞提出辞职。1925 年 12 月 31 日，段祺瑞明令改组国务院，章士钊离开教育部。

1927 年，章士钊从杨度那里听到奉系军阀要逮捕李大钊的消息，赶忙让夫人吴弱男到苏联使馆通知李大钊，要他离开北京，但李大钊表示坚守北京。1927 年 4 月 6 日，张作霖逮捕了李大钊。28 日，李大钊在北京英勇就义。章士钊与吴弱男筹集巨款购买棺木，寻找庙宇存放李大钊的遗体。1928 年 7 月 28 日，谭延闿、蔡元培要求国民政府通缉"三·一八惨案"主犯段祺瑞、章士钊、梁启超等。年底章士钊被南京蒋介石政府通缉，携

家眷第三次欧洲之行。

1929 年 1 月，章士钊一家五口到了德国，住在哥廷根。在那里，章士钊潜心研究弗洛伊德的精神分析理论，并且用它来研究中国文学。这年春天，章士钊受张学良的聘请，回国任东北大学文学院主任，在东北大学讲授中国政治思想史、形式逻辑等课程。6 月，章士钊翻译了弗洛伊德的自传，题名为《弗洛伊德叙传》。这一年章士钊与吴弱男正式分手。

吴弱男本是"清末四公子"之一的吴保初的女儿，妇女运动先驱，与章士钊结婚后虽然思想有所转变，但个性很强且不善家务。章士钊有了一定的社会地位后，需要一个不介入社会活动、温顺美貌的女性做妻子。早在 1919 年章士钊在上海时，经黑帮老大黄金荣介绍，章士钊结识了黄金荣的"干女儿"奚翠贞，章士钊瞒着夫人与她暗中交往，到 1924 年后章士钊在北京当段祺瑞政府的司法总长兼教育总长时，公开与奚翠贞同住。吴弱男是新式女子，自然容不得章士钊纳妾，吵闹之后便让章士钊独自从德国回到东北，自己带着三个孩子留在国外。

与吴弱男离婚后，1931 年章士钊与奚翠贞结婚。奚夫人娇小可爱，性格平顺温和，善于持家，对章士钊言听计从。1936 年，章士钊在上海当律师时接了一个官司，一个女营业员与一位大家公子私生了一个女儿，不想要了，恰好奚夫人没有生育，于是就抱养了，后来章士钊为其取名章含之。

1931 年 4 月，张学良在东北大学学校管理上进行了改革，东北大学学校领导改为委员长制，由十一人组成，张学良为委员长，章士钊等十人为委员。九一八事变后，东北大学由沈阳迁往北平，章士钊也离开东北大学，赴上海开了律师事务所。

"章士钊律师事务所"挂牌后，开始业务比较萧条，直到杜月笙聘他为法律顾问，每月给他一千元，从此他的律师事务所很快就红火起来。在上海当律师时，章士钊接手的案子中最有影响也最为世人称道的是为陈独秀所作的辩护。

1934 年年初，章士钊被推选为上海法学院院长。1936 年 2 月 5 日，章士钊与沈钧儒等五人被推为出席全国律师协会第七届代表大会代表。2 月 23 日，他当选中华民国法学会上海分会理事。10 月，应冀察政务委员会委员长宋哲元的邀请，章士钊北上担任法制委员会主任。"七七事变"

后章士钊回上海避难。

1938年3月28日，梁鸿志等在日本扶植下成立"中华民国维新政府"，章士钊被任命为司法院院长。6月17日，章士钊与黄炎培等人一起被国民党政府宣布为第一届国民参政会参议员，7月6日出席了在汉口召开的第一届国民参政会。随着国内战局的进一步发展，1939年2月，章士钊以参议员的名义由香港赴重庆。那时蒋介石要张君劢找人写一部逻辑方面的教材，张君劢推荐了章士钊。章士钊将逻辑学讲义整理成册，题为《逻辑指要》。1943年，该书在重庆出版。以后在1959年和1961年这本书又被收入"逻辑丛书"两次重版。

1940年12月，章士钊当选国民政府第二届国民参政会参议员。此时的章士钊虽然拥有这样的头衔，但已不再有政治抱负，实际的政治活动很少。1941年章士钊结识了杜月笙给他推荐的戏子殷德珍(实为杜月笙情妇)，并纳之为妾。1942年7月，国民党政府宣布章士钊为第三届国民参政会会员，10月，他参加了第三届国民参政会。1944年，章士钊与殷德珍完婚。殷德珍婚后也无生育，后收养一女章眉。

1945年4月，章士钊被国民政府宣布为第四届国民参政会参政员。《双十协定》签字后，毛泽东找到章士钊谈论当前的形势。章士钊认为蒋介石没有谈判诚意，便在手掌上写了一个"走"字，并小声说道："三十六计，走为上策。"（袁景华《章士钊先生年谱》，吉林人民出版社）年底，章士钊携夫人殷德珍到上海主持《申报》。

章士钊脱离了《申报》后，又重新开起了律师事务所。后来，章士钊接受了汉奸梁鸿志、周佛海、殷汝耕的请求，出庭为他们进行辩护。1946年11月，国民党政府在南京召开了"行宪国大"，章士钊以国大代表的身份出席了会议，并就其宪法草案中的一些问题提出修改意见。

1954年3月，章士钊参与了中华人民共和国第一部宪法的制定。9月15日，第一届全国人民代表大会第一次会议召开，章士钊以湖南省代表的身份参加了会议。

1955年，周恩来总理在万隆会议上表示"中国政府愿意在可能的条件下，争取用和平的方式解放台湾"（《人民日报》，1955年4月24日），章士钊主动向周总理表示，愿往香港找一些国民党方面的旧故，为实现国

共第三次合作出力。1956年年初，章士钊带着中共中央的信经广州来到香港。

1957年，整风运动开始后，章士钊因一些言论被有些人指责是攻击党和社会主义，于是责令他写书面检讨。经毛主席批示，章士钊才算顺利过关。

1958年，章士钊以"避寒"为名，从北京到香港，再次与中国台湾方面人士接触，为国家统一而奔走。

1959年4月，章士钊被选为中华人民共和国第二届全国人民代表大会常委会委员。同年，他被任命为中央文史馆馆长。

1959年9月，章士钊应聘到中国人民大学汉语研究室开办的古代汉语教师进修班任教，讲授柳宗元文选。他讲课的讲稿，便是他后来出版《柳文指要》中的一部分内容。1971年9月，《柳文指要》由中华书局用繁体字公开出版。1972年美国总统尼克松访华时，周恩来总理还将此书赠送给他的部分随行官员作为纪念。

"文革"开始后，章士钊来到书房给毛泽东写了一封信。9月1日，他便收到毛主席的回信："行严先生：来信收到。甚为系念。已请周总理予以布置，勿念为盼！顺祝健康！"（章含之《我与父亲章士钊》，《文汇月刊》1988年第4期）周总理指示301医院接受章士钊、程潜、傅作义、蔡廷锴、李宗仁等住院，以加以保护。

1972年下半年，章士钊通过女儿章含之向周恩来总理反映，他想为祖国统一大业再尽一份努力，要到香港去一趟。1973年5月23日，经毛泽东主席同意后，一架中国民航专机携带章士钊及其子女、随从、秘书、医生等由北京飞抵香港启德机场。

章士钊到达香港不久，因难以适应香港炎热的天气病倒了。7月1日凌晨，章士钊与世长辞，享年九十三岁。

马寅初

百岁教授

第一次听说绍兴这个地方，仿佛是在少儿时代听年长一些的哥哥姐姐们谈论鲁迅先生笔下的孔乙己的时候，那时我心中的绍兴就是出产孔乙己这样封建社会下层穷酸文人的一个中国南方小城。随着年龄的增长，才发现那时对绍兴的认知是可笑的、片面的，真正的绍兴不仅有过孔乙己，更是孔乙己的描写者鲁迅以及蔡元培、秋瑾等革命斗士与文化大家的故乡。本篇文章介绍的主人翁马寅初就是在绍兴这块土地上成长起来的一位值得我们永远铭记的"最美奋斗者"。

顽皮的商二代

1882 年 6 月 24 日（光绪八年），马寅初出生在浙江省绍兴市。父亲马棣生少年时在堂兄马赓良的"钰记米店"做学徒，后在绍兴经营酿酒作坊，结婚后生下了长子孟希，次子仲复，三子叔培。

马家的酿酒产业多集中在嵊县浦口镇，且马棣生相信用两条江汇合处的水来做酒，味道特别好。经过实地考察后，马棣生与妻子决定把家搬到嵊县浦口镇，开设了"马树记"酿酒坊。由于马棣生擅长酿酒，没几年工夫，"马树记"生意兴隆，财源大增，成了方圆几十里都有名气的酿酒坊。在浦口镇生下了第四个儿子季余后，马棣生的妻子病故了。后来马棣生又娶了绍兴王氏为妻。王氏目不识丁，终日操持家务。婚后王氏为马棣生生下第五个儿子，这就是马寅初，又名元善。之后又有大妹锦霞、小妹锦文相继出世。

按照当地的说法，在寺庙庵堂里寄养过的孩子，菩萨会保佑他能够长命富贵，所以马寅初满月不久，母亲就抱他到小皋埠部的庵堂里寄养了几个月。

马寅初聪明伶俐，马棣生想把他培养成酒坊的管账先生，不让马寅初上小学，只许他念私塾。马寅初不愿这样的安排，父子之间产生了矛盾。

马寅初七岁时随兄长去浦口镇上的私塾读书，每天不是练习写字，就是死读《百家姓》《千字文》，以后又读《论语》《中庸》。马寅初对这种枯燥的教育方式深恶痛绝，一次他竟然愤而撕破书本，私塾已无法对他进行管教了。

马寅初很顽皮，捉知了，掏鸟窝，甚至喜欢上了赌博，掷骰子、推牌九，

都是好手，赢多输少，乐此不疲。马棣生家教很严，动不动就对马寅初进行斥责，甚至用鞭子抽打。当时马家还有一条家规，如果一个孩子出错受罚，别的孩子都要受到株连，跟着挨打。受到株连的哥哥们都很恨他，马寅初被父亲打完以后，他的哥哥们再打他一顿。

当时有个叫俞桂轩的先生正在邻村设帐收徒，于是马棣生就托人带着马寅初向俞先生求读。俞先生教课极严，却教学有方，马寅初学业大有长进，不多久，《大学》《中庸》《论语》《孟子》，他都能倒背如流，几年的学习，为马寅初打下了坚实的国学基础。俞先生工隶书、楷书，在授课中他也将自己的书法传授给了马寅初，马寅初因此写得一手好字。

马棣生为马寅初设计的人生道路就是为"马树记"做一名账房先生，这与马寅初喜好读书的性格相差太远，为了达到自己的目的，马寅初"玩失踪"的伎俩失败后，真的去投河自尽了。救他性命的是他父亲的好友、上海瑞纶丝厂的老板张江声先生。张先生不仅救了马寅初的性命，还说服了马棣生把马寅初带到上海，出钱供他读书。

1898年，十七岁的马寅初跟着干爹张江声来到了上海一家名叫"育英书馆"的教会学校读中学。马寅初的强项是国文，英文学起来比较吃力，因为嵊县地区的发音比较"硬"，英文发音的灵活度不够，马寅初就凭着死下功夫，终于可以讲一口流利的英语。这段时间的英文学习，为他日后留学美国打下了坚实的基础。

1901年寒假，十九岁的马寅初回到老家嵊县浦口镇过春节，在父母的包办下同本县一位叫张团妹的姑娘结了婚。严格来说，这不是马寅初第一次结婚。早在马寅初七岁那年父母就给他定了娃娃亲。未婚妻姓黄，是当地的一个富户人家的小姐。黄小姐十五岁那年病死了，马棣生用花轿把她的灵牌迎回来，与马寅初拜了堂。张团妹（后改名张桂君）与马寅初同岁，没有上过学，为人忠厚善良，与马寅初的母亲一样，是一位文盲式的家庭妇女，典型的封建社会的贤妻良母。婚后一年，张桂君就生下一个男孩，但不幸早夭。1904年，她又生下了一个女孩儿，起名马仰班。

从北洋大学到美国留学

1901年，马寅初以优异的成绩考入天津北洋大学。这是一所为中国

培养自己的高级工程技术人才的学校，学制四年，不仅入学门槛高，而且升级考试相当严格，从入学到毕业淘汰率高达 50%—60%。师资多数是国内外的名流，教学水平在创办初期就与美国哈佛、耶鲁等著名大学不相上下。北洋大学的毕业生到美国留学，可以不经考试直接进入美国各大学的研究院。

在北洋大学，马寅初凭着"工业救国"的理念学习的是矿冶专业。学习这个专业很辛苦，生产实习不仅要探矿、测绘，还要下矿坑采掘。在北洋大学的艰苦学习，为马寅初严谨治学的精神和实事求是的作风奠定了坚实的基础。

1907 年，马寅初以特别优秀的成绩毕业，并被北洋政府保送到美国耶鲁大学留学。出发前马寅初回嵊县度假数月，1908 年他的第二个女儿马仰曹出生。

1907 年年底，时年二十六岁的马寅初来到了美国耶鲁大学。在北洋大学读书时马寅初发现，在大学所学的知识与国内的实际状况相差甚远。光凭空谈"实业救国"不能改变中国，如拯救中国，就必须改革中国的经济结构、管理制度，促进工、农、商等全面发展，所以在耶鲁马寅初决定改学经济，专攻经济学硕士学位。

耶鲁大学同时注重学生体育的锻炼，按照规定游泳是必修课程，不能游泳者虽然各种功课都考，最优等也不能毕业。这个规定不仅把马寅初培养成了游泳能手，而且原本很弱的体质也大大增强了。从以后几十年的事实看，马寅初能够长命百岁，可能和这里的一位老医生有关。一次在耶鲁大学的冷水浴室里，马寅初看到了一位鹤发童颜、身体健康的美国医生正在进行冷水浴。老医生告诉他，几十年来，自己每天总要进行一次热冷水浴，具体的做法是："先用热水洗，水热的程度以身体能够忍受为限度，洗好后就在热水中躺十五分钟，然后出浴。用毛巾将身体擦干，这样必定出一身大汗，过三四分钟再进行冷水盆浴。无冷水盆设备时，可通过淋浴用冷水浇，使体温与冷水温度相当。"（杨建业《马寅初》，花山文艺出版社）这一做法，马寅初后来坚持了几十年。

1910 年，马寅初取得经济学硕士学位后，告别了耶鲁，来到纽约哥伦比亚大学研究院攻读经济学博士学位。在此期间，马寅初遇到了经济上的

麻烦。先是北洋政府所供给的费用越来越少，马寅初只得利用休息时间，靠在中国餐馆刷碗洗盘子，或者到码头或建筑工地扛木头做苦力挣钱。再后来，所有留学费用停发，学生或回国或留美继续学习，自由选择。马寅初当时的同学，后官至国民党政府外交总长的王正廷劝说他回国任官，可马寅初坚持到美国留学的目的，只是研究学问，不为做官。好在美国著名的财政学家、马寅初的博士导师赛利格曼教授向他伸出了援助之手，表示可以资助他在美国读完博士学位。

当时有不少的中国学生留学的目的只是获得文凭，而不在乎真才实学，所以他们的论文选题往往选中国国内的问题，利用美国教授不熟悉中国的具体情况，达到轻松过关的目的。马寅初的指导思想是要真学问，不要假文凭，所以他的选题恰恰是美国人，尤其是纽约人关注和正在研究的纽约市的财政问题。

1914 年，在赛利格曼教授的帮助和指导下，马寅初用英文完成了他的博士学位论文《纽约市的财政》。经过答辩，教授们一致认为，这是一篇高水平的、有独创见解的、有重大价值的经济学论文。这篇论文不仅被立即发行成为畅销书，而且还被哥伦比亚大学当作一年级新生的教材。马寅初也以优异的成绩获得了美国哥伦比亚大学的经济学博士和哲学博士学位。1916 年，马寅初谢绝了哥伦比亚大学的挽留，带着赛利格曼教授的希望，返回了阔别多年的中国。

从北大教授到经济官员

马寅初回国后与嵊县一位叫王仲贞的姑娘结了婚。王仲贞生于1904年，比马寅初小二十二岁，年少漂亮，有小学文化程度，结婚时只有十三岁。婚后，马寅初把原配张桂君与小妾王仲贞接到北平居住。1922 年，王仲贞生了一个女儿取名马仰兰；1925年王仲贞又生下了一个儿子，取名马本寅；1926年她生下第二个儿子，取名马本初。

马寅初来到北平之时，正赶上袁世凯上演称帝的丑剧。很多人上门劝说马寅初做官，这使马寅初十分反感，于是他公开宣称"一不做官，二不发财"，走求学治国的道路。1917 年 1 月蔡元培主持北大校政后，马寅初应蔡元培之邀来到北大就任经济系教授。在北大，马寅初讲授银行学、货

币学、交易所论、汇兑论等课程，还专门开了一门"经济哲学"的新课。马寅初讲课深入浅出，生动活泼，联系实际，善于启发，很受学生欢迎。1918年3月，马寅初被推选为北大法学院经济系主任兼经济门研究所主任。

1919年4月，北大取消文理分科，设立教务长，马寅初当选北大历史上第一任教务总长。担任北大教务总长一年中，马寅初废门改系，全校共分十四个系，实现了北大向现代综合性大学的方向转变（单滨新《马寅初支持蔡元培在北大改革》，《人民政协报》2013年8月8日）。两年之后，马寅初辞去教务长的职务，专职任教。他还担任了浙江兴业银行的顾问和中国银行的总司券等兼职职务。当时北大的教授大多乘人力车到校授课，唯有马寅初乘坐的是中国银行的大马车（民国文林《风流总被雨打风吹去：细说民国大文人》，现代出版社）。

1923年，马寅初与刘大钧等人正式成立了我国最早的一个全国性经济学术研究性的群众团体——中国经济学社。中国经济学社每年召开年会并编辑和出版《经济学季刊》《关税问题专刊》《中国经济问题》《经济建设》等刊物。从1923年起，商务印书馆开始出版《马寅初演讲集》（四册）。

1929年春，马寅初辞去北京大学教授的职务，应浙江省主席张静江的邀请来到杭州。马寅初到杭州以后，担任了浙江省政府委员、省财政委员会主席职务，还兼任浙江杭州财务学校的教学工作。

马寅初在浙江做的一件大事就是大力开展禁烟运动，在省政府的一次会议上马寅初表示："鸦片不肃清，人民就等于自杀，我们一定要采取果断措施，彻底消除这一恶习。"（张晰《马寅初的浙江往事》，团结报—团结网）可惜的是马寅初的愿望没有实现。

1929年，应国民党立法院院长孙科的邀请，马寅初到南京政府的立法院工作，担任经济委员会与财政委员会委员，并兼任委员长，同时还兼任南京国立中央大学、陆军大学和上海交通大学教授。

在立法院经济财政委员会工作期间，马寅初提出了一个议案，建议政府设立"新盐法"和"粮食法"。1929年他曾在国民党立法院的一次会议上提出"粮食和盐不是一般的商品，它是直接关系到国计民生的一件大事，因此这两种东西绝不能由私商来经营"（杨建业《马寅初》，花山文艺出版社），但遭到了商人和国民党立法院绝大多数人的反对，只好束之高阁。

被蒋介石痛恨的抗战者

九一八事变爆发后，1932 年 6 月，马寅初在《时事月刊》上发表《长期抵抗之准备》一文，批判蒋介石的"不抵抗政策""攘外安内政策"。

全面抗战爆发前夕，马寅初发现，在民族危亡的紧急关头，国民党统治集团中很多掌握中国命运的高官趁机浑水摸鱼，大发国难财。他把这种情况精辟而形象地概括为，"前方吃紧，后方紧吃"，最先揭露了国民党四大家族官僚资本的"经济专政"。1934 年，针对引发物价大混乱及对外金融政策失当问题，马寅初在立法院会议上激烈责难财政部部长孔祥熙。在马寅初担任立法院工作期间，他与"四大家族"结下了"深仇大恨"，这个仇恨一直延续到中华人民共和国成立。

1937 年"卢沟桥事变"爆发时，马寅初正应邀到江西庐山参加国民党政府召开的战时财政问题座谈会。南京沦陷后，马寅初一家经武汉于 1938 年年初来到了四川重庆。

身处重庆的马寅初并不安全，首先是日机的轰炸。一天中午，马寅初正在陕西路的四川省银行三楼午睡，日机扔下一枚炸弹就在他的楼下爆炸，大火蔓延到木质结构的地板和楼梯，马寅初迅速将几块床单撕成长条，结成长绳，然后从窗子向下滑，不料绳子断裂，马寅初从二楼摔到地下，好在只是右臂受伤严重，而没有其他危险。

其次是来源于蒋介石的威逼与迫害。蒋介石先是在重庆的林园官邸召见马寅初，准备派他去美国考察经济，也可以任命他担任中国驻美国特命全权大使或其他重要职务，然后派人到他家去劝马寅初从南渝中学的南园搬到北碚立法院居住，再派人到家里劝说其倒卖黄金和美元。面对蒋介石的步步紧逼，马寅初写下了"严正声明"：一、值此国难当头，我绝不离开重庆去美国考察；二、为了国家和民族的利益，我要保持说话的自由，国民党政府的立法院没有多大意思，我绝不去北碚居住，并要逐渐同立法院脱离关系；三、我不搞投机生意，不买一两黄金，一元美钞（《民国教授们的铮铮铁骨》，《中华传奇·大历史》，2010 年第 12 期）。

1938 年 11 月，马寅初应聘到重庆大学，担任经济学教授和商学院院长。这是一所有着一定中国共产党背景的学校。马寅初在学校里一面任教，一

面考察和研究中国的战时经济问题。其间，马寅初先后出版了《中华银行论》《中国国外汇兑》《中国关税问题》等著作。按照马寅初自己的说法："言人之所言，那很容易；言人之欲言，那就不太容易；言人之不能言就更难。我就要言人之欲言，言人之不能言。"（祝彦《单枪匹马真英雄——马寅初》，《百科知识》2005 年第 5 期）

1938 年 5 月，马寅初在重庆完成《论战时过分利得税》，提出必须征收"战时过分利得税"的主张。"战时过分利得税"的重点在"过分"二字，只对因战争而获得意外收入的事业征得税，矛头直指蒋宋孔陈四大家族。但这个主张最终没有能够实现。

1939 年，马寅初又在立法院的会议上正式提出提案，要向发国难财者征收"临时财产税"，作为抗战经费，并要求孔祥熙、宋子文等开始征收。1940 年 10 月 20 日，《时事类编特刊》第 57 期上发表了马寅初的《对发国难财者征收临时财产税为我国财政与金融唯一的出路》文章。"临时财产税"实际上是一种资本税，实际上就是"有力出力，有财出财"。对于马寅初的这一主张，立法院自然又是没能通过。但是马寅初的这个主张得到了中国共产党的支持，在后来马寅初与周恩来、王若飞的会晤中，马寅初得到了这二位中国共产党高级官员的首肯。

为了防止马寅初与共产党走得太近，蒋介石再一次向他伸出了拉拢之手。蒋介石向他提供了中央银行总裁和财政部部长两个职务让其挑选，也可以担任全国的禁烟总监。遭到马寅初的拒绝后，蒋介石大发雷霆，招来时任重庆大学校长的叶元龙，命令他三天之内让马寅初来见他。马寅初的回答是："叫叶元龙陪我去见蒋介石，我不去。要宪兵来陪，我才去！"（伍小涛《马寅初祝寿》，《文史天地》2004 年第 1 期）

1940 年中秋的夜晚，马寅初收到了一封信，信封里装着一颗手枪子弹，信纸上没有署名，只写了这几句话："不听招呼，要吃'卫生丸'的！如果再要演讲攻击政府，将以手枪对待！特此警告！"（邵纯《马寅初痛骂国民党》，《政府法制》2014 年第 26 期，）

1940 年 12 月 6 日，国民党重庆宪兵六团吴团长和一名宪兵来到了马寅初家里。国民党中央社在 12 月 12 日发布消息称："立法委员马寅初奉派赴前方研究战区经济状况，业已首途。"实际上是按照蒋介石的密令，

马寅初被投入了贵州息烽集中营囚禁。马寅初把他在社会上的演讲搬到了集中营,把特务宪兵作为争取的对象。这些看守也逐渐对马寅初产生了同情,随之放松了对他的监视,允许他给家里人写不封口的信,更厉害的是有一个叫陈风超的副官,竟然从息烽集中营逃走,跑回浙江建德县老家务农去了。

1941 年 8 月,马寅初从贵州息烽集中营转移到上饶集中营继续囚禁。在上饶集中营,马寅初故技重施,继续主张正义,坚持真理。为了消除隐患,蒋介石曾命令负责监视他的两名特务对马寅初暗下毒手,在马寅初每天吃的饭菜中偷偷拌上微量毒药,没想到这两个人把消息告诉马寅初后,偷偷跑到延安去了。

1941 年是马寅初六十周年寿辰,为了营救马寅初,重庆大学师生自动组织起来,为马寅初祝寿。虽然国民党当局层层阻挠,但重庆大学师生经过英勇顽强的斗争,如期为马寅初举行了祝寿会。中共中央南方局周恩来、董必武、邓颖超也联名送来贺联。

祝寿大会以后在重庆大学校园内修建了"寅初亭",冯玉祥将军为"寅初亭"题写了匾额。

由于日军继续向西进犯,在上饶集中营关押了十个月的马寅初被转移到了桂林。马寅初被囚禁后,中国共产党一直没有停止营救行动。针对蒋介石委派他到"前方研究战区经济状况"的谣言,延安的《新华日报》刊登了一篇《马寅初教授被捕经过》的报道,对事实真相予以披露。1942 年赫尔利(赫尔利与马寅初曾在哥伦比亚大学是同学)作为美国总统罗斯福的特使到中国,再次就马寅初的问题向蒋介石施压,马寅初终于得以释放。

1942 年 8 月 24 日,马寅初返回重庆,居住在歌乐山大木鱼堡 5 号,实际上是被软禁在家中。马寅初生活的周围有人监视,行动要被批准。当局不准他教书,不准任公职,不准演讲和发表文章。但此时,马寅初背地通过他的次子马本初同中国共产党重庆地下组织进行了紧密的联系,同中国共产党人结成了患难之交。

在马寅初被限制人身自由期间,他的研究事业并未中断,先后出版了《经济学概论》《通货新论》等学术著作。

1944 年冬天,马寅初恢复了人身自由。1945 年秋天,马寅初由歌乐山大木鱼堡 5 号重新搬回到重庆大学校园居住。

走近共产党，建设新中国

1945 年 9 月 2 日，马寅初应中苏文化协会的邀请，出席了为庆祝《中苏友好同盟条约》签订而举办的盛大酒会。在酒会上马寅初再次见到了毛泽东主席及周恩来副主席。几天后，他受到了毛主席和周恩来的再次邀请。

从 1945 年 9 月到 1948 年年底，马寅初不停地出现在游行队伍中与演讲的舞台上。四川重庆大学、中央大学、上海劝工银行大楼的讲台上都曾出现过马寅初正义的呼声，重庆、上海、南京的街道上，都留下了他参加学生集会游行活动的身影。

1946 年 2 月 "校场口惨案" 时，马寅初惨遭殴打。为了减少国民党当局对马寅初的迫害，中国共产党帮助马寅初全家离开重庆前往上海，上海中华职业教育社的黄炎培邀请马寅初到中华工商专科学校担任经济学教授。在此期间马寅初校阅、修改、出版了他的经济问题专著《货币新论》。

1948 年，马寅初当选第一任中央研究院院士。

1949 年年初，在共产党人的安排下，马寅初在隐瞒所有人的情况下，秘密从上海港乘船抵达香港。在香港做短暂的停留之后，马寅初来到了已是东北解放区的大连，然后经烟台到达北平。1949 年 3 月 25 日，马寅初与黄炎培、沈钧儒等在北平的西郊机场参加了中国人民解放军举行的隆重的入城仪式。4 月 20 日至 25 日，马寅初作为中国代表团的副团长参加了在布拉格召开的第一届世界保卫和平大会。

1949 年 8 月，六十七岁的马寅初在浙江省人民政府主席谭震林的陪同下，来到浙江大学出任浙江大学校长。在浙大的日子里，马寅初坚持民主治校办校，力倡民主决策，要求 "人人提方案，个个想办法"，群策群力，为办好浙大出谋献计；他首倡通过召开全校代表大会的形式，讨论落实各项提案（杨金《中国共产党精神谱系中的浙大人马寅初：言人所不敢言，执真理尽平生》，2021-05-11）。马寅初认为："学校里最重要的就是读书上课，凡是有条件的人都应该到教学第一线去给学生们上课，并力求把课讲好。在社会上的诸种罪恶中，误人子弟是最大的罪过。"（杨金《中国共产党精神谱系中的浙大人马寅初：言人所不敢言，执真理尽平生》，2021-05-11）

1949 年 9 月 21 日至 30 日，马寅初参加了中国人民政治协商会议第一届全体会议，并当选中央人民政府委员会委员。1949 年 10 月 1 日下午三点，马寅初应邀登上天安门城楼，参加了隆重的开国大典。

1949 年 10 月，马寅初被任命为政务院财经委员会副主任。12 月，他应上海市市长陈毅的邀请出任华东军政委员会副主席，并搬来上海工作，住在永嘉路 563 号。

中华人民共和国成立初期，马寅初参与了新中国经济恢复和财政政策的制定，为新中国的第一笔国债"人民胜利折实公债"的发行积极奔走。

马寅初精通英文、德文，粗通法文。从 1950 年开始，六十八岁高龄的他又变成了"小学生"，开始学习第四门外语——俄文。

1951 年 6 月 1 日，北京大学为马寅初举行就任校长的欢迎大会。时任教育部副部长钱俊瑞向北京大学全体师生郑重宣布了中央人民政府任命马寅初为北京大学校长的决定。在就职演说中马寅初不提方针，只提工作任务，他说："同学们、老师们，北京大学是我的娘家，兄弟我今天回到了娘家，见到了红楼，心中有一种说不出的感情。北大青年到底是北大青年……兄弟既受政府任命，就以政府意志做事，希望大家互相学习、互相帮助，努力完成我们的任务。"（马玉淳《马寅初的故事》，浙江古籍出版社）

为了把北京大学办成第一流的学府，马寅初动用了毛泽东主席这层关系。有一次在中南海开会时，马寅初向毛泽东提出了请求："……要兄弟把北大办成第一流的学府，主席您就得支持我的工作……只希望主席能够批准。兄弟点名邀请谁到北大演讲，就请不要拒绝。"（彭华《马寅初的最后 33 年》，中国文史出版社，2005 年 7 月）有了毛主席给的这个尚方宝剑，中共中央组织部副部长安子文到北大给大家讲党的基本知识课；中央政务院财政经济委员会副主席薄一波和中国人民银行总行行长南汉宸到北大讲过政治经济及金融货币形式；周恩来总理也讲过《关于知识分子的改造问题》。

作为北大校长的马寅初，一向心直口快、平易近人，从来不摆架子，与师生亲密无间。

20 世纪 50 年代，章廷谦（笔名川岛）在北大讲授中国文学史课。章是浙江绍兴人，嗜黄酒，每日清晨必先喝够了酒才能上课。一天，章廷谦讲柳永的《雨霖铃》，且吟且解说，当说到"酒"字时，章廷谦滔滔不绝

地讲起了历代有关酒后意境的诗词佳作、古人的酒仪、酒具等，章廷谦讲得满脸涨红，舞之蹈之，神采飞扬，学生们的气氛也活跃起来。此时，马寅初静静地走进了教室，听了三五分钟，俯身弯腰问靠门口坐着的宋运郊："这位是谁？"宋运郊告诉他后，马寅初又问："绍兴人？"宋运郊点头肯定。最后马寅初问他："你们认为讲得如何。"宋运郊说："阐述得很精彩。"马笑一笑说："章先生真是海量啊！"然后轻轻转身出了教室（民国文林《细说民国大文人》，现代出版社 2010 年版）。

马寅初热爱运动，身体健壮，在北大时，每到课间操时间，马寅初都到操场上和学生一起做操。据作家刘绍棠回忆，一次，他和同学下课，途经马的办公室。正好马走出来，张开双臂，拦住学生们，让他们和他一起做广播操。马寅初不止一次拦过学生。每次拦下后，大家列队站成方阵，马寅初总站在方阵的最前列，动作一丝不苟。而他身后的学生们往往缩头拱肩，敷衍了事。有时他们还趁着马寅初自我陶醉之际，偷偷捡起脚下的书包，溜之大吉，把马一个人晾在那里。后来，马有所察觉，于是拦下学生后，还让他们脱下大衣，摘下棉帽，解下口罩，褪下手套，并且面向学生示范，进行监督（民国文林《细说民国大文人》，现代出版社 2010 年版）。

关于马寅初的爱好，也不是所有的人都"买账"。在浙江大学当校长时，因为爱喝可口可乐，他就被人指责为"崇洋"。还是时任浙江省委书记谭震林为他开脱，此事才不了了之，马寅初认为"谭书记是位肚里能撑船的人物，是个爱惜人才的好领导"。马寅初任北大校长期间，翦伯赞曾任历史系主任，负责北京大学校刊。一次，马寅初写了一篇题为"洗冷水澡的八大好处"的文章，交给校刊部。翦伯赞见后，皱着眉头说："这文章怎么能在校刊上发呢？"坚决不让发。马寅初对此颇有意见，一次开会时说："我的文章挺好的，为什么不让发？"但翦伯赞并不理会"上级"的话，坚持不让发表，马寅初也颇为无奈（民国文林《细说民国大文人》，现代出版社 2010 年版）。

1952 年春天，马寅初与宋庆龄、郭沫若、陈叔通、李四光、张希若、刘宁一、蔡畅、茅盾、廖承志等人作为中国的发起人，联合发表了《亚洲及太平洋地区和平会议发起书》。在 1954 年 5 月柏林召开的世界和平理事会特别会议上，马寅初作长篇发言，大声疾呼"为恢复印度支那和平而

努力"。1955 年 2 月 18 日，马寅初在《光明日报》上撰文，表明他坚决反对使用原子武器的立场，以极大的热情欢呼我国和平使用原子能的研究。

《新人口论》提出后的起伏

中华人民共和国成立后，马寅初相继完成了《我国资本主义工业的社会主义改造》《联系中国实际来谈谈综合平衡理论和按比例发展规律》《我的经济理论哲学思想和政治立场》，以及《新人口论》——毫无疑问，就是这本书影响了未来几十年中国人的命运和马寅初自身的命运。

1954 年 11 月 1 日，中华人民共和国国家统计局公布："以 1953 年 6 月 30 日 24 时为标准时点：全国人口总数为 601938035 人"（《中华人民共和国国家统计局关于第一次全国人口调查登记结果的公报》，1954 年 11 月 1 日），并且估计中国人口每年增长一千二百万到一千三百万，增长率为千分之二十。从此，马寅初就对中国的人口问题给予了极大的关注，并且把它列为自己的重点科研题目。马寅初多次到浙江、上海、江西、江苏、山东、北京等地调查，掌握了人口增长、粮食生产和文化教育发展等各方面的资料，写成了一篇题为《控制人口与科学研究》的有关控制中国人口发展的论文，并在一届人大二次会议上以提案的方式正式向人代会提出（马寅初 1954 年 9 月当选中华人民共和国第一届全国人民代表大会委员）。没有想到的是，马寅初的提案受到了多数人的批评。

1957 年春天，在中南海紫光阁召开的全国最高国务会议上，马寅初进行了关于"控制人口"问题的发言。马寅初提出人口多是我们的致命伤，主张要把人口列入计划之内。他的发言得到了毛泽东、刘少奇、周恩来等党和国家领导人的赞同。

1957 年 6 月，第一届全国人民代表大会第四次会议上，马寅初以人大代表的身份，将《新人口论》作为一项提案正式向会议提交。

《新人口论》发表时，正赶上全国的"反右"运动，马寅初也被卷入这场风暴的中心。有人认为《新人口论》是配合右派向党进攻，和毛泽东指出的"人多议论多，热气高，干劲大"（毛泽东《介绍一个合作社》，《红旗》杂志创刊号）唱反调。在康生的策划下，对马寅初的批判已经从学术范围内升级到政治领域。

面对全国范围内风暴似的批判，马寅初坚持自己的观点，拒绝承认这是一个政治性的错误。面对很多朋友善意的劝说，马寅初没有丝毫转变。

1960 年 1 月，马寅初向教育部写出正式的书面辞职报告，辞去北京大学校长职务，回到了他在北京东总布胡同 32 号的旧居。之后他又被罢免了全国人大常委会委员的职务（由于第三次全国人大没有召开，马寅初还是第二届人大代表），只给他留下一个全国政协常委的政治待遇。

马寅初是一个不甘寂寞的人，也是一个有担当，有责任感的人。这一时期，他把主要精力和时间都用在了对中国农业经济问题的研究上面，马寅初认为，农业问题解决得好坏，直接关系到国民经济的兴衰。从 1961 年春天开始，马寅初把过去已经收集好的湖南、湖北、吉林、海南岛等地有关的农业资料进行认真整理，为他的《农书》写作做准备。从 1963 年到 1965 末，马寅初用三年的时间写完了一百多万字的他明知既不能发表也不能出版的《农书》，而且从头到尾做了一次修改，然后把书稿放在藤箱里睡大觉。

"文化大革命"开始后，到处传出红卫兵打砸抢的消息，就连马寅初身边的勤杂人员，也成了造反派，对马寅初大加训斥。马寅初防患于未然，自己动手，事先把家里面所有的"四旧"东西，包括他倾尽数年研究心血写成的《农书》纷纷处理、焚毁。

1971 年春天，马寅初开始便血，经医生诊断，他患了早期直肠癌。此时，已经九十岁高龄的他放弃了保守治疗方案，坚持要求请天津市人民医院著名的肿瘤外科专家金显宅教授为他做手术。在周恩来总理的关怀下，马寅初的两次手术非常成功。十年以后，马寅初的癌细胞都没有转移，癌症也没有复发。

在 1979 年 6 月中旬召开的五届人大二次会议上，《政府工作报告》中出现了涉及计划生育、节制人口方面的内容。新华社准备派记者采访马寅初。在电话里，马寅初的次子马本初明确提出："要对我父亲进行报道也可以，但是我父亲本人和我们家属迫切要求党组织对他落实政策，希望能尽快查复他的问题，公开平反，恢复名誉。"（杨建业《马寅初》，花山文艺出版社）同时《光明日报》《文汇报》等也有人发表文章，呼吁为马寅初的《新人口论》平反。

1979 年 6 月 21 日，一份内部材料送到了中南海。陈云、胡耀邦、宋任穷对这份报告给予了批示，同意就马寅初的问题给予平反，恢复名誉。7 月 26 日，中央人民广播电台新闻联播、《人民日报》《光明日报》《解放军报》等各大报纸广播刊发了题目为"党组织为马寅初彻底平反恢复名誉"的消息。

按照邓小平同志的指示，1979 年 9 月 5 日，教育部党组正式向北京大学党委下达《关于马寅初同志任职的通知》：经党中央批准，任命马寅初同志为北京大学名誉校长。可惜的是身为北京大学名誉校长的马寅初并没有踏入北京大学校门一步。1979 年 11 月，《新人口论》由北京出版社出版。1980 年 8 月召开的五届人大三次会议上，马寅初补选为全国人大常委会委员。

1981 年 6 月 24 日，马寅初迈入世间少有的"百岁老人"行列（按照中国传统的"虚岁"）。他在舒适安静的北京医院北楼 303 号病房度过了百岁寿辰。她的原配夫人张桂君和第二个夫人王仲贞以及儿女近亲，为他专门举行了祝寿家宴，并到北京医院给他送去寿面。邓颖超同志也特意送来鲜花和一封书信。北京大学隆重集会，庆祝马寅初任教六十五周年和百岁寿辰，全国政协副主席刘澜涛、教育部部长蒋南翔、北京市市长焦若愚、中央统战部副部长方知达、中国社会科学院副院长许涤新、全国人大常委会委员贝时璋等各界人士出席，为一代名师祝贺。上海、浙江大学、杭州、重庆等马寅初曾经工作过的地方也发来贺信。

1982 年 5 月 10 日下午，马寅初的心脏停止了跳动。5 月 14 日，新华社用中、英、法和阿拉伯、西班牙等文字，向全国和全世界播发了著名经济学家马寅初逝世的消息。

根据马寅初的遗愿和他家属的要求，马寅初的丧事从简，不举行追悼会，只是在火化前在北京医院举行向马寅初同志遗体的告别仪式。党和国家领导人乌兰夫、彭冲、习仲勋、杨尚昆等人参加了遗体告别仪式。

按照马寅初生前的心愿，他的骨灰一部分被安放在北京八宝山革命公墓，另一部分则由他的次子马本初送回浙江嵊县，葬于他的母亲王太夫人坟墓左侧，并立一块墓碑，上面写有"马寅初之墓"。至此，马寅初用最后的陪伴完成了对他母亲王太夫人当初的承诺。

刘师培

摇摆不定的国学大师

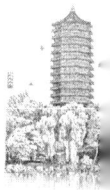

天生异相出英才

1884 年 6 月 24 日（光绪十年闰五月初二），刘师培（字申叔）出生于江苏仪征的经学世家。刘师培的曾祖父刘文淇精心研究经史典籍，著有《春秋左传旧注疏证》一卷；刘师培的父亲刘贵曾，曾经协助其兄刘寿曾整理《左传》注疏，对两汉古文家经说很有研究，曾撰有《〈左传〉历谱》《〈礼记〉旧书考证》一卷等作品。

刘师培的外祖父李祖望是清末著名的小学家，外祖母叶蕙巾帼不让须眉，精于经史之学，曾著书立说。母亲李汝谖学识渊博，因住在扬州文选楼巷，被称为"选楼李氏"。

据说刘师培天生异相，他的坐骨末端有一短小的无骨肉尾，左脚正中有一鲜红方记，所以有人说是老猿转世，天才的预兆。从幼童到国学大师、经学大师，他从未进过师塾，更未进过校门一天。刘师培母亲李汝谖是他的启蒙老师，她学识渊博，亲自传授讲解《尔雅》《说文解字》《诗经》等知识。他八岁始学《周易》，十二岁便学完"四书""五经"，并开始学习试帖诗，有《水仙花赋》《凤仙花诗一百首》等。十四岁时他开始研读《晏子春秋》。当代教育家王森然在《近代二十家评传》中说他："敏捷过诸父，一目辄十行下，记诵久而弗渝。"

1898 年（光绪二十四年），刘师培十五岁，其父刘贵曾去世。父亲在世时，曾训告刘师培："古语有言，流水不腐，户枢不蠹，养身之要，是在勤矣。"（刘师培《先府君行略》，《左庵集》卷六，《遗书》第 39 册）父亲之死给刘师培打击很大，他在母亲的教育下更加勤勉，并将事业拓展到诸子百家以及史书，开始对其产生研究兴趣。

1901 年（光绪二十七年），十八岁的刘师培补县学生员。据说他考秀才时，被主考官形容为"字如花蚊脚，丑细不成书"，本不欲录取，但见其诗中有"木兰已老吾犹残，笑指花枝空自疑"这样的佳句，最后破格录取为第一名。1902 年（光绪二十八年），清政府补行庚子辛丑恩正并科，刘师培以全省第十三名的成绩中举，可谓少年得志、意气风发。

会试落榜改志向

由于"庚子国变"的原因，1903 年的全国会试在河南贡院举行，考试内容也作了重要改革，不再局限于"四书""五经"，格式也不再是八股文。在这次会试中，刘师培名落孙山。在回家途中，他滞留上海，见到了蔡元培、章太炎和"中国教育会"其他同志，思想为之一变。在上海，章太炎因为推重他的家传经学，折节与他结交。在章太炎的引导下，刘师培很快转变为民族民主革命的干将，他撰写了《驳太誓答问》用来批驳康梁之说，撰写《攘书》和《中国民约经义》表现他的民族民主革命的立场。

上海"苏报案"（辛亥革命前著名的反清政治案件，是清政府为镇压资产阶级民主革命思潮而罗织的文字狱。1903 年，邹容、章太炎分别写出轰动全国的《革命军》和《驳康有为论革命书》。《苏报》连续发表《读〈革命军〉》《〈革命军〉序》《介绍〈革命军〉》等文章。清政府照会上海租界当局，以"劝动天下造反""大逆不道"等罪名将章太炎等逮捕）发生后，章太炎入狱，刘师培只好回到家乡与何班（1907 年后改名何震）结婚。何班出生书香门第，虽然思想保守，但她气质不凡，能诗善画。婚后夫妻二人一同前往上海。

在狱中章太炎的帮助下，何班前往由蔡元培等人所创办的爱国女校学习，经过耳濡目染和一批文人志士的影响，何班的思想发生了巨大转变，这个原先温柔娴静的大家闺秀，迅速成长为一位女权狂人。而同期刘师培则在《国民日日报》上发表了《黄帝纪年论》与《王船山史说申义》两篇重要文章。

1904 年，刘师培改名刘光汉。他在《警钟日报》上发表了《论孔教与中国政治无涉》《论中国并不保存国粹》《习斋学案序》《近儒学案序目》《并青雍豫颜门学案序》等重要文章，同时，曾以"激烈派第一人"署名在《中国白话报》发表《论激烈的好处》。1904 年冬，他加入"光复会"。

1905 年年初，刘师培参与了"国学保存会"和《国粹学报》的筹办工作。刘师培与章太炎、马旭伦等人认为，要进行民族民主革命，没有国学和国粹做根底，就不可能取得最后成功。所谓"国粹"，"国学保存会"创始人之一黄节曾经这样解释："本我国之所有而适宜焉者，国粹也。取

外国之宜于我国而吾足以行焉者，亦国粹也。"（黄节《国粹保存主义》，《壬寅政艺丛书》政学篇卷五）北京大学国文系教授许之衡曾断言说："国粹者，一国精神之所寄也，其为学，本之历史，因呼因政俗，合乎人心之所同，而实为立国之根本源泉也。是故国粹存则其国存，国粹亡则其国亡。"（许之衡，《论国粹无阻于欧化》，《国粹学报》1905 年第 7 期）

才大志远遇人不淑

1905 年 5 月，刘师培应安徽朋友邀请，前往芜湖，与章士钊、陈独秀办《白话报》，并任安徽公学、皖江中学等各校教职。

刘师培在安徽公学授的课主要是历史和伦理学。他在课堂上公开宣传反清、排满、革命，并在学生中为光复会发展会员。1906 年，刘文典以优异的成绩考入芜湖安徽公学。刘师培见刘文典是可造之才，便按照仪征刘家的育人方式重点培养刘文典，刘文典遵循古时拜师的路数，准备礼金，三拜九叩成为刘师培旗下的得意门生。除去每日的大课外，刘文典还可以享受小灶，单独到刘师培家中学习《说文》《文选》，在刘师培的教导下，刘文典打定了"非三代两汉之书不敢读"的信念。年下，陈独秀转皖江中学任教，刘师培也随其同任教习。

1906 年 6 月，章太炎出狱，孙中山派人迎接他到日本主办《民报》。1907 年 2 月，刘师培应章太炎之邀偕同母亲、妻子何震（何班）及何氏表弟汪公权东渡日本，拜谒了孙中山，并加入"同盟会"。刘师培很快成为章太炎主编的《民报》的主要作者之一。他接连在《民报》上发表《普告汉人》《利害平等论》《悲佃篇》《清儒得失论》《辨满人非中国之臣民》等激烈的反清文章。

在日本，刘师培对无政府主义表现出浓厚兴趣。无政府主义产生于 19 世纪中叶的欧洲，来源于古希腊文，原意为"无权力、无秩序的状态"。1907 年 6 月初，刘师培通过何震以"女子复全会"的名义办起了《天义报》，目的是"醒世齐民"。

刘师培对克鲁泡特金的无政府主义做了全面介绍，他将其学说概括为"互相扶助说"与"无中心说"。刘师培在《天义报》上陆续发表《废兵废财论》《人类均力说》《无政府主义之平等观》等文章。《天义报》也

刊登过《共产党宣言》第一章"资产者与无产者"的译文。刘师培也试图用马克思的阶级斗争学说来指导中国的"排满"革命。

1907 年，同盟会内部出现了两次比较突出的冲突。第一次冲突发生在这年 2 月，是在孙中山和黄兴之间，两人因国旗问题发生争论，黄兴"以井田为社会主义之象征"，孙中山以为用井田做旗帜，既不美术，又嫌有复古思想（胡汉民《胡汉民自传》，《革命文献》第三辑），而主张用青天白日做旗帜。而黄兴则认为，以日为代表，是效仿日本"必速毁之"（章太炎《太炎先生自定年谱》，《近代史资料》1957 年第 1 期）。

第二次冲突起于 1907 年 3 月，孙中山因清政府对日本施压，离开日本时接受了一万五千元的资助，而孙中山只留了二千元给民报社作为出版费用，这引起了章太炎等人的不满。潮州、惠州起义失败后，同盟会内部反对孙中山的力量提出了撤换孙中山总理职务的建议，刘师培追随章太炎也加入了这个行列。

后来同盟会内部又出现了分化，这次是刘师培与章太炎反目成仇，起因是刘师培的妻子何震。

何震婚前家教极严，她本人也是个大家闺秀，结婚后接触到社会大量的新生事物后，她逐渐变成一个极端的女权主义者。这种极端的女权思潮直接将男女放到了对立面。何震认为，女性要踩在男人头上，才是真女子。在这个家里，何震规定：刘家家中大小事宜皆由女方（何震）做主，刘师培竟连在任何时候说"不"，都会面临极其严重的后果。平日里，何震只要稍有不满便会对刘师培大加训斥，甚至拳脚相向。对于妻子的"河东狮吼"，刘师培从来只能默默忍受。何震提倡女子复仇论，并宣布所有男子都是女子的大敌。可是现实生活中，何震对一些"大敌"十分友好。苏曼殊初到日本时因家贫，何震便要求丈夫刘师培收留他同住。后来，何震还拜苏曼殊为师，学习绘画。再后来，对苏曼殊十分有好感的何震要求丈夫刘师培资助苏曼殊母亲。这一次，刘师培说了个"不"字，原因是，家里的钱财都由刘师培母亲掌管，他以资助别人为由拿钱母亲不同意。这下，何震便炸锅了："是男人吗，这般小气，我只是想帮助他（苏曼殊）的母亲而已！"随后，何震便对着刘师培一顿训斥，刘师培无法，只得想法满足妻子的要求。苏曼殊住在刘师培家中时，与何震传出了一些风言风语。

在很多人的回忆中，何震给人的感觉就是交际花的形象。

真正引发章太炎与刘师培关系恶化的导火线是与何震传出绯闻的她的表弟汪公权。关于汪、何二人的关系，据当时也在东京的汪东回忆：刘师培终日埋头著作，又有肺病，何震则既好名又多欲。她一面利用刘能写文章，替她出名办刊物，一面又对刘不满足，行为放荡。刘师培夫妇在东京与汪公权同住时，何震的一些行为很是让人"不解"，说白了就是与汪公权关系隐晦。

章太炎无意中发现此事，出于好意，提醒刘师培注意家庭关系。刘师培的母亲听了，非但不信，反而大骂章太炎，造谣离间人家骨肉（汪东《辛亥革命前后片段回忆》，苏州市《文史资料选辑》总第六辑）。刘师培在母亲与何震的误导下，误解了章太炎的用心，从此，刘师培与章太炎结下私仇。何震授意刘师培偷了章太炎的私印，伪造其背叛同盟会的证据，诬陷章太炎与清朝政府关系暧昧。

投降清廷

1907年10月，何震先行回国，12月末刘师培也从日本回到国内，并决定留在上海过年。1907年年底，刘师培正式通过汪公权向清政府两江总督端方投靠，给端方写了一封"大悟往日革命之非"，献上"弭乱之策"的自首信。刘师培的自首信有几个要点：一是对参加革命表示后悔；二是大骂孙中山和革命党；三是大骂民族主义；四是表明他对中国国体问题的认识，提出解决意见；五是提出他可以发挥作用的十项弭乱措施；六是提出章太炎想到印度去做和尚的问题，恳请端方拿钱支持。

1908年5月24日，刘师培在上海《神州日报》上伪造《炳麟启事》，说章太炎对革命没有信心，准备不理世事，精心研佛，出家做和尚。1908年6月，章太炎在《民报》第21期刊登《特别广告》，对刘师培等在《神州日报》捏造的事实予以否认。随后，刘师培、何震将章太炎要他们和端方等联系筹款赴印度的五封信影印后寄给黄兴。同年刘师培受两江师范学堂监督李瑞清的聘请为学堂历史教授，举家从日本返回中国。

刘师培投靠端方后所做的第一件事情就是诱捕光复会创始人之一、浙江革命党领袖陶成章，接着他又参与了破坏浙江革命党发动武装起义的计

划，并逮捕了革命者张恭。刘师培因此遭到了革命党人王金发的追杀。面对枪口，刘师培苦苦求饶，以自己的生命保证张恭的安全，王才放过他们，并警告他们赶快离开上海，以后不得再有不利于革命党的行为。刘师培夫妇随即离开了上海来到南京。之后，汪公权被王金发击毙。惊魂未定的刘师培于是公开入端方幕府，为端方考订金石，同时兼任两江师范学堂教习。在此期间，刘师培还拜徐绍桢为师，研究天文历法。

1909 年，端方改调直隶，刘师培也随之寓居天津，任直隶总督行辕文案、学部谘议官等职。刘师培夫妇在天津期间生过一女儿，但很快就因病夭折了。刘师培也曾到北京游览、观书、访友，都留有诗作。在津期间，他完成了关于《晏子春秋》《白虎通义》《敦煌新出唐写本提要》《楚辞》等方面的重要论著；其中《敦煌新出唐写本提要》使中国人认识到敦煌藏经的文化价值，贡献尤大。由端方署检的刘师培八卷《左盦集》（刘师培号左盦）也是在他寓津期间出版的。

1911 年，端方以侍郎身份督办川汉、粤汉铁路，刘师培与其母李氏由天津抵上海，其母由人护送回扬州。刘师培夫妇随端方赴四川，途中何震滞留于汉口。刘师培独自随端方入川。"武昌起义"爆发后，端方在资州被新军杀死，刘师培也被革命军拘捕。

刘师培被捕后，章太炎与蔡元培于 1912 年 1 月 11 日在《大共和报》刊出寻人启事《求刘申叔通信》，试图与刘师培取得联系。6 日，章蔡两人联名电请南京临时政府，要求设法保护刘师培的性命。29 日，南京政府、教育部分别致电四川都督，要求释放刘师培。刘文典听说刘师培被捕后，也跑到上海哈同花园寻找章太炎，恳求他打电报给四川都督。谁知章太炎电报早已拟好："姚广孝劝明成祖：殿下入京，勿杀方孝孺，杀方孝孺，则读书种子绝矣。……申叔若死，我岂能独活？"安徽都督府秘书科由陈独秀等人署名，也向总统府发来电文，同样是要求保护刘师培。

教育部的电文是："四川都督府转资州分府：报载刘光汉（刘师培后改名）在贵处被拘。刘君虽随端方入蜀，非其本意，大总统以电贵府释放。请由贵府护送刘君来部，以崇硕学，教育部。宥。"总统府电文为："四川资州军政署鉴：刘光汉被拘，希派人委送来宁，勿苛待。总统府。宥。"（《临时政府公报》第一号）

效命袁世凯

刘师培被释放后，没有来到南京，他接受了四川国学学校的邀请，来到成都任教职。在四川国学学校，刘师培教授《左传》《说文解字》等。在此期间，他穷心竭力将自己树立成为经学研究大师的形象，提出了学术研究的一些新观点、新看法，还与廖平建立了真挚的友谊，与谢无量、廖平、吴虞等共同发起成立"四川国学会"，作《废旧历论》等。

1913 年夏，刘师培离开四川回到上海，不久来到山西太原，任阎锡山的高级顾问并创办了《国故钩沉》。后来都督府改编为将军府，编制缩小，顾问裁撤，刘师培的生活因此无着。适逢帝制议起，阎锡山就将他推荐给袁世凯，请袁任用。袁世凯素闻刘师培大名，命他入京。刘师培遂于 1914 年年初来到北京，初任总统府内史，为袁世凯充当幕僚。1914 年 5 月，袁世凯正式公布独裁专制的《中华民国约法》，加快了复辟帝制的步伐。

1915 年年初，袁世凯召见了刘师培，"著交教育部从优任用"。对于袁世凯的看重，刘师培感激涕零，马上写了《刘师培谢恩骈呈》，该文在《申报》与上海《新闻报》都进行了刊载。5 月，刘师培建议袁世凯仿照清朝《圣武记》旧例，开设"方略馆，并请设总纂、纂修、协修、提调、收掌各官""以纪寰宇宁平、兵革不作、修文偃武、民乐升平之盛迹"（《专电·北京电》，《申报》1915 年 5 月 1 日；《北京专电·刘申叔尚作承平雅颂谈》，《神州日报》1915 年 5 月 2 日）。这一年的 10 月 23 日，袁世凯任命刘师培为参政院参政。

1915 年 8 月 14 日，在袁世凯的授意下，杨度串联孙毓筠、李燮和、胡瑛、刘师培及严复（所谓"筹安六君子"）在北京石驸马大街联名发起成立"筹安会"。8 月 23 日，"筹安会"发表成立宣言，公开支持恢复帝制，实行君主立宪，决定以杨度、孙毓筠任正副理事长，其余四人为理事。"筹安会"打着学术团体的招牌，宣称其宗旨是"筹一国之治安""研究君主、民主国体何者适于中国"，实则是伪造民意，为袁世凯复辟帝制制造舆论。"筹安会"成立后曾通电各省军民两长及各政治团体派代表来京讨论国体问题，六天后宣布各省代表"一致主张君主立宪""废民主而立君主"。由于"筹安会"鼓吹帝制，臭名昭著，遭到全国人民的强烈谴责，时人曾指斥他们

"乱政灭国"，要求将其"明正法典"。袁世凯称帝后，刘师培在"洪宪王朝"中担任参政员，被册封为上大夫。1916 年 1 月"讨袁护国"战争爆发，3 月 22 日，袁世凯在内外交困中宣布取消帝制，并于 6 月 6 日病逝。之后，"筹安六君子"以帝制祸首罪，或被通缉，或避居家中。云南讲武堂创始人、原清政府云贵总督、李鸿章侄子李经曦以"人才难得"为由，力保刘师培、严复，北洋政府也以总统黎元洪的名义对刘师培保免。刘师培之后由北京移居天津过着潦倒的生活。

任教北大收黄侃

1917 年年初，蔡元培出掌北京大学，随即任用陈独秀任北大文科学长。陈独秀就职不久，即向蔡元培推荐因拥袁称帝失败而避居天津的刘师培来北大任教。此前北京大学校长胡仁源曾经聘请刘师培担任中国哲学门教员，但刘师培却提出了苛刻条件，每周只愿上课"二点钟"，月薪却需要"五百元"。不过此一时彼一时，那时的刘师培正在忙于政治，北大对他的吸引力不是很大，现在不一样了，为了衣食生计，刘师培痛快答应了陈独秀。

刘师培进入北大后，出任中国文学门（1919 年改为中国文学系）教授，兼任文科研究所的指导教师，并为国史编纂处纂辑员，月薪二百八十元（《北京大学文科一览》，民国七年度，北京大学档案馆藏）。他所担任的课程有：

1917—1918 学年，一年级、二年级的"中国文学"课，每周三小时（与黄侃共同开设，黄侃每周三小时）；二年级"中国古代文学史"课，每周三小时。

1918—1919 学年，二年级"中古文学史"课，每周二小时；三年级"文（中国文学）课"，每周六小时（《北京大学文科一览》，民国七年度，北京大学档案馆藏）。

1919—1920 学年，二年级"文学史"课，每周二小时；三年级"文（中国文学）"课，每周四小时（刘师培于 1919 年 11 月 20 日去世，故该学年仅完成小部分教学任务）。听讲的学生有罗常培、杨振声、俞平伯、傅斯年、许德珩、郑天挺、罗庸、杨亮功、夏承栋、张煦等，大多后来卓有成就。

关于刘师培的教学情形，北大学生杨亮功曾有回忆："刘申叔先生教

中古文学史，他所讲的是汉魏六朝文学源流与变迁。他编有《中国中古文学史讲义》。但上课时总是两手空空，不携带片纸只字，原原本本地一直讲下去。声音不大而清晰，句句皆是经验之言。他最怕在黑板上写字，不得已时偶尔写一两个字，多是残缺不全。""刘先生在北大授课时肺病已到第三期，身体虚弱，走起路来摇摇欲倒，真是弱不禁风。他在刮风下雨的时候，照例是请假。"（杨亮功《早期三十年的教学生活》，台北传记文学出版社 1980 年版，第 15—16 页）冯友兰也回忆道："当时觉得他的水平确实高，像个老教授的样子，虽然他当时还是中年。他上课既不带书，也不带卡片，随便谈起来，就头头是道。当时学生都很佩服。"（冯友兰《三松堂自序》，北京三联书店 1984 年版，第 325 页）

刘师培有手颤口吃的毛病，王森然在《近代二十家评传》一书中讲："他为人虽短视口吃，而敏捷过诸父，一目辄十行下，记诵久而弗渝。"但他懂得规避缺陷，在讲堂上从来只是讲，不写板书。一次，陈独秀前往听课，刘师培仍是一如既往，一堂课下来，只在黑板上写了一个"日"字。当时刘在黑板上画了个圆圈，中间加一点。对此，陈独秀一笑了之。蔡元培亦说："君（刘师培）是时病瘵已深，不能高声讲演，然所编讲义，原原本本，甚为学生所欢迎。"（蔡元培《刘君申叔事略》）

1917 年年底，北大文、理、法三科各学门先后分别成立了研究所，刘师培兼任了文科研究所国文门的指导教师。他所指导的研究科目起初为"文"和"文学史"，定每月第二周和第四周的星期四分别与"文学史""文"两个方向的研究员，会面一小时，研讨该主题下的具体问题。后来具体日期稍有调整，但仍是每月分别指导一次。从 1918 学年起，刘师培所担任的研究科目调整为经学、史传、中世文学史、诸子四科，国文教员中，他担任的科目最多。

刘师培进入北大时，正值新文化运动高潮。刘师培吸取了以往从政论政不得善果的教训，所以表现得比较低调，除教学和研究活动外，平日里刘师培是不大在校园中露面的，他自己说，因"抱疾岁余，闭关谢客，于校中教员素鲜接洽"。本来刘师培在进入北大时是抱着"讲学而不论政"态度的，但在一定时期和特殊条件下，政治与文化是纠结在一起的，文化见解的差异往往被视作政治立场不同的表征。

1919 年 3 月 18 日，《公言报》发表《请看北京学界思潮变迁之近状》，谓："国立北京大学，自蔡子民（蔡元培字）氏任校长后，气象为之一变，尤以文科为甚。文科学长陈独秀氏，以新派首领自居，平昔主张新文学甚力。教员中与陈氏沆瀣一气者，有胡适、钱玄同、刘半农、沈尹默……既前后抒其议论于《新青年》杂志……近又由其同派之学生，组织一种杂志曰《新潮》者，以张皇其学说。""顾同时与之对峙者，有旧文学一派。旧派中以刘师培氏为之首，其他如黄侃、马叙伦等，则与刘氏结合……亦组织一种杂志，曰《国故》……二派杂志，旗鼓相当，互相争辩，当亦有裨于文化。第不言忘其辩论之范围，纯任意气，各以恶声相报复耳。"

1919 年 1 月 26 日，在刘师培宅邸正式成立了《国故》月刊社，这是一个"以昌明中国固有之学术为宗旨"的月刊，刘师培、黄侃出任《国故》总编辑，陈汉章、马叙伦、康宝忠、吴梅、黄节、屠孝寔、林损、陈钟凡出任特别编辑，张煊、薛祥绥、俞士镇、许本裕等十名同学出任编辑。刘师培在《国故》先后发表了《毛诗词例举要》《礼经旧说考略》《蜀学祀文翁议》《退郛诗钞序》《蒐集文章志材料方法》《名原序》《音论序赞》《中庸说》等一系列学术论著、序跋文和碑铭等，皆为研究中国古典学术的学理性探讨之作，无一攻击新文化之文，甚至连与此相关的些许议论也没有。但刘师培充任《国故》月刊的总编辑，此举仍被视为与新文化运动相对抗，甚而被认作其"反动"本质不改的表现。

刘师培虽然在政治上摇摆不定，但在学术上能获得章太炎、陈独秀等人首肯却是不争的事实。除此之外，还有一人不得不提，那就是黄侃。黄侃是著名语言文字学家、国学大师，与章太炎、刘师培一起为民国文化界三个著名的"疯子"，早期曾拜章太炎为师。在当时的文化界能入黄侃法眼的人为数不多，但刘师培便是其中一个。早在袁世凯准备复辟帝制时期，刘师培为鼓吹帝制，特请北京学界名流开会，却因为黄侃的针锋相对而搞得不欢而散。刘师培为了拉拢黄侃，曾经想授之予嘉禾勋章，据说这一枚勋章价值二十金。然而，黄侃的做法是直接写了一首诗嘲弄刘师培，其中有一句为"二十饼金真可惜，且招双妓醉春风"。但这并不影响黄侃在学术上对刘师培的崇拜。1919 年，刘师培肺病加剧，感到时日无多，一天凄然地对黄侃说："吾家四世传经，不意及身而斩。"黄侃安慰说："君今

授业于此，勿虑无传人。"刘说："诸生何足以当此？""然则谁足继君之志？""安得如吾子而授之？"黄侃起身道："愿受教。"第二天果真带着礼物前去，按照旧时的规矩，磕头拜师，刘"立而受之"（黄焯先生《黄季刚先生年谱》）。当时黄刘二人名气相差无几，且刘仅年长二岁，黄拜刘为师令许多人不解，连章太炎也不以为然："季刚（黄侃字）小学文辞，殆过申叔（刘师培），何遽改从北面？"黄答："予于经术，得之刘先生者为多。"（汪修荣《民国教授往事》，河南文艺出版社）

家族短命的悲剧在刘师培身上得到延续，1919 年 11 月 20 日，刘师培因肺结核病逝于北京，年仅三十六岁。12 月 3 日，"丧事由陈独秀先生主持"，在妙光阁出殡、出祭，中国文学系诸同学参与"共同料理丧事，将刘先生遗著检齐，送交北大图书馆保存"。翌年 3 月，也是由陈独秀派刘师培之弟子刘文典等人送灵柩回其故乡扬州安葬。

在北大三年里，刘师培在学术上影响最为深远和取得成就最大的事情，是有关"中国文学""文学史"课程的讲授与《中国古文学史讲义》的出版，它使《文选》派在文派之争中获得胜利，并在文学史的教学与研究方面奠定垂之后世的"典范"。

刘师培在北大时的讲义和有关讲授内容主要有《中国中古文学史讲义》《汉魏六朝专家文研究》《文心雕龙讲录二种》等。《中国中古文学史讲义》1917 年即由北京大学出版部出版，并在此后多次再版；《汉魏六朝专家文研究》和《文心雕龙讲录二种》均为罗常培笔录，前者于 1945 年由独立出版社印行，后者以《左盦文论》为总题分载于《国文月刊》第 9、10、36 期。这其中《中国中古文学史讲义》最为著名，差不多成为经典之作。1928 年 2 月 24 日，鲁迅在复文学评论家台静农的信中曾赞誉道，中国文学史一类"我看过已刊的书，无一册好。只有刘申叔的《中古文学史》，倒要算好的，可惜错字多"。

林语堂

中国幽默第一人

中国音乐家、作曲家钱仁康说："幽默是一切智慧的光芒，照耀在古今哲人的灵性中间。凡有幽默的素养者，都是聪敏颖悟的。他们会用幽默手腕解决一切困难问题，而把每一种事态安排得从容不迫，恰到好处。"在中国，第一个赋予"幽默"一词现代意义的是中国现代著名作家、学者、翻译家、语言学家，新道家代表人物——林语堂。

少年明星，喜爱当第二名

1895 年林语堂出生于福建龙溪（今漳州平和坂仔）一个基督教家庭，父亲林至诚是当地的一位教会牧师。林语堂是这个家庭中最小的儿子，出生时，父亲正在重病，是母亲自己接生的（林家有六男二女，一子早夭）。林语堂出生后，父母给他取名"和乐"。

林至诚九岁时，他的父亲也就是林语堂的爷爷被太平军拉去当脚夫，便从此没有了音信。他的母亲也就是林语堂的奶奶，是个普通的农妇，会拳术，臂力很强，据说曾经用一条扁担赶走了十几个土匪。

林至诚年轻时卖过零碎的甜食、油炒豆，也卖过新鲜的竹笋。二十四岁时进入教会的神学院，后来被分配到坂仔当牧师。1924 年出版的《中华基督教年鉴》说，"闽南基督教会牧师林至诚自幼随母皈主，长肄业教会学校……林公品行方正才学兼优……"（朱艳丽《幽默大师林语堂》，湖北人民出版社）由于家庭的影响，林语堂从小就是一个基督教徒。

林至诚注重对孩子教育，思想也比较开放，是个中西合璧的牧师。他教孩子们读《圣经》，也念"四书"、"五经"、《声律启蒙》、《幼学琼林》等，还鼓励孩子看林琴南翻译的西方名著，如《茶花女》《福尔摩斯》等。林语堂天生就是写作的命，从小就和最疼爱他的二姐美宫编故事、写小说，而且编得认认真真，有声有色。

1901 年，林语堂六岁时进坂仔乡教会办的铭新小学读书。他学习好但敢于叛逆，剪了辫子在师生面前炫耀，偷老师的试卷让所有的孩子都得高分，修改教师的作文批语等"劣行"都是他的得意之作。

1905 年，父亲把林语堂送到鼓浪屿教会办的养元小学读书。林语堂是幸运的，由于做牧师的收入不是很高，林至诚不可能满足家里所有孩子的读书愿望，林语堂十岁时就能够走出大山，跟随三哥到鼓浪屿读书，可以

想象一路上他是多么新奇与兴奋。十三岁时林语堂小学毕业，后又进入寻源书院。

在寻源书院，林语堂的日子过得并不开心。书院的校长毕牧师是个市侩的美国人，他到中国的目的不是办学，而是淘金，所以他的心思和精力不在教学管理上，而是放在房地产生意上。

书院的伙食不好，林语堂就偷偷地从外边买些零食放在竹篮里，再用绳子吊进寝室。教师的授课质量不高，林语堂就偷偷地在下边看《史记》等书籍。好在林语堂天资聪颖，书院的几门功课，如地理、英文、中文等，他都能考出高分，所以，在教师的心目中，林语堂依然是个好学生。但林语堂对寻源书院的评价却不高，他愿意放假而不愿意上学。不过他喜欢放假不是为了玩，而是为了好好读书，而上课的时候他只能偷偷地看书。再后来林语堂对其在寻源书院时期的评价是："我的中学教育实是白费光阴。"（林语堂《林语堂自传之二》，逸经 1936）

1912 年，十七岁的林语堂以第二名的成绩考进上海圣约翰大学（此时林语堂将名字从乐和改为林玉堂），在圣约翰大学，林语堂收获颇丰。在这里他首先遇到了"一个真正伟大的人"——校长卜舫济博士。这是一位严格的清教徒，也是真正的教育家。卜博士办事认真，待学生极好，他把西方的现代教育模式搬到了圣约翰。林语堂从卜博士身上，充分领悟到了英国清教的精髓。

圣约翰大学是中国第一所现代高等教会学府，很有名气。当时社会普遍认为，进了圣约翰大学读书，就等于上了进入洋买办行业的保险锁，将来必有高薪职业。在这里林语堂从神学院里走了出来，选择学习文科。

在圣约翰大学，林语堂的涉猎范围极广，梁启超的《饮冰室文集》、赫克尔的《宇宙之谜》、华尔德的《社会论》、达尔文的《进化论》、斯宾塞的《伦理学》，甚至包括韦斯特墨的《婚姻论》都是他的阅读对象。

林语堂喜欢看书，但不大喜欢听老师讲课，虽然成绩很好，但讨厌考试。考试前同学都在复习功课，林语堂却出去钓鱼，还怂恿别的同学一起去，结果他自己得了高分，和他一起钓鱼的同学却得了个不及格。

另外，在圣约翰大学，林语堂收获了他第二次爱情和维持一生的婚姻。林语堂的初恋给了家乡一位叫赖柏英的姑娘，林语堂叫她"橄榄"。林语

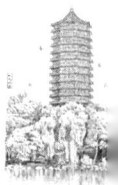

堂与赖柏英一起长大，少年时的成长与陪伴让二人慢慢靠拢。不过林语堂有志向，读过书，经历过上海这样的大都市，想看更大的世界。而赖柏英不想也不敢，二人不得已只能选择分手。这段初恋使林语堂刻骨铭心，后来还专门写了小说《赖柏英》表示纪念。离开林语堂后，赖柏英嫁给了当地一位商人，长寿而且儿孙满堂。

林语堂一年级的时候就被 ECHO 编辑部选为正式编辑，还获得过学校举办的英文短篇小说大赛的金奖；他也是校辩论队的核心成员，在比赛中获过银质奖章；体育方面打网球、踢足球、划船、赛跑，他都是样样精通。他还以五分钟一英里的成绩刷新了该项体育运动的学校纪录；也曾代表中国队参加了远东运动会。在二年级的学习典礼上，他的名字接连四次响起，一人夺得四项奖牌。林语堂不仅成了圣约翰大学的校园明星，就是在隔壁的圣玛丽学校，他也成了姑娘们追捧的对象，是女校姑娘们心中的白马王子。

通过好朋友陈希佐、陈希庆两兄弟的关系，林语堂认识了他们的妹妹，在圣玛丽学画画的叫锦端的姑娘。林语堂与锦端一见钟情，开始了恋爱约会。

暑假期间，林语堂频频从坂仔到厦门陈家去看望锦端。陈家兄妹的父亲叫陈天恩，早年追随孙中山，后在厦门大兴实业，信奉基督教，是厦门数一数二的巨富。

陈天恩当然知道林语堂的意思，他不能同意林语堂与自己女儿的婚事。一方面林语堂家境与陈家不匹配，另一方面他知道林语堂不是一位虔诚的基督教徒。早在寻源书院读书时，林语堂就曾以掷铜板的方式对上帝进行过考试。关键是在一次演讲时，林语堂主张把《圣经》当作文学来读，显示出离经叛道的迹象。陈天恩一方面说服自己的女儿，另一方面把隔壁廖家的二小姐廖翠凤介绍给林语堂。

林语堂接受了现实。廖家也是当地的大户，有自己的钱庄和房产。只不过廖翠凤的父亲廖悦发重男轻女，对廖翠凤母女经常打骂。廖翠凤本就想早些嫁人脱离苦海，再加上在圣玛丽学校早就听说过林语堂，一见林家上门提亲，明知道林家没有钱，也是欣然同意了婚事。

订婚后不久，林语堂以第二名的成绩从圣约翰大学毕业。关于这个"第

二名"林语堂的解释是："……我相信如果我肯在功课上努力一点，便不难得到冠军，不过我不干。第一，我向来对于课程不大认真；第二，凡做什么事我一生都不愿居第一的。这也许是由于我血液里含有道教徒原素。"（《林语堂自传》，刘志学主编，河北人民出版社）不论林语堂的解释是否合理，事实上他可能真是"千年老二"的命运，否则若干年后《京华烟云》入围诺贝尔文学奖但与之失之交臂的情况又如何解释呢？毕业后的林语堂经过反复考虑，接受了清华学堂校长周诒春的聘请，到清华任中等科英文教员。梁实秋在《清华八年》中写道："前后八年教过我英文的老师有马国骥先生、林语堂先生、孟宪承先生……马、林、孟三位先生都是当时比较年轻的教师，不但学问好，教法好，而且热心教学，是难得的好教师。"（梁实秋《清华八年》，江苏文艺出版社）

艰难的留学生活曾得到胡适的两次帮助

1919 年林语堂申请到奖学金，要到哈佛大学念比较文学硕士。1919 年 1 月 9 日，二十五岁的林语堂与二十四岁的廖翠凤在双方家长的主持下在英国圣公会协和礼堂举办了婚礼。对于林语堂能够娶到钱庄家的女儿做老婆，林至诚好像比儿子还要兴奋，到处宣扬要准备大顶的轿子，因为新娘是"胖胖的"。

从林语堂的作品和言论上看，林语堂仿佛对待婚姻持悲观的态度，但事实上他却是婚姻的坚定维护者。在婚礼上，他做出了一项惊人之举，拿过婚书对妻子说："我把它烧了，婚书只在离婚时有用，我们一定用不到。"（朱艳丽《幽默大师林语堂》，湖北人民出版社）在林语堂未来的生活中，尽管在与朋友的交际中，也曾有过"打茶围"、让女儿们在妓女花名册上点名画圈"叫条子"的行为，甚至也有"喜欢"的妓女，但只是应酬与"喜欢"，从没有过出轨的行为。后来的事实也证明，功成名就的林语堂抵挡住了来自多方面的诱惑，把婚姻从始点走到终点，这在名人圈里确实是不多见的。林语堂唯一的不良嗜好就是抽烟斗，在他功成名就之后，有激进的女士就他抽烟斗的事情表示异议，林语堂的解释是："吸烟是道德的弱点，但是一个没有道德弱点的人也不是可以完全信任的，他宁可做一个有缺点却又真诚的人。"（朱艳丽《幽默大师林语堂》，湖北人民出版社）

几天后，林语堂和廖翠凤登上了美国的"哥伦比亚号"，林至诚到上海去送他们。就在要开船前夕，林至诚特意跑到小贩那里买了些零食递给林语堂，表现得父子情深、恋恋不舍。出国半年多后林语堂收到了父亲病逝的消息。

在船上，廖翠凤得了盲肠炎，肚子疼得很厉害。医生建议船经过夏威夷时，他们下船做手术。可是他们身上的钱并不多，林语堂只申请到半奖奖学金，每月四十银元，廖翠凤身上有一千元的嫁妆。这些钱如果慢慢生活还勉强可以应付，如果下船做手术，显然就不够了。廖翠凤告诉林语堂她可以慢慢撑着，以后看情况再说。

到达美国后，两个人租房子住下，林语堂负责看书、修课、写论文；廖翠凤负责精打细算地过日子，照顾林语堂的生活。没过多久，廖翠凤的盲肠炎又犯了，而且是急性的，必须马上开刀。切割盲肠本来是个小手术，可是廖翠凤的手术整整做了三个小时，这让林玉堂很担心，以为发生了什么状况。事后才知道，主刀的美国医生从没见过东方女人，所以他先拿着显微镜把廖翠凤的内脏仔细搜索了一遍，才开始做手术。廖翠凤出院后，他们已经一贫如洗。廖翠凤赶紧给二哥发电报，从家里电汇一千银元，才算解了燃眉之急。可是没过多久，廖翠凤的伤口发炎，要做第二次手术。刚刚寄来的一千银元转眼就不见了踪影。钱又成了问题。这时林语堂猛然想起胡适。在"新文化运动"初期，当时在清华任教的林语堂受胡适等人的影响，发表了《汉字索引制说明》和《论"汉字索引制"及西洋文学》。正是这两篇文章引起胡适的注意。胡适爱才，在林语堂出国前曾表示林语堂如果毕业后回北大任教，北大可以资助他一部分费用。于是林语堂给胡适发了电报，胡适很快汇过来一千美元（关于胡适寄钱的数量与币种，学术界众说不一，这里采用的是林语堂女公子林太乙的说法）。

一个学期结束，林语堂以全 A 的成绩通过了哈佛的考试。比较文学的系主任很看重林语堂，希望他到德国的殷内大学修一门莎士比亚课，就可以得到硕士文凭，这让林语堂很兴奋。

这时突然传来了坏消息，因清华在美国的监督施秉元贪污，留学生的奖学金被取消了。失去经济来源的林语堂只能再次向北大求助，胡适再次给他寄过来一千美元。

失学的林语堂向基督教青年会申请工作职位，"中国劳工青年会"聘用了林语堂，让他到法国教中国劳工读书识字。工作之余，林语堂自修了德文。挣到一点钱后，林语堂来到德国的殷内大学学习。一个学期后，林语堂获得了哈佛大学硕士学位。1922 年，他来到莱比锡大学攻读语言学博士。

莱比锡的生活很拮据，廖翠凤只能低价变卖自己的嫁妆维持生活。好在这时廖翠凤怀孕了，为了不使自己的孩子成为德国人，夫妻二人决定回国生产。经过短短几个月的考试准备，考试结束当天的晚上，林语堂自信到不等考试的结果公布，夫妇二人就离开了莱比锡，离开了那个对林语堂有过"性骚扰"的女房东。在威尼斯、罗马、那不勒斯游玩了两周后，回到了阔别已久的祖国。

深受学生喜爱的勇敢教授

回国后林语堂夫妇先返乡祭祖，待他们的第一个女儿凤如在厦门出了满月后，林语堂举家来到北京任教。他被聘为北大英文系教授兼北京女子师范大学讲师。

林语堂到北大的第一件事，就是要向胡适当面致谢。此时胡适正南下养病，林语堂找到了教务长蒋梦麟，蒋梦麟当时对两千美元的事情一头雾水，后来才知道，这是胡适为了遵守协定，自掏腰包帮助林语堂渡过了难关。此事被后人传为佳话。

在北大，林语堂开设了基本英语（一）、作文（一）、英文教授法、英国语言史、语言学、中国比较发音学等课程。林语堂开设的基本英语（一）深受学生欢迎，旁听的人很多，他只能定期举行面试以限定旁听人数，这在大学里也是少见的。除上课外，他也研究《广韵》《音学辨伪》等中国古代音韵学著作，研究语言学、音韵学、方言学及汉字改革、汉字罗马化等方面问题。

关于林语堂讲课的资料现存的不是很多，但是很有趣。1928 年 9 月，林语堂到上海，应邀担任上海东吴大学法学院的英文教授，任期一年。据说，他第一天到教室时，带着一大包鼓鼓的东西，学生以为是要考试，都很紧张。当他慢条斯理地打开纸包后，学生们看见纸包里竟全是带壳的花生，他要

请学生们吃花生。林语堂告诉学生花生米又叫长生果，让学生们吃了以后长记性，不要逃学。同时也许诺他上课不点名。花生米吃完了，林语堂甩甩手，下课！头也不回地就走了。林语堂兑现了上课不点名的诺言，但教室总是挤满了人。他用的教材是《新闻文选》，内容是从报纸杂志上选编的评论或新闻，生动有趣又实用。他上课时从不正襟危坐，有时坐在椅子上，双脚放在桌上，边讲边谈，笑话连篇。林语堂讲英文注意感觉，他用英文讲大笑、微笑、假笑、痴笑、苦笑等词语的不同，让学生体会其中的差别。一个学期下来，学生进步飞快。期末考试时，不用试卷，同学们轮流站起，他像相面先生一样，看看学生的脸就定下分数。

林语堂到北大时，新派的教授分为两大阵营：一是以奠基中国现代小说的鲁迅和周作人为主，一是以"高举文化革命"大旗的胡适为主。这包括林语堂在内的留学英美的人都会以为他会加入胡适派，然而他却站到胡适对立面，和任意而谈的周氏一派越走越近。

周氏一派以 1924 年年底创刊的《语丝》为阵地，而胡适一派也创办了《现代评论》，主要撰稿人包括徐志摩、陈西滢、蒋廷黻、沈从文、丁西林等人。

"语丝派"（除鲁迅兄弟和林语堂外，还有孙伏园、俞平伯、钱玄同、刘半农等）是一群年轻的叛逆分子，嬉笑怒骂，只凭心中所想。"现代评论派"大多留学英美，学了不少英国绅士气，主张好人政府，他们道德感很强，被称为"东吉祥胡同的正人君子"（现代评论派的胡适、陈西滢、王世杰、徐志摩等都住在北京东吉祥胡同，当时曾被拥护北洋军阀的《大同晚报》称赞为"东吉祥派之正人君子"）。"现代评论派"看不惯"语丝派"的做派，说他们是一群"学匪"。林语堂作为《语丝》的写手、"骂人"新秀，干脆写了一篇《祝土匪》，以草莽英雄自居。

"五卅运动"爆发后，"语丝派"和"现代评论派"各自利用自己的舆论阵地发表文章，各抒己见，形成了短兵相接的局面。论战中林语堂写了《丁在君的高调》，剑指丁文江。又写了一篇《谬论的谬论》，矛头直指新上任的教育总长章士钊，向他的精神导师鲁迅致敬。

在"女师大风潮"（1924 年至 1925 年，北京爆发"女师大风潮"，是由于学生反对校长杨荫榆而引起的；后来发展到直接反对支持杨荫榆的

北洋军阀政府，尤其是那位镇压学生运动的教育总长章士钊。在这场冲突中，"语丝派"支持学生，"现代评论派"支持校方及北洋政府）中，两派再次全面开火，双方主力全部参与进来。林语堂放下了手中的笔，拿着棍子和石头上街游行。在游行中他上学时苦练的棒球技术发挥了威力，扔出的石头又准又狠，让打人的流氓也尝到了挨打的味道，不过林语堂自己也流血受伤。

"女师大风潮"以学生的全面胜利落下帷幕。面对胜利，林语堂同意周作人的意见，主张对"落水狗"实行费厄泼赖精神（费厄泼赖，英语音译词，原为体育运动竞赛和其他竞技所用的术语，意思是光明正大的比赛，不要用不正当的手段。后来西方资产阶级绅士在政治斗争中也以此相标榜并加以宣传）。鲁迅发表《论费厄泼赖应该缓行》，点名批评了林语堂，说"落水狗"也还是会咬人的，要"痛打落水狗"。林语堂的态度跟着鲁迅发生了转变，在以后发生的一系列事件中，林语堂不断发文"打狗"，被誉为"打狗运动的急先锋"。

1926年4月，张宗昌进入北京后，林语堂上了军方的黑名单。这时林语堂的二女儿林玉如已经出生。在廖翠凤的逼迫下，林语堂接受了厦门大学的聘书，离开北京，他要在出生的地方干一番事业。

林语堂出任厦大文科主任，校长林文庆把引进人才的权力也下放给林语堂，让他引进知名教授，一个月四千元，而且绝不拖欠。这是相当优厚的待遇，林语堂抱着干事业的心态，马上大规模招兵买马，鲁迅、孙伏园、沈兼士、顾颉刚等人都陆续来到了厦大，厦门大学已经成了第二个北大。

厦门大学的兴旺并没有维持多少时间，首先是来自刘树杞的发难。厦大是靠理科起家的，厦大国学院的兴起分去了学校一半的科研经费，这让理科部主任刘树杞感到失去了重视。他先拿鲁迅开刀，把鲁迅逼到地下室居住，然后又让林文庆下令取消研究院的经费。其次是国学院里发生了内讧，一些人密谋赶走鲁迅和林语堂，结果二人双双离开了厦大。

靠幽默办《论语》大获成功

1927年3月，在孙中山原外事顾问、英文秘书、时任武汉国民政府外交部部长陈友仁的邀请下，林语堂担任了外交部秘书长，地位仅次于部长

陈友仁。林语堂不负众望，经过几个月的斡旋，联手陈友仁为国民政府收回了汉口和九江的英租界。"四·一二反革命政变"后，林语堂厌恶了政治投机分子，于9月离开了武汉，来到了上海。

在上海，林语堂与鲁迅商量准备贩文为生，但是林语堂的名气毕竟不如鲁迅，所以他的稿子并不受追捧，林语堂的生计又成了问题。好在蔡元培帮忙聘请林语堂做中央研究院的英文编辑，俸禄每月三百个光洋，有了这份收入，林语堂把妻女也接到上海安家。

1928年6月，林语堂在鲁迅和郁达夫合办的《奔流》月刊上，发表了生平唯一的独幕悲喜剧《子见南子》，剧本一出，各地剧团、学校争相排演，林语堂的名字一下子红遍了十里洋场，声名大振，《中国评论周报》英文版请他做专栏作家。

同年，林语堂出版了散文集《剪拂集》，即因为文风犀利震惊各界。郁达夫评论林语堂说："生性憨直，浑朴天真，假令生在美国，不但在文字上可以成功，就是从事事业，也可以睥睨一世，气吞小罗斯福之流。"（俞元桂《中国现代散文理论》，广西人民出版社1983年版）

1930年7月，林语堂三女儿林相如出生于上海。

1932年夏，林语堂与章克标等人筹划创建《论语》，林语堂担任主编，制定了《论语社同人戒条》：

一、不反革命；

二、不评论我们看不起的人，但我们所拥护的人要尽量批评（如我们的祖国、现代武人、有希望的作家、非绝对无望的革命家）；

三、不破口骂人（要谑而不虐，尊国贼为父固不可，名之王八蛋也不必）；

四、不拿别人的钱，不说他人的话（不为任何一方做有津贴的宣传，但可做义务的宣传，甚至反宣传）；

五、不附庸风雅，更不附庸权贵（决不捧旧剧明星、电影明星、交际明星、文艺明星、政治明星及其他任何明星）；

六、不互相标榜，反对肉麻主义（避免一切如"学者""诗人""我的朋友胡适之"等口调）；

七、不作痰迷诗，不登香艳词；

八、不主张公道，只谈老实的私见；

九、不戒癖好（如吸烟、啜茗、看梅、读书等），并不劝人戒烟；

十、不说自己的文章不好（阎纲《书生意气》，中共中央党校出版社 2002 年版）。

9 月 16 日，《论语》创刊号即将付梓，林语堂突然发现忘了请人题写刊头，他急中生智，模仿郑孝胥的笔体，在宣纸上写了"论语"二字。这足以乱真的仿冒伪品竟为《论语》增色不少，《论语》一经发行立即畅销，卖到了三四万份。

《论语》卖得好，全是沾了"幽默"的光。现代语言学上的"幽默"一词不同于古语的幽默，它来源于英文 humour。林语堂以前，沈雁冰在 1921 年 2 月发表《新文学研究者的责任与努力》一文，曾把它翻译成"活气"（万平近《林语堂评传》，上海远东出版社）。林语堂认为"幽默"一词肯定不是"正经话"，但也不是"笑话"，也不是"诙谐""滑稽"。实在没有合适的中文原文与之相对应，只能音译。1924 年 5 月，林语堂在《晨报副刊》发表《征译散文并提成"幽默"》，把英文的 humour 译成"幽默"，堪称现代语言学上的中国"幽默"第一人。像《中国究有臭虫否》这样的文章，表面上看似是极为无聊的写作，实际上却隐藏着作者深邃的思想内涵及文学底蕴，通过幽默的手段，达到讽刺的目的。幽默成了一时的潮流，所有的报纸杂志竞相效仿，天下无不幽默，甚至 1933 年被称为"幽默年"。

《论语》奉行"海纳百川，有容乃大"，稿件不分派别，不分政治倾向，只要言之有趣都可以用。冰心、郁达夫、刘半农、苏青、鲁迅，初入文坛的老舍，都是《论语》的常客。

1933 年 7 月，凭借《圣女贞德》获得 1925 年诺贝尔文学奖的爱尔兰戏剧家乔治·萧伯纳，来到了上海。萧伯纳是著名的幽默大师，号称"中国的唐伯虎"。他曾经幽默地评价诺贝尔文学奖是"扔给游泳者的一个救生圈，不过是在他们已经泅上岸以后"，这一殊荣对他来说是"要在一个老头子的脖子上系上一只金铃"。萧伯纳不仅幽默，而且慷慨，最终他将这笔约合八千英镑的奖金捐给了瑞典的穷作家们。萧伯纳的到来，受到了宋庆龄、蔡元培、林语堂等人的热情接待，更催化了林语堂倡导的幽默热。

因赛珍珠名扬世界

就在《论语》大获成功的同时，林语堂和鲁迅之间的革命友谊却出现了裂痕。表面上看是林语堂嘴大心大，人际关系糊涂，实际上是二人的思想观点出现了分歧。鲁迅不喜欢《论语》的风格，再加上"中国民权保证同盟"杨杏佛遇害的事情，使得鲁迅对林语堂的印象大打折扣。由于林语堂与章克标意见不合，1934年，林语堂离开了《论语》，另起炉灶，办起了《人间世》。《人间世》没有延续《论语》的火爆，却招来了"左盟"与右派作家的联合攻击，使林语堂从骂人的人，一下反成为被骂的人。鲁迅的劝说又增加了林语堂的误会。虽然有郁达夫等人不断地调和，但二人的关系最终还是恶化到《人间世》编辑徐訏在上海大观楼补摆婚宴，鲁迅来得晚，一看见林语堂夫妇在座，二话不说抬脚就走的地步。

就在林语堂深陷四面楚歌的人生低谷阶段，另外一位诺贝尔奖得主——赛珍珠——这个最终把林语堂捧红的美国女人向他伸出了援助之手。赛珍珠从小接受传统的中国私塾教育，是真正的中国通。与那些把《水浒》中的"大虫"硬生生地翻译成"Great Worm"，把李逵口中的"鸟官"译成"Bird Officer"的假中国通不同，他把《水浒》翻译成 *All Men Are Brother*（四海之内皆兄弟）。林语堂对这样的翻译是赞不绝口，说她翻译出了中国古代小说的精髓。赛珍珠曾以中国农村为题材，创作了《大地》《儿子们》《分家》三部曲，其中《大地》一经出版，立即风靡美国，成为西方世界了解中国的通行范本。

初识赛珍珠时，林语堂曾把他在《中国评论周报》上发表的几百篇小评论送给赛珍珠看。赛珍珠告诉林语堂，美国庄台出版公司老板华尔希想在旗下所属的《亚细亚》月刊上发表这些文章。在交谈中，赛珍珠表示希望有个中国人写关于一本中国的书，林语堂也正有此意，于是二人一拍即合。赛珍珠当即打电话给华尔希，华尔希表现出难以想象的热情，极力要求林语堂马上动笔，这样才有了后来的文学巨著《吾国与吾民》。

1935年9月，英文原版的《吾国与吾民》（*My Country and My People*）在美国出版，短短四个月时间就重印了七次，登上了畅销书排行榜。全书分为十章，分别讲中国人的德行、心灵、理想、生活、政治、社会、

艺术等。内容包罗万象，甚至包括以作者自己太太为原型的中国人讨价还价的技巧。从此，中国人在西方人的印象中，再也不是辫子与女人的小脚。

有人评价说："有史以来，中国人直接用英文写中国，有两位最成功的，一位是辜鸿铭，一位是林语堂。他们笔下的英文，全没中国味；他们笔下的中国味，却全是英文。"（叶新、林曦《从林语堂看中国文化走出去》）

赛珍珠和华尔希邀请林语堂到美国讲学，此时林语堂刚刚把《浮生六记》翻译成英文，正在动手写作《中国新闻舆论史》，也正在谋划出版一本新的刊物《西风》，所以林语堂婉言谢绝了赛珍珠的请求。

《吾国与吾民》在国外的成功却给林语堂在国内带来巨大压力，林语堂决定出国避避风头。1936 年 8 月，林语堂一家乘坐"胡佛总统号"起航前往美国。

赴美途中，"胡佛总统号"在夏威夷停泊了一天，还没有下船，林语堂就看见岸上打着大块横幅，上面写着"欢迎林语堂"。在这里林语堂受到了隆重的接待。"幽默"的是，林语堂在这鲜花美景里畅快地游玩了一天，竟然不知道对方是谁。

到达美国后，林语堂住在了赛珍珠的宾州的乡间别墅。此时赛珍珠刚刚和华尔希结婚。在这里林语堂接受了出版商华尔希的建议，准备再写一些介绍中国文化的文章和书籍。

在赛珍珠那里住了一段时间后，林语堂携家在纽约中央公园西边老房屋里租了套普通的公寓安顿下来。次年 3 月，林语堂开始写作《生活的艺术》。到了 5 月，书写了差不多一半，但林语堂对书稿越来越不满意，最后干脆烧掉了原有书稿从头来写。为了赶时间林语堂聘请了一个秘书，他口述秘书用打字机敲出文稿。7 月底全书五百页截稿，按照华尔希的意见林语堂做了修改。这本书被美国"每月读书会"选为 1937 年 12 月的特别推荐书。

在纽约住了一年后，出于经济上的考虑，林语堂把家搬到了意法交界的小镇蒙顿。不久他又把家搬到了巴黎。

在巴黎，林语堂应美国最著名的兰登出版社之邀，编写了《孔子的智慧》，然后他打算着手翻译《红楼梦》。但《红楼梦》的语言过于精妙，他感到很难翻译成简单的英文，于是决定借鉴《红楼梦》的写法，自己创作一部长篇小说，反映以中国抗战为背景的中国现实生活。这是林语堂第一次写小说，题目暂定为《京华烟云》。

林语堂的女儿是《京华烟云》的第一读者。小说写得很精彩，作者也很投入，在写作过程中，林语堂居然把自己写哭了。经过一年的奋笔疾书，1939 年 9 月，《京华烟云》出版后，又被每月读书会选中。再加上《生活的艺术》已经五十二次蝉联美国畅销书排行榜第一名，"林语堂"三字已经无人不知、无人不晓。

林语堂成为世界名人，巴西有个贵妇，因为羡慕林语堂，把自己的赛马取名叫作"林语堂"，不过这个"林语堂"不如真正的林语堂出彩，在赛马比赛结束后名落孙山。结果当天的晚报标题变成了"'林语堂'名落孙山！"夺标的马反倒没了消息。巴黎的女人也喜欢林语堂，甚至直接勾引，吓得林语堂只能快步逃离。

由于《生活的艺术》和《京华烟云》的热卖，林语堂收入了四万两千美元的稿费。他给廖翠凤买了一枚 3.3 克拉的钻石戒指，算是对妻子在莱比锡时变卖嫁妆的补偿，也实现了他当时的诺言。

1940 年 5 月，林语堂回到了国内。此前，林语堂虽然身在国外，却一直关注着中国的政治形势。"西安事变"时，他就和陶行知、胡秋原一起就"西安事变"的常识给美国人补了一次基础课。"卢沟桥事变"后，他撰写了《日本征服不了中国》一文，发表在《时代周刊》上。南京失陷后，他写了《双城记》，控诉日本鬼子惨无人道的恶行。《吾国与吾民》第十三版重印时，林语堂不分昼夜赶写了《中日战争之我见》八十页，补作书的第十章，再一次表明了中国必胜的坚定信念。

回到国内的林语堂，住在离重庆四十里的北碚。他给宋庆龄写信表明了自己的"亲蒋"立场，接受了蒋介石侍从室顾问的头衔。不久林语堂再次回到了美国。林语堂离开重庆后，就在他那栋被炸得半塌的房子里，老舍创作了举世闻名的《四世同堂》。

回到美国后，林语堂以抗日战争为背景，创作发表了第二部长篇小说《风声鹤唳》。1943 年《啼笑皆非》出版。同年秋天，林语堂携带亲自翻译的《啼笑皆非》再度回国。他在重庆中央大学的演讲，受到了郭沫若、田汉、秦牧等左派作家的群体攻击。林语堂两次回国及离开，都遭到了不同程度的质疑、挑衅甚至谩骂，只有郁达夫为他辩解。

林语堂　中国幽默第一人

再次回到美国的林语堂，成了重庆当局的忠实支持者，但是他的新书反而受到了美国人的冷落。这时的他感觉到了孤立无援。

"明快打字机"，南洋大学校长，诺贝尔文学奖

1946 年，林语堂接连被美国好几所知名大学授予文学博士学位，此时他已经攒了十几万美元。他准备集中精力研究中文打字机。中文不同于英文，中国汉字要复杂得多，想在方寸之间通过组合在键盘上搭配表现出来，是难以攻克的技术难题。林语堂已经有了"汉字索引制""汉字号码索引法""国音新韵检字"等基础。现在他把所有的资料汇总更新，发明了崭新的"上下字形检字法"。

排字做模、零件加工、机械问题都需要另外找人解决。美国的人工很贵，他花光自己的十几万美元存款后，打字机才初具雏形。林语堂向赛珍珠借钱，但遭到了拒绝。在中国的古董商卢芹斋先生的帮助下，打字机总算诞生了。

1947 年 5 月 22 日，林语堂把"明快打字机"抱回家。二女儿林太乙（玉如）做了简单的测试，十分成功。林语堂遂向美国专利局申请了专利，获得批准。不久雷明顿公司对他的发明很感兴趣，但在现场演示过程中，打印机失灵了，没有半点动静。回到家里，经过简单的维修后，"明快打字机"恢复了正常。

中国驻联合国代表团团长何应钦、著名语言学家赵元任、正在纽约访问的外交部部长王世杰都对他的"明快打字机"表示祝贺，林语堂也称"明快打字机"是送给中国人的礼物。但是这台打字机却是叫好不叫座。四年后，林语堂把打字机的发明权卖给了默根索拉，仅得二万五千美元。林语堂发明了"明快打字机"，很多人认为他发了大财，这次是胡适出面帮他澄清了事实。1985 年，林太乙姐妹授权中国台湾神通电脑公司应用"上下形检字法"于中文电脑，神通电脑公司称之为简易输入法。

为了尽快还清因发明打字机欠下的债务，林语堂接受了联合国教科文组织美术与文学组主任的职位，离美赴法。这份工作虽然薪水很高，但劳动强度很大。1949 年林语堂辞去了这份工作，搬到法国南部的戛纳。

在戛纳，林语堂一连写了《唐人街》《老子的智慧》《美国的智慧》等书，

赚了些钱，总算把所欠的债务还清了。

1953 年，林语堂出版了长篇小说《朱门》。这部小说销量很好，和早前的《京华烟云》《风声鹤唳》一起被誉为"林语堂三部曲"。

同年，林语堂与赛珍珠夫妇绝交，原因是经手林语堂作品出版的庄台公司所抽取的版税是正常水平的五倍之多，而在双方签约时，出于对赛珍珠的信任，林语堂连合同的细文都没有认真阅读。可见，林语堂在美国生活了那么长时间，也写了很多介绍美国的书籍，但是他并不是真正了解美国人的思维方式。

1954 年 1 月，华联银行老板连瀛洲来到林语堂的纽约公寓，盛情邀请林语堂出任新加坡南洋大学校长。当林语堂抱着去履行一项使命的心态来到新加坡后，发现学校建筑工程有腐败现象，而且岛上充满浓厚的政治矛盾气氛。林语堂刚赴任时，整个华人社区还是很兴奋的，男女老少都纷纷捐款，尤其是中下层小商小贩都很积极。随着李光前的到来，林语堂与南洋大学高层的人际关系变得紧张。林语堂的妻子晚上做噩梦，之后精神抑郁，林语堂本人也没有了人生安全感。1955 年 4 月，南洋大学支付了十多万美元的遣散费后，林语堂离开了南洋大学。林语堂离开后，该校长达十四年一直没有校长。

林语堂从新加坡回到了法国戛纳。这时，正好赶上她的大女儿如斯（凤如）和那个私奔的丈夫狄克离婚，回到了家里。林语堂买了一辆小汽车，带着全家在欧洲游历。几周后，如斯回到了美国，小女儿相如也到哈佛大学研究院攻读生物化学。

1957 年，林语堂夫妇再次搬往纽约。离开新加坡以后的这段时间，他写了小说《远景》《武则天传》《中国人的生活方式》等书。

1958 年 10 月，林语堂受学生马星野之邀，到中国台湾进行了为期半个月的私人访问。随后夫妻俩到中南美访问了两个月。回到纽约后，林语堂出版了《辉煌北京》《红牡丹》《赖柏英》等书。他还在"台湾《中央日报》"开了"无所不谈"栏目，每月四篇稿子。

1965 年，林家人欢聚一堂为林语堂庆祝七十大寿。次年他回台北定居，台湾当局为他在阳明山建造了一幢房子，林语堂欣然接受，却婉拒了考试院副院长的职位。

林语堂在阳明山居住的岁月，正在为香港中文大学编纂《林语堂当代汉英词典》。每天七八个，甚至十个、十二个小时，他都坐在书桌前，用手写出每个字和每个词句的英文意义。由于操劳过度，林语堂出现了"中风的初期症状"。出院不久，便传来了大女儿如斯自杀的消息。为了减轻林语堂夫妇的丧女之痛，林太乙姐妹把父母接到香港小住散心。林语堂表面上看起来很镇定，但是林太乙知道："（父亲）变成了一个'空壳子'，姐姐掏去了他的心灵。"（林太乙《林语堂传》，陕西师范大学出版社）不久林语堂得了十二指肠脱垂，开始吐血。

1972年，按照"上下形检字法"编排的《林语堂当代汉英词典》由香港中文大学出版社出版，林语堂自我评价"这是他写作生涯的巅峰之作"，并表示"我工作完了，从此我可以休息了！"（朱艳丽《幽默大师林语堂》，湖北人民出版社）

1974年10月14日，台北各大学术团体及中央社组织酒会庆祝林语堂八十大寿。

1975年，国际笔会维也纳年度例会上，八十岁的林语堂接替川端康成成为副会长。同年，国际笔会推荐林语堂参评本年度诺贝尔文学奖。但那一年，诺贝尔文学奖给了意大利诗人蒙塔莱。

1976年3月23日，林语堂因胃出血被送入香港玛丽皇后医院，三天后，他因心脏衰竭于夜间22点10分逝世。29日，有关人士将林语堂移灵台北。4月1日，在台北怀恩堂举行了林语堂追思会。后来，林语堂葬于台北士林区仰德大道二段141号故居后院中，钱穆为其题写碑墓（郑锦怀《林语堂学术年谱》，厦门大学出版社）。

蒋梦麟

在职时间最长的北大校长

痛恨私塾的顽童

《周公解梦》中，有"狗熊跑，主幸福至"的描述。按照此书的解释，梦见家，预示着事业和生意都会发生好转；梦见熊，预示着在追求任何事物的竞争中，你将势不可当、所向披靡。1886 年（光绪十一年）1 月 20 日的前夜，浙东余姚老蒋村，一位叫蒋怀清的父亲，梦见一只熊来到他家，故此他把这个最小的儿子取名梦熊。这个叫梦熊的男孩将成长为民国时期的著名教育家、社会活动家——蒋梦麟。

所以，蒋梦麟原名梦熊，字兆贤，号孟邻。蒋梦麟的祖父蒋斌润自小喜好文学和算术，曾赴上海、南京一带开设钱庄，是姚西一带的富户。蒋梦麟的父亲蒋怀清是蒋斌润的独子，为人慷慨，热心公益事业，颇有见识，很受人尊重，曾被推举为县议会议员、县商会总董。蒋怀清喜欢创新发明，据蒋梦麟回忆："他喜欢自己设计或者画出来，然后指示木匠、铁匠、铜匠、农夫或篾匠，按照尺寸照造。"（蒋梦麟《西潮·新潮》，岳麓书社 2000 年版）在举家迁入余姚城之前，蒋怀清曾经仿照西洋模式盖过一座洋楼，其后还造过一艘轮船。楼是盖成了，但轮船却因知识浅薄而失败。因此，他"一心一意要让他的儿子受现代教育，希望他们将来能有一天学会洋人制造神奇东西的'秘诀'"（蒋梦麟《西潮·新潮》，岳麓书社 2000 年版）。

六岁时蒋梦麟被送进了私塾，开始了他的人生启蒙阶段。私塾的生活比较枯燥，以识字、书写、记忆、背诵为主，不求理解，使蒋梦麟感到十分无聊。关于这一时期的生活，蒋梦麟有一段生动的回忆："我恨透了家塾里的生活。有一天，我趁先生不注意我的时候，偷偷地爬下椅子，像一只挣脱锁链的小狗，一溜烟逃回家中，躲到母亲怀里。"（蒋梦麟《西潮》，辽宁教育出版社 1997 年版）

艰难求学路

对于童年的蒋梦麟来说，玩耍远比背书更有乐趣，河边奔跑、草地里捉虫、捕鸟、放风筝、演戏、听故事等更能吸引蒋梦麟的注意。据蒋梦麟说，他的童年教育有三个来源：一是念古书，二是听故事，三是观察大自然。尽管童年的蒋梦麟不喜欢私塾生活，但中国传统的"万般皆下品，唯有读书高"的观念依然对他有着潜移默化的影响，当面临人生第一个十字路口时，蒋梦麟自然选了读书的道路。1897 年，十二岁的蒋梦麟，被父亲送到离家约二十公里外的绍兴中西学堂就读。在蒋梦麟入学的第二年秋，当时在北京的蔡元培回到故乡绍兴，并应绍兴知府之邀，出任中西学堂监督（校长），其间还曾在蒋梦麟班上授课，从此两人结下师生之谊。在中西学堂，蒋梦麟虽然成绩一般，但关于自然科学与地理方面的知识大有长进。比如，他知道了地球是圆的而不是平的，闪电是阴电和阳电撞击的结果，而不是雷公电母的镜子里发出来的闪光。更关键的是，蒋梦麟的思想开始了转变，正如他自己所言："我在绍兴读了两年书，知识大增。我开始了解 1894 年中日战争的意义，日本战胜我国是吸收了西洋学术的结果。光绪皇帝的维新运动是受了这次失败的刺激。中国预备学敌人的榜样，学校里有日文课程，就是这个道理。"（蒋梦麟《西潮·新潮》，岳麓书社2000 年版）

1899 年年初，十四岁的蒋梦麟终止了在绍兴中西学堂的学业，与家人一起搬到上海。在上海，蒋梦麟进入天主教学堂继续读书，主攻英文，不久由于对英文教师不满意就离开了学校，英文改由其二哥教授。

1900 年，由于义和团运动的爆发，父亲蒋怀清带领全家回到乡下老蒋村居住。不久全家又迁往余姚北城武胜门路东侧的新居居住。蒋梦麟被安排在城内一所学校补习英文和算术，同时请家庭教师单独补习国文。

1901 年，蒋梦麟来到省城杭州，进了一所非常落伍的教会学校。在一次学生与校方的冲突后，蒋梦麟很快离开了这所学校。在"改进学社"学习半年后，1902 年蒋梦麟进入浙江高等学堂求学。由于在教会学校闹了学潮，"梦熊"的名字进入黑名单，于是他改用"梦麟"注册。浙江高等学堂是蒋梦麟求学生涯的一个重要阶段，他在这里所接触的知识非常广泛，对中国以及整个世界的知识日益了解，这成为他日后从事中外文化比较研究的一个基础。

1903 年（光绪二十九年），十八岁的蒋梦麟赶回绍兴府参加清王朝最后一场县级科学考试。经过连续三场角逐，蒋梦麟考取了余姚县的秀才。1900 年"庚子事变"后，科举考试废除八股改为策论，所以蒋梦麟只是一个"策论秀才"，以至于若干年后在北大，陈独秀告知蒋梦麟自己是"八

股秀才"时，蒋梦麟向陈独秀作揖致敬，口称前辈，承认陈独秀的"八股秀才"更值钱。虽然考中秀才，但蒋梦麟的兴趣是学习西洋知识，对国学已没有多大兴趣，故此就没有赶到县学进学，而是回到浙江高等学堂，整天为代数、物理、运动和历史等功课忙碌。课余之暇，蒋梦麟便阅读一些革命书刊，并与同学讨论当时的政治问题。

1904 年秋，蒋梦麟谎称母亲病重要回家看望，离开学校后乘小火轮来到上海，参加了南洋公学入学考试，并被顺利录取。这里的预科一切按照美国中学的学制办理，且有较多的美国人担任现代学科的教学工作。所以说南洋公学是升入美国大学的最好阶梯，这对一心想留学西方的蒋梦麟来说，是非常合乎心意的。

蒋梦麟自幼体弱多病，曾两次病得奄奄一息，南洋公学十分注重学生的体育运动，特别是足球和棒球运动。蒋梦麟意识到要有高深的学问，必须先有强健的体质，为此他开始特别重视体育锻炼。除读书外，蒋梦麟还参加各种社会活动，常与同学赴茶馆参加热烈讨论，并趁机购阅革命书刊。南洋公学的生活对蒋梦麟来说是自己"思想上的一次大解放，像是脱下一身紧绷绷的衫裤那样舒服而自由"（蒋梦麟《西潮·新潮》，岳麓书社 2000 年版）。

在南洋公学读书时期，蒋梦麟遵他父亲之命、媒妁之言，与农村姑娘孙玉书结婚。孙玉书不仅漂亮，而且温柔贤惠，是一个典型的传统的中国女人，1908 年蒋梦麟前往美国留学前，她为蒋梦麟生下一子仁宇，一女早夭。蒋梦麟在美留学期间，孙玉书独自在家乡操持家务，抚养幼子。1917 年，蒋梦麟留学归来后，孙玉书为他再生次子仁渊、女儿燕华和幼子仁浩。

1907 年 6 月，蒋梦麟前往日本进行为期一个月的考察。在日本，年轻的蒋梦麟强烈地感受到落后民族的耻辱，由此孕育了炽热的民族感情。

1908 年 8 月底，蒋梦麟从上海乘船赴美，踏上了梦寐以求的留学之路。经过半年的等待与补习英文后，1909 年 2 月，蒋梦麟注册进入美国加利福尼亚大学农学院学习，以实现其农业立国的梦想。在朋友的劝说下，从 1909 年秋开始，蒋梦麟转到社会科学学院，选教育为主课，开始选修逻辑学、伦理学、心理学和英国史、哲学史、政治学等课程。加州的学习生活不仅使蒋梦麟学习到了西方国家的科学知识，更让蒋梦麟切身感受到了中西方文化在思维上的巨大差异。青年学生对体育的热爱以及由此带来的集体荣誉感是中国文化所没有的，校园大门上有许多栩栩如生的男性裸体雕像、图书馆阅览室里有希腊女神的裸体塑像，这在蒋梦麟等中国人看来都是"猥亵"的东西。通过观察与思考，蒋梦麟特别对中西文化比较颇有心得，并且得出了"对本国文化的了解愈深，对西方文化了解愈易"（蒋梦麟《西潮·新潮》，岳麓书社 2000 年版）的结论。同时他认为幼时在国内苦读经史子集对现在吸收消化西洋文化有决定性的帮助。就在蒋梦麟转到社会科学学院学习的同时，他有机会见到了孙中山，孙中山对这位为《大同日报》撰写社论的青年的评价是："少贤（蒋梦麟字）他日当为中国教育泰斗，非知之艰难之为难，少贤有焉！然对于革命议论，风发泉涌，笔利如刀，又宣传家之大手笔也。文字革命时期，不能少此人！"【关国煊《蒋梦麟先生年表》（上），台北《传记文学》第 40 卷第六期】

1912 年 6 月，蒋梦麟以优异的成绩毕业于加州大学教育学系，获得文学士学位，并获得名誉奖。毕业后蒋梦麟告别伯克利镇，来到了位于纽约曼哈顿的哥伦比亚大学研究院，继续研究教育学。在哥大五年，蒋梦麟师从杜威研究教育哲学，师从孟禄博士研究比较教育学，学识和才干有长足的进步，知识的领域大大扩展。1915 年 6 月，蒋梦麟在纽约认识了当时在国内教育界大名鼎鼎的黄炎培。8 月，受黄炎培的委托，蒋梦麟参加了在加利福尼亚举行的万国教育联合会，特别注意了关于职业教育和体育方面的问题，与黄炎培的相识，为蒋梦麟日后在国内教育界的发展创造了有利条件。

1917 年 6 月，蒋梦麟以《中国教育原理之研究》的毕业论文完成了在哥伦比亚大学研究院的学业。在中国教育史上，该文最早运用西方学理考察、分析中国历代教育原则，强调个人权利的重要性和个性发展的积极性（孙善根《走出象牙塔——蒋梦麟传》）。7 月 31 日，蒋梦麟在旧金山乘海上游轮踏上了回国的旅程。

提炼欧美文化的精神

回国后的蒋梦麟在家乡余姚小住之后，经黄炎培的推荐，来到上海商务印书馆任《教育杂志》编辑，并在黄炎培主持的江苏省教育理事会做兼职。

进商务印书馆不久，他即将《美国总统威尔逊参战演说》翻译成中文，交商务印书馆出版。在商务印书馆之时，蒋梦麟对力图用西方文化改造中国传统文化有着强烈的愿望。他向张元济建议，尽量翻译一些西方学术丛书出版，并拟就了《编译高等书籍条议》。商务印书馆负责人商议后，决定由蒋梦麟具体负责这套丛书的编辑与出版工作。高等学术参考丛书分哲学、教育、群学、文学四门，涉及面十分广阔。这一计划得到了胡适与时任北京大学校长蔡元培等人的支持。

此时的蒋梦麟对比中西方的社会文化，把欧美文化的精神归结为两点：一、科学之精神；二、社会之自觉（蒋梦麟《过渡时代之思想与教育》），改变中国落后现状的根本在于改变中国的教育。1919年他学成回国后，曾撰写《和平与教育》，提出中国的政治就是"牧民政治"，要改变这种"羊肥而食""羊瘠而牧"的循环，就必须推行民主政治。民主政治的目的是要增进平民的能力和知识，使每一个人都养成健全的人格。他认为："强国之道，不在强兵，而在强民。强民之道，唯在养成健全之个人，创造进化的社会。"所谓教育，就是为了"达此和平目的之方法也"（明立志等编《蒋梦麟学术文化随笔》，中国青年出版社2000年版）。1918年4月，他在《什么是教育的产品》一文中，提出教育的出产品应该是具备这样三个条件的人：（1）活泼的个人——体力、脑力、感官、感情得到健全发展的人；（2）能改良社会的个人——能自主、自治，能改良社会求社会进化的社会一分子（而不是主人翁）；（3）能产生的个人——知道劳工神圣，学会科学技能、具有独立生产能力的"劳工"（明立志等编《蒋梦麟学术文化随笔》，中国青年出版社2000年版）。对于中国教育的发展，蒋梦麟提出了德、智、体、美、群五育相结合的教育思想：

（1）发展个性以养成健全之人格。

（2）注重美感教育体育以养成健全之个人。

（3）注重科学以养成真实正当之知识。

（4）注重职业陶冶以养成生计之观念。

（5）注重公民训练以养成平民政治之精神，为服务国家及社会之基础。（明立志等编《蒋梦麟学术文化随笔》，中国青年出版社2000年版）

1918年夏，蒋梦麟辞去了商务印书馆的工作，出任江苏省教育会创办

的中华职业教育社的专职总书记一职，负责处理该社有关日常事务，不久担任该机关刊物《教育与职业》主编。6月，蒋梦麟随同黄炎培赴东北三省调查教育状况。途经北京时，黄炎培与蒋梦麟拜会了胡适与时任教育总长的傅增湘。6月底，蒋梦麟抵达朝鲜。8月回到上海。12月，由江苏省教育会、北京大学、南京高等师范学校、暨南学校及中华职业教育社五大教育团体共同发起组织的中华新教育社成立，《新教育》月刊开始发行。蒋梦麟被推举为中华新教育社主任和《新教育》月刊主干（主编）。1919年3月，他被教育部聘为教育调查会会员。

1919年4月，受北京大学、尚志学会和南京高等师范学校等团体的邀请，美国著名哲学家、教育家、心理学家杜威夫妇及其女儿乘船抵达上海，蒋梦麟与北京大学胡适、南京高等师范学校陶行知等人前往码头迎接。蒋梦麟不仅在上海陪同杜威讲学，还陪同其到杭州等地讲学游历，其间蒋梦麟还陪同杜威拜会了当时寓居上海的孙中山。正当蒋梦麟等人陪同杜威在上海等地讲学时，北京发生了震惊中外的"五四"爱国运动，使得蒋梦麟与北京大学的命运紧紧地联系在了一起。

代理北大校长

1919年5月8日，为了拯救北大，挽救学生，蔡元培向教育部提出辞职呈文，请求自动解除北京大学校长职务："为呈请辞职事，窃元培自任国立北京大学校长以来，奉职无状，久思引退。适近日本校全体学生又以爱国热诚激而为骚扰之举动，约束无方，本当即行辞职，徒以少数学生被拘警署，其他学生不忍以全体之咎归诸少数人，终日惶惶，不能上课，本校秩序极难维持，不欲轻卸责任，重滋罪戾。今被拘各生业已保释，全体学生均照常上课。兹事业已告一段落，元培若再尸位本校，不特内疚无穷，亦大有累于大总统暨教育总长知人之明，敬竭诚呈请辞职，并已即日离校。一切校务暂请温宗禹学长带行。"【王学珍、郭建荣主编《北京大学史料》第2卷（一），北京大学出版社2000年版】

蔡元培辞职后离京南下，而在北大的师生心中，北大的校长只有一个——蔡元培，不论是马其昶也好，胡仁源也好，北大师生一概不认。北大校务只能由胡适暂时主持，无奈之下北洋政府不得不出面电请蔡元培复职。蔡元培虽然口头上答应了复任北大校长，但出于政治与身体的原因，依然留在杭州，没有北上。6月17日，北洋政府、国务院与教育部分别致电蔡元培，请其复职。教育总长傅增湘通过浙江省教育厅给蔡元培的电文中说："学潮渐息，大学校务，仰赖维持。"【王学珍、郭建荣主编《北京大学史料》第2卷（一），北京大学出版社2000年版】与此同时包括蒋梦麟在内的一些亲近蔡元培的朋友，也积极行动起来，力促其北上任事。在蔡元培的好友、时任北京医药专科学校校长汤尔和的劝说下，蔡元培答应回北大继续担任校长一职，但并不马上进京回校，而是委派其得意弟子蒋梦麟及时进京，代理北大校长事务。

能够执掌全国最高学府北京大学的校务，这对奉行"教育救国"的蒋梦麟来说，无疑提供了一个施展抱负的大舞台。7月14日，在汤尔和的陪同下，蒋梦麟由上海来到杭州面见蔡元培。在杭州，蔡元培告诉蒋梦麟："大学生皆有自制能力者，君可为我代表到校，执行校务，一切印信皆交君带去，责任仍由我负之。"蒋梦麟"即以二事求其承认：（一）代表蔡先生个人，非代表北京大学校长；（二）予仅为蔡先生之监印者"（曲士培主编《蒋梦麟教育论著选》）。1919年7月21日，蒋梦麟与汤尔和以及北大学生代表张国焘一起抵达北京。7月25日，北京政府教育部发令同意由蒋梦麟代理北大校长的职务。

在北大举行的欢迎会上，蒋梦麟首先高度评价北大学生领导的"五四"爱国运动，然后他系统地阐述了蔡元培之伟大的精神，接着，蒋梦麟强调学生"当以学问为莫大的任务"，希望同学们从政治运动的热情中冷静下来，投入学术研究，做到求学救国。蒋梦麟在代理北大校务时力图把学生拉回到"一心尽瘁学术"轨道上的表现，得到了蔡元培深深的赞许："代理蒋君到校以后，内之教职员及学生均表示欢迎；外之教育部已正式公牍承认，正可以盘根错节，是试其利器。"（蔡元培研究会编《蔡元培全集》第四卷）

1919年9月20日，蔡元培到校视事，蒋梦麟被聘为教育学教授、总务长，处理日常行政事务。1920年11月至1921年9月，蔡元培离校赴欧美考察，委请总务长蒋梦麟代理校务。1923年7月14日，由于蔡元培再次赴欧，北大评议会议决议："所有校长职务报由蒋梦麟教授负责执行。"从此处理北大校务的重任，再次落在蒋梦麟身上。同年12月27日，教育部正式任命蒋梦麟为北京大学代理校长。

自从接掌北大校务后，根据蔡元培的基本思想，本着教授治校的原则，蒋梦麟为北大确立了一套比较完整的行政管理体系。到 1920 年，在蒋梦麟的具体主持下，北大的行政组织重组为四大部分：（一）评议会，司立法；（二）行政会议，司行政；（三）教务会议，司学术；（四）总务处，司事务。对此，他解释说："教务会议仿欧洲大学制，总务处仿美国市政制，评议会、行政会议两者，为北大所首倡。评议会与教务会议会员由教授互选，取德莫克拉西（英语'democracy'一词的音译，即民主）之意也。行政会议及各委员会之会员为校长推荐，经评议会通过，半采德莫克拉西主义，半采效能主义。总务长及总务委员为校长所委任，纯采效能主义。盖学术重德莫克拉西，事务则重效能也。"（曲士培主编《蒋梦麟教育论著选》）

蒋梦麟主张"学术救国"，把学术兴衰同社会进步相提并论。他说："有真学术，而后始有真教育；有真学问家，而后有真教育家。"（蒋梦麟《过渡时代之思想与教育》）为了发展学术事业，蒋梦麟十分重视办学条件的改善。他说："提高学术，第一要工具。"所谓工具，"就是学校的设备——如图书仪器等，学校无适当的设备，先生口述，学生耳听见，限学术与口耳之间，哪里配说是学术"（蒋梦麟《过渡时代之思想与教育》）。从 1920 年开始他就提出希望为北大造礼堂、宿舍、图书馆。

蒋梦麟主持北大期间，学校的办学经费十分紧张。进入 1921 年，北洋政府拖欠学校经费问题日益严重。1922 年 12 月 17 日，本是北大成立二十五周年的纪念日，为了节约经费，蒋梦麟特地致函十会会减少开支，因为"政府视教育为无物，经费积欠已逾九月，学校试将破产"（曲士培主编《蒋梦麟教育论著选》）。1923 年 9 月，蒋梦麟在北大开学典礼上说："政府里积欠了我们八个月的经费，计有五十余万。此外，学校里还垫出了十七万余粮饷，共计七十余万。……所以去年开学时我们说过要建筑大会堂和图书馆的计划都成了泡影。同人数月来，终日奔波奔走，经费的事忙得不得了，几乎天天在街上跑。"（曲士培主编《蒋梦麟教育论著选》）1925 年，蒋梦麟在给北大毕业生的"临别赠言"中写道："但这两年中，政府欠发校款，竟积至十二个月以上，物质上的痛苦真是一言难尽。"（曲士培主编《蒋梦麟教育论著选》）

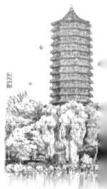

虽然经费紧张，但蒋梦麟十分重视教学质量，宁可少招生，也不降低要求，对新生的质量要求很严。1923年，在近三千的报考学生中，学校只录取了一千六百余人。蒋梦麟要求在校学生注意跨学科课程的学习，中西结合，文理沟通，努力解决文理隔离不互通的弊病。他还要求所有文学院一年级学生必学科学概论课程，了解数学、物理、化学、生物、地质等知识，并涉及文理各科的方法论；理科各系则把国文作为一年级学生的必修课。1924年，北大成立教育学系和东方语文系，1925年成立生物系，1926年在哲学系、心理学系的基础上扩大成立心理学系，至此北大共设置了十八个系。

1921年10月，蒋梦麟由上海出发到美国参加美国总统哈定发起召开的华盛顿会议，为庚赔余款之退还问题与美国有关方面进行交涉。1922年2月，谈判结束后蒋梦麟取道欧洲回国。途经英国时，他与哲学家罗素、经济学家凯恩斯、政治学家拉斯基及旅欧中国学者、诗人徐志摩等多次讨论中国问题。随后他前往法国、比利时、德国以及东欧诸国。访问期间，蒋梦麟考察了英、美、法、德等国的高等教育状况。回国后他撰写了《英美法德四国人民之特性与大学之特点》一文，发表在当年10月出版的《新教育》上。

1925年上海"五卅运动"爆发后，在蒋梦麟的支持下，北大公开宣布与教育部脱离关系。1926年"三·一八"惨案爆发后，为躲避奉系军阀迫害，在六国饭店躲避了三个月后，蒋梦麟离开北京，经上海抵达杭州。

出任国立浙江大学校长与教育部部长

1927年年初，北伐军进入浙江境内，蒋梦麟开始步入国民党政界，担任国民党浙江临时政治会议委员兼秘书长。4月18日，蒋介石在南京成立国民政府。5月6日，蒋梦麟被任命为浙江省政府委员兼教育厅厅长。1927年6月，国民党中央政治会议通过《大学区组织条例》，决定在全国设立四所中山大学，第三中山大学设在杭州。7月，蒋梦麟被国民政府正式任命为第三中山大学校长，并撤销省教育厅，由大学代行其职权。

作为教育家的蒋梦麟清醒地认识到，师资队伍建设是发展教育事业的关键所在。1928年，蒋梦麟着手乡村师范筹办事宜，并专程到陶行知的晓

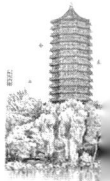

庄师范考察。1928 年 7 月，浙江大学正式将筹建中的乡村师范定名为浙江省立乡村师范学校，地点选在湘湖，10 月 1 日正式开学。湘湖师范的建立为浙江乡村教育的发展培养了一大批人才。1928 年 4 月，第三中山大学改称浙江大学，继续承担全省教育行政的职能。7 月 1 日，浙江大学又改为国立浙江大学，仍以蒋梦麟为校长。10 月，国民政府任命蒋梦麟接替蔡元培为大学院院长。10 月 19 日，国民党中央政治临时会议决议，任命蒋梦麟为教育部部长。

1929 年，蒋梦麟主持的教育部与中美共同建立的中华教育文化基金董事会共同拟定了组成北京图书馆的办法和组织纲要，从而为我国第一个现代化图书馆的建立奠定了基础。

蒋梦麟任教育部部长后，他的莫逆之交高仁山由于政治嫌疑被杀。高仁山遇害后，蒋梦麟十分同情高仁山的妻子陶曾谷，便对她在生活上大大小小的事情格外照顾，陶曾谷也成了他的秘书。两人每天朝夕相处，逐渐也变得暧昧了起来。1933 年坠入爱河的蒋梦麟毅然决然地要和孙玉书离婚，迎娶陶曾谷。蒋梦麟的这一举动颇遭非议，于是他请当时最负盛名的胡适来证婚，想堵住别人的嘴巴。但胡太太站在蒋梦麟原配这一边，反对胡适去给他证婚，认为蒋梦麟因陶曾谷而与原配离异，有亏于道德。胡适告诉他太太说，蒋梦麟既是我的校长，又是我多年的好友，是非去不可的，执拗的胡太太把大门一关，就是不让他出去。后来胡适还是从后面爬窗出去给蒋梦麟证婚。两人婚后生活恩爱有加，1949 年，蒋梦麟带着他的妻子陶曾谷和孩子们来到台湾地区。到达台湾后，陶曾谷身体一日不如一日，1958 年，陶曾谷因病在台北去世。在去世之前，她交代自己的亲人一定要为蒋梦麟在她去世后再找一位情投意合的妻子。

再任北大校长

由于与教育界高层张静江、李石增、张乃燕、易培基等人的矛盾，1930 年 11 月，蒋梦麟辞去教育部部长职务，12 月 4 日，国民政府任命蒋梦麟为北京大学校长。经过 1927 年的"京师大学校"改名风波，蒋梦麟接手的北京大学已经是一个烂摊子了。面对北大师生寄予的厚望和诸多朋友的重托，蒋梦麟决定重振北大，并根据自己的教育理念，迅速采取措施，

对学校的行政和教学科研制度进行多方面改革。

1931 年 1 月 26 日，在北大纪念周上，蒋梦麟根据国民政府《大学组织法》，提出"教授治学，学生求学、职员治事、校长治校"的办学方针。1932 年 6 月，北大公布了蒋梦麟主持起草的《国立北京大学组织大纲》。大纲明确规定："北大以研究高深学术，养成专门人才，陶融健全品格为职志。"

与代理校长时协助蔡元培对北大的改良不同，作为正式校长的蒋梦麟上任后对北大做出了重大改革：第一，蒋梦麟改革了北大的组织机构与职能权限，主要是以下几点：

一、取消原来的评议会，改设校务会议为学校最高权力机关；

二、改教务处为课业处，课业长商校长并商承各院院长综理学生课业事宜；

三、改总务处为秘书处，秘书长商承校长处理全校事务及行政事宜，并监督所辖各机关；

四、废除原来的学系制，改为学院制，共设文、理、法三学院，十四学系。院长由校长聘任商承校长综理各院院务。

第二，蒋梦麟提出加强北大教授队伍建设，提升教授待遇水平。蒋梦麟任职北大校长之初，北大人才流失严重，教学秩序混乱。1931 年，蒋介石视察北平各大学校后指出："各校教职员工数多，出人意外，教员在外兼课，随便请假缺课，学生上课散漫，设备贫乏。"（《教育部公报》第 3 卷第 6 期，1931 年 3 月）为做好辞旧迎新工作，蒋梦麟曾对文学院院长胡适、法学院院长周炳琳、理学院院长刘树杞说道："辞退旧人，我去做；选聘新人，你们去做。"（关国煊《蒋梦麟先生年表·上》）1931 年，蒋梦麟在接受北京《晨报》记者采访时说道："现已请妥教授李四光等十余人，人文学院三四人，理学院五六人，法学院三四人，新教授全体姓名，刻尚不能发表。"（王学珍、郭建荣主编《北京大学史料》第 2 卷）

在蒋梦麟加强师资队伍建设的各项措施中，以设立"研究教授"与"专任教授"最为著名。从 1931 年至 1936 年，北大每年都聘请十六位到二十二位著名学者到北大担任研究教授。理学院的丁文江、李四光、王守竞、汪敬熙、曾昭抡、刘树杞；文学院的周作人、汤用彤、陈守颐、刘复（刘

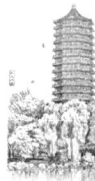

半农）、徐志摩；法学院的刘志杨、赵乃传等都曾做过北大的研究教授。李麟玉、翁文灏、沈尹默、沈兼士、钱玄同、陈恒、孟森等也做过北大的名誉教授。破格录用吴晗，是因他史学研究有根底，录用燕京讲师钱穆是因他国学水平很高。千家驹因研究《资本论》著称，也被北大破格录用为教授或讲师。

第三，蒋梦麟首创了大学学分制。他上任不久即主持制定《国立北京大学学则》，并于1932年12月公布，取消了自1919年以来实行的选科单位制，实行学分制。规定各本科生修业年限为四学年，每学年上课至少二十八星期以上，每个学生至少要修满一百三十二学分方可毕业。学生缺席三分之一以上者不得参加学期考试，对缺席过多以及考试不合格者采取留级或退学处置。在学生的培养过程中，蒋梦麟还十分强调对学生的外语教学和西方文化的灌输。北大学则规定本校学生必须掌握一门外语，外国文字能看、能写、能读。由于当时北大学生体质很弱，1934年下半年北大规定体育课为必修课，并改第三院大礼堂为临时健身房，1937年春还举办了第一届体育普及运动会。

1934年北大新建了一幢学生宿舍，学生住宿达到了每室一人的水平。

第四，重视自然科学。与蔡元培注重人文学科不同，蒋梦麟十分重视自然科学的教育研究。早在20年代初，他就提出"20世纪为科学的时代""20世纪的教育就是科学的教育"，并认为北大教育最大的弱点在理科，提出教育方向当注重自然科学。蒋梦麟把相当大的精力放在加强理科的教学和建设上面，皮革专家刘树杞、地质学家丁文江和李四光、光学家饶毓泰、植物学家张景钺、古生物学家孙元铸、有机化学家曾昭抡、拓扑学家江泽涵等纷纷到北大效力。在蒋梦麟的新政下，北大物理系、化学系、地质系的师资力量与实验条件都得到了极大加强。李四光和丁文江的地质学研究、饶毓泰的物理学研究、王守敬的光学研究、曾昭抡的化学研究、王敬熙的生物学研究、冯祖荀和江泽涵的数学研究，都曾享誉海内外学术界。这一系列举措使北大最终成为全国最高学术中心。

蒋梦麟执掌北大的七年间，也是外患与内忧并存的时期。1931年九一八事变后，北大学生与全国学生一样，发起了罢课运动。面对学生的抗日救亡运动，12月9日，蒋梦麟向教育部提出辞呈。待到12月25日

北大恢复上课后，正准备从余姚老家返回北大的蒋梦麟，恰又赶上上海"一·二八事变"的爆发。随后 1935 年的"一二·九学生运动"，1936 年 11 月，长城边上再燃战火，这一系列事件使得主张读书救国的蒋梦麟与从事爱国学生运动的北大师生时有冲突。鉴于蒋梦麟在北平教育界的地位与声望，所以成为日本军方极力拉拢的目标，希望与之建立"友谊"。在得到蒋梦麟明确表示，对日本侵华"不友好"的态度后，日方就开始对他威胁恐吓。1935 年 11 月，日本军方指责蒋梦麟与梅贻琦煽动学生进行反日运动，要求宋哲元加以处罚，并逼迫其离开北平。

"七七事变"发生时，蒋梦麟正在庐山参加"国是谈话会"。会议结束后由于北上的火车全部停开，蒋梦麟只得滞留南京。8 月初，他来到杭州。考虑到在战争结束之前，恐怕没有机会再见到父亲，因此他向朋友借了一辆别克轿车回家省亲。两年后，蒋梦麟的父亲为躲避敌机轰炸而迁居他乡，不久因病去世。

"管"与"不管"显风格

1937 年 8 月 8 日，国民政府教育部颁布《设立临时大学计划纲要（草案）》，8 月 28 日，教育部指定蒋梦麟、张伯苓、梅贻琦为长沙临大筹委会常务委员。9 月初，蒋梦麟从家乡来到长沙，正式参与筹办长沙临时大学。长沙临时大学的校务，由蒋梦麟、梅贻琦、张伯苓组成的常务委员会主持，蒋梦麟兼总务长。

1937 年 12 月，蒋梦麟主张把学校迁往昆明，并征得时任教育部部长陈立夫与委员长蒋介石的同意。1938 年 1 月 20 日，长沙临大第四十三次常务会议正式决定将学校迁往昆明。1938 年 4 月 2 日，奉教育部令，国立长沙临时大学正式改称国立西南联合大学。5 月 2 日学生注册，4 日开始上课。联大常务委员会是学校最高行政领导机构，仍由蒋梦麟、梅贻琦、张伯苓及秘书主任杨振声组成。实际上梅贻琦主持学校的行政事务，而蒋梦麟则负责一切对外工作。蒋梦麟在西南联大的"管"与"不管"体现了他的大局观与团结精神。作为西南联大的主要负责人之一，蒋梦麟积极支持政府的工作。1938 年，陈立夫出任教育部部长后，努力推行"以党治校"和党化教育，加强国民党对高等院校的控制。在联大贯彻"以党治校"成为蒋梦麟不可推卸的一项工作。

离开北大后的蒋梦麟

1940 年后，蒋梦麟开始担任多项社会职务。蔡元培去世后，他接任中华教育文化基金董事会董事长。1941 年 7 月，他又兼任中国红十字会会长。1941 年 8 月 28 日，他率领中国代表团访问缅甸。1942 年 12 月 5 日他前往加拿大蒙特利尔，代表中国参加太平洋学会国际会议，并在会上当选太平洋学会副主席，后又担任中国分会会长。1944 年 12 月底，作为中国代表团首席代表，蒋梦麟与张君劢、邵毓麟前往美国弗吉尼亚出席太平洋学会第九次会议，主要讨论如何处置战后的日本。1943 年下半年，蒋梦麟基本完成自传《西潮》的写作，随后托人将之带往美国，请胡适帮助联系出版事宜。1944 年 12 月，蒋梦麟在国民党的七大上当选中央监察委员。1945 年 6 月，国民党中常会议决定任命蒋梦麟为行政院秘书长。在教育部部长朱家骅以及傅斯年、周炳琳等人的强烈要求下，蒋梦麟辞去复校后的北大校长一职。从此蒋梦麟离开自己二十多年，与之相伴的大学校园，走上了从政之路。

自 1930 年至 1945 年辞职，蒋梦麟成为在职时间最长的北大校长。

蒋梦麟虽然离开了心爱的北大，但他对北大的贡献却是人人皆知，功不可没。1950 年 12 月 27 日，台北举办北大五十二周年校庆，曾任北京大学代理校长的傅斯年在演说中不无调侃地说，蒋梦麟先生学问不如蔡孑民（蔡元培）先生，办事却比蔡先生高明。他自己的学问比不上胡适之先生，但他办事却比胡先生高明。最后他笑着批评蔡、胡两位先生说："这两位先生的办事真不敢恭维。"（蒋梦麟《忆孟真》）。蒋梦麟接过他的话，自嘲道："孟真（傅斯年字），你这话对极了，所以他们两位是北大的功臣，我们两个人不过是北大的'功狗'。"

担任行政院秘书长后，蒋梦麟先是代表中国出席旧金山会议，参与筹建联合国，然后两赴莫斯科，同斯大林进行《中苏友好同盟条约》的谈判，然后再去美国举借新债。

1947 年 3 月，随着宋子文的倒台，蒋梦麟结束了行政院秘书长生涯，不久被委任为国民政府委员，并担任行政院善后事业保管委员会主任委员，

负责处理联合国在抗战后期援助中国剩余的物资和款项。其间蒋梦麟还应邀赴伦敦参加一些国际学术会议。

1948 年 10 月 1 日，中国农村复兴联合委员会在南京正式成立，应蒋介石的要求，蒋梦麟成为主任委员。"农复会"成立后，为推动各地工作开展，蒋梦麟在全国各地游说他的土地改革政策。1948 年 12 月，"农复会"随南京政府迁往广州。

1949 年，蒋梦麟在台湾、福建、广东、重庆、四川、广西、宁夏等地一路奔波后，乘飞机到香港，10 月抵达台北。在台湾，蒋梦麟依然坚持土地改革政策的舆论宣传工作。1951 年到 1953 年，他先后发表了《三七五减租面面观》《土地问题与人口》《为什么要限田？限田以后怎么办》等十篇有关阐释土地、土改政策方面的文章。1956 年 4 月，蒋梦麟专程赴日本考察农业。

1954 年 3 月，"农复会"与台湾地区各机构联合组成石门水库设计委员会。1958 年，蒋梦麟兼任石门水库建设委员会主任委员，全面负责这一水利建设项目。在蒋梦麟及"农复会"的高度重视与大力支持下，20 世纪五六十年代台湾水利事业得到很大的发展。为战后台湾农业的恢复与发展提供了重要保障。自 1959 年起，"农复会"开始派技术专家赴越南、坦桑尼亚、肯尼亚、乌干达等十二个国家及地区，帮助当地进行农业开发工作。由于蒋梦麟在台湾农村复兴方面工作的成就，1958 年 8 月 19 日，蒋梦麟亲自前往马尼拉接受有亚洲诺贝尔奖之称的"拉蒙·麦格赛赛奖"。

1959 年，已经七十五岁的蒋梦麟遇到了五十三岁的徐贤乐。徐贤乐出身名门，其父亲是一名学识渊博的机械专家。但徐贤乐在外名声十分不好，是出了名的爱钱财。蒋梦麟与徐贤乐的婚事，引起了上到宋美龄、陈诚，下到北大同学会师友的普遍反对，特别是好友胡适，他给蒋梦麟写了长信来劝告，言辞有些激烈，气得蒋梦麟将信撕碎扔进了垃圾桶。1961 年，蒋梦麟不顾众人反对在台北家中举办了简单的婚礼。1962 年，蒋梦麟失足摔了腿，此时的徐贤乐非但没有在身边好好照顾他，还偷偷转移了财产。得知此事的蒋梦麟气急败坏，终于看透了徐贤乐的真正面目，开始不再相信她。他最后表示申诉离婚，并要求徐贤乐归还五十三万元的存款。两人吵吵闹闹两年后，终于结束了夫妻关系，办了离婚手续。

事后蒋梦麟面对记者，引用了《三国志》中司马懿对最后一次出兵祁山的诸葛亮猜测之语，说："食少事繁，岂能久乎？"果然离婚后不到半年，心力交瘁的蒋梦麟因肝癌病逝，终年七十八岁。蒋梦麟去世时只有女儿蒋燕华陪伴在身边。

黄侃

国学狂人

读书世家出神童

在湖北省东陲，大别山南，长江中游下段北岸，有一"吴头楚尾"之地，这里就是著名的教授县蕲春。在蕲春的西北面青石岭镇的一个小村庄，居住着大樟黄家。大樟树村就是著名的"民国三疯子"（另两人为章太炎和刘师培）之一黄侃的家乡。

黄侃的祖籍在江西修水县，北宋时期著名的黄庭坚便是修水（北宋时称洪州分宁）黄氏的一员。到黄国珍这一代，其遗孀谈氏由于为族人所不容，便带着五个儿子由江西经湖北黄梅，安徽太湖辗转来到蕲春大同乡蟒堆山金青石镇黄家大樟树村结庐住了下来。蕲春蟒堆黄氏从"始迁祖母"谈氏起，到第五代为黄登馍，成为太学生（明朝、清朝时太学即国子监的俗称，在国子监就读的学生即被称作"太学生"），到第七代黄云鹄，高中癸卯科第八名举人，咸丰癸丑科二甲进士。

黄云鹄，字翔云，曾做过四川盐茶道、成都知府，后官至四川按察使，为清三品大员和著名学者，一生著述繁多。黄云鹄一生为官清廉，人称黄青天。黄云鹄与原配田夫人，共生有三个儿子，但只幸存一个，为黄家血脉延续着想，六十余岁的黄云鹄再娶婢女周氏为副室。

1886年（光绪十二年）4月3日，黄云鹄六十七岁之时，二十一岁的周氏于四川成都浙江会馆为他生下了另外一个儿子，取名叫黄侃，字季刚。由于黄侃在兄弟姐妹中排行第十，父母又叫他"十子"，社会上称"黄十公子"。

黄侃自幼颖异，聪明过人，在他出生不到一岁的时候，就显得机警神气。当黄侃周岁时，按照当地风俗，田夫人与周夫人商量为他举办个"抓周"仪式，要测试一下孩子将来的志向，结果黄侃爬到堆满糖果、刀剑、笔砚、剪子、金银、布匹等的托盘时，用一只小手抓住了笔砚。见此状况，黄云鹄笑着说道："十子将来要伴笔墨生涯，黄家儒业根本当不会断绝。"（叶贤恩《黄侃传》，湖北人民出版社）

黄侃三岁开始发蒙，能背唐诗宋词，四岁延师江叔海学习"四书"。黄侃悟性极高，不论是唐诗宋词，还是"四书""五经"，黄侃一张口就能背诵。

1891 年，黄云鹄致仕归家，眷属已全部回到蟫堆山。由于黄云鹄为官清廉，没有财产，只带回数十箱书籍，黄侃得以畅读其中。

1892 年，因江宁尊经书院聘请，黄云鹄只身去江宁，做"稻粱谋"。黄侃留在家里，师从黄笑春。黄侃七岁时因家中生活困难，奉母命向父亲写信要钱，于书末缀一诗：

父作盐梅令，家存淡泊风。

调和天下计，杼轴任其空。

此时恰好宜昌王鼎丞自山西布政使解职，客居江宁，与黄云鹄过从甚密，见到黄侃写给父亲这首诗赞为奇才，当即便将女儿许配给黄侃，这就是黄侃的原配夫人王彩蘅。

到九岁时，黄侃能够日读经逾千言，过目成诵，会写诗，会作楹联。1895 年农历七月，当地暴雨成灾，蕲州县衙不仅不想办法解决灾民的生活问题，反而横征暴敛，民众怨声载道。黄侃写了一副楹联贴在了大樟树上（叶贤恩《黄侃传》，湖北人民出版社），内容是：

大士绅太贪婪，钱也收，米也收，肉也收，受用无穷，享福不浅；

小百姓缘何罪，千个死，累个死，饿个死，身家难保，有谁见怜？

在黄侃十岁的时候，他已读毕"五经"及"四书"，并能背诵能理解，同时还读了父亲致仕带回来的数十箱书籍，并把姐夫陈南苏家的藏书读了一遍，真可以说是"读书破万卷"了。

1898 年，黄云鹄应湖广总督张之洞之聘到湖北任经心及两湖书院院长，十二岁的黄侃随父迁入武汉。路经蕲州城时，黄侃凭记忆赢得了一套《资治通鉴》，此事在蕲春至今仍被传为佳话。

1899 年黄云鹄病逝，母承父志，仍然让黄侃求学读书，黄侃经常深夜归家，十分辛苦。母亲担心他有畏惧情绪，鼓励他说："汝亦知求生之道乎？"黄侃答道："读书而已。"（汪修荣《民国教授往事》，河南文艺出版社）

师从章太炎

1903 年，十八岁的黄侃以优异成绩考入由湖广总督张之洞创办的新式中学——武汉文普通学堂。在孙中山等人的影响下，此时的武汉已成为一个思想重镇，《湖北学生界》和《汉声》杂志成了宣传进步思想、反抗清

朝统治的重要阵地。文普通学堂则集聚了董必武、宋教仁、田桐等一批思想进步的热血青年。此时的黄侃思想也发生了巨大变化，尤其邹容的《革命军》和陈天华的《猛回头》《警世钟》等进步书籍给了他很大的触动，他很快成为学生活动的积极分子。

同年，黄侃与王鼎丞女儿王采蘅结婚。王采蘅是一个传统的旧时代的女子，家教较好，性情贤淑，能书会画。1904 年，他们有了第一个孩子，以后十三年里，王采蘅与黄侃共生了七个子女。

黄侃在武汉文普通学堂时，由于不满学监李贡三的言行，遭到了开除学籍的处分。张之洞念他是故人之子，又是个难得的人才，便派他公费去日本留学。1905 年，黄侃留学于日本，就读于东京早稻田大学，住在东京中国留学生会馆。不久黄侃加入了中国同盟会。在这段时间内，黄侃主要做两个方面的事情：一是从师章太炎学习音韵、说文；二是同章太炎、刘师培筹商革命，为同盟会的机关报《民报》撰稿。《民报》从 1905 年 11 月 26 日创刊到 1910 年 2 月 1 日终刊，黄侃在其中发表了文章七篇，其中包括《专一之驱满主义》（《民报》第 17 号）、《哀贫民》（《民报》第 17 号）、《释侠》（《民报》第 18 号）、《哀太平天国》（《民报》第 18 号）、《论立宪党人与中国国民道德前途之关系》（《民报》第 18 号）等文章。

关于黄侃与章太炎的相识有两个不同的版本，一种说法是，一天晚上，章太炎正在《民报》寓所写作，楼上的黄侃因内急，不及上厕所，便从楼窗中解裤洋洋直泻。章太炎随之对着楼上破口大骂。骂声未止，楼上的黄侃便冲出与他对骂，两人各不相让吵成一团，骂了不久，俩人居然停下来相互攀谈起来，交谈后黄侃知道对方竟是大名鼎鼎的章太炎忙致歉意，两人由此相识。比较可信的另一种说法是，一次黄侃随众人往章太炎住所拜谒，看到章太炎在墙上用大字写着东汉戴良的四句话："我若仲尼出东鲁，大禹长西羌，独步天下，谁与为偶？"黄侃觉得章太炎为人太狂，恐难接近，萌生退意。一天章太炎看到黄侃写的一篇文章，大加赞赏，立即以书约见，许为天下奇才。

1907 年秋，因生母周氏病危，黄侃准备归国探望。章太炎对黄侃说："物学莫如务求师……，君如不即归，比欲得师，如仆亦可。"（叶贤恩《黄

侃传》，湖北人民出版社）黄侃听罢此言，当即叩拜章太炎，执弟子礼，做了章太炎的学生，从此学业日益精进。

1908年春天，黄侃风尘仆仆地回到了家乡，此时，周夫人患病已有月余。黄侃访名医，拜菩萨，采用了各种办法，也没有治好母亲的病。1908年11月周夫人逝世，这一年黄侃年仅二十三岁。由于受到两江总督端方、湖广总督陈夔龙的缉捕，黄侃埋葬母亲后，迅速潜回日本。为了表示对母亲的思念，后来黄侃特意邀请画家苏曼殊为其绘《梦谒母坟图》，并亲自撰写《梦谒母坟图题记》。

1909年，黄侃回到日本，除向章太炎学习经学、小学外，便是写文章宣传革命，只是《民报》被封禁未得披露。

1911年7月，湖北革命党人急促黄侃回国共谋举义大事，黄侃回到武汉。在汉口受《大江报》主笔詹大悲、副主笔何海鸣的委托，就粤汉、川汉铁路收归国有并出卖给英、德、法、意四国银行团一事，黄侃写下《大乱者，救中国之妙药也》一文，导致《大江报》被查封，两位主笔徒刑一年。10月10日，武昌首义，黄侃与黄兴等人会于武昌并参与军政府工作，武昌首义失败后，黄侃返回蕲春老家组织"崇汉会"，义兵人数达两三千人，准备解武汉之围，后因乡绅告密，黄侃被迫再次出走。

1912年1月8日，南京临时参议院成立，黄侃当选参议员，同年黄侃出任上海《民声日报》总编辑，他边办报边研究小学、经史等。黄侃在上海居住三年间，除1913年12月，应袁世凯心腹、直隶总督赵秉钧推荐，出任直隶总督秘书长，短时间赴天津外，就在上海边工作，边专心研究《说文》《尔雅》《广韵》三书。其间，有《仙道平论》《释若者》等文刊于《雅言》杂志。

1913年的一天，黄绍兰突然到黄侃家中造访。黄绍兰也是湖北蕲春人，与黄侃是同乡，是黄侃老师黄笑春的女儿。1910年，黄绍兰毕业于北京女子师范学堂后，任河南开封女子师范学堂国文教员。次年春，黄侃应聘入河南布政使江叔海幕府，兼河南豫河中学国文教员。两人相识后，过从甚密，或切磋学问，或交谈革命，情投意合，时或同居。不久黄侃在讲堂由于经常宣扬革命，被人告密后被解聘。武昌起义爆发后，黄兴派黄绍兰去上海，策动上海反正。上海光复后，黄绍兰组建上海女子军事团，自任团长，后

随黄兴赴南京参加南京留守府工作。1914 年，黄侃用李姓假名与黄绍兰办理了结婚手续，后生下一女。因黄侃去了北京后另有新欢，黄绍兰离开黄侃。章太炎、汤国梨夫妇看着可怜，便收黄绍兰为弟子。黄绍兰先后任章太炎国学讲习会讲师、广东中山大学国文系教授、上海震旦女子文理学院教授和国文系主任。1921 年 7 月，董必武通过黄侃写信给黄绍兰，并经李达夫人王会悟联系，为中共一大代表提供住处。1947 年黄绍兰自缢身亡，终年五十五岁。

1914 年秋天，黄侃经北京大学文科学长夏锡祺向校长胡仁源引荐，进入北京大学国文系任教授，讲授《文学概论》、《词章》及《中国文学史》，住在白庙胡同大同公寓，黄绍兰仍居上海。1915 年春黄侃奉田太夫人携原配王夫人举家迁往北京。

1914 年 2 月，章太炎因反对袁世凯复辟称帝，被袁世凯囚禁于北京东城钱粮胡同。黄侃到京后探知章太炎的下落，开始营救章太炎，并写信给教育总长汤化龙，为章太炎申辩。营救章太炎出狱未果，黄侃便冒着杀头之险搬进钱粮胡同与章太炎同住，直至警察逼令他迁出，黄侃对章太炎的感情由此可见一斑。章太炎晚年在苏州"封王"时，将黄侃列为"天王"，看中的不仅是黄侃的学识，也应该包括黄侃对其忠诚的因素在内（其余四王是"东王"汪东、"北王"吴承仕、"翼王"钱玄同、"西王"朱希祖）。

黄侃在白庙胡同终日潜心研究"国学"，有时吃饭也不出门，准备了馒头和辣椒、酱油等佐料，摆在书桌上，饿了便啃馒头，边吃边看书，吃吃停停，看到妙处就人叫："妙极了！"有一次，看书入迷，竟把馒头伸进了砚台、朱砂盒，啃了多时，涂成花脸，也未察觉，一位朋友来访，捧腹大笑，他还不知笑他什么。

北大风范

黄侃在北京大学任教时，每次到课堂上，先抽烟、喝茶，吞云吐雾，茶香四溢。烟为自备，茶由学校为其准备。其实学校为老师在课堂上备茶者，只限黄侃一人（傅华轩的博客）。

北大安排黄侃讲授文选、《文心雕龙》、辞章学、中国文学史等课程，他对学生讲课不是就教本讲教本，照本宣科，而是为了讲授好课程，倾注

了自己的大量心血，围绕课题博览群书，扬其所当扬，弃其所当弃。因为黄侃学识渊博，讲课内容丰富，语言幽默，深入浅出，方法灵活，授课方式不拘一格，备受学生欢迎。据当时的北大学生冯友兰回忆，黄侃在课上讲书，讲到一个要紧的地方，就说这里有个秘密，专靠北大这几百块钱的薪水我还不能讲，你们要我讲得另请吃饭（冯友兰《我在北京大学当学生的时候》）。著名的古典文学学者程千帆回忆说："老师晚年讲课常常没有一定的教学方案，兴之所至，随意发挥，初学的人往往苦于摸不着头脑，但当时我已是四年级的学生，倒觉得所讲胜义纷纭，深受教益。"（《黄季刚老师逸事》）

其实，黄侃并不吝啬讲解学问，他常常利用郊游吃饭喝酒的机会畅谈学问，海阔天空，于闲谈中给学生莫大启发。当时的北大学生孙世扬、曾缄就是受益者。

1916年，黄侃的原配王夫人在北京病逝，灵柩停在长春寺。因黄侃生活拮据，久未下葬。

1917年1月，蔡元培就任北京大学校长，聘任陈独秀为文科学长并教授文学。陈独秀是新文化运动的领袖，白话文运动的领导者。尤其是陈独秀还将《新青年》杂志迁来北京，并且引来了胡适、李大钊、鲁迅、钱玄同等人的加盟。这是黄侃绝对不能容忍的，所以在北大时期，黄侃利用一切机会与新文化运动进行斗争，特别是对陈独秀、胡适，更是随时进行人身攻击。

其实黄侃与陈独秀早有过节。早在1908年前后，陈独秀到东京民报社章太炎寓所造访，钱玄同和黄侃二人到隔壁回避。陈章二人闲谈时，谈到清代汉学的发达，陈独秀列举戴（震）、段（玉裁）、王（念孙）诸人多出在苏北，颇为苏北人自豪，后来话题转到湖北，便说湖北没有出什么大学者。正在隔壁屋子里的黄侃，突然跳出来反诘道："湖北固然没有学者，然而这不就是区区；安徽固然多有学者，然而这也未必就是足下。"（周作人《北大感旧录》）

在北大时，一次北大的章门弟子集体作诗，咏古今名人。陈独秀说一句："毁孔子庙罢其祀。"黄侃则对："八部书外皆狗屁。"所谓八部书指《毛诗》《左传》《周礼》《说文解字》《广韵》《史记》《汉书》《文选》。

两人由此结怨甚深（周作人《北大感旧录》）。

黄侃对胡适也是如此。一次黄侃正在给弟子们讲课，只见他拿起一本书，说道："昔日谢灵运为秘书监，今日胡适可谓著作监理也。"学生们不解，就问道这是怎么回事。这位兄台从容道："监者，太监也。太监者，下面没有了也。"用来暗指胡适所著《中国哲学史大纲》只有上部而没有完成下部的编写。全场顿时笑成一片。还有一次，黄侃在课堂上大谈文言文的好处和高明，举例说："如胡适的太太死了，他的家人电报必云'你的太太死了，赶快回来啊'，长达十一个字，而用文言则仅需'妻丧速归'四字即可，电报费可以省三分之二。"更过分的是在一次宴会上，胡适大谈墨学，黄侃甚为不满，跳起来说道："现在讲墨学的人都是些混账王八蛋！"胡适大窘。黄又接着说："便是适之的尊翁，也是混账王八！"胡适正欲发作，黄却笑道："我不过是试试你，墨子兼爱，是无父也。你今有父，何足以谈论墨子？我不是骂你，聊试之耳。"举座哗然大笑。黄侃的批判方式，正如周作人所说："他攻击异己者的方法完全利用谩骂，便是在课堂上的骂街。"（周作人《北大感旧录》）

黄侃在北大时，有很多追随者，号称"黄门侍郎"，其中最为出名的是傅斯年，但是后来转投胡适门下。再有一个就是刘赜，在一次私人谈话中，黄侃得知刘赜是广济梅复先生后人时，让其拜师，刘赜说："今既在校受业，不已为先生弟子？"黄侃的回答是："今之讲堂中学生，未可遽以弟子相待。"刘赜领会先生之意，遂再拜成礼，喜出望外（叶贤恩《黄侃传》，湖北人民出版社）。

早在黄侃在日本时期，就在章太炎的住处结识了刘师培。1916年，黄侃与刘师培在北京见面时，黄侃十分佩服刘师培。刘师培与杨度、严复等人成立"筹安会"，支持当时的中华民国大总统袁世凯，公开支持恢复帝制，实行君主立宪。有一段时间刘师培失业在家，黄侃虽然反对刘师培支持袁世凯复辟，但还是向蔡元培推荐他到北大任教。蔡以他曾经依附过袁世凯不肯聘任，黄侃则坚持说："学校聘其讲学，非聘其论政。何嫌何疑？"最终蔡元培接受了黄侃的建议聘请了刘师培（汪修荣《民国教授往事》，河南文艺出版社）。

1919年，刘师培肺痨病加剧，感到时日无多，一日，凄然地对黄侃说：

"吾家四世传经，不意及身而斩。"黄侃安慰说："君今授业于此，勿虑无传人。"刘师培说："诸生何足当此任？""然则谁足继君之志？""安得如吾子而授之？"黄侃起身道："愿受教。"第二天，果真带着礼物前去拜师，扶服四拜，刘立而受之（黄焯《黄季刚先生年谱》），从此黄侃便成了刘师培的入门弟子。

返居故里

1919 年，八十三岁的黄母常思返鄂，愿回湖北。为了实现慈母的愿望，7 月黄侃应武昌高等师范学校校长张渲聘请，从北京大学回到武昌。为了照顾好田太夫人的生活，黄侃把居住在黄安的九姐一家请来，和他们一起生活。

1921 年端午节，武昌督军王占元部哗变，武昌城内陷入一片混乱，黄侃全家离开了武昌城，来到城外，后到汉阳。

武汉兵荒马乱，大中学校相继停课，黄侃接到山西大学的聘书，征得田太夫人的同意以后，带着儿子念田就出发了。黄侃到校后受到学校领导人的热情接待。在山西大学，黄侃教授的《说文解字》十分受欢迎，学生反应强烈，说黄先生把枯燥的文字课讲成了陶冶性情的艺术课。1922 年，黄侃因病辞去了山西大学的工作。这年春，武昌中华大学校长陈时登门聘请黄侃，在该校任教，讲授《庄子》《尚书》。

1922 年阴历五月初八，田太夫人逝世。十月初四，她躺在那口黄侃父亲制并撰铭文、随黄侃一起走遍全国南北的棺材里返回故里安葬。

田老夫人去世后，黄侃决定不再出远门，就在湖北待下去，黄侃在武昌这一时期，首先编写了《说文略说》《声韵略说》《尔雅略说》做讲章，然后黄侃拟编著《郑注四经例》，并已经列出了目录，同时准备编写《文章志》，为了编著这部鸿篇巨制，他对有关文献系统地进行了搜集和阅读。

1919 年，黄侃到武汉任教不久，看上了自己大女儿的同学黄菊英。在离开彭姓女生（彭欣草，黄侃与之在北京秘密结婚，当时黄侃的第二任夫人黄绍兰正怀孕在上海待产。黄绍兰以重婚罪起诉黄侃，但因二人登记时黄侃用的是假名，此案不了了之。彭欣草为黄侃生下两个孩子后，亦惨遭抛弃）后，1923 年两人宣布正式结婚，这一年黄侃三十七岁，黄菊英二十岁。

婚后黄菊英为了能使丈夫专心致志于学术研究，放弃了出任小学校长的机会，全职在家从事家务。黄侃在武汉任教时发表的《音略》、《释公士大夫》、《文心雕龙札记》（刊于《华国月刊》《国学卮林》）、《中国文学概谈》、《文学记微》（刊于《晨报》副刊）等文，也凝聚了黄菊英的心血与辛劳。

1926 年 5 月，黄侃曾任国立第二中山大学（武汉大学前身，又称"国立武昌中山大学"）校长。由于黄侃把痛骂教育部当成家常便饭，影响极其恶劣，无奈之下，教育部只能忍痛割爱，决定撤掉黄侃，由石瑛接任。黄侃在国立第二中山大学的时间虽然不长，但他的一句经典名言"五十之前不著书"半个世纪后还在武汉大学校园内广为流传，成为他治学严谨的证明。

交恶吴承仕

1926 年，钱玄同因妻子患病请假，临时请黄侃来北师大国文系任教授，黄侃当时临时借住在系主任吴承仕家。吴承仕、钱玄同、黄侃并称"章门三大弟子"。吴承仕还与黄侃并称"北吴南黄"两大经学大师。

黄侃在北师大的教学是毁誉参半。据当时的北师大学生靳极苍回忆："黄侃是他最敬佩的老师之一，他在堂上对《说文解字》一个字一个字地讲，一不带原书，二不带讲稿，引经据典，旁征博引，口若悬河，头头是道，学生对引用的经典论据，下课以后去查书，一字不漏一字不错，引起了全班同学啧啧称赞。"

靳极苍回忆道："黄先生教学还有更特别的，他不是光用语言教这个书，而是带着感情教这个书……他每次登场讲课，听课的人不仅是本班的，还有外班的，不仅是读文科的，还有读其他学科的"（叶贤恩《黄侃传》，湖北人民出版社）。

不幸的是，一次在课堂上黄侃放言无忌，被女生告到吴承仕那里，吴承仕知道黄侃的脾气不好，委婉地请他注意，两人一言不合便闹翻了。1927 年 7 月，黄侃在北大读书的长子、十九岁的念华突然病逝，黄侃闻讯后悲痛欲绝，"思避地以杀其悲"（黄淖语）。黄侃从吴承仕家里搬走，不仅不付房租，还在白色墙壁上用毛笔写满了许多带鬼字旁的大字，画了许多黑色 ××，并在房梁上写下"天下第一凶宅"几个大字。吴承仕见他如此不讲理，又有丧子之痛，只得作罢。

"狂人"的最后疯狂

1927年9月，应时任奉天省省长兼东北大学校长王永江的邀请，黄侃来东北大学任教。他携眷来到辽宁沈阳，入校后，受到文法科学长汪兆璠、总务长吴家象的热情接待。

黄侃在东北大学讲授《诗经》《易经》，据东北大学的学生们回忆，他每次开讲后，学生们都鸦雀无声，因为他学识渊博，见解新颖，胜义纷呈，使大家觉得听所未听，闻所未闻，收益巨大。

由于东北气候太寒冷，黄侃感到不适应，同时他在东北感到寂寞和烦闷，1928年2月16日，黄侃离开东北大学经大连前往上海。随后黄侃应南京第四中山大学（1928年5月更名"国立中央大学"，1949年8月更名"国立南京大学"，1950年定名"南京大学"）聘请来金陵任教。不久，他又在金陵大学兼任教职。黄侃至南京后初定居大石桥17号，后将多年省吃俭用攒下的一部分钱在蓝家庄九华村购了土地建起新宅。

黄侃到达南京后，便开始指导陆宗达研治《说文》。早在1926年，陆宗达就通过吴承仕认识了黄侃，当即为黄侃的学问和治学方法所倾倒，于是拜季刚先生为师，不过黄侃一个字也没给他讲，只给他一本没有标点的《说文解字》并说道："点上标点，点完见我。"数日后，陆宗达奉上标点完的《说文解字》，黄侃翻了翻那本已经让陆宗达读得卷了边的书说："再买一本，重新点上。"然后随手将此书扔到了乱书堆。这样陆宗达连点三本书的标点符号，《说文解字》早已烂熟于心，用陆宗达的原话来说就是："你是我见过的最狠的老师。"陆宗达因能喝酒，能抽烟，深得黄侃喜欢，常和他一边吃一边论学，有时一顿饭要吃四五个小时，陆宗达从中学到很多在课堂上学不到的东西。1927年冬天，在黄侃提议下，他随同恩师到了沈阳，1928年，又随其到了南京。在金陵的九年间，对于黄侃来说，可以自慰的主要有以下几个方面：一是经过长期的艰苦奋斗，终于实现了梦寐以求的愿望，治学环境比较优越。在此期间，他得到了夫人黄菊英的百般关照，黄侃感觉到生命的重要，甚至总结出八个字的养生要领：贤、静、和、适、正、洁、谨、检；二是游山玩水，诗词相娱。黄侃携亲带友

游金陵、游庐山、赴苏州、登栖霞山，写诗畅谈，十分惬意；三是读书很多，涉及的方面很广。几年时间，黄侃阅读各种书籍数十部几百卷，涉猎广泛；四是厚积而薄发，了却此生大愿。黄侃对著书十分谨慎，总待五十而后进行，他此间准备写作的书目有《全宋齐文》《古诗存》《全文》《汉书集注》《义贯》，不少著作已经列出提纲，准备足资料，只待施工了。

但也有一些是黄侃不如意的地方，此时因日本在东北步步紧逼，黄侃忧心如焚。1932 年 2 月，日军船只逼近南京江口，黄侃的避兵之策只有逃避。黄侃一家跌跌撞撞，狼狈不堪地逃难于北京，先是暂住在干面胡同，后搬入长巷四条胡同。1933 年 5 月 24 日，黄侃听说中日双方和谈已定，感到无比悲哀，并预言国民党"丧权辱国于外，并且取威于内"（叶贤恩《黄侃传》，湖北人民出版社），千方百计堵塞言路，镇压人民。

在避居北京的这段时间里，黄侃还收了一位得意弟子，这就是杨伯峻。据杨伯峻回忆："1932 年春天……我叔父叫我去拜他为师。礼节是，到他家，用红纸封套装十块大洋，还得向他磕个头。我本不愿意磕头，但是先叔说：'季刚学问好得很，不磕头，得不了真本领。你非磕头不行！'我由于无奈，只得去季刚师家。季刚师一听我去了，便叫到上房里去坐。我把红套取出放在桌上，说明拜师的诚心，跪下去磕一个头。季刚师便说：'从这时起，你是我的门生了。'"（杨伯峻《黄季刚先生杂忆》）

黄侃在"国立中央大学"主要教授文学研究法等课程，用《文心雕龙》作课本（陈祖深《黄季刚师》）。除在课堂上讲授外，还在课外对学生做多种辅导，无所不包。据中央大学学生常任侠回忆："每年春节，必往叩首致敬。所居量守庐，是我常去问学的地方。除在课堂听讲《文心雕龙》外，还到寓所问诗问礼，几乎无所不问。"（常任侠《忆黄侃师》）

黄侃在"国立中央大学"讲课，从不带备课笔记，登台讲授，词语幽默，妙趣盎然，非常受欢迎，其他科系学生都喜欢来旁听，每当他授课，课堂内外，摩肩接踵。金陵大学仰慕其硕博，也托人婉转邀请，黄感到情不可却，于是每周六去讲两三小时。据金陵大学学生程千帆回忆："我跟黄季刚先生学过《经学通论》《诗经》《说文》《文心雕龙》。"武西山回忆："余受业于季刚师，四年之久，《尔雅》《史记》《文心雕龙》、训诂学、词选、《文选》、姜张词等，得益俱深。"（《追悼黄季刚师》）

黄侃学问大、名气大，脾气也大。黄侃在任教时，北大学生说，黄侃上课有"三不到"：刮风不到，下雨不到，不高兴不到。刮风下雨可知，但"不高兴"难测。黄侃在中央大学任教时，和校方有约：下雨不来，降雪不来，刮风不来，被称为"三不来教授"。欲雨未雨、欲雪未雪时，学生便猜测"今天天气黄不到"，往往戏言成真。中央大学规定师生进出校门需佩戴校徽，而黄侃偏偏不戴，门卫见此公不戴校徽，便索要名片，黄侃竟说："我本人就是名片，你把我拿去吧！"争执中，校长出来调解，道歉才算了事。黄侃在金陵大学任教时，上课也抽烟。金陵大学是教会学校，素来禁烟，外国教授没有一人抽烟，学生要抽，也只能躲在宿舍里偷偷摸摸地抽几口，匆匆熄灭。黄侃却堂而皇之地在教室里抽烟，一脸傲气，悠然自得，根本不把学校的规定放在眼里。但是黄侃也不是毫无畏惧。据《黄侃日记》透露，黄侃平生有三怕：一怕兵，二怕狗，三怕雷。其中怕雷，受《论衡·雷虚》和文学书的影响，怕到"蜷踞桌下"，可见再高傲的人，也有弱小的一面。

1935 年是黄侃的五十大寿（虚岁），章太炎为黄侃精心准备了一副对联作为礼物，上联是：韦编三绝今知命；下联是：黄绢初裁好著书。章太炎之所以送黄侃这副对联，那可是大有深意的。上联中"韦编三绝"是引用了孔子读书的典故。据载，孔子在读《易》的时候，由于经常翻阅，以致穿竹简的熟牛皮绳儿都断了好几次。"今知命"是指古人常说的五十而知天命，在下联中"黄绢初裁"则是引用了曹娥碑的典故。

章太炎此举可以说是寓意深刻。一方面二十余年间，师生惺惺相惜，黄侃对章太炎从来都是恭敬有加。黄侃目中无人，即便是朋友也是点到为止，唯独对章太炎则是推崇备至。举个例子，1929 年黄侃的老同学居正因参加反蒋活动被捕入狱，软禁于南京汤上，因担心受牵连，许多朋友都借故躲开了，只有黄侃经常携儿子去探望他。后来居正当上了司法部部长，黄侃反而避之不见，倒是居正经常到黄家探望。一天居正不解地问你怎么不来我家了，黄侃说，朋友落难应当帮忙，朋友得势何必强求。同年章太炎六十大寿，当时章在上海，为祝贺老师生日，黄侃特地提前几天赶往上海做准备，可见其至诚之心。另一方面由于章太炎欣赏黄侃的学问，曾多次劝他著书立说，但黄侃不为所动。黄侃认为，"治学第一当恪守师承，第二当博综广览"，坚持五十之前不著书。章太炎此时有提醒黄侃的意思。

令章太炎没有想到的是，因他在黄侃五十大寿时送的对联中藏有"绝、命"二字，不幸竟成谶语。

1935年10月4日下午，金陵大学北大楼朝北的一间教室，黄侃正在上一堂《诗经》课。他读了一句诗，并没有讲解，但他低沉而哀伤的声音却打动了在座的每一个学生。谁也没想到，这堂课竟是黄侃的最后一课。四天后，黄侃因胃血管破裂去世。就在去世前一天，虽吐血不止，黄侃仍抱病点毕《唐文粹补编》，并批阅《桐江集第五册》。

据说黄侃弥留之时，已说不出话来，手却指向架上一本书。学生们急忙将书拿到他跟前，他吃力地翻到一页，手一点，突然头一歪，逝去了。学生们为老师办完丧事后，突然想起那书，便找来翻开一看，顿时觉得，眼前一亮，感叹不已，原来前几日学生们争论一个问题时，老师在一旁默默地没有作答，而老师最后手指之处，正是答案所在。

章太炎听到噩耗后，恸哭不已，连呼孔子当年哀悼颜回说过的话，"噫，天丧予，天丧予！"这是老天丧我也，这是老天丧我也。黄侃去世时，虽未出版任何著作，却成为海内外公认的国学大师，程千帆说："但老师是中外学术界公认的大师之一……大师之大，大在何处？……我觉得季刚老师的学问是既博且专的。无论你用经、史、子、集、儒、玄、文、史，或义理、考据、章词来分类，老师都不仅有异常丰富的知识，而且有非常精辟的发明，他在文字音律、训诂诸方面的成就是空前的……"（程千帆《黄季刚老师轶事》）

钱玄同

中国新文化运动的先驱

名家之后体弱多病

1887年9月12日（光绪十三年），钱玄同出生于浙江吴兴。

据钱玄同同父异母的兄长钱恂（字念劬，晚清著名外交家，晚清和民国时期思想开明的学者）纂修的《吴兴钱氏家乘》记载：吴兴钱氏为五代吴越国王钱镠之后裔，后转徙乌程，遂世居于此，……先世以耕为业。自五世钱香荫公始，由农而士。家族中多人在政治、外交、教育、科学等方面成就卓著，在近代历史上有较大的影响。

钱玄同的祖父钱香荫公，讳孚威，字广泰，别字港肽，县附生，遗著有《香荫楼时文》，曾国藩为此书作序。

钱香荫有两个儿子，长子钱振伦，原名福元，字仑仙，后字楞仙，号示朴，1838年(道光十八年)进士，历官翰林院编修、国子监司业，晚清著名骈文家，历任扬州梅花书院、淮阴崇实书院、越华书院山长，主讲越华书院十数年，著有《樊南文集补编笺注》《示朴斋义集》《示朴斋骈体文》《制艺卮言》等。钱振伦曾长期入张之洞幕府，历任中国驻日本、英国、法国、德国、俄国、荷兰、意大利等国使馆参赞或公使。钱振伦之妻翁端恩，字璇华，清朝体仁阁大学士翁心存之女，光绪皇帝的师傅翁同龢的姐姐。翁端恩擅长诗词，也是一代才女，著有《簪花阁诗词》。

钱香荫次子钱振常原名福宗，字笪仙，号学吕，1867年（同治六年）举人，1871年（同治十年）的进士——晚清著名清流张佩纶、后来因"科场案"落狱的鲁迅的祖父周福清也出自同榜。据土森然在《钱玄同先生评传》里说，"钱振常喜骈俪以文名于时……晚年湛深经学，精于考据。治小学，能究文字之变迁"。钱振常曾担任礼部主事，曾在绍兴龙山书院做山长。蔡元培在龙山书院读书，钱振常对蔡元培很赏识。据《蔡子民先生言行录》记载，蔡元培作文，常以古书中通假之字易常字，以古书中奇特之句法易常调，常人几不能读，院长钱振常、王继香诸君转以是赏之。钱振常晚年还做过江苏扬州、苏州的书山院长，与兄长钱振伦合撰《樊南文集补编笺注》一书（樊南指晚唐大诗人李商隐，号樊南生）。1882年钱振常辞官南归，南归后因妻子去世，娶了一个侧室，钱玄同为这位侧室所生，钱玄同出生时钱振常已六十二岁了。

钱玄同原名钱夏，字德潜，又号疑古、逸谷，常效古法将号缀于名字之前，称为疑古玄同。"五四运动"前夕，正式改名玄同。钱玄同从小体弱，且不爱运动，经常生病。邱巍在《钱玄同和他的家族》中提道：在日本留学时，长兄钱恂带领一家人郊游，裹着小脚的四十多岁的长嫂单士厘愉快地体验着登山的乐趣，二十岁的钱玄同却躺在旅馆的榻榻米上发寒热……今天我们如果细细清理钱玄同的日记，可以整理出一本厚厚的他的个人病史资料。从早年留日时期的失眠、多汗、发寒热到晚年严重的心血管疾病、神经衰弱、视网膜炎，钱玄同的肉体常要忍受各种病痛的骚扰与折磨。钱玄同的长子钱秉雄后来回忆父亲说：他年轻时，晨起常用冷水冲颈部后端，常服西药"拍拉托"来治疗神经衰弱……他四十几岁走路就要用手杖了，怕路上果皮等滑脚，所以走路很小心。他没有跑跳的习惯……游山玩水的事就更谈不到了（邱巍《钱玄同和他的家族》）。钱玄同自己也清醒地认识到身体差的事实，在1937年8月底，他在给周作人的信中写道："我近来颇想添一个俗不可耐的雅号，曰鲍山病叟。"（邱巍《钱玄同和他的家族》）

年少时的钱玄同虽然体弱多病，却受到了良好的中国传统式教育。1890年秋，四岁的钱玄同开始上学，启蒙老师就是他六十六岁的老父亲。钱振常亲自书写了一条条《尔雅》词义，并贴在书架上，由钱玄同整天站在书架前来读。钱振常希望二儿子考取更好的功名（长子钱恂只是秀才，未能考取举人），所以对他要求极为苛刻。据后来钱玄同的儿子们回忆，钱玄同因为站着念书、背书，站得太久，两腿僵直，不能移步，一天下来，到傍晚，只好由仆人把他抱回内房去（钱秉雄、钱三强、钱德充《回忆我们的父亲——钱玄同》，《新文学史料》1979年5月第3辑）。五岁时钱玄同开始读《诗经》，六岁开始在私塾读书。有一天，钱玄同偷看《桃花扇传奇》，被私塾老师发现，劈头打下一戒尺，正好打在钱玄同眉心，于是他的眉心上永远地留下了一个疤痕（周维强《扫雪斋主人——钱玄同传》）。钱玄同八岁时，开始读《说文解字》，到十一岁时对《史记》《汉书》也已读熟，有"神童"之誉。

1898年，钱玄同十二岁，父亲钱振常病故，兄长钱恂为钱玄同延聘教师，钱玄同得以继续在家塾念书。这一年，钱恂举家迁往日本，钱玄同则随母亲留在苏州。到十三岁钱玄同开始读《春秋左传》《春秋公羊传》，十五岁时，已基本接受完毕中国传统的古典教育。1902 年，钱玄同的母亲去世。

从痛恨清政府到新文化运动的悍将

1903 年，走出书房的钱玄同思想上出现了巨大转变，受章太炎、邹容等人的影响，从清王朝的铁杆拥护者，变成了"认定满洲政府是我们唯一的仇敌，排满是我们唯一的天职"的革命者（钱玄同《我，钱玄同》，哈尔滨出版社）。

1904 年，钱玄同受章太炎的《訄言》与刘师培的《攘书》影响，他叫来了一个剃发匠，勒令他给自己剪掉辫子，也表明"义不帝清"的强烈意志。同年，他和几个朋友办了《湖州白话报》，封面上绝不肯写"光绪三十年"，只写"甲辰年"。

1905 年，钱玄同来到上海，进入新式学校南洋中学读书。12 月，第一次来到日本看望兄长钱恂。

1906 年春，钱玄同由东京回国，5 月由其兄做主，在上海与绍兴徐绾贞女士结婚。徐绾贞是徐元昭的女儿。钱家和徐家世代交好。钱老先生晚年体弱多病之时，也曾将钱玄同交给徐元昭抚养，所以钱玄同和徐绾贞从小一起长大，二人可以说是两小无猜、青梅竹马。对于这桩婚事，钱玄同却不乐意，一直抱着抵触态度，他在日记中表示，婚礼当天他感觉自己像是一个看热闹的人，围观了一场别人的婚礼，身心俱疲。而洞房花烛夜，对他来说就是"是夜难过，真平生罕受者"。9 月，钱玄同第二次来到日本，留学早稻田大学师范课。时值章太炎从国内出狱后，来到日本，在东京创办同盟会机关报《民报》，钱玄同得以拜见章太炎，第二年 4 月，在章太炎的住处，他结识了刘师培。1907 年，经章太炎介绍，钱玄同加入了同盟会。此时的钱玄同爱上了世界语。在东京留学时期，钱玄同成为章太炎的忠实追随者，常与黄侃、朱希祖、马裕藻、沈兼士、周豫才（鲁迅）兄弟一起听章太炎讲《庄子·齐物论》《理论不如实践》《说文解字》等书。同年钱玄同长子钱秉雄出生。

1908 年冬，光绪帝与慈禧太后相继去世，在日本的中国人也要举行国丧，这一天，主办方为钱玄同他们提供的食物全是素食，这使钱玄同感受到了极大侮辱，气得他把素菜碗摔出屋去。

1909 年 5 月，二十二岁的钱玄同回到中国。经朱希祖介绍，钱玄同先在浙江省海宁中学堂做国文教员，第二年年初到嘉兴中学堂任国文教员，暑假后回到家乡，在浙江第三中学即湖州中学任代理国文教员。

在浙江第三中学任代理国文教员期间，恰值沈德鸿（笔名茅盾）也在那里读书，据茅盾回忆，当时钱玄同的大哥钱恂受校长沈琴谱之邀代理湖州中学校长一个月。湖州中学教师对此颇有微词，于是在英文老师的鼓动下，全体教师罢课以示抗议。于是，钱恂便找来了自己的儿子钱稻孙（著名教授、学者和大翻译家）来校代英文课，弟弟钱玄同代国文课。由于钱恂与钱玄同有三十四五岁的年龄差，当时很多学生误认为钱玄同也是钱恂的儿子。钱玄同的到来，使学生们大开眼界。他向学生们讲史可法的《答清摄政王书》、黄遵宪写的《台湾行》以及梁启超的《横渡太平洋长歌》，也教《太平天国檄文》，这让学生们感到很新鲜（茅盾《我走过的道路》，人民文学出版社）。

1912 年 3 月，钱玄同到浙江教育司当了一名科员。1913 年 8 月，钱玄同离开杭州来到北京。9 月，钱玄同任国立北京高等师范学校历史地理部及附属中学国文、经文教员，后经黄侃推荐兼任北京大学预科文字学教员。1915 年，钱玄同任北京高等师范学校国文部教授，同时兼任北京大学文字学教授（周维强《扫雪斋主人——钱玄同》）。

1912 年 3 月，袁世凯成为中华民国临时大总统，南京临时革命政府参议院也决定把政府迁到北京。1915 年 12 月 12 日，袁世凯宣告恢复帝制，改中华民国为中华帝国。1917 年，军阀张勋率"辫子军"进入北京，拥戴溥仪复辟帝制。这一系列事件的发生，使钱玄同的思想由反清排满发展到主张对中国政治、文化、教育等领域进行全面革新。凭着这种思想，钱玄同投身"新文化运动"，他开始在《新青年》杂志上频频发表文章，宣传新思想，反抗旧文化。

1913 年钱玄同的第三个孩子出生，取名钱秉穹，因为身体强壮，又排行老三，所以在学生时代有一个绰号叫"三强"。后来，钱玄同无意中听说了这个外号，甚是满意，便主张将钱秉穹改名为钱三强，祈望儿子德、智、体三强。

蔡元培入主北京大学后，钱玄同与沈尹默力荐陈独秀出任北京大学文

科学长。1917年1月，《新青年》第二卷第五号发表胡适《文学改良刍议》，钱玄同大加赞赏。2月1日，《新青年》第二卷第六号刊登了钱玄同写给陈独秀的公函信："据此识力，而言改良文艺，其结果必佳良无疑，唯选学妖孽，桐城谬种，见此又不知若何骂。"

1917年3月1日，钱玄同在《新青年》第三卷第一号发表《对文学改良刍议的反应》，对胡适提出的"不用典"的观点表示赞同："文学之文，用典以为下乘，若普通应用之文，尤须老老实实讲话，务期老妪能解，如有妄用典故，以表象于代替事实者，尤为恶劣。"5月1日，《新青年》第三卷第三号发表《与陈独秀讨论译音及其书写问题》，钱玄同谈到了图书的书写格式："我固绝对主张汉文需改用左行横迤，如西文写法也。人目系左右相并，而非上下相重，试立室中，横视左右，甚为省力，若纵视上下，则一仰一俯，颇为费力……"1917年6月1日，《新青年》第三卷第四号钱玄同发表《对陈独秀关于世界语复信的反应》，大力提倡世界语，说这是世界进化的大趋势："世界未至大同，则各国皆未肯牺牲其国语，中国人自亦有同情。故今日遽欲废汉文而用世界语，未免嫌早一点，然不废汉文而提倡世界语，有何不可？"

1917年，林语堂发表了"检字新法""汉字号码索引法""末笔检字法"，并作了《汉字索引制说明》，钱玄同作跋语："以注音字母辅记字旁，则字典即可用注音字母为顺，师韵书之成法，仿英法日本字典之体制。"

1917年7月，钱玄同对胡适发表在《新青年》上的一些新诗提出了意见。钱玄同将他的意见，以《与胡适谈文学革命问题》为题，刊于1917年8月1日《新青年》第三卷第六号上。1917年10月，胡适把他一年来写作的白话诗编成《尝试集》，给未曾谋面的钱玄同看，并请他作序。

1918年年初，《新青年》杂志编辑部由上海迁到北京，钱玄同成为轮流编辑人员之一。

作为《新青年》杂志的编辑，钱玄同所做的一件功德无量的事情就是促成了周树人以鲁迅为笔名在《新青年》上发表了中国现代文学史上第一篇白话文小说《狂人日记》。鲁迅于1922年12月3日的《呐喊·自序》里写道：

只是我自己的寂寞是不可不驱除的，因为这于我太痛苦。我于是用了种种法，来麻醉自己的灵魂，使我沉入于国民中，使我回到古代去……但我的麻醉法却也似乎已经奏了功，再没有青年时候的慷慨激昂的意思了。

……

那时偶或来谈的是一个老朋友金心异，将手提的大皮夹放在破桌上，脱下长衫，对面坐下了，因为怕狗，似乎心房还在怦怦的跳动。

"你抄了这些有什么用？"有一夜，他翻着我那古碑的抄本，发了研究的质问了。

"没有什么用。"

"那么，你抄它是什么意思呢？"

"没有什么意思。"

"我想，你可以做点文章……"

我懂得他的意思了，他们正办《新青年》，然而那时仿佛不特没有人来赞同，并且也还没有人来反对，我想，他们许是感到寂寞了，但是说：

"假如一间铁屋子，是绝无窗户而万难破毁的，里面有许多熟睡的人们，不久都要闷死了，然而是从昏睡入死灭，并不感到就死的悲哀。现在你大嚷起来，惊起了较为清醒的几个人，使这不幸的少数者来受无可挽救的临终的苦楚，你倒以为对得起他么？"

"然而几个人既然起来，你不能说决没有毁坏这铁屋的希望。"

是的，我虽然自有我的确信，然而说到希望，却是不能抹杀的，因为希望是在于将来，决不能以我之必无的证明，来折服了他之所谓可有，于是我终于答应他也做文章了，这便是最初的一篇《狂人日记》。从此以后，便一发而不可收，每写些小说模样的文章，以敷衍朋友们的嘱托，积久就有了十余篇。

文中提到的"金心异"便是钱玄同。

1918年3月15日，《新青年》第四卷第三号发表了一封署名"王敬轩"的写给《新青年》杂志编辑部的信《文学革命之反响》，文中密加圈点，历数《新青年》和新文化运动的弊端，同期还发表了《新青年》的编辑刘半农的回信《复王敬轩书》，把"王敬轩"的所有观点逐段逐句一一驳回。这个"王敬轩"便是钱玄同，这一出"双簧戏"也是他与刘半农事先商量好的。

致力于中国文字的改革

面对率先踏上现代化通途的西方国家文明的优势和强势，钱玄同感到中国传统社会和文化已经走到了自己的道路尽头，他渴望从西方文化里获得使中国新的文化和社会形成的养分，因此，他力主尽废汉字，倡导世界语。1918 年 4 月 5 日《新青年》第四卷第四号发表钱玄同文章《中国今后之文字问题》，里面说道："则欲废孔学，不可不先废汉文；欲驱除一般人之幼稚的野蛮的顽固的思想，犹不可不先废汉文。"

虽然钱玄同不是提出废除汉字的第一人，但是他的主张还是得到了诸如陈独秀、蔡元培、瞿秋白、傅斯年等人的支持，特别是鲁迅的支持。鲁迅在《鲁迅论语文改革》一文中曾经对此进行过解释："汉字不灭，中国必亡。"在《关于新文字》一文中，鲁迅更是看似失去理智地驳斥："汉字乃是愚民利器，更是劳苦大众身上的结核一般的存在，只有除去才能有所希冀。"

汉字废除后，中国人用什么代替汉字来交流？钱玄同毫不犹豫地做出了选择——"世界语"（Esperanto）。在钱玄同的建议下，蔡元培还在北京大学开办了世界语学习班，听讲者达五百多人。

钱玄同不仅是新文化运动的干将，在中国近现代的国语运动中，也是积极参加者，在语言文字学方面的主要贡献集中体现在语文改革活动、文字、音韵和《说文》的研究等几个方面。钱玄同从 1913 年到北京高等师范执教，连续在北京师范大学任专任教授二十余年。他讲授的课程，以音韵学为主，还有"说文研究""经学史略""周至唐及清代思想概要""先秦古书真伪略说"等，并长期任国文系主任。1915 年，钱玄同兼任北京大学文字学教授。1917 年至 1927 年，钱玄同兼任北京大学研究所国学门导师。

在学生眼里，钱玄同是一个很有个性的老师。著名学者、哲学家、散文家张中行是钱玄同的弟子，1931 年考入北大后，听了一年钱玄同讲的"中国音韵沿革"课程，在他看来，钱玄同口才出众，"用普通话讲，深入浅出，条理清晰，如果化声音为文字，一堂课就成为一篇精练的讲稿。记得上学时期曾以口才为标准排名次，是胡适第一，钱先生第二，钱穆第三"。而钱玄同授课，最大的特点似不在于口才如何（张中行《张中行笔下的种

187

　　在《张中行笔下的种种师表：我是钱玄同不成器弟子》一文中，张中行写道："第一次考钱先生这门课，上课钟响后，钱先生走上讲台，仍抱着那个黑色皮书包，考卷和考题发下之后，他打开书包，拿出一叠什么，放在讲桌上，坐在桌前一面看一面写，永远不抬头。我打开考卷，看题四道，正考虑如何答，旁坐一个同学小声说，好歹答三道就可以，反正钱先生不看。临近下课，都交了，果然看见钱先生拿着考卷走进注册科，放下就出来。后来才知道，期考而不阅卷，是钱先生特有的作风，学校也就只好刻个'及格'二字的木戳，一份考卷盖一个，只要曾答卷就及格。"张中行回忆，钱玄同这样做是因为他治学一向求实求高，他认为课堂所学是入门，考和评分只是应付功令，与学术毫不相干。他自己讲课认真仔细，台下学生学习用功，双方目的已经达到，考试就大可不必了。但是并不是所有的学校都买钱玄同的账，及至他到燕京大学兼课时，依旧照此办理，不料，此番他碰了个钉子，学校方面竟将他送上的未判考卷原样退回。钱先生毫不退让，又将考卷原封不动地退了回去。校方很强硬，警告钱先生若再次拒绝判卷，将按照校纪对他进行惩罚，扣发相当数额的薪金。钱先生对此立即修书一封，言道，判卷恕不能从命，现将薪金全数奉还，并附在信封上钞票若干（《从不判卷的钱玄同》）。

　　《文汇报》原总编辑徐铸成 1927 年入北师大国文系念书。他在北师大读书期间，听过钱玄同讲《说文》研究的课。据徐铸成回忆："每次上课，他总先在课堂外等候了。钟声一响，立即走上讲台，用铅笔在点名簿上一'竖'，就立即开讲，讲起来真是口若悬河，滔滔不绝。"（徐铸成《旧闻杂记·北京的图书馆》，香港三联书店）。关于考试，徐铸成的描写是："钱先生每次上课时从不看一眼究竟，学生有无缺席，用笔在点名簿上一竖到底算是该到的学生全到了，也从不考试。每学期批评成绩时，他是按点名册的先后，60 分、61 分。如果选择一课程的学生是四十人，最后一个就是得一百分。四十人以上呢？重新从六十分开始。"（周维强《钱先生的"特行"》）

　　人民文学出版社高级编辑、中国古典文学著名学者顾学颉是 1934 年考入北师大国文系的，他眼中的钱玄同是这样的："先生教书非常认真，

背影渐远犹低徊：清北民国大先生

每次上课一踏进教室门，就口若悬河，滔滔不绝地讲起来，直到下课铃响，从不讲一句闲话，讲话很快，声音洪亮，就像连珠炮一样，边讲边写黑板，板书也很快……所讲内容非常熟悉，如数家珍。"（《新文化运动闯将，音韵学大师——钱玄同先生略传》，载《海峡两岸著名学者》录，人民文学出版社）

1918年，孔德学校（1917年12月25日，蔡元培、李石曾、李大钊、沈尹默、马幼渔、马叔平等人利用"庚子赔款"的法国退款所建）小学一年级使用了由钱玄同、马裕藻、陈大齐、沈尹默合编的由徐悲鸿做插图的国语课本。这册教科书不仅是白话文，而且每个字旁也都加注了注音字母。五六年级使用的国语课本，也大多是由钱玄同选编。这些教科书里选入许多歌谣、童话、故事，而且字字注有读音。同年，钱玄同根据在北京大学开设的音韵学这门课程的讲义，在北京大学油印了两大册《音韵学讲义》。不久，钱玄同将这两大册编作《文字学音篇》，这是我国高等院校汉语音韵学课程的最早一部教材。

1919年，由吴稚晖编写，经钱玄同、黎锦熙、王蕴山、马裕藻等人审核的《国音字典》正式出版。

1919年4月17日，教育部国语统一筹备会正式成立，钱玄同任筹备会的常驻干事。

1919年5月4日，"五四运动"爆发。那天的游行，钱玄同虽然没有亲自参加，但表示同情，始终陪着学生。1919年，在发表于《北京高等师范学校周刊》第六十二、六十三号上的《施行教育不可迎合旧社会》上，钱玄同写道："教育是教人研究真理的，不是教人做古人的奴隶的。教育是教人高尚人格的，不是教人干禄的。教育是改良社会的，不是迎合社会的。"

1920年前后，钱玄同开始考虑汉字简化问题。他原本是主张用世界语的，但又认为，拼音文字不是可以旦夕而成的。1920年2月1日，《新青年》第六卷第三号上发表了钱玄同的《简省汉字笔画的提议》，准备从1920年起，他来写一部书，选取常用的三千个字左右，把笔画儿平均减少一半儿。根据《简省汉字笔画的提议》，钱玄同又写成了《汉字改良的第一步——减省笔画》，刊载于《平民教育》第16号上。

1920 年年底，顾颉刚与胡适计划《辨伪丛刊》的出版事业。因为这项工作，顾颉刚认识了钱玄同。顾颉刚向钱玄同请教，辨伪工作是"专在'伪书'还是并及于'伪事'？"钱玄同的意见是："我以为二者宜兼及之，而且辨'伪事'比辨'伪书'尤为重要。"（《论近人辨伪见解书》）。在古史辨的研究方向上，钱玄同提出了把经书辨也包含进去的真知灼见。1923 年 5 月，钱玄同在《答顾颉刚先生的书》中说道："我从前以为尧舜二人一定是'无是公''乌有先生'……'尧''舜'的意义就和'圣人''贤人''英雄''豪杰'一样，只是理想的人格之名称而已。中国的历史应该从禹说起……尧、舜这两个人是周人想象洪水以前的事情而造出来的。"

钱玄同还对"六经"提出了怀疑意见，他以为孔子并无删述或制作"六经"之事。《诗》《书》《礼》《易》《春秋》本是各不相干的五部书，《乐经》本无此书，"六经"的配成，当在战国之末（周维强《扫雪斋主人——钱玄同》）。在钱玄同看来，《诗》是一部最古的总集；《书》似乎是"三代"时的"文件类编"或"档案汇存"，应该认它为历史；《礼》是战国时代胡乱抄成的书；关于《易》，他以为原始的易卦，是生殖器崇拜时代的东西，"乾""坤"二卦即是两性的生殖器的符号；关于《春秋》，钱玄同说，王安石（也有人说不是他）说它是"断烂朝报"，梁启超说它像"流水账簿"，都是极恰当的批语……至于《左传》，本是战国时代，一个文学家编的一部"国别史"（钱玄同《答顾颉刚先生的书》）。以古史辨成名的顾颉刚，后来多次说到钱玄同对他的学术研究的巨大影响。他在《古史辨第一册自序》里说："我非常感谢适之、玄同两先生，他们给我各方面的启发和鼓励，所敢于把违背旧说的种种意见发表出来。"

1921 年，钱玄同第五子钱德充出生。

1922 年，钱玄同和黎锦熙等人在国语统一筹备会议第四次年会上提出了"减省现行汉字的笔画"的议案。大会经过讨论，通过了该议案并成立了由钱玄同担任首席委员的"汉字省体委员会"。

1923 年年初，由钱玄同、黎锦熙共同商定编辑的《国语月刊》汉字改革号出刊。同年，钱玄同在教育部国语统一筹备会第五次常年大会上，提出了请组织"国语罗马字"委员会的议案，并由大会决议通过。钱玄同、黎锦熙、赵元任、周辨明、林语堂、汪怡等十一人为委员；钱玄同又提出《请

组织国音字典增修委员会案》，钱玄同、汪怡、黎锦熙、赵元任、沈兼士等二十七人为"国音字典增修委员会"委员。

1924年11月2日，钱玄同、顾颉刚、李小峰、周作人等七人在北京东安市场豆腐店聚会，商量办一个周刊，刊物名称叫作《语丝》，由大家写稿，印刷费由鲁迅等七人分担，每月每人八元。《语丝》当时提出的口号是，"用自己的钱，说自己的话"。11月17日，《语丝》面市，钱玄同是名列第二位的发起人。他在《语丝》第一期上发表文章《恭贺爱新觉罗溥仪君升迁之喜，并祝进步》，"祝贺"宣统皇帝溥仪被逐出宫，废除伪号，成为中华民国的国民。杂志长期撰稿者有十六人，前两名是鲁迅和钱玄同。《语丝》出版后，销路很好，期期都有盈余，后来李晓峰也成了一位出版商。

1925年，国音字典增修委员会推举钱玄同、黎锦熙、王璞、赵元任、汪怡、白震瀛等六人为起草委员会委员。其时刘半农从欧洲回国后，发起组织了一个"数人会"，包括刘半农、赵元任、钱玄同、黎锦熙、汪怡、林语堂六人，专谈语言音韵之学。钱玄同主张趁这个"数人会"之便，专议国语罗马字问题，由赵元任主稿。

1925年4月，章士钊出任段祺瑞执政府的教育总长。章士钊执掌北洋政府教育部后，决定废止中小学语文教材中的白话文，从小学起增设读经课。同时《甲寅》月刊复刊名为《甲寅周刊》，英文译名也作 The Tiger，黎锦熙称之为"虎阵"。《甲寅周刊》是与国语运动相对立的刊物，篇篇都是文言文，布告征文也明确说明"不收白话"。为了对付"虎阵"，钱玄同、黎锦熙两位以私人名义创办《国语周刊》，于6月14日出版。《国语周刊》特别注明"欢迎投稿，不许文言"。

在1925年3月的"女师大风潮"中，钱玄同与鲁迅等人在《京报》上联名发表了《对于北京女子师范大学风潮宣言》，最终迫使章士钊离开了教育部，女师大复校。

从1925年10月起，钱玄同和赵元任、林语堂等人一起讨论国语罗马字问题。1926年11月9日，国语统一筹备委员会公布《国语罗马字拼音法式》。

1926年，钱玄同的思维方式发生了一些变化，胸襟更加开阔，自由意

识也更加强烈，思考问题的方法也趋向中正平和。钱玄同决定各人自扫门前雪，而他的"门前雪"便是他喜欢研究的"国故整理问题"和"汉字改革问题"。也是这一年，钱玄同提出了著名的"人到四十就该死，不死也该枪毙"的理论。

1927 年 9 月 12 日，是钱玄同四十岁的生日，《语丝》在南方刊物上的交换广告刊登了《钱玄同先生成仁专号》，果然有钱玄同的朋友、学生写信到北京来询问此事。鲁迅为此特意写诗一首："作法不自毙，悠然过四时，何妨赌肥头，抵挡辩证法。"（《教授杂咏》，1932 年。钱玄同曾在北京大学发表过"头可断，辩证法不可开课"的议论）胡适也专门为这个专号作了《亡友钱玄同先生成仁周年纪念歌》。这一年，钱玄同完成了《国语罗马字的字母和音调拼法条例》和《关于国语罗马字母的选用及其他》。

1928 年北伐成功，成立了国民政府。6 月 28 日，南京国民政府令直隶改称河北省，北京改为北平。这年冬天，北平大学区成立，钱玄同致电中央委问"北平"二字的译音。教育部在回电中说，应拼作"peiping"，但这个拼法与已公布的国语罗马字是不合的。钱玄同与黎锦熙两人以国语统一筹备员的身份，给时任教育部部长的蒋梦麟写信，称"北平"二字的译音应为"Beeipying"。同年在钱玄同的力主下，国民政府划定中南海居仁堂西四所为中国大词典编纂处地址。

1929 年国语委员会第二次常务委员会议决定："改《增修国音字典》为《国音常用字汇》，合计 12220 个字，再由钱玄同做最后的审核。"1931 年全稿始定。1932 年 5 月 7 日，教育部正式公布《国音常用字汇》，同时废止了 1920 年公布的《国音字典》。1929 年 5 月，鲁迅从南方回北平省亲，钱玄同与鲁迅因一张名片上的姓名问题发生争执，不欢而散，从此断绝往来。

1931 年 2 月，徐炳昶出任国立北平师范大学校长。徐炳昶认为，大学是教师率领学生研究高深学术的地方，在大学授课只是为达到目的的一种手段，而绝不是目的。在徐炳昶的倡导下，北师大成立了研究院。钱玄同认为，研究院里的"历史科学门"应该配备学者，对于钟鼎彝器铭文大规模地做一次"索引式的整理"，最好是粘贴原著，编成一部《金文汇编》（周维强《扫雪斋主人——钱玄同》）。1931 年，钱玄同兼任教育部国音字母讲习所所长。同年，北平图书馆落成，建立石碑纪念，由蔡元培作碑文，《国立北平图书馆记》由钱玄同书写（曹述敬《钱玄同年谱》，齐鲁出版社，1986）。

1932年"一·二八"事变后，2月29日，章太炎与黄侃为避战乱来到北平。3月31日，北师大的研究院历史科学门及文学院国文系和历史系请章太炎做《清代学术之系统》的学术演讲。由于章太炎的一口南方话很难听懂，所以钱玄同代为翻译，并作板书（张岱年著，林大雄整理《张岱年学术》，浙江人民出版社）。也是在此时，章太炎门下的"天王"黄侃与"翼王"钱玄同因黄侃对钱玄同的不敬而分道扬镳。黄侃死后，钱玄同在《致潘景郑书》中写道："廿一年之春于余杭师座中一言不合，竟至斗口。岂期此别竟成永诀。尤今思之，吾同门中精于小学文辞如季刚者有几人耶？"由此可见，钱、黄二人虽因"性情不合，时有违言"，但钱对黄还是心怀敬重的。钱玄同还撰写《挽季刚联》：

小学本师传，更绌绎韵纽源流，黾勉求之，于古音独明其真谛；

文章宗六代，专致力沉思翰藻，如何不淑，吾同门遽丧此隽才！

1933年，中国大辞典编纂的"收集"和"整理"两部分工作都告一段落，编著工作开始。钱玄同和黎锦熙分任总编纂，钱玄同负责字形与字音部分，黎锦熙负责字义与词汇部分。这一年因华北形势危急，钱玄同曾把他的眷属送到上海去住，他自己也想离开北平南下。4月，北平文化界为李大钊营葬，钱玄同捐助二十元做丧葬费。同年胡适作了《中华民国华北军第七军团第59军抗日战士将士墓碑》的碑文，钱玄同负责书写。

1931年，瞿秋白等人提倡"拉丁化新文字"，反对"国语统一运动"，这跟钱玄同的主张是针锋相对的。钱玄同采用的是既不合作，也不公开发表文章反对的策略。钱玄同与黎锦熙约定，钱玄同着重做汉字的简体字工作，黎锦熙着重做注音汉字工作。在1934年召开的国语统一筹备委员会第29次常务委员会上，钱玄同提出了《搜采固有而较适用的简体字案》。关于固有的简体字的取材，钱玄同归纳出六个来源：（1）现行通行的俗体字；（2）宋元以来小说等书中俗字；（3）章草；（4）行书与今草；（5）《说文》中笔画较少的异形字；（6）碑碣上的别字（周维强《扫雪斋主人——钱玄同》）。

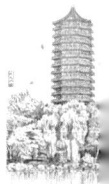

1934 年 12 月 17 日出版的《师大月刊》"师大三十二周年纪念专号"刊登了钱玄同的长篇学术论文《古韵廿八部音读之假定》。这是一篇创造性的论文。曹述敬在《钱玄同年谱》中说："这篇论文是我国的语言学家最早利用国际音标系统构拟古韵音读的专著。"

最后的岁月

钱玄同自幼体质就差，再加上出过一次车祸，四十岁过后就要用手杖。1934 年冬，一次他在北师大授课时，头昏目眩几乎摔倒。1935 年 1 月，他的右眼患网膜炎，血压高。尽管这样，他还是赶着做计划中的《简体字谱》。1935 年 1 月，教育部开会讨论简体字问题，钱玄同抱病写了一封长信《与黎锦熙、汪怡论参选简体字书》。这时的钱玄同眼睛看不清晰，写字歪斜，但还是于当年 6 月完成了《第一批简体字表》计二千三百余字。1935 年 8 月，教育部公布《第一批简体字表》，包括三百二十四个字。教育部规定自 1936 年 7 月起，各学校考试答案，得一律使用简体字。《第一批简体字表》刊登于《国语周刊》。

1939 年 1 月 17 日，钱玄同突发右脑出血，在北京的德国医院逝世，享年五十二岁。

翁文灝

中国第一位地质学博士

在中国浙江省东北部，有一座历史文化名城宁波，它濒临东海，扼南北水陆之要处，乃浙东门户。这里自古就是中国最重要的贸易港口之一，工商业发达。浙江籍作家王耀成在《宁波帮的经营理念》中曾描述宁波为"宁波满路皆商贾，穷愁独缙绅"（王耀成《宁波帮的经营理念》）。这里不仅工商业发达，而且文风极盛，文化名人辈出，明代著名的思想家、文学家、哲学家和军事家王阳明，明代学者、文学家、散文家、思想家方孝孺，明朝万历年间首辅及诗人沈一贯都是宁波的骄傲。

名门之后

1889 年 7 月 26 日（光绪十五年），我国民国时期著名学者，中国早期最著名的地质学家翁文灏（字咏霓）就诞生于宁波鄞县石塘镇的"枕山居"。翁文灏的祖先相传为明末义军张苍水的部下，兵败后隐居石塘，安居乐业，以摆渡撑船为生，其后人以经营杂货铺为业。至翁文灏高祖时，前往上海学做生意，在上海站稳脚跟，拥有裕大酱园和酒米铺，并在家乡开设了裕丰造酒坊（戴光中《书生本色——翁文灏传》，杭州出版社），然后将这份产业传给了长子翁景和。翁景和头脑灵活，鸦片战争后，看准了洋布市场的商机，投资三千两白银，在南京路抛球场开设了"大丰洋布店"，人称"翁大丰"。翁景和的生意做得相当大，在上海有裕大酱园、长丰绸庄、大丰洋布店；在杭州设有锡箔厂；在衢州有上和南货店；在天津有乌木作厂；在宁波设有宝大北船号、宝凤银楼；另外还有鱼塘、农场、果园、酿酒厂等生意。

翁景和之子翁运高，字南山，号梯青，是个很有才华的宁波名士，雅擅诗文。翁运高天资聪明，十六岁时考取咸丰乙卯科第六十一名举人，1862 年（同治元年）又中恩科第二十一名副贡（清制，贡入国子监的生员之一种。在乡试录取名额外列入备取，可入国子监读书，称为"副榜贡生"，简称"副贡"）。

翁运高自恃清高，不愿经商，其父翁景和去世不久，便将大丰洋布店让给了许春荣，成就了许春荣执上海洋布业牛耳三十余年。翁家的财运从此没落。不过失之东隅，收之桑榆，也是翁运高的这一举动，形成了未来翁家新的一门，走出了翁文灏、翁文波、翁心植三位院士，他们家也因此

被誉为"科技世家"。

翁运高的长子翁传洙，字宝森，号勉甫，天资聪明，纨绔气息浓厚，特别喜欢翻阅从西方输入的格致新书，曾经买来一艘洋式小火轮，无师自通，驾驶它开往上海游玩，然后无偿送给朋友。他还喜欢琴棋书画，但不精通。父亲死后，翁传洙得到二十万两银和上海的一家店铺，每月有几千元收入，但仍无法支撑他奢侈的生活。

翁传洙之子就是本文的主人公翁文灏，他受父亲影响从小就喜欢新奇的事物，尤其对各种发明创造感兴趣。1895 年，翁文灏生母余夫人因夫妻不睦，绝望自尽，翁文灏兄妹由祖母代为养育。但在祖母的悉心教导下，翁文灏没有沾染一丝纨绔子弟常见的恶习。这一年六岁的翁文灏进入当地私塾开始读书，师从胡豁堂，学习《千字文》《幼学琼林》《论语》《孟子》《圣谕广训》等著作。他聪颖好学，才思敏捷，因而颇受老师喜爱。一年后，他的父亲继娶浙江慈溪人叶氏，叶氏夫人出身书香之家，对翁文灏兄妹视如己出，常督促翁文灏勤学读书，力求上进。1899 年，因遭土匪抢劫，翁家全家迁往宁波甬江北岸引仙桥，由此，塾师改为史隽德。1901 年翁文灏全家再次迁至宁波城内天峰寺前三角地。

从 1902 年起，翁文灏师从何敏恭，准备参加科举考试。由于当时清廷实行"新政"，废除八股，改试策论，因此翁文灏学习重点放在了练习作文上。这一年，年仅十三岁的翁文灏初次应试，策论题为"及其至也，察乎天地"（语出《中庸》第十二章）、"七月流火"（语出《诗经·国风·豳风·七月》）。发榜后翁文灏考中秀才。鄞县知事黄大华视翁文灏为奇才，甚为爱护，将其母所著《焚诗余稿》相赠（李学通《学人本色：翁文灏》，陕西人民出版社）。第二年秋天，翁文灏赴杭州参加乡试，结果名落孙山。

1904 年 12 月，翁文灏在祖母和父母的安排下，与本县王家墩林贤生的长女林韵秋结婚。林韵秋为人厚道，略懂文字，长翁文灏两岁，是个典型的贤妻良母。婚后，翁文灏师从著名的塾师应廷燮学习《左传》以及唐宋古文，准备应试。结果清廷再度颁布"新政"，所有乡会试一律停止，延续一千多年的中国科举制度，由此寿终正寝。

这个时候的翁文灏，由于经常阅读梁启超主编的《新民丛报》、郑观应撰写的《盛世危言》等，已经受到了新时代思想的影响，他意识到应向

西方学习，走科学救国、实业救国的道路，决定去上海进新式学堂学习。1906年翁文灏考入由中国近代著名教育家马相伯于1903年创立的上海震旦学院。

震旦学院学制四年，第一年以中文教授，第二年以法文教授，这两年是附科，后两年才是本科。据翁文灏后来回忆，"当时震旦功课特重法文及数学，并以余暇习史地、理化及英文，也略授哲学"（李学通《幻灭的梦——翁文灏与中国早期工业化》，天津古籍出版社）。教学上特重考试，有周考、月考、期末考和年终考。评分采用二十分制，十一分以上为及格，学生能得十八九分的极少，二十分的则根本没有（戴光中《书生本色——翁文灏传》，杭州出版社）。在各种考试中，翁文灏总能考得最好的成绩，他和同窗胡文耀、孙文耀并称"震旦三文"。

中国历史上第一位地质学博士

1908年，翁文灏在震旦预科毕业，不再继续读本科，而是报考浙江省官费留学生。经过四天的国文、历史、代数、外语、化学、地理、解析几何、外语等考试，翁文灏以名列第七的成绩，前往比利时留学，与翁文灏一同考中的还有胡文耀、孙文耀等人。

10月3日，翁文灏一行乘坐"利照"轮从上海启程，11月5日抵达比利时首都布鲁塞尔，"震旦三文"在此上岸，前往鲁汶城，准备报考鲁汶大学。第二年，翁文灏考入鲁汶大学，学习地质岩石学。翁文灏到比利时留学一个月，长女慧娟出生。

比利时是一个欧洲小国，地质绝大多数为水成岩石，火成岩只有勒辛和戛纳（非法国戛纳）两处存在。翁文灏把研究的重点放在别人忽视的冷门地区。通过研究，翁文灏得出"同一种矿物，可蚀变为不同的矿物，而非常不同的矿物却可蚀变为类似的矿物"。同时，他还发现"勒辛和戛纳两地的岩石同属一类，但两地火成活动产生的条件则各不相同"（《翁文灏选集》，冶金工业出版社）。

之后，1911年暑假，因浙江省官费中断，翁文灏乘火车穿越欧亚大陆回家。林韵秋卖掉自己陪嫁的首饰，继续供翁文灏在万里外求学。

1913年，翁文灏研究比利时火山岩石的地质论文《勒辛地区的含石英

玢岩研究》因材料丰富，方法先进，立论清晰，论理透辟，被校方列为最优等，通过了毕业答辩，并在地质学刊上发表。翁文灏也成为中国历史上第一位地质学博士。

1914 年春节前夕，翁文灏学成归来。此时林韵秋已经为他生下了长子心源，翁家可谓双喜临门。

开创中国地质事业

翁文灏回来不久，就有人上门聘请他出任与英国人合资办的湖北蒲圻煤矿的总工程师。翁文灏不愿意帮助外国人，而是接受了北洋政府工商部矿政司司长张轶欧的聘书到北京担任地质研究所唯一的专任讲师，次年晋升为教授。

在地质研究所，翁文灏先后讲授光性矿物学、岩石学及矿床学等。他还用法文编写了《地质学讲义》，据查这是中国人编写的第一本地质学讲义。翁文灏备课认真扎实，讲课条理清晰，生动活泼，研究所的学生十分爱听他的课。

按照当时的制度，北洋政府为了选拔人才，对回国留学生进行甄拔考试，成绩分为超等、甲等、乙等、丙等、及格五个级别。1915 年 2 月，翁文灏参加了矿课考试，是唯一获得超等的人。按规定，获得甲等、超等者，必须在长官的率领下觐见大总统才能取得任命状。4 月 22 日，袁世凯举行了超等、甲等留学生觐见仪式。此时翁文灏正带学生去北京西山一带做地质旅行，他不愿因私废公，所以错过了袁世凯的点名召见。5 月 2 日，翁文灏补办了手续，被授予农工部"技正上任事"的头衔。

暑假期间翁文灏去绥远勘看绥远各地的地质矿产，此行归来，他写成了《绥远十默特旗地质报告》。

农林、工商两部合并为工商部后，地质研究所撤销，同时成立地质调查所，下设总部、地质、矿产三股，丁文江任所长兼管总务，章鸿钊管地质，翁文灏主管矿产。

1916 年 11 月，翁文灏次女燕娟在北京出生。1917 年 2 月，经大总统黎元洪批准，翁文灏任农商部监事，2 月 13 日批准给六级俸，月薪为二百二十元。7 月至 8 月，翁文灏奉农业部命与瑞典地质学家、考古学家

安特生研究中国钢铁工业发展规划。1917 年 12 月 30 日翁文灏次子心翰生于北京。

1918 年翁文灏赴直隶滦县、卢龙、迁安、抚顺一带调查金属矿产。9 月，他作了《辽阳本溪间铁矿矿权意见书》。12 月 12 日，他调任代理矿政司第一科长，14 日因丁文江随梁启超赴欧洲考察，他兼任了地质调查所所长职务。这一年他分别就我国的铜矿资源与锑矿资源写出了《铜矿纪要》和《锑矿纪要》。

1919 年，翁文灏又撰写了《铁矿纪要》并提出中国发展铁矿的政策建议。11 月 13 日，农商部授予翁文灏四等嘉禾章。这一年，他发表了中国第一部系统的矿产报告和矿业全书——《中国矿产志略》，书中并附有一张六百万分之一比例的着色《中国地质约测图》。《中国矿产志略》也是中国学者自己编制的第一本中国地质全书。在书中，他提出陕西侏罗纪地层中含有石油，分布在渭北、河西一带，向西一直延伸到新疆。南方中生界分布极广，具有价值的是四川煤层之上的石油。从这一年开始，翁文灏应北京高等师范学校聘请讲授博物、地质、矿石、古生物等课程。据后来成为我国著名生物学家的张作人回忆："他的教学与多数留日的教员不同，特点是着重讲授学习科学的方法而不拘泥于具体的课文细节。讲课旁触类通，知识渊博，其他部的学生均纷纷前来听课，只好在能容纳百余人的最大课堂开课。"（李学通《翁文灏年谱》，山东教育出版社）

从 1920 年开始，农商部令翁文灏以简任职存记，并进叙四等，领四级俸，月薪为二百八十元（《农商公报》总第 74 期）。翁文灏到北京任职后，把家眷也接到北京。1920 年他把宁波城里的住宅卖掉，在北京六部口购买了一处房屋，取名"朴庐"。10 月 3 日，他当选中国科学社北京社友会编辑分部委员。这一年翁文灏发表的《中国矿产区域论》是我国区域成矿学研究的先导性成果，为以后的中国矿床学研究奠定了基础（《翁文灏选集·序言》，冶金出版社）。

1920 年 12 月，甘肃海原地区发生 8.5 级地震。4 月 15 日翁文灏率地震调查组离京，赴震区调查。回到北京后，他撰写了《甘肃地震考》，以后又绘制了一张《中国地震区分布图》。为了解决地震的预报问题，翁文灏与李善邦和本家堂弟翁文波开始考虑在京西鹫峰山设置地震台。1930 年，

地震台设备安装调试完毕，当年9月20日就测知土耳其发生了一次地震，翁文灏因此被认为是研究中国地震地质的第一人。

因研究经费严重不足，不久丁文江辞去所长职务，翁文灏由矿政司第一科科长改任第四科科长，同时兼任调查所会办副所长。9月25日，翁文灏参加中国科学社北京社友会会议，并成为该会永久会员。这一年翁文灏与丁文江合编的《中国矿产纪要》发表，该纪要对中国石油矿产寄予希望，认为中国"产油区域究属甚广，调查勘探以究未详尽。石油固自不失为中国有希望之矿产"。

1922年1月，在中国地质学会创立大会上，翁文灏、章鸿钊、李四光等人被推选为筹备委员会成员。2月3日中国地质协会成立，翁文灏当选副会长。8月，翁文灏作为中国唯一的代表出席了在比利时首都布鲁塞尔召开的第十三届国际地质学大会，并被推举为学会副会长及评议员。这一年他受到了总统黎元洪的传令嘉奖。也是在这一年，其四女婵娟出生。

在1923年1月召开的中国地质学会第一届年会上，翁文灏再次当选副会长，在会议期间发表了《平推层及其与中国北部地质构造之关系》和《甘肃北部贺兰山之倒断层》两篇论文，4月12日经大总统批准，翁文灏官等叙列二等，给技监第六级薪俸，月薪五百五十元。

1924年1月，在中国地质协会第二届年会上，翁文灏当选中国地质协会会长。10月，他在《科学》杂志第四期发表《中国山脉考》，这是翁文灏在地理学方面的一篇重要论文。它正确阐述了中国山脉的成因，特别纠正了"天下山脉发源于一""两山之间必有水，两水之间必有山"等流传了数千年的传统错误观点。7月，应南开大学校长张伯苓的邀请，在南开大学科学馆开幕式上作题为《为何研究科学，如何研究科学的演讲》。翁文灏认为，中国自从清末讲究西学以来，"唯其只知实用不知科学真义，故其结果不但真正科学并未学到，而且因根本不立……并未真正学好"。对于如何研究科学，他认为"一是找问题，二是找方法，三是找材料"（《科学》第十卷第十一期）。从这一年开始一直到1937年，翁文灏开始担任《中国地质协会志》主编。同年，他的第四子心钧出生。

1926年6月，翁文灏正式接任地质调查所所长职务。10月，在东京举行的第三次太平洋科学会议上，翁文灏发表了题为《中生代的中国之造

山运动》的论文，提出了著名的"燕山运动"学说。中国科学院院士、石油地质学家黄汲清在《翁文灏选集·序言》中的评价是翁文灏所创立的燕山运动理论"是他对中国地质学的重大贡献，其影响是深远的"。

早在 1918 年，瑞典科学家安特生等首先发现了周口店地区的科学价值。1921 年，奥地利古生物学家师丹斯基开始进行挖掘，1924 年师丹斯基返回欧洲，在乌普萨拉大学着手研究从中国带回来的化石标本。1926 年，瑞典皇太子访华时宣布了师丹斯基从周口店带回的化石中认出了两颗古人类的牙齿。1927 年 2 月，翁文灏起草，并与北京协和医院解剖系主任步达生共同拟定了一份系统开发周口店挖掘与研究的协议《中国地质研究所与北京协和医院关于合作研究华北第三纪及第四纪堆积物的协议书》，该协议受到洛克菲勒基金会 2.4 万美元的支持。1929 年 12 月，周口店发现了第一颗完整的北京猿人头盖骨，翁文灏也被称为"周口店北京人遗址的奠基人"。

南京政府成立后，地质调查所改属农矿部，翁文灏来到南京述职并申请经费。部长易培基只答应每月拨给他一千元，还要由中央研究院共同负担。区区千元经费，每月发薪水都远远不够，这不由得让翁文灏大发牢骚。面对如此恶劣的局面，中国地质学创始人之一的章鸿钊也选择了离开。

1929 年，受清华大学校长罗家伦的聘请，翁文灏组织创办了清华大学地理学系，并兼任系主任。地质研究所刚成立时，成员之间曾有过不在外兼职的约定，但因为欠薪的原因，翁文灏不得已兼任了北京大学、清华大学的教授。也是因为这个经历，中国第一代地质工作者大多出自他的门下。翁文灏创办地理系的宗旨以"课程之广力求广博，以期造就多方面之人才"。学生学习内容主要包括地理、地质、气象三个主修学科。

1930 年 3 月，北平研究院地质学研究所成立，翁文灏任主任，后改为所长。9 月，为专心从事科学研究工作，他辞去了清华大学地理学系教授和农矿部的职务。由于清华大学在 1931 年 5 月底爆发了驱逐校长吴南轩的学潮，7 月 3 日，时任教育部部长李书华正式命令翁文灏暂行代理清华大学校长职务。翁文灏到任后，以私人名义征求了教授们的意见，聘定了三个学院的院长。后按照胡适的请求，翁文灏接纳了吴晗来清华大学就读。从 7 月 15 日始，翁文灏多次向教育部请辞职务，9 月 24 日，教育部同意清华校长一职暂由叶企孙代理。

1930 年 5 月，翁文灏出版了《锥指集》，全书分为通论及地质学、地震学、矿床学、古生物学、考古学、地理学六个分科。

"九·一八"事变以后，翁文灏、丁文江、胡适、傅斯年等北大、清华的十一位教授决定创办一个刊物，那就是鼎鼎有名的《独立评论》。不过翁文灏谈论得最多的则是经济建设，就经济建设写了大量文章。

从政经历

在对待政府的态度上，翁文灏主张反对拆台，主张补台，他说："在这个危急存亡的时刻，我们更需要一个政府，而且要一个有力量、能负责的政府。我们不应该破坏政府，只希望政府不要破坏自己。"

由于"九·一八"事变，时任南京政府教育部次长的钱昌照建议蒋介石成立一个包括军事、外交、财政经济、交通运输、教育文化、原料与制造、土地与粮食等方面高级人才在内的智能团性质的国防社区委员会。1932 年，蒋介石让钱昌照来北平邀请翁文灏同往庐山枯岭。翁文灏向蒋介石进言，国家必须建设，建设必须有计划。蒋介石提出请翁文灏出任国防社区委员会的秘书长，翁文灏推辞无效，只能答应让钱昌照任副秘书长在南京执行联络，他自己则留在北京挂名遥控，依然主持地质研究所。

10 月 26 日，翁文灏被任命为教育部部长。他不愿从政，曾经写道"我原是一个毫无大志的小老百姓，家里省吃俭用，只想在自己范围内尽一些力，做一点与自己兴趣相合、与社会无害的小工作便算了。对于哲学、宗教、政治等大问题，虽然有时高兴也看几本书，或随便谈谈，但自觉毫无心得，正如一张白纸似的，说不上有什么信仰或主张。所以对于那些政治社会问题，或是现在所流传的各种主义，都没有什么意见可说"（翁文灏《我的意见不过如此》）。

接到教育部部长任命后，他去南京请求辞职，就在这时他的继母因高血压突然去世。12 月 11 日，他以"丁忧"名义通电辞职，北上奔丧。

1933 年年初，热河失陷。蒋介石在保定接见了翁文灏、胡适和丁文江，蒋介石对抗日的表述，令翁文灏万分激动。

1934 年 1 月，翁文灏在地质所作了题为《中国石油地质问题》的报告，

在这篇论文中他对四川、陕西两省的石油地质加以比较，着重指出"若以油泉之多，观之，陕北远胜于四川"。

2月，翁文灏乘车前往浙江长兴考察，车过武康境时发生车祸，翁文灏身上多处受伤，头骨塌裂，昏迷不醒。消息传出，蒋介石下令一定要救活翁文灏。当时，京沪两地著名的外科专家都前往会诊，他们的结论是"脑部虽受震荡，但并未伤损，不必动手术，也无须吃药，只要不动静养就可以"（戴光中《书生本色——翁文灏传》，杭州出版社）。然而不到半个月，翁文灏的病情突然恶化，常常神志昏迷和错乱。从北平协和医院赶来的脑外科主任关松韬发现，翁文灏的头部有碎骨潜入后脑，必须实施手术取出。由于翁文灏原本身体不好，医生只好冒险实施手术。

从杭州回到北平时，翁文灏的体重只有七十二磅，他又到协和医院住院两个月后才回到寓所静养。八月中旬，翁文灏二上庐山，被蒋介石任命出任位于焦作的当时位居全国第二的中福煤矿公司整理专员。经过两年的整理，中福煤矿公司由1934年的累计亏损九十六万元，变成了1936年的盈利一百七十万元。

1935年12月，蒋介石接替汪精卫出任行政院院长，翁文灏出任秘书长。

"一二·九"运动爆发时，北平四十四所大中学校数万名学生举行游行，遭到军警的殴打，其中翁文灏的次女燕娟就被打折了几根肋骨。此时的翁文灏正在帮着蒋介石接见到南京请愿的学生。

对于历次的学生运动，翁文灏的总体态度是理解但不支持。在《我的意见不过如此》中翁文灏写道："如此循环再三闹学潮，反闹得学风太坏，好人不来，来者不好，最终吃亏的还是学生。"对于本次事件，翁文灏虽然一直在帮助蒋介石政府平息学生运动，但当时也为次女燕娟写下了"旭日起团圆，光辉色最妍。啼声惊活泼，舞羽展联翩。物尚应时醒，人须立志坚。前程看远大，努力着先鞭"的诗句。

就在此时传来了丁文江在衡阳煤气中毒的消息，蒋介石十分关心丁文江的病情，派翁文灏乘他的专机赶到衡阳。有关人员在对丁文江进行抢救时，不慎折断了丁文江左胸的第五根肋骨，使得丁文江病情突然恶化，逝世时年仅四十八岁。丁文江逝世的消息，对翁文灏来说是一个晴天霹雳，他与丁文江亦师亦友，感情颇深。不过后来出了指责翁文灏吞没丁文江文

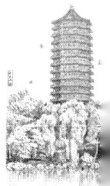

稿的消息，这让翁文灏很是烦心。

西安事变爆发后，翁文灏对张学良非常气愤，在日记中赋诗一首，严厉责难。但当张学良陪同蒋介石来到南京后，他又改变了看法，又写诗一首予以充分肯定。

1937 年 5 月，英国国王乔治六世举行加冕典礼，中国政府决定派使团前去祝贺，翁文灏为使团秘书长。翁文灏在拜会即将就任的内阁首相张伯伦和外交大臣艾登时，他俩明确表示，英国愿意在华投资，通过经办企业抵制日本，但是万一中日交战，英国绝不参加。

离开英国后，代表团来到法国，6 月 9 日抵达柏林。翁文灏此次赴德负有吸引外资开发中国矿业的使命。访问期间，翁文灏与德国签订了《技术合作意向书》，德国在钢铁厂、钨铁厂、氮气厂、煤炼油厂等各方面帮助中国进行建设。为了表示重视，希特勒在他的"鹰巢"接见了翁文灏，柏林工业大学还授予翁文灏荣誉博士学位。此前翁文灏也被德国赫勒自然科学院聘为国外院士。可以说中国全面抗战爆发前几年，德国与中国的合作对中国的对日作战给予了一定的帮助。

6 月底，翁文灏一行抵达莫斯科会见时任苏联外交人民委员（相当于外交部部长）的李维诺夫。李维诺夫对中国当时的处境表示同情，希望与中国签订一个互助条约，这样苏联可以名正言顺地帮助中国。

7 月 21 日，翁文灏出席第十七届国际地质学大会，被推选为大会主席，又被推举为煤炭地质组主席，并参加关于万国地图及地层学词典的讨论。

抗日战争爆发后，南京政府建立了军事委员会，作为抗战时最高统帅部，简称"大本营"。翁文灏被任命为"大本营"第三部部长，主管基本工业与兵工。

据资源委员会专员林继镛的建议，蒋介石出于抗战的考虑，决定将沿江沿海一带的厂矿内迁，这一工作由翁文灏主持。翁文灏深明厂矿内迁的战略意义，当然是坚决支持，中国工业发展史上规模最大的工厂内迁活动从此开始。此后三年中，共内迁民营工厂六百三十九家。这些企业在西部陆续复工，奠定了抗战时期间大后方经济发展的基础，对此翁文灏功不可没。

1938 年年初，翁文灏改任经济部部长，其管理范围相当庞大，他先是

请辞，但蒋介石不准，还命他亲自兼任资源委员会主任和工矿调整处处长，且不得挂名，必须切掌实权。1938 年 7 月，翁文灏飞抵重庆，开始在重庆办公。

翁文灏主持经济部后，工作取得了很大成效，但也与集行政院长、财政部部长、中央银行总裁三职于一身的孔祥熙的矛盾越来越深。翁文灏不喜欢孔祥熙的为人，当年出使英国时，他就向蒋介石提出，不愿意与作为团长的孔祥熙打交道。

从 1939 年开始，国民政府把滥发纸币作为抵御财政赤字的主要手段，导致日益严重的通货膨胀，以 1936 年为基数，到 1940 年年末，物价指数高达 596.5，一时间天怒人怨。孔祥熙把通货膨胀的矛头直指翁文灏及其经济部，污蔑翁文灏及其手下营私舞弊，嫁祸于人。1942 年 1 月，翁文灏向蒋介石提出辞职，但蒋介石表示对他充分信任，肯定了翁文灏的工作成绩，国难当头要与他患难共济，没有批准。

1942 年 10 月，翁文灏来到西北，他先到兰州，然后乘车前往玉门老君庙油矿。当时中国的原油主要产自陕北延长、甘肃玉门、新疆独山子和青海柴达木等处。抗战初期为了西北石油的开采，翁文灏曾亲与中国共产党领导人周恩来进行协商，并得到了周恩来的大力协助。1939 年 8 月，玉门油矿探得日产原油十吨的油层。玉门油矿是中国自己创办的第一个石油工业企业，对抗战的贡献不能算小。

1944 年 1 月 1 日，翁文灏被国民政府授予一等景星勋章。为了抗战，翁文灏得了一枚勋章，却失去了一个儿子。全面抗战爆发前夕，翁文灏不到二十岁的次子翁心翰就报考中央航空学校应征入伍，1936 年到杭州笕桥接受军事飞行训练。抗战中，翁心翰多次为中国空军完成各种抗战任务。这在当时国民政府的高级官员的子女中并不多见。抗战期间，美国总统罗斯福的代表居里来华访问时，特别提到政府大员的子女中有一百七十余人逃避兵役远遁美国，逍遥自在，像翁文灏那样深明大义的家庭，实在是凤毛麟角。1944 年 2 月，翁心翰与周劲培小姐在重庆沙坪坝喜结连理。1944 年 8 月，已升任上尉副中队长的翁心翰奉命调至湖南芷江基地。9 月 16 日上午，他率领十一架战机飞赴广西执行任务。途中，他的飞机受损与地面失去联系，迫降时机翼撞上了山崖，翁心翰胸部受损，多处骨折，牺牲时

年仅二十七岁。

1944年翁文灏失去一个爱子，却又多了一个官衔，11月，他被任命为战时生产局局长，这在当时的中国是一个相当具有权威的机构，凡是生产局决定的不管各部门意见如何，一概不能更改。美国援助都经由生产局分配，不再另给各部。

1945年8月15日，抗战胜利，翁文灏立刻投入接收日伪产业的紧张工作。8月31日，翁文灏以经济部和战时生产局的双重名义，颁布了《各收复区特派员办公处组织规程》，将收复区分为七个大区，分别派遣他所信任的大员主持对日伪工矿企业的接收工作。令翁文灏万万没有想到的是，国民政府各部门的接收大员"满天飞"，接收居然变成了"劫收"，甚至出现了对工业企业的盗卖、破坏现象。翁文灏作为一介书生，感到回天乏术。从1945年冬到1946年春，翁文灏五次上书蒋介石，坚决要求辞去本兼各职，前往欧美游历，考察科教文化。5月16日，蒋介石同意翁文灏辞去经济部部长和资源委员会主任委员的职务，但他继续挂着行政院副院长的头衔。

翁文灏辞职后，由资源委员会在上海成立了中国石油有限公司，翁文灏任董事长。上任后翁文灏决定做三件大事：第一，重点开发玉门油矿；第二，成立自己的游轮公司；第三，创办上海炼油厂。由于英美等国在华公司的反对，上海炼油厂没有创办，只在上海设立了我国最早的加油站。

1946年12月11日，在英国伦敦地质协会年会上，一致通过翁文灏为外国名誉会员，他是获此殊荣的第一个中国人。1947年5月14日，美国社会与自然科学院选举翁文灏为外籍名誉院士。

1948年3月27日，翁文灏被选为中央研究院首届院士。5月，蒋介石当上了中华民国总统。蒋介石上任后，立即打电话给翁文灏，让他出任"行宪"后的第一任行政院院长。翁文灏虽然本想脱离政界，但是最终以四百八十九票的绝对优势通过立法院的选举。

由于蒋介石一心内战，国内经济每况愈下，再加上国民政府内部腐败不堪，翁文灏虽然殚精竭虑，致力于经济财政的改革，最终还是回天乏术。1948年11月初，翁文灏内阁提出集体辞职，26日蒋介石发布总统令，翁文灏准予免职。

回归新中国

中华人民共和国成立前，翁文灏面临着多种政治选择，也有多家美国大学和研究机构给他发来聘书，邀请他赴美讲学或搞研究，但是最终他还是选择了于1949年年初来到台湾。蒋介石下野后，1949年2月8日翁文灏随程思远从台北飞回上海，准备出任总统府秘书长。国共和谈失败后，翁文灏于5月22日向李宗仁提出辞去总统秘书长职务，此后即避居香港。

上海解放后，时任上海市市长的陈毅提到翁文灏时说"翁文灏是书生嘛，不懂政治，他就是不走，我们也不会为难他"（吴兆洪《我所知道的资源委员会》）。除了陈毅的表态外，中共中央也同意翁文灏回国。10月25日，翁心源抵达香港，向翁文灏说明情况。翁文灏欢欣鼓舞，很快写成了二千字的"自白书"。由于种种原因翁文灏没有下定回到大陆的决心，经商量决定先去法国巴黎暂避。

翁文灏到达巴黎不久，就得到了邵力子到了香港的消息。1948年4月1日北平和谈时，翁文灏曾到机场为其送行，现在邵力子已经是新中国政务院政务委员了，这让翁文灏不禁连声叹息。不久翁文灏因友人之邀前往英国。这时新中国与台湾方面都在努力争取翁文灏。3月翁文灏返回巴黎，台湾"驻法大使"段观海亲自到机场迎接，对此翁文灏无动于衷。4月底，新中国总理周恩来面告邵力子，中央允许翁文灏先行由瑞士转苏联回国，回国后再确定发表声明。

1951年2月25日，在香港亲友的协助下，翁文灏由香港经澳门进入广州，然后坐火车直奔北京。3月7日，在老友孙越崎和长子翁心源夫妇的陪同下，翁文灏直接来到王府饭店。

翁文灏在王府饭店一住就是五个月。也许翁文灏回国不是时候，恰巧赶上了中华人民共和国成立后第一场"伟大的、激烈的和复杂的"斗争——"镇反运动"。到达北京当天下午，统战部的干部就来到王府饭店找他谈话，同时送来毛主席的著作《论新阶段》《新民主主义论》《论联合政府》《论人民民主专政》。翁文灏对毛泽东的著作并不陌生，早在法国时，他就购买了大量的关于马克思学说及共产主义方面的著作，香港避居时也研究过毛泽东的论著。之后，翁文灏不再坚持"不愿公开认错"的条件，仅一周后就完成了万余字的《反省以往错误，回到人民中间》。写完后他还特意请孙越崎和邵力子为他修改把关。

1957年8月4日，在周总理的支持下，翁文灏结束了反省生活，回到家里，与阔别两年的亲人团聚了。

在家赋闲时期，翁文灏写了《人类进化史纲》《旧史新识：远古——史前史》《三代：夏商周》《中国发展史纲——史前至王莽》《制度史》《西晋八王之乱》《五胡十六国的纷争》《五胡内迁的形式》《南北朝时代拓跋魏的统治与齐国的分立》《指南针与指南车》等多部史学论著。只可惜这些论著都无从发表。

在家闲居是没有经济收入的，翁文灏只能通过不停地搬家来减少开支。他从锡拉胡同18号搬到了南池子飞龙桥11号，再搬到大方胡同27号的一个大杂院儿。

1954年12月14日《人民日报》《光明日报》《大公报》全文登载了翁文灏《沉重追溯我的反动罪行》一文，这表示翁文灏已经放弃了不公开认错，不骂蒋介石的原则。12月20日，翁文灏以特别邀请人士的身份出席了中国人民政治协商会议第二届全国委员会第一次全体会议。会议期间翁文灏见到了毛泽东主席，毛主席对翁文灏的归来连声说好。第二天翁文灏在各大报纸上发表了《在台湾的人们应弃暗投明响应解放台湾》。随后他又在各大报刊登载了《拒绝美国学术团体的名誉联系以抗议美国在台湾的狂妄行为》的文章。

这时，翁文灏也有了固定的收入，月工资二百四十元，这在当时属于高薪了。他也从城外的大杂院迁入交道口菊儿胡同24号一座优雅的四合院居住。

1957年是我国超额完成第一个五年计划的一年，在全国热烈欢庆的时刻，翁文灏冷静地指出，我国钢、煤、电的人均拥有量与苏联、捷克、波兰等社会主义国家相比，至少相差十倍。6月10日，他在政协科技组发言提出四点建议：一、水土保持力量太薄弱；二、工厂建设损害农田太多；三、非生产性建设的分量过重；四、工程不可偷工减料。

由于此时中国极"左"思潮逐渐抬头，"大跃进""反右倾"等政治运动与翁文灏的经济思想格格不入，他的积极性也就大减。

"文化大革命"开始后，在周恩来总理的保护下，"红卫兵"才没有对翁文灏采取进一步的"革命行动"。

不久全国开始"清理阶级队伍"，翁文灏又跟着遭殃，各地的外调人员都来他家里找他要各种证明材料。

1970年12月8日，翁文灏留下遗书，死后火化，骨灰还于大地，不开追悼会，六万余元献给国家。两天后，翁文灏突然昏倒在地，住了一个多月的医院后，病情尚未稳定，便坚持出院回家。1971年1月27日，农历辛亥年的正月初一，翁文灏默默地走完了八十二年的风雨人生。他的家属遵照遗嘱，把翁文灏的财产、存款、书籍全部献给了他无限热爱的祖国。

翁文灏去世后，《翁文灏选集》于1989年由冶金工业出版社出版，《翁文灏论经济建设》由团结出版社出版。《翁文灏诗集》于1999年由团结出版社出版。

李四光

『中国贫油论』的颠覆者

中国真的没有石油吗?

石油是工业社会重要的动力燃料，被称为"工业的血液"，到目前为止，石油依然是世界经济发展最重要的能源之一。20世纪早期以来，石油一直是欧美集团在全球范围内展开争夺的对象。

1914年，美孚石油公司派出一支由克拉普带领的钻井队，来到了陕北的肤施（后改称延安）一带。付出了近三百万美元的代价，打下了七口枯井。钻井队回到美国后，面对美国记者的提问，克拉普的回答是："中国将不能出产大量的石油。"（孟宪明主编，王静编著《华人十大科学家：李四光》，河南文艺出版社）

1922年，美国斯坦福大学的地质学家布莱克·威尔德教授来中国做地质调查，回国后发表了一篇题为《中国和西伯利亚的石油资源》的论文。文章提出："中国东南部找到石油的可能性不大，西南部找到石油的可能性更是渺茫。西北部不会成为油田，东北地区不会有大量的石油，中国绝不会出产大量的石油。"

1953年年底，一位六旬老者来到了中南海，向毛主席、周总理阐述了他的中国的天然石油资源蕴藏量应当是丰富的观点，让中国最高领导者看到了未来中国石油的希望，这位老者，就是时任中国地质部部长的李四光。

值得荣耀的读书时光

1889年10月26日，李四光出生在湖北省黄冈市下张家湾的一个农家小院里。小院儿虽然破旧但依然整齐。在小院儿大门门框上，写有"半亩桑田成祖荫，一卷诗书传后人"的对联。显然这是一个"耕读之家"。

据李四光先生的女儿、中科院院士李林博士回忆："我们最早姓库，由于家境贫寒，从蒙古地区讨饭流落至湖北黄冈，所以我们的出生地是黄冈。曾祖父是蒙古族人，家谱上是'库里家族'。"（巴义尔撰《女院士：李四光和李林鲜为人知的故事》）

李四光的祖父谱名居谦，名正范，字受益，号心培，邑庠生。

李四光的父亲李卓侯，谱名仁英，名康爵，卓侯为其字。李卓侯天生颖悟，异于常儿，十九岁就为童子师，二十岁设馆于亲戚家中，二十三岁

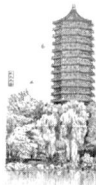

考中秀才。因为其父李居谦亦为秀才，故"一门遂有两秀才，声门大震"。

因为李卓侯名声在外，远近来求学者更多，据李卓侯长子李士琦在《先考事略》中回忆："先考不好习举子业，而尤恶八股文，终日研究诗古文辞，教授生徒亦以此为主课，一时从游者众。每听先考讲读，无不欢欣鼓舞，如坐春风，盖先考讲授书史极善传神，每有言语不能说清旨趣者，辄以手足形容之，深得今之教育家所谓启发式也……"在李卓侯的学生中，后来有一个极为有名，就是林彪。少华、游胡所著《林彪的这一生》（湖北人民出版社2003年1月第2版）载："李卓侯执教一生，有三大快事引为自豪，其一，他参加过'同盟会'，与孙文、黄兴等人多次聚首；其二，培养了李四光；其三，启蒙了林氏三兄弟。"

李四光母亲姓龚，生于1867年（同治六年），其父也是业儒的庠生，教授乡里，远近闻名。李四光母亲是李卓侯的续弦夫人，擅长持家，性情温顺。李四光出生时，高鼻、宽额、大眼，李卓侯给他取名"仲揆"，仲指排行老二，揆为掌管百事之意。

在母亲身边度过了五年快乐时光后，1894年的一天，父亲把小仲揆领到了村中陈老爹家里，让陈老爹做先生给他"开心智"。陈老爹高兴地拖着长腔说道："得天下英才而教育之（语出《孟子·尽心上》），岂不安乐乎？"一年后陈老爹收起了脸上的笑容，像《三字经》《百家姓》《千字文》《声律启蒙》等三年完成的课程，仲揆一年就背得滚瓜烂熟。陈老爹感到力不从心，仲揆只能提前毕业，六岁升入父亲的书馆。转年后，仲揆发现父亲无心教书了。他不懂外界发生的大事，只得自己用功。

为了拯救清廷的衰败，湖广总督张之洞率先在湖北办起了新学堂。新学堂除教经史子集之外，还讲算学、物理、化学等课程。在新学堂读书，每个学生不用交钱，学校还会发一些学饷。年轻的仲揆希望能够到新学堂读书。

1903年，十四岁的李仲揆与父亲一起第一次来到省城。省城里的事情让这对来自乡下的父子感到新鲜。面对汉阳钢厂高耸入云的烟囱，李仲揆自然不懂，就是他那个既是秀才又做老师的爹，也给解释成"兵营里做饭用的烟囱"。

父亲花了几个铜子儿为李仲揆买了一张报名单，李仲揆拿起毛笔，在

报名单的第一栏里，毕恭毕敬地写下了两个字"十四"。刚刚写完，他就发现出现了漏洞，原来报名单的第一栏应该写姓名，他却填成了年龄。李仲揆便把"十"字添了几笔改成了"李"字，又在"四"字后加了一个"光"字。从此"李仲揆"就成了"李四光"。一场考试下来，李四光成为湖北第二高等小学堂的一名学生。

1904年夏天，张之洞准备派一批有才华的青少年到国外深造，湖北第二高等小学堂有了一个留学日本的指标。李四光考取了这一名额，然后荣归故里，之后带着家乡父老的祝福和父亲的期望，李四光来到了日本。按照湖北地方政府与日本的协议，李四光等人被安排在一所专门为中国留学生办的位于东京的弘文学院学习。

李四光是抱着学习的目的来的，因为他是公派留学生，学成回国后要效忠清室，为民造福。可他的同学却分为两派：一派人吃、喝、嫖、赌样样精通；另一派人换上西装，只对集会、结社、演讲感兴趣，宣布与清王朝决裂。两派人的共同特点是都不学习。李四光不懂"排满""革命"，但他不喜欢脑后的辫子，所以很快剪掉了辫子。在弘文学院，李四光很快认识了宋教仁，并通过宋教仁结识了马君武。

孙中山到日本后，由马君武介绍，李四光参加了由孙中山主持的会议，会上孙中山宣布成立中国同盟会，李四光在孙中山的带领下宣誓加入同盟会。那一年，李四光十六岁。

1907年7月，李四光从弘文学院毕业，考入日本大阪高等工业学校，学习"船用机关专业"。

1907年，李四光回国探亲时，与一位叫张清和的姑娘相爱。张清和出身黄冈县的望族之家，父亲曾为探花，张清和本人自幼学得绘画，又喜欢填词赋诗，是一位新时代女性。但父亲李卓侯认为，张清和太过妖娆而加以反对，李四光从此不再谈"婚姻"二字。

师从包尔顿教授

1910年7月，李四光学成回国后，到武昌昙花林"湖北中等工业学堂"任教，其间与吴昆、熊十力、刘子通等人一起秘密从事政治斗争。1911年9月，李四光准备参加考试。"武昌起义"爆发后，李四光回到湖北，担任湖北

军政府理财部参议。

中华民国建立后，李四光被民国政府任命为汉口建筑筹备员，同时任同盟会湖北支部书记。2月7日，他被推选为实业部部长，这一年他仅二十三岁。袁世凯上台后，李四光辞去了实业部部长职务。1913年，他来到英国伯明翰大学求学。在伯明翰大学读了一年采矿专业后，李四光转入地质专业，师从包尔顿教授。

包尔顿教授很器重李四光，课堂提问时，对于李四光的答案总是用"OK"来给予肯定，李四光因此得到了一个"OK李"的绰号。在伯明翰，李四光学会了演奏小提琴，这一技能使未来的李四光受益颇深。据说1920年他在巴黎写的一首小提琴曲《行路难》，是中国人创作的第一首小提琴曲。

受第一次世界大战的影响，李四光的留学经费受到了影响，他无奈找了一个下井挖煤的工作，挣钱弥补学费的不足。

1917年7月，李四光获得学士学位。然后，他准备编写绘制一幅中国若干地区地质情况的路线踏勘图。在征得包尔顿教授的同意后，李四光决定把中国的地质作为自己的研究课题。

一年以后，李四光的第一篇论文《中国之地质》完成，并通过论文答辩，李四光获得了硕士学位。

醉心于中国的地质事业

取得学位后，包尔顿教授准备推荐李四光到一家印度的大公司做一名地质工程师，看到优厚的薪水待遇，李四光心动了。但是不久他又收到了中国地质界的创始人之一丁文江先生的电报，邀请他到蔡元培任校长的北京大学任教，月薪二百至三百元。李四光抱着回报祖国的信念决定回国。

1920年1月，李四光离开英国，来到法国巴黎，在那里他发表了《现代繁荣与煤》的演讲，然后乘火车经柏林、莫斯科回到了北京。

来到北京的第二天清晨，李四光来到了北大校园。让他没想到的是，蔡元培亲自在门口迎接他的到来，这让他感到受宠若惊，对蔡元培深怀知遇之恩。在丁文江的带领下，李四光来到了"马神庙"。这里是北大地质系所在地，其简陋程度大大超出李四光的预期。到来后，他提出了一系列的计划和建议，北大地质系的办学条件得到了一定的改善。

在北大，李四光主讲岩石学和高等岩石学两门课程，加上实习，每周授课二十三小时。教学过程中，他特别注意对学生基础知识和基本功的训练，无论是岩石的肉眼识别，还是显微镜下的鉴定，乃至全面的化学分析，他都要求学生能够掌握。

学习如何把带有古生物残骸的石头做成标本是关键的一课。通过观看标本，学生掌握了"纺锤虫"这种存在于三亿五千万年到两亿三千万年的石炭二叠纪时期的单细胞动物。根据对纺锤虫深入的研究，李四光创造出"蜓科"这一概念，并认为凡是含有蜓科古生物的碳石及地层中都有可能开采出煤炭。在1923年1月中国地质学会第一次年会上，李四光宣读了他的《蜓科鉴定法》的论文。

1921年的一天，化学系教授丁绪贤约李四光参加北大举办的赈灾义演。李四光早年在英国留学时受包尔顿教授的助手威尔士的太太影响，向房东学习过演奏，结果他的一曲接近专业水平的柴可夫斯基的独奏曲迎来了阵阵掌声。演出的最后一个节目是由北京女子师范大学附属中学的音乐教师许淑彬演奏贝多芬的钢琴交响曲。李四光立即对这位演奏者产生了兴趣。

许淑彬是江苏无锡才女，出身于大户人家，其父许士熊曾在驻英大使馆任过职，后奉调回国任教育部秘书。许淑彬随父回国后，曾在上海天主教会办的一所中学念了五年书。她天资聪明，又勤奋好学，英语、法语、音乐学得甚好。她中学毕业不久，随母来到北京，在北京女子师范大学附属中学任教。

在丁绪贤夫妇的撮合下，1923年1月14日，三十四岁的李四光与二十六岁的许淑彬在北大举行结婚典礼，蔡元培是证婚人，丁绪贤夫妇是主婚人。一年后女儿熙芝来到人间。

1921年4月，李四光带着学生到邢台市沙河县外出实习。根据地上一堆堆乱石的数量、形状以及排列方式，李四光推断这应该是冰山移动形成的结果，中国可能曾经有过第四纪冰川。7月，李四光来到山西大同。在一条山谷中，他发现两侧像被人用铁铲铲过一样，而且整条山谷的横向剖面像英文大写字母的"U"字，李四光的脑海里再次涌现出"冰川"二字。1922年1月，李四光的第一篇关于冰川的论文《华北晚期冰川作用的遗迹》发表在英国的《地质杂志》上，论文的观点直接对外国权威早已下定论的

中国没有第四纪冰川的结论发起了挑战（李希霍芬，德国地质学家，长期在中国多地考察，在著作《中国》中认为中国没有第四纪冰川）。1 月 27 日，中国地质协会成立，李四光当选首届评议会副会长。

《华北晚期冰川作用的遗迹》发表后，好像泥牛入海一样，悄无声息，这让李四光感到很奇怪。前辈丁文江的解释是，中国学者的学术地位较低，人微言轻，得不到西方权威的重视；同时西方学者也没有亲临现场，不会轻易相信李四光的结论。5 月 26 日，在中国地质协会第三次全体会员大会上，李四光宣读他的论文《中国第四纪冰川作用的证据》，依然没有得到热烈的反应。

1921 年冬天，李四光在对䗴科研究的过程中遇到了一个难题。同样是属于距今两亿三千万年石炭二叠纪的化石，从北部山上采集的化石与南部地区采集的化石相比，南部䗴科化石石灰岩很厚，岩质很纯，而北部采来的石灰岩比较薄，这说明地质时代南部地区受海水侵蚀，北部地区海水退却。

有关地壳运动的原理，地质学家有很多的解释，但都不能从本质上解决李四光提出的问题。一个人力三轮车夫为躲避一个突然跑出来的孩子的操作，帮助李四光解决了困扰多年的问题。

1926 年 5 月 3 日，在中国地质学会第四次年会上，李四光提交的论文是《地球表面形成变迁之主因》。在这篇论文里，他系统地讲解了"大陆车阀"理论。"整个地质时代，地球内部的重力作用造成地球自转速度的变化，这种变化引起地球表面形象变迁。"

1923—1924 年，李四光当选北京大学评议委员会评议员。

1925 年 5 月，国立女子师范学校开除了刘和珍、许广平等六名学生自治会成员，引发了"女师大风潮"，最终引来了军警干涉。此事影响力极大，波及范围极广。为此李四光与胡适、陶孟和、王世杰等十七名教授联名发表《为北大脱离教育部关系事至本校同事的公函》，极力反对学校卷入政治。李四光等人的态度与鲁迅等支持学生运动的做法形成了对立。同年李四光被国立京师图书馆聘请为副馆长，违反了当时北京大学的校规。此时李四光的薪金直接突破了五百元大关。为此鲁迅先生发表文章指出"教授专于敛财，致学术不精"（《恩怨录：鲁迅和他的论敌文选》，今日中国出版社，

1996 年出版），之后又发表《杂论管闲事·做学问·灰色等》的文章，暗指李四光不配得到这一职位。鲁迅的文章引起了李四光的不满，于是他请徐志摩出面，作为和事佬写了一份不希望彼此再有"骂战"的文章。可是，鲁迅并没有就此罢手，又接连写了几篇文章进行讽刺，这引起了李四光直接发文进行反驳。鲁迅又用更犀利的文章回讽李四光，并从各个方面对他进行了抨击。最终李四光没有回应。

这年 8 月，应苏联科学院的邀请，北京大学派李四光为代表前往苏联参加苏联科学院建院二百周年纪念大会。南北走向的乌拉尔山与两边的西伯利亚、俄罗斯平原之间的关系，引起了李四光浓厚的兴趣。他想起了小时候陈老爹教他临摹颜体的"山"字，决定揭开山字型地质构造的奥秘。山字构造体系是李四光地质力学的一个重要组成部分。回国后，李四光在南京和广西都发现了中国的山字型地质结构。

1927 年 11 月，南京政府成立中央研究院，李四光应院长蔡元培的邀请，离开北京，去南京、上海等地主持地质研究所的筹建工作。

1928 年 1 月，中央研究院地质研究所在上海成立，李四光兼任所长。7 月，国民政府大学院决定成立国立武汉大学，李四光等八人为筹备委员会委员。

1929 年，李四光被伦敦地质协会选为国外会员。

1930 年春，李四光夫人许淑彬带着女儿李熙芝迁到上海，与李四光团聚。

1931 年夏天，李四光带领北大地质学学生来到庐山，对造成庐山的地质原因做出了解释，还发现庐山地区的第四纪冰川遗迹。7 月，经包尔顿教授推荐，伯明翰大学授予李四光自然科学博士学位。秋天，应北大校长蒋梦麟的邀请，李四光担任北大研究教授，讲授二年级的岩石学和构造地质学、三年级的高等岩石学、四年级的地壳构造等课程及担任系主任、校务会议成员。11 月 3 日，李四光获得"葛利普"奖章。

"九·一八"事变与"一·二八"事变之后，在一次北大会议上，李四光直言不讳地对学生说："中国已病入膏肓……历代首都南迁的统治者，无不是灭亡的前兆。"（马振图《从师李四光考察庐山冰川的片段回忆》，《李四光纪念文集》，地质出版社，1981 年 6 月）

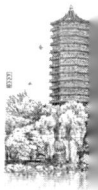

1932 年 4 月，李四光回到上海。5 月，李四光应邀到武汉出席武汉大学新校舍落成典礼，并为武大师生进行了学术讲座。毕业纪念刊的编辑们希望李四光为纪念刊题词，他拿起笔墨写下了两行大字："用创造的精神和科学的方法求人生的出路。"时在武汉的蒋介石通过王世杰提出想与李四光见面，李四光借口已到江西等地调查地质为由予以谢绝。这是李四光第三次赴庐山考察，认为庐山在第四纪地质时期，至少经过两次冰川，还可能有过第三次冰川，同时把庐山称为"中国第四纪冰川的典型"。

7 月 18 日，国民政府行政院决定聘请李四光为中央大学整理委员会副委员长，同日拟聘李四光为中央大学校长。8 月，李四光辞去中央大学代行校长一职。9 月，李四光随地质研究所由上海迁到南京，并着手编写《中国地质学讲义》。

在 1933 年 11 月中国地质协会第十次年会上，李四光向大会提交了《扬子江流域之第四纪冰期》的论文，认为庐山地区最后一次冰期消失了，时间距今大约有一万三千年。李四光的这次有关中国冰川问题的论文，得到了有关专家的反应。

为了进一步说明庐山冰川的证据，1934 年春，李四光与法国地质学家德日进、德国地质学家尼斯特拉姆、瑞典地质学家诺琳、美国古气候学家巴尔博和古人类学家步达升等数十位地质学家登上庐山进行实地考察。实地考察虽然没有改变外国学者的观点，却增强了李四光继续研究冰川的信心。1936 年 5 月，李四光在黄山的朱砂峰、紫云峰发现冰川遗迹，写成《安徽黄山之第四纪冰川现象》的论文。这篇论文得到了德国冰川学家费斯曼教授的肯定。

1934 年 12 月，李四光收到英国剑桥、伯明翰等八所大学的邀请函，应邀赴英国讲学。李四光在英国各大学讲学约有半年时间，普遍受到重视和欢迎。讲学结束后，李四光应英国地质界朋友的请求，决定在英国再住一年，将讲稿整理成书，付印出版。1936 年年初，这本书的写作工作完成后，李四光把书的出版工作委托给了一位英国朋友办理，自己到美国进行了短期考察。1936 年 4 月，李四光回到中国。1939 年《中国地质学》由伦敦杜马·摩尔第出版公司出版。

回国后，李四光顾不上休息，立即赴安徽黄山、江西庐山考察第四纪

冰川遗迹。

"卢沟桥事变"爆发后，李四光到庐山枯岭拜访时任中国国民党副总裁、国民参政会议长的汪精卫，直谏抵抗日本帝国主义侵略者的问题，谈话无效后，李四光与人直言"此人（汪精卫）可杀"（陈群《李四光传》，人民出版社，1984年6月）。1937年7月16日，蒋介石与汪精卫一起，邀请全国各大学教授及各界领袖来庐山谈话。李四光在首批邀请之列，但他本人却拒绝参加。8月，日军在上海登陆，在李四光的指挥下，地质研究所将苦心经营所积累的资料、仪器、设备由南京运到庐山东麓鄱阳湖边的姑塘镇。南京、武汉失陷后，李四光又将地质研究所迁往桂林。

到达广西后不久，在良丰，李四光亲手建立了由广西省政府与中央研究院合办的桂林科学实验馆，并由李宗仁聘请为广西建设研究会经济部研究员，同年当选中国自然科学委员会委员。

1939年6月，李四光被湖北省政府任命为湖北省第一届临时参议会副议长。8月，广西大学由省立改为国立，聘请李四光为该校教授。9月，李四光在《经济建设》上发表《建设广西的几个基本问题之商榷》一文。同年在英国《地质杂志》第76卷第七期上，李四光发表《大陆漂流》一文，支持杜·托伊特的《我们的漂移大陆》一书的观点，成为当时支持大陆漂移说的三大学者之一。

1940年年初，中国地质协会成立"丁文江先生纪念基金委员会"，李四光兼任委员会主席。3月，李四光在重庆出席中央研究院第五次评议会，会议结束后，蒋介石宴请与会者，李四光借口"重感冒，发烧"（翁文灏语），拒绝参加。4月，中央研究院院长朱家骅密电李四光，要他代表蒋介石和国民党政府去印度与尼赫鲁谈判，李四光复电："抗日战火弥漫，始而联英抗日，现又连印反英，出尔反尔，将何贻信于世人，两面美人，犹非弟所能为，请转达最高当局另聘贤能。"（孙殿卿《怀念李四光老师》，《李四光文集》，地质出版社，1981年6月）8月，李四光的老朋友、广西大学校长马君武逝世，李四光深感悲痛，含泪写下了《追念君武先生几件小故事》的悼念文章。马君武去世后，李宗仁、白崇禧推举李四光出任广西大学校长，李四光以不愿担任大学的行政事务为由婉言谢绝。

1941年8月，为逃避蒋介石的抓捕，李四光一家迁至距离丰良不远的

一个清贫小村子居住。在此期间，李四光整理了很多材料，草拟了一些论文初稿，如《二十年经验之回顾》《山字型构造之实验和理论研究》等著作。《山字型构造之实验和理论研究》于 1945 年 9 月以英文发表在《科学记录》第一卷第三期至第四期上。

11 月，李四光辞去湖北省临时参议会副议长之职（李四光曾两次拒绝出席湖北省临时参议会第三次、第四次会议）。

1942 年 3 月，经国内各重要地质机构及团体推荐，李四光获得第二届"丁文江先生纪念奖"。

1944 年 6 月，由于日寇沿湘桂铁路南下直扑桂林，李四光一家到贵阳避难，随后从贵阳来到四川重庆。在重庆，李四光因朱森教授的原因，谢绝了中央大学地质系任教的邀请。在重庆期间，李四光心脏病突发，按照大夫的意见，卧床静养，他从此戒掉了吸烟的习惯。住院期间，时任国民党政府行政院长的宋子文前来探望李四光，并请李四光出任驻英大使，李四光以身体原因拒绝。抗战胜利后，地质研究所回到了南京。1946 年 10 月，李四光因心脏病复发由重庆来到上海。在上海，经医生检查，李四光患有心绞痛和肺结核。

1944—1946 年，李四光任重庆大学教授，并在重庆大学开设全国第一个石油专业，此时李四光与后来成为中华人民共和国总理的周恩来相识，不过周恩来担心会给李四光带来麻烦，所以一直没有经常去见他。

抗战胜利后的上海，已是国民党骄奢淫逸的大本营，李四光很不习惯，他准备离开上海，到新疆或共产党领导的解放区去。李四光派孙殿卿去找共产党的高级领导人董必武，转达了自己的想法，董必武考虑到当前全国的形势，建议李四光先找一个安全的地方，避开战乱，等待时机，李四光决定携夫人到杭州定居。

在杭州，通过对临安地区的考察，李四光写下了《关于"震旦运动"及华夏式、新华夏式构造线三个名词》的文章。文章中，李四光把中国东部直至东南亚地区分作两种褶皱带：一条呈北—东北走向，是比较古老的地质构造，他称作华夏式构造；另一条呈北—东走向。他说这是一种新的构造体系，叫作新华夏式构造。这一体系的构成与地质力学有密切联系（孟宪明主编，王静编著《华人十大科学家：李四光》，河南文艺出版社）。

1947 年 1 月，《地质力学的基础与方法》一书由中华书局作为中国科学社丛书之一出版发行，它是地质力学学科的第一部专著。6 月，中国地质学会理事会在南京召开，李四光被推举为出席在伦敦举行的第十八届国际协会的代表。1948 年，李四光与夫人在香港乘坐挪威货轮抵达法国马赛，然后乘火车至巴黎，再轮渡英吉利海峡到达英国伦敦。在会上，李四光宣读了他的论文《新华夏海的起源》，提出了新华夏海的主要应力性质以及构造运动的类型问题。这是李四光第一次在国际学术交流大会上宣读他的地质力学理论。在英国他还见到了老师包尔顿教授以及正在伯明翰大学读书的女儿。1948 年 4 月 1 日，李四光当选中央研究院院士。9 月下旬，第十八届国际地质大会结束后，李四光迁到英国海滨城市博恩默思养病，等待回国时机。

出任地质部部长

1949 年年初，李四光收到他过去的学生许杰写的信，告诉他，中国国内战争形势发展很快，国民党政府企图迁至台湾，孙殿卿、马振图、许杰等十余人决定不随国民党南下，留守南京等待共产党接管。4 个月后，郭沫若来信恳请他早日做回国的打算。即将于 9 月 21 日在北京召开的第一届中国人民政治协商会议，各地报纸公布的第一届委员名单中，李四光的名字赫然在列。

就在李四光准备动身的时候，一天深夜，他接到了凌淑华从伦敦打来的电话，告知"昨晚她丈夫（陈源，时任国民党政府文化教育委员会委员）得知国民党政府外交部密令，驻英大使郑天锡立即找到李四光，要他发表公开声明，拒绝接受共产党领导的全国政协委员的职务，否则就有被扣留的危险"（马胜云，马兰编著《李四光年谱》，地质出版社）。李四光当即给郑天锡写信表示拒绝，然后只身秘密乘火车至南安普顿，从朴次茅斯上船，渡过英伦海峡，乘火车到法国，然后到巴塞尔与夫人许淑彬会合，一起乘火车到意大利首都罗马，12 月 25 日，自热那亚乘船经香港回国。1950 年 4 月，李四光一行回到广州。此时他已与经济学家陈伯达、社会学家陶孟和、气象学家竺可桢一起被任命为中国科学院副院长。5 月 6 日，李四光和夫人一起乘车到达北京，第二天，周恩来总理便前来探望，两人

聊了长达近三个小时。

李四光回到北京后，立刻投入新中国的建设当中，特别值得一提的是，在中华人民共和国国徽的选定过程当中，李四光对清华大学设计方案说："我看这个好，天安门广场宽广，五星红旗布满天空，够气派！"（范步遥《李四光和国徽》，《东南西北》文摘，1983年11月第七期，原载《羊城晚报》）他的评价得到了周总理的赞同，最终确定了清华大学的设计方案。

1951年中央决定在北京大学、清华大学、天津大学、唐山铁道学院等院校的地质系基础上组建北京地质学院，李四光任筹备委员会主任。

1952年8月，鉴于地质勘察的重要性，国务院成立了地质部，李四光被任命为中央人民政府地质部首任部长。

1953年6月，李四光的论著《关于地质构造三个重要概念》交付出版。11月，李四光托人带信给广州中山大学历史系陈寅恪教授，劝说他来北京出任中国科学院哲学社会科学部历史研究所二所所长，被陈寅恪婉言谢绝。12月下旬，李四光应毛泽东主席邀请，与刘少奇副主席、周恩来总理、朱德总司令等中央领导人就中国石油资源问题进行座谈。会上，李四光对中国天然油气资源前景给出了肯定的答案，提出关键是要抓紧做好石油地质勘探工作。李四光的这些意见得到党中央的肯定与采纳，并下定决心开展大规模油气勘查工作。

1954年3月1日，李四光应邀到燃料工业部石油管理总局作了《从大地构造看我国石油资源勘探的远景》的报告，报告列举了中国多个地方都有发现比较大规模油田的可能。除了寻找石油资源，李四光也专门负责油矿资源的普查工作。同年12月，李四光当选全国人民政治协商会议第二届全国委员会副主席。

1955年6月1日，中国科学院学部成立大会在北京召开，李四光当选学部委员。从下半年开始，李四光着手组织松辽平原的石油勘探工作以及长江流域的水利资源的利用和开发等问题。

根据1956年地质部在全国十二个地区派遣的近百支地质队的工作成果，特别是松辽石油普查大队和112物探队取得的石油普查资料，1957年地质部将找油的重点自西部转向东部盆地。1958年4月，松辽石油普查大队在吉林前郭尔罗斯蒙古族自治县发现了含油砂岩，在其他许多地点也钻

到了富含原油的砂页岩系。12月底，李四光加入中国共产党。

几年来，李四光的身体一直处于不良状态，做了左肾切除手术，多次在青岛、大连、北京等地疗养。从1959年年初开始，李四光对他三十八年来从事的地质力学研究工作进行总结，题目定为《地质力学的方法与实践》，第一篇《地质力学概论》于10月1日宣布完成初稿。

1959年9月26日，黑龙江大同长垣高台子油田出油，日产原油十五立方米。这个油田被黑龙江省委书记欧阳钦正式宣布为大庆油田（意为国庆节大庆）。按照李四光的观点，松辽盆地地区某些地方发现油藏就不会是局部的，应该是区域含油，也可以根据这个地区的经验，到类似的地区去寻找新油田。在地质工作者的共同努力下，相继发现了大港、胜利、江汉等大型油气点。1964年，对于李四光的地质力学理论指导，在新华夏系构造体系中找到石油，毛泽东主席给予了高度评价。2007年5月，中国石油天然气集团公司宣布在渤海湾发现储量规模达十亿吨的大油田，让李四光的地质理论再一次发出耀眼的光芒。

1966年3月8日5时，河北省邢台地区发生了震级超过七级、震中烈度为九度左右的强烈地震。几天后周恩来总理召开会议，研究邢台地震发展的趋势。在会上，"李四光独排众议，认为地震是可以预报的"（《地质力学研究所四十年沿革纪要和大事记》，收录于《地质力学研究所四十年》）。邢台地震后李四光来到了地震灾区，根据地震时发生的现象，印证了李四光论述的水平旋钮运动。根据调查取得的资料，李四光提出，就整个华北平原来看，"震源带有可能向东北方向发展的趋势"（马胜云、马兰编著《李四光年谱》，地质出版社）。李四光认为，邢台地震是新华夏系现今活动的结果，根据活动构造带一脉相承的特点，预计未来的地震要在河间、渤海、唐山、海城一带发生（孟宪明主编，王静编著《华人十大科学家：李四光》，河南文艺出版社）。1967年河北省河间、1975年辽宁省海城与1976年河北唐山发生的强烈大地震验证了李四光的判断。1968年4月，中国地震局接到基层报告，北京郊区发现多种地震前兆。针对北京将有大地震的传说，周恩来总理马上找来李四光听取意见。李四光判断出北京的情况还是比较乐观的，北京是比较安全的。

"文革"开始后，李四光也受到了冲击，是周总理保护了李四光。

1967 年周总理派联络员到地质部传达指示，要地质部两派同志不要再去找李四光，让他有适当的休息。1969 年 4 月 1 日至 24 日，在北京举行的中国共产党第九次全国代表大会上李四光当选中央委员。

1969 年 5 月，毛泽东主席邀请李四光来到了他在中南海丰泽园的书房，毛主席要求李四光帮他搜集一些国外的科学资料。李四光回家后，马上着手写了一部十五万字的书，书名为《天文、地质、古生物资料摘要》。这是李四光最后一本书，也是写给毛主席的书。

《天文、地质、古生物资料摘要》一书于 1972 年由科学出版社出版发行。全书分为七个部分：

第一篇：从地球看宇宙；

第二篇：启蒙时代的地质论战；

第三篇：总结地质工作的要点；

第四篇：古生物及古人类；

第五篇：三大冰期；

第六篇：地壳的概念；

第七篇：地壳构造和地壳运动；

在第七篇中，李四光着重阐述了自己五十年来关于地质构造方面的理论。

1970 年 9 月的一天，地质部下属的一支勘探队在湖北沙市进行钻井作业。当钻头深入地下三千米时，突然冒出一股巨大的水柱，冒着腾腾雾气直冲云天。从空中落下的水滴烫伤了好多人，毁掉了即将成熟的庄稼。社员们很生气，把这一情况反映给上级。上级很快派下调查组，调查的结果确定是地下喷出来的是卤水。此时的李四光正在武汉，当听到这个消息后，立即回到北京，指示地质力学研究所地热组马上组织对沙市考察。

李四光当年从英国留学回国途经巴黎时，曾对中国留法学生做过一次题为《现代繁荣与煤》的演讲，对于人类一旦用完地球上的煤炭该怎么办这一问题，他曾很乐观地告诉大家，肯定还是有新的能源。早在 1958 年，李四光就提议开展地热学研究。

李四光说"地球是个庞大的热库，有源源不断的热流"（孟宪明主编，王静编著《华人十大科学家：李四光》，河南文艺出版社）。按照当时的

测算如果把地球上储存的全部煤炭燃烧时放出的热量作为一百，那么地下热能为煤的一点七亿倍。为了节约煤炭，李四光把开发地热能源当作他给人类社会的最后贡献。

1971 年 4 月 24 日，李四光突然感到浑身发热，四肢无力，到北京医院检查后，体温依然居高不下。国务院办公厅急忙下令调来最好的医生，4 月 29 日，专家给李四光做了开胸手术，李四光的动脉瘤已经破裂、血管已近硬化，医生只能无奈地把已经切开的刀口进行缝合。按照李四光的说法，他只需再有半年，地震预报的探索工作就能够看到成果。

1971 年 5 月 2 日，李四光的追悼会在八宝山革命公墓举行。当时按照江青的指示，一切从简，把追悼会改成告别仪式，没有悼词。为了不让李四光的追悼会变得太过冷清，驱车赶来的周总理在会上宣读了李四光女儿刚刚转交的李四光的信："在我们这样一个伟大的社会主义国家里，我们中国人民有志气，有力量，克服一切科学技术的困难，去打开这个无比庞大的热库，让它为人民所利用。如果我们不这样做，还是走资本主义陈腐的老路，把地球交给我们珍贵的遗产——煤炭之类内容极其丰富的财富，不管青红皂白，一概当作燃料烧掉，不到几十年，我们的后代，对我们这种愚蠢和无所作为的行径，是不会宽恕的。"周总理只能用这种方式表达对李四光的怀念。

刘文典

二云居士

刘家最聪明的孩子

1889 年 12 月，刘文典出生于安徽合肥，祖籍怀宁，原名文聪，字叔雅。

关于刘文典早年的生活情况，现存资料较少。据刘文典儿子刘平章介绍："我的曾祖父是安徽怀宁人，早年在合肥做生意，开了一家不小的布号，生活尚算富足。可惜没过多久，遇上洪秀全攻打安庆，家里人把布匹绑在祖父身上，把他从城墙上吊下去，这样祖父才侥幸逃了出去。乱平后，祖父回到合肥，继承了曾祖父的旧业继续经营布号。"（《我的父亲刘文典》，刘平章口述，张昌山、卫魏等撰文，云南大学出版社）

刘文典系父亲填房夫人所生，兄弟排行第三，时人因此偶尔戏称他为"刘三爷"。与他同父同母的还有四弟与六弟。四弟不争气，在抗日战争时期投奔了日本，被刘文典逐出家门；六弟刘天达做过贵州省镇远县、云南省昆阳县等地县长，刘文典与他感情甚笃，来往密切。

刘文典的父亲十分开明，极重视子女的教育，据刘平章回忆："祖父八个子女中，数父亲最聪明，在他幼年时，家里就请了私塾先生教父亲读经书和古文，长到十二三岁，又请了当地美国基督教会医院的院士教他学习英文。"（《我的父亲刘文典》，刘平章口述，张昌山、卫魏等撰文，云南大学出版社）因而刘文典很小就一边在私塾里攻读"经书"和"古文"，一边跟着本地基督教堂医院的一位美国教士学外语和生物学。据他自己说："这是我有生以来第一次受近世科学的恩惠，就是我现在对于生物学的兴味也还是在那个时候引起来的。我这时候虽然是大海里尝了一滴水，但是总算识得了咸味了。"（刘文典，《新中国》杂志周年纪念号）

恩遇陈独秀与刘师培

刘文典的父亲在一次去上海进货途中，突发高血压去世，从此家道逐渐衰落。他兄弟姐妹一共七人，五男两女，全靠母亲一人辛苦拉扯养大。

在家乡，刘文典虽然学习了一些浅显的西学知识，但这已经不能满足他那颗日益长大的心，他需要一个更大的舞台，于是刘文典选择离开合肥，来到了安徽的通商口岸——芜湖。

1905 年 2 月，刘文典辞别父母，到达芜湖正式进入安徽公学就读。安徽公学全称为"公立安徽公学堂"，其前身是李光炯在长沙创办的"安徽旅湘公学"，颇有成效，1904年迁至芜湖。安徽公学开设伦理、国文、英文、算学、理化、历史、地理、体操、声乐、图画等课程，教员包括陈独秀、刘师培、苏曼殊、柏文蔚等名家，也有日本理科名家来华授课。在安徽公学给他留下深刻印象的教员是陈独秀。陈独秀上课不拘小节，有时一边上课一边搔痒，什么纲常名教，师道尊严，全不放在眼里。"年轻的刘文典在这样一个充满民主革命气氛的新环境中，大开眼界。他对陈独秀很是钦佩，并且从陈独秀那里接受了用西方哲学对照中国古籍的研究方法。"（章玉政《刘文典：狂士本色》，辽宁人民出版社）陈独秀也记住了这个勤奋好学、追求上进的青年学生。

在安徽公学，刘文典遇到了生命中另一个重要的人物——刘师培。刘师培，江苏仪征人。仪征刘家治学严谨，弟子启蒙入学，不像其他私塾的学生，一开始只读些《三字经》《百家姓》之类的启蒙读物，而是先从《尔雅》《说文解字》开始，训练训诂的基本功。刘师培将家中这种严格训练基本功的严谨学风带到了安徽公学。

刘师培见刘文典是可造之才，又让他去做校勘古籍的工作。这个工作最见功夫，刘文典大部分时间"钻"进了故纸堆，没有时间顾及其他的功课。好在刘师培把他的国文、地理、历史、伦理几门功课都评为很好的分数，平均起来倒也勉强及格。

投身革命

1905年夏秋之交的一天，陈独秀和柏文蔚等人在芜湖组织成立岳王会，刘文典就是成员之一。在陈独秀、柏文蔚等的精心运营下，岳王会组织很快发展到安庆、南京等地，在长江中游一带有很大的影响。1906年夏，安徽岳王会决定整体加入同盟会。

随着安徽公学逐渐衰落，刘文典的内心深处也萌生了东渡留学的想法。

到了东京之后，刘文典结识了正在那讲学的章太炎先生。刘文典拜在章太炎门下，大约就是此时的事。拜师之后，刘文典几乎天天去章太炎的住处向他请教，听他讲解研究经学、小学的方法。年轻的刘文典虽然并不能完全听懂章太炎的讲学，但对于他渊博学术的钦佩之情却与日俱增。

革命军武昌起义成功后，刘文典回到了上海，进入于右任创办的《民立报》担任英文编辑，最主要的工作就是为新革命摇旗呐喊。1912年年初，刚刚回到上海的孙中山来到《民立报》编辑部。在邵力子的提议下，孙中山给刘文典留下"勠力同心"和"Unity is Our Watchword"两个便条，这两张便条的原件被刘文典珍重地保存起来。"卢沟桥事变"后，刘文典仓皇避难，两个便条也不知去向。

辛亥革命胜利后，刘师培被四川资州军政署拘禁，刘文典急忙找到章太炎让其帮忙营救。1912年1月11日，章太炎与蔡元培联名在《大共和报》上登出《求刘申叔通信》，刘文典看到章太炎如此不念旧恶，十分感动。同年，刘文典与表妹张秋华结婚。张秋华是安庆人，熟知诗书，二人青梅竹马，自小一起长大。二人婚后感情颇好，偶尔填词作诗，总爱读给夫人听。二人育有一子，名刘成章，天生聪颖，过目不忘，参加过"九·一八"学潮，深得先生喜爱。先生对儿子的学习要求很高，考不到九十五分以上就要批评。

1913年3月的一个晚上，刘文典在上海寓所的书房里遭到了刺客的枪击，子弹呼啸而过，擦过刘文典臂膀，鲜血顿时直流。刘文典没敢大肆声张此事，后经了解，凶手暗杀的目标原本是宋教仁，不巧因夜黑路弯找错了门，结果让刘文典虚惊一场。结果后来宋教仁真的遭到了暗杀。消息传来后，刘文典所在的《民立报》对宋教仁的殉难作出了激烈的反应，除了详细报道宋被暗杀的经过之外，这份报纸还陆续刊发由于右任、范鸿仙、刘文典等人撰写的"战斗檄文"，追念宋教仁，声讨袁世凯。

"二次革命"枪声刚响，刘文典就参与了。据说，当时革命党人广为谈论的一个经典场景便是：文质彬彬的刘文典一袭长衫，驾着马车穿行于战场之中，四处寻找、抢救、运送伤员，用果敢的行动印证着"国家有难，匹夫有责"的热血豪情（章玉政《刘文典：狂士本色》，辽宁人民出版社）。

1913年8月，陈独秀在芜湖被安徽陆军第一师第二旅旅长龚振鹏逮捕，他准备枪毙陈独秀。刘文典当时任龚振鹏的秘书，因而较早得到信息，他急忙联系了安徽都督柏文蔚。在柏文蔚的帮助下，龚振鹏释放了陈独秀。

"二次革命"失败后，1913年9月10日，刘文典抵达东京，化名刘平子、刘天民，开始流亡生活。在日本，刘文典遇到了同在日本逃亡的孙中山先生，并且通过写誓书、举手宣誓的形式加入了中华革命党，并且成了中华革命党党部秘书处的秘书，直接服务于孙中山，负责起草孙中山的英文电报文稿，经常与孙中山一起畅谈天下大事。

1915年9月15日，陈独秀在上海创立《青年杂志》，第二卷起改称《新青年》，向一切旧思想、旧道德、旧文化的垃圾发起了全面的冲击。刘文典一直义无反顾地站在陈独秀身边，参与了有无鬼神的问题的辩论。

在北大独领风骚

受蔡元培的邀请，1917年1月15日，北京大学贴出布告：陈独秀任文科学长。陈独秀就任北京大学文科学长之后，先后带动了大批具有新思想、新观念的人才来到北平，包括胡适、刘文典、刘半农等，其中很多均为《新青年》编辑部的核心成员。这些人主张"文学革命"思想，不免与学校里的旧派人物发生冲突。两派之中与刘文典最有渊源的就是黄侃。黄侃是著名的学术狂人，眼里只有章太炎、刘师培，只有古文，对于陈独秀、胡适等人倡导的白话文，恨之入骨。黄侃曾放言"八部书外皆狗屁"，意即除了他平生所推崇的八部经典——《毛诗》《左传》《周礼》《说文解字》《广韵》《史记》《汉书》《文选》外，其余均不足论。刘文典与黄侃都曾师从章太炎与刘师培，本是同门师兄弟的关系，据刘文典的关门弟子吴进仁回忆："叔雅先生一直有点瞧不起黄季刚先生，说他学问做得太广、太博，不行。"但作为年轻的北大教授，刘文典也有受欺负的时候。"北大怪杰"辜鸿铭是个有名的顽固派，一向瞧不起像刘文典这样的年轻教员，有一次，他遇到刘文典，问："你教什么课啊？"刘文典客客气气地回答："汉魏六朝文学。"辜鸿铭冷笑了一声，满脸鄙夷地说："我都教不了，你能教好？"刘文典听了，淡淡一笑，没有作声。

刘文典在北京大学期间，讲授《淮南子》研究、校勘学、先秦诸子研究等课程，主攻校勘学。

"五四运动"爆发时，刘文典与马叙伦、刘半农、马寅初等很多北大教授一起参加了保护学生的工作。6月陈独秀被捕，刘文典又与安徽同人一起积极参与了营救陈独秀的活动。经过一番努力，陈独秀终于被保释。陈独秀出狱后就住在刘文典福建司胡同家里，随后离开北京去上海。随着陈独秀在政治上的影响力超过他在学术界的影响力，《新青年》的编辑思

想也发生了重大的分裂，正如胡适所说"陈独秀便与我们北大同仁分道扬镳了"，这"分道扬镳"的对象就包括已厌倦过多参与政治的刘文典。

1920年11月，刘文典翻译的《进化与人生》由商务印书馆出版，这是他正式推出的第一本译著。这部书受到了胡适的高度评价，赞赏刘文典的"译笔竟是一时没有敌手"，并称刘文典"不译书是社会的一个大损失"。

1922年，刘文典花费了一年多工夫，在北京最大的道教庙宇——白云观里查阅了明朝正统年间刊印的一部《道藏》，把《淮南子》整理了一遍，写成了《淮南鸿烈集解》，这是他的成名作。1923年，《淮南鸿烈集解》正式出版，胡适破例为其作序，并对此书大加赞誉。晚年周作人也曾回忆说："他（刘文典）实是一个国学大家。"刘文典一时声名大振，也由此奠定了他在学术界的地位。他曾对儿子说："我的名呢，就是在校勘学方面，可以留名五百年，五百年之内可能没有人超过我。"

此时的刘文典不仅在学术上在北大独领风骚，在形象上也是独树一帜，据同在北大任教的周作人回忆，刘文典"好吸纸烟，常口衔一支，虽在说话也黏着嘴边，不识其何以能如此，唯进教堂以前始弃之。性滑稽，善谈笑，唯语不择言"（周作人《北大感旧录·刘叔雅》）。而他的学生文中子在《刘文典："半个教授"》中这样描述："他的长衫特别长，扫地而行，像辛亥革命以前中国妇女所穿的裙子一样，不准看到脚，走路不能踩到裙边，只得轻轻慢移'莲步'。他偶尔也穿皮鞋，既破且脏，从不擦油。"

1924年2月，杨荫榆受教育部委任，担任国立女子师范大学（女高师）校长。杨荫榆要求学生只管读书，不要参加和过问政治运动，在管理上施行封建家长的粗暴方式，限制学生思想和行动的自由，遭到了部分师生的反对。1924年秋季开学之际，由于南方发大水以及江浙战乱的影响，部分学生回校耽误了一两个月，没有按时报到。杨荫榆借机严厉处置了平时不听话的国文系三名学生，要求他们退学，而对于和自己关系好的学生却放过不问，这一显失公平的做法引起了学生和教职工的严重不满，女师大"驱杨风潮"由此爆发。"五卅运动"爆发后，杨荫榆又率领军警入校，强迫学生搬出学校，宣布女师大解散。时任北洋政府教育总长的章士钊在"整顿学风"的口号下，不顾人们反对，撤换了一批反对他的大学校长。8月1日，他又派出武装警察护送杨荫榆到校就职。杨荫榆、章士钊等人的行为引起了包括鲁迅、刘文典与全国广大师生的不满，全国上下开展了驱逐章士钊的运动。1925 年 8 月 29 日，《晨报》上发表了一篇《反对教育总长章士钊之宣言》，这份宣言是由北大四十一位教员联名发出的，刘文典就名列其中。

执掌安徽大学

早在 1922 年春，安徽省省长许世英采纳皖籍名流建议，组织安徽大学筹备处，筹建安徽大学。1927 年，陈调元出任安徽省主席，他推举当时在北京大学任教的国学大师刘文典返乡主持安徽大学筹建工作。据安徽大学档案记载，为了全身心投入家乡教育事业，刘文典特意写信给时任北大校长的胡适，解释说明为何辞去教授之职而接受安徽省府聘请缘由。1928 年 2 月，在刘文典等人努力下安徽大学各项筹备工作就绪。同年，省政府聘刘文典任文法学院院长，主持全校校务，实际上就是履行校长之职。在刘文典主政安徽大学期间，众多名流学者先后来此传道授业。

上任之初，刘文典不辞辛苦，精心管理学校，策划学校的未来发展，刚刚创立的安徽大学发展逐渐显现希望，赢得了安徽大学师生的认可和尊敬。刘文典弟子吴东儒撰写了《执掌安徽大学时期的刘文典》一文。吴东儒自 1928 年起先后在安徽大学预科班和化学系学习，后留校任教。

吴东儒《执掌安徽大学时期的刘文典》一文中记载："由于他名气大，我只听过他一次课。那是 1928 年秋季开学不久，慕名在大礼堂听他给文学院同学讲《文心雕龙》。刘先生面容黄瘦，宽袍大袖，坐在讲台上，左手捏一支燃着的香烟，右手挥动作势，面对五百多座无虚席的听众，以低频音调侃侃而谈，不时停下来深吸一口烟，下面鸦雀无声。据说刘先生香烟瘾特大，经常是从早到晚衔一支烟，左手袖筒握一听香烟，一支接一支不用再点火，写文章、看书、和人谈话皆如此。"

当然，刘文典在安徽大学最吸引人眼球的就是他与蒋介石之间的故事。

1928 年 11 月 23 日，省立第一女中校庆，安大学生在看戏过程中，与女中校长程勉发生冲突，程校长污蔑学生捣乱，请军警弹压，所以引发一场学生风潮。这时，蒋介石刚在南京坐稳，于是莅临安庆视察工作"亲自指导"，特地指名要视察安大。二人见面后，蒋介石见刘文典瘦骨伶仃，

一副邋遢潦倒的样子，这让素来讲究仪容的蒋介石很是光火，恰巧刘文典对蒋介石介入学校具体事务也十分不满，所以这次见面自然很不愉快。据说，见到蒋介石时，刘文典称蒋介石为先生而不称主席，引起蒋的不满，蒋让他交出闹事的共产党员名单，并严惩肇事学生，刘却拒不执行，并当面顶撞说："我不知道谁是共产党。你是总司令，就应该带好你的兵。我是大学校长，学校的事由我来管。"高伯雨记载："刘先生入室，不脱去帽子，昂然坐下，不向主席行礼致敬。老蒋见了大不高兴，又见他打开烟盒儿，拿出一根香烟，擦着火柴猛抽，就斥他为人师表，又是国立大学校长，如此无礼。刘先生只顾仰天喷出烟圈儿，然后以极鄙夷的态度，哼了一声。"（高伯雨《刘文典与蒋介石》）蒋介石称刘文典为"新学阀"，刘文典则回应蒋介石为"新军阀"。还有一种说法，说蒋曾当场打了刘文典两记耳光，刘文典不甘示弱，也动粗还之，当众飞起一脚踢在蒋介石的肚子上。结果蒋介石给刘文典定了个治学不严的罪名，将他关押起来，并宣布解散安徽大学。后经安大师生组织"护校代表团"到省政府请愿，以及蒋梦麟、蔡元培、胡适等人的多方帮助，蒋介石迫不得已，最终同意保释刘文典，但要求其即日离开安大。刘文典在主持安徽大学校政期间怒斥蒋介石一事，也成为知识分子独立自守、不畏强权的样本。

北大与清华的红人

离开安大后，1929年刘文典离开安徽大学回到北大任教。鉴于刘文典的名声，罗家伦执掌清华后，一心想聘请刘来清华任专职教授，但北大拒不放人。几经磋商，最后双方达成协议，刘文典到清华大学中国文学系任教授、主任，但仍兼北大教授。

1929年12月，刘文典与朱自清、杨振声等人发起了清华中国文学会，并决定出版《清华中国文学会月刊》。陈寅恪与刘文典二人在此学术期刊上共同发表文章，并从此相识。此后，二人在清华大学时期共同参与了"驱吴运动"（1922年，西安人民驱逐军阀吴新田的革命运动），共同指导了多位清华大学、中国文学部的研究生，同为清华学报的编委。从此陈寅恪成为刘文典最为钦佩的教授。

刘文典在北、清两所大学授课时，极受学生欢迎。任职清华时期，刘

文典承担了繁重的教学任务，开课近十门，除了学生必修的国学要籍外，还为学生开设了校勘学、《墨子》《吕氏春秋》《淮南子》《汉书》《小说史》《中国文学批评史》等选修课。

　　课堂上的刘文典声音并不高，细而尖，软无力，但简短几句开场白，就能将所有在场的学生全部震住："大家来听我讲课嘛，就要了解我的一个习惯，凡是别人讲过的，我都不讲！别人不认识的字，我认识；别人不懂的文章，我懂。你们不论有什么问题，尽管拿来问我好了。"（章玉政《刘文典：狂士本色》，辽宁人民出版社）他告诉学生，其实写好文章并不是什么难事，只要大家记住"观世音菩萨"这几个字就行了。"'观'就是要多观察；'世'就是要懂得人情世故；'音'就是要讲究音韵；'菩萨'就是要有救苦救难的胸怀。"刘文典讲课从来不照本宣科，喜欢阐发些独特的见解，没有章法，想到哪里就讲到哪里，讲得开心的时候就忘记下课，让准备接替他上课的老师在教室外面苦等。这种"不着边际"的讲课方法就像说评书一般，悬念迭起，细致入微，学生没法不喜欢听。但上课的进度确实是慢得可以，结果一学期下来，只上了半篇《海赋》。

　　据当年考入清华的一名学生回忆："大一国文不选杨遇夫先生，不选俞平伯先生，也不选朱自清先生，而单选这位善解文字给人种种不同印象的刘叔雅先生。"学生曾描述在清华任教时的刘文典说："记得那日国文班快要上课的时候，喜洋洋坐在三院七号教室里，满心想亲近这位渴慕多年的学术界名流的风采。可是铃声响后，走进来的却是一位憔悴得可怕的人物。看啊！四角式的平头罩上寸把长的黑发，消瘦的脸孔安着一对没有精神的眼睛，两颧高耸，双颊深入；长头高举兮如望空之孤鹤；肌肤黄瘦兮似僻谷之老衲；中等的身材羸瘠得虽尚不至于骨子在身里边打架，但背上两块高耸着的肩骨却大有接触的可能。状貌如此，声音呢？天啊！不听时犹可，一听时真叫我连打几个冷噤。既尖锐兮又无力，初如饥鼠兮终类寒猿……"（《教授印象记·刘文典》，见《清华暑期周刊》，1935 年 7 月）20 世纪 30 年代在北大读书的张中行对刘文典的回忆是："30 年代初，他在清华大学任国文系主任，在北京大学兼课，讲六朝文，我听过一年……他偏于消瘦，面黑，一点没有出头露角的神气。上课坐着讲书，眼很少睁大，总像是沉思，自言自语。"

1931 年九一八事变爆发后，北平爱国青年因为国民党政府消极抗日，卧轨请愿。刘文典积极支持当时正在辅仁大学读书的长子刘成章参加请愿活动，但刘成章因体质羸弱，卧轨时受了风寒，请愿归来后不幸患病亡故。

长子去世后，刘文典十分悲痛，本来就爱抽烟的他从此就这样染上了鸦片的毛病，难以摆脱；刘夫人受了这种痛后也得了心脏病。这让刘文典的心情长时间处于低落状态，以致日后对次子刘平章的学习不再提过高要求，认为"想念就念"即好。

刘文典虽然不再对自己的次子提出过高的要求，但对于学生却丝毫没有放松。1935 年 3 月 19 日，北平的《大学新闻周报》刊出署名平林的一篇文章《刘叔雅先生最近给我的印象》，讲到失去儿子刘成章后，国学大师刘文典先生回到学校上课的情形："我实在太抱歉了，今年一年就没有好好的上过一点钟课，为了私事，耽误诸君这许多时候，实在抱歉之至。"……"此后我倒可以安心地上课了。……刘先生也许觉得：'吾有道可传，虽无子，亦何害'吧？"

中国人常说"知耻而后勇"，据《大学新闻周报》介绍，当东北沦陷、伪满洲国成立时，刘文典痛恨日本对祖国的欺凌，每天都在课堂里义愤填膺，痛骂日本的侵略；为了知己知彼，揭露日本侵华的真相，纠正国人对日本的错误认识，刘文典曾没日没夜地翻译日本陆军大臣荒木贞夫的《告全日本国民书》，他在《译者白序》中语重心长地说："所以军阀的意思就是日本的国策，而荒木贞夫的意思就是军阀和暴力团体的总意思。我们要知道日本统治者的意见、政策和野心，都非要知道荒木贞夫的主张不可。"

刘文典在清华也有"惹祸"的时候。1932 年的清华大学新生入学考试，作为国文系主任的刘文典因钦慕陈寅恪的才华，于是请陈寅恪来给国文考试出题。陈寅恪先是制定了一个作文试题《梦游清华园记》，随后又出了一个三字句对子，上联是："孙行者"，要求学生对出下联，结果超过一半的清华考生交了白卷。也有学生答出"猪八戒""沙和尚"等答案。当时正是白话文运动蓬勃发展之时，因此有人在报上批评清华大学食古不化。但是这场考试也成全了周祖谟，他是唯一答出满分答案"胡适之"的学生。

在北大、清华两所大学任教期间，刘文典除从事教学工作外，还陆续校勘古籍。1939 年，他完成了《庄子补正》《说苑斛补》等书的校勘编撰。

《庄子补正》1934年夏成书，1939年之后在云南期间印制初稿本，1947年6月商务印书馆正式出版，是庄子大传，以道、儒、释各家学说诠解《庄子》诸篇，论证圣人、神人无名意、无功利，逍遥游，以内圣外王之说贯穿全文，指出天下之治者，方求者多。刘文典在《自序》中指出："庄子之书，齐彭殇，等生死，寂寞恬淡，休乎天均，故玩索其文，以求谊。积力既久，粗通大指。复取先民注疏、诸家校录，补苴指正。"著名学者陈寅恪为《庄子补正》作序："然则先生此书之刊布，盖将一匡当世之学风，而示人以准则，岂供治庄子者必读而已哉。"刘文典自己对此也十分自得，曾在不同场合毫不掩饰地说："全世界真正懂得庄子的人，总共两个半，一个就是庄子自己，中国的《庄子》学研究者加上外国所有的汉学家，唔，或许可以算半个。另外一个显然就是指他自己。"（郭鑫铨《初识刘文典先生》）

高尚的民族气节与精彩的联大生活

"卢沟桥事变"后，刘文典未能及时离开北平，日军得知他曾留学日本多年，精通日语，多次利诱，劝他继续到北大任教。日本人还通过周作人来劝他合作，他断然予以拒绝，并反过来劝周作人："国家民族是大节，马虎不得，读书人要爱惜自己的羽毛。"刘文典到达联大后，得知周作人以"家中还有老小"为托词不来西南联大而气愤地说："连我这个吸鸦片的'二云居士'都来了，他读过不少的书，怎么那样不爱惜羽毛呀！"（吴晓玲《忆刘叔雅先生数事》）刘文典的四弟刘管廷本与他同居一寓，北平沦陷后，刘管廷下水，到冀东某日伪政府当差。刘文典得知后极为愤怒，以生病为由"不与管廷同餐"，后又说"新贵往来杂沓不利于著书"，拒绝与其同住，逐其迁居。

眼见劝说无效，日本人便采取强硬手段，两次派宪兵抄了刘文典的家，将于右任、胡适、陈独秀、邵力子等人写给他的信函都抢走了。刘文典与夫人张秋华安坐在椅子上，"身穿袈裟，昂首抽烟，怒目而视，以示抗议"。日本人问他话，刘文典不置一词，翻译官责问他为什么对太君的问话一言不答，他怒道："我以发夷声为耻！"（《刘文典的抗日情怀》，2016年1月22日，作者：艾兴君，来源：人民政协网）

1938年春，刘文典悄然辞别家人，挎上个小包袱，辗转千里，取道天

237

津从海路到中国香港、越南，历时几个月来到云南蒙自与西南联大会和。1938年5月22日，当刘文典出现在清华大学中国文学系主任朱自清面前时，头发已有点花白，身着一件破旧的蓝布长衫，袖口和领口上沾满了油渍，黑得发亮，肩上挎着的一个小包袱，就是他的全部行李了。刘文典也对朱自清戏言："只剩这一身衣裳了！"

几个月后，张秋华和次子刘平章，带着刘文典的四大箱珍贵书籍、资料，经香港辗转到云南。张秋华的到来，解决了刘文典的生活问题。刘文典刚来云南任教的时候，为避嫌，曾专门找了个男佣人伺候自己的生活起居。将近一年的时间，都是男佣人打理他的生活。男佣为了图方便，只给他做煮咸鸭蛋、蒸鸡蛋，吃了一年多。妻子张秋华刚到云南那天，到菜市场买了新鲜蔬菜，给刘文典做了满满一桌子菜。刘文典指着一盘时蔬，吃得不亦乐乎，连呼过瘾说："没想到云南竟有这么好吃的菜！"

在西南联大，刘文典的课依然精彩，依然叫座，依然使人难以忘怀。

在西南联大时，刘文典家住市郊官渡，离学校较远。当时日本飞机常对昆明进行空袭，但他从不缺课。他说："国难当头，宁可被飞机炸死，也不能缺课。"何兆武在《上学记》中曾回忆刘文典上课时的情形："西南联大的时候，刘先生大概是年纪最大的，而且派头大，几乎大部分时间都不来上课。比如有一年教温李诗，讲晚唐诗人温庭筠、李商隐，是门很偏僻的课，可是他十堂课总有七八堂都不来，偶尔高兴了来上一堂，讲的时候随便骂人，然后下次课他又不来了。"有一次，他刚上了半小时便讲完了上一讲的内容。同学们以为他接下来要讲新课，谁知他忽然宣布说："今天提前下课，改在下星期三晚饭后七时半继续上课。"原来下个星期三是阴历五月十五，正是月圆之夜，他要在月光下讲《月赋》（南朝刘宋辞赋家谢庄所著）。到这日，皓月当空，校园里摆下一圈座位，刘文典坐在中间大讲《月赋》，生动形象，见解精辟，让听者沉醉其中，不知往返。许多年后，宋廷琛在回忆文章中写道："那是距离人类登陆月球二十多年前的事情，大家想象中的月宫是何等的美丽，所以老先生当着一轮皓月大讲《月赋》，讲解的精辟和如此别开生面而风趣的讲学，此情此景在笔者一生中还是第一次经历到。"据说，刘文典在西南联大讲《文选》时，每次上课前，让校役提一壶茶，带上一根两尺多长的竹制的旱烟袋。每讲到

得意处，他就一边吸着旱烟一边解说文章中的精义，下课铃响了也不理会。有时候下午上课，他一口气讲到五点多。学生说刘"俨如《世说新语》中的魏晋人物"。马逢华在《教授写真》中记录了当年刘文典在西南联大开红楼讲座的盛况："其时天尚未黑，但见讲台上灯光通亮，摆着临时搬来的一副桌椅。不久，刘文典身穿长衫，登上讲台，在桌子后面坐下。一位女生站在桌边，从热水瓶里为他斟茶。刘文典从容饮了一盏茶，然后霍然站起，像说'道情'一样，有板有眼地念出他的开场白：只、吃、仙、桃、一、口，不、吃、烂、杏、一、筐！仙桃只要一口就行了啊……我讲《红楼梦》嘛，凡是别人讲过的，我都不讲，凡是我讲的，别人都没有说过！"在西南联大另外也开设《红楼梦》讲座的吴宓教授在1942年的日记中记录："听刘文典演讲《红楼梦》并答学生问，时大雨如注，击屋顶锡铁如雷声。"可见刘文典盛名不虚。

刘文典的课，不仅学生折服，就是像吴宓这样的大学者也爱听。据张中行回忆，一次刘文典在西南联大讲庄子时，大名鼎鼎的吴宓教授也去旁听，他"讲书，吴宓也去听，坐在教室内最后一排。他仍是闭目讲，讲到自己认为独到体会的时候，总是抬头张目向最后看，问道：雨僧兄以为如何？吴宓照例起立，恭恭敬敬，一面点头一面答：高见甚是，高见甚是"。

在西南联大，刘文典最钦佩的人是陈寅恪，最看不起的是沈从文。当时沈从文已是副教授，出版了很多作品，在文坛上已有很大的名声，讲课同样很受学生欢迎，但由于刘文典对新文学抱有很大的偏见，所以对沈从文很不客气。1943年7月，听说西南联大拟聘沈从文为教授时，刘文典居然勃然大怒，不屑地说："陈寅恪才是真正的教授，他该拿四百块钱，我该拿四十块钱，沈从文该拿四块钱，可我不会给沈从文四毛钱！他要是教授，那我是什么？"（汪修荣《民国教授往事》，河南文艺出版社）1939年至1940年，日本飞机经常到昆明轰炸。一次，刘文典看到沈从文为躲避飞机轰炸而"跑警"，很不屑地说："我跑是为了保存国粹，学生跑是为了保留下一代的希望，可是该死的，你干什么跑啊！"（黄延复《刘文典轶事》）

距离昆明千里之外，有一个叫磨黑的地方，是滇南著名产盐地，大盐商张孟希想办一所中学，希望能找一位名人为他撑台面，同时他也好附庸

风雅，想请一名人为他母亲撰写碑文。1942年年底，几位西南联大的学生找到刘文典，希望他到磨黑工作一段时间。张孟希开的条件极其优厚，不仅保证刘氏一家三口在磨黑期间的生活费用，待到刘文典返回昆明时，再以五十两烟土相赠。是时，昆明物价奇昂，刘文典经济上正处于极度困难时期，遂答应了张孟希和那几位西南联大学生的要求。

刘文典还在途中，他前往磨黑的消息在联大已不胫而走，在清华更是沸沸扬扬。由于西南联大是北大、清华、南开三所大学联合而成，实行双重领导，各校仍有自己的管理体系，罗常培是联大中文系主任，闻一多是清华中文系主任，刘文典只是向罗常培请假，罗常培在请示蒋梦麟（北大校长，当时名义上与梅贻琦、张伯苓共同执掌西南联大）等人后，叮嘱刘文典安排好教学事务，并预支一月薪金。问题是刘并没有向闻一多请假，刘文典的突然离开，导致清华的正常课程不好安排，闻一多十分恼火，当即决定给刘停薪处分。因是双重体制，每年聘书由联大和三校自制分别发出。西南联大按惯例下半年发聘书，竟给刘寄了一份，但并未告知清华。闻一多知道后火上浇油，致函刘文典告知他已被解聘，而且说收到的联大的那份聘书也须退还，信中措辞严厉并语含揶揄："昆明物价涨数十倍，切不可再回学校，度为磨黑盐井人可也。"虽经梅贻琦、陈寅恪、吴宓等人说情，但闻一多依然坚持解聘刘文典，因为此事冯友兰对闻一多颇有微词，吴宓与闻一多还结下了不解的矛盾。

落户云南大学

刘文典被清华解聘后，陈寅恪将其推荐给云南大学校长熊庆来和文法学院院长姜亮夫。求贤若渴的熊庆来马上致函刘文典，言辞恳切：

叔雅先生史席：

久违道范，仰止良殷。弟忝长云大以来，时思于此养成浓厚之学术空气，以求促进西南文化。乃努力经年，尚少效果，每以为憾。尝思欲于学术之讲求，开一新风气，必赖大师。有大师而未能久，则影响亦必不深。

贤者怀抱绝学，倘能在此初立基础之学府，作一较长时间之讲授，则必于西南文化上成光灿之一页。用敢恳切借重，敦聘台端任本校文史系龙氏讲座教授。月支薪俸六百元，研究补助费三百六十元，又讲座津贴一千元，

教部米贴及生活补助费照加。素识贤者以荷负国家文化教育为职志，务祈俯鉴诚意，惠然应允，幸甚幸甚。附上聘书一份，至希察存。何日命驾来昆，并请赐示，以便欢迓。专此布达，敬请道祺。

弟熊庆来

八月二十日

（以上据《乔传藻、刘文典教授》，中国作家网）

查阅云大解放前的开课记录可以发现，在整个云南大学期间，刘文典是开课最多的教授，累计有文选学、校勘学、先秦诸子研究、《大唐西域记》研究、《庄子》研究、《淮南子》研究、《文心雕龙》《史通》《文赋》、历代韵文、杜诗研究、读书指导、温李诗等十几门，堪称"教授界的'徽骆驼'"（在江南人的发音中，"老大"与"骆驼"同音，徽州商人故而也就有了"徽骆驼"的绰号）。

刘文典在云大的薪金待遇虽远超月饷六百四十元的校长熊庆来，但祸福相依的道理亘古不变，1943年的磨黑之行，对刘文典来说负面影响深远，直接导致他两次"落选"最高荣誉：

1943年岁末，第二批部聘教授推选，刘文典时在云南大学，从《部聘教授荐举名单》档案看，刘文典本列在"中国文学"榜首，可公布时刘文典名落孙山。据竺可桢1943年12月16日日记："部聘教授人选，除国文刘文典以有嗜好，以次多数之胡光炜递补外，其余均由各科教授之最多者当选。'嗜好'者，吸食鸦片也。祸从口出哉！"（竺可桢《竺可桢全集·日记》第八卷，第689页）

1947年学术界进行第一届院士评选，6月，刘文典突然接到"中央研究院"寄来的一份"国内学术专家著述调查表"，要求小结其在古籍研究方面的生平著述、学术成就。当时云南大学推荐人文组只刘文典一人。11月15日，中央研究院在报纸上发布候选人名单中，吴敬恒居首，刘文典名列第十一，备注栏写明"治校勘考古之学"。但由于王叔岷与远在美国的傅斯年的极力反对，刘文典在五轮投票中竟一票未得！"候选人中确有应删除者，如刘文典君，……彼曾为土司之宾。土司赠以大量烟土，归来后，既吸之，又卖之，……"（《傅斯年全集》第7卷）这可能就是刘文典落选的理由。好在1949年后他终于如愿以偿，1956年全国高校评职称，

刘文典是云南省高校文科中唯一一位一级教授，还当选全国政协委员，见到了毛泽东主席，享受到了他人难以企及的殊荣。

抗战期间，刘文典坚持中国必胜、日本必败的观点，并经常在《云南日报》上发表政论文章，分析抗战中的国内国际形势。1944 年 3 月 30 日和 31 日，《云南日报》连续两天以大幅版面刊登了刘文典的政论长文《日本战败后，我们该如何对待他》，主张是：对于战败的日本务必十分宽大。在谈到和平条约的内容时，刘文典提出了几点具体的意见：一是主张不向日本索取赔款；二是主张不要求日本割让土地；三是主张日本用自身拥有的文物赔偿他所毁坏的中国文物。

进入云南大学以后，刘文典与政界、军界人士逐渐有了一些接触。经历过军阀战乱、抗日战争的洗礼，他对于国民党特别是国民党军队将士有了一些新的认识。1946 年 10 月，抗战胜利周年庆，又逢蒋介石六十大寿，云南省政府主席、省保安司令兼军事倡议院上将院长卢汉想请刘文典写篇祝寿文，作为送给蒋介石的礼物。他原本以为刘文典会一口拒绝，没想到刘文典竟然满口答应。过了几天，一篇洋洋洒洒、纵横恣放的祝寿骈文呈现在卢汉眼前，文章高度肯定了"仇人"蒋介石一生的功绩和荣耀。卢汉立即请云南最好的书法家陈荣昌书写出来，作为厚礼送到了南京。据说"蒋介石看了以后很高兴，将其挂在显要位置"。1949 年 8 月，昆明解放前夕，云南省政府人事室聘请政府顾问、政府参议，刘文典就名列其中。聘书是由省政府主席卢汉确认并加盖印鉴的。

1949 年年初，胡适开始谋划送刘文典及其家人去美国，他主动为刘文典联系好了在美国的具体去所，甚至为他们一家三口人办好了入美签证，但刘文典在接到胡适的通知后，却迟迟不肯出发："我是中国人，为什么要离开祖国？"

1949 年 7 月 11 日，"国宝级教授"刘文典应云大文史系邀请，在学校泽清堂作了一场演讲，题目是《关于鲁迅》。讲了大约两个小时，听演讲的人挤满了教室，笑声不断。刘文典从十八个方面分析了鲁迅。然而，令刘文典没有想到的是，第二天云南的报纸上就刊登了批评他的文章，并且一发不可收拾，在不到二十天时间内，当地报纸先后发表了二十七篇"讨伐"刘文典的"战斗檄文"，支持他的仅有两篇。

新中国、新生活

1949 年 12 月 9 日，卢汉正式宣布起义。1950 年 2 月 24 日，中共云南省委正式宣布成立，云南全境获得解放。在新的制度下刘文典暗下决心：戒掉鸦片！

中华人民共和国成立后，由于云大副校长李广田的原因，刘文典就成了云大校园里的学术权威，没有人再敢找他麻烦、挑他毛病。在这样的外部大环境下，刘文典逐渐放下了心中的疑虑和不安，决定在有生之年拿出更多的时间，争取学术研究上的新突破。经过初步计划，刘文典决定潜心完成《杜甫年谱》《王子安集校注》，以及规模更大的《群书斠补》，并打算对文论名著《文心雕龙》进行研究。其中，杜甫研究是重点。

1956 年，刘文典走上了学术和政治的"双重巅峰"。这一年，他被评为国家一级教授，成为云南省唯一一位。同年 1 月 10 日，他又被全国政协第二届委员会第二次会议增选为全国政协委员。

1958 年 3 月下旬的一个晚上，云大中文系在会泽楼第十五教室举行教学整改运动动员会，刘文典作为"典型"，被推上主席台作了表态性发言："我自封为专家，我要做红色专家，希望大家烧！"从此开会批判刘文典，成了中文系的"家常便饭"。

面对轮番批判，刘文典逐渐支撑不住了。一次批判会后，刘文典勉强徒步回家，正走到半路，突然吐出几口血来。在学生吴进仁的劝说下，刘文典偷偷去云大医院做了个检查，结果确认：他患上肺癌了。7 月 14 日深夜，刘文典突感头痛，还没一会儿工夫就昏迷了过去，意识全无。夫人张秋华六神无主，赶紧让保姆去云大卫生科喊医生。医生初步诊断为"脑出血"，并认为"病情严重"，需要进一步抢救。经过一段时间的观察，刘文典的身体每况愈下。7 月 15 日下午 4 时半，没有留下任何遗言的刘文典永远离开了。

梅贻琦

两岸清华校长

在国际高等教育信息机构（QS）世界大学排名组织公布的世界大学排名中，2020—2021 年清华大学世界排名第十五名，这个成绩不仅标志着清华大学在世界的前列地位，也捍卫了在所有中国大学中继续排名第一的荣誉。百年清华，百年沧桑，这个荣誉的取得，自然是世代清华人的辛勤耕耘、薪火相传的结果，但也离不开永远的清华校长——梅贻琦的奠基与引领。

寒门出学子

梅贻琦，这位后来清华大学任期时间最长的校长，于 1889 年 12 月 29 日（光绪十五年腊月初八）出生在天津内照壁胡同里一个普通的院落。梅贻琦，字月涵。据家谱上说，梅氏先祖（应指的是明代开国功臣汝南侯梅思祖的侄子梅殷）曾是朱元璋公主（明太祖朱元璋次女宁国公主）的驸马，武官出身，于明成祖时代由江苏武进北迁（梅殷是建文遗臣，永乐三年去世，死因可疑，《明史》载是被前军都督金事谭深、锦衣卫指挥赵曦等人在过河时挤入水中溺死。朱棣下令将谭深、赵曦斩首，并封两个外甥为官），来到天津卫。随着时间的推移，梅家也逐渐从军人家庭变成了书香门第，开始以诗文传家。梅贻琦的曾祖父、祖父（名茂先）都中过举人。父亲梅曾臣，字伯忱，在二十多岁时考中了秀才，后屡试不第，在天津盐店做职员。母亲张氏，未曾入过学，是天津鼓楼北开设义生堂药店的商人后代。梅氏家族在天津人口不多，多以教书或盐务为业，很少有经商致富的。所以梅贻琦的家境也是极其普通，算是一个小康之家。

梅贻琦父母共生育梅贻琦、梅贻瑞、梅贻琳、梅贻璠、梅贻宝五个儿子，另有五个女儿。梅贻琦虽是家中的老大，但若放到整个家族里去排，他大概排行第五，所以他的弟弟妹妹都称他为"五哥"。

梅贻琦的家境虽然不算富裕，但父亲梅曾臣却十分重视对子女的教育。梅贻琦曾说："家境非甚宽裕，但对于吾兄弟五人之教育必尽力成全。琦姊妹亦五人，最小者亦能毕业于师范及南开大学。"（王晓庆《梅贻琦"学术自由"思想探源》)梅贻琦的侄女梅祖成对祖父的评价是："祖父崇尚教育，但他深感自己那套旧学已不合时宜，因而虽家境十分困难，仍尽其所能供养子女上学读书，接受新式教育。"所以梅贻琦兄弟都很出色，其中幼弟梅贻宝曾担任燕京大学代校长、美国爱荷华大学东方学教授、中国香港中

文大学新亚书院校长、台中东海大学教授等职务，其成就仅次于兄长梅贻琦。在当时经济环境条件下，能对子女教育做出如此投入，确实比较少见。根据刘崇鋐对梅贻琦口述所做的笔录，梅家有"穷念书"的雅号。

梅贻琦自幼忠厚老成，聪颖好学，在父亲的教导下，他从小接受中国传统文化教育，熟读经史，长于诵读。每次先生提问总能对答如流，深得先生喜爱。后来他的外国同事称其为"博闻强记的中国儒士"，并回忆道："他有一次对我们说，假如我们之中有谁背诵任何中国古经传有错漏，我可以接背任何章节。"（王晓庆《梅贻琦"学术自由"思想探源》）

当时的梅贻琦家境贫寒，父亲还吸食鸦片，所以即便已到了长身体的时候，他依旧显得分外清瘦，这让他在同龄男生中显得尤其打眼。读书之余，年幼的梅贻琦知道自己作为长子在家庭中的位置和担当，经常主动帮助父母操持家务，不仅协助母亲照顾弟弟妹妹，还可以踩着小板凳帮助父亲记账。按照幼弟梅贻宝的说法，梅贻琦"生为长兄，业为尊师，兼代严父"。

1900 年，"义和团运动"风起云涌，天津成为义和团"扶清灭洋"的主战场之一。烈火硝烟中，十一岁的梅贻琦随父母及弟弟妹妹全家逃亡保定避祸。

当一家人再次回到天津后，发现原本并不富裕的家业已被洗劫一空。经此浩劫，天津工商业受到重创，梅贻琦父亲失业，家中生活顿陷困境，只好从亲朋好友处借得粮钱暂时度日，每日以玉米面充饥，家人都处于半饥半饱状态。后来，梅贻琦父亲总算找到一份差事，但薪水低微，仍难维持一家生活。

许多年后，梅贻琦五弟梅贻宝回忆起当时的生活状况说："除去几间旧房居住以外，我家够得上准无产阶级了。父亲的收入有限，家里人口可观，一切周章挪补，都要母亲伤脑筋。"而恰恰是幼年这段苦中作乐的日子，使得梅贻琦形成了内敛、负责任、审慎的性格。与梅贻琦有深交的叶公超在和梅贻琦长期接触的过程中，就得出这样的结论："生活的经验告诉我，凡是寡言而审慎的人，多半都是因为早年家境不好，中年受过颠沛的人。梅先生家里虽然早年清寒，但是据我所知，并没有受过很大的挫折，不过他是长子，早年负着家计和教养弟妹的重担，因此也就形成了他一生的令朋友最钦佩的性格，就是他沉默的责任感。"（《严氏家馆走出一位梅校

长》，原载《今晚报副刊·津沽》，2020年11月27日）

说到梅贻琦所受的教育，不得不提到严氏家塾。严氏家塾由严修（严范孙）于1898年创办、天津著名教育家张伯苓主持，课程涉及面很广，还主张教学半日读经书，半日读洋书，尤注重学生的体育，师生一起做户外活动，如骑脚踏车、跳高、跳远和踢足球之类。早期的严氏家塾学生主要是严修之子等五人，后也有少数亲朋好友的幼童。1904年，梅贻琦十五岁，在亲友的资助下，以世交子弟的关系进入了严范孙的家塾。

1904年10月16日，受到日本考察结果的影响，严氏家馆与盐商王奎章商定，在严、王两家私塾的基础上创办私立中学堂，校址选定在严家偏院，师生用具由严家负责，教学仪器由王家担负，每月学校正常运转经费纹银二百两，严、王两家均摊，学生学费三元，分高级师范班与普通班，师范班学生来源于原严、王两学馆的学生等十几人，另招募学生七十余人，分甲、乙、丙三班。梅贻琦就读于丙班，并一直是高才生。

1905年2月，根据严修的意见，校名改为私立敬业中学堂。同年年底，按照时任直隶总督袁世凯的意见，学校又改为天津私立第一中学堂。1906年，郑菊茹先生捐赠南开隙地十余亩用来建筑校舍，1907年天津私立第一中学堂由严宅迁入新校址，更名为南开学校。

1908年7月1日，梅贻琦以第一名的成绩从南开学堂毕业，保送到位于直隶首府保定的直隶高等学堂读书（《母亲家族史摘录：梅贻琦韩咏华四十三载》），总教习是美国教育家丁家立。梅贻琦在这里接受了更加正规的欧美现代教育，这对于年轻的梅贻琦更是如鱼得水。

最早的清华学生

早在1904年，在时任驻美公使梁诚先生的努力下，庚子赔款数量浮夸过多的事情获得美国承认，清政府遂要求美国放弃其超出真正损失的那部分赔款。经过几年艰苦的谈判，最终促使美国议会在1908年通过退款决议。

1908年5月25日，美国国会通过罗斯福的谘文。同年7月11日，美国驻华公使柔克义向中国政府正式声明，将美国所得"庚子赔款"的半数退还中国，作为资助留美学生之用。1908年10月28日，两国政府草拟了

派遣留美学生规程：自退款第一年起，清政府在最初的四年内，每年至少应派留美学生一百人。如果到第四年就派足了四百人，则自第五年起，每年至少要派五十人赴美，直到退款用完为止。

1909年7月17日（宣统元年六月初一），外务部下拨经费，作为办理庚款留美事务的专设机构，游美学务处在北京东城侯位胡同租赁一所民房开始办公（不久迁入史家胡同），决定本年秋天，由京师报考与各省咨送的第一格学生汇集一起通考，送一百名学生放洋。

刚好学满一年的梅贻琦在师友鼓励下，怀着几分好奇与继续求学的理想，毅然前往北京报名，欲实现放洋深造之梦。

考试时间为1909年9月4日至11日（宣统元年七月二十至二十七日），考试地点在史家胡同的学部衙门考棚。具体时间与考题为：

二十日考试国文，为第一场；

二十一日考英文，为第二场；

二十三日、二十四日校阅试卷，各按分数先行取录张榜晓示，已录取者准其接试科学；

二十五日考试代数、平面几何、法文、德文、拉丁文，为第三场；

二十六日考试立体几何、物理、美史、英史，为第四场；

二十七日考试三角、化学、罗马史、希腊史，为第五场。

按照规定，每场"随时校阅，各给分数，俟取定之后，传至本处核对笔迹，相符然后取具愿书，另定日期放洋赴美"。

据前来参加考试的学生李鸣龢回忆说，英文及有关西洋学学科诸科目，皆由美国公使馆命题，国文与中国史地则由清廷学部命题。考场上，中文、英文、科学等多个回合下来，已是筋疲力尽，人生的关口总算熬过，只待吉星是否高照自己头顶。八月三日（9月16日）发榜，共有四十七人榜上有名，以程义法名列榜首，二至六名依次为邝煦堃、金涛、朱复、唐悦良、梅贻琦。

关于这次考试的场景，梅贻琦没有留下只言片语的记录，只有与他一起进入考棚且榜上有名的徐君陶晚年回忆往事的时候曾提及一个相关片段，徐说："经过几项考试，一次一次的淘汰，末了剩下四十七个人，梅先生和我便是这四十七人中的两个。我记得我在看榜的时候，看见一位不

慌不忙，不喜不忧的也在那儿看榜，我当时看他那种从容不迫的态度，觉察不出他是否考取。后来在船上看见了，经彼此介绍，原来就是现在的梅先生。"

这年 10 月，梅贻琦一行四十七名录取新生全部集中到上海，由游美学务处会办唐国安率领，搭乘"中国号"邮轮启程赴美。当时上海码头站满了送别人群，人头攒动，鲜花混杂着泪水在岸边摇动挥舞，颇为壮观。如此盛景，令许多老人又忆起了当年看到的相似一幕——同治年间有关方面也曾选派大批幼童，在上海码头登船赴美留学，现在同样的情景又一次再现，标志着新的历史大幕的开启。

北京游美学务处会办唐国安率领第一批招考的庚款学生梅贻琦等人，于上海乘船至美洲登陆春田市暂住。因美国各大学秋季开学业已两个月，乃由监督容揆根据每个学生的具体情况，除将金涛等二人直接送入大学就读外，其余诸生先行分送入波士顿附近各预备学校插班进修，第二年再往各大学及专门学校就读（唐国安《外务部会奏第一次遣派学生到美入学情形折》）。据梅贻琦的同学张福良回忆："伊与梅先生同学十人，分配于麻州有名之葛柔屯学院（Groton school），但往葛柔屯镇报到时发现，华盛顿的中国公使馆教育组人员弄错，改洽很不出名而且接近停办之苏仑思中学（Lawrence Academy），亦在葛柔屯镇，那时该校学生尚不满百人。所幸为期不久，1910 年各入原洽定的高级学院。"（《大师与大学》）

梅贻琦赴美前已在直隶高等学堂读过一年书，算是大学一年级，现在回头从中学学起，似是走了回头路，吃了亏。但从梅贻琦给六弟（梅贻瑞，实际是梅贻琦同胞之二弟）的信中可知，当时他的心态冷静平和，不认为是吃亏，反觉有益。这种顾大局与从长计议的乐观"屈就"性格，一直潜伏于梅氏身心并贯穿其一生。

1910 年（宣统二年），多数首批庚子赔款留美学生按照计划进入原定美国大学学习。清政府总结更早时期留日学生主要攻读法、政专业的不足之处，按照计划这批学生 80% 左右攻读工科、理科各专业，目的是实现实业兴国、技术兴国的目标。哈佛大学、哥伦比亚大学、康奈尔大学、麻省理工学院、耶鲁大学的算学、数理、化学、土木工程、森林、电机等学位是很多学生的选择。梅贻琦选择进入同样位于麻省的美国吴士脱大学校

（Worcester Polytechnic Institute，现译伍斯特理工学院），学习电机工程（《梅贻琦小传》）。1914 年（民国三年），梅贻琦从伍斯特理工学院电机系毕业，获电机工程学士学位，并入选美国希格玛赛（Sigma Xi）科学荣誉学会会员。

关于梅贻琦在伍斯特理工学院学习的资料，保留下来的很少。按照第二批留美学生、梅贻琦同学及好友杨锡仁的描述，梅贻琦在伍斯特理工学院学习期间是一个异常用工、性极温良、从无怨怒、学业成绩优良的好学生，并且在学校人际关系中寡言慎行、永远轻言细语，于同学中人缘甚佳，得到伍斯特理工学院校长与主科教授的特别关照。在课余时间，梅贻琦还有丰富的业余生活。他曾在伍斯特校报 *Tech News* 上发表了很多文章。除此之外，梅贻琦还参加了不少社团。他曾做过伍斯特很多社团部门的秘书长，例如参加该校"世界会"组织，先后任秘书、会计与会长，还曾代表伍斯特理工学院在众多场合发表演讲，诸此种种。可见年轻的梅贻琦不仅是一个"学霸"，而且还是一个热衷于社会活动的深受师生喜爱的青年。

由于身处异乡很难看到来自中国的信息，梅贻琦在给家乡的弟弟写信时，要求后者每隔一段时间给他邮寄中国的报纸，以便他及时了解国内大事。考虑到家人生活不易，梅贻琦在美国的生活非常节俭，每月省下少量的生活费寄回家中，补贴家用。

1914 年，二十五岁的梅贻琦以优异的成绩毕业，获得了工学学士学位，但是由于家境并不富裕，梅贻琦只能回国就业。此时的中国政治体制上已经发生了重大变化，六年前梅贻琦离开时，还是清朝政府，现在经过辛亥革命，已经换成了中华民国。不变的是梅家清贫的生活。梅贻琦回国后，年老体衰但不失明智的父亲面对充满朝气、知识广博的"海归"儿子，决定把掌家、持家的权力都移交给他，并明确告知其余子女唯长兄梅贻琦命令是从。出于维持家庭生活的需要，梅贻琦在天津的基督教会找了一份工作，然后把幼弟梅贻宝送到南开中学就读。由于与张伯苓交情深厚，每月三块钱的学费也以记账的方式缓交。梅贻琦的这一举措，为中国未来的又一位大学校长铺就了成长的道路。

真正的清华老师

1915 年，梅贻琦受时任清华校长周诒春的邀请，到清华大学任教，一

开始属于低档的中国籍教员，教授物理与数学课程。同年，梅贻宝也进入清华读书，并由梅贻琦教授物理课程，梅贻琦对于梅贻宝来说成了亦兄亦师的关系。在年轻的清华学子眼中，梅贻琦是一个真正的老师，据当时清华学生赵访熊、浦薛凤、吴泽霖等人回忆，梅贻琦讲课轻松、通俗易懂，说话速度徐缓、态度和蔼但不失严厉，"是真正的老师"。在教授物理与数学时，他认真给学生讲解知识原理，在晚自习时给学生认真解答问题，常常很晚的时候还在备课或批改学生作业。梅贻琦的工作态度使学生不免惭愧，自认为"我不是一个好学生"。

在初入清华任教时，梅贻琦依然不失"社交达人"的本色，在梅贻琦的帮助下，清华"科学社"办得有声有色。作为顾问的梅贻琦不仅辅导社员的课外学习与活动，还利用自己的关系邀请当时一些科学家前来演讲与指导，为理工学科在清华校园创办与扎根起到了促进作用。

作为一个低级中国教员，梅贻琦在清华任教的收入并不是很高，对于他来说维持一个人口众多且有数名弟妹读书的家庭，是一件非常不易的事。再加上清华地处海淀，远离京城（当时海淀属于郊区），使得年轻的梅贻琦不免心生寂寞，竟然萌生退意。

六个月后，梅贻琦于学校放寒假时回到天津。在看望张伯苓时，梅贻琦表达了自己对教书没有兴趣，想要换一个工作的愿望。听到梅贻琦这样说，张伯苓非常生气，带着教训的口吻说："你只做了半年的教师就不想做了，怎么就知道自己没有兴趣？年轻人要有耐性，你还是回去好好教书吧！"没想到，就是张伯苓的这几句话，改变了梅贻琦的命运，让他坚持在清华教书，坚持了几十年，也让他成为清华历史上举足轻重的人物。

迎娶韩咏华

1919年6月的一天，在北京东城基督教青年会举行了一场婚礼，有牧师证婚，有管风琴演奏瓦格纳的"婚礼进行曲"，洋式新派前卫，着西装的新郎是三十岁的梅贻琦，披婚纱的是二十六岁的韩咏华。

据史料记载，自清朝咸丰初年（1851年）起，天津城里就流传着一个关于八大家的口诀，排名第一的是"东门外韩家"，又称"天成号韩家"，从事海运业，是靠海船、海运发迹的。韩咏华就来自这个韩家。韩咏华父

亲韩渤鹏，清季维新时，曾任警察道；北洋政府时，为国务院秘书上行走。韩咏华母亲出自天津新八大家的"乡祠卞家"，充满传奇。梅贻琦夫人的家庭状况要远远好于他这位未来的清华大学校长。

早在 1902 年，严氏家塾就开始创办女塾，被《大公报》称为"女学振兴之起点"。在里面读书的除了严家的女儿，还有至交亲族的女孩。韩家与严家有"通家之好"，因此韩家的两姐妹韩四姑升华与韩五姑咏华都在女塾里读书。

严氏家塾设在严宅的偏院酒坊院中，有教室数间，男女学生各占一边，轮流使用一个操场。女生上体育课的时候，要把通向男生院的门关上。十一岁的韩咏华在女生班里年龄最小，每次都被遣去关门。于是那天，一个穿着长棉袍、毛坎肩、长发盘在帽子里的小姑娘，在掩门之际，看到了身材清瘦的梅贻琦。后来韩咏华说："从女生这边隔着窗子也可以看到男生的活动，这样我就知道了月涵（梅贻琦字）和金邦正等人。"其实韩咏华的祖父和梅贻琦的叔祖也是世交。她从老辈口中听说过梅贻琦，这下名字和人对上号了（《母亲家族史摘录：梅贻琦韩咏华四十三载》）。

1914 年，回国后的梅贻琦做了一件让很多人瞠目结舌的事情：他以家庭经济困难为由，毅然退了父母给他定的亲事。

几年后，当梅贻琦家里的经济状况有所缓解时，媒婆们便开始为他张罗起婚事来，但对于这些前来"提亲"的媒婆，梅贻琦却一概置之不理。还是严修老先生看出了其中门道，原来是梅贻琦喜欢上了昔日同过校的韩咏华。

人世间最幸福的事情莫过于：我喜欢你，而你恰好也喜欢我。某天，梅贻琦向韩咏华表白后，韩咏华竟低下头答道："我也是。"自此，两人便正式开始了交往。

说到梅贻琦与韩咏华的恋爱过程，不得不提及"两封情书"的故事。梅贻琦给韩咏华写了一封求婚的"情书"，就像梅贻琦平日的说话风格一样，言简意赅。当韩咏华将这样一封精练的"求婚书"拿给父亲过目时，韩父只看了一眼便道：不理他。韩父的这三个字意思很明确：反对这门婚事。韩咏华果然很听父亲的话，没有给梅贻琦任何答复。眼见自己求婚情书半天没被回复，梅贻琦这下着急了，等不到回信的他只得给韩咏华写出第二

封情书，这次的情书，梅贻琦洋洋洒洒写了上千字。在信里，他的语言全没有了第一封求婚情书的凝练，行文甚至有些语无伦次。

韩咏华拿到信后，依旧拿给父亲大人过目，没想到，韩父看了这封信后，竟连说："好文章，好文章。"当下就应允了这门亲事。有了父母的支持，梅贻琦与韩咏华开始通信，并于 1918 年订婚。婚后，梅贻琦在北京香炉营头条租了一个小院，把妻子接到北京来住，父母仍然留住天津。梅贻琦平时还是居住在清华工字厅单身宿舍，只是周末回到香炉营头条与妻子生活在一起。这时的梅贻琦总是把工资分为三份，一份给天津的父母，一份给三个读大学的弟弟，一份留给香炉营头条的小家。

1920 年，梅贻琦长女梅祖彬出生，1921 年 8 月，按照清华校章规定，梅贻琦获得清华入美公费学习的机会，进入芝加哥大学进修物理，深造两年，同时兼任纽约大学物理课讲师。1922 年夏，梅贻琦获得芝加哥大学机械工程硕士学位，而后到欧洲各国考察、游历，9 月返回清华大学担任物理学首席教授。

执掌学校教务工作

早在 1918 年 1 月，周诒春校长由于经济原因被迫辞职，而后清华学校历经赵国材、张煜全、罗忠诒（清华最短校长）、严鹤龄、金邦正、王文显、曹云祥等人代理或正式任职清华学校校长职务。

1922 年 4 月，一个阳光明媚的春天里，时年四十二岁的曹云祥作为清华第五任校长出现在清华学校师生面前。曹云祥的到来对梅贻琦的影响主要是三个方面：第一，成立一个五人组成的"调查委员会"，对之前的校务问题进行全面调查研究，以便为改革校政找出问题，加以改进；第二，提出目前清华学校"留美预备学校"的身份不符合当下全国教育发展的潮流，1935 年之前将清华学校改为完全大学（周诒春校长在位时也有此构想）；第三，聘请张彭春到清华任教务长，主持校务管理工作。

张彭春，字仲述，1892 年 4 月出生于天津，中国著名教育家张伯苓的胞弟。梅贻琦与张彭春同为南开学校同学，1908 年与梅贻琦一起考入保定高等学堂，之后张彭春考上第二期庚子赔款留美学生。

张彭春就任清华学校教务长后，经过与他南开的老同学、时为物理学

首席教授的梅贻琦交换意见，决定重组"课程委员会"，聘请梅贻琦等九人为委员，共同草拟筹备新设大学的具体步骤与课程。经"教职员会议"通过，决定1925年开办"大学部"，并设大学院（先设研究院国学门）。清华遂于1929年结束旧制，成为一所新兴的独立大学。

1923年11月，经梅贻琦参与讨论制定的课程委员会改革总纲得到表决通过，总纲将未来的清华大学定位于"造就中国领袖人才之试验学校"。

1924年，经清华大学筹备顾问的建议，清华校内成立了大学筹备委员会，梅贻琦等为筹备委员。1925年4月，经一系列运作之后，经北洋政府外交部批准，成立了"临时校务委员会"，梅贻琦等十人为委员，负责清华学校的改组工作。同年梅贻琦被改组后的大学部聘为物理系教授。

1925年10月后，由于北洋政府的人事变动，以及长期存在于清华内部的"少壮派"和校长曹云祥及其亲信的保守派的派系争斗，点燃了驱逐张彭春的导火线，虽然有梅贻琦、赵元任等人的极力维护，但是由于梅贻琦等人当时的地位较低，势单力薄，张彭春不得不携带家眷于1926年2月4日早晨离开清华园，出走天津。但是由于张彭春在清华学生中声望较高，也迫使"少壮派"势力付出了惨重的代价。之后，学校行政系统被改组，实行教授治校，并由梅贻琦等七人组成"宪法"起草委员会，起草本校组织大纲。"七人委员会"决定取消原有的教职员会议，成立教授会；取消原有的校务会议，改设评议会，评议会由教授会选出代表参加，是校内最高权力机构。4月19日，梅贻琦当选教务长并成为评议会会员。至此，梅贻琦终于置身于清华学校的高层并执掌学校教务工作，当时的他只有三十七岁。

梅贻琦执掌清华教务工作后，从发生的两件大事可以看出他的坚定与智慧。其一就是清华国学研究院的生存与发展。1926年5月，曹云祥表示不再"监管"国学研究院，令新上任的教务长梅贻琦"监管"。此时的国学研究院由于制度等种种原因，已是"命悬一线"。梅贻琦深知清华国学研究院存在的必要与"玄机"，审时度势，不仅使国学研究院得以继续生存，而且发展壮大。特别是1926年10月由李济、袁复礼主持的对山西夏县西阴村的考古发现以及1927年清华与瑞典探险家共同组成的中瑞西北科学考察团对新疆的联合考察，不仅成就了李济在中国现代考古学中一代大师

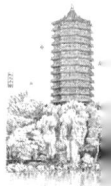

的身份，也奠定了清华在考古界中的学术地位。

其二就是关于留美学生提前留洋"事件"。20 世纪 20 年代的中国，政治动荡，军事冲突不断，造成了人心不稳。1927 年 5 月 1 日，蒋介石以南京政府军事委员会的名义，发布继续北伐的命令（此时的北京在张作霖的实际控制之下），清华园面临分崩离析的危机。留美预备部高三、高二学生共八十余人，害怕因时局动荡使自己的留学梦想成为泡影，于是提出暑假后提前出国留学，得到校长曹云祥的暗许。这个建议势必损害清华其余学生的经济利益，影响学校的正常教学与生活，所以遭到了以梅贻琦、赵元任、吴宓等人为首的部分师生的反对。双方各自动用关系，斗智斗勇，经过多次的协商、讨论，梅贻琦等人以辞职相要挟，甚至出现学生威胁教师人身安全的极端情况，最终该计划流产。

随后一段时间，梅贻琦在教务长、留美学生监督处监督、代理校长的位置上与曹云祥、温应星、罗家伦反复抗争与博弈，直至于 1928 年 11 月，他被时任国立清华大学校长罗家伦（国立清华大学于 1928 年 8 月 17 日正式成立，之前称清华学校）提请南京政府任命其接替赵国材出任清华大学留美学生监督处监督，至此梅贻琦被踢出清华，出走海外。

"大楼"与"大师"

梅贻琦在新的岗位上过得比较轻松，也就是管理分散在全美国的清华留美学生，掌管他们的经费、学业与操心学生们的日常生活等。这一情况一直持续到 1931 年 10 月 14 日，这一天他被任命为清华大学校长。

1931 年 12 月 3 日，11 点，清华大学庄严肃穆的大礼堂内，在清华时任高级管理者的陪同下，时年四十二岁的梅贻琦出现在广大师生面前，做出了他一生中最为著名的演说，其中最著名的几句话是："孟子说：'所谓故国者，非谓有乔木之谓也，有世臣之谓也。'我现在可以仿照说：'所谓大学者，非谓有大楼之谓也，有大师之谓也。'"（国立清华大学校刊——第 341 号，1931 年 12 月 4 日），这后一句话后来成为中国教育界共同尊奉的格言。

从梅贻琦上任直至 1937 年中国全面抗战爆发，梅贻琦主要解决的问题如下：

其一，就是致力于清华大学的发展壮大。为满足国家工业发展的实际需要，1932年2月，梅贻琦提出清华向工程科学方向发展的规划，增设机械工程学系与电机工程学系，结合原有的土木工程学系，成立工学院。这个设想因为政府决定暂停庚子赔款问题没有马上实施，直到1932年秋，清华大学工学院正式挂牌招生，梅贻琦亲兼校长。在新建工学院的同时，文学院、理学院、法学院也得到了充实与发展，先后有闻一多、王力、雷海宗、黄伟惠、周同庆、李运华、曾远荣、冯景兰、萧公权等一大批知名学者、教授被其招致麾下，形成了群星照耀清华园的局面。

其二就是学生请假罢考问题。1931年9月18日夜，日本帝国主义发动了著名的九一八事变。消息传出，全国震惊，人神共愤，包括北京在内的全国学生纷纷游行、请愿，甚至出现了截火车、殴打政府官员的情况。清华学生自然积极踊跃参与这种爱国行动。但是随着南京政府不抵抗政策的实行，日军很快占领了我国东北三省，锋芒直指华北平津。很多学生产生了逃难避危的念头，清华大学学生组织"清华学生自治会"，向校方提出请假罢考的要求。这一行为令梅贻琦与评议会颇感头疼，后经多方努力，才以清华大学自1932年1月18日至1月31日学校放假两周，2月6日起未参加考试的学生前往校园补考的方式结束。

其三，实施"通识教育"。"通识教育"理念的产生，源于梅贻琦接替张彭春教务长后对张氏理念的反思。梅贻琦采取了欧美大学流行的做法进行了课程改革。1932年，梅贻琦又以校长身份对"通识教育"理论做出了进一步深化、推广与完善。梅贻琦认为，"学问范围务广，不宜过狭"，这样才能得到一种平衡不偏的人生观。简单地说，就是要求学生先学会做人，然后再学会做有用的人。这一逻辑关系就是将来西南联大提出的"通识为本，专识为末"的方针。

"通识教育"理念的提出并不影响梅贻琦对真正专家的破格使用，早年国学研究院的陈寅恪自不必说，我国未来的数学巨匠华罗庚也是得到了梅校长的另眼相看。1930年，在当时的清华大学数学系主任熊庆来的推荐下，华罗庚进入清华大学图书馆担任馆员，又破格从一位系资料员转升为助教，而且被允许修习大学课程；他还破格被送到剑桥大学去做"访问研究"；1937年回到清华被聘为教授。

其四是注重体育教育。体育仿佛与梅贻琦有不解之缘，不论是少年时期的私塾教育，还是青年时期的南开学校，抑或是清华学校，梅贻琦学习工作的地方都十分注重体育教育，早在 1914 年秋，清华就聘请了来自上海圣约翰大学的马约翰来校，让他由化学教员改任体育教员，指导学生体育运动，结果是清华的体育成绩十分出色，这一点在梁实秋先生的回忆文章中多有描述。梅校长上任后，清华大学的体育教育不论是师资队伍建设还是体育教学设施建设，都有极大提升，提高了清华学生的体质。

其五是学术自由与政治开明。梅贻琦执掌清华大学后，奉行蔡元培"学术自由，兼容并包"的指导思想，始终以民主思想、学术自由为治校原则。在这种学术空气下，清华大学出现了大师云集，"万物相生而不害，相制而不克"的繁荣局面（《大学与大师》）。

梅贻琦对自己的评价是"余对政治无深研究"（黄延复《梅贻琦日记》，清华大学出版社），然而在实际上梅贻琦确实是一位开明的"智者"。中国现代著名考古学家李济对梅贻琦评价说："他虽不从事实际政治，但他对政治上的潮流认识得很清楚。这段时间内国际上日本加紧对华侵略的政治经济活动，国内国共两党军事斗争不断。大学自然不会是一片净土，不论教师还是学生，自然会加入到这错综复杂的社会生活中来，此时的梅贻琦在校内没有限制共产党的活动与发展。"（此时的中国共产党尚处于非主流、相对弱小的一方，梅校长此举开明至极）在校外不论是社会上发生的"一二·九"运动、军警围剿清华园、西安事变、卢沟桥事变等国家大事，梅贻琦与蒋梦麟等先后六位校长一方面出面与政府军警交涉和平解决，保护学生；另一方面积极引导安抚学生，所以深得学生爱戴。在当时清华驱逐校长成风的背景下，按照梅校长所言是学生不愿"倒梅（倒霉）"的说法，实属自谦了。

撑起抗战时期高等教育的"一片天"

1937 年 7 月 7 日，日本帝国主义发动了"卢沟桥事变"，中国军队（29军）奋起反抗，但是由于当时政治军事等各方面原因，日军很快占领了华北。8 月下旬，国民政府决定由已被敌人占领毁坏校园的国立北京大学、国立清华大学、私立南开大学组成长沙临时大学。9 月 18 日，有关方面推定梅

贻琦、冯友兰等五人为课程委员会委员，梅贻琦为召集人。课程委员会规定，学生 10 月 24 日前必须报到注册，11 月 1 日正式上课。开课后一周不到者，本校不再保留名额（临时大学第二次常委会议记录，北京大学档案室藏）。

全面抗战之初，出于战略上的考虑，1937 年 8 月 13 日，"淞沪会战"爆发，战役持续了三个月，结果由于中国军队战力不支，上海失守。12 月，南京沦陷，随即日军锋芒直指武汉，进而威胁长沙。1938 年 1 月中旬，根据国民政府指令，长沙临时大学迁往昆明，另组西南联合大学，蒋梦麟、梅贻琦、张伯苓三人被任命为国立西南联合大学常委，共同主持校务。事实上，年龄最小、资历最浅的梅贻琦主事时间最长，责任最大。

此时的西南联大可以说是苦难深重。20 世纪 30 年代的中国本就贫穷落后，云南更不是一个经济发达地区，再加上战争的破坏，国际上对中国的经济封锁，办学条件可想而知。因办学经费紧张，就连用铁皮、茅草建成的校舍也只能勉强够文、理、法三个学院学生之用，教学设备、教学资料奇缺（转移搬迁之中的毁损与遗失等原因），而且还要全天候地躲避日军飞机的轰炸。即使联大师生不停地"跑警报"，还是出现了教授书稿被日机轰炸毁坏甚至造成师生人身伤亡的事情。

梅贻琦本就是一位生活勤俭、公私分明的谦谦君子，不论是在美国留学读书、工作时期，还是在清华出任教务长与校长时期，梅贻琦总是把自己办公的条件降到最低，且不允许家人享受公家给予的待遇。战争时期物资奇缺，物价飞涨，这使梅贻琦的生活更加艰苦，日常生活还要依靠夫人摆摊挣钱贴补家用。梅贻琦本身好酒，被圈内好友称为"酒圣"，因贵为校长，常有各种酒局，除教育界外，还涉及军政界和工商界，包括英美驻滇领事馆等（据说酒品很好，从不"闹酒"），这更是加重了其家庭负担。但这不影响梅贻琦的豪爽与侠义，据说一次家中来客，夫人韩咏华只得上街摆地摊，出卖子女幼时所穿衣服，得款十元用以待客。不过好人终有好报，1942 年 9 月的一天晚上，梅贻琦宴请美国哈佛大学的费正清教授，宴请费用当在一千元之上，这对于月薪不足六百元的梅贻琦来说实在是一笔不小的开支，好在费正清教授也十分明白，送给梅贻琦一份价值一千元左右的礼物，大家扯平。

比经济上的贫困更让人头疼的是人事关系的处理问题，在这个方面更

见梅贻琦的公正与智慧。一是梅贻琦与政府高层的关系。民间盛传这样一件趣事：西南联大办了一个教学质量高的附中，昆明市民都想把自己的子弟送到这所学校去读书，云南省主席龙云的女儿、梅贻琦的小女儿都报考了这所学校，结果龙云的女儿没考上。曾给予联大许多支持的龙云认为梅贻琦太不给面子，就派他的秘书长前去疏通，但秘书长不动，说："我打听过了，梅校长的女儿也未被录取。"龙云顿时气消。

二是西南联大内部的关系。大学内部原本就派系林立，现在的西南联大更是三校合一，梅贻琦必须在人员安排、资金调配上尽量做到平衡，避免清华大学一家独大。

三是对学生的培养。战时的中国自然不乏热血青年，在几次征召入伍的宣传声中，梅贻琦都是积极响应配合，他的一儿一女就曾从联大应征入伍。但梅贻琦也尽可能地为中国保留下一批最有希望读书的种子，王浩、杨振宁、唐敖庆、李政道、邓稼先这些未来的学术大家都被梅贻琦妥善地保留下来，其大局观与大智慧从此可见一斑。

1945 年 8 月 15 日，是一个值得中国人自豪的日子，随着中国人民取得抗日战争的伟大胜利，国民政府决定南迁各校应在明年课业结束之后迁回。梅贻琦立刻派遣陈福田赴北平接洽清华园接收问题。11 月 7 日，梅贻琦赴重庆向教育部汇报联大情形（联大决定下学期继续在昆明开课），并准备前往北平办理清华复员事宜。

抗战胜利后，蒋介石便在全国调兵遣将，中国面临大规模爆发内战的风险，全国各界开始了反内战的各种活动。在这方面，青年学生自然不肯落后，停课罢课，学潮不断。就在梅贻琦离开昆明的这一时期，昆明出现了"一二·一惨案"。12 月 6 日，梅贻琦接到教育部密电，请其速返重庆，商讨处理昆明学潮问题。自此，梅贻琦开始在教育部（部长朱家骅）、昆明军警、各派教授、学生各种力量之间斡旋，他纵横捭阖、游刃有余，直至 25 日昆明学生组织通过《复课宣言》，昆明各校学生同意复课。

魂铸台湾清华

1946 年 5 月 4 日，西南联大举办了联大校史上最后一次结业典礼，梅贻琦做了具有历史意义的报告。

1946 年 10 月初，清华师生于清华园集结完毕，10 月 10 日上午 10 点，清华园大礼堂举行了复校后的首次开学典礼，梅贻琦对全校师生作了讲话。此后，在梅校长主持下，清华大学不断发展壮大，在此前文、理、法、工四学院的基础上，再设农学院，共五院二十六学系，比战前的清华多出十个学系。但是好景不长，前期的学潮运动使得清华内部元气大伤，再加之 1946 年后国民党发动了大规模的全国内战，使得国内物资短缺，民不聊生。北平城内各种反对南京政府的运动不断，特别是 1947 年 5 月爆发的"反饥饿，反内战，反迫害"运动，使得梅贻琦再次不停地奔走于教育部、华北"剿总"、各党派师生组织之间。也正是梅贻琦的积极活动，保护了很多拥护中国共产党的清华师生。

1948 年 11 月，"辽沈战役"结束后，林彪、罗荣桓指挥中国人民解放军东北野战军迅速南下，和华北军区部队一起在平津地区再次对国民党军进行了毁灭性的打击。败亡之际，南京的蒋介石政府制订出一份"抢救学人计划"，梅贻琦是政府第二批"抢救"人员，由于此时南苑机场已被解放军占领，飞机只能在临时修建的北平东单跑道起飞。12 月 10 日，梅贻琦飞抵南京。

关于梅贻琦的去留问题，中共方面曾极力挽留，周恩来和吴晗都曾表示希望他留下来，但梅贻琦还是选择了走。按照梅贻琦的解释是为了保护清华的基金，他说："假使我不走，这个基金我就没有办法保护起来。"梅先生由南京到广州再赴香港，然后以首席代表的身份出席了在巴黎举行的联合国教科文组织第四次科学会议，之后于 1949 年 12 月飞抵纽约。1950 年年初，梅贻琦出任"华美协进社"常务董事，常驻纽约。为清华基金保管及运作等事宜，1950 年春末，梅贻琦在纽约专租一室，作为"清华大学在美办事处"，处理清华大学在美事务。

1951 年冬，台湾当局决定在台湾恢复"清华大学"。他们先计划恢复"清华大学"研究院，即在台设立原子能研究所，逐渐扩大为由三五个研究所组成的研究院，最后恢复"清华大学部"成为一所建制完全、教学与研究一流的大学，由梅贻琦出任"清华大学"校长。1956 年 1 月，台湾新竹"清华大学"第一批校舍动工兴建，同年 7 月，"清华"原子科学研究所第一班研究生招考完毕，有十五名学生被录取。但是由于台湾的国际地

位日渐低下，研究所很难招聘到第一流的所长与教授，引起了学生的不满。梅贻琦动用自己的人脉关系与声望，力邀吴大猷、李书华、杨振宁、李政道等人加盟，却遭这些人婉拒，仅有袁家骝、吴大猷、邓昌黎等少数名家到新竹做过短期讲学。

1958 年 7 月，台湾地区行政管理机构负责人陈诚力邀梅贻琦出任教育事务主管部门负责人，梅贻琦婉拒不成，破例同时担任"大学校长"与教育事务主管部门负责人两个职务，也可以看出台湾当局对梅贻琦的倚重。

繁重的工作加之年龄的增长，梅贻琦的身体健康状况急剧下降，1959 年始，他多次因病住院，最后发展到连站立行走都十分困难。1960 年 6 月 10 日，梅贻琦被医院确诊为前列腺癌。蒋介石、陈诚等人分别到医院探望并下令尽量挽救与延长梅贻琦的生命，胡适、钱思亮、查良钊等学界要人与老友也纷纷到医院探望。夫人韩咏华也从美国飞到台湾照顾梅贻琦。

1962 年 4 月 29 日，是清华大学建校五十一周年校庆日，梅贻琦于两天前在病榻上做好了对校友的讲话录音。这段录音在新竹"清华"校庆集会上播出，也是梅贻琦对"清华"师生的最后一次讲话。

1962 年 5 月 4 日，七十三岁的梅贻琦与世长辞。5 月 23 日，梅贻琦葬礼在台北举行，蒋介石特颁"勋昭作育"挽额，并派代表张群致祭，教育界、梅先生好友、门生二千余人到场。

陈寅恪

教授之教授

湖南巡抚的后人

　　光绪二十一年（1895 年）秋，陈宝箴升任湖南巡抚。此公生于道光十一年（1831 年），字相真，号右铭。道光三十年（1850 年），陈宝箴入义宁州学读书，咸丰元年（1851 年）中举人，因率团练协助克复被太平军占据的宁州城有功，咸丰皇帝谕以知县候补，并尽先选用。1860 年，陈宝箴入京会试未中，一度留京，与四方俊雅之士交往。1865 年，陈宝箴被保荐觐见皇帝，授予候补知府，先后担任辰沅永靖道、河北道、湖北按察使、直隶布政使等官职，直至升任湖南巡抚。光绪二十四年（1898 年），"百日维新"宣告失败，陈宝箴以"滥保匪人"被罢黜。光绪二十六年（1900 年）春夏之间，陈宝箴突然逝世，死因有不同的说法，根据 1983 年 4 月宗九奇在《文史资料选辑》第 87 辑发表的《陈宝箴之死的真相》一文披露，慈禧太后是因陈宝箴参与"戊戌变法"而派人将陈宝箴赐死。

　　陈宝箴的长子叫陈三立，字伯严，号散原，江西义宁（今修水）人，近代同光体诗派重要代表人物。光绪八年（1882 年）入乡试，主考陈宝琛赏识其才，破例录为举人。光绪十二年（1886 年）陈三立会试中试，光绪十五年（1889 年）参加殿试，中三甲四十五名进士，授吏部主事，弃职后，随陈宝箴赴湖北布政使任所，1898 年"戊戌政变"时，陈三立因"招引奸邪"之罪被革职不用。后随父返江西，居西山"青庐"。陈三立与谭延闿、谭嗣同并称"湖湘三公子"；与谭嗣同、徐仁铸、陶菊存并称"维新四公子"，有"中国最后一位传统诗人"之誉。陈三立两次婚配，子女众多，其中最著名的是长子陈衡恪与三子陈寅恪。陈衡恪、陈寅恪与陈宝箴、陈三立、陈封怀四代人被后世合称"陈氏五杰"。

　　光绪十六年（1890 年），陈寅恪生于湖南长沙，祖母黄夫人以其生值寅年，取名寅恪，陈寅恪五六岁时启蒙于家庭私塾，学习"四书"、"五经"、算术、地理等知识。在启蒙阶段，陈寅恪将"四书"背得滚瓜烂熟。"五经"当中，他认为，《诗经》跟《尚书》是中国人必读的两本书，最好是全都背诵下来。陈宝箴去世后，陈三立携家迁居金陵，在家中创办了一个现代化的思益学堂，延师教读。十一岁的陈寅恪进入思益学堂接受教育，学习数学、英文、音乐、绘画等课程，除陈家子弟外，亲戚朋友子弟

也来学习，例如茅以升、茅以南等兄弟就曾经在思益学堂有过学习的经历。陈三立为思益学堂请的教师都是当时的名家，并且与老师约定，第一不打学生，第二不背书，所以陈寅恪是在一种轻松活泼、比较自由的气氛中度过了他的蒙馆生涯。私塾与思益学堂的学习不仅使少年陈寅恪自幼熟悉国学经典，而且又开拓了思想，增长了见识，拓其事业，为他日后放洋游学，接受西方现代文明的洗礼打下了坚实的基础。

漫漫留学路

光绪二十八年（1902 年）春，十三岁的陈寅恪随长兄衡恪，离金陵赴上海，以自费留学生的身份踏上了驶往日本的轮船，从此开始了长达十六年的海外游学生涯。在这条船上，就有后来大名鼎鼎的长陈寅恪九岁的鲁迅。陈家兄弟踏上日本国土，入东京弘文学院就读。

光绪三十年（1904 年）夏，陈寅恪假期回国返南京，据说有两个原因：第一个是在日留学费用高昂，第二个就是陈寅恪归国可以争取官费的资助。归国后不久，陈寅恪就与其五哥陈隆恪，同时考取了官费留日生，并于这年晚秋再度赴日，同行者有李四光、林伯渠等人。此次赴日，陈寅恪重返东京弘文学院。

光绪三十一年（1905 年），陈寅恪因患脚气病，不得不与两位兄弟衡恪和隆恪告别，独自回国调养。至此为期四年的日本留学生活彻底画上了句号。陈寅恪病愈后插班进入上海吴淞复旦公学就读，主攻英语，兼及德、法等语言。经过两年半的苦熬，于宣统元年（1909 年）夏毕业，同年秋在亲友资助下自费赴德国柏林大学就读。

宣统三年（1911 年）春，陈寅恪脚气病复发，不得已转地治疗北游挪威。这年秋陈寅恪至瑞士，转入苏黎世大学读书。当他得知国内发生了孙中山领导的辛亥革命时，立即从图书馆借阅德文原版《资本论》就读，以了解这场革命的内在理论体系。据史学家考证，陈寅恪可能是中国人中第一个阅读德文原版《资本论》者，这一年，陈寅恪二十二岁。

1912 年，也就是民国元年，陈寅恪脚气病复发，且费用拮据，营养不良所以不得不暂时归国，定居上海。第二年春天，陈氏脚气病痊愈，再次踏上西行的航船游学海外。他先入法国巴黎高等政治学校就读，再游学伦

敦。1914 年 8 月，欧洲爆发了第一次世界大战。这年秋，江西省教育司司长符九铭电招陈寅恪回南昌总揽留德学生试卷，并许以补江西省留学官费（这个事其实有点奇怪，江西省教育司大老远请留法的陈寅恪回来看留德学生的试卷，听着都让人一头雾水。有人说，这是因为当时江西省教育司的司长是陈寅恪的哥哥陈冲恪，但这个哥哥应是陈寅恪父亲的私生子或母亲地位低下，因而不被家族承认。陈冲恪这是利用职务之便让陈寅恪回国拿钱），陈寅恪应召回国。

1915 年春，陈寅恪阅卷空隙赴北京看望兄长陈衡恪，同时拜访了鲁迅。对陈寅恪而言，此次北上最有价值的是结识了他人生中至关重要的挚友傅斯年。在北京，陈寅恪还担任过由蔡锷任局长的全国经界局局长秘书。后来陈又受湖南省省长兼督军谭延闿延聘，至湖南交涉使署任股长一职，同事中还有当年留日同学林伯渠。

1918 年 7 月，归国四年的陈寅恪终于获得了江西省官费资助，有了再次放洋求学的机会。由于欧战的原因，陈寅恪决定赴美学习，入哈佛大学学习梵文与印度哲学。陈寅恪一到哈佛，就大量购买和阅读书籍，成为哈佛中国学生中读书最多者。

1918 年 11 月欧战结束。1921 年秋天，三十二岁的陈寅恪与表弟俞大维结伴赴德国柏林大学，进入哲学系就读。陈寅恪师从路得施教授，主修梵文与巴利文。

1922 年至 1924 年，在柏林的中国学子可谓人才济济，除了陈寅恪以外，像傅斯年、俞大维、罗家伦、毛子水，甚至周恩来等人也在柏林。这些学生虽然求学的兴趣、路数、门径不同，但理想还是大体一致，心中确实有修身齐家治国平天下的雄心壮志。陈寅恪探讨的话题比较广泛，涉及国家将来政治、教育、民生方方面面的问题。在一次同学聚会中，由于政见不同，陈寅恪竟被当作共产党与周恩来一起遭到了别人的殴打。

1925 年冬，陈寅恪离开柏林大学，携带俞大维的幼子俞扬和，经法国马赛乘船返回中国。前后十四年时间，陈寅恪游学日、欧、美，精通英、法、德、日、蒙、藏、满、梵、巴利、波斯、突厥、西夏、拉丁、希腊等十余种文字（一说二十余种文字），包括一些已经死亡的文字。等到陈寅恪回国时，仅就所掌握的外国文字的数量，已经没有什么人超越他了（汪修荣《国

民教授往事》，河南文艺出版社）。陈寅恪的侄子陈封雄曾对问过他的研究者说："寅恪叔到底学了多少种文字，我也说不清楚。一般来说，他能读懂十四种文字，能说四五国语言，能听懂七八种语言，是大致不差的。"（陈封雄《四十载都成断肠史——忆寅恪叔二三事》，载《战地》1980年5月）。在北京大学任教的王永兴也说，陈寅恪具备了阅读藏、蒙、满、日、梵、巴利、波斯、阿拉伯、英、法、德、拉丁、希腊等十三种文字的能力（《陈寅恪》，载《中国史研究动态》1979年第8期）。但是，陈寅恪非常低调。据他晚年弟子、中山大学教授胡守为回忆，陈氏在任教中山大学期间，在他填写的履历表上，"懂何种外语"一栏，只写着"德语"二字（《学识、品格，生活情趣——陈寅恪先生往事杂记》，载《历史大观园》1988年第5期）。

有意思的是，陈寅恪当年虽遍访名师，广泛涉猎，回国时却没有拿到文凭。关于这一点，有很多的版本，一是据他的授业弟子陈哲三所称："因先生读书不在取得文凭或学位，知某大学有可以学习者，则往学焉，学成则又他往，故未得一张文凭。"（陈哲三《陈寅恪先生轶事及其著作》）还有一个版本是说陈寅恪曾得到一个学士学位，据他的侄子陈封怀在回忆录中提到，陈寅恪曾得过三个学士学位。

1925年2月，在清华校长曹云祥主持下，清华学校国学研究院筹备处鸣金开锣，由吴宓主持研究院筹备处事宜。王国维、梁启超、赵元任以及陈寅恪成为这个研究院著名的四大导师。据说，清华办研究院时邀请赵元任回国执教，他此时在哈佛执教，哈佛答应只有他找到一个与他有相当资格的人来代替，才放他走。于是赵元任写信给远在德国的陈寅恪，推荐他接替自己在哈佛的职位，陈寅恪回复道，我不想再到哈佛，我对美国的留恋只是波士顿中国饭馆醉香楼的龙虾（汪修荣《国民教授往事》，河南文艺出版社）。

陈寅恪到清华来，首先要归功于吴宓的推荐，但更要依赖梁启超的据理力争。据清华研究院第三届学生蓝文征回忆，梁启超曾亲自向校长曹云祥面荐陈寅恪，当时的情景是："曹说：他是哪一国博士？梁答：他不是学士，也不是博士。曹又问：他有没有著作？梁答：也没有著作。曹说：既不是博士，又没有著作，这就难了。梁先生气了，说：我梁某也没有博

士学位，著作算是等身了，但总共还不如陈先生寥寥数百字有价值。好吧，你不请就让他在国外吧。接着，梁先生提出了柏林大学、巴黎大学几位名教授对陈先生的推荐，曹一听，既然外国人都崇拜，就请。"（陈哲三《陈寅恪先生轶事及其著作》，载《台湾传记文学》1970 年 16 卷第 3 期）

清华园的导师

1926 年 7 月，陈寅恪出现在北京西郊清华园，9 月参加了第二学期的开学典礼。这一年，陈寅恪主讲的是"西人之东方学之目录学"与"梵文—金刚经之研究"两门课程。他指导学生专题研究的学科为：一、年历学（中国古代闰朔日月食之类）；二、古代碑志与外族有关系者之比较研究；三、摩尼教经典回纥文译本之研究；四、佛教经典各种文字译本之比较研究；五、蒙古、满洲之书籍碑志与历史有关系者之研究。这一连串的列目，足令人为之眩晕，也可以看出陈寅恪在古文字学方面的造诣已经达到了何种广博精深的程度（岳南《陈寅恪与傅斯年》，陕西师范大学出版社）。

陈寅恪授课都是经过认真准备的，注重启发与发现，而不讲究形式。"陈师讲学注意自然启发，着重新的发现，对学生只指导研究，从不点名，从无小考，就是大考，也只是依照学校的规章举行，没有不及格的。他常说，问答式的笔记不是观察学问的最好方法。"（罗香林《回忆陈寅恪师》）

"在清华读书的时候，我旁听了陈寅恪先生的'佛经翻译文学'，参考用书是《六祖坛经》。我曾到城里一个大庙里去买过此书。寅恪先生讲课同他写文章一样，先把必要的材料写在黑板上，然后再根据材料进行解释、考证、分析、综合。对地名和人名更是特别注意，他的分析细入毫发如剥蕉叶，越剥越细越剥越深。然而他一贯坚持实事求是的精神，不武断、不夸大、不歪曲、不断章取义。"（季羡林《回忆陈寅恪先生》）据季羡林回忆，当时清华的留学生大多数西装革履、发光鉴人，只有陈寅恪终年长衫朴素无华，肘下夹个布包，装满了上课的书籍。而且很有意味的是，凡是与佛教有关的资料，他都一律用黄色的包装着。陈寅恪的学生许世瑛曾有过这样的记载："他讲授佛经文学、禅宗文学的时候，一定用一块黄布包了许多那堂课所要用的参考书，而讲其他课程，则用黑布包了那些参考书。他很吃力地把那些书抱进教室，绝对不假手助教替他抱进来。"（许

世瑛《敬悼陈寅恪老师》）

在清华的课堂上，陈寅恪一上课及提出所学之专题，然后逐层展开，每至入神之处，便闭目而谈，滔滔不绝，有时下课铃响起，依然沉浸在学海之中，尽情地讲解。他每堂课均以新资料印证旧闻，或于平常人人所见的史籍中发现新见解，以示后学（岳南《陈寅恪与傅斯年》，陕西师范大学出版社）。因为陈寅恪每次讲课不落俗套，学生听得津津有味，其名声也越来越大，很多校外师生也专程前来听课。燕大的学生得天独厚，可以一溜小跑即可到达清华讲堂，而远在城内的北大学生和年轻教员就只能成群结队跑到离城几十里外的西北郊清华园偷听陈寅恪讲课。除了学生和年轻教员之外，一些名教授也喜欢听陈寅恪讲学，其中就包括吴宓与朱自清。由于陈寅恪的学问太大，所以学生们在听陈寅恪讲课的时候，都觉得自己知识程度很不够，甚至感到由于自己的语文修养太差，不配当他的学生。

1927年6月，王国维沉湖而死；1929年1月，梁启超与世长辞；1929年7月，盛极一时的清华国学研究院宣告解体。此时，已出任中央研究院历史语言研究所所长的傅斯年向陈寅恪抛出了橄榄枝。鉴于对历史语言研究事业的挚爱与对未来的憧憬，陈寅恪接受了傅斯年的建议，出任中央研究院所下设的历史组（一组）主任。但是，陈寅恪并未前往广州赴任，而是转为清华大学中文、历史两系的教授，史语所一组的职务实际属遥领性质。

"第四等"的爱情生活

不久，一件中国学术史上著名的事件发生了，号称有八千麻袋、十五万斤的清宫内阁大库的档案被发现，整理这些档案就是陈寅恪有机会加盟中央研究院以来，为史语所所承办的第一件大事。1929年8月，在陈寅恪等人的积极努力下，约有六万公斤重的档案全部运往北平北海静心斋。这是史语所成立以来所获得的第一笔宝贵资料。这批资料的取得，使得史语所完全可以在学术资料的占有和研究成果上与北大、清华一较高下。

陈寅恪常年漂泊，海外求学，无心婚配。他到清华时，住在了赵元任家中。此时，陈寅恪的母亲已经去世，父亲陈三立一再催促他早日成婚，陈寅恪只好请求父亲宽限时日。在赵元任夫妇的帮助下，陈寅恪与唐筼谈

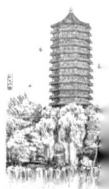

起了恋爱。

　　唐筼,字晓莹,生于1898年,其祖父唐景崧曾任甲午战争时的台湾巡抚。唐筼本人毕业于金陵女校体育专业,后执教于北京女高师,曾是后来鲁迅第二任夫人许广平的老师。更重要的是,唐筼正好是"身瘦而面长之",符合陈寅恪的审美。别看陈寅恪恋爱时间较晚,但他对爱情有深刻的认识。据《吴碧日记》记载,1919年在哈佛大学读书时,未婚的陈寅恪曾对吴碧和梅光迪谈起他的"五等爱情论":"第一,情之最上者,世无其人,悬空设想,而甘为之死,如《牡丹亭》之杜丽娘是也;第二,与其人交识有素,而未尝共衾枕者次之,如宝、黛是也;第三,曾一度枕席而永久纪念不忘,如司棋与潘又安;第四,又次之,则为夫妇终身而无外遇者;第五,最下者,随处接合,唯欲是图,而无所谓情矣。"对于"娶老婆,陈寅恪的言论是'学德不如人,此实吾之大耻;娶妻不如人,又何耻之有?'娶妻仅生涯中之一事,小之又小者耳。轻描淡写,得便了之可也。"(中国论文网:政治论文《陈寅恪的婚姻爱情观》,作者史飞翔)1928年,三十八岁的陈寅恪与三十岁的唐筼在上海缔结了偕老之约,"轻描淡写"地过上了"第四等"的爱情生活。在上海喜结连理后,陈寅恪因清华开学在即,乘船离沪返校,唐筼因要安葬母亲,留在上海,不能同行。

　　陈寅恪不仅是一位学问大家,也是一位爱国主义者。20世纪初,正是日本帝国主义加紧对华侵略的准备阶段。为表示对日本政府对华政策的反对,陈寅恪夫妇将1929年出生的长女取名为流求,与"琉球"同音,其名为台湾古称,1931年出生的次女取名为"小澎",意指澎湖列岛。两个名字皆为纪念以身殉职的唐筼的祖父唐景崧。三女取名美延。

　　"九·一八"事变之后,陈寅恪受到很大刺激,因而积极参与相关的抗日救亡运动,提出对日经济封锁。《北平晨报》1931年10月16日,在《北辰学园》刊发了陈寅恪与傅斯年等合写的长文《二十年武力厉行对日经济封锁》。"一·二八"事变爆发后,陈寅恪走出书斋,与北平学术界同人一道,倾力为全民抗战呐喊主张。他联合吴宓、叶崇智、俞平伯、吴其昌、浦江清等学者,向当局请愿,公开致电,痛斥投降主义,请求政府坚决抵抗,表达绝不妥协之信念。1932年1月,国民政府发表国难会议会员名单,陈寅恪名列其中,但由于陈寅恪对国民政府感到失望,决定不参加国难会议。

受"狂"人崇拜的教授

刘文典是清华大学中著名的"狂"人教授，但他对陈寅恪却是十分佩服。按照刘文典自己的标准，如果他自己值四十块钱工资，而陈寅恪应当值四百块。1932年，清华大学举行新生入学考试，国文系主任刘文典约请清华国学研究院"四大导师"之一的著名史学家陈寅恪为国文考试代拟试题，当时陈寅恪已定次日赴北戴河休养，就匆匆草就普通国文试题——作文《梦游清华园记》，另一题为"对对子"，上联为"孙行者"。

这次考试，结果一半以上考生交了白卷，对出"胡适之"而获满分的考生，仅周祖谟（著名语言学家、北京大学教授）一人；答"祖冲之"者，也视为符合要求，因"祖""孙"尚可成对；还有一考生对以"王引之"，对得也不错。考卷中凡答"唐三藏""猪八戒""沙和尚"等都不及格。

当时正是白话文运动蓬勃发展之时，因此有人在报上批评清华大学食古不化，不应出怪题"对对子"考学生。陈寅恪则提出四条理由：一、测试考生能否区分虚字和实字及其应用；二、测试考生能否区分平仄声；三、测试考生读书之多少及语藏之贫富；四、考查考生思想条理。陈寅恪的解释文章一经发表，这场"风波"即告平息。

1933年11月，陈寅恪的父亲陈三立从南京迁到北平城内，居西城姚家胡同三号陈氏旧宅。全家团聚，老人不再孤单，陈寅恪也可以安心从事教学研究工作。稳定和谐的家庭生活给陈寅恪事业发展铺平了道路，1929年到1937年，是陈寅恪一生当中收获最多的日子。因为生活安定，图书资料也容易获取，他发表了约五十篇学术论文和序跋，在国际上声名鹊起。

抗战爆发后的流离生活

"卢沟桥事变"爆发后，经过激烈的战斗，29军被迫撤退。陈寅恪携家带口乘人力车进入北平城内西四牌楼姚家胡同三号寓所暂避。平津沦陷后，陈寅恪的父亲陈三立老人因重病在身，伤心欲绝，于9月14日与世长辞。国恨家仇接踵而至，使陈寅恪急火攻心，导致视力急剧下降，不得已到同仁医院检查，诊断为右眼视网膜剥离，需入院手术。为了避免当汉奸，陈寅恪不顾眼疾，决定携妻带女离开北平，用唯一的左眼继续工作。

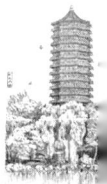

1937年11月3日,陈寅恪一家与北大毛子水等几位教授一起离开北平,一行人由前门乘火车向天津进发,然后经塘沽乘坐"济南号"英国邮轮驶向青岛,再由青岛经济南南下长沙。

整个行程约五千公里,历时十八天到达长沙。1937年12月,根据国民政府指令,设在长沙的临时大学撤往昆明,另行组建国立西南联合大学。

陈寅恪他们先是乘汽车到达广西桂林市。广西是唐篔的故乡,他们租住在一家旅馆,一面做继续上路的准备,一面在城中拜访唐氏的本家或亲戚。然后他们从桂林到达梧州市,当时广西大学就设在这里,校长李运华热情招待了陈寅恪一家,然后亲自送陈家老小登上河内轮船,经虎门抵达香港,此时已是1937年的阴历岁末。

到达香港后,陈夫人唐篔因旅途劳累过度,心脏病突发,三女美延又身染百日咳,高烧发热,陈寅恪只好在好友香港中文大学中文系主任许地山的帮助下,租赁了一间房屋暂住下来。春节过后,陈寅恪告别家人,独自一人上路,自中国香港取道越南海防市,抵达云南蒙自西南联大文学院。

这一路的逃亡使得陈寅恪损失惨重,先是赴滇之时,陈寅恪把自己随身携带的文稿、拓片、照片、古代东方书籍以及经年批注的多册《蒙古原流注》《世说新语》《五代史记注》等文献资料,装入一只皮箱内,交由铁路部门托运。但是,这些他几十年心血凝结而成并视为生命的珍贵财富文物在沿途中被铁路内的不法分子盗走,取而代之的只是在箱内装入的几块儿砖。再有就是陈寅恪由北平寄往长沙的书籍,由于长沙大火化为灰烬。

1938年秋,陈寅恪离开蒙自抵达昆明,住进了中央研究院史语所租赁的靛花巷青园学舍楼上。陈寅恪初来昆明时,尽管身兼数门,功课颇为忙碌,但总算还能安然居住、授课,并能有机会睡个午觉。在昆明的日子里,除了应对史语所历史组、西南联大、北大文科研究所等职责内的各项事务,陈寅恪还强拖病体,靠一只即将失明的眼睛,完成了奠定其世界级学术大师地位的不朽名著《隋唐制度渊源略论稿》的著述。

1939年春,陈寅恪被英国皇家学会授予研究员职称,他并收到了牛津大学汉学教授聘书,这是牛津大学创办三百余年来,首次聘请一位中国学者为专职教授。在征得梅贻琦的同意后,陈寅恪乘车由越南转中国香港,

做赴英的准备。意想不到的是，陈寅恪抵港不久，欧洲战火突起，地中海不能通航，无奈中，陈寅恪只好由香港重返昆明西南联大，等待可行的机会。

1940年3月，蔡元培去世，由于蔡元培担任中央研究院院长的职务，所以，院长继任人选很快被提上了日程。1940年3月中旬，评议会秘书翁文灏与中央研究院总干事任鸿隽、前总干事朱家骅、教育部部长王世杰等人沟通后，呈报国民政府批准，召集散落在全国各地的评议员赴重庆开会，选举新一届院长。翁文灏、胡适、朱家骅、王世杰、任鸿隽、李四光等都是院长的有力争夺者。作为评议员的重量级大腕，陈寅恪公开表示支持胡适，曾放言"本人不远千里来重庆，只为了投胡适一票"。结果在选举的三名候选人当中，胡适得二十票，排名第三，最后是朱家骅被任命为中央研究院代理院长。这年暑假，听说欧洲方面战况稍有好转，陈寅恪由昆明西南联大再返香港，等候赴英讲学的机会。刚到香港不久，他就收到中国驻英大使郭复初发来的电报，称因时局关系，赴英之事需延期一年。此时，由于日军出兵攻占南宁，陷落昆仑关，而夫人唐篔除心脏病外又患子宫病，陈寅恪只能暂居香港，并通过许地山在香港大学谋得一客座教授职位，以换取微薄的薪金维持生计。

1941年年初，困居香港的陈寅恪已经一贫如洗，此时西南联大与史语所已迁至四川，尽管傅斯年邀请他赴川，但是由于没有经费，陈寅恪无法前往。"珍珠港事件"爆发后，日军进犯香港，重庆国民政府火速派出飞机抵达香港，抢运在战前滞留在香港的政府要员与著名文化教育界人士，作为"三百年仅此一人"的陈寅恪当然也在其中。12月18日，国民政府派出的最后一架飞机抵达香港机场，但由于时任国民政府行政院副院长兼财政部部长孔祥熙的夫人宋霭龄以及女儿孔令伟的阻挠，陈寅恪与何香凝、郭沫若、茅盾以及蔡元培夫人等，没能搭乘飞机返回大陆。由于陈寅恪没有随机返回，整个中国的抗战大后方，传出了陈寅恪"死去"的消息。就在西南联大以及中国教育界声讨"飞狗院长"，悼念陈寅恪的时候，陈寅恪与一家老小，正在伴随着香港这座孤城和孤城中几近绝望的人群，在日军的铁蹄下痛苦地呻吟与挣扎。

面对日军的占领，陈寅恪做出了尽可能的反抗。一天日军要征用陈寅恪家所租住楼房作为军营，勒令所有住户限期搬出。陈寅恪决定不再顾及

个人安危，豁出性命与日军一搏，遂一人下楼与凶悍的日军进行交涉，最终使对方同意延长时日。由于陈寅恪的名声很大，有日本学者给军部写信："不可为难陈寅恪，务必照顾陈家。"当时的物资极为匮乏，日本司令部便派一个叫松荣的日本人做中日文化协进工作，要陈寅恪为他们修订历史教科书，便带着日本宪兵送面粉给陈寅恪。陈寅恪和夫人力拒，宁愿饿死，坚决不吃日本人的米面，最终他也拒绝为日本人修订历史教科书。

1942 年春节刚过，陈寅恪决定冒死逃离港岛。在朱家骅的营救下，陈寅恪于 5 月 5 日脱离虎口，取道广州湾返回内地，有位自称陈寅恪旧日学生的人来访，说奉命请其到沦陷区广州或上海任教，并拨一笔巨款让陈寅恪筹建东方文化学院，被陈寅恪拒绝。为避免被日伪汉奸利用，陈寅恪于 6 月抵达桂林。他们一家抵达后，最初落脚于中央研究院物理研究所，然后打算继续赴四川李庄历史语言研究所。但由于陈寅恪夫妇的身体状况均不允许继续前行，致使大师的身影，与李庄擦肩而过。

1943 年夏，日军为歼灭国民党中央军主力，由湖北向常德进攻，战火逼近长沙，桂林吃紧。迫于形势，陈寅恪只好再度携家，踏上艰难而漫长的逃亡之路，向四川境内进发。陈寅恪一家于 10 月底到达重庆，住进了俞大维、陈新午家中。陈寅恪身体本就不是很好，再加上常年奔波，已经身染沉疴，贫困交加，乃至见到昔日弟子蓝文征送给他的三罐奶粉，都感慨万分、爱不释手。由于陈寅恪已收到燕京大学的聘书，所以决定赴成都燕京大学任教。陈寅恪刚到燕大时所开的课为"魏晋南北朝史"和"元白诗"两门。自 1944 年秋，又继续开设"唐史"和"晋至唐史专题研究"两门大课。由于陈寅恪讲课内容精辟，极富启发性，前来听课者，不仅是校内学生，整个华西坝其他几所大学的教授都云集而来，欲一睹其讲课的风采神韵。

"到达成都后，父亲在燕京任教，我家与李方桂教授家同住在校园租赁的民房。这期间，成都灯光昏暗，物价飞涨，间或要躲警报。当生活那样困难的时候，父亲用他唯一的左眼紧张地从事学术研究和备课。"【蒋天枢《陈寅恪先生编年事辑》（增订本），上海古籍出版社 1997 年版】战时的成都比陈寅恪想象得更加糟糕。1944 年 1 月 25 日，陈寅恪致函傅斯年："到此一月，尚未授课，因居所闹吵，夜间不能安眠，倦极苦极。身体仍未恢复，家人大半以御寒之具不足生病，所谓'饥寒'之'寒'，

其滋味今领略到矣。到此安置一新家，数万元一瞬便完，大约每月非过万之收入，无以为存。燕大所付不足尚多，以后不知以何术设法弥补。思之愁闷。古人谓著述穷而后工，徒欺人耳。"（《陈寅恪集·书信集》，陈美延编，北京三联书店 2001 年版）。更加令人懊恼的是，1939 年陈寅恪于昆明西南联大时期所著《隋唐制度渊源略论稿》，在交付印刷后，由于战争原因被遗失，一直没有刊出，陈寅恪多方查找，书稿杳无音信。这部书稿就像战乱中著名的北京人头盖骨一样下落不明。不幸之中的万幸是，由于陈寅恪右眼失明，视力不济，他的书稿脱手后，寄给史语所，由傅斯年安排年轻的专业研究人员，抄写誊清后才送印书馆排版，这样才有了《隋唐制度渊源略论稿》下落不明之后，史语所同人将旧稿儿凑成，交重庆商务重印的补救措施，并于 1944 年秋在重庆印出。

由于住宿条件糟糕，生活贫苦，陈寅恪已经高度近视的左眼视力急剧下降，1944 年冬天的某个上午，陈寅恪来到课堂，满含忧伤地对学生讲，我最近跌了一跤后，唯一的左眼也不行了，说不定会瞎（岳南《陈寅恪与傅斯年》，陕西师范大学出版社）。12 月 12 日，陈寅恪起床后，感到眼前一片漆黑，左目已不能视事，两天后在仍不见好转的情况下，陈寅恪只好住进陕西西街存人医院求治。经检查，左眼视网膜剥离，瞳孔内膜已破出液，必须立即实施手术。18 日，医院决定为陈寅恪实施手术，若顺利或许还有一线希望，然而手术的效果不佳。在这期间，夫人唐篔每日守候在陈寅恪身旁，既要顾家，又要照顾病人，不久即因劳累过度引发心脏病，卧床不起。好在有燕大学生出面，女生值白班，男生值夜班，轮流照顾陈寅恪，学生的帮助，令陈寅恪夫妇在心灵上得到了一丝抚慰。

抗战胜利后，1945 年初秋，英国皇家学会与牛津大学仍然没有忘记陈寅恪作为史学大师的存在，约请陈寅恪赴伦敦治疗眼睛，希望治疗好后留在牛津讲学。由于夫人唐篔不能同行，燕京大学特派陈的门生石泉护送双目失明的陈寅恪远涉重洋赴英就医。极为不幸的是，到英国后，由于第二次世界大战刚结束，营养很差，虽用电针贴合视网膜，但由于视网膜皱在一起无法复原，手术失败，致使陈寅恪双目失明。

1946 年 5 月底，陈寅恪放弃了继续视网膜复位治疗的计划，乘船抵达上海。陈寅恪的妹妹、国民党交通部部长俞大维的夫人陈新午前往迎接陈

寅恪，然后乘火车抵达南京俞大维公馆暂住，不久夫人唐筼携三个女儿由成都抵达。6 月 12 日，由昆明前来南京教育部办理清华复校事宜的梅贻琦专程来到俞公馆拜访陈寅恪，并请陈寅恪回到复校后的清华继续任教。陈寅恪表示可以考虑。10 月，陈寅恪来到北平。同战前时的课程安排一样，陈寅恪仍任中文、历史两系合聘教授，同时兼任已复校的燕京大学研究院导师。陈寅恪决心静下来，好好做一番学问，并把自己的书斋取名为"不见为净之室"。

陈寅恪重返清华历史系，开设的课程为"魏晋南北朝史"和"隋唐史"，这两个课在抗战期间的西南联大与燕京大学都开过，对他来说应该是轻车熟路。但陈寅恪的不同之处在于，凡是此前讲过的内容，基本不再涉及，若有著作出版问世，设此专题的课程便永不再讲。用陈寅恪自己的话来说就是，著作都已经出版，同学们拿来用业余时间读一读就可以，不必再把光阴浪费在课堂。陈氏本人素来鄙视靠一本讲义翻来覆去一辈子的教授，认为这样做不但误人子弟，简直是谋财害命（陈寅恪有名的四不讲：前人讲过的，我不讲；近人讲过的，我不讲；外国人讲过的，我不讲；我自己过去讲过的，也不讲）。

终老岭南

1945 年后，内战爆发，使得北平政治经济条件极其恶劣，物价飞涨，尤其是 1947 年冬天北平大寒，致使陈寅恪再次陷入贫困交加，老友胡适前去探访陈寅恪，并想把自己在出任美国大使与在各人学演讲所得数目可观的美元赠予陈寅恪，以帮助他渡过难关。不料，此举却被陈寅恪拒绝。双方妥协的办法是，陈寅恪将家中所藏极为珍贵的书籍作价两千美元卖给胡适，由于这批资料十分昂贵，两千美元实际上是带有捐赠的性质。

1948 年 12 月，解放军兵临北平城下，胡适通过北大校长办公室的秘书邓广铭寻找到陈寅恪，询问陈寅恪是否愿意与护士一起离平南飞？陈寅恪颇为干脆地回答："走，前许多天，陈雪屏曾专机来接我，他是国民党的官僚，坐的是国民党的飞机，我绝不跟他走，现在跟胡先生一起走，我心安理得。"（邓广铭《在纪念陈寅恪教授国际学术讨论会闭幕式上的发言》，载《纪念陈寅恪教授国际学术讨论会文集》，中山大学出版社 1989

年版)至于出走的原因，陈寅恪曾对邓广铭意味深长地说了下面一段话："其实胡先生因政治上的原因是非走不可的，我则原可不走。但是听说在共产党统治区，大家一律吃小米，要我也吃小米，可受不了，而且我身体多病，离开美国药也不行，所以我也得走。"（邓广铭《在纪念陈寅恪教授国际学术讨论会闭幕式上的发言》）14 日，载有胡适与陈寅恪两家的汽车准备前往南苑机场，由于宣武门城门紧闭，守门官员不准出行，只好再次回到东厂胡同暂住。15 日清晨，胡、陈两家赶至中南海，乘坐总司令傅作义的汽车经宣武门抵达南苑机场，乘机飞离北平。到达南京后，陈寅恪只在南京住了一个晚上，第二天便携家眷悄然赴上海。一个月后，陈寅恪拒绝了中央研究院历史语言研究所所长傅斯年要他去台湾、香港的邀聘，没有踏上赴台的船板，而是辗转广州岭南大学任教。自此终生留在了岭南这块潮湿闷热的土地。

1949 年 12 月 16 日毛泽东访苏，令他感到意外的是，斯大林居然突然问起陈寅恪的行踪，原来是他的著作《中国革命问题》中引用了陈寅恪著作中的很多材料。毛泽东答应回国后再查找，后来查知是在广州的中山大学，便嘱咐广东当局要好好优待。周恩来对陈寅恪也一直照顾有加，中华人民共和国成立后不久，专门派人看望他，转达对他的关怀。（《国学大师之死》，当代中国出版社）

1953 年 10 月，以陈伯达为主任的历史研究委员会做出重要决策，尽快在中国科学院再增设两个历史研究所，创办代表新时代历史研究最高水平的刊物《历史研究》。在毛泽东、周恩来等人的密切关注下，决定由郭沫若、陈寅恪、范文澜分别出任第一所（上古史研究所）、二所（中古史研究所）、三所（近代史研究所）三个所长。但就陈寅恪的性格，他能否痛快地北上并出任所长一职，一时成为领导们没有把握的难题。陈寅恪曾经的学生钱镈自告奋勇来到了广州，试图说服陈寅恪北上就职。据说钱镈在与陈寅恪的交谈中，用刚刚在马列学院武装起来的革命者头脑，"以党员的口吻""教育开导的口吻""不知天高地厚"（陆键东《陈寅恪的最后 20 年》，北京三联书店 1996 年版）地向陈寅恪进行了严肃的政治味十足的谈话。陈寅恪是何许人也，1949 年，中华人民共和国成立前夕，杭立武、傅斯年、徐堪、陈序经都说服不了的人物，一个钱镈岂能吓到他。钱

籖的举动令陈寅恪勃然大怒，竟不承认钱籖是自己的学生。激愤之余陈寅恪并让钱籖向北京方面的郭沫若提出两个条件：第一条，"允许中古史研究所不宗奉马列主义，并不学习政治"，他还特别强调"不止我一人要如此，我要全部的人都如此"；第二条，"请毛公或刘公给予允许证明书，以作挡箭牌"（陆键东《陈寅恪的最后 20 年》，北京三联书店 1996 年版）。

1949 年后，中央经过慎重考虑，决定建立中国科学院学部，学部委员也就相当于原来的院士。当时提出的人选标准主要有两条：一条是政治的标准。社会科学的政治标准主要是拥护社会主义，拥护共产党；另一条是学术标准，即在本学科中是否有成绩。陈寅恪进了哲学社会科学的学部委员会。

1955 年，在陈寅恪、唐筼两人的结婚纪念日，陈寅恪题诗曰："同梦葱葱廿八秋，也同欢乐也同愁。"唐筼步原韵和道："甘苦年年庆此秋，也无惆怅更无愁。"同年们纷纷为陈寅恪祝寿，唐筼赋诗道："今辰同醉此深杯，香羡离支佐旧醅。郊外肴蔬无异味，斋中脂墨助高才。考评陈范文新就，笺释钱杨体别裁。回首燕都初见日，恰排小酌待君来。"尾联满怀深情地回首二十七年前二人在京华初识的情形，也表明自己虽然历尽磨难，依然无悔当初的选择。

1958 年 3 月，随着"大跃进运动"的开展，全国高校掀起了批判白专道路的运动。5 月 16 日，郭沫若在《关于厚古薄今问题——答北京大学历史系师生的一封信》中，公然对陈寅恪提出了批判。受郭沫若文章的影响，位于岭南的中山大学校园内开始了对陈寅恪的批判。1958 年 7 月卜旬，陈寅恪致书中大校长提出两点要求：第一，坚决不再开课，以免贻误青年；第二，马上办理退休手续，搬出学校校园，以不见为净，不闻为安，自躲一处，著书立说，以不见不闻了却残生。经过交涉，陈寅恪只是不再开课，但仍然住在中大校园东南区一号楼。

1959 年 4 月，陈寅恪当选第三届全国政协常务委员；1960 年 7 月，周恩来总理任命陈寅恪为中央文史馆副馆长。

1962 年 6 月 10 日，已经七十三岁高龄、双目失明的陈寅恪入浴时不慎滑倒于浴盆内，右腿股骨颈折断，次日进中山医院第二附属医院救治。陈寅恪右腿骨折后，得到了党和国家领导人的密切关注，时任广东省委第

一书记的陶铸给他派护士轮班照顾，在广东知识界传为美谈。胡乔木看望陈寅恪时，关心他的文集出版。他说："盖棺有期，出版无日。"胡乔木笑答："出版有期，盖棺尚早。"

这段时期，对陈寅恪帮助最大的是夫人唐筼。陈寅恪摔断股骨之后，长年卧床，是唐筼竭尽全力护理丈夫。在频繁的政治运动中，陈寅恪所有的"声明""抗议书"，乃至"交代材料"全出自唐筼的手笔，陈寅恪内心的痛苦、忧愤，应该说唐筼感受得最深切，也最剜心透骨，尽管如此，她却总是努力用女性的柔情为丈夫带去心灵的慰藉。本来唐筼的身体一直以来都很糟糕，在大女儿出生时，原先的心膜炎诱发为心脏病，几乎撒手人世。此后几十年，病体支离的她，以孱弱的双肩撑起陈家的重担。陈寅恪壮年盲目，暮年膑足，颠沛流离，受尽波折。幸运的是，性格坚韧的唐筼，在遇到陈寅恪之后，毅然放弃了自己的事业，将自身的生命完全沉浸在柴米油盐和照顾家人上，成为甘为之死、永志不忘的一位"中国好妻子"。据陈寅恪先生幼女陈美延回忆，早在1947年4月27日，时值清华大学三十六周年校庆，当时清华女生以妇女如何为社会贡献力量等为主题，采访师母，唐筼实话实说："妇女为家庭作出贡献也很重要。"陈寅恪当然懂得唐筼的重要性，他经常对女儿说："我们家里头，你可以不尊重我，但是不能不尊重你们的母亲。""妈妈是主心骨，没有她就没有这个家，没有她就没有我们，所以我们大家要好好保护妈妈。"

1963年1月21日，为了过个团圆春节，陈寅恪出院，在凛冽寒风中被人抬回家中。此时的陈寅恪已经失去了活动能力，整日躺在床上，有时也会被抬放到一张木椅上静坐。外界的光明与他已彻底绝缘，只有无尽的黑暗与他为伴。时局艰难、心境破碎，陈寅恪立下了在撒手归天之前完成最后一件大事的雄心大愿，加快了《柳如是别传》的创作进度。在助手黄萱的帮助下，终于在1965年完成了这部长达八十余万字的皇皇巨著，为中国历史传记文学开启崭新的篇章。此后，陈寅恪用尽残力，着手写书《寒柳堂记梦》（陈寅恪把自己晚年眠食之所取名为"寒柳堂"），记述其三世家风及本身旧事，作为对这个世界最后的告别。令陈氏始料不及的是，随着"文化大革命"爆发，此愿竟成一曲魂断残梦的绝唱。

1969年春节后，陈寅恪一家迁至中大校园西南区50号一所四面透风的平房居住。此时的陈寅恪，病体衰弱，已不能吃饭，只能吃一些汤水之类的流食。1969 年 10 月 7 日，心力衰竭的陈寅恪与世长辞。

为陈寅恪而活着的唐筼，最终亦为陈寅恪而死。唐筼平静地料理完陈寅恪的后事，仅仅相隔四十五天，11 月 21 日也离开人世。

陈寅恪与唐筼二人的骨灰先是寄存火葬场，后寄存银河公墓，因"文革"问题一直未能真正平反，各地政府不愿接受陈寅恪先生的遗骨。直到 2003 年，陈寅恪才与夫人合葬于江西庐山植物园，陈寅恪墓碑旁的一块大石上，刻着著名画家黄永玉书写的陈寅恪终生恪守的信条——"独立之精神，自由之思想"。从此，一代国学大师在去世二十四年后终于入土为安。

刘半农

中学肄业的北大教授

人穷命大的后代

1891 年 5 月 27 日（光绪十七年），我国近代著名的新闻学家、语言学家刘半农诞生在江阴县城内西横街的一户家境清贫的知识分子家里。

刘半农的曾祖父字荫荣，名廷赞，号大庸。刘荫荣慷慨好义，无畏艰巨，生性淡薄（徐瑞岳《刘半农评传》，上海文艺出版社），1860 年，他曾率家乡子弟在江阴东乡与太平军作战，后兵败被杀。刘半农祖父刘汉，字步阶，号梅卿，是刘荫荣的长子，原为国学生（国学生又称国子生，亦是指在国子监肄业的学生，但一般为官员子弟），三十三岁时战死疆场。这时刘家只剩刘半农的祖母夏氏，在刘半农出生前，刘家已经开始走下坡路。

刘半农的祖母夏氏在丈夫遇难十几年后，从乡下一位贫穷的本家那里收养了一个男孩儿。据刘育辉在《刘半农的家事与童年》一文里记载："……祖母去领孩子时，三个男孩都吓得躲在床底下不敢出来，最小的一个女孩则依偎在母亲怀里大哭……她本想要老大，领来了可以马上读书，但老大死活不肯，这时才五岁的老三却自告奋勇地从床底下爬出来说：'我去！家里好少一个人吃饭！'于是夏氏祖母便把他领回家里来抚养。"这个男孩儿就是未来刘半农的父亲刘宝珊。夏氏收养了刘宝珊后，靠纺纱织布供孩子入学读书。1896 年，刘宝珊考取了江阴县儒学生员，后在家里办起了私塾。1904 年，他和杨绳武先生创办了江阴县翰墨林小学。

刘半农的母亲姓蒋，出生在邑东大桥镇西塘坊圩一个贫困家庭。因父亲去世，母亲无法养活女儿，便把她丢弃在河冰上，恰巧夏氏路过，将这个女婴救起，带回家中当童养媳，与刘宝珊作伴。

多才多艺的少年

1891 年 5 月 27 日，刘半农出生，因盼望孩子容易养大，父亲给他取名寿彭（传说老寿星彭祖活了八百多岁）。刘半农的出生给刘家生活带来了生机，父亲上课之余，常带他四处走走，一边讲解家乡的面貌，一边教他识字、唱歌。刘半农两岁多的时候已经能清楚地背诵儿歌了。父亲小时候对孩子的教育和江阴传统文化对刘半农后来喜欢收集儿歌和方言，成为语言学家，起到了启蒙的作用。

刘半农出生时，家庭本身就比较贫困，四年后，随着二弟寿椿（后来的民族音乐家刘天华，之所以取名寿椿，是因为《庄子·逍遥游》中载有大椿树，是"八千岁为春，八千岁为秋"的特长寿树。取这个名字的寓意与寿彭相同）的出生，刘家吃饭都成了问题。刘半农经常用时间和意志抵抗饥饿。刘宝珊买米回来，刘半农也不一定能吃顿饱饭，还要看刘宝珊的脸色行事。直到刘宝珊在家乡办私塾渐渐有了名声，家境才慢慢好了些。

1896 年（光绪二十二年），六岁的刘半农入私塾读书。1898 年，看到刘半农对绘画很有兴趣，刘宝珊便给他买了两本画谱，让他学习画画。刘宝珊的一位熟人很懂画，看了他的画对刘半农说："画山水，最重要的是要有水。有水无山，也可以凑成一幅。有山无水，无论怎样画，总是死板板的，令人透气不得。因为水是表现聪明和秀媚的。画中一有水，就可以使人神意悠远了。"【《澄江镇：刘半农的根在这里》，江水之南（马力），《中国作家》2012 年第 10 期】

1901 年（光绪二十七年），十一岁的刘半农来到父亲刘宝珊和杨绳武等创办的江阴县翰墨林小学读书。这是一所新旧集合的小学堂，上午上中文，读《三苏策论》或《古文观止》中的一两篇文章，看《纲鉴易知录》十页，下午学英文、算术各两点钟，英文学《华英进阶》《英文初范》《英文法程》；算数学《九数通考》《数理经蕴》《代数术》。晚上自习读《西学大成》《泰西新史揽要》《四书味根录》《五经备旨》等书（刘半农《南归杂话》，《新青年》1918 年 8 月第五卷第二号）。

刘半农聪明好学，成绩总在前列，而且很动脑筋，尤其国文、英语出色。一次，杨绳武出了《论孟尝君》的作文题，同学们在作文里皆推崇孟尝君为"得士"之主，刘半农不同意说："岂有鸡鸣狗盗之雄出入其门而谓'得士'乎？"那意思是"鸡鸣狗盗"者不能算"士"。杨绳武惊讶地说，此小子不同凡响，其前途未可限量（朱洪《刘半农传》，东方出版社）

1903 年 7 月 11 日（光绪二十九年），刘半农的三弟寿慈出生。寿彭、寿椿、寿慈三兄弟合称"刘氏三杰"。

1907 年（光绪三十三年）11 月 3 日，刘半农参加了新办的常州府中学堂入学考试。校长屠宽亲自组织了第一次招生考试，考试内容分为国文、算术、历史、地理。结果，刘半农以江阴考生第一名的成绩被录取，因成

绩突出被分到了二年级第一班，与后来的国学大师钱穆成为同班同学。

11 月 15 日，学校正式开学，课程有修身、国文、算术、格致、生物、体育、兵操、音乐、图画、外国语（英、日）、读经讲经、中外历史、中外地理等。修身课程教材系陈宏谋写的"五种遗规"，即《养正遗规》《训俗遗规》《教女遗规》《从政遗规》和《在官法戒录》；读经课讲《春秋》《左传》《周礼》；英语讲《天方夜谭》《鲁滨孙漂流记》《纳氏文法》。屠宽校长提出"整肃"两字作为校训。为此，学校有很多严格规定，如学生进出教室要排队，课堂纪律严格，学生不准交头接耳。课余游艺活动一小时，晚自修两小时，学生一律要住校，星期日才准许回家。星期天，学生在吃过早饭后，摘下自己的名牌，到金学那里登记，然后回家，正午前返校点名，后进午餐（朱洪《刘半农传》，东方出版社）。

1908 年 3 月，刘半农喜欢上摄影，几分钟工夫，他就学会了如何照相。他攒钱买了一个小镜箱，提着它出门拍照。亲戚、朋友、小弟弟、小妹妹知道刘半农有个镜箱，一个个都要求拍照，刘半农也乐得给他们拍照。

1910 年 6 月，刘半农突然接到母亲病危的消息，立即向校方请假返回江阴。刘半农回家后，病重的母亲要求他立即结婚，按照当地的习俗为母亲"冲喜"。

新娘是江阴县城东朱子文先生的长女，名朱慧，比刘半农大三岁。据刘半农的女儿刘小蕙回忆，"她的祖母和外祖母都是信佛的，所以经常到离家不远的一座庵堂去进香拜佛，日子久了便建立了友谊。有一天，外婆突然向我的祖母提起了这一对青年男女的婚姻，提到她的大女儿"（刘小蕙《父亲刘半农》，上海人民出版社）。刘半农的父亲不同意这门亲事，认为女方比刘半农年龄大，于是朱家就将二女儿许配给刘半农。实际上刘半农更喜欢朱慧，据说他还曾经私下里到朱家看讨朱慧，看到朱慧裹脚后，"回家以后就问祖母，为什么女子要缠足？祖母回答说，女孩不缠足，如何嫁得出去？可是父亲则大不以为然地说，她现在已经是属于刘家的人了，用不着担心嫁不出去，我不希望她缠足吃苦头"（刘小蕙《父亲刘半农》，上海人民出版社）。因为朱家二女儿突然暴亡，刘半农最终娶的还是朱家大女儿朱慧。

刘半农的婚事并没有阻止母亲的生命走向终点，几天之后刘半农的母亲还是离开了人世。料理好母亲的丧事，刘半农立即返回常州府中学堂继续读书。

丰富多彩的青年

1911年10月，辛亥革命爆发，常州府中学堂被迫关闭，刘半农辍学回家。回到家乡之后，翰墨林小学校长王诩唐先生聘他回到母校教书，月薪十元。在教书的同时刘半农和吴研因等人编辑《江阴》杂志，宣传革命，启迪民智。

1911年，刘半农突发奇想，打算编辑一本专辑，全部以各地方的骂人话为主，书名就叫《骂人精粹》。刘半农跑到《北京晨报》刊登了一则启事，公开征求各地方的骂人方言，并且"骂"不还口，多多益善。赵元任看到这则启事几天后，便跑到刘半农那里，用自己所学的湖南、四川和安徽等地的方言，结结实实地把刘半农"骂"了一顿。不久周作人也得知刘半农"找骂"的事情，找到刘半农用绍兴土话对着刘半农张口"大骂"。刘半农在上课时，几个广东、宁夏籍的学生又用自己家乡的土话"数落"了刘半农一番。一连好几天，刘半农在学校里处处"挨骂"。

刘半农不甘心蛰居故里的生活，每天都和弟弟刘天华一起议论国事和自己的理想抱负。革命军节节胜利的大好消息，使刘半农兄弟决定离家出走、投笔从戎。在谁去谁留的问题上，俩人发生了争执，最终还是决定弟弟刘天华留在家乡，参加本乡的青年组织宣传革命。

刘半农的决定遭到了父亲与妻子的强烈反对，但是刘半农决心已定。1912年初春，刘半农离开家乡来到江北，在清江地区参加了革命军队，在一个作战旅中担任了书牍翻译的工作，随着部队转战于淮河与泗水之间。辛亥革命胜利后，刘半农看到军队内部的混乱现象，对革命的目的产生了怀疑，于是他辞去了军队的文牍工作，返回了故乡。

回到家乡后，刘半农再次与弟弟刘天华商议，一起去闯荡上海，刘天华欣然同意。但这时刘家生活拮据，刘半农只好跑到岳父家，向其弟朱组绥借了五块钱作为路费，与刘天华同往上海。

到上海后，经一位朋友介绍，他们进入上海开明剧社工作，刘半农充当编剧，曾编写《好事多磨》，但有时也临时充当演员，刘天华负责教授西乐。

初来乍到的刘氏兄弟，看不惯开明剧社一些青年演员的散漫个性，与他们不是很合群，显得很孤独。上演的新剧在上海红火一阵后，逐渐衰落，刘氏兄弟只能跟着开明剧社到浙江的嘉兴、宁波等地跑码头。回到上海后开明剧社面临解散。

通过开明剧社负责人李君磐的介绍，刘半农认识了时任上海《时事新报》编辑、"鸳鸯蝴蝶派"大家徐半梅。他告诉徐半梅，自己姓刘，单名复，字半侬。回到上海后，刘半农寄了两篇翻译小说稿给徐半梅，托他帮助发表。徐半梅将其中一篇登在《时事新报》上，另一篇介绍给中华书局的《小说界》杂志。1912 年夏，徐半梅推荐刘半农担任了上海《中华新报》社馆外特约编辑。1913 年年初，开明剧社解散后，刘半农进入中华书局编辑部工作，任编译员。10 月 8 日，他在上海《时事新报》上用个人名义发出登联启事，以"余渔鱼于圩"五个同音的平音字作为上联公开征求答对。10 月 13 日在《时事新报·杂俎》中发表了小说《秋声》，荣获该报专栏悬赏的第三十三次一等奖。之后在上海文坛上，"刘半农"这个名字逐渐很有名气。

1914 年年初，刘半农在"鸳鸯蝴蝶派"创办的《中华小说界》上发表了侦探小说《匕首》，随后又陆续发表了《黑行囊》《顽童日记》《洋迷小影》《奴才小影》《伦敦之质肆》《默然》《此何故耶》等九篇小说，年底在王春银主编的《礼拜六》周刊上发表翻译小说《奉赠一元》。

1914 年年冬，刘半农因父亲患病回到江阴。1915 年 1 月 27 日，刘宝珊病逝。料理完父亲的丧事后，刘半农与夫人朱慧一同前往上海。这一年，刘半农继续在《中华小说界》发表小说《未完工》《影》《我矛我盾》，发表翻译小说十四篇，如《福尔摩斯大失败》（1—3 案）、《帐中说法》（连载）、《烛影当窗》、《悯彼孤子》、《情语》、《杜瑾讷夫之名著》、《黑肩巾》（连载）、《英王查理一世喋血记》、《诛心》、《盗讧》、《如是我闻》、《谈娥》（连载）、《暮寺钟声》、《战后》（朱洪《刘半农传》，东方出版社）。

1916 年年初，刘半农结识了著名的近代文学家苏曼殊。1916 年 5 月，刘半农翻译的高尔基小说《二十六人》在《小说海》发表。夏天，他与中华书局的多位同志在《中华小说界》上发表合译小说《福尔摩斯大失败》（第 4、5 案）。1916 年秋，刘半农辞去中华书局编辑职务，任上海实验

学校和中华铁路学校教员。刘半农每周要上十八节课，还要写作、翻译，非常劳累。在刘半农的眼里，教书这个职业还不如一个叫花子。这一年9月，刘半农长女刘小蕙出生。但因为刘宝珊不喜欢女孩，刘半农夫妇便把这个姑娘当作男孩打扮。10月1日，刘半农首次在《新青年》第二卷第2期上发表《灵霞馆笔记·爱尔兰爱国诗人》。

1917年2月，刘半农在《新青年》第二卷6期上发表《灵霞馆笔记·阿尔萨斯之重光》，第一次向国人介绍了资产阶级革命歌曲《马赛曲》。

《灵霞馆笔记》的发表，是刘半农和《新青年》建立关系的开始，也是他进行杂文写作的起点。刘半农的表现立即引起了北京大学校长蔡元培的注意。在陈独秀和常州府中学堂原校长屠元博的力荐下，年仅二十六岁、只有高中肄业资历的刘半农，于1917年夏天被蔡元培破格聘请为北京大学预科教授。

第一学期，他担任预科一年级丙班兼理预科一年级丁班国文教员，还为理预科三年级乙班上小说课。不久他被调往本科任教，并在北京大学文学研究所担任诗、小说、文典编纂法和语典编纂法的教学工作。刘半农虽然学历不高，但是还是得到了北大很多教师及学生的认可。翟俊千在回忆北京大学群星璀璨的大师时自豪地写道："蔡元培先生到北大主持校政后，名师硕学竭诚延聘来校，济济一堂，自由讲学。当时，陈独秀主讲西方文明史……李大钊讲社会科学概论……周树人讲汉文学史、中国小说史……胡适讲中国哲学史；蒋梦麟讲教育学……梁漱溟讲印度哲学唯识述……钱玄同、黄侃（季刚）讲中国文字学；刘半农、沈尹默讲中国文学；马寅初、陈启修（豹隐）、顾孟余讲经济学……辜鸿铭讲英国文学。"（《老北大（民国趣读）》，作者《老北大》编辑组，中国文史出版社）

刘半农到北大后讲课很受学生欢迎，他讲课时严肃认真，而且常常流露出机敏和幽默，滔滔不绝，妙语连珠，时时迸发出智慧的火花。1920年由群益出版社出版的《中国文法通论》就是刘半农这一时期的教学讲义。但是刘半农自己却十分谦虚，在留学法国暂时离开北大前，应蔡元培校长的要求，刘半农在给北大学生做演讲时说："因为我自己限于境遇，没有能受到正确的、完备的教育，稍微有一点知识，也是不成篇段、没有系统的，所以自从到校以来，时时惭愧，时时自问有许多辜负诸位同学的地方。所

以我第一句话，就是要请诸位同学，承受我这很诚恳的道歉。"（刘半农《留别北大学生的演说：1919》）

刘半农到北京后不久，和鲁迅、周作人、钱玄同等人都成为好朋友。尤其是钱玄同，两人性格虽然相差甚远，但共同的革命理想和斗争目标，使他们成为忘年交。1918 年 1 月，在《新青年》上发表《应用文之教授》时，刘半农将笔名"半侬"改为"半农"。1918 年 7 月 27 日，刘半农在《北京大学日刊》上公开声明，加入由蔡元培在北京大学发起的"进德会"，具名同意恪守"进德会"的三条基本节律（"进德会"将会员规定为三种，甲种会员不嫖、不赌、不娶妾；乙种会员于前三节外加不做官吏，不做议员二戒；丙种会员于前五戒外，加不吸烟、不饮酒，不食肉三戒）。

1919 年 2 月 25 日，刘半农和钱玄同、胡适等人一起被推举为"国语统一筹备会"会员。在 4 月 23 日"国语统一筹备会"全体会员大会上，刘半农向大会提出了由他拟定的《国语统一进行方法案》经大会决议通过。1926 年年初"国语会"第二次大会发起组织"国语词典委员会"，刘半农被推举为委员之一。

从 1915 年起，陈独秀、胡适等人通过《新青年》杂志举起了文学革命的大旗。《新青年》关于文学革命的主张提出之后，立即得到了刘半农、钱玄同等人的热烈响应。1917 年 5 月，在《新青年》第三卷第三号上，刘半农发表《我之文学改良观》，对散文的改良、诗体的改良与戏曲的改良提出了明确的方向。随后又接连发表了《诗与小说精神上之革新》《应用文之教授》等文章。

对于五四新文化运动和文学革命，刘半农表现出了极大热忱。1917 年 10 月 16 日，刘半农致钱玄同的信中说道："譬如做戏，你，我，独秀，适之四人，当自认为台柱，另外再多请名角帮忙，方能'押得住座'。"同时刘半农也表示："'当仁不让'，是毁是誉，也不管他。"1918 年 3 月《新青年》第四卷第三号刊出了署名"王敬轩"给《新青年》编辑部的信，以及刘半农的《复王敬轩书》，对所有反对新文化运动的谬论进行了集中的批判。鲁迅在《花边文学·趋时和复古》中对刘半农的评价是："他跳出鸳蝴派，骂到王敬轩，为一个'文学革命'阵中的战斗者。"

1919 年 5 月 4 日学生游行时，刘半农坐守"北大指挥部"。6 月 3 日，

刘半农与周作人、陈百年、王星拱等人前往北大三院（法科）慰问被捕学生，被拒之门外。于是，刘半农起草了《致本校全体教职员诸君涵》征集签名，并于 6 月 4 日发表在《北京大学日刊》上。

在北大只有中学学历的只有刘半农，而其他教授不是从欧美就是从日本归来的"海归"。因此，在文学革命运动中，他常被一些"海归"人士"另眼相看"。同为新文化运动主将的周作人曾这样回忆说："刘半农因为没有学历，虽同是文学革命队伍里的人，却为胡博士他们所看不起。这个对他刺激很大，所以，他要发奋去挣他一个博士头衔回来，以出了心头上的这一股气。"（鲁建文《刘半农的留学生涯》，《湘声报》湖南政协新闻网）

1919 年年底，在蔡元培的支持下，经北大申请，教育部正式批准，刘半农获得了前往英国伦敦大学留学的机会，攻读语音学。与一般的留学生不同的是，刘半农属于北大直接委派的官费生，每月除教育部发给六十元生活费外，北大还有一百二十元津贴。应该说，他的留学经费是相当充裕的。去之前，他曾做过咨询，在认真进行经济保障评估的前提下，决定携带家属共同前往伦敦。

奋发图强的壮年

1919 年 12 月 17 日，是北京大学成立二十二周年的纪念日。受蔡元培的邀请，即将出国留学的刘半农对北大的学生做了一次演说。刘半农告诉学生："神圣的工作，是生产工作。我们因为自己的意志的选择，或别种原因，不能做生产的工作，而做这非生产的工作，在良心上已有一分的抱歉，在社会中已可算得一个'寄生虫'。所以我们于这有缺憾之中，要做到无缺憾的地步，其先决问题，就是要做'益虫'，不要做'害虫'。那就是说，应当作有益于生产的工作者的工，做一般生产的工作者所需要而不能兼顾的工。"（《刘半农留别北大学生的演说》，民国故纸堆整理）

刘半农一家来到上海后，找到商务印书馆的张元济，以二百元的价格将《中国文法通论》的版权卖给了商务印书馆。1920 年 2 月 7 日，刘半农一家自上海乘日轮"贺茂丸"号赴欧（在乘船前刘半农曾因船票问题与中日两国货币汇率问题，与日本船公司做过激烈的斗争，最终迫使日本船公司做出妥协）。

"贺茂丸"经过中国香港、越南、斯里兰卡、新加坡、地中海进入法国的马赛港。一个多月的航行对刘半农和小蕙来说还是比较轻松与愉快的。他们坐的是二等舱，吃饭有刘半农爱吃的蛋炒饭，还有三次茶点。每次船靠岸后，刘半农还带着小蕙登上陆地，领略一下异国风情。不过刘半农的妻子朱慧却因为怀孕的原因一路晕船。"贺茂丸"抵达马赛港后，刘半农决定改走陆路前往伦敦。3月17日下午，刘半农一家抵达伦敦。

在伦敦大学，刘半农打算以研究语音学为主，以哲学为辅。语音学又分为应用语音学和实验语音学两种，他打算从应用语音学入手，其次专攻实验。刘半农进入伦敦大学时，正是第二学期结束和第三学期开始，只有三门功课。第三学期开始，刘半农作为插班生先上了这三门课。每周刘半农听课三次，课余自己研究。

伦敦生活的艰难远远超出刘半农的想象。首先是天气问题，伦敦城里空气不好，很少有阳光，远远不及他在北京的生活环境。其次是经济问题，按照刘半农事先的预算，在伦敦生活费用每月仅需十余英镑，而自己的官费和北大的津贴每月可以兑换六十英镑，不仅生活没有问题，而且还可以买书。实际上此时是欧战初停之后，物价大涨，伦敦物价很贵，仅房子一项每月就要十四镑多。再加上英镑汇率大涨，无形中刘半农的收入减少了三分之一。为了节约费用，刘半农每次到学校上课都要走上十多里路，以节约每月一点五磅左右的交通费用。最后就是刘半农的家庭负担太重。刘半农本身就要养活三口之家，1920年8月1日，妻子生下了龙凤胎，刘半农给双胞胎起名刘育伦和刘育敦。一下增加了两口人的支出，更是增加了刘半农的生活压力。艰难的生活，强烈地激起刘半农的思乡念头，1920年9月4日，刘半农写出了新诗《叫我如何不想他》。小诗一经发表，尤其被赵元任谱曲传唱后，打动了无数华侨和爱国者。

1920年5月27日，是刘半农三十岁的生日。十天后，刘半农写了《她字自问题》。原来刘半农主张造一个"她"字，只是和周作人随便说过，因为这个字如何读，刘半农拿不准，所以也没有发表。至于是否在文章里用过，刘半农自己也不清楚。周作人年前发表译文《改革》，在按语中说，半农想造一个"她"字，和"他"字并用，算是公布于世。对于刘半农的"她"字建议，鲁迅兄弟与胡适都持反对意见。在得知上海《新人》杂志刊登寒

冰的《这是刘半农的错》和《时事新报·学灯》刊登寒冰的《驳她字的研究》两篇文章后，刘半农反而认真了，遂写文章《他字的研究》，正式提出：一、中国文字要不要一个第三位阴性代词？二、如要能不能就用"她"字？刘半农认为"她"字不会无用，至少在翻译中占一个地位（刘复《半农杂文》，河北教育出版社）。

1920年年底，蔡元培、汤尔和、张申府等人从上海出发，考察欧美教育。1921年5月6日，蔡元培等到伦敦，见到了刘半农和其他北大留英学生。5月12日，在爱丁堡学术研究会举行的晚餐会上，刘半农在宴会开始前发言，热情地介绍了蔡校长。在英国，刘半农和蔡元培谈到自己准备去法国读书的计划，因为那里的生活经济些，他还可以抄写巴黎博物馆的敦煌古写本。这个计划得到了蔡元培的赞成。

1921年6月，刘半农来到法国，进入巴黎大学，兼在法兰西学院听课。到法国后，刘半农改学实验语音学。

刘半农住在巴黎第五区大学附近。巴黎的费用比英国便宜，生活费用每年大约只需要一千元，是伦敦生活费用的一半。刘半农很喜欢巴黎的天气，在这里居住叫他常常想起自己的江南水乡。不过好久不长，北大已经三个月没有寄钱了，留学费也拖欠了三个月不发，刘半农天天闹断炊。他写信给胡适，希望胡适帮忙催催学校给自己寄钱来。

1921年11月，刘半农向蔡元培提交《创设中国语音学实验室的计划书》，提出"用科学的实验方法""研究中国语音，并解决中国语言中一切与语音有关系之问题"。刘半农建议新实验室隶属中国文学系，配备几个实验员兼举行演讲。刘半农预算开班费为三万八千元，其中购买大仪器花二万元，小仪器花五千元，实验用的耗费品花八千元（共四年用）。书籍五千元，归图书馆。此预算不含装运保险关税及实验室电线等杂费（朱洪《刘半农传》，东方出版社）。

10月20日，刘半农就京语和国音京调问题写了《国语问题中一个大争点》一文。刘半农反对把统一国语看作统一天下，即反对消灭一切方言；赞成国语是蓝青官话，不赞成京语。

1922年年初，刘半农为了学习实验语音学的技术，又举家迁到了德国柏林，在那里学习了几个月。1922年4月27日至30日，刘半农在《晨报·副

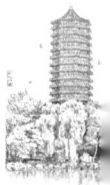

镌》上连载《四声实验录提要》。

1923 年 10 月，刘半农离开巴黎，去比利时首都布鲁塞尔看望蔡元培。

1924 年春天，赵元任夫妇在巴黎拜访了刘半农。就在他们寻找刘半农的住处的时候，正好碰到出来买菜的小蕙，刘小蕙询问他们是否准备留下吃午饭，如果是的话，她准备多买两斤猪肉。赵元任的妻子杨步伟建议小蕙买些海鲜，刘小蕙感到很是诧异，因为在巴黎吃海鲜很便宜，如果买海鲜回去请客的话，会被妈妈误认为她图便宜，被爸爸妈妈骂她"穷孩子相"。

交谈中，刘半农告诉赵元任，Daniel Jones 研究音调的方法不准，赵元任因为也做过这方面的实验，所以十分赞同刘半农的说法。

1924 年 12 月 1 日，《语丝》周刊第三期刊登了徐志摩的译文《死尸》。徐志摩在译诗的序言里写道："认为诗的真妙处不在他的字义里，却在他的不可捉摸的音乐里……我不仅会听有音的乐，我也会听无音的乐……"。刘半农认为徐志摩的耳朵不同于常人，也许能听到一秒钟一颤的低音，以至于一秒钟一百万颤的高音（人能够感受的声音频率有一定的范围，大多数人能听到的声音频率范围是 20—20000Hz）。于是刘半农给徐志摩写信，开玩笑地写道："屈徐先生为 sujet（受实验者），当然万分对他不起，但是为探求真理起见，徐先生既不像上海新闻界卖野人头的一样胡诌，我想他当然一定可以俯允我的要求。"（《徐志摩先生的耳朵》，《半农杂文》第一册，刘复，北平星云堂书店出版）刘半农希望徐志摩立一个遗嘱给自己，以后做实验。"到徐先生同泰戈尔一样高名高寿之后，万一一旦不讳，而彼时我刘复（刘半农名复）幸而尚在，我要请他预先在遗嘱上复添一笔，将两耳送给我解剖研究……"（《徐志摩先生的耳朵》，《半农杂文》第一册，刘复，北平星云堂书店出版）

1925 年 3 月 17 日，刘半农在巴黎大学博士堂参加国家博士考试。他请赵元任和杨步伟夫妇同去，并且给赵元任一个特殊任务——带上照相机给他照相。下午 1 时，他以《汉语字声实验录》和《国语运动史》两篇论文，以及自行设计制作的测音仪器"音高推断尺"和"刘氏音鼓甲种"参加法国国家文学博士学位答辩。答辩项目及内容极为详细，气氛紧张，直至下午六时答辩完毕。答辩结果，他被授予法国国家文学博士学位（法国的博士学位分两种，一种是国家博士学位，难考，一种非国家博士学位，容易

拿到）。刘半农终于有资格在他的袍子上套上放在他答辩桌子上的白皮领圈。其论文《汉语字声实验录》被列为巴黎大学语音学院丛书之一（魏建功《刘先生行状》）。同年 4 月 15 日，该论文荣获 1925 年度康士坦丁·伏尔内语言学专奖。

精彩纷呈的余生

1925 年 6 月，刘半农一家携带大批研究语言学的最新仪器离开巴黎。刘半农在马赛等船时，整理了他在法国国家图书馆收藏的敦煌写本资料，写成《敦煌掇琐序目》，该论文于 10 月 26 日在《北京大学研究所国学门周刊》第 3 期上发表。7 月 3 日，刘半农一家搭乘法轮"Porthos"号由马赛启程回国，8 月 7 日抵达上海。

9 月上旬，刘半农只身从上海回到北京，最初借住在北京孔德学校，后复任北京大学国文系教授，兼任北京大学研究所国文学导师，同时兼任中法大学讲师。在此期间他积极筹建北京大学语音乐律实验室。

一天晚上，刘半农约了钱玄同、黎锦熙、顾颉刚、常惠、魏建功、白涤洲在孔德学校小聚，商定编写一部《中小字典》。在这次聚会上，大家议论发起"数人会"，讨论国语统一问题。

1926 年春天，刘半农将自己十年来写的翻译的诗编了一本诗集，定名为《扬鞭集》。继 4 月刘半农在伦敦编成的民歌专辑《瓦釜集》由北京北新书局出版之后，《扬鞭集》于 6 月也由北京北新书局出版。

1925 年 2 月，成舍我在北京创刊《世界日报》。1926 年 6 月，成舍我找到刘半农，请他担任《世界日报·副刊》主编。刘半农咨询了《新青年》《语丝》等同人，得到他们同意提供稿件之后，走马上任。7 月，由法国著名作家小仲马委托刘半农翻译的《茶花女》由北京北新书局出版。12 月，由北京大学评议会议决，刘半农任北京大学聘任委员会委员。

1926 年冬天，在得到德国汉莎航空公司的资助后，瑞典著名的地理学家、考古学家和探险家斯文·赫定率领一支远东队再次踏上中国大地进行考古工作。斯文·赫定与当时的北洋政府签订协议，中国只能派两位科学家随团同行，而考察物品，按过去惯例，首先运往国外进行研究。1927 年 3 月 5 日，北京各学术团体在北京大学三院研究所开会，决定成立"中国学术团体协会"，反对斯文·赫定与北洋政府的考察协议。斯文·赫定经与刘半农等人的多次商谈，于1927年4月26日签订了"十九条合作办法"，彻底结束了外国人在中国可以随意掠夺历史文物及宝藏的历史。1927年5月，刘半农与刘小蕙合译的《苏莱曼东游记》由中华书局有限公司出版。7月，刘半农与斯文·赫定协商拟提名鲁迅为诺贝尔文学奖候选人，但被鲁迅婉拒。10月，刘半农写《半农谈影》，由北京真光摄影社出版。《半农谈影》可视为我国现代早期的专题美学文献。

1928年2月27日，刘半农在《语丝》第四卷第九期上发表《林则徐照会英吉利国王公文》。在按语中，刘半农说林则徐被英人俘虏，"明正典刑，在印度异尸游街"。4月2日，鲁迅在《语丝》第四卷第十四期上刊登了读者洛卿的来信，指出了这个错误，这让刘半农很不高兴，从此，刘半农中断了和《语丝》的关系，与鲁迅的联系也中断了。其实早在刘半农留学欧洲以后，两人之间就有些磕磕绊绊。1927年，刘半农曾主张停办鲁迅负责编辑的《语丝》就引起了鲁迅的不满。4月，刘半农与马衡一起赴日本出席东亚考古学协会召开的学术会议，在学术会议上刘半农演讲了论文《新嘉量之效量及推算》。回国后，刘半农将此文章发表在《辅仁学志》一卷一期上。夏末秋初，刘半农与吴稚晖、胡适、陈寅恪、赵元任、顾颉刚、林语堂等人被聘为中央研究院历史语言研究所研究员。

"皇姑屯事件"发生后，张学良出任东北大学校长，8月张学良请刘半农为东北大学写了《东北大学校歌》："白山兮高高，黑水兮滔滔，有此山川之伟大，故生民质朴而雄豪……爱校、爱乡、爱国、爱人类，期终达于世界大同之目标。使命如此其重大，能不奋勉乎吾曹，能不奋勉乎吾曹！"《东北大学校歌》由赵元任谱曲，被爱国青年广泛传唱。

1929年1月17日，刘半农被推选为北大学院（北京大学）评议会候补评议员，并由北大学院评议会议决，被推举为北大学院图书委员会委员长、北大学院仪器委员会委员。同期与钱玄同等七人被南京政府教育部聘为名誉编审。1929年2月，刘半农写成《音调之推断及音调推断尺之制造与用法》一文。6月，刘半农被聘为北京大学学院研究所国学门委员会委员。7月，他应沈谦士之邀，兼任北京辅仁大学教务长。刘半农到辅仁后办起了理科，并在一个多月内办了物理、化学、生物三个实验室。12月3日，《中国大词典》

编纂处召开会议决定，由刘半农负责书报组中的俗曲股。

1930 年 4 月 28 日，国民政府教育部任命刘半农为国立北平大学女子文理学院院长。作为院长，刘半农要求教职工和学生："理论须与事实兼顾，希望学生不多出难题目，学院则不以大言其人……多买图书仪器……从无法中想出办法……文理两科界限迅速消灭……在个人学业上，须知习文者，亦必精通科学方法……习理者亦必须有文学的修养……"（《半农杂文》二集，《与女院学生谈话》）

按照北大管理的模式，刘半农兼任第五届北大校务会议主席。在此期间，他遇到了女子师范学院的欠薪风波，向教育部催缴积欠经费。6 月，他根据与白涤洲、魏建功、敖士英等人在北大语音乐律实验室中记录的七十余种方言，进行研究，编成《调查中国方音用标音符号表》。

刘半农一直反对在中文里加洋文，并希望在实际生活里取消它。3 月25 日，新学期开学不久，刘半农要北大女子文理学院学生改"密斯"为"姑娘"。

刘半农在外国人面前一直能够表现出作为一个中国人应有的骨气，再加上他的侄子、侄女都是因病治疗无效死在外国人医院里，所以他对外国人的一些做法表示厌恶。早在 1928 年 9 月，周作人请刘半农等人吃饭，闲谈时刘半农表示在巴黎曾说过"我回国后一定不说外国话，且将榜于门曰：不说中国话者不入吾门。若有外国人来看我，能说中国话的就说，不能说的自己带翻译来"（朱洪《刘半农传》，东方出版社）。他并且建议为在华的外国人规定一个期限，期满后非说中国话不可。

刘半农的话在《晨报》发表后，引起轩然大波。6 月 19 日，刘半农致函教育部及北大校长沈尹默要求辞职。他宁愿辞职，也不放弃自己的主张。

1931 年夏天，因中法联合成立的"中法一九学术考察团"（意为民国十九年成立的考察团）法方团长殴打中方队员的恶性事件，刘半农写了《质问法使馆参赞韩德威先生》，并发表在 6 月 22 日《世界日报》上，引起了舆论和政府的关注。

8 月，北大实行研究教授专任制度，根据胡适的意见，设立"研究教授"十五名，其人选"以对于所知学术有所贡献，见于著述为标准""研究教授每周至少授课六小时，并担任学术研究及指导学生之研究工作，不得兼

任校外教务和事务"。刘半农与汤用彤、陈受颐、周作人、徐志摩五人被聘为北大文学院研究教授（秦贤次《刘半农的面面观》）。刘半农喜欢专职搞研究，而不喜欢兼职做行政杂务。现在刘半农根据北大研究教授之规定，辞去了校外一切事务，专任北大中国文学系教授及研究文史部主任，每周只需授课六小时，主要担任语音学（单位二）及语音学实验（单位三）的教学工作。

九一八事变后，刘半农反对国民党的不抵抗政策。他对内侄朱穆之说，榆关失守了，国民党不抵抗，再这样下去，我就去投共产党(《刘半农年谱》)。

1931 年 11 月 10 日，刘半农、徐志摩等人在好友郑颖孙家聚会。饭局中，徐志摩表示第二天飞上海。刘半农说："飞空之戏，君自好之，我则不敢尝。"意思是说自己可不敢坐飞机，徐志摩听了哈哈大笑，笑话刘半农太小胆。接着徐志摩开玩笑地表示，如果自己真的乘坐飞机去世了，要求刘半农为他写挽联。刘半农则开玩笑地答应了。不料 11 月 19 日，徐志摩果然由于飞机撞山而去世。

失去好友徐志摩后，厄运接踵而至。1932 年 6 月 8 日，刘半农二弟刘天华因患猩红热突然逝世，年仅三十八岁。刘半农与二弟刘天华一向交好，刘半农从欧洲留学回国后，曾聆听刘天华所奏琵琶、二胡，知其已卓然成家，小提琴也登堂入室，遂将自己在法国所购一把名小提琴赠给刘天华。刘天华去世后，由刘半农主持编撰《刘天华先生纪念册》。刘半农所作《亡弟天华遗影后》也收录其中。

1927 年 4 月 28 日上午，李大钊就义于西交民巷京师看守所里一个庞大的绞刑架下。由于无钱安葬，李大钊的灵柩竟然停放了六年。1933 年 4 月 11 日，《世界日报》刊登了由沈尹默、沈谦士、周作人、胡适、马裕藻、傅斯年、蒋梦麟、刘半农、钱玄同等十三人写的为李大钊举行公断的募捐书。受时任北大校长蒋梦麟的嘱托，刘半农起草了《故国立北京大学教授李君墓碑》。这一年刘半农因看到好友周作人家里挂日本国旗表示要与周作人绝交。

1934 年 1 月，刘半农听说有人要给赛金花写法文传记，于是和学生商鸿逵商量，先给她写个中文传记。在古琴演奏家郑颖孙的帮助下，刘半农师生与赛金花商定，自下星期起，每周一、三、五下午四时后，请赛金花

到郑颖孙家里，述说一生故事，准备写成书。几次采访后，刘半农请赛金花自书"赛金花本事"五个字，准备以后出书用。

1934 年 6 月，刘半农准备从北平出发，沿平绥路沿线各处调查方言。刘半农此次考察的目的是完成《四声新谱》和《中国方言地图》工作中的一环。他还打算另写一篇有关北平、绥远沿线方言音调的论文，为斯文·赫定祝寿。下午 4 点 40 分，刘半农与白涤洲、沈仲章、周鼎福、梅玉从北京西直门车站出发。

6 月 20 日，刘半农一行到达包头，24 日抵达呼和浩特。在内蒙古停留期间刘半农被蚊虫或虱子之类的小虫叮咬，为以后生病埋下了祸根。在以后的大同、张家口等地考察时，刘半农已经感到身体不适，出现了高烧症状。

1934 年 7 月 10 日，刘半农带病抵京。回家后女儿小蕙赶紧联系大夫，请附近的中医世家施今墨来家诊治，诊治结果为重感冒。7 月 13 日，首善医院院长方石珊来刘半农家上门诊治，断为黄疸病。方石珊劝刘半农入协和医院治疗，但刘半农因痛恨协和医院，拒绝前往。之后他分别请一位德国医生、一位中医、一位按摩医生陆续到家里诊治。后在胡适的劝说下，刘半农才勉强同意去协和医治，最后确诊为回归热。由于耽误时间较长，7 月 14 日下午 2 时 15 分，刘半农呼吸短促，徐徐闭目，一代学人遂溘然长逝（刘北茂《长兄刘半农的死和我的回忆》）。

7 月 16 日早上 8 点，刘半农移厝北京地安门外西黄城根嘉兴寺，灵车覆盖北京大学三色校旗，蔡元培手书"国立北京大学教授刘复博士之铭旌"作为先导（《刘半农年谱》）。灵车路过北京大学一院时，由校长蒋梦麟率北大师生路祭。参加送殡的有蒋梦麟、胡适等人。10 月 14 日上午 10 时，在北京大学景山东街第二院大礼堂为刘半农举行追悼会。蒋梦麟主持，胡适、周作人致悼词。参加追悼会的有蒋梦麟、李四光、胡适、钱玄同、周作人、沈谦士、赛金花等人。梅贻琦、吴稚晖、王兆铭、朱光潜、胡适、林语堂、赛金花等人赠送挽联。

1935 年 5 月 29 日，刘半农与刘天华的木棺同葬于北平西郊香山的玉皇顶南岗老爷庙。刘半农的墓前分别树立着由周作人和蔡元培分别撰写墓志的两块石碑。

胡适

中国文艺复兴之父

孔子信徒——"糜"先生

1891年12月17日（光绪十七年十一月十七日），胡适出生在上海大东门外寓所。但是对胡适影响最大的地方却不是上海，而是徽州绩溪。胡适一生自称徽州人，爱吃徽州锅，喜欢攀徽州同乡关系，1953年1月，他为绩溪旅台同胞会题词，写的便是"努力做徽骆驼"（在江南人的发音中，"老大"与"骆驼"同音，徽州商人故而也就有了"徽骆驼"的绰号）六个字，直到晚年，他为凌鸿勋编著的《詹天佑先生年谱》作序仍不忘以詹天佑的徽州同乡后辈自居。

绩溪县位于安徽南部，隶属徽州（现为黄山市）。明代诗人李昱曾诗云：落日衔孤嶂，行人到绩溪。野桥通岸窄，茅屋隔林低。邑古民还聚，官清政不迷。小亭幽绝甚，足以慰羁栖。

胡适的老家在绩溪城西约四十公里，是胡氏聚族而居的一个大村落，名叫上庄。泾人吴拙庵曾赞美说："其山青以旷，其水环以幽。"说出了上庄山水风光的特点与神韵。

胡适的家里是茶叶经销商。他的高祖在上海东边的川沙镇开设了一家小小的茶叶店，他的祖父扩大营业，在上海华界增设了一家支店，到他父亲胡传做了官，本钱充裕了，生意便越做越兴隆。胡传死后，家里还留有上海一家裕兴泰茶叶店、一家公义油栈，在汉口还有一家两仪酒栈，却也一天天萧条以致倒闭了（《胡适口述自传》，见《胡适文存》卷四）。

胡适的父亲胡传，字铁花，号钝夫，人称三先生，是胡家第一个真正走上读书做官道路的幸运儿。胡传二十四岁那年考中了秀才，全家高兴得不得了，但接连几次乡试都没能考中举人，于是进入上海龙门书院，受业于当时著名的学者刘熙载门下。后来，胡传以岁贡生候选儒学训导，先后在东北、广东、河南、江苏、台湾等处充任幕僚或地方官佐。一直到1894年（光绪二十年），胡传做到了"三品衔在任候补知府台湾台东直隶州知州"，要算上是上庄胡氏族中最显赫的官了。

胡传一生也福大命大，在东北、海南岛、澎湖列岛三次身陷绝境都能幸免。胡传一生曾娶妻三次，有四子三女。长子名嗣稼，次子名嗣秬，三子名嗣秠，四子嗣糜是冯氏所生，就是胡适。

1893 年春，胡适随母亲投奔年前到台湾供职的胡传，便开始学习识字。1895 年母子离开台湾，经上海回到安徽省绩溪县上庄的老家。不久胡传病故于厦门。

胡传去世后，母亲冯氏对胡适管教很严。为了儿子的前途，冯氏不久就让胡适入私塾开始念书了。家塾的老师是胡适的四叔胡玠，字介如。学堂就在介如先生家东边的一间小屋里，学生只有两个，其中一个就是才满三岁零几个月的胡适。这时的胡适身材瘦小，学堂的高凳子要别人抱了才能坐上去，还得别人抱才能下来。胡适不贪玩儿，所以常常一个人坐在学堂里读书，直到天黑才回家。

绩溪上庄一带蒙馆学金很低，每个学生每年一般只送两块银元，先生教起书来，自然也不肯尽心。胡适母亲却与众不同，舍得在学金上下本钱，据胡适回忆说："我一个人不属于这'两元'阶级，我母亲渴望我读书，故学金特别优厚，第一年就送了六块钱，以后每年增加，最后一年加到十二元，这样的学金在家乡要算打破纪录的了。"由于资金到位，先生便对胡适另眼相待，特别优待，认真地为他讲述，使得胡适得到莫大好处。胡介如到阜阳县任训导后，家塾的老师就改由胡适的族兄胡观象（字禹辰）担任，学堂也搬到了"来新书屋"。他常常是学堂里到得最早的学生。

胡适上学时已认得七百余字，不须念《三字经》《千字文》一类童蒙读物，他最先读的是他父亲胡传亲手编写的《学为人师》。此外胡适又读了《论语》《孟子》《大学》《中庸》《诗经》《易经》《礼记》《资治通鉴》等书。九年的家乡教育让胡适熟读了许多经史典籍，为他后来做学问，整理国故打下了较系统的旧文化基础。胡适身体瘦弱举止文绉绉的，村里大人都夸他像个先生模样，便戏称他为"糜"先生（因胡适的小名叫嗣糜）。

少年时代的胡适真可以说是孔夫子的一名忠实虔诚的小信徒。按照母亲的要求，胡适每天都要拜孔子，每晚放学时总不忘记对孔夫子作一个揖。在他幼小的心灵里也深深地潜埋了尊崇孔孟儒家，特别崇拜程朱理学的思想根苗。

少年时期胡适的最大兴趣还是看书，看小说。他看的第一本小说应该是《水浒传》，这可能也是他后来考证《水浒传》的原因之一。除了《水浒传》

之外，《三国演义》《七剑十三侠》《红楼梦》《儒林外史》《聊斋志异》《薛仁贵征东》《薛丁山征西》等也都是胡适的嗜读小说。小说给胡适带来很大的益处，主要是帮助他把文章写通顺了。胡适的一些本家姐妹常常聚在一起绣花、做鞋，常常请胡适讲故事。作为回报，姑娘们便去泡炒米，做蛋炒饭犒劳胡适，这样讲聊斋故事逼着胡适把古文翻译成绩溪土话，使他更了解古文的文章理法，大量的白话小说又使他得到了初步的白话散文训练，因此他离开家乡到上海求学时，就能写很像样的文章，而对于他后来的提倡白话文学和小说也早早地打下了基础。

大量的阅读不仅使年轻的胡适开阔了眼界，也解放了思想，朱子的《小学》、司马光的《资治通鉴》、范缜的《神灭论》，这些书使得胡适摆脱了母亲的思想束缚，从一名虔诚的小香客、小信士变成了无神论者，从拜神到做出了打菩萨的举动，变成了一个无鬼无神的人，影响了他一生的思想。

上海求学

1904 年春天，在由绩溪通往上海的道路上，曾出现过两个年轻的身影，那个身穿蓝呢夹袍脑后一条小辫，一副地道的乡里土少爷打扮的年轻人便是胡适。

在上海，他进的第一个学堂是他父亲生平最佩服的一个朋友张焕纶（经甫）先生创办的梅溪学堂。那是清朝末年，刚刚废科举，课程还很不完备，只有国学、算学、英文三门课程。胡适因为不懂上海话，又不曾开笔作文章，所以暂时编在第五班。一个偶然的机会，经先生引荐，他竟然一天之中跳了三班，成为第二班的学生了。还没来得及高兴，黑板上的两道作文题就让胡适犯了难。一道论题是：原日本之所由强；另一道是经义题：古之为关也将以御暴，今之为关也将以为暴。经义题是科举考试作八股文的题目，胡适没学过，不会做；而论题提到的那个日本，胡适根本就没有听说过。他既不敢请教先生，同学中又没有一个熟人，心里急得不得了。正在这个"作文危机"的时候，上海公义油栈三哥病危的消息传来，先生允许他带作文卷子回家做，下星期交，于是胡适抄了题目逃出课堂，暂时躲过了第一关。胡适赶回店里，三哥不久就断气了。丧事办完了之后，胡适把升班的事情

告诉从汉口赶到上海的二哥，二哥捡了《明治维新三十年史》《壬寅新民丛报汇编》一类的书供胡适参考。费了几天工夫，胡适不仅勉强凑了一篇论文交给先生，而且不久也学会做经义题了，几个月之后，他居然算是头班学生了。

《明治维新三十年史》《新民丛报》，以及后来阅读的邹容《革命军》等读物，使得胡适更加改变了思想，他的眼光从古代转到了近代，从旧世界转到了新世界。

这一年，"日俄战争"的爆发，以及上海发生的几件刺激人心的案子，使得国内的排满浪潮、反抗沙俄侵占我国东北的拒俄运动十分高涨。胡适拒绝了梅溪学堂送他和另外几个同学到上海衙门考试的机会，离开了梅溪学堂。

1905 年春，胡适改进澄衷学堂，这里的课程比梅溪学堂完美得多，除了国文、英文、算学之外，还有物理、化学、博物、图画等课程，使胡适能较多地接触西方的科学和文化。

"戊戌变法运动"失败后，不少人产生了悲观失望消沉的情绪，正在这时，严复译述的赫胥黎所著《天演论》风行海内，它所宣传的物竞天择、适者生存的思想，点燃了许多青年人的热情。难能可贵的是，澄衷学堂的杨千里先生用《天演论》做教科书，引导胡适等一班学生读了这一名著。和许多同学一样，胡适最初读《天演论》的时候，并不真正了解科学的进化论，他们所能了解的只是物竞天择，优胜劣败，适者生存，不适者淘汰一类的口号和公式。正是这些口号，使得胡适决定改原名胡洪骍为胡适，字适之。

此时的胡适正在如饥似渴地汲取着外界的营养，除了《天演论》，梁启超的《新民丛报》和《中国学术思想变迁之大趋势》对胡适的影响也很大。由于《中国学术思想变迁之大趋势》没有写完，胡适自己忽发野心，希望能替代梁启超补完这部中国学术思想史。按照胡适自己的说法："这点野心就是我后来作《中国哲学史》的种子。"（《四十自述》）

在澄衷中学，发生过一件有趣的事情：竺可桢从小身体就差，作为同学的胡适，曾背后对人打赌说，竺可桢活不过二十岁。竺可桢无意中听到这句话，惊出一身冷汗，从此发誓锻炼身体。1912 年，两人再次相遇，打

起赌来。竺可桢问："我要是活过六十岁怎么样？"胡适爽朗地回答："你要是活到六十岁，我在你六十岁寿筵上当着所有亲友的面给你磕三个响头。要是比我活得长，你可以在我的尸体屁股上踢上一脚。"结果竺可桢活到了 1974 年，享年八十四岁，而胡适仅活到 1962 年，享年七十一岁。但由于两位朋友，一位在大陆，一位在台湾，所以竺可桢六十大寿时，胡适没有机会给他磕那三个响头。而胡适逝世时，竺可桢也没有在他的屁股上踢上一脚。

1906 年夏天，胡适考入新成立的由清末留日的中国留学生回上海创办的中国公学。学校里有许多人是革命党，经常举行革命活动。胡适加入了"竞业学会"。"竞业学会"创办了一个白话报纸《竞业旬报》。在 9 月 1 日出版的第一期旬报上，便登出了胡适生平的第一篇白话文章《地理学》，讲的是"地球是圆的"一类通俗的地理知识。从第三期开始连载胡适的章回体长篇小说《真如岛》。1908 年 7 月，胡适由投稿作者变成了刊物的编辑和记者，直到停刊。

胡适进入中国公学不到半年便得了脚气病（据今人考证，南方人所谓脚气病并非因真菌感染的脚气，而是古人所说的软脚病，是结核病菌侵袭骨关节所致，本书前述陈寅恪先生也是这个病），双脚肿胀。他不得不向学堂请假，回到上海家里开的瑞兴泰茶叶店养病。此时的胡适受散文家吴汝纶的影响，学会了作诗。1907 年 5 月问，胡适的脚气病再次发作，根据徽州人的经验，必须赶回家乡养病。在绩溪上庄住了两个多月，胡适的诗竟大有长进，写了些很像样子的诗，如《弃父行》《西台行》。回到学校里的胡适渐渐有了"少年诗人"的名声。

留学美国，崭露才华

胡适在中国公学读了两年，因为学校闹了一次大风潮，他跟大多数学生退出来，转入新成立的中国新公学，一年多后新公学解散，胡适不愿回老公学去，只能寄居上海，正在这前途茫茫、忧愁苦闷的时候，他遇上了一班"浪漫"的朋友，跟他们把旧社会那一套吃喝嫖赌都学会了。据胡适的《藏晖室日记》粗略统计，有明确记载的"丑行"，计有：打牌十六次，喝酒十四次，进戏园捧戏子十九次，逛窑子嫖妓女十次，共计五十九次。

在一次醉酒后进了巡捕房监狱之后，胡适开始清醒。于是他决心去北京报考"留美赔款官费留学生"。在其好友许怡荪和程乐亭的帮助下，胡适安心读了两个月的书，然后顺利北上参加留美考试。

考试分两场，头场考国文和英文，国文题目是"不以规矩不能成方圆说"，胡适得了 100 分，英文考了 60 分。可是第二场考各种科学，胡适离及格还差一点点。最终胡适总算侥幸考取了第五十五名。

到了发榜那天，天已黑了，胡适拿着车上的灯到史家胡同去看榜，由于没有自信，他从榜尾倒看上去。没有发现自己的名字，很是失望。结果是因为紧张看错榜了。再看正榜时看到了名字，仔细一看却是胡达（胡明甫），不是胡适，再看上去相隔很近便是他胡适。

拿破仑曾说，中国像一头睡狮，将来睡狮醒时，世界都会为之惊悚。胡适可不这样认为，他更愿中国是一个睡美人。他的《睡美人歌》反映出他希望学习西方的"新制"，改变祖国贫困落后的面貌。这是他"西乞医国术"的愿望和爱国主义精神。

在康奈尔大学，胡适并没有听其哥哥劝他学习铁路工程或矿冶工程的建议，而是进入了康奈尔大学附设的纽约州立农学院，想做农业科学家，以农报国。但是，胡适对农学院的课程实在没有兴趣，更是分不出各种苹果的种类，于是改学文科，虽是由兴趣所致，却也含有他"执笔报国"的心愿。胡适于是转入文学院，改学文学和哲学。

九个月后，胡适把法国都德的短篇小说《最后一课》译成中文，改名《割地》，登在《大共和日报》上。1914 年春天，胡适写了一篇论文《论英国诗人卜朗吟（今译白朗宁）之乐观主义》，得到了五十美元的奖金。

浪子回头的胡适到达美国后，为了更好地改过，他开始接触西方的基督教，经常出入于美国基督教家庭，对基督教文化大感兴趣。虽然胡适没有当基督教徒，但基督教的《圣经》却对他的思想产生了相当大的影响，使他成为一个极端的和平主义者和不抵抗主义的忠实信徒。这与胡适早年接受的老子"不争"哲学思想遥相呼应。

1915 年 1 月，日本政府向袁世凯提出著名的"二十一条"，袁世凯的卖国罪行和日本的侵略行径，激起了全国人民大规模的反日爱国运动，中国留美学生也人人义愤填膺，主张对日作战抵抗日本侵略。这时，胡适写

了一封英文的《致留学界的公开信》，寄给《中国留美学生月报》，劝大家处之以温和，持之以冷静，反对抵抗日本的主张。这封信一登出来，便遭到了留学生们的严厉批判和谴责，说胡适是"木石心肠不爱国"。

在美国，"庚子退款"留学生每人每月会有八十美元的生活费，这个优越的收入使得学生能够接触到大多数美国上层社会的生活。胡适所出入的大多是康大校园内知名教授、学者的家庭，接触的是一些基督教领袖及他们的活动。胡适觉得美国人有一种出自天性的乐观与朝气，可以说在美国，他最大的收获之一便是领悟了这种乐观主义的人生哲学。

胡适对美国的政治生活有浓厚的兴趣，他曾去国会旁听，也常去市议会旁听。留美期间，胡适经历了两次美国大选，第一次是1912年，民主党的候选人是威尔逊，共和党的候选人是塔夫脱，进步党的候选人是老罗斯福。为了了解美国的选举，胡适特意选了奥兹教授开设的专题课：美国政府和政党。为此他订了三份支持不同候选人的当地小报，甚至做了模拟竞选总统"投票游戏"。"投票游戏"的结果居然同后来实际选举的结果完全一致，威尔逊当选美国总统。这一次胡适选择支持的是老罗斯福，到了1916年大选时，他便改为支持威尔逊了。在美国生活和政治的熏陶下，胡适开阔了眼界，也初步养成了他极度的民族自卑心理和崇洋心理。

1914年6月，胡适在康奈尔大学毕业，次年9月赴纽约转入哥伦比亚大学哲学系研究部，主攻哲学，受业于杜威门下。在哥伦比亚大学，杜威是对胡适影响最大的教授，据胡适自己回忆，他当年之所以转投哥大，便是因为对杜威的实用主义哲学发生了兴趣，并经常说杜威是对他有终身影响的学者，对他的一生的文化生命有决定性的影响。后来的事实也说明，胡适被杜威牵着鼻子走了一辈子。

1916年11月，胡适在哥伦比亚大学经过一年的学习，加上他在康奈尔大学研究院学的一部分课程，通过考试胡适取得了博士候选人资格，同年8月初，他开始写博士学位论文，题目是《中国古代哲学方法之进化史》。论文历时九个月才写成，全文约九万字。1917年5月22日，胡适参加博士学位的最后考试。两个半小时后考试结束。尽管结果不很理想，然而七年的留学生活总算结束了。

入职北大，立业成家

早在1916年9月，《新青年》第二卷第一号上登载了胡适的第一篇文章，这是胡适翻译的小说《决斗》，也是《新青年》的第一篇白话文，不久，胡适又陆续发表倡导文学革命的一系列文章和通讯，成了《新青年》有影响的重要撰稿人之一。这时他接到了北京大学校长蔡元培的邀请，便匆匆忙忙告别杜威，离开纽约，以洋翰林的身份出现在国内文化界和北京大学的讲坛上。

1919年2月，胡适的博士学位论文经过扩充修改，作为《中国哲学史大纲》（卷上）在商务印书馆出版，封面上竟赫然印着"胡适博士著"五个大字。时隔三十多年后，胡适的博士学位竟引起了争议。现在多数人的结论是，胡适的博士问题并不是什么真假问题，只是晚了十年才拿到，或者说，胡适的博士学位早用了十年。后据胡松平先生考证，胡适一生中共获得三十五个博士学位（多为荣誉博士）。

胡适到北大任职之日，正值新文化运动在中国风起云涌之时。新文化运动本已就在中国的文化界引起了轩然大波，而作为新文化运动的主将之一，胡适又是少年成名，英俊潇洒，所以在胡适周围不自觉地树立了许多强敌。

胡适刚一到北大，就在蔡元培的亲自安排下，做了一场题为《大学与中国高等学问之关系》的演讲。在讲台上，就在他微笑着向台下致礼时，下意识地用英文轻声念了一句荷马的诗：You shall know the difference now that we are back again.（如今我们已经回来了，你们请看分晓吧）。这时，耳边忽然飘过一阵不高不低的奚落："胡先生留了七年学，可刚才的英语说得实在不敢恭维，在英国那是下等人的发音。"说这话的，便是胡适未来的主要论敌之一辜鸿铭。

再有一个就是黄侃。黄侃本身就反对新文化运动，反对白话文，再加上后来所谓的"黄门侍郎"傅斯年转投胡适门下的私人恩怨，对胡适更加不客气。黄侃曾让胡适改名为"往哪里去"，也曾骂胡适与其父为"混账王八蛋"，据施维彩等描述，因为胡适所著《中国哲学史大纲》《白话文学史》等都只有上半部，被黄侃讥笑为太监。

再有就是林纾。林纾在他的小说《荆生》《妖梦》之中，更是把白话文当作"禽兽之言"，把胡适等人影射为"鬼中之杰"。

还要加上章士钊。章士钊是有名的复古派，与胡适是老冤家，他曾写过一篇评新文化运动的文章，点名批评胡适，特别痛恨胡适所提倡的白话文。

1917 年 12 月 30 日，胡适二十六岁生日（农历）这一天，胡适回到家乡迎娶了大他一岁的新娘江冬秀。

早在 1904 年，胡适到上海梅溪学堂读书的时候，由胡母做主，为他定下了旌德县人江冬秀。江冬秀从小缠足，大字不识，完全就是一位乡村女子，与胡适本不般配。胡适只是母命难违，在责任感和同情心的驱使下，完成婚姻的使命。婚后，胡适母亲十分开心，只是等着抱孙子了。而让人惊奇的是，后来胡适夫妻竟然二人互敬互爱，终其生而不渝。

其实早在就读康奈尔大学时，胡适就与地质学教授韦君的次女韦莲司坠入了爱河，那韦莲司思想大胆超前，读书甚多，几近狂狷，却发短二寸，不善梳洗，短短一年，胡适写情书一百多封，称："余所见女子多矣，其真具思想、认识、魄力、热诚于一身者，唯一人耳！"最后二人情丝被韦莲司的母亲生生砍断，虽然胡适书信抗争，也是于事无补。

胡适在美国哥伦比亚大学读书时也与女同学陈衡哲彼此产生了仰慕之情。但胡适是一个"胆小君子"，没有公开追求陈衡哲，只承认"她是我的一个最早的女同志"。陈衡哲也用她的小说《洛绮思的问题》来纪念二人的这段感情故事。

其实这江冬秀与胡适也是绝配，表面上看，二人相差很远，实际上二人也是相生相克。在江冬秀看来。胡适你再有名、再有本事，我江冬秀一概不认，在老婆面前，你就是丈夫而已，没什么了不起，胡适也是"秀才遇见兵有理说不清"了。由于胡适属兔，江冬秀属虎，胡适也常用兔子怕老虎来形容二人的关系。1923 年，胡适在杭州见到昔日的伴娘曹诚英，二人恋爱并同居。不久胡适第一次向发妻正式提出离婚时，江冬秀拿着菜刀威胁胡适说："你离婚可以，我先把两个儿子杀掉，我同你生的儿子不要了。"这可吓坏了胡适，只好牺牲了自己的爱情幸福，乖乖回到家庭。

1918 年 1 月，胡适回到了北京，夏天江冬秀也到了北京，冬天，胡母

去世。1919 年，胡适的长子祖望出生。

"新文化运动"和"五四运动"的蓬勃发展，不仅改变了中国的社会，也改变了胡适的世界观。胡适小时候是孔孟儒家的一个虔诚的小信徒，经过了留美时期，西方民主思想的启迪以及《新青年》同人反孔斗争的激励，他一反少年时期的尊孔崇儒，而以"打倒孔家店"的战士姿态出现在新文化战线上。胡适攻击孔教，矛头首先指向以孔孟之道为核心的旧伦理旧道德，批判封建主义的"节烈"和"孝道"。他的《吴虞文录序》是最早提出"打倒孔家店"口号的文章。为此，胡适写了《论贞操问题》和《再论我的儿子》等文章，分别发表在 1918 年 7 月《新青年》杂志和 1919 年 8月《每周评论》上。

这个时候的胡适异常活跃，表现在以下几个方面：

一、1917 年 1 月，胡适按陈独秀的要求发表了《文学改良刍议》，宣传文学革命，提倡白话文学，涉足白话诗，并于 1919 年 8 月，由上海亚东图书馆出版了我国新文学初期的第一部白话诗集《尝试集》；

二、继翻译了都德的《最后一课》后，胡适又翻译了都德的《柏林之围》，然后连续翻译了莫泊桑、契诃夫等人的几篇作品，到 1919 年 9 月，胡适将它们编为短篇小说第一集，10 月由上海亚东图书馆出版；

三、赞扬毛泽东与孙中山，对于毛泽东所办《湘江评论》杂志，胡适热情地给予了介绍和支持，对于孙中山先生领导创办的《建设》杂志，他说："在这个盲人瞎马的时代，有这种远大的计划和主张，可算是国内最可使人满意的事。"（胡适《介绍新出版物》，载《每周评论》第 36 号，1919 年 8 月 24 日出版）对于由上海华强印书局出版的《孙文学说》，胡适指出，这部书是有正当作用的书，不可把它看作仅仅有政党作用的书；

四、考评《水浒传》，剖析金圣叹，开创新红学。

俄国"十月革命"后，马克思列宁主义开始在中国先进的知识分子中传播。而以《新青年》团体为中心形成的新文化统一战线也在这时开始发生分化。

1919 年 7 月，胡适发表《多研究些问题，少谈些"主义"》一文，挑起"问题与主义"的争论，也是由此胡适和马克思主义者开始发生冲突。

早在 1917 年回国的时候，胡适曾经打定"二十年不谈政治的决心"，

只按杜威博士的教导，实现他一点一滴的改良主义。他又为什么来挑动"问题与主义"的争论呢？据胡适自己说是"因为国内的'新'分子闭口不谈具体的政治问题，却高谈什么无政府主义与马克思主义，我看不过去了，忍不住了，因为我是一个实验主义的信徒，于是发愤要想谈政治"（《我们的政治主张》，《努力》周刊第二期）。于是胡适和李大钊展开了论战，直到《每周评论》被北洋政府查封，问题与主义的争论才得以终止。

1919 年春，杜威到日本游历，并在东京帝国大学演讲，胡适听到这个消息非常欣喜，便立即写信派人带去日本邀请杜威来华讲学。1919 年 5 月 1 日，杜威应中国五所学术机构的联合邀请到达上海，胡适等杜门弟子赶到上海码头欢迎杜威。从此，胡适便跟随杜威左右，陪同他去北京、天津、太原、济南各地演讲，主题就是反对马克思主义，宣传改良主义。

1922 年胡适筹创《努力》周报，5 月 7 日《努力》创刊，从此胡适便与《新青年》团体正式分手。《努力》第二期发表了胡适起草的《我们的政治主张》一文，这是一篇专谈"好政府主义"的宣言。这篇文章提出三个基本要求：第一，我们要求一个"宪政的政府"；第二，我们要求一个"公开的政府"；第三，我们要求一种"有计划的政治"。

1922 年 7 月，中国共产党在上海召开了第二次全国代表大会，提出了"打倒帝国主义"和"打倒军阀"的战斗口号。这被胡适认为是"瞎说的国际形势论"。于是《努力》周刊第 22 期刊登了胡适写的《国际的中国》一文，他说："我们并不想替外国的资本主义者作辩护，只是实在看不过中国共产党的瞎说的国际形势论。"

1924 年 10 月，冯玉祥发动"北京政变"，11 月 5 日，把溥仪的小朝廷赶出了紫禁城。当天下午，胡适便致书国民政府提出抗议。胡适本也反对帝制，但又同情被废的皇帝。胡适此前有过两次入紫禁城觐见溥仪的经历，第一次是 1922 年 5 月 30 日，第二次是 1924 年 5 月。胡适的这次抗议真可算是末代皇帝的知遇和辩护士了。

1925 年 5 月，英国国会通过关于退还部分庚子赔款的议案，为了处理这笔退款，中英双方组织了一个庚款顾问委员会，胡适被聘任为中方三委员之一。1926 年 7 月，胡适离开北京，乘坐西伯利亚铁路的火车，到英国出席中英庚款委员会全体会议。胡适第一次来到莫斯科，感到陌生而又新奇。胡适觉得苏俄真是"用力办新教育，努力想造成一个社会主义的新时代"。在给徐志摩的信中，他称赞"列宁一班人都是很有学问经验的人""莫斯科的人们真有一种认真，发奋有为的气象""苏联政府重视教育和科学等等"（《游欧道中寄书》，《胡适文存三集》，上海亚东图书馆1931年6月第3版）。

8月胡适抵达伦敦，会议结束后，他来到了巴黎。在巴黎图书馆看到了敦煌卷子，11月返回伦敦，年底离开英国到美国。

美国的发达令胡适羡慕，在纽约，给胡适印象最突出的是汽车在纽约的街道上以至乡间像流水似的不断奔驰。胡适感叹道："美国真是一个汽车国家。"

就在胡适准备离开西雅图登船回国的时候，国内蒋介石发动了"四·一二政变"，清党反共，建立了南京国民政府。4月24日，船到横滨，胡适便给上海的好友高梦旦先生发了一个电报，询问国内的情形。高梦旦以及胡适另一好友丁文江劝说他暂留日本不宜回国，他的学生顾颉刚则来信，劝他归国后不要再做政治活动，担心国民党给胡适加一个"反革命"的罪名，劝胡适最好加入国民党。这样胡适在日本待了二十一天后才订了船票，回到了中国。

1927年5月17日，胡适刚从日本回到上海，便收到了顾颉刚的一封长信，劝他万勿到北京去。胡适便决定留住上海，这时徐志摩、闻一多、梁实秋、丁西林、叶公超、潘光旦等都先后汇聚上海，大家决定招股集资筹办一个新月书店，推胡适为董事长。

出任中国公学校长

1928年4月，由于中国公学发生风潮，胡适就任中国公学校长。其实，中国公学已到濒于破产的境地。胡适上任后主要做了以下几方面改革：第一，调整院系，将原来的四院十七学系调整为两院七学系，增加了在校生人数；第二，重视学生智能的培养，培养出罗尔纲（后为太平天国史的著名学者）、吴晗（现代明史研究的开拓者和奠基者之一）、吴健雄（著名物理学家）等各领域的大家；第三，建设最好的教师团队，聘请梁实秋、陆侃如、冯沅君、高一等人到校任教，特别是对沈从文的任用。虽然沈从

文小说写得很好，但由于他没有学历，因此难以进入大学的门槛，胡适出任中国公学校长后，便破格聘请他来当了教授，并且成就了沈从文与张兆和的一段姻缘。

1929 年，胡适在《新月》杂志上发起了官员关于人权问题的讨论，发表了《人权与约法》一文，直接对着国民政府、党政机关，以致蒋介石本人，提出"党治"与"法治"的问题。这引起了很多国民党省市党部对胡适的不满，要求对胡适"撤职惩处""严予惩办"，最后由教育部出面警告胡适。对于教育部的训令，胡适竟然将文中的错误——一处别字两处标点改正后，给予驳回，随后向校董会辞职。

1930 年，在胡适四十岁的时候，他开始写自传《四十自述》。胡适从小就热衷于传记写作，只是这部自传用时三年才与读者见面，而且又是只写了半部书。

1930 年 10 月底，胡适回到北京，不久蒋介石召见胡适与丁文江。胡适得到了蒋介石的器重，他也一步步走上拥蒋的道路，后来便逐渐亲热起来，愿意做国民党政府的"诤友"和"诤臣"。

1932 年 5 月，胡适与丁文江、傅斯年等几个朋友创办了一个专门谈政治的周刊《独立评论》。表面上《独立评论》似乎也在国民党与共产党之间说点儿公平话。例如，不承认共产党是匪，不满意蒋介石的专制独裁，但骨子里《独立评论》却是倾向国民政府的。比如，不赞成共产党武装革命，对中国共产党和红军的暂时失利，表现出由衷高兴和幸灾乐祸的心情，包括胡适加入中国民权保障同盟，以及背叛同盟会讨好蒋介石、张学良的具体行动。胡适不是完全反对蒋介石本人及政治纲领，他希望能够以自己"宾师"（古指不居官职而受到君主尊重的人）的身份，"教育领袖"，引导蒋介石走上民主政宪的道路。虽然胡适拒绝了行政院院长汪精卫请他担任教育部部长的邀请，但俨然以党外人士代表的身份公开表明拥护蒋介石和国民党。

在对日关系上，胡适及《独立评论》也表现得相当低调，不论是国民党政府与日方签订的《淞沪停战协定》，还是九一八事变的爆发，以及签订《塘沽协定》，胡适表现得都比较"冷静"和"平静"，只是在取消伪满洲国这一点上，胡适表现得比较强硬，直到 1935 年，在反对"冀察自治"

问题上，胡适才开始转变了以往委曲求全的妥协态度。可见，胡适毕竟不同于亲日派，还是具有爱国心的知识分子。

在"一二·九运动"中，胡适接连写了《向学生运动进一言》、《再论学生运动》和《告北平各大学同学书》等文章，虽然表示此次学生运动是"天下皆知的壮举"，谴责当局动用军警武器打伤学生的处置方法，但又劝导学生"即日复课，勿再虚掷光阴"，并指出学生运动"不能持久"，指责学生是"跟着人家乱跑乱喊"。

不过在与鲁迅的关系上，胡适表现得还是相当君子和绅士，他自己一直没有发表过攻击鲁迅的文字。1936年鲁迅去世后，有人致书胡适，宣布要"向鲁党挑战"，胡适在复信中也是批评了对方的态度。

出走北京

卢沟桥事变发生的第二天，胡适离开北京，去庐山参加蒋介石、汪精卫邀集的座谈会。直至7月31日，蒋介石发表了《告抗战全军将士书》，胡适依然还在做着"和平交涉"的迷梦。直到8月13日上海战事爆发后，胡适开始抛弃了和平的梦想，倾向于支持政府抗战。

1937年9月，胡适受命以非正式使节身份赴美国及欧洲进行国民外交。26日上午10时飞抵旧金山，当天午饭后，他便到大中华戏院演说，题目是"Can China Win？"（中国能战胜吗？）10月1日晚，他又到哥伦比亚电台发表英文广播演说，题为："What China Expects of America in the Present Crisis."（中国在目前的危机中对美国的期望）10月8日，胡适到达华盛顿，12日，便与王正廷去白宫拜会罗斯福总统，报告中国抵抗日本侵略的实际情况，希望得到美国的同情与支持。一直到第二年7月，胡适一直在美国、加拿大各地做巡回演讲，说明日本侵华的暴行及中国抗战的决心。1938年7月，胡适又往欧洲游说，对英、法、瑞士诸国说明中国抗战的意义。

9月17日，国民政府发布特任胡适为中华民国驻美利坚特命全权大使的命令，10月5日，正在华盛顿的胡适直接到华盛顿中国使馆就任，这是他平生第一次当官。此时，正当广州陷落、武汉失守的危急时刻，国内因战事节节失利，和谈和主战问题又起，主和派蠢蠢欲动，并且都把希望

寄托在美国出面"主持和平"上。10月6日，蒋介石致电胡适，希望英美"合作干涉"。而胡适的看法是："国事至此，除苦撑、待变一途，别无他法。"（胡颂平编《胡适之先生年谱长编初稿》，台北联经出版事业公司1984年版第五册，第1640页）胡适初任大使时，既无外交经验，也无外交才能，但他诚实与公开的态度和学问、声望还是受到美国朝野的敬重，完成了他肩负的外交使命。胡适所完成的第一个重大使命是在武汉沦陷后不久，促成美国政府给予中国两千五百万美元的第一次借款，即"桐油借款"，由于当时美国对中日战争持观望态度，"桐油借款"对我国的士气、民心也起了相当的鼓舞作用，对当时万分困难的国民政府而言，无疑是一剂强心剂。胡适后来还签订了"滇锡借款"合同。胡适作为大使最大的工作还是坚持到美国各地巡回演说，所以能赢得美国朝野的普遍同情。胡适在任美国大使期间还获得二十七个荣誉博士学位。

1942年8月15日，胡适收到免去他大使职务的电报。9月8日便交卸了差使，18日移居纽约，重新开始他的学术生涯，打算留住美国，续写《中国哲学史》。1945年3月27日，胡适作为国民政府代表团成员之一，出席了在美国举行的旧金山会议。

抗战胜利后，胡适曾致电毛泽东，提出要求中共放弃武力，从事"和平奋斗"的荒谬主张。《双十协定》签订后，毛泽东于17日在延安做《关于重庆谈判》的报告，提到"人民的武装，一支枪，一粒子弹都要保存，不能交出去"（《毛泽东选集》第四卷），算是对胡适电报的答复。

9月，胡适出任北京大学校长（胡适返国就任前，由傅斯年代理）。全面内战爆发后，胡适作为国大代表出席了在南京召开的国民大会，并且当上了大会主席团主席。之后，蒋介石准备改组政府，1947年年初曾邀请胡适担任国府委员兼考试院院长。而胡适表示，愿意以在野的身份帮政府的忙。

1948年12月16日，在北平周边的隆隆炮声中，胡适作为"抢救学人计划"的第一批成员，同他的夫人江冬秀乘坐专机离开北平飞抵南京。1949年4月6日，胡适从上海乘船前往美国。胡适于21日抵达旧金山，27日到达纽约，开始了辛苦的寓公生活，1950年5月，胡适在普林斯顿大学谋得一个图书馆管理员的职务，合约两年。同年夫人江冬秀也到了纽约。

胡适在美国期间，于 1952 年年底和 1954 年 2 月两次返回台湾，一次是在台湾讲学，第二次就是参加 19 日在台北开场的"国民大会第二次会议"。

1961 年 10 月，江冬秀回到台湾，胡适一家团聚。

胡适在台湾的这几年里的健康状况越来越不好，先后四次住进台湾大学附属医院，每次都是心脏病复发，而且一次比一次严重。

1961 年 2 月，胡适参加台湾大学校长钱思亮的宴会，刚抵达时感到身体不适，送至医院，医生诊断为冠状动脉粥样硬化性心脏病，住院两个月后回家自养。11 月，胡适病情恶化，至台湾大学医学院疗养，其间在台大医院住院的梅贻琦，到病房探视过他。1962 年 1 月 10 日，胡适病愈，先于梅贻琦出院。

1962 年 2 月 24 日上午，胡适在台湾"中央研究院"主持第五次院士会议，这天，他心情愉快，因为这次到会的院士比较多，吴大猷、吴健雄、袁家骝等纷纷出席。上午，胡适主持院士会选出了七位新院士，中午他又招待院士们午餐，下午举行酒会，欢迎新老院士。这一天，胡适显得很开心，在酒会上他又轻松愉快地致辞。到酒会结束，他正一步步往会场外边走，又与嘉宾记者寒暄了几句，走到会场中部的时候，他突然侧身倒在地上，不省人事，在酒会结束时，胡适竟因心脏病猝发而与世长辞，终年七十一岁。

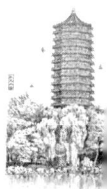

赵元任

最博学的博士

出身望族却"四处流浪"

1892年（光绪十八年）11月3日，赵元任出生在天津紫竹林的一座深宅大院中。

赵元任，字宣重，号重远，江苏常州府阳湖县人。按照赵元任的回忆，赵家家谱可以一直追溯到宋代，"我们一辈是宋太祖下来的第三十一代，我们是德昭那一支的后裔"（赵元任《赵元任早年自传》，岳麓书社2017年版）。赵元任的六世祖赵翼（号瓯北）曾为世人留下了"江山代有才人出，各领风骚数百年"的诗句。赵元任的祖父名执诒，号仲固，曾经在直隶一带做知州知府一类的官职。赵元任童年时的住所经常随着祖父官职的变动而变动。赵元任在回忆早年生活时曾写道："四岁住磁州，五岁住祁州，六岁往保定，七岁住冀州，八岁住保定，九岁住冀州，十岁回常州。"（赵元任《赵元任早年自传》，岳麓书社2017年版）

赵元任的父亲赵衡年是赵元任祖父的第二个儿子，曾中过举人，母亲冯莱荪出身世家，能写诗填词，写得一手好字，善昆曲，能唱能吹，很有才气。

赵元任是赵衡年唯一的儿子，家里大排行的老四，上面有一个哥哥两个姐姐。赵元任出生时，家里本来是按照女孩儿准备的，接生婆连扎耳朵眼儿的针都准备好了，看到是个男孩儿，家人平添了一份意外之喜。

赵元任四岁开始启蒙，最早是母亲教他认字，后来是爷爷教他念书，一开始念《大学》，可能是因为赵元任年龄小，《大学》念不好，又改教《小学》，《小学》没念完，又开始改教《大学》。七岁时赵元任开始在书房念书，跟他一起学习的有哥哥，还有一个亲戚家的小孩儿。

先生姓陆，号轲轩，是从常州请来的。陆先生教书很严，可是孩子们都很喜欢。陆先生是从《论语》教起的，然后是《中庸》，赵元任比较喜欢《论语》和《孟子》，然后还跟着师傅念了半部《诗经》。每天念完书就练习写大字，晚上赵元任跟着母亲还要学念诗。

除了念书外，赵元任的童年生活是十分丰富的，不停地搬家、看家里的佣人吕爷种葫芦、用女佣洗衣服的水吹泡泡、看下雨、放风筝、玩铜钱、看月食、躲在一旁看祖父审案子、放风筝、用放大镜聚光的原理点燃纸片……良好的成长环境和丰富的经历，使赵元任几乎成长为"全才"，就

赵元任　最博学的博士

315

连号称拥有二十余个博士头衔的胡适在后来的日记中都写道："每与人评论留美人物，辄推赵元任为第一。其治哲学、物理、算数，皆精。以其余力旁及语学、音乐，皆有所成就。"（黄团元《胡适的谦和雅量》，湖北人民出版社 2007 年版）不过赵元任小时候身体不好，动不动就是伤风发烧，"我害过痢疾，小肠疝气，还有伤寒"（赵元任《赵元任早年自传》，岳麓书社 2017 年版）。

1901 年夏，赵元任的祖父赵执诒因得痢疾去世后，赵元任的父亲赵衡年带着妻儿及大哥赵仪年的三个孩子（赵元任的大伯赵仪年早年已经离世）离开了冀州衙门，搬到了保定，准备回常州老家。

赵衡年一家六口，带着赵执诒的灵柩，还有丫头灵儿，在两个保镖的护送下走水路来到天津，然后经塘沽、大沽口，搭上大轮船，一路颠簸来到上海。

船到上海后，赵元任母亲娘家的两个舅舅来接。赵元任的姥爷家也是望族，姥爷冯光适曾在山西做府台，现在苏州养病。在上海舅舅安排的旅馆里住了几日后，全家搭内河小火轮经过苏州来到常州。

在常州，赵元任一家住在城里中间的青果巷，这是曾祖父（赵元任曾祖父，名曾向，号朗甫）留下来的足有五进的一所大房子，赵元任一家住在后进。

在青果巷安顿下来后，赵元任依旧是念书、练字和玩耍。赵元任的玩伴主要是大房伯公家里的孙子，也就是赵元任的两个堂兄，还有就是三房叔公的两个小女儿外囡和依姑，虽然年龄比赵元任要小一些，然是他的长辈，特别是依姑，是赵元任最喜欢的人，赵元任几乎爱上了她。

小孩子玩闹也是需要付出代价的。在一次追跑中，赵元任不幸磕掉了两颗门牙，这使他从此便不愿大笑，甚至在说话时也不愿张大嘴巴，遇到发 f 和 v 的声音时，还要用上唇盖住下齿，一直到上海后安上了假牙才解决问题。在常州，赵元任的眼睑经常发炎，每次在他上床后，都是依姑为他点药水。

1904 年夏季，赵元任的父亲也得了痢疾，不久离开人世。三个月后，母亲也因病离开了他。赵元任来到了苏州大寄娘家居住，在这里读书玩耍，学说吴语。1906 年，赵元任回到常州，进入一所名叫"溪山"的现代学校学习。在溪山小学，赵元任读《左传》《文选》，且有系统地学习英文，还有体育，数学则学的是几何与代数等课程。夏季年中考试是赵元任英文第一，各科平均第二。

1907年3月，赵元任来到南京，考入了江南高等学堂，被列入预科一年级（预科相当于高中）。江南高等学堂有学生约三百人，校长李梅庵，校区宽广，教室大，有体育馆与操场等。江南高等学堂预科设置的课程有国文、英文、数学、物理、生物、图画、体操等。国文课学《读古文辞类纂》，星期六下午为作文课；英文课教师是周先生，后为卡弗尔；数学课由一位崔老师教授学习代数、几何与三角；图画老师为日本人；物理老师为美国人查理斯先生；操练兵操用真步枪，但无子弹。在生物课上赵元任曾看过解剖死狗。课外赵元任阅读《马氏文通》，并对该书产生了浓厚的兴趣；他也读过 World's work、《林肯传》与《世界通史》；习字练习的是颜真卿的《家庙碑》和柳公权的《玄秘塔碑》；赵元任还自己制作望远镜和显微镜；他还向同学学习福州话；选修德文为第二外语。

江南高等学堂的三年，赵元任最大的变化是重新规划了自己："我决心做一个完人，戒除一切恶习，如吸烟、喝酒……并开始按时锻炼身体……深呼吸、长距离散步、跳高、练哑铃、荡秋千，在单杠上做引体向上和翻筋斗、与同学比赛吃饭。"（赵元任《赵元任早年自传》，岳麓书社2017年版）

潇洒的求学与游走

1910年1月，赵元任结束了江南高等学堂预科的学业。回到常州后不久，4月他由上海乘船经天津，第二次来到北京（赵元任一岁时曾来过北京居住），参加庚子退款第二批公费赴美留学生考试。

7月21日上午考国文，题目选自《孟子》："不以规矩，不能成方圆"；下午考英文作文三小时（赵新那、黄培云编《赵元任年谱》，商务印书馆2001年版）。如果以上两门及格，则27日考代数、平面几何、希腊历史、罗马历史、德文或法文，28日考物理学、植物学、动物学、生理学、化学与三角。29日本应考立体几何、英国史、世界地理与拉丁文（选考），由于大雨原因考试推迟一天。赵元任以73.4分的成绩名列第二（第一名是杨锡仁，张彭春第十名，竺可桢第二十八名，胡适第五十五名）。

赵元任匆匆告别北京的亲友，赶到上海办理出国手续，量做西装，剪掉辫子。1910 年 8 月 16 日，赵元任一行在上海登上一艘名叫"中国号"的轮船，驶向太平洋彼岸。

到达美国后，赵元任与胡适、周仁等十三人被分到位于纽约附近的康奈尔大学学习。赵元任进入了康奈尔大学数学系，主攻数学与物理。天资上的聪慧加上勤奋，换来的是赵元任优异的成绩。他的数学曾得过两个 100 分，一个 99 分，天文学得过 100 分，这不仅是当时的最高分，若干年后，他也仍保持着康奈尔大学平均成绩的最高纪录（张树铮《遥遥长路——赵元任》，山东画报出版社 1998 年版）。

除了数学和物理方面的课程外，赵元任还选修了哲学、美国史、心理学、语音学等方面的课程。值得一提的是，学习语音学这门课程，赵元任本来就是语言方面的天才，"我一小儿是留心人说话的声音的"（赵元任《赵元任早年自传》，岳麓书社 2017 年版）。据说他的听觉特别灵敏，只要听过的语言就绝不会忘记。但那只是辨别和发音，赵元任并不知道其中的原理，通过语音学的学习，赵元任第一次学到了人发音的原理和国际音标。

赵元任也喜欢音乐和戏剧，经常去听音乐会及私人演奏和看话剧《哈姆雷特》等。在康奈尔大学安顿下来之后，他用分期付款方式花了二百二十元买了一架二手钢琴。1915 年上海出版的《科学》杂志第一卷第一期发表了他的第一首曲谱《和平进行曲》。赵元任在康奈尔大学期间还自己编写了一部英语独幕话剧《挂号信》。

康奈尔大学非常注重体育，在那里，赵元任学会了游泳。1913 年 8 月 25 日，赵元任在运动会上获得了一英里竞走冠军。1915 年，他再次在这个项目上获胜。

1915 年 10 月 25 日，赵元任、任鸿隽、胡明复、杨杏佛、胡适、邹秉文等正式成立了我国第一个科学团体——中国科学社。中国科学社出版月刊《科学》，赵元任兼任编辑。

1914 年赵元任以优异的成绩在康奈尔大学数学系毕业，获得了学士学位。随即他获得哲学研究奖学金，转入研究院改学哲学。改学哲学后，他的一篇论文获了奖。1915 年 6 月，他得到哈佛大学的乔治与玛莎·德贝哲学奖学金，转入哈佛大学研究院学习，1918 年获得博士学位。

博士毕业后，赵元任又获得了哈佛大学博士后谢尔登旅行研究奖学金，于是他决定在美国旅行。9月20日，赵元任徒步来到了芝加哥，在这里住了将近三个月。12月，他离开了芝加哥，坐火车到洛杉矶，再转到旧金山，到加州大学继续学习和研究。

1919年2月，赵元任接到母校康奈尔大学的邀请，让他去做一名物理讲师，同时还要再派他为谢尔登哲学研究员一年。3月，北京大学校长蔡元培邀请他到北大教哲学，如果他想去欧洲一年的话，学校可以付旅费，算是提前休假。4月，南京东南大学校长郭秉文也来信，请他去任教。同时，陶孟和再次邀他去北大教哲学，最终赵元任选择了去任物理讲师。1919年6月13日，赵元任来到了康奈尔任教。作为讲师第一次上台讲课，赵元任讲的是电磁现象。他不带讲稿，侃侃而谈，学生们听得入了迷。从此，他养成了上台上课不带讲稿的习惯。

1920年春，赵元任接到了清华学校的邀请，请他到清华学校教数学。于是赵元任向康奈尔大学要求休假一年。征得学校同意后，1920年7月25日下午，他在旧金山搭乘中国邮轮公司的"尼罗号"邮轮回国。1920年8月17日，赵元任回到上海。一天后，由上海赶往南京，参加中国科学社的年度会议。在老家常州住了几天后，便来到北京清华学校上课。校方给他安排的是心理学和物理学课程。

赵元任在清华住的房子位于偏远的西南角，那是一间被称为"幸运房间"的屋子，因为任何单身汉住在那里不久就会结婚，赵元任很快就再次应验了这个传说。

9月18日下午，赵元任到北平城里参加"国语统一运动筹备委员会"会议。会议结束后，他来到表哥庞敦敏家借宿，在这里他结识了正在参加庞敦敏家庭聚会的杨步伟和其闺蜜兼合伙人李贯中。杨步伟原籍安徽，出生于南京，其曾祖父曾与曾国藩为同年进士，祖父为中国近代佛教复兴之父杨仁山。杨步伟留学日本学医，回国后与留日女同学李贯中合开了一家"森仁医院"。

第二天，杨步伟、李贯中请赵元任的表哥庞敦敏夫妇一起去中央公园吃饭，"顺便"也带上了赵元任。饭后全体人员去了森仁医院。这一天赵元任、杨步伟、李贯中三人过得很愉快，为此赵元任还耽误了第二天一早回清华

上八点钟的课，因为他的手表不知怎么的慢了一刻钟。此后，赵元任便经常去森仁医院去"看医生"。

赵元任在清华不到一个月，因为英国著名哲学家罗素要来华讲学，梁启超、张东荪等人领导的进步党想请赵元任担任翻译。所以 10 月份赵元任就离开北京，南下去迎接罗素了。

罗素的在华演讲当时成为文化界的一件大事。赵元任陪同罗素与女秘书勃拉克女士在上海、杭州、南京、长沙、北京等地进行学术交流。虽然是给罗素做翻译，但是赵元任依然觉得这是件很有意思的事情。一方面，罗素的哲学著作曾经对赵元任在哈佛大学的研究有重要影响；另一方面，不管罗素说得多么精彩，都要在赵元任译完后才会引起观众的热烈反应，使赵元任很有成就感。赵元任的语言天赋使他把翻译工作做到了极致。在长沙，他用长沙话翻译罗素的演讲；在杭州，他用杭州话进行翻译；所以不管到达哪里听众总认为赵元任是当地人。

罗素在北京时，赵元任与罗素及勃拉克女士同在一处住所，这样他与杨步伟与李贯中见面的机会就更多了，三人经常在一起吃饭。

实际上首先看中赵元任的，不是杨步伟，而是她的闺蜜李贯中，杨步伟也暗中为两人牵线搭桥。但赵元任却是对杨步伟一见钟情，杨步伟最终也接受了赵元任。李贯中得知后，难以接受，觉得杨步伟重色轻友，与之决裂，一段友谊就此画上句号。

赵元任与杨步伟真是天生的一对。早在赵元任在江南高等学堂读书时，杨步伟曾住在位于江南高等学堂附近的延陵巷。早在赵元任十四岁那年，就由父母做主给他安排与一位陈仪庄小姐订婚。在美国读书时，正值青春焕发的赵元任也与女同学约会、玩耍，其中有中国留学生，也有美国学生，但从未与任何一位有过更深的发展。回国后，接受了外国自由思想熏陶的赵元任以陈小姐大他两岁为由，在付出了二千大洋的"青春赔偿费后"，将婚事退掉。赵元任退掉了大两岁的"媳妇"，去找了大三岁的爱人。杨步伟也有同样的经历。小时候，父亲也曾为她定下娃娃亲，她在十六岁时亲手写下一封退婚信，拒绝了这门婚事。

1921 年 6 月 1 日，赵元任与已经辞掉医院工作的杨步伟结婚。他们没有举行任何仪式，只是请了赵元任最好的朋友胡适和杨步伟的好朋友朱微

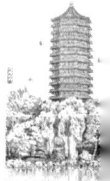

女士一起去吃顿晚饭，然后由胡适和朱微在赵元任、杨步伟自制的结婚证书上签了字，并贴上了四毛钱的印花。第二天《晨报》以特号字的标题"新闻人物的新式结婚"报道了赵元任结婚的消息。

婚后不久，赵元任接到美国哈佛大学的邀请，哲学系想请他去教逻辑学和中文。

8月21日，赵元任、杨步伟乘火车离开北京，经上海再次去美国。赵元任在哈佛大学现代哲学系任讲师。1923年，哈佛大学成立中文系，赵元任任教授，讲授中文。在美国，杨步伟为赵元任生了长女如兰和次女新那。

1924年5月，清华学校校长曹云祥写了一本小册子，叫《西方文化与中国前途之关系》。曹云祥认为："中国今日宜设研究院，以为建设最高等学术之基础。"他为清华学校设计了"别谋远大而有利益的计划"，主要是：一、于1925年起设立"清华大学部"；二、筹备大学基金；三、设研究院。1925年年初，清华学校研究院开始筹办，吴宓任筹备处主任。

这一年胡适向清华学校校长曹云祥推荐四名导师人选时，其中就有赵元任，并说："赵先生比我聪明。"（黄团元《胡适的谦和雅量》）在胡适看来，赵元任"治哲学、物理、算数，皆精。以其余力旁及语学、音乐，皆有所成就。其人深思好学，心细密而行笃实，和蔼可亲。以学以行，两无其俦，他日所成，未可限量也。"（胡适《胡适留学日记》，安徽教育出版社2006年版）

在美国的赵元任收到了时任清华学校教务长张彭春的来信，要他回清华任教。赵元任虽然说答应清华，但还需到欧洲一年，一面游历，一面和有些人谈谈（杨步伟《杂记赵家》）。1924年5月至1925年5月，赵元任夫妇携两个女儿到欧洲。在欧洲期间，他访问了著名瑞典汉学家高本汉（Bernhard Kardgren）、英国语言学家 Lloyd James,Daniel Jones,Stephen Jones 等，在巴黎的 Universite de Paris 注册听课，听了语言学家和汉学家 J.Vendreyes,Antoine Meillet,Paul Pelliot,Henri Maspero 等的课（赵新那《赵元任生平大事记》）。同时他在欧洲也见了刘复（刘半农）、张奚若、徐志摩、傅斯年、陈寅恪等很多中国留学生。

语言天才显神通

1925 年 5 月，赵元任一家由马赛乘船回国。1925 年 6 月 12 日，赵元任到清华任教。6 月 15 日，校长曹云祥批准了研究院教职员名单，教授有王国维、梁启超、赵元任、陈寅恪，讲师李济。清华国学研究院 9 月 14 日开学。第一年赵元任开出的普通课程有：《方言学》《普通语言学》《音韵学》等，指导学员进行的专题研究范围是中国音韵学、中国乐谱乐调和中国现代方言等（赵新那、黄培云编《赵元任年谱》，商务印书馆 2001 年版）。

9 月 26 日，刘半农发起"数人会"，加上赵元任、钱玄同、黎锦熙、汪怡共五人参加，后林语堂也加入了"数人会"。"数人会"经过多次讨论提出了"国语罗马字拼音法式"稿本，1925 年 12 月，教育部国语统一会同意采用"数人会"提出的以北京音系为国音的建议。

1926 年，赵元任夫妇在北京城内景山东大街租了一所三进住房，其中第一进为诊所，由杨步伟主持，继续推动计划生育、避孕措施等。5 月，赵元任在清华校刊上写了一篇格言体的《语条儿》，共十八条，其中有一些今天也值得我们借鉴：

笑话笑着说，只有自己笑；笑话板着脸说，或者人家发笑。正经话板着脸说，只有自己注意；正经话笑着说，或者人家也注意。

现在不像从前，怎见得将来总像现在？

节制比禁绝好，禁绝比节制容易。

肚子不痛的人，不记得有个肚子；国民爱国的国里，不常有爱国运动。

要造国家的将来，得要有人不问国家的现在。

有钱未必有学，可是无钱便求不到学。

物质文明高，精神文明未必高；可是物质文明很低，精神文明也高不到哪儿去。

没有预备好"例如"，先别发议论。

在例外里头，往往会找到最好的"例内"。

凡是带凡字的话，没有没有例外的。

这一年，赵元任还给刘半农的诗《叫我如何不想他》谱曲，受到了社

会广泛的欢迎。

1927年，赵元任开设并主讲逻辑学和中国语音学两门课程，指导王力（中国的著名语言学家，北京大学教授）撰写《中国古文法论文》。9月清华研究院首先开始吴语方言调查工作。经过历时两个多月的吴语方言调查，1928年赵元任出版了《现代吴语的研究》一书，这是我国学者用现代语言学方法调查方言的第一部著作，在汉语方言学史上具有重要意义。在浙江做方言调查的过程中，赵元任携夫人顺便回到家乡常州探望家人。

1928年下半年，赵元任决定辞去清华大学的工作，到中央研究院历史语言研究所主持语言组工作。此时，赵元任认为语言学是他最大的兴趣，史语所语言组的工作将是他毕生的事业（赵新那、黄培云编《赵元任年谱》，商务印书馆2001年版）。

赵元任多才多艺，在很多领域多有造诣，但是他自己也承认有"选择恐惧症"，最终顺其自然地选择了语言研究方向。中国清代开始就出现了文字改革运动，到了民国初年掀起了一次废除汉字改用拼音文字的过激思潮。钱玄同曾提出"欲废孔学，不可不先废汉字……此种文字断断不能适用于二十世纪之新时代"（钱玄同《中国今后之文字问题》，《新青年》第四卷第四号）。陈独秀在《四答钱玄同〈中国今后之文字问题〉》中写道："然中国文字，既难传载新事新理，且为腐毒思想之巢窟，废之诚不足惜。"傅斯年认为"中国字的难学，实在在世界上独一无二"【傅斯年《汉语改用拼音文字的初步谈（节录）》，《国语月刊·汉字改革号》，文字改革出版社】。而林语堂的意见是"采用罗马字是采用拼音文字最自然的一个办法"（林语堂《国语罗马字拼音与科学方法》，载《林语堂名著全集》，东北师范大学出版社）。

早在1915年，在中国留学生中就曾开展过有关中国文字改革问题的讨论，特别是能否废除汉字改用拼音文字的问题。1920年，赵元任撰写了一篇文章，阐明中国国音字母与语音的相互关系，主张中国必先统一，之后才能专用拼音字。回国后赵元任更是以著名学者的身份，从政府和学术的角度就汉字改革问题进行了多方位的研究。赵元任认为，由于汉字存在一音多字的特点，不能简单地拼音化，而是要多用口语话，少用书面词语。

几年后，在汉字拼音化的问题上，赵元任再次显示了他的文字才华与

幽默的个性。1952 年，他在美国写出了《施氏食狮史》这一篇同音文（出自《语言问题》）。文章原题《石室施氏食狮史》，内容如下：石室诗士施氏，嗜狮，誓食十狮。施氏时时适市视狮。十时，适十狮适市。是时，适施氏适市。施氏视是十狮，恃矢势，使是十狮逝世。氏拾是十狮尸，适石室。石室湿，氏使侍拭石室。石室拭，施氏始试食是十狮尸。食时，始识是十狮尸，实十石狮尸。试释是事。

赵元任可能感觉意犹未尽，之后又写下《季姬击鸡记》等四篇类似的同音文。

赵元任到中央研究院历史语言研究所后的第一件事儿，就是做两广粤语方言调查。1929 年 2 月，粤语方言调查工作完成后，赵元任随后带领史语所第二组（语言学）迁到北平工作，赵元任一家也从清华园迁到北平城里居住。6 月，赵元任的第三个女儿来思出生。1929 年 7 月至 12 月间，赵元任编制《国语罗马字与威妥玛式拼音法对照表》与《国语罗马字常用字表》。1930 年，赵元任除了继续主持中研院史语所语言组的工作与在清华大学兼课外，还发表了重要论文——《一套标调的字母》。他提出了一种标记音调变化的简便方法，这种方法后来一般称为五度标音法，被国际公认为最好的标音方法。此外他还出版了《广西瑶歌记音》和《方言调查表格》；他还为清华大学谱写了校歌。9 月，国语统一筹备委员会第七次常委会通过赵元任拟定的《注音符号总表》。这年 12 月 17 日，是新任北京大学校长胡适过四十周岁生日，作为同窗好友的赵元任代表中央研究院历史语言研究所的同事写了一首《胡适之先生四十正寿贺词》，充分显示了赵元任诙谐幽默的性格，同时也显示出赵元任与胡适关系非同一般。贺词的开头是这样写的："适之说不要过生日，生日便又到了。我们一般爱起哄的，又来跟你闹了……"

1931 年 5 月，赵元任夫妇迎来了他们第四个女儿小中。

九一八事变爆发后，国际联盟教育调查团来到北平，赵元任做陪同工作。1932 年，由于梅贻琦要回清华接任清华大学校长，在清华大学的要求下，赵元任接替了梅贻琦担任的清华留美学生监督处主任的工作，任期一年半。在美期间，除了正常的工作和学术交流外，赵元任最大的收获是学会了开车（赵元任的车技好像水平不高，在以后的时间中，赵元任驾车发生过多

次车祸，所幸没有重大的人员伤亡）和第一次看到了日出。1933 年，赵元任开着新购买的汽车带着家人于 9 月 12 日从华盛顿启程，一面欣赏美国的风光，一面赶往西雅图。9 月 30 日，全家在西雅图乘坐"Jefferson 总统号"离美，10 月 17 日抵达上海。

1934 年秋，史语所迁往南京，赵元任一家也在史语所附近购地，并由赵元任自己设计建造了三层小楼。赵元任用英文发表了《音标标音法的多能性》，文章发表后备受重视，被广泛引用。后来，此文在 1957 年被收入美国著名语言学家马丁裘斯编选的《语言学论文选》中。

早在 1922 年，赵元任曾出版过《国语留声片课本》。由于国音标准的变化，1935 年商务印书馆发行赵元任发音的《新国语留声片》【《新国语留声片》分为甲种（注音符号本）和乙种（国语罗马字本）两种】和他编写的《新国语留声片课本》，成为当时推行国语的语音标准。《新国语留声片》在上海录制，赵元任六岁的女儿来思也参加了录音。在这一年赵元任还被聘任为"国语推行委员会"委员与中央研究院首届评议会人文组评议员。从 1936 年 4 月底开始，赵元任与三位助理一起做湖北方言调查，然后开始整理研究湖北嘉鱼方言的工作。"七·七事变"后，赵元任开始忙于把历史语言研究所资料搬往南昌及长沙的工作。其间他常与梅贻琦、胡适、蒋梦麟、张彭春等教育界人士谈论北方及全国形势。7 月底，赵元任患上恶性疟疾，连续高烧，心率过速的旧病复发。赵元任年轻时就有心跳的毛病，"余至少每年病一次……多年后得了冠状动脉心脏病"（赵元任《赵元任早年自传》，岳麓书社 2017 年版）医生建议他应尽快离开南京，到安静的地方养病。赵元任将多年的日记及照片资料邮寄到美国后，8 月在如兰的陪护下乘"江顺"号轮船离开南京，经汉口坐火车转到长沙。在长沙的半年中，赵元任通过作词作曲的形式创作了大量鼓舞抗战的乐曲。

让上帝都羡慕的晚年生活

1938 年年初，赵元任将全家从长沙搬到了昆明，在那里工作和生活了半年。2 月 6 日，赵元任接到美国夏威夷大学校长的正式邀请电报，决定到夏威夷大学做短期任教工作。8 月 1 日，赵元任一家从云南出发一路辗转，于 8 月 31 日抵达美国夏威夷檀香山，途中赵元任为云南大学谱写了校歌

词曲。在夏威夷大学东方研究所，赵元任开设了中文阅读课、中国语言学研讨课和中国音乐史等课程。赵元任给美国学生上课也是别具一格。在中国音乐史的课堂上，她请女儿如兰和新那在课堂上唱歌，做教学示范。在教授中国文言文方面，他拿文言文当作白话文那么教，教学生大声朗读课文，并使用文言做练习和回答问题，而不是简单地做中英文的翻译（赵新那、黄培云编《赵元任年谱》，商务印书馆 2001 年版）。5 月，赵元任被批准加入美国语言学学会。7 月 24 日至 8 月 21 日，赵元任担任中国代表团首席代表参加了第六届太平洋科学会议。8 月，赵元任自驾携带全家由美国西海岸横穿美国大陆来到东海岸。9 月，在得到史语所延长假期的批准后，赵元任来到耶鲁大学任教，开始了在耶鲁两年的生活。

在耶鲁大学东方学系第一学期，赵元任开设了中文阅读和中国语言学两门课程，1940 年后又开设中国音韵学课。在中文阅读课里，他讲孟子等；在音韵学课程中讲述北京、苏州、常州地方语言的助词和助词语调问题，10 月以后开始讲述广东话。这一年他与罗常培、李方桂共同翻译的瑞典学者高本汉的巨著《中国音韵学研究》也由上海商务印书馆出版发行。

1941 年 4 月，赵元任决定接受哈佛大学参加《Mathews' 汉英字典》编辑工作的聘请，从 1941 年 7 月开始为哈佛大学工作，为期一年。7 月，赵元任一家迁至麻省。赵元任性格开朗，好交朋友。他的家很快成为一个中国人的活动中心，胡适、蒋梦麟、金岳霖、萨本栋、陶孟和、张彭春、林语堂、周培源、费孝通、钱学森等都到那里探望或短住。"珍珠港事件"爆发后，赵元任一家在美国经常参加中华赈济联合会的各种活动。1942 年1 月，在美国成立了"战争时期中国留美学生规划委员会"，聘任赵元任为副主任。6 月底赵元任在哈佛暑期学校开设了粤语课，开始编写《粤语入门》教科书，1947 年由美国哈佛大学出版社出版。7 月，哈佛大学校长给赵元任下达聘书，续聘一年。9 月底，赵元任在哈佛大学开设中国方言课，为期一个学期。1943 年 8 月，赵元任主持了 ASTP（由于对日战争的需要，美国陆军委托举办的中文和日文训练班）中文训练班工作。到 1944 年年底，哈佛大学共办了两批训练班。

1945 年 7 月，赵元任接受了哈佛大学最后一次聘请，为期一年。10 月《粤语入门》交初稿。当月，赵元任和胡适赴英国伦敦出席联合国教科文组织

的筹备会，11 月 8 日，赵元任被分配到起草委员会，被推选为主席。1945年 7 月，赵元任二女儿新那和黄培云结婚，10 月 3 日长女如兰与卞学鐄结婚。

1946 年，美国普林斯顿大学授予赵元任名誉博士学位。11 月，联合国教科文组织在巴黎召开成立大会，赵元任作为中国代表团首席代表出席，并主持了大会闭幕式。

9 月，赵元任收到加州大学伯克利分校续聘通知，开设中国语入门大学中文课、音韵等课程，并在给该校研究生上课的同时，担任研究生的论文指导工作。这一年，赵元任在参观哥伦比亚大学时会见了时任校长艾森豪威尔将军和罗斯福夫人。

中华人民共和国成立后，在中国的新那、培云写信给赵元任表示一切都好，赵元任的老朋友们陶孟和、竺可桢等人也来信或来电，希望赵元任回国。

1959 年 4 月，赵元任到日本东京大学讲学，做了《信号的方式》的演讲，在京都大学讲的是《中国语法的结构》。

值得一提的是，1969 年赵元任应聘在康奈尔大学任教时写的一部重要著作《中国话的文法》由加州大学出版社出版，1970 年俄亥俄州立大学授予赵元任名誉博士学位。

1971 年 6 月 1 日是赵元任夫妇金婚纪念日。赵元任夫妇特地写《金婚诗》一首，押胡适《贺银婚》诗韵。二十五年前（1946 年），当赵元任、杨步伟夫妇银婚纪念时，曾经的证婚人之一的胡适因事不能参加，曾贺诗一首：甜甜蜜蜜二十年，人人都说好姻缘，新娘欠我香香礼，记得还时要利钱，以示祝贺。二十五年后的这一天，作为对当年好友写诗庆贺的回应，赵元任夫妇分别写《金婚诗》一首，杨步伟写的是：

争争吵吵五十年，人人反说好姻缘。

元任欠我今生业，颠倒阴阳再团圆。

赵元任的答词是：

阴阳颠倒又团圆，犹似当年蜜蜜甜。

男女平权新世纪，同偕造福为人间。

1972 年 2 月，美国总统尼克松访问中国，打开了中美两国交往的大门。从 2 月 20 日开始，赵元任每天观看尼克松总统访华的电视新闻，并很快

就与有关方面联系回国访问事宜。12 月 20 日他开始拍护照，准备申请回国探亲访问。

4 月 16 日，赵元任夫妇开启了回国探亲访问的旅程。赵元任、杨步伟、外孙女昭波、外孙女婿林迈（Michael Lent）和远房侄女赵景晖一行五人乘机离开美国经东京抵中国香港，20 日从中国香港搭火车到罗湖入境。21 日晚 9 点，赵元任抵达北京，北京大学校长周培源、赵元任二女婿黄培云等人在机场迎接。在北京，赵元任时隔二十七年再次见到了二女儿新那和两个未曾谋面的外孙黄家汉和黄家林。

赵元任夫妇第一个看望的就是夫人的亲哥哥杨立生。在北京，赵元任也见到了张奚若、竺可桢、钱端生、冯友兰、陈岱孙、黎锦熙、丁绪宝夫妇等老同学和老朋友，王力、丁声树、吴宗济、周祖谟等昔日学生与下属也前来拜会。

5 月 13 日晚至 14 日凌晨，周恩来总理接见赵元任、杨步伟以及他们的亲属赵景晖、卞昭波、林迈。在座除中国科学院院长郭沫若、教育部部长刘西尧外，还有赵元任的老同学、老朋友吴有训夫妇、竺可桢夫妇、邹秉文一家、周培源夫妇及黎锦熙、丁西林、赵朴初等文化名人。周总理还跟赵元任谈到文字改革和赵元任致力研究的《通字方案》。外交家宋有明先生曾撰文回忆，那天周总理说到赵先生执教清华大学时，自己曾考虑去清华跟赵元任学语言，只是因为赵元任给罗素做翻译离开了清华大学，所以没能去成。赵元任听后摆手道"幸亏没有跟我学语言，不然中国可就少了一个好总理"（朱洪《赵朴初与赵元任的三次交往》，《纵横》2002 年 11 月号）。在中国的日子里，赵元任、杨步伟夫妇还前往南京、常州、上海等地。结束访问后，他们于当地时间 28 日回到了旧金山。

1978 年，赵元任夫妇曾准备于 1979 年跟夫人再次回国，在准备申请签证的材料时，因杨步伟健康原因未能成行。赵元任的身体健康状况尚可，此时还可以自己开车到旧金山出席加州大学校庆晚宴。不过他的记忆力明显出了问题，开车时迷路，停车时找不到自己停放的汽车。

杨步伟去世后，赵元任曾打算回大陆。1981 年 5 月，应中国科学院的邀请，赵元任回国访问，小女儿小中作为社科院的客人，陪父亲一同回国，女婿卞学鐄和如兰应其他单位邀请，也与赵元任一同回国。17 日下午 1 点，赵元任抵达首都机场，北京大学王力教授、清华大学刘达校长、著名科学家钱伟长夫妇等人以及二女儿新那一家前来迎接。19日晚，社科院院长胡乔木在人民大会堂会见了赵元任。6月5日，政协主席邓小平在人民大会堂接见赵元任及其家属。6月10日，在张龙翔校长主持下，北京大学授予赵元任名誉教授，教育部蒋南翔部长为赵元任佩戴北京大学校徽。6月14日，赵元任结束了一个月的回国之行，在如兰与卞学鐄的陪同下飞回旧金山，19日和如兰飞回波士顿。

1982年1月26日，赵元任心脏病发作，经黄山医院抢救，病情好转，2月24日病情突然恶化，11时赵元任与世长辞。

赵元任去世的消息在海内外传开后，大女儿如兰和大女婿卞学鐄在美国收到唁电和慰问信三百余件，二女儿新那和二女婿黄培云在长沙收到五十余件。

赵元任一生博学，涉猎甚广，特别是在语言方面。他精研北方话与吴语方言的音系，一生会讲三十三种汉语方言，被称为"汉语言学"之父，与有"非汉语"语言学之父之称的李方桂比肩，台湾"中央研究院"历史语言研究所研究员兼所长丁邦新对他们二人的评价是"中国人在世界语言学界居于领导地位的有赵元任、李方桂两先生"。

顾颉刚

不会吃鱼的教授

在中国江苏省的最南部，有一座有近二千五百年历史，以园林美景闻名天下的名城，这里不仅是吴文化的发祥地，更被世人描述为人间天堂。唐代大诗人杜荀鹤写道："君到姑苏见，人家尽枕河。古宫闲地少，水巷小桥多。夜市卖菱藕，春船载绮罗。遥知未眠月，乡思在渔歌。"（《送人游吴》）写出了苏州吴地秀美的风光。

读书的种子

顾家是苏州有名的书香世家，康熙皇帝下江南时，曾特地题写"江南第一读书人家"以示嘉奖。顾颉刚祖上列圃公，曾任湖北德安府知府、甘肃洮州同知。1781年（乾隆四十六年），甘肃前布政使王亶望监赈案事发，受此案牵连，列圃公被罚充军黑龙江，遂客死他乡。此后顾家家道中衰，世代居于苏州悬桥巷顾家花园。

顾颉刚的曾祖父东生公生有两子：仞之公元昌、廉军公之义。两人都是当时的秀才。太平军打到苏州时，两人便避居乡间多年。廉军公之义即顾颉刚的祖父，因仞之公元昌无嗣，顾颉刚祖父便将儿子顾子虬，也就是顾颉刚的父亲，过继给兄长仞之公元昌为子。这样顾颉刚就有了两位祖父，即嗣祖父和本生祖父。在元昌、之义兄弟二人多年的经营下，顾家家境日渐好转，在当时已经达到小康水平（顾潮《我的父亲顾颉刚》）。

1891年，在嗣父的安排下，顾颉刚的父亲顾子虬迎娶了新娘周坤和。1893年5月，顾颉刚诞生（原名诵坤，字铭坚）由于母亲体弱多病并且早逝，所以顾颉刚的生活多由嗣祖母（以后简称祖母）照顾。顾颉刚祖母张氏是一位极其精明强干的女子，其先世是由徽州搬到苏州的，她家是生意人，经营进出口货物，她小时候还看见家里人在上"漂洋船"之前举行的盛大祭礼，她也曾自备了一些苏州的绣品托船家带出去贩卖。顾颉刚从小在生活上被娇生惯养，祖母怕他受到伤害，一直让人抱着他，不让他下地，吃饭要让人喂，逢到吃鱼，一定把刺挑了才给他吃，这样的结果是造成顾颉刚生活自理能力极差，六岁时还不会端碗，九岁时才学会走路，一辈子都不会吃鱼。

在学业上，待到六岁时，顾颉刚已经上私塾读书了。顾颉刚的祖父母对他要求极严，还在他两岁时，祖父就迫不及待地教他识字，顾颉刚果然

是一颗读书种子，从小就对书感兴趣，老妈子抱上街时，两边的招牌都能一一认出，待到六岁上私塾读书时已认识几千个字了。

祖父母对于顾颉刚影响极大。据顾颉刚回忆，小时候祖父带他外出，看到一块匾额、一个牌楼、一座桥梁，必把它们的历史讲给他听，再要求他按照历史的时序进行排列，这使他有了基本的历史意识。顾颉刚在《我与古史辨》中写道："我的祖父一生喜欢金石和小学，终日的工作只是钩模古铭，椎拓古器，或替人家书写篆隶的屏联。……使我在学问上也有了很多的认识。"而对于祖母，他在《玉渊潭忆往》中回忆道："我的一生发生关系最密切的是我的祖母。简直可以说，我之所以为我，是我的祖母亲手塑造的一个艺术品。"

1905 年，顾颉刚在私塾读书的最后一年，清政府废除了科举制度。那一年十二岁的顾颉刚作了一篇《恨不能》的文章，发誓恨不能读尽天下书（汪修荣《民国教授往事》）。

1906 年年初，苏州开办了第一所高等小学——长元吴公立高等小学，顾颉刚以作文第一名的成绩考入，同时考取的还有叶圣陶。在接受新式教育的同时，他自读《国粹学报》，从中接受了章太炎"整理国故"的思想。两年后，顾颉刚考入苏州公立第一中学。进入初中以后，除了课堂上的内容，每天晚上，祖父还要给他亲授《尚书》《易经》。家庭环境对他后来走上治学之路影响很大。在中学期间，顾颉刚每日放学后逛旧书肆，终日在书海中遨游，眼界大开。此时，顾颉刚得知清代阎若璩考辨《古文尚书》之事，继而读姚际恒《古今伪书考》，思想上受到巨大震动，深感古书中问题众多，立志以毕生精力考辨之。在中学时代，顾颉刚与叶圣陶等几位好友，成立了一个诗社，因为叶圣陶做社长，顾颉刚则跟随叶圣陶学诗填词，但他很快发现自己没有这方面的天赋，所以决定弃文从史。

"智"入北大，师从胡适

1911 年，刚年满十八岁的顾颉刚娶了一位大他四岁的纯粹旧式女子吴徵兰。对于这种包办婚姻，顾颉刚不敢反抗，只有从命。婚后顾颉刚逐渐被妻子的温柔体贴感动，对她放下了成见，甚至开始主动教她读书识字，两个人的婚姻生活十分幸福美满。

1912 年顾颉刚中学毕业。1913 年 3 月，顾颉刚从报上看到一则北大招生的广告，便与同学一起前往上海考点报考，结果以第九名考取北大预科。4 月底到北大报到时，学校把他们暂时安排在前门外西河沿旅店。

从小学到中学，顾颉刚基本上是在读书求学中度过，平时长辈管教极严。这时，离开家庭独自来到北京，顾颉刚就像飞出樊笼的鸟儿。西河沿旅店旁边有很多戏园子，票价又便宜，课余时间顾颉刚除了听章太炎讲学，便天天去戏院看戏，很快变成了一个戏迷，即使开学后也沉迷其间不能自拔，有时为了看戏连课都不上。最后，他未能按时从预科毕业。按规定，预科没有毕业，不能参加升学考试，但是他急中生智，临时给自己取了一个颉刚的名字，1916 年夏天以自修身份考入北大哲学系。

1917 年对于顾颉刚来说是不寻常的一年。这年 2 月，由于顾颉刚继母与祖母等人的原因，体质素弱的妻子吴徵兰生下次女自珍（长女自明）后不久，受了春寒而干咳。顾颉刚因妻子病重，学习无法坚持，遂于 1917 年 6 月上旬休学归家。在家悉心照顾了妻子五十天后，8 月初，吴徵兰终于还是去世了。

同年秋，二十六岁的胡适自美国归来，因新文化运动中白话文一战，名满天下，为北大聘为哲学系教授。胡适在北大，开设的哲学科目为"中国哲学"，顾颉刚便是学生之一。对于只比自己大两岁的胡适，顾颉刚自愧不如，以至于日后顾颉刚把胡适称为"我的引路人"（《新京报》2012 年 2 月 25 日）。

自从认识胡适以后，顾颉刚学习更加用功，每天都读书到凌晨三四点，虽然学业大有长进，但天长日久，却落下了失眠症，终生未愈。顾颉刚不仅自己崇拜胡适，而且还拉上好友傅斯年。傅斯年本是黄侃的高足，号称"黄门侍郎"，顾颉刚迷上了胡适后，一次他对傅斯年说："胡先生讲得的确不差，他有眼光，有胆量，有断制，确是一个有能力的历史家，他的议论处处合乎我的理性，都是我想说，而不知道怎么说才好的。你虽不是哲学系，何妨去听一听。"（顾颉刚《古史辨自序》）从此，傅斯年便由"黄门侍郎"转变成为胡适的追随者与保护者。

吴徵兰离世后，父亲和祖母因后继无人为由，要求顾颉刚续弦。1918 年 9 月，顾颉刚来到甪直古镇散心，结识了好友王伯祥的女学生殷履安。

顾颉刚　不会吃鱼的教授

殷履安毕业于吴县第五高小，粗通文墨，颇有志向，曾在《家政关系》一文中写道："昔顾亭林谓天下兴亡匹夫有责，吾以为匹妇亦与焉。"此文引起了顾颉刚的好感。顾颉刚回到苏州后立即向祖母提起殷履安，得到老人家的首肯。

1919 年 5 月 21 日，顾颉刚与殷履安正式完婚。殷履安不仅温柔贤淑，而且宁静淡泊，没有虚荣心。他们结婚四个月之后，顾颉刚返回北京读书，而殷履安代顾颉刚行孝，打理家事。顾颉刚长期在外求学工作，因此夫妇二人聚少离多。然而即便如此，两人书信却是不断。殷履安在顾家是个可怜的小媳妇，在信中她将自己在家里受的委屈一一告知顾颉刚，夫妻感情因此又进了一步。殷履安因患盆腔结核，不能生育，这本是很受夫家轻视的短处，但顾颉刚因已有了两个女儿，一点也不怨她，反而替她高兴，认为是免受了养育幼童之累。顾潮在《我的父亲顾颉刚》一书中称赞殷履安"因爱父亲，而旁及到家中所有人，唯独忘却了她自己"。她视前妻所出两女如同亲生，"慈孝之情，亦逾寻常"。钱穆在《师友杂记》中高度评价殷履安的贤德乃是世间少见，所以后来顾颉刚打破旧习俗，以自己治病为名，携妻游遍了苏州各园林美景。

"五四运动"爆发后，傅斯年被赶出了北大学生会，当时顾颉刚在苏州养病，只有他坚决支持傅斯年。由于傅斯年要去英国留学，他与罗家伦商量把《新潮》杂志交给顾颉刚来办。冬天，傅斯年从上海去英国，顾颉刚专门利用放寒假回家的机会，到上海为傅斯年送行。

1920 年，顾颉刚从北大毕业，任职于北大图书馆。顾颉刚虽留在北大，但薪酬较低，入不敷出，不得已，求于胡适。于是，胡适给顾颉刚安排了个舒服的工作，标点《古今伪书考》，得到一点报酬。挣钱是小事，两个月下来顾颉刚把古人造伪和辨伪之事弄清了。1921 年 1 月，北大成立研究所，沈兼士和马裕藻邀请顾颉刚担任助教兼《国学季刊》的编辑，顾颉刚欣然接受这一工作。这样，他就可以一方面看书从事研究工作，另一方面可以借此挣钱养家。这期间，他潜心阅读了罗振玉和王国维的著作，从二人身上获益良多。

1922 年，祖母病重，顾颉刚只得辞职回苏州尽孝。为解决顾颉刚辞职后的生存问题，胡适考虑到苏州离上海较近，就介绍顾颉刚为商务印书馆

编《中学本国史教科书》，以增加其收入，每月酬金五十元。编历史书时顾颉刚把《诗》、《书》和《论语》中的问题加以整理，对尧、舜、禹的先后地位产生了疑问，并发现一个规律性的问题：这些传说中的人物越是出现在后面，越是排在前面，由此得出一个大胆设想："古史是层累地造成的，发生的次序和排序排列的系统恰是一个反背。"（汪修荣《民国教授往事》）

"层累地造成的中国古史"说与《古史辨》

1923 年，顾颉刚在《读书》杂志第九期上第一次公开提出"层累地造成的中国古史"说，概括起来主要有以下三点：第一，时代愈后，传说中的古史期愈长；第二，时代愈后，传说中的中心人物愈放愈大；第三，我们在这上即使不能知道某一件事的真确的状况，至少可以知道某一件事在传说中的最早的状况（汪修荣《民国教授往事》）。这一学术观点提出后，为顾颉刚赢得了巨大的声誉，他的学术地位可谓一鹤冲天。但是顾颉刚怀疑禹确有其人而是九鼎上铸的一种动物的观点，引起了轩然大波，特别遭到了很多大人物的强烈反对与讽刺。

1924 年 2 月，胡适在《读书杂志》发表《古史讨论读后感》一文，称"顾先生的'层累地造成的古史'的见解真是近日史学界的一大贡献"（《新京报》2012 年 2 月 25 日）。

同年 4 月，三十一岁的顾颉刚因为跟朋友一起游玩，意外地遇见了谭慕愚。这个二十二岁的长沙姑娘，当时正在北京大学法学院学习。谭慕愚知性优雅的气质让顾颉刚一见倾心。从此以后，顾颉刚的心中只有谭慕愚。没有谭慕愚的日子里，顾颉刚辗转反侧、相思成疾，常常晚上做梦都梦见她。他把自己的相思之情都写在了纸上。顾颉刚认为"自己的理智与感情分家了，不知道该怎么办"。几经挣扎之后，顾颉刚写信给妻子，将自己对谭慕愚的感情告诉了她。殷履安不想失去丈夫，决定去北京陪伴他。9 月，顾颉刚祖母去世。灵座撤除后，殷履安始往北京，结束了与丈夫的两地分居生活。顾颉刚不想伤害妻子，他克制了自己对谭慕愚的感情。但是爱情不是说断就能断的，顾颉刚还是忍不住给谭慕愚写信，名义上是探讨学术。谭慕愚接到顾颉刚的信后，也经常回信给他，他们就这样常常通信，互诉

衷肠。顾颉刚对谭慕愚的爱越陷越深，两人的精神恋爱就这样维持了二十年，而殷履安为此也痛苦了二十年。

这一年，顾颉刚的《吴歌甲集》在《歌谣》周刊连载，反响很大。年底发表的《孟姜女故事的转变》一文，更是惊动了中外学术界，加上1925年4月9日撰写的《孟姜女故事研究的第二次开头》、1926年5月发表的《孟姜女故事之历史系统》与1927年年初发表的《孟姜女故事研究》等，这些文章使顾颉刚对孟姜女故事的见解更加成熟，体系更加完整，更加巩固了其在孟姜女故事研究中的学术地位。

1926年，顾颉刚出版其史学巨著《古史辨》第一册，再次轰动史学界。胡适在《介绍几部新出的史学书》一文中，对这部《古史辨》做了热情洋溢的推荐，称之为"中国史学界的一部革命的书，又是一部讨论史学方法的书"。他并称顾颉刚的新的史学观"已替中国史学界开了一个新纪元了"。《古史辨》的出版，标志着一个新的史学学派——古史辨学派的诞生，而顾颉刚也理所当然地成了这一学派的创始人。但也是从1926年以后，顾颉刚开始与胡适在学术上越走越远。1926年12月，傅斯年自德国返回国内，应聘中山大学文科学长兼国文、史学两系主任。傅斯年任文科学长后，力主网罗一批知名学者充实师资，其中就包括顾颉刚。当时鲁迅已先于顾颉刚到中大，听说顾颉刚将来任教，鲁迅听了就勃然大怒，说道"他来我就走"，态度异常坚决。鲁迅与顾颉刚的矛盾起源于厦门大学，当时由于北京正处在北洋军阀的高压统治之下，北大又经常欠薪，鲁迅便来厦门大学任教，主讲中国文学史与小说史。此时的顾颉刚也是负债累累，为了生计也到厦门大学教书，由于与胡适、陈源等人的学术观点和人脉关系上有很深的隔阂，所以鲁迅与顾颉刚也产生了很大的矛盾，并促使鲁迅离开厦门大学。现在顾颉刚又要到中大与鲁迅同事，因此鲁迅又起了离开中大的决心。为了缓解鲁迅与顾颉刚的矛盾，学校当局临时安排顾颉刚外出为学校购书。

办刊、研究与教学

1927年10月，顾颉刚购书回来，文学院院长傅斯年即宣布他任历史系主任兼教授，顾颉刚就此成了傅斯年在中大的一员大将。在中大，顾颉刚教上古史、《尚书》和书目指南三门课程，另外还要与傅斯年合办语言

历史研究所。顾颉刚除了主编《国立中山大学语言历史研究所周刊》，还成立了民俗学会，编辑出版《民俗》周刊。

1928年春，燕大得到一大批基金，邀请顾颉刚去做研究工作，顾颉刚便有意前往，后因傅斯年的反对，顾颉刚考虑二人长期的友谊，便做出妥协。不久中央研究院聘请傅斯年、顾颉刚二人参与筹备历史语言研究所。

1929年5月，顾颉刚到北京，任燕京大学国学研究所研究员兼历史系教授，月薪二百七十五元（《燕京大学执行委员会会议记录》，1929年8月1日、2日），他还兼在北大上课，主编《燕京学报》。自到燕大后，顾颉刚专心于古史研究，决定对旧系统的古史作出清理，先后撰写了大批论文。顾颉刚来到燕大后，就着手编写《古史辨》第二册，并很快出版，过了不到一年，第三册就又出版了。在燕京大学八年中，他连续编写出版了《古史辨》二到五册，更加说明了他在燕大期间取得的学术成就是相当高的。顾颉刚在燕大期间，还先后参与及主办了三种学术刊物：《燕京学报》《史学年报》《禹贡》半月刊。《禹贡》是1934年年初他与谭其骧等人筹备组织禹贡学会的产物，禹贡学会致力于边疆和民族历史与现状的研究，《禹贡》刊物成为当时中国历史地理、边疆和民族史研究的阵地，培养了一代历史地理学人才，创立了中国的历史地理这门学科。同时，他还组建了燕京大学历史学会，以此来扶持燕大青年学子。

顾颉刚大学毕业从助教做起，成长为燕大与北大的名教授，但是他擅长研究，却拙于教学。在北大和燕大等校上课时，顾颉刚总是穿宽长袍，戴一副白色金边眼镜，微驼着背，显得不苟言笑，而且永远摆脱不掉一口浓重的江苏口音，所以上课时一般学生都不怎么听得懂，再加上不善言辞，甚至有些口吃，实在没有胡适、黄侃、辜鸿铭等教授的风范。但是顾颉刚懂得扬长避短，所以给学生上课时很少侃侃而谈，除了发给学生大量资料，他大部分时间在板书，写满三四个黑板，下课的时间也就到了。顾颉刚板书的内容却是精心准备的读书心得，很有见解，对学生很有启发，所以时间一久，大家也认可了他这种独特的教授法，觉得货真价实、别具一格。顾颉刚上课从不把自己的观点直接灌输给学生，而是让学生根据他印发的一堆资料研究判断，自己下结论，这样对培养学生独立研究能力很有帮助。他考试方式也是与众不同，通常采用开卷方式，让学生把试卷带回去做，

不要求学生死记硬背，而且要求学生学会找资料，独立思考，鼓励创新，但不许抄他的观点。

顾颉刚惜才爱才，在学生面前显得很平和，对学生就像对待朋友，完全是平等交流，从不以名压人。1930年，谭其骧进燕大历史系读研究生，选读顾颉刚《尚书》研究课。他给顾颉刚写了一封信，就一些学术问题提出异议，顾颉刚第二天便回了信，对其中的一些观点表示赞成，对另一些观点表示反对。谭其骧晚年回忆说，顾颉刚信中的措辞很谦和、诚恳，绝不以权威自居，完全把他当作一个平等的讨论对手看待，这是何等动人的气度（汪修荣《民国教授往事》）。1934年，连中学都未毕业的童书业，把自己的《虞书疏证》寄给顾颉刚，向他请教。顾颉刚觉得他是个可造之才，热情邀请他到北平协助工作。1935年6月，童书业到北平时，顾颉刚亲自到车站迎接，并安排他住在自己家中，每月从自己薪水中付给他几十元工资。后来，童书业也成了一个历史学家。未来的国学大师钱穆与著名的物理学家钱伟长的成长，也有顾颉刚鼎力相助的因素在内。

1935年年初，顾颉刚曾担任北平研究院史学研究会历史组主任，主编《史学集刊》，7月调查河北省古迹，编纂《北平志》。此时由于中国民族危机深重，顾颉刚逐渐侧重边疆地理研究，并于1936年创立边疆研究会，同时宣传抗日。"一二·九运动"爆发后，时任清华大学教授的顾颉刚像往常一样到学校上课，发现清华校门口遍布军警，汽车也不让放行。于是他义愤填膺地在日记里写道："为他族鹰犬如此，可叹可怜！"此时顾颉刚的很多言行都从侧面响应了学生们的爱国之举。

1936年5月，顾颉刚当选禹贡学会理事，秋季任燕京大学历史系主任，主编《大众知识》。顾颉刚因需要经常往返于北平研究院和燕大之间，两地相距三十余里，为了节省时间，便买了一辆二手小汽车作交通工具。据说当时北大教授中只有两人有小车，顾颉刚便是其中之一。

抗战时期的顾颉刚

1937年，"七七事变"后，《禹贡》半月刊办到第七卷第九期时（1937年7月16日），因日本帝国主义发动全面侵华战争，被迫停刊。顾颉刚因宣传抗日，遭到日本侵略者通缉，只好携家带口离开北平。对于这次逃亡，顾颉刚认为是他人生经历中的一个转折点。在此刻，他最希望的是"闭门却扫，读二十四史，广罗各种常识以期编撰中国通史"，顾颉刚自信此中国通史"必可加强国民之自信力，即使中国暂亡，犹得为光复旧物之一助"（《顾颉刚日记》，台北联经出版社 2007 年版）。

顾颉刚经绥远、太原、大同、石家庄等地，绕了一个大圈，终在 8 月初回到老家苏州。当年秋顾颉刚又直奔大西北。9 月任甘肃"老百姓社"社长，编印《老百姓》旬刊。后来顾颉刚又辗转于西安、兰州、西宁以及临洮，直至 1938 年 10 月，他到昆明，任云南大学文史教授。这一年顾颉刚与史念海合著的《中国疆域沿革史》出版发行，在《绪论》中，顾颉刚阐述此书写作目的和主要研究内容是："在当时日寇入侵国破家亡的背景下，要使国人知道'先民扩土之不易，虽一寸山河，亦不当轻付诸敌人'。"

1939 年 5 月 3 日，张维华、刘世传向顾颉刚带来了齐鲁大学希望他去主持国学研究所的消息。当晚，顾颉刚为此事筹划，以致精神兴奋而失眠（《顾颉刚日记》，台北联经出版社 2007 年版）。顾颉刚向齐鲁大学提出了三个要求：一是不教书，二是做集体研究，三是做边区调查（《顾颉刚全集》，中华书局）。9 月，顾颉刚携其通史思想赴成都执掌齐鲁大学国学研究所。顾颉刚在任内组织出版了一大批学术著作，命名为"齐鲁大学国学研究所专著汇编"。1940 年 11 月，由顾颉刚担任主编的《齐大国学季刊》创刊。该刊以抗战时期振兴中国文化，保持中国文化延绵不绝为己任，要求学者即使不能操戈杀敌，也应抱经自守，绵垂学术命脉于不绝（杜敦科《顾颉刚与住蓉时期的齐鲁大学国学所》，《西华师范大学学报》2015 年第 1 期）。除了《齐大国学季刊》外，在此期间顾颉刚还创办了《齐鲁学报》和《责善半月刊》两份学术刊物。

顾颉刚抵达成都以后，时常往返成都、重庆之间，与很多军政要员多有往来，得到了国民党组织部部长朱家骅、编译馆馆长陈可忠等政界人士对其学术工作的支持，顾颉刚也想从政，希望借助政治力量支持其学术活动，以谋划他的通史工程。

1940 年 4 月，教育部成立史地教育委员会，顾颉刚受聘担任委员，这给顾颉刚提供了机会。1941 年，在第二次史地教育委员会会议上，顾颉刚等人提出《由本会补助设立中国史学会案》，该议案获得通过，决定将史

地教育会、史地教育委员会作为筹备中国史学会的通讯处，并由该会补助经费及发函征求专家学者的意见。1942 年 4 月 25 日，由于与哈佛燕京学社（哈燕社）、张维华、钱穆等关系问题，顾颉刚向齐鲁大学校长刘世传提出辞职。1943 年 3 月，教育部史地教育委员会第三次全体大会召开，中国史学会正式组建，顾颉刚为主席，名列理事之首。同年顾颉刚辞去中央大学职务，在家里重享读书生活。

当年 5 月底，殷履安母亲突然病逝，这使原本就患有胃疾的殷履安病情加重，又突患恶性疟疾，高烧与吐泻不止。正好顾颉刚这段时间有事外出，30 日得知妻子情况后他急忙赶回家里，此时殷履安已处于昏迷状态，在他回家后不久即去世。殷履安去世后，顾颉刚再也压抑不住内心对谭慕愚的爱意了，很快写了长达二万字的情书，十分明确地表达了自己对她的爱，想要和她立马结婚。谭慕愚直接拒绝了他，表示对顾颉刚只是尊敬并且要求顾颉刚不要再打扰她。以后经朋友萧一山、罗根泽介绍，顾颉刚结识了三十五岁的张静秋。张静秋是江苏徐州铜山人，是一位有志于教育救国的女子，1933 年毕业于北京师范大学外语系，曾在家乡徐州与三位志同道合的女友创办立达女中。1944 年 7 月 1 日，顾颉刚和张静秋喜结连理，婚后生有四个儿女。

1944 年 11 月，顾颉刚第二次担任齐鲁大学国学所主任，他对齐鲁大学的研究生教育非常热衷。1945 年 6 月 26 日，已经从国学所离任但仍担任名誉所长的顾颉刚，在给齐鲁大学校长马尔济及校务委员会的信中表达了招收研究生的愿望。他还与教育部高等教育司赵长畸司长接洽，得到后者的口头允许，使齐鲁大学可以与燕京大学与金陵大学一样招收研究生，以提升学校地位。但随着抗日战争的胜利，齐鲁大学当时的主要工作就是迁回济南复校，研究生培养工作再也没有恢复（杜敦科《顾颉刚与住蓉时期的齐鲁大学国学所》，《西华师范大学学报》2015 年第 1 期）。

旁观国内战争

抗战胜利后，顾颉刚基本上终止了与国民党当局的联系，这种心态，从其多次拒绝担任国民党政府官员就可以看出。顾颉刚在 1947 年 2 月 9 日的日记中说，时任东北行辕主任的熊式辉到南京与教育部部长朱家骅商量后，欲聘请顾颉刚为东北行辕教育处处长，主持东北九省的教育事宜。但顾颉刚并未心动，借口已在南京和上海担任多个职务，不便撒手辞职。1947年5月14日，东亚银行销服经理来电转达顾祝同的意思，希望顾颉刚出任江苏大学校长，顾颉刚还是拒绝了，理由是今日党派之猖獗，学潮之澎湃，加以经费之短，不敢应也。1947年年底，国民政府开始筹备行宪国大，当局自然希望顾颉刚参加，但他拒绝参选国大代表，而是担任了中国出版公司的总编辑和董事长，算是进入商界。

1948年6月，兰州大学校长辛树帜聘请顾颉刚担任教授和历史系主任。辛校长热情好客，学生们努力好学，兰大藏书丰富，很适宜做学问，顾颉刚便有心在此安营扎寨。此时的张静秋已辞去徐州女子师范学校校长职务，独自定居上海抚养两个女儿。看到时局动荡，深感不安，张静秋连续写信，要求丈夫回到身边，但顾颉刚不肯应允。聪明的张静秋使上小诡计，谎称自己有早产和难产的先兆，将顾颉刚"骗"回上海。这一年顾颉刚被推选为中央研究院人文组院士，10月该院召开首届院士大会，但顾颉刚拒绝出席会议。

对于此时正在进行的内战，顾颉刚基本上站在一个旁观者的立场，本着尽量减少国民伤亡痛苦的原则。在他眼里，没有"解放"，只有国共内战与政权易手（只是由于当时国民党当权，顾颉刚心里承认国民党的领导地位）。大概在他看来，国共易手，跟选举政治下的两党轮替差不多，只是一个是通过选举，一个是通过武力罢了（孟彦弘《"解放"前后的顾颉刚——大变动时代个人的出处与选择》）。

中共取得三大战役的胜利后，徐州获得解放，国统区人心慌恐，不少人打算逃离，顾颉刚一家也曾做此打算，后来借口拖家带口人多钱少等原因而作罢。其实顾颉刚留在大陆的原因主要有三个方面：第一，顾颉刚认为共产党政权的专政对象主要是地主与资本家，而自己不过一介书生，经济虽非贫困，但也不过是温饱而不必担心。第二，一直以来，顾颉刚都将自己定位为一个不谙政治的学者，认为自己多年以来涉入政治不深，以教书和出版为主，也没有担任过像样的官职，也未曾与中共阵营或左翼人士交恶。1946年3月27日，他在给顾廷龙的信中称："此后不拟作职业之教师，故苏、沪、徐、平皆须有住处，读书写作则在苏、徐，搜集材料则在北平，

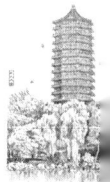

经营出版事业则在平沪，务求争取主动，不随人流转，则数年之内当有系统之著述问世。至于政治漩涡，则力为逃避，实以此中龌龊，无益于人而有损于己耳。"（沈津《顾廷龙年谱》，上海古籍出版社 2004 年版）第三，就是国民党政府的"学人抢救计划"并未包括顾颉刚，而与此同时共产党方面却向他传递出了积极信息，希望他留在大陆听候任用。基于以上几个原因，全国解放前夕，顾颉刚没有离开大陆，而是选择留在上海复旦大学做教授。

担任全国政协委员

1949 年 6 月，顾颉刚开始有意识地向新政权靠拢。

1952 年后，由于经济好转，特别是在顾颉刚进京工作之后，他的生活得到改善，其对新政权的态度也随之缓和。1954 年，顾颉刚成为中科院历史研究所一级研究员后，又挂任多个荣誉头衔儿，享受到很高的工资和福利待遇，他对此是非常满意的。1954 年 11 月，在毛泽东的关心下，标点《资治通鉴》及改编重绘杨守敬地图工作委员会成立，顾颉刚为委员并担任总校对。12 月，他成为全国政协委员，在全国政协大会上的发言得到了党和国家领导人的认可。此后顾颉刚当选第二、三届全国政协委员与第四、五届全国人大代表。作为全国政协委员，顾颉刚参与了很多社会与学术活动。他对于当时毛主席提出的"百花齐放，百家争鸣"方针，表示衷心地拥护，但是对一个运动紧接着一个运动，表示了反感，感觉"自己得不着充分时间从事研究"，心中非常苦闷。特别是对于反右斗争中社会对知识分子的区分，他提出了批评。

"文革"开始后，顾颉刚被批判。那时他已七十多岁，依然每日上班。由于挤不上公共汽车，他只得带着毛笔、墨盒及简单的午餐步行来往，到所里接受批判和写交代材料及外调材料。批斗他时，他总是出人意料地从容报到："历史研究所一级研究员顾颉刚。"

"文革"中，由于有上级指示，顾颉刚是受到一定保护的。1970 年国庆，他受全国政协邀请登上天安门观礼，这是一项很高的荣誉，具有很强的政治象征意义。1971 年 4 月，北京召开的出版会议上提出了标点二十四史的工作，当日周恩来即批示："二十四史中除已有标点者外，再加《清史稿》，都请中华书局负责加以组织，请人标点，由顾颉刚先生总其成。"该工作于1977年完成，先后由中华书局出版。在周恩来的直接关怀下，1971年4月以后，有关方面对顾颉刚逐一落实政策。1972年，顾颉刚又当选第四届全国人大代表，从此得以恢复工作。

1979年，顾颉刚发表《柳毅传说与遗迹》《嫦娥故事的演变》《〈庄子〉和〈楚辞〉中昆仑和蓬莱两个神话系统的融合》《"周公制礼"的传说和〈周官〉一书的出现》《〈尚书·甘誓〉校释译论》等论文。同年，他担任中国社科院历史所学术委员、中国文联全国委员、中国民研会副主席等职。

1980年12月25日，顾颉刚先生因脑出血于北京逝世，终年八十七岁。之后数年内，遗稿《〈禹贡〉中的昆仑》《酒泉昆仑说的由来及其评论》《〈山海经〉中的昆仑区》《中国影戏略史及其现状》《〈六月雪〉故事的演变》等陆续发表。

梁漱溟

素食教授

大智若愚的皇室后裔

1893 年（光绪十九年）10 月 18 日，重阳节，梁漱溟出生在北京城内安福胡同一个笃信儒学的仕宦之家。梁家祖先为元朝皇帝的同宗，姓也先帖木耳。元朝灭亡后改为汉姓梁，"中间经过明清两代五百余年，不但旁人早不晓得我们是蒙古族，即自家不由谱系查明亦不晓得了"（《梁漱溟自述》）。清朝中期，梁氏一家由中原迁至广西桂林居住，所以梁漱溟在《梁漱溟自述》中直言"我家原是桂林城内人"。

梁漱溟的曾祖父梁宝书为 1840 年（道光二十年）进士，历任直隶定兴、正定等县的知县和遵化知州，以后梁家便定居在北京，再也没有回过桂林。

梁漱溟的祖父梁承光侠义尚武，曾为山西永宁知州，与捻军作战，操劳过度，因病英年早逝，年仅三十余岁。梁漱溟祖母是贵州毕节人，父亲是一位进士出身的中级军官，属于诗文俱佳的宦门闺秀。

梁承光去世时，梁漱溟的父亲梁济年仅八岁。梁济天资不高，少年入学，直到二十七岁才考中举人。做了十几年的塾馆先生后，梁济四十岁入仕，任内阁中书和没有俸禄的候补员外郎。梁济奉信儒家学问，"不耻恶衣恶食，而耻匹夫不被其泽"（汪东林《梁漱溟问答录》，湖南人民出版社 1988 年版）。梁济虽在京师为官，但不奉承荣禄、肃亲王等权贵。梁济虽然恪守传统道德，却并不迂腐和保守。他支持改革变法，同时认为变法不能操之过急；对于西学他既不盲目抵制，也不盲目崇拜，而是认为对中国有用的就要尽全力去学习。

梁漱溟的母亲姓张名滢，大理白族人，温厚明通，提倡女学，参与创办了北京第一家女学"女学传习所"并担任教员。梁漱溟兄弟姐妹四人，梁漱溟排行第二，上面有一个大哥，后面有两个妹妹。梁漱溟在宽松的家庭氛围中长大，在他的印象中，父母很少正言厉色地教训他们，不但大哥很少挨打外，他自己也没有挨打的经历。不过梁漱溟自认为是一个"该打"的孩子，因为他"既呆笨又执拗"（《梁漱溟自述》）。

梁济夫妇十分重视对四个子女的教育，梁漱溟大哥后来从日本明治大学商科毕业，两妹都在清朝最末一年毕业于京师女子师范学堂。他们的学费常常是靠母亲变卖妆奁而支付的。根据梁漱溟的回忆："所受父亲的教

育大多是下列三项：一是讲戏，父亲平时喜看戏，即以其中故事情节讲给儿女听；一是携同出街，购买日用品，或办一些零碎事，其意盖在练习经理事物，懂得社会人情；一是关于卫生或其他的许多嘱咐，总要儿童知道如何照料自己的身体。此类之嘱告或指点极其多，并且随时地不放松。"(《梁漱溟自述》)

1898 年，梁漱溟五岁的时候开始接受启蒙教育，一开始梁漱溟确实表现出呆笨的一面，这时的他既不会自己穿裤子，学习成绩又不出色。但在梁济的引导下，梁漱溟却走出了与众不同的求学之路。那时候的儿童入学读书，多是从《三字经》《百家姓》开始，接着就要读"四书""五经"。梁漱溟在家启蒙时跟随一位姓孟的先生读了《三字经》之后，没有继续读儒家的"四书""五经"，而是改读传播近代新知识的基础课本。梁漱溟印象最深刻的是一本《地球韵言》，这是一本中国最早的介绍世界地理和各国概况的儿童教科书，是新学后出现的宣传全球知识的好教材。

1900 年，北京出现了一所由福建人陈镕创办的真正意义上的新学校——中西小学堂。这所小学既教中文，又教英文。梁济得知后，便立即把梁漱溟送进这所小学校。后八国联军入侵北京，这所学校被迫停办。第二年，梁漱溟进入北京南横街公立小学堂读书，第三年又转入由梁济大儿子梁焕鼐的岳父彭翼仲创办的蒙养学堂读书。在蒙养学堂读书两年后，梁漱溟又改在家里与几位亲戚家的儿童一起跟随刘先生读书，随后进入江苏小学堂。总体来说，梁漱溟小学里的课业成绩比一些同学差，虽然不是极劣，总是中等以下。那时的梁漱溟瘠瘦多病，力气微弱，同学们生龙活虎地玩耍时，他总是在一边看，完全没有青少年的活泼勇健之气，同学们给他一个外号儿叫"小老哥"。好在梁漱溟善于思考，长于自学，这种特质为他今后的成长奠定了良好的基础。对梁漱溟而言，最好的课外自学活动就是读《启蒙画报》和《京话日报》。《启蒙画报》主要介绍科学常识、历史掌故、名人轶事，梁漱溟的很多知识都是由此学来的。《京话日报》的主要内容是新闻和评论，介绍国内国外大事、指摘社会病痛、宣传社会运动。

1906 年夏，梁漱溟考入顺天中学堂学习，当时的科目大半集中在英、算两门，学生都用力于此。梁漱溟小学学过《英文初阶》，有一定的英文基础，加上自学能力很强，不论是英文读本，还是代数、三角、几何，自

学的进度都远远超过老师讲课的进度。此时的梁漱溟不喜欢国学方面的学习，国学讲义不看，国学先生讲课不听。但由于看书较多，作文成绩还不错，偶尔也能得到第一名。

在中学阶段，梁漱溟已经开始接触梁启超、谭嗣同等人的作品与观点，后又接受孙中山的主张。此时的梁漱溟已经开始思考人生问题，即人活着为什么？还有思考社会问题，即中国向何处去？到了1911年武昌起义前，他已加入了京津同盟会。

辛亥革命后，梁漱溟从顺天中学堂毕业来到天津，与朋友一起办了一份《民国报》（后迁至北京）。梁漱溟是编辑，也是外勤记者，"漱溟"二字就是当时用的一个笔名。1913年春，中国同盟会改组为中国国民党，梁漱溟亲自参加了在北京召开的国民党成立大会。之后，《民国报》成为国民党本部的机关报。作为一名外勤记者，梁漱溟有机会接触到社会各个阶层，特别是民国初袁世凯导演的各种闹剧，让梁漱溟感到了理想与现实之间巨大的差距。不久，梁漱溟退出了《民国报》，也自动脱离了国民党，回到家里研究佛学。

一个偶然的机会，梁漱溟从家里的旧书堆里看到了一本由日本人幸德秋水写的《社会主义之精髓》一书，他对"资本家""劳动者"等一些名词不感兴趣，但是书中反对私有财产的话，却引起了他的共鸣。梁漱溟认定私有财产为社会一切痛苦与罪恶之源，于是写成《社会主义粹言》一文，油印几十本赠予别人。

除了研究社会主义之外，进入民国后，梁漱溟开始研究佛学，并开始吃素，还有了出家为僧的念头，十年后才放弃此念。1916年，梁漱溟在《东方杂志》上发表《究元决疑论》，"这篇长文不仅是他叩开学术界大门的处女作，而且也是足能代表其早期佛学思想的经典架构"（景海峰、徐业明《梁漱溟评传》）。

因为自卑不敢就职于北大却深受北大影响

1916年，蔡元培与陈独秀因《究元决疑论》而邀请梁漱溟到北大任讲师（后被聘为北大教授），讲授印度哲学。梁漱溟没有大学文凭，自觉不能胜任，但蔡元培坚持相请。此时梁漱溟正在内阁司法部部长张耀处，与

沈钧儒一起任秘书，所以暂由许季上代替他上课。张勋复辟后，梁漱溟暂时去了长沙、武汉，然后回到北京。恰这时许季上生病，在蔡元培的催促下，1917年10月梁漱溟才到北大上课。

梁漱溟进北大时正值"五四运动"的前夕。此时北大的校园内，对孔子的讨论已经成为一个热点。他在进北大时便"暗下决心，一定要对释迦、孔子两家的学术，至少在课堂上负一个讲明白的责任"（《梁漱溟传》）。据说，他第一天去北大讲印度哲学史，先到校长室去见蔡元培，问蔡元培对孔子持什么态度。

在北大第一年，梁漱溟讲授印度哲学课程，以后又陆续开设儒家哲学、孔学绎旨等课。1920年秋天，梁漱溟开始在北大演讲"东西方文化及其哲学"，提出人类文明三种文化类型：印度文化、中国文化、西洋文化。中国、印度都过分早熟，西洋大有成就，将完成第一期文化。然而一旦时移世易，人类必将由西洋态度转变为中国态度，"世界未来文化就是中国文化的复兴"。梁漱溟的部分讲授内容发表于《少年中国》杂志。

1918年11月7日，即将过六十岁生日的梁济问梁漱溟："这个世界会好吗？"梁漱溟回答说："我相信世界是一天一天往好里去的。""能好就好啊！"带着儿子给他的美好答案与希望，三天后梁济自沉于北京城北的积水潭。从他留给家人和友人的遗书中可以看出，他是为了"殉清而死"。梁济自杀后，逊位的清朝末代皇帝也立即下诏追赠谥号，表彰其忠义。

1919年，梁漱溟在许季上先生讲义的基础上，写成《印度哲学概论》，由商务印书馆印行。

1921年暑假，应山东省教育厅的邀请，梁漱溟用四十天的时间在济南讲授东西方文化及其哲学，由罗常培记录全文。讲授内容在山东首印后，由商务印书馆出版，一共再版十多次。有人称《东西文化及其哲学》为我国最早用比较哲学的方法研究学问的一部书。

年轻时梁漱溟一心向佛，无意于婚姻和家庭，十六岁时曾拒绝父母为其安排的婚姻。1912年6月，他母亲病重，临终前告诉梁漱溟，如果你不成家，梁家就绝了后，自己将死不瞑目！梁济死后，梁漱溟开始反省未成家生子的不孝，终于考虑自己的终身大事。

1921年，从山东讲学回到北京后，伍庸伯来到梁漱溟家里，征询他对

恋爱对象的条件，准备将妻妹介绍给他。梁漱溟的回答是："在年龄上，在容貌上，在家世上，在学识上，我全不计较，但愿得一宽和仁厚的。不过只是宽仁而缺乏超俗的意趣，似乎亦难与我为偶；有超俗的意趣，而魄力不足以副。这种人是不免要自苦的，所以宽仁超俗而有魄力者，是我所求。这自然不容易得，如果有天资大略近乎这样的，就是不识字亦没有关系。"（梁漱溟《悼亡室黄靖贤夫人》）。伍庸伯的妻妹原名黄婧媗，北京汉军旗人，"靖贤"这个名字据说是梁漱溟后来所改。此时的黄靖贤，"她的衣履、装饰，极不合时样，气度像个男子，同她的姐姐伍夫人站在一起，气色比姐姐反见老大。凡女子可以引动男子之点，在她可说全没有。黄靖贤虽说面貌不怎么漂亮，但知书识礼，心肠也好"（梁漱溟《悼亡室黄靖贤夫人》）。1921 年年底二人完婚，那一年梁漱溟二十八岁，黄靖贤二十七岁。1925 年，他们的长子梁培宽出生于北京；1928 年，次子梁培恕出生于广州。

为了实现对教育问题的新认识、新设想，1924 年暑假，梁漱溟辞去了在北大的职务，自己试办学校。在北大的七年期间，梁漱溟对北大早期的哲学教育做出了卓越贡献，当时北大很多优秀的学生，诸如冯友兰、朱自清等都听过他的课程。梁漱溟学识渊博，所授之课生动有趣，深受学生欢迎，教室里常常座无虚席，被迫一次又一次地换大教室。

除了学生之外，梁漱溟因为北大的经历，也与当时的一些有重大影响的人物或未来有重大影响的人物产生了交集。

在北大，梁漱溟与李大钊交往最多，他与陈独秀就是因为李大钊在北京南城瑞记饭庄请客时相识的。梁漱明每次到北大讲课，在上课之前或下课之后，必定要去图书馆主任办公室找李大钊盘桓十分钟至二十分钟。"因为彼此很熟，他忙他的事，我进门或离去均不打招呼。他主编的《每周评论》，我顺手取阅……总之，彼此十分随便，没什么客气说的。"（汪东林《梁漱溟问答录》，湖北人民出版社）1927 年春，李大钊被捕后，梁漱溟立即找到章士钊，"愿与章老一同出面，先将守常（李大钊）家眷保释出来。俾守常少牵挂之念。惜章老不同意，自称与张作霖之亲信参谋长杨宇霆相熟，他将去见杨，可保守常亦不死，其结果直到守常被引出就刑时，眷属方释放回家"（汪东林《梁漱溟问答录》，湖北人民出版社）。

在北大，梁漱溟最不该忽视的人物可能就是未来成为中国领袖的毛泽东。1918 年，梁漱溟经常晚上到北京鼓楼大街豆腐池胡同杨昌济家就哲学问题向后者讨教，二人既是北大哲学系的同事，又是忘年之交。每到杨昌济先生家，"常有一位高个子湖南青年开大门，他们彼此相视点头，寒暄几句，并不互报姓名"。杨先生也只是简单地说："这位青年是他在湖南第一师范的学生，有才有为。""正在北京大学图书馆谋到了一个月薪仅八块大洋的小差事。"（汪东林《梁漱溟与毛泽东》，湖北人民出版社2003 年版）杨昌济先生病故后，梁漱溟也只是看到"这位湖南青年是具体承办杨家丧事的人。丧事一完，他也就离开了北大"（汪东林《梁漱溟与毛泽东》，湖北人民出版社 2003 年版）。二十年后当二人再次见面时，梁漱溟眼中的"高个子的湖南青年"已经成为中国共产党和新中国的领袖。

在北大，梁漱溟与胡适、辜鸿铭等人也有交往，此时的梁漱溟人微言轻，胡适为人宽厚大度，有君子之量，虽然与梁漱溟的学术观点有所不同，也受过梁漱溟的批评，但没有激烈的文字交锋。胡适曾把梁漱溟说成中国的"泰戈尔"，对于这个评价，梁漱溟应该比较满意。实际上 1924 年夏天，经徐志摩相约并担任翻译，梁漱溟曾在北京拜访过泰戈尔，并向他介绍了对儒家思想的研究成果，得到了泰戈尔的肯定。相比之下，辜鸿铭对梁漱溟则是"眼高于顶"，他对于此时的梁漱溟这样的小人物自然不会过多关注，以"傲"自诩的梁漱溟，遇到更"傲"的辜鸿铭也只有仰视的份了。

在北大任教期间，梁漱溟一方面改变了笃信佛学、一心想出家的想法；另一方面则是一面安心教书，一面潜心自学、研究，在学识上日渐成熟，开始具备了自己的见解。

为理想不辞奔波

梁漱溟辞去北大的教职后，得到了正在广东的李济深与陈铭枢的邀请，到广东参加革命。同时，在山东，正热心于村治运动的王鸿一邀请他去主持曹州中学，并参与筹办曲阜大学。梁漱溟不赞成以武力统一中国，也不相信能以武力统一中国，所以他来到了山东。由于他的办学理念与山东保守主义者的观念相差太远，所以半年后梁漱溟便回到了北京。

回到北京的梁漱溟先客居在清华园，整理父亲的遗稿编印《桂林梁先生遗书》，后因十多位山东中学生追随他来到北京，他就与这些学生在什刹海租房共住同读。他们每天"朝会"，即清早静坐共读，由梁漱溟即兴讲授心得。这一形式后来坚持多年，并出版了《朝话》一书。1926年年初，梁漱溟搬到北京西郊大有庄。5月，梁漱溟开始撰写《人心与人生》。1926年10月，梁漱溟准备去武汉会见陈铭枢，他先到上海，再到南京，后因以汪精卫为核心的武汉国民政府反蒋，陈铭枢在武汉地位不保，所以他很快返回了北京。

1927年，梁漱溟宣称，他找到了解决中国社会政治问题的真正途径。梁漱溟觉悟到，西方的政治制度、教育方式、都市化道路都不适合中国，解决不了中国问题，要想摆脱中国面临的困境，必须依赖中国人自己，必须依赖中国文化中固有的东西。梁漱溟把他自己这种想法称为"中国民族自救运动之最后的觉悟"（梁漱溟《中国民族自救运动之最后觉悟》，中华书局），解决中国问题的方法就是"乡治"。

"四·一二反革命政变"后，李大钊遇害，梁漱溟带着他的弟子王平书、黄艮庸离开北京，前往广州拜访李济深。梁漱溟与李济深早年由伍庸伯介绍相识，他此次到广州的主要目的是想借助李济深的影响，试行他的"乡治"主张。1928年年初，李济深在广州政治分会内增设了一个"建设委员会"，梁漱溟代理主任。4月，梁漱溟便在建设委员会提出《请办乡治讲习所建议书》及试办计划大纲用于培养人才。《请办乡治讲习所建议书》是梁漱溟对他政治主张的第一次公开表述。5月，梁漱溟出任广东省立第一中学校长。

1929年春天，梁漱溟离开广州，对黄炎培领导的中华职业教育社的乡村改进实验、晏阳初领导的中华平民教育促进会进行的平民教育实验，以及阎锡山在山西主持的"村政运动"进行考察。由于蒋桂大战的发生，考察结束后梁漱溟返回北京，主办《村治》月刊，并担任筹办中的村治学院教务长，起草了《河南村治学院旨趣书》及组织大纲、学则、课程安排等。

1930年1月，河南村治学院在辉县百泉镇正式开学。中原大战爆发后新任河南省主席的刘峙对办学不予支持，河南村治学院被迫关闭。

韩复榘任山东省主席后，梁漱溟应邀前往济南，初步拟定出一个在山东开设一所乡村建设研究院的计划，地址选在邹平县。1931年6月15日，

研究院正式成立，梁中华任院长，梁漱溟任乡村建设研究部主任。

从 1931 年到 1937 年，梁漱溟在山东邹平与菏泽两地，大力推行他的乡村建设运动。乡村建设运动不仅仅涉及教育，还涉及政权、社会以及军事等多方面问题。1937 年 3 月，梁漱溟出版了《乡村建设理论》一书，充分阐述了他的国家建设发展理论与方法。"卢沟桥事变"后，韩复榘及其部下不积极抗日，很快丢掉山东大部分领土，韩复榘本人也在武汉被蒋介石处决。新任山东政府主席沈鸿烈将山东各县的乡农学校全部撤销，恢复了原来的建制，梁漱溟的乡村建设运动在山东以失败告终。

1937 年，国民党政府邀请各党派中有声望的数十人组成最高国际会议参议会，作为战时的最高咨询机构，张伯苓、胡适、傅斯年、毛泽东、周恩来、蒋百里、黄炎培、沈钧儒、马君武、梁漱溟等在被邀之列。

1937 年 12 月，梁漱溟返回武汉，二十多天后，他奉命到自己选择的陕西与河南视察。梁漱溟选择陕西的目的，是想去延安考察共产党是否真的放弃了对内战争。

1938 年元旦，梁漱溟由武汉乘飞机到西安，随后乘坐由八路军西安办事处统一安排的一辆军用大卡车到达延安。在延安的二十多天里，他参观了中共的政府机关、学校与乡村，并与多数中共的高层领导人做了广泛的交谈。

整体上梁漱溟认为，"中共在延安的事也是成功的，在极苦的物质环境中，那里的气象确是活泼，精神确是发扬"（《我努力的是什么》，《梁漱溟全集》第六卷）。毛泽东也给梁漱溟留下了极好的印象，他说："此番会晤在我印象上甚好，古时诸葛公称关美髯曰逸群绝伦，我今亦有此叹。他不落俗套，没有矫饰，从容自然而亲切。彼此虽有争辩，而心里没有不舒服之感。大致每次都可以让你很舒服地回去。"（《我努力的是什么》，《梁漱溟全集》第六卷）

1938 年 1 月 25 日，梁漱溟离开延安，3 月初回到武汉。7 月，国民参政会在武汉召开第一次大会，会后梁漱溟随参政会西迁到重庆。在重庆，梁漱溟奔波了好几个月改善兵役工作，最终无功告终。

1938 年年底，梁漱溟将注意力转向谋求党派问题的解决，写了一篇题为《抗战建国中的党派问题》的文章，提出了他对中国党派问题的看法与

解决方法，即"从联合中求统一"的中间道路，但文章没有发表。

从 1939 年 2 月开始，梁漱溟到华北敌后根据地做了为期八个月的考察，10 月初回到成都。此时他依然在考虑中国党派问题的严重性与解决办法。梁漱溟特别指出，军队必须脱离党派而统一于国家，对此中国共产党的态度是："你的理论和我们的理论虽然有出入，但你的结论却和我们的结论颇相合。"（《我努力的是什么》，《梁漱溟全集》第六卷）而国民党的态度是："你向谁要军队，就是要谁的命！谁能把命给你？真是书呆子！"（《我努力的是什么》，《梁漱溟全集》第六卷）

1940 年 12 月 24 日，第二届参政会参政员名单公布，梁漱溟发现虽然参政员的名额增加了，但是国民党党外人士却减少了，增加的都是国民党方面的人。梁漱溟与张君劢、黄炎培、左舜生等人决定，秘密地在国民党所控制不到的香港建立中国民主政团同盟。1941 年 3 月底，同盟正式成立。黄炎培、左舜生、张君劢、章伯钧、梁漱溟任常委，黄炎培任主席，左舜生任书记。1941 年 9 月 18 日，在中国共产党的帮助下，由梁漱溟担任社长的同盟机关报《光明报》在香港创刊。12 月，太平洋战争爆发，日军进占香港，《光明报》被迫停刊。1942 年 1 月 10 日，梁漱溟与范长江等人一起离开香港，于 2 月 5 日返回桂林。1944 年 9 月，中国民主政团同盟在重庆召开全国代表会议，决定将名称改为"中国民主同盟"，由团体会员制改为个人申请参加。

早在 1935 年 8 月，梁漱溟的原配夫人黄靖贤因难产而病逝于邹平。黄靖贤的去世使梁漱溟非常悲痛，他在《悼亡室黄靖贤大人》中是这样充满深情厚谊回忆这段生活的："我自得靖贤，又生了两个孩子，所谓人伦室家之乐，家人父子之亲，颇认识这味道。"对于妻子的去世，梁漱溟感到非常哀痛："现在靖贤一死，家像是破了，骤失所亲爱相依的人，呜呼！我怎能不痛呀！我怎能不痛呀！"当时，梁漱溟曾决定不再续娶，以报答黄女士为他做出的牺牲及留给他的为社会服务的机会。

从香港回到桂林后，梁漱溟结识了陈树棻，两人一见钟情。

1944 年 1 月，由李济深作为证婚人，梁漱溟与北京女子师范大学毕业的中学教师陈树棻女士结了婚。婚后不久梁漱溟由桂林搬到贺县八步镇居住。

梁漱溟 素食教授

抗战胜利后，蒋介石邀请毛泽东到重庆谈判，使梁漱溟看到了避免发生内战的希望。11 月，当离开广西到达重庆之后，梁漱溟才发现他对时局的判断过于乐观。对于国共双方对东北的争夺，梁漱溟敏锐地认识到"当时的东北要是弄不好，很有成为西班牙第二，爆发有国际背景的内战的可能"（《我参加国共和谈的经过》，《梁漱溟全集》第六卷）。于是他开始全力投入调停国共双方冲突的工作。

1946 年 1 月 10 日，政治协商会议在重庆召开。梁漱溟代表民盟方出席了这次会议。在小组讨论中，梁漱溟拒绝参加宪草小组，而要求参加军事小组，一心要为整军问题出力，实现军队国家化。梁漱溟提出了一个《中国民主同盟关于军事问题》的提案，主张中国所有军队应立即脱离任何党派关系而归属于国家，达到军令、政令之完全统一（现役军人脱离党籍）。梁漱溟的这一提议，受到了中共代表周恩来的反对，但是军事小组会议上通过了军党分离与军政分离两个原则。于此次政协会议的结果，总体上梁漱溟还是比较满意的，认为"和平交易可以成交了"（《我参加国共和谈的经过》，《梁漱溟全集》第六卷）。梁漱溟决定再次退出现实政治活动，而从事文化研究工作。

1946 年 2 月，梁漱溟来到成都，3 月坐飞机到达北平，然后由北平出发，飞往延安。在延安，梁漱溟与时任中共领导人就中国政治问题进行了会谈，梁漱溟再次提出了他的多党合作主张。3 月 25 日，梁漱溟搭乘周恩来的飞机离开延安，返回重庆。5 月初，梁漱溟出任民盟秘书长一职。随后，民盟总部迁到南京。7 月，民盟成员李公朴、闻一多相继在昆明被国民党特务暗杀，梁漱溟对此提出强烈的抗议，正告国民党当局要取消特务，否则民盟将不参加政府。10 月，国民党军队占领张家口。蒋介石宣布定于11 月 12 日召开国民大会。针对此次国民大会的召开，国共双方再次开展了针锋相对的斗争。

为了拆穿蒋介石假和谈的把戏，中共代表周恩来答应与国民党做最后一次和谈。在国民党军事进攻与政治压力下，周恩来与梁漱溟相约，中共、民盟如有新的打算，要互相通知关照，以免被蒋介石利用，欺骗人民。10 月 28 日，经过多次讨论，梁漱溟等人拿出了一套自认为是公道的、妥当的方案，梁漱溟自己对这个方案十分满意。10 月 25 日晚，梁漱溟等人在

没有与共产党沟通的前提下，便把方案清誊三份，分别交给中共、国民党与美国总统杜鲁门的特使马歇尔。周恩来看到方案后，当即表示了强烈指责，不惜关系破裂。梁漱溟自知理短，茫然不知所措。直至方案收回，声明作废，周恩来才止住怒火。此事过后，梁漱溟自认不适合从事现实政治活动，缺乏从事现实政治活动所必要的知识，因此决心退出现实政治活动。11月14日，他辞去民盟秘书长一职，返回重庆北碚，专志于《中国文化要义》的写作。

匹夫不可夺志

1950年1月梁漱溟来到北京。10月，梁漱溟考察归来，移居到颐和园内石坊附近的一所房子，开始写作《中国建国之路》一书。由于种种原因，该书并没有全部完成，只是列举了中共的三大贡献：第一是使数十年来分裂的中国得到初步的统一和稳定，使国家权力得以树立；第二就是增进社会关系方面，引进了团体生活，使中国由散漫状态进入有组织状态；第三个贡献就是"透出了人心"。10月，梁漱溟在《光明日报》上发表了一篇题为《两年来我有了哪些变化》的文章，接受了中共的阶级观点。1952年年初，梁漱溟又写出了《我的努力与反省》。

1953年9月8日，梁漱溟出席了在北京召开的中国人民政治协商会议第一届全国委员会常务委员会第四十九次会议。

此后两年里，梁漱溟主要在家里读书看报，每天一早起来，稍事锻炼，之后便伏案读书、写作。1956年9月，中共八大通过了政治报告，提出要把我国尽快地从落后的农业国变为先进的工业国，这让梁漱溟感到欢欣鼓舞。1959年10月，梁漱溟开始写作《人类创造力的大发挥大表现》，于1961年年初完成。

"文化大革命"爆发后，梁漱溟遭到了红卫兵抄家，但梁漱溟没有受到大规模的批判。从1967年3月开始，梁漱溟开始著作《中国——理性之国》，于1970年4月完成。

断断续续的批斗一直持续到1974年年底才停止，梁漱溟一边参加各种学习，一边接受各种批判，一边进行自己的学术创作。从1970年4月开始，梁漱溟专心于《人心与人生》一书的写作，并于1975年7月完成。随着《人

心与人生》一书的完成，梁漱溟的学术生涯基本结束了。

党的十一届三中全会后，梁漱溟得到了真正的解放，1980 年举行的全国政协第五届三次全体会议上，他被增选为常务委员。在同期召开的全国人大五届三次全体会议上，梁漱溟当选宪法修改委员会委员。

1984 年，梁漱溟的著作《人心与人生》一书由上海学林出版社出版。1985 年 3 月，他应邀出任中国文化书院院务委员会主席。在第一期中国文化讲习班上，他发表演讲《中国传统文化》。他多年前写的文章《今天我们应当如何评价孔子》在《群言》上获得发表。1986 年 1 月，在第二期中国文化讲习班上，梁漱溟作《中西文化比较研究》的专题报告。

1987 年 5 月，日本国立教育研究所亚洲研究室主任阿部洋来访，与梁漱溟讨论中日文化交流史、中国教育史有关问题。同年《人心与人生》一书译成日文出版，版税做"梁漱溟先生教育基金会"的基金，并作为日本翻译出版《梁漱溟先生全集》的部分费用。

1988 年 4 月 13 日，他在家人的陪同下前往北京西郊良乡为父母扫墓，以尽最后的孝道。回家后梁漱溟便感到身体不适，呼吸不畅。4 月 25 日，梁漱溟病情加重，两个儿子把他送到北京协和医院，经检查，是肾动脉硬化导致尿毒症。医院在征得梁漱溟同意后，准备于 6 月 24 日为他做人工换肾手术。但就在 6 月 23 日早晨，梁漱溟突然大口吐血，心律异常。医生赶紧采取急救措施，但已于事无补，梁漱溟以九十五岁高龄告别人世。

梁漱溟逝世后，中央统战部为梁漱溟起草了一份《生平》，1988 年 7 月 8 日由新华社播发，并刊在《人民日报》上，文章的题目是《三军可以夺帅，匹夫不可夺志——梁漱溟走完百年人生旅程》。

吴宓

中国比较文学之父

吴氏家族里出生的"贾宝玉"

　　1894 年 8 月 20 日（阴历七月），吴宓生于陕西省泾阳县，"取《书经》'陈璇玑之玉衡'之义"（《吴宓自编年谱》），取名玉衡。由于体弱多病，八岁时祖母杨太夫人认为改名能祓除不祥，便让他的姑丈陈伯澜另取新名——"陀曼"，吴宓本人很不满意这个名字，后来报考清华时，便借机改了自己的名字为吴宓。

　　吴氏家族是当地最大的家族，分老支、新支，新支非常富厚，其东院吴式义堂，累世为盐商，总号设于扬州，号称"全省首富"；其西院吴崇厚堂，在三原县有全盛益药店、永兴厚布庄，数代积累，其富贵如同《红楼梦》中的贾府。吴宓就出生在吴崇厚堂，府中有丫鬟、佣人，而吴宓的身份地位像极贾宝玉，其祖母则是这一大家子的"老祖宗"（张建安《学者吴宓：两位父亲的教育与影响》，《中国档案报》2009 年 4 月 28 日）。

　　吴宓的生母在他出生不到半年就去世了，祖母怜爱吴宓，便让长子吴建寅把吴宓过嗣给自己的次子吴建常，吴建寅虽然极不情愿，但因其十分孝顺，最后还是予以听从。这样，吴宓就有了两个父亲，他称吴建寅为爹，吴建常为父。

　　吴宓的生父吴建寅，为人稳重，重视文化礼仪，持家勤俭，曾任职于上海大学、国民政府监察院，回乡后担任过三原县善堂董事（堂长），在地方上颇有威望。

　　吴宓的嗣父吴建常，相貌俊伟，举止风流，豪放磊落，学问渊博，兼习骑射，在乡里及本省久负盛名，早年受业于刘古愚，后赴日本学习军事。辛亥革命后，他担任凉州副都统，又担任过国民革命军驻陕总司令于右任的秘书长、国民政府监察委员等职，抗战时以监察委员身份长驻西安。由于吴建常经常在外，吴宓的很多事情还是都由吴建寅照料（张建安《学者吴宓：两位父亲的教育与影响》，《中国档案报》2009 年 4 月 28 日）。

　　在《吴宓自编年谱》中，吴宓曾这样回忆嗣父早年对他的教育："自1900（年）冬，至 1901（年）八月，仲旗公（吴建常）在沪家，自书写方字，每晨教宓认识。最初日认三字，渐加多，最后每日认二十四字，仍兼复习最近十天所认之字，择令答问、回讲。仲旗公之教法极好。……其结

果，在十个月之中，宓认识得三千余字，而能读懂戏剧、小说、弹词、传奇，以及杂志、报章、广告、传单、普通教科书，等等。总之，一切白话以及浅近之文言书籍。"吴宓小小年纪已经认识三千余字，为他打下了学习一切文化的基础。尤其需要注意的是，他的嗣父不是单教他识字，而且把实词、虚词所表达的实物乃至感情、心理均予教育，使其懂得如何应用。

1901年年底，吴建常的夫人病逝，吴宓失去嗣母，"守丧，尽礼，心中亦觉凄悲"。此时，吴建常仍居上海，吴宓已被接回家中，由继母雷孺人教其读书。而吴宓所读课本为叶澜、叶翰兄弟编印的《蒙学报》，兼读《泰西新史揽要》《地球韵言》等书。他还非常喜欢翻阅《新民丛报》。

吴宓十岁时，吴建寅把他送到学校，跟随恩特亨就读，当年读完《史鉴节要便读》《孟子》上卷，次年读完"四书"全部，又读明朝王世贞批点的《资治通鉴》，学习《笔算数学》。吴宓十二岁时，吴建寅在陈家巷九号设家塾，聘请先生专门教授吴宓和另外一位学生。如此，吴宓在一年内读完并背诵了清代张一鹏撰写的《普通学歌诀》，其中的经史源流、理学宗传、中外地理、声光电化等章，使吴宓增长了很多知识。之后，吴建寅让吴宓跟随王麟编按照新式学校办法进行学习。吴宓后来回忆："王麟编师，主张'因材施教'，即对每一学生各订计划，单独讲授。是时对宓，则（一）续读（兼背诵）《左传》，至昭公初年止。但不注重《春秋》（经）而专重传文，不论'书法'，只作为史书读。（二）命宓阅读《西洋史要》一书，不久即完。（三）多看上海及在日本东京出版报章，以及小说。师并可为答疑、详解。总之，在此两月中，宓进益甚大。深信此家塾实胜过宓三年来所入之各学，所从之各师。"

为读清华改名

1906年，陕西泾阳县吴家西院的十三岁少年吴宓进入宏道高等学堂（于右任、张奚若、张季鸾等皆出于此校）预科班，学习国文、英文、数理化等。预科毕业后，吴宓赴省城西安参加北京外务部游美肄业馆（后改称清华学堂）的留美考试，在西安以省级考试第一名成绩被录取，从此开始了他精彩的一生。

1910年，17岁的吴宓听说游美学务处正在招考"游美第二格学生"。

但此时考试已经结束并录取了四人。虽有两名余额，但当局认为"陕西省无英文程度高、能考取之人"，所以并未向外宣传。于是吴宓和同学们上报请求举行补考。由于考生"年龄最大限为十五岁"，此时的"吴陀曼"在册籍上已写明了"十七岁"，所以"吴陀曼"非改名不可。他取出《康熙字典》，闭上眼睛翻开到某页，用手指指出一字作为新名，得到"宓"字，于是吴宓之名便诞生了，在这场争取来的补考中，吴宓脱颖而出，最终获得了进入清华读书的机会。当他以第一名的成绩从宏道高等学堂毕业后，同年末吴建寅特雇一辆骡车，把吴宓送入清华园，从此开始了清华的求学之路。

1911 年 2 月 1 日，吴宓在北京前门车站下车，进入清华报到。开学前先参与复试，考查英语、算数、国文、历史、地理，以及博物和理化，在各省选拔的三百多名学生中，吴宓以扎实的功底、丰富的知识考取了第二名。

吴宓是一个很自律的学生，由于此前接触英语的机会比较少，他的英语成绩与其他同学存在很大差距，于是他下定决心努力追赶。刚到北京时就到琉璃厂购了一本《普通英华字典》，进入清华后，每日苦学《英语书信必读》，每礼拜练习英文作文一篇，后又加入"第四年级英文文学演说会"苦练口语。

早期的清华实行选课制，由教师分别对每个学生进行询问考察后安排其上课时间表，不分班，不立年级。吴宓很欣赏这种制度，他的成绩优异，很快得到了老师的青睐。由于辛亥革命爆发，受到战争干扰的清华学堂决定停课并遣散学生。吴宓离开清华后南下上海，在父亲芷敬公的资助下考入英文程度最高的圣约翰大学就读。在这里，吴宓英语水平飞速增长，为日后出国留学打下了坚实的语言基础。清华复校后，吴宓再返清华。

吴宓在清华就读的这几年里十分活跃，负责过《清华周刊》《清华学报》的编辑，创作了脍炙人口的《清华园词》，被同学们称为"清华一支笔"。除诗词外，他还发表了多篇文章，体现了一个富有责任感的青年对社会问题关注的热情。

1916 年，在校长周诒春的指点下，吴宓决定选择文学作为主攻专业，但是在即将毕业的时候，由于体育课考试不及格，以及体检时被发现患有眼角膜炎须医治，校长批示"吴宓应留校一年，练习体育，医治目疾"，吴宓只好又在清华多留一年，供职于文案处，编辑并印行《游美回国同学录》，同时苦练体育。

求学弗吉尼亚大学与哈佛大学

吴宓 1916 年于清华大学毕业，次年赴美国弗吉尼亚大学留学深造，1918 年在梅光迪的推荐下，吴宓决定转学入哈佛大学学习法国文学。1920 年获得学士学位后，吴宓进入哈佛研究院，师从于新人文主义大师白璧德，攻读哲学。白璧德是二十世纪初美国著名文学批评家，他学识渊博，除精通西洋古今文学外，还通晓政治哲理，熟悉梵文与巴利文，对东方佛教、儒学也有相当的研究，他接受希腊、罗马和东方佛教思想，倡导人文理性、人文关怀的新人文主义。1921 年，吴宓获得硕士学位。在哈佛，吴宓结识了正师从东方语言学大师兰曼学习梵文与巴利文的陈寅恪。其间，吴宓、陈寅恪、汤用彤三人由于才华卓群，成绩卓著，并称为"哈佛三杰"。吴宓初得陈寅恪诗文惊喜异常，陈寅恪不仅是一位难得的知音，同时更是亦师亦友的贴心好兄弟。自此之后，吴宓与陈寅恪开始了长达半个世纪感人肺腑的管鲍之交。也正是得益于陈寅恪的鼓励与帮助，吴宓所学专业日渐精进，在红学研究中深得神韵，终于成为开宗立派独领风骚的一代宗师。

在红楼人物中，吴宓自比紫娟，喜爱黛玉，更自视为宝玉的知音。抗战时，昆明文林街新开了家牛肉面馆，店老板就是与吴宓"兄妹相称"的诗人卢葆华。女诗人大概也是曹雪芹的知音，竟然把面馆取名"潇湘馆"。但在吴宓的干涉下，"潇湘馆"改成了"潇湘食堂"。

1919 年 3 月 2 日，正在哈佛攻读硕士学位的吴宓受中国学生会之请，做《红楼梦新谈》演讲，主要是"用西洋小说法程来衡量《红楼梦》，见得处处精上，结论是：《红楼梦》是一部伟大的小说，世界各国文学中未见其比"。正当吴宓意气风发地在讲堂上慷慨激昂地演讲时，刚进哈佛一个月的陈寅恪在俞大维的陪同下前往听课，只见吴宓摇头晃脑，沉醉其中，对《红楼梦》中的人物景象，隐语暗线，转承启合，皆说得有声有色，头头是道。陈寅恪对吴宓的才学留下了深刻印象，并流露出钦佩之意。他很快做《红楼梦新谈》一首相赠，诗曰："等是阎浮梦里身，梦里谈梦倍酸

辛。青天碧海能留命，赤县黄车更有人。世外文章归自媚，灯前啼笑已成尘。春宵絮雨知何意，付与劳生一怆身。"（《吴宓日记》，北京三联书店 1998 年版）

就职东南大学并主编《学衡》杂志

1921 年 5 月，吴宓接到先期回国的梅光迪的来信，要他拒绝北京高等师范大学月薪三百元的聘请，而到东南大学一边教书，一边共同创办《学衡》杂志，并希望他来做杂志的总编辑。梅光迪是胡适的好友，但反对胡适提倡的"新文化运动"，认为中国文化十分宝贵，应该保护。《学衡》的宗旨是：论究学术，探求真理，昌明国粹，融化新知。创办《学衡》杂志是吴宓学术方面的一件大事，他为此耗费了大量的心血，所以纵然遭遇种种困难，吴宓仍是百折不挠地坚持了下来。

在东南大学，吴宓任外文系教授，讲授英国文学史、英诗选读、英国小说、修辞原理四门课程。因为备课充足，且刚刚留学归来，英语流利畅达，所以他的课程深受学生欢迎。当他任教东南大学时，清华大学四年级学生梁实秋曾旁听他的课，回校后半是羡慕半是嫉妒地抱怨：内容丰富，井井有条，学校未能罗致，"宁非憾事哉"？他也是第一个把"比较文学"概念介绍到国内的人。1924 年 8 月，东南大学宣布西洋文学系并入英语系，加上好友梅光迪又赴美任教，吴宓决定离开东南大学，就聘沈阳东北大学英语系教授。

吴宓回国后，除了主编《学衡》杂志与在东南大学任教外，还完成了一件人生大事。早在 1918 年 11 月，留学哈佛的吴宓，突然接到清华留美同学陈烈勋的来信，欲将自己的妹妹陈心一介绍给吴宓为妻。陈烈勋说陈心一毕业于杭州的浙江省女子师范学校完全科，现年二十四岁，为浙江定海县一位小学教员，心气很高，择婚特别苛严。陈烈勋在信中明确指出，其妹在家中曾多次听他谈及吴宓，后又阅读过《益智杂志》《清华周刊》中吴宓的诗文，尤其是看到《清华周刊》上吴宓的照片，萌发爱慕之情，愿嫁吴宓，侍奉终身。此时的吴宓在日记中写道："盖饮食男女，人之大欲。大丈夫生而愿为之有室，女子生而愿为之有家。夫情欲如河水，无所宣泄，则必泛滥溃决。"吴宓见有女子这么倾慕自己，很是欢喜。但自己身在美国，

而陈心一却在杭州，无法见面，此时吴宓便想到了由正在浙江读书的毛彦文代为相亲。毛彦文在信中告诉吴宓，陈心一是旧式女子，皮肤有些黑，但不难看。中文精通，西文没有学过，性情很温柔。如果吴宓想要一位贤内助，陈心一很适当；如果想娶善交际会英语的时髦女子，则应该另觅良配。吴宓显然非常信任毛彦文，看信后便做出重要选择，与陈心一越洋订婚。1921年8月23日，刚刚回国不久的吴宓与陈心一结婚。婚后八年吴宓与陈心一共同生育了三个女儿。

为清华的发展而效力

当清华国学研究院筹备处成立后，清华大学校长曹云祥慕吴宓才学与名声，力主聘其回母校为国学研究院筹备鸣锣开道。吴宓很快辞去东北大学教职，怀着一份感念之情，再度踏进水木清华那宁静安逸的校园，担任清华研究院主任。

吴宓在清华期间被后人称道的一项主要工作，就是替清华国学院聘请了王国维、梁启超、陈寅恪和赵元任四个国内一流的学者，也就是世人公认的清华"四大导师"。在吴宓的主持下，制定了清华研究院章程，强调"本院以研究高深学术，造就专门人才为宗旨"。清华研究院第一年，先设国学一科，其内容为中国语言、历史、文学、哲学等，其目的专在养成下列两项人才：（一）以著作为毕生事业者；（二）各种学校之国粹教师。对聘请教授的资格，要求："（一）本院聘宏博精深、学有专长之学者数人为专任教授，常川住院，任讲授及指导之事；（二）对于某种学科素有研究者，得由本院随时聘为特别讲师。""本院略仿旧日书院及英国大学制度。研究之方法，注重个人自修，教授专任指导。其分组不以学科，而以教授个人为主，期使学员与教授关系异常紧密。"（孙敦恒《吴宓与清华国学研究院》）

1926年1月，由于吴宓制订的清华国学研究院的发展计划遭到了教务长张彭春等人的反对，同时也没有得到多数教授的支持，吴宓辞去了研究院主任的职务。1926年3月，吴宓离开国学院，专任清华外文系西洋文学教授，先后教授英国浪漫诗人、希腊罗马文学、西洋文学史、翻译术、中西诗比较、文学与人生、大一英语、大二英语等课程。在清华外文系，吴

宓的课程对二十多岁的青年学生有着很强的吸引力,很受学生欢迎。1923年,《清华周刊》中有篇文章述及吴宓授课:预先写大纲于黑板,待到开讲,则不看书本、笔记,滔滔不绝,井井有条。据王岷源回忆:"雨僧(吴宓字)先生讲课时也洋溢着热情,有时眉飞色舞。""雨僧先生讲授英文诗,提倡背诵,特别是有名的篇章或诗行,他都鼓励学生尽量熟读背诵。"(王岷源《纪念吴雨僧先生》)吴宓在清华外文系的另一个重要贡献是制定了清华大学外国语言文学系的培养方案与课程设置。1926年9月,校长召集西洋文学系开会,经王文显推荐,系全体新旧教授、讲师一致通过推举吴宓为系代理主任。此后数年间,吴宓在清华外文系又先后担任过两次代理主任。至三十年代中期,吴宓与清华外文系培养了如钱锺书、曹禺、季羡林等一批著名学者、作家。

1928年,伴随着朱君毅与毛彦文退婚事情的发酵,吴宓与陈心一的婚姻也走到了尽头。对于这段婚姻,吴宓自己总结道:"生平所遇女子,理想中最完美、最崇拜者,为异国仙姝(美国格布士女士),而爱之最深且久者,则为海伦(毛彦文)。故妻陈心一,忠厚诚朴,人所共誉,然宓于婚前婚后,均不能爱之。余之离婚,只有道德之缺憾,而无情意之悲伤,此惟余自知之。彼当时诋余离婚,及事后劝余复合者,皆未知余者也。"离婚后吴宓与陈心一分别居住在西郊与城内,每月领到薪水后,吴宓回家把生活费交给陈心一,然后立即回校。

1930年年初,作为《专任教授休假条例》的推动者之一,吴宓起意休假赴欧游学,致函时任清华大学校长的罗家伦"请出洋留学一年"。同年9月12日,吴宓从清华园启程,乘火车经东北由俄入欧。9月入牛津大学,研究英国浪漫主义文学,1931年2月赴法国巴黎学法语,3月、4月游意大利、瑞士,4月至7月回巴黎大学研究法国文学,7月至9月游德国,至1931年8月16日从德国返回。其间他访学听课于牛津大学和巴黎大学,访晤理雅各后嗣、艾略特、庄士敦、伯希和等知名人士。吴宓途中"随时随地"以诗抒写"闻见感想",成诗五十余首,陆续发表于《国闻周报》《大公报·文学副刊》,并在1933年5月结集为《欧游杂诗》,载于当期《学衡》杂志"文苑"栏。

1931年3月,吴宓来到法国,发电报约毛彦文来见面,商讨结婚问题。

早在 1929 年，毛彦文在胡适、马寅初的帮助下，申请美国远东奖学金获准，赴美国密歇根大学教育系攻读硕士。毛彦文正好当时有休假也希望就彼此的关系能有一个交代。可当毛彦文来了之后，吴宓却显得十分犹豫，表示还是再看看，再想想。这次会面谈婚无果，但离开巴黎时，吴宓许诺毛彦文，四个月后在青岛完婚。回国后的吴宓没有履行诺言，而是又喜欢上了一个杭州女子。1935 年，三十三岁的毛彦文一气之下嫁给了六十六岁的前北洋政府总理熊希龄。

1936 年，吴宓在担任外文系代理主任时，提出了"博雅"教育原则。博雅简单解释就是博通高雅之意，广义是指熟读中外名著以会通中西之精神。"博雅"教育培养出的学生要能够做到：（甲）成为博雅之士；（乙）了解西洋文明之精神；（丙）造就国内所需要之精通外国语文人才；（丁）创造今世之中国文学；（戊）汇通东西之精神思想而互为介绍传布（徐葆耕《会通派如是说——吴宓集秘》）。

1937 年"卢沟桥事变"后，全面抗战爆发，清华奉命南迁，与北大、南开一起合组长沙临时大学。11 月 7 日，吴宓与毛子水等清华师生离开北京，经天津、青岛、汉口到长沙。1938 年 2 月，吴宓与临时大学师生乘火车走粤汉铁路赴广州转香港，经越南海防，于 3 月 7 日抵达昆明西南联大。在西南联大外文系，吴宓主要讲授世界文学史、欧洲文学史、古代希腊、罗马文学史、新人文主义、文学与人生、翻译课、中西诗之比较等。1939年 9 月，清华研究院恢复文科研究所，吴宓任外国文学部主任，1940 年担任外国文学硕士研究生导师，主要课程有雪莱研究、西方文学批评、比较文学等。

与在清华一样，吴宓在西南联大时也很受学生欢迎。吴宓先生在西南联大讲授欧洲文学史时，除继续采用翟孟生的教科书外，主要根据自己多年的研究和独到的见解，把这门课程讲得非常生动有趣，娓娓道来，十分吸引学生，每堂课都济济一堂，挤满了本系和外系的同学，这是当时文学院最"叫座"的课程之一（赵瑞蕻《我是吴宓教授，给我开灯》）。吴宓学生李赋宁回忆说："先生写汉字从不写简笔字，字体总是正楷，端庄方正，一丝不苟。……先生讲课内容充实，条理清楚，从无一句废话。……每堂课必早到教室十分钟，擦好黑板，做好上课准备。"（李赋宁《怀念恩师

吴宓教授》）除了认真、严谨之外，吴宓上课时也很大胆幽默。他一时兴起，还会在课堂上朗诵自己的诗作，甚至他写给毛彦文的情诗（1932 年，吴宓追求毛彦文受挫，写下了《吴宓先生之烦恼》诗四首，倾吐他对毛的恋情，并在报纸上发表，其中有"吴宓苦爱毛彦文，九洲四海共惊闻"之句），课堂气氛是相当活泼轻松的，他的上课风格也很特别，很有些欧美之风。"先生讲课从不照本宣科，而尝试漫谈性质的，只指定些参考书，要我们自己阅读、提出看法，并多写读书报告。课上先生有时讲些文人轶事，风趣横生，使我们忍俊不禁。"（茅于美《怀念吴宓导师》）

1942 年 8 月，吴宓被国民政府教育部聘为西洋文学"部聘教授"。1943—1944 年，吴宓代理西南联大外文系主任。

曾经的留学生活，使吴宓成为一个颇具绅士风度的人。这体现在两个方面：一个是个人衣着，一个是对女士的态度。据刘兆吉回忆："记得在西南联大，无论在长沙、南岳、还是蒙自、昆明，吴先生都是西服革履，脸上的络腮胡刮得光光的。"（刘兆吉《我所知道的吴宓先生》）如果不穿西装，吴宓就常穿一袭灰布长袍，一手拎布包袱，一手拄手杖，戴一顶土棉纱睡帽就走上讲台。打扮虽然古板，他讲的却是纯英文诗歌，而且开讲时，笔记或纸片看都不看一眼，所有内容均脱口而出，讲到得意时，还要拿起手杖，随着诗的节律，一轻一重地敲着地面。课堂上这番潇洒，是吴宓花了苦功夫才换来的。半夜时分，别人都睡下了，室友经常看见他埋头备课。第二天一早，别人还没醒，他已经在"室外晨曦微露中"反复诵读。对女士的照顾也一如既往，据说在他曾任教的清华大学，一个女学生曾略带艳羡地提到，当年在清华课堂上，看见有女生站着听课，吴先生总是会跑出去替她们找来凳子坐。又有人追忆起吴先生点名，点到"金丽珠"这个名字，情不自禁地说："这个名字多美。"全班大笑。这个优良传统就是在西南联大时依然表现得淋漓尽致。茅于美在《怀念吴宓导师》中写道："遇有车马疾驰而来，他就非常敏捷地用手杖横着一栏，唤着苏生和我，叫我们走在街道里面，自己却绅士派地挺身而立，站在路边不动，等马车走过才继续行走。这种行动不禁令人想起中世纪的骑士行径。"（茅于美《怀念吴宓导师》）

清华以外的工作

1944年秋，因与系主任陈福田之间的矛盾，吴宓离开了求学和执教三十年的清华大学，到成都燕京大学任教，据说这多少与钱锺书有关。有一种说法是，吴宓与钱锺书的父亲钱基博私交很深。当年吴宓曾让钱锺书在清华旁听一年，还亲自辅导他外语。1929年，十九岁的钱锺书考入清华。吴宓对钱锺书十分欣赏，专门写诗称赞其才华。钱锺书欧洲学成归国时，吴宓与清华说好，拟聘请他为清华外文系教授，清华当时也基本同意了。可当钱锺书从上海到联大时，学校却只肯聘其为副教授。年轻气盛的钱锺书自然很是不快，对陈福田和清华更是不满，甚至怪罪吴宓，并发泄到小说《围城》中。

1944年秋，吴宓到成都燕京大学任教，所授的课目为世界文学史大纲、文学与人生。燕京大学给吴宓的待遇不菲，每月大约为13816元，外加米一斗。最令人感动的是，1944年10月底，吴宓对同在燕京大学任教的老友陈寅恪的照顾。当时陈寅恪右眼已失明，左眼因劳累过度，也不能辨别事物，两天以后住院进行治疗。至此吴宓几乎是天天，有时甚至一天两次去医院探视陪同陈寅恪。1945年9月，吴宓改任四川大学外文系教授，教授的课目是文学批评、中西比较文学。吴宓在成都感受最深的风光可能就只有经常行走的华西坝和望江楼了。对于华西坝风光，他曾留下过"细雨濛濛、高柳鸣蝉"的描叙以及"如斯佳地""好园林"的评价。当他受聘于川大时，也是常步行至望江楼上课，得以遍览这段路途的市容与锦江风光。他在1945年10月2日的日记中写道："步行出城。以盛晴，江畔秋色如锦，甚觉畅适。"

1946年2月，吴宓推辞了浙江大学、河南大学要他出任文学院院长之聘约，而应武汉大学文学院院长刘永济及朱光潜的一再邀请，来到武汉大学外语系。吴宓当时是武汉大学外语系教授兼系主任，同时又是校务委员会委员，其学问及人品是学界普遍推崇的。吴宓到达武汉后，为外文系开设了世界文学史、文学与人生等课程。同时，他又在私立武昌华中大学外文系任教授，讲授文学批评（英文）等课。吴宓很看重金克木，马上向武汉大学推荐。但吴宓也没想到，他推荐金克木到外文系教梵文，而文学院

院长刘永济却把金克木安排在哲学系教印度哲学。1947年1月起，吴宓主编《武汉日报·文学副刊》。

这一年武汉发生了"六·一惨案"。针对学生的反内战游行，军警到国立武汉大学校园内抓捕中共及民盟人士时发生了枪击学生事件。被抓的教师里有武汉大学外文系的俄语教授缪朗山。吴宓说："缪老师是外文系的老师，我是外文系的系主任，我要对缪老师的安全负责。"缪朗山经营救释放出狱，出狱后他拟南下避风头，是吴宓亲自送他到武昌机场，一直等到缪朗山抵达广州，打来报平安的电话，吴宓才离开机场回家。

抗战胜利后，1946年清华大学梅贻琦和陈福田一再要他回去。吴宓也曾回北京数月，在燕京大学做教授，但因为胡适已任北大校长，吴宓要离开"新文学派"即"胡适派"的势力范围。而武汉大学刘永济曾是《学衡》撰稿人，到武汉后吴宓以为可以不再受制于"胡适之的朋友"了，他就此永远离开了曾经情牵梦绕的水木清华。

吴宓与胡适的恩怨由来已久。在新文化运动初期，胡适等人支持陈独秀创办《新青年》杂志，吴宓等人利用《学衡》发表文章，宣扬"只有找出中华民族文化传统中普遍有效和亘古长存的东西，才能重建我们民族的自尊"的理念与之抗衡。据说，某次他与胡适在聚会上偶遇，恰逢社会上流行用"阴谋"二字，胡适便戏问："你们《学衡》派，有何新阴谋？"吴宓便戏答："有。"胡适笑着说："可得闻乎？"吴宓说："杀胡适！"

决心留祖国

至1949年吴宓不顾好友陈寅恪所在的广州岭南大学校长陈序经以及文学院院长与教育部部长杭立武邀他去台湾大学任文学院长之机，于4月底飞到重庆，到相辉学院任外语教授，兼任梁漱溟主持的北碚勉仁学院文学教授，同时又在重庆大学兼课。就这样，他在北温泉背后的松林坡上一个非常简陋的房间里，就算入蜀定居了。10月1日，中华人民共和国成立，吴宓依然谢绝友人劝说，决定不去美国讲学，不到香港大学和新亚书院任教，更不去台湾大学执教，决议继续留在大陆。

1950年4月，吴宓任重庆四川教育学院外语系教授，并继续在重庆大学外语系兼课。这年秋天，四川教育学院与国立女子师范学院合并，组建西南师范学院，吴宓转任西南师范学院历史系（后到中文系）任教。不久随着西南师范学院扩大建制，吴宓定居在重庆北碚。

1950 年，"知识分子思想改造运动"在全国开展，吴宓一生虽未参加任何党派组织，但出身大官僚家庭，早年又留学美国，是被鲁迅批判过的"学衡派"主将，他又偏偏在"土改运动"中流露出对某些过激做法的不满，所以曾被点名公开做检查。

从 1952 年开始，知识分子们纷纷在报上"自我检讨"，革故鼎新，期望在思想上、学术上跟上新时代的滚滚洪流。1952 年 7 月 8 日，吴宓的一篇学习报告发表在《新华日报》上，文章名为《改造思想，站稳立场，勉为人民教师》，该文后被《光明日报》全文转载。

1953 年是吴宓又一次收获感情的一年。时年二十多岁的邹兰芳以"女学生"的身份与五十九岁的吴宓迎来了一段黄昏恋，并和他结了婚。邹兰芳是一个苦命的人，她患有肺结核，还拖着病体拉扯着两位哥哥的遗孤。婚后吴宓不但要给邹兰芳治病，还要替她照顾几个侄子侄女。结婚仅仅三年，邹兰芳就去世了。

1956 年，党的"关于知识分子问题"会议后，吴宓的心情极为兴奋，他认为"党对他的关怀太多了"，表示"愿终老余年，报共产党于万一""愿老死于西师"（《吴宓评传》）。这一年评定工资，西师党委根据决定评定吴宓为一级教授，吴宓坚持不受，只同意接受三级教授的聘任。几经周折，最后评了个二级教授（胡国强《吴宓先生晚年在西南师范大学》）。

1957 年"反右运动"开始后，吴宓继续待在历史系，没有教学任务，整天忙于参加各类政治学习或参观，由于吴宓的某些言论，自然也被当作"白旗"，受到大字报的围攻。1958 年"厚今薄古"运动中，他依然坚持一贯"汉字文言断不可废，经史旧籍必须咏诵的主张"，结果自然遭到了最严厉的批判。

1960 年，全国政治形势有所缓和，西师因此给了吴宓一个重上讲台的机会，让他为六〇级新生开了一门《文言文导读》，每周四课时。因为吴宓名气大，资格老，所以第一次上课，同学们早早进了教室，都想坐在前排。此时的吴宓，精神矍铄。三年经济困难时期，在课堂上为了让同学们

学好古典文学，吴宓热心地给大家出主意，他建议学生把生活中遇到的事，改用文言文来表达，比如吃饭，就可以说"三两尤不足，何况二两乎"。但当时正值困难时期，课后一些觉悟颇高的同学纷纷去系办公室反映问题，说吴宓公然反对党的粮食政策，结果是吴宓在上课中做了自我检查，说是自己世界观没有改好，今后要加强世界观的改造。

1966 年 6 月的一天，吴宓办公室座位旁边的墙上，赫然出现了一幅标语："打倒反动学术权威吴宓。"整个夏天，从学习《五·一六通知》开始，到 9 月，吴宓天天必须到教研室学习文件，写大字报，接受批斗。

1969 年 5 月 9 日，在梁平批斗吴宓的大会结束后，吴宓被人从台上推下来，摔断了双腿，就在大家认为吴宓可能会残疾的时候，没想到经过简单的治疗包扎，吴宓的腿居然接上了，他也从极端痛苦中熬了过来，拄着拐杖，居然还可以拖着行走，这不能不说是个奇迹。不过吴宓就此也落下残疾。即使这样，他还要拖着残疾的双腿，扫厕所、刷尿池、刮粪便，继续受到轮番的批斗，经常还要遭到断水断饭之折磨。

"批林批孔"运动开始后不久，西师给吴宓办理了退休手续，不用上班，也不必参加各种政治学习。他整日在宿舍里翻阅劫余文稿，写写日记，写写信函。1973 年，吴宓的堂妹吴须曼曾专程赴西师探望哥哥。那时，吴宓借拐杖也还勉强能够行走，衣服只有两三套，被褥单薄，唯一的财产就是布满书架和箱、桌里的中外书籍。1975 年夏天，吴须曼打算接吴宓回泾阳老家，本来在信中已与她讲好了，可等人到了西师，吴宓又突然变卦，任凭怎么劝说也不肯随她回老家。吴须曼只好一人伤心地离开了西师。1976 年 11 月，吴宓家乡的亲人忽然接吴宓佣人唐昌敏夫妇写来的信，信中说，吴宓的身体状况很差，已经卧床不起达一月之久，生活根本无法自理。接到信后吴须曼心急如焚，向单位领导请过假，就匆忙奔赴重庆，接吴宓回到泾阳老家。此时的吴宓所有的钱，就只有枕头下的七分硬币。

回到家乡后，由于起居饮食有人照顾，随着天气变暖，吴宓的身体有了明显的好转，心情也开朗了很多。当听说一些当地中学因为没有外语老师而不开英语课，便急切地问："他们为什么不来请我？我还可以讲课，你告诉他们来请我，我可以为这些学生讲英语。"由此可见吴宓对教育工作的热爱与执着。可惜，到这一生要结束的时候，他已经不能当老师了。

1978 年 1 月 14 日，吴宓因突发老年性脑血管疾病，被送入解放军315 野战医院，虽经大夫全力抢救，终因其年纪过大且身体受损严重，而未能挽救过来，于 1 月 17 日在医院逝世。

1981 年 1 月 17 日，吴宓的骨灰由吴须曼送至安吴堡，葬在白雪笼罩的嵯峨山下。

钱穆

没有文凭的大师

1990 年 8 月被人称为中国"近代力学之父""应用数学之父"的钱伟长写了一副挽联："生我者父母，幼我者贤叔，旧事数从头，感念深恩宁有尽；于公为老师，在家为尊长，今朝俱往矣，缅怀遗范不胜悲。"这副挽联的写作对象就是著名的国学大师——钱穆。

虽为赤贫但"书香未断"

1895 年（光绪二十一年）7 月 30 日，钱穆（字宾四）出生于江苏省无锡南延祥乡啸傲泾七房桥。

钱氏家族人丁兴旺，五世同堂，但经济上却日渐衰败，到了钱穆伯父、父亲时，已无一尺之地，"沦为赤贫"。虽然生活拮据，但钱氏家族却"书香未断"。

钱穆祖父钱鞠如，邑庠生，长于音韵，体弱多病，但有坚韧不拔之志，他用上等宣纸手抄"五经"，因患有眼病，用毛笔写时间一长，便有眼泪滴下。钱穆兄弟经常翻阅祖父遗稿，见到纸上泪痕，想到祖父勤书不辍的精神，受到无限感染。祖父还留下一本用五色笔圈点的大字木刻本《史记》，且每页书中附有批注，钱穆称："余自幼读书，即爱《史记》，皆由是书启之。"（钱穆《八十忆双亲·先祖父鞠如公》）

钱穆的父亲钱承沛，自幼聪慧过人，被誉为"神童"，因家中贫困无书房，便在家族中三间破房中发奋苦读，寒暑不辍。十六岁在县试中以第一名考中秀才，再往后也是由于身体孱弱，每每参加乡试均必病倒场内，无法继续考取功名，后在七房桥设馆授徒。在家乡由于钱承沛办事处处为大家着想，没有一点私心，排难解纷时秉正仗义且很有办法，因此受到举族乃至周围乡民的尊重和爱戴。

在家里，钱穆排行老二。据说钱穆生下来时，曾哭三日不止。父亲钱承沛对妻子说："此子命当贵，误生吾家耳。"钱穆父亲爱子如命，经常对人说："我得一子，如人增田二百亩。"钱穆幼时记忆绝佳，日读生字三四十，后来增加到六七十都能记住。父亲对他的评价是："此儿或前生曾读书来。"

1900 年，七岁的钱穆与大哥钱挚（字声一，钱伟长的父亲）一起被父亲送入私塾读书，钱穆聪明伶俐，强记不忘，塾师对其亦称赞有加。年

底私塾老师因病歇塾，为了兄弟二人的学业，钱父决意举家迁至荡口镇。迁至荡口后，钱父在镇上延请了一位华姓名师为钱穆兄弟上课。除授"四书""五经"外，塾师亦讲《史概节要》《地球韵言》两书。不久塾师不幸生病，钱穆兄弟也不再上塾，日日在家中阅读小说。看小说是钱穆的最爱，一部洋洋百万言的《三国》背得烂熟，钱穆也得到了"神童"的美誉。

1904年十岁的钱穆与兄长钱挚一道考入无锡荡口镇果育学校。果育学校是一所乡间新式小学，原是乡贤华子才（华鸿模）为华氏家族子弟而办。果育小学分高、初两级。钱声一入高级一年级，钱穆则入初级一年级。当时的体操老师——钱穆的同族钱伯圭，是思想激进的革命党人，对钱穆时有教导，是他政治上的启蒙老师。在果育小学四年，钱穆深得众多良师的教诲、指点，既受到了传统国学的熏陶，又得以接触新学，打开视野，为其日后从事学术研究打下良好基础。

1905年，钱穆的父亲钱承沛临终前把钱穆叫到身边，只说了一句话："汝当好好读书。"（钱穆《八十忆双亲·先父之病及卒》）死时年仅四十一岁。钱穆的父亲在世时，家中已是清贫，等他去世后，家中日子更是艰难，钱穆的母亲含辛茹苦地拉扯着几个孩子长大。有一次钱穆得重病，母亲早晚不离床侧，夜则和衣而睡，悉心守护，使儿子三月后痊愈，形同再造。对于钱穆来说，母亲对他影响最大。钱母治家、执礼甚严，使孩子们从小懂礼仪，守信用。丈夫刚去世时，亲朋见她生活困难，便来为她的长子介绍工作，她没答应，而是要遵守先夫遗志，"为钱氏家族保留几颗读书种子"（钱穆《八十忆双亲·先母寡居》）。

1906年，钱穆兄弟考入常州中学堂。为减轻家庭负担，兄长钱声一自愿入读学期一年的师范班，将深造的机会留给了弟弟钱穆。在常州中学时，受老师影响，钱穆爱上了昆曲，同时也喜欢各种地方戏，如河南邦子、苏州滩簧、绍兴戏、凤阳花鼓、大鼓书等。因为爱昆曲，由此钱穆喜欢上吹箫，终生乐此不疲。据钱穆《师友杂忆》描述，在一次地理考试时，共有四道题，满分100分，每道题25分，钱穆拿到试卷后，从第一道题开始审题，审到第三道题的时候，看到这道题的内容是关于长白山地势军情的，他对这个问题一直很感兴趣，便情不自禁地开始答题，而且不是"为了答题而答题"，完全是兴之所至，洋洋洒洒地尽情挥毫，早已经忘了自己当时是

在考场上。交卷的铃声响起时，余下三道题，他一个字也没写。当卷子发下来后，钱穆惊讶地发现自己竟然得了 75 分！原因是负责这次判卷的史学大师吕思勉，看到钱穆这道题答得特别出色，论证合理、充分，对于一个中学生，能做到这一点，实在是难能可贵，对钱穆的答案给予了高度肯定，同时也指出了其中的不足之处，并给出了 75 分的成绩。

得遇贵人

钱声一毕业后回乡任教。1910 年钱穆转入南京私立钟英中学，因为武昌起义爆发，学校停办，1912 年钱穆辍学回家。年轻的钱穆一直为未能读大学感到遗憾，自知上大学无望，遂矢志自学，发奋苦读。"夏暑为防蚊叮，效父纳双足入瓮夜读。"（罗义俊《钱宾四先生传略》）钱穆读书十分认真，每读一本书，必认真从头读到尾，不遗一字，读完后再换一本。钱穆给自己规定的时间表是早上读经子，晚上读史，中间读闲书，充分提高读书的效率。钱穆读书的目的是宣传中国文化。钱穆说："当我幼年，在前清时代，就听有人说'中国不亡，是无天理'，在我幼小的心灵里，不禁起了一份反抗之心。"这种反抗之心便成了他后来治学之动力，困难之鼓励，爱国之指导（《中国文化精神·序》）。考虑到祖父父亲都是英年早逝，他一直为自己的健康担忧。当钱穆从一本日本书上看到讲究卫生对健康长寿的重要性时，便警醒自己，从此每天起居有恒，坚持静坐、散步。早在常州读书时，钱穆兄弟染上了较大的烟瘾，为了身体健康，同时给学生做表率，钱穆便戒掉了吸烟的习惯。

回到家乡的钱穆随后任教于无锡秦家渠三兼小学，开始了教学生涯。

1917 年，在长兄钱挚的主持下，二十三岁的钱穆和无锡邹氏姑娘结婚。婚后夫妇俩住在素书堂东边一间老屋里。钱穆曾有过一个未婚妻，是后宅镇一个沈姓女子，是当地有名乡村医生的女儿。出于对钱家书香世家的敬佩，沈先生主动将自己的女儿许配给钱穆。钱穆在南京钟英中学时得了伤寒症。情况十分危急，还是经过沈大夫多次悉心治疗，才把钱穆从死亡线上拉了回来，然而不幸的是，未婚妻沈氏不幸因病早逝，这门婚姻便结束了。

1918 年，钱穆任教鸿模学校（原果育小学），此时钱穆出版了第一部学术著作《论语文解》，并陆续在报刊上发表文章，渐渐崭露头角。1919

年，钱穆任后宅泰伯市初小校长。8月出版《朱怀天先生纪念集》。1922年，钱穆到厦门集美学校，开始在中学任教。1923年，在钱基博推荐下，钱穆转入钱基博兼职的无锡省立第三师范任教。在无锡三师时，钱穆已经完成《国学概论》，并开始撰写其代表作《先秦诸子系年》，并引起了著名学者费文通的注意，费文通认为该书"体大精深，乾嘉以来，少有匹矣"。

1927年，钱穆转任教苏州中学。当胡适到苏州中学演讲时，有人对胡适说道，苏州有两件事不能不办，一是购买《伏吾堂集》，一是认识苏州中学的钱穆。在苏州中学，当钱穆向胡适请教《先秦诸子系年》中的一个问题时，却把胡适难住了，一时竟无法回答。但胡适并未介意，临行前专门写下了家庭地址，请他下次到上海家中做客。后来曾经有人向胡适请教先秦诸子的有关问题，胡适便让他们去找钱穆并说："你们不要找我，钱穆是这方面的专家，你们找他。"

1928年，夏末，钱穆的妻子邹氏及一新生儿相继病逝，钱挚归家料理后事，因伤心过度引起胃病复发不幸去世，年仅四十岁。钱穆与钱挚感情深厚，钱穆的名字便是钱挚所取的。两月之间连遭三丧，钱穆的痛苦是可想而知的。长兄去世，留下寡嫂及两子两女，长子十六岁，跟着钱穆在苏州中学读高一级，就是后来著名的科学家钱伟长。

邹氏去世后，朋友金松岑曾先后两次为钱穆做红娘，第一次为他介绍的是他的侄女，号称"东吴大学校花"，只是女方觉得钱先生做老师很合适，做丈夫却不合适；金松岑又为钱穆推荐自己一位女弟子，这次女方觉得"钱君生肖属羊，彼属虎，羊入虎口，不宜婚配"。

没过多久，他在教书时认识了一名小学教师张一贯，两人兴趣相投，1929年在苏州结婚。张一贯毕业于苏州女子师范学校，曾做过苏州北街第二中心小学校长。在这次结婚时，钱穆请金松岑做了他的介绍人，算是圆了他的一个红娘梦。婚后两人度过了一段幸福的时光，张一贯为钱家生有三子二女（钱拙、钱行、钱逊、钱易、钱辉）。

奔波于四大名校之间

1930年，钱穆在顾颉刚的大力推荐下，应聘到燕京大学任国文系讲师，这是钱穆一生的一个转折点。顾颉刚是钱穆一生最为佩服的挚友，当时顾

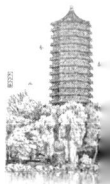

颉刚回老家苏州探亲，看到《先秦诸子系年》，深为佩服，当即对钱穆说，你不适合在中学教国文，应该到大学教历史，并请他为燕京学报撰稿。

在燕京大学，司徒雷登设宴招待新来的教师，出于礼貌问钱穆到燕大的感受，钱穆坦然道：原以为燕大是最中国化的，十分向往，来了才发现进门就是"S""M"（校内楼的名称，以捐款人姓名标示），完全名不副实，这两个楼应该用中国名字才相宜。结果没过多久，燕京大学开校务会，把"S"和"M"楼分别改为"适"楼，和"穆"楼，校园中其他建筑也改为中国名。园中一湖，因所有提名都未得到认可，因为一时无名，所以根据钱穆的提议，取名"未名湖"。

在燕大钱穆为大一、大二学生讲授国文。当时没有统一教材，钱穆选用曾国藩《经史百家杂钞》一书，但讲课过程非常灵活，学生可以在听课时临时申请老师来讲某文。据当年在国文系就读的李素回忆："宾四（钱穆字）先生精研国学，又是一位渊博多才、著作等身的好老师，采用旧式教授法，最高兴讲书，往往庄谐并作，精彩百出，时有妙语，逗得同学们哄堂大笑。"她还回忆钱穆在燕京讲台上的风采："宾师是恂恂儒者，步履安详，四平八稳，从容自在，跟他终年穿着的宽袍博袖出奇地相称。他脸色红润，精神奕奕，在课堂里讲起书来，总是兴致勃勃的，声调柔和，态度闲适，左手执书本，右手握粉笔，一边讲，一边从讲台的这端踱到那端，周而复始。他讲到得意处突然止步，含笑而对众徒，眼光四射，仿佛有飞星闪烁，音符跳跃。那神情似乎显示他期待诸生加入他所了解的境界，分享他的悦乐。他并不太严肃，更不是孔家店里的偶像那么道貌岸然，而是和蔼可亲。谈吐风趣，颇具幽默感，常有轻松的妙语、警语，使听众不禁失声大笑。所以宾师上课时总是气氛热烈，兴味盎然，没有人会打瞌睡的。而且他确是一位擅长诱导和鼓励学生的好老师。"（关国煊《国学大师钱穆先生传》，出自台湾《传记文学》第57卷第4期）

在燕大，钱穆对学生的要求十分严格，批学生试卷时给分十分吝啬，85分以上极少，大部分在80分以下，一个班总有几个60分以下的，他希望不及格的学生可以通过补考过关，哪知燕大没有补考制度，学生一次不及格就开除。钱穆听说几个学生因为他批的分数过低将要失学，立刻找到学校要求重批试卷，学校一开始以无此先例加以拒绝，据他力争，终于

破例让他重批了试卷，让那几个学生留了下来，此后阅卷给分他也就大方多了。

早在"戊戌变法"前，学术界就流行康有为《新学伪经考》的观点。钱穆对此十分怀疑，力排众议撰写了《刘向歆父子年谱》，1930年《刘向歆父子年谱》发表。钱穆根据《汉书·儒林传》的史实，从西汉宣帝《石渠阁议奏》，到东汉章帝《白虎观议奏》，列举一百二十年间的五经异同和诸博士的意见分歧，原原本本地指出当时各家各派师承家法及经师论学的焦点所在。钱氏进而指出康有为《新学伪经考》说刘歆伪造古文经之不通有二十八处。该书解决了近代学术史上的一大疑案，不但结束了清代经学上的今古文之争，平息了经学家的门户之见，同时也洗清了刘歆伪造《左传》《毛诗》《古文尚书》《逸礼》诸经的不白之冤。自从此书问世以后，古文经学家如章太炎和今文经学家如康有为之间的鸿沟已不复存在，学术界已不再固执今古文谁是谁非的观念。

《刘向歆父子年谱》的发表开拓了一条以史治经的新路子，胡适盛赞说："钱谱为一大著作，见解与体例都好。"《大公报》也称之为："学术界上大快事。"钱穆的观点也逐渐为学术界普遍接受，按照罗义俊的说法："北平各大学经学史及经学通论课，原俱主康说，亦即在秋后停开，开大学教学史之先例。"

1931年夏，钱穆正式应聘北京大学史学系，成为北大教授，讲先秦史。钱穆刚到北大，又接到清华聘书，燕京大学和师范大学也请他，钱穆只好在四个大学之间奔波。这一年钱穆年仅三十七岁。在北大，钱穆与胡适的课最为"叫座"，学生中有"北胡南钱"之说。在北大工作稳定后，钱穆接妻子到北平团聚。

早期的钱穆受到了胡适的很多资助与推崇，但钱穆却有独立的治学风格与学术主张。钱穆在北大授课，许多观点都与胡适不一致。胡适认为孔子早于老子，他却认为老子早于孔子。他经常在课堂上批判胡适，据他的学生回忆，他常当众说，这一点胡先生又考证错了，并指出哪里错了。据钱伟长回忆，有一次胡适之与钱穆交谈，说商务书局要编一本中学国文课本，你在中学教国文课多年，富有实际经验，盼我两人合作。钱穆却婉言谢绝了，他认为两人对中国文学观点大相径庭，一起编不合适，最好各人编一本，让读者比较阅读。胡适没想到他会拒绝，气得拂袖而去，从此两人渐行渐远。但钱穆的学识与人品却在北大的师生中收获了很好的口碑，与汤用彤、蒙文通两位教授一起合称"岁寒三友"。

始于最早的抗日

1931年九一八事变后，南京政府要求全国高校把中国通史作为必修课，傅斯年首先提出书生何以报国的问题，最后的讨论结果是，以自己所学报效祖国，编一部中国通史，以唤醒国人民族意识。考虑到通史量大面广，开始准备请十五个教授共同讲授，钱穆认为每人讲一段中间不易融通。个人研究也不一样，容易产生矛盾，不如一人从头讲到尾。他毛遂自荐，最后就由他一个人主讲中国通史。这门课1933年开讲，在北大讲了四年，后因日本侵占华北，北大南迁，又在西南联大讲了四年才陆续讲完，前后一共讲了八年，也是他最有影响的一门课。钱穆的通史课的教室在北大梯形礼堂，面积是普通教室的三倍，"每一堂近三百人，坐立皆满，盛况空前"。钱穆身材矮小，操一口无锡官话，但他对问题反复引申，广征博引，博闻强识令人惊异。钱穆上课时，时常结合历史与现实串讲，激励学生的爱国之情。

中国通史每周两堂，每堂两小时，都安排在下午一点到三点，这时通常是学生最疲惫的时候，钱穆通常准点进教室，上堂就讲，没有废话，中间也不休息，他能在课堂上把枯燥的历史课讲得生动迷人，成了最吸引人的课。

1935年，《何梅协定》签订后，日本阴谋"华北自治"，华北地区出现了很多像王揖唐、王克敏等大大小小的汉奸。10月，钱穆与姚崇武、顾颉刚、钱玄同、胡适等百余名大学教授发起一项抗日活动，联名反对日本干涉内政，敦促国民党政府早定抗战大计。

1936年12月12日"西安事变"爆发后，国人都十分关心。上课时同学们也邀请钱穆谈谈他对这件事的看法。钱穆说："张学良、杨虎城的做法是不对的，扣住国家领袖是不应当的。"（赵捷民《北大教授影响》）

1937年7月全面抗战爆发后，钱穆随西南联大来到云南蒙自的西南联大文学院教书。在此期间，诗人陈梦家几次劝说他为中国通史写一部教科

书，都被钱穆婉言拒绝。在"为我民族国家复兴前途之所托命"的信念驱使下，钱穆终于答应。就在钱穆准备动笔写作时，西南联大准备迁往昆明。为了寻找一清净之处不被打扰，经友人推荐，钱穆选定了位于宜良县城西郊的岩泉寺闭门著书。自此钱穆不辞辛苦，每每乘坐成滇越铁路的小火车，往返于昆明城和宜良县之间，一面给学生讲课，一面回到岩泉寺中，苦心研学。

1939年夏秋之交，因母亲老病，钱穆自云南至河内，乘船到香港，将《国史大纲》书稿交由商务印书馆印付，再赴上海，归苏州侍奉老母。1939年，钱穆在完成《国史大纲》后，开始撰写《中国文化史导论》一书，并陆续在《思想与时代》杂志上刊出。

1940年6月，蜚声中外的《国史大纲》由商务印书馆出版，成为全国各大学的历史教科书。由于钱穆始终对顾颉刚抱有知遇之恩，所以应顾颉刚之约前往成都，不再回西南联大，在顾颉刚主持的国学研究所内任主任，协助顾颉刚工作，讲授中国文化史，并主编《齐鲁学报》半年刊。

1941年1月，钱母病逝于浙江无锡故乡，钱穆为自己的书斋改名为"思亲强学室"。同年，应武汉大学历史系邀请，钱穆前去讲授中国政治制度史导论、秦汉史。不久应邀到复兴书院讲学。其时钱穆开始动笔编写《清儒学案》。同年12月，钱穆转入国立中央大学，任历史研究所导师。

1942年春，钱穆返回齐鲁大学。因顾颉刚去职赴重庆，于是钱穆接任研究所所长，并兼课华西大学。不久，因教育部邀请，钱穆前往重庆青木关开会，讨论历史教育问题。蒋介石这时提出约见钱穆，钱穆却拒绝了，此后蒋介石再度约见了钱穆。在钱穆专门撰写的《屡蒙总统召见之回忆》中，他"深情"地回忆起"总统"的召见。第一次，"谈话不到数分钟，已使我忘却一切拘束，权畅尽怀，如对师长，如晤老友……"第二次是蒋赐宴，"餐桌旁备两座，一座背对室门进口，一座在右侧，我见座椅不同，即趋向右侧之座，乃'总统'坚命我坐背向室门之一座。我坚不敢移步，'总统'屡命不辍。旁侍者告我，委员长之意，不可坚辞。余遂换至背室门之座。侍者见我移座，即将桌上预放两碗筷互易，我乃确知此座乃预定为'总统'座位，心滋不安，但已无可奈何"。其间，蒋问钱穆：你为什么不从政？钱穆说读书人不一定都要从政。蒋介石又问：关不关心政治？钱穆说，

读书人一定关心政治，但我不愿从政，各司其职就好。

1943 年 7 月，钱穆被选为三民主义青年团第一届中央团部评议员。冬天，钱穆到重庆"复兴社"中央训练团讲学时患胃病返回成都。

1944 年，国立四川大学迁回成都，校长黄季陆邀请钱穆到该校讲学。重庆国立中央大学也邀请钱穆主持历史研究所。因气候和身体原因，钱穆拒绝了。钱穆专门就支持青年从军的话题，撰写了《中国历史上青年从军先例》一文，投递给当时的报纸，以一个史学家的角度，号召青年积极响应从军报国。

到 1945 年抗战胜利为止，钱穆不断地在贵州遵义的浙江大学、华西大学、四川大学等校讲学。抗战胜利后北大复校，聘胡适为校长，校务由傅斯年代为署理。胡适因与钱穆学术意见不合，而傅斯年一副洋派，瞧不起没有大学学历的钱穆，所以钱穆并未受到邀请，故留在私立华西大学。对于未被续聘，钱穆自己是这样记载的："抗战胜利，昆明盛呼北大复校，……国事蜩螗，方兴未艾。余昔年在北平，日常杜门，除讲堂外，师生甚少接触。除'西安事变'一次以外，凡属时局国事之种种集会与讲演，余皆谢不往。每念书生报国，当不负一己之才性与能力，应自定取舍，力避纷扰。但自抗战军兴，余对是举国是亦屡有评论，刊载于报章杂志。学生亦遂不以世外人视余。幸余离昆明赴成都，得少人事纠纷。倘再返北平。遇国共双方有争议，学校师生有风潮，余既不能逃避一旁，则必尽日陷于人事中。于时局国事固丝毫无补，而于一己志业则亏损实大。因此自戒，此下暂时绝不赴京沪平津四处各学校，而择一僻远地，犹得闭门埋首，温其素习，以静待国事之渐定。"（《师友杂忆》）值得一提的是，抗战胜利后，鉴于对中国地理特点的研究，钱穆曾提出国民政府迁都西安的建议，而未被采纳，最终是在西北延安偏远的黄土地中成长起来的共产党开辟了新中国。

创办新亚书院

1946 年秋，钱穆受聘于私立昆明五华书院。1948 年，任无锡江南大学文学院院长，课余撰《湖上闲思录》。随着解放军逼近长江，钱穆也在急切盘算着下一步的去向。钱穆从自身思想立场出发，感觉难以适应新政

权，不得不考虑南迁。1949 年 4 月，与江南大学同人唐君毅一起应广州私立华侨大学校长王淑陶之邀，将家事相托孙鼎宸后，钱穆从无锡南下广州，任教于私立华侨大学。此前钱基博孪生弟弟钱基厚（钱锺书叔父）似曾代表地下党方面要求钱穆留下，但钱穆去意已决，于是假借春假旅行名义脱身，为了造成假象，连学校寝室中的物品及书籍都没有携带。

1950 年，他与唐君毅、张丕介诸先生创办新亚书院，出任首任校长。钱穆创办新亚书院后，蒋介石不但亲自邀请钱穆去台一叙，而且由宋美龄、蒋经国招待，同时指示台湾行政当局每月拨给港币三千元，供新亚纾解资金困境，前后达四年，直到耶鲁大学提供新亚书院补助为止。

在新亚书院，出现了一位特殊的学生——胡美琦。胡美琦是江西人，父亲曾做过江西省主席熊式辉的秘书长。中华人民共和国成立前夕，胡美琦从厦大毕业后，随全家前往香港就读。在新亚学院胡美琦仅做了一年钱穆的学生就随家迁去台湾。胡美琦不仅出身大家族，还是个智慧出众的学霸，对历史跟教育颇有研究，后在台湾"中国文化大学"任教，文化水平颇高。1951 年冬，钱穆到台湾为新亚募捐，应旧友朱家骅的邀请在淡江大学惊声堂演讲。演讲刚刚结束，突然，新建成的礼堂的顶部发生坍塌，一块水泥正巧砸在钱穆头上，他被砸得头破血流，当场晕倒。在医院昏迷了两三天才苏醒。当时二十四岁的胡美琦在台中师范图书馆工作，因为与钱穆有师生关系，胡美琦每天下午在图书馆工作结束后便来照顾钱穆，晚饭后才离开，星期天则陪钱穆在公园散步。随着相互了解的加深，两人感情不断加深。1954 年师范大学毕业后，胡美琦重回香港，两人经常见面。一次，胡美琪胃病复发，久治不愈，为了便于照顾，钱穆向她求婚，胡美琪答应了。1956 年 1 月，两人在九龙雅皆老街更生俱乐部举行了简单的婚礼。能够迎娶这位新娘，钱穆十分高兴，亲自为简陋的洞房撰写了一副对联："劲草不为风偃去，枯桐欣有凤来仪。"（汪修荣《民国教授往事》）钱穆晚年因为眼疾无法专心著述，因有胡美琦在，才能够顺利出版，对于钱穆来说，胡美琦不仅是个好妻子，还是个好帮手。婚后的胡美琪未育，著有《中国教育史》等书。

1956 年，钱穆为新亚书院争取到美国方面每年 2.5 万美元的补助，解除了新亚书院的经济危机。注重英语教学与文化的香港大学，也在同年颁给钱穆名誉博士学位。

1960 年 1 月，时任新亚书院校长的钱穆，应美国耶鲁大学东方学系邀请讲学半年，并获耶鲁大学颁赠人文学名誉博士学位。一生未上大学的钱穆，不愿浮夸穿戴礼服方帽，在颁赠典礼上依旧穿着普通衣服出席，以强调他是以普通人的身份接受荣誉学位的头衔而已。而后钱穆曾去哥伦比亚大学为"丁龙讲座"作演讲。在美国停留七个月后，他应邀去英国访问，参观了牛津、剑桥大学。之后，钱穆又从英国到法国、意大利等国进行访问讲学。

1963 年，为了大批在香港攻读中文的中学生升学需要，香港决定在主要提供英国学生就读的香港大学外，合并由美国人支持的崇基、新亚、联合三家书院，成立一所新大学，这就是香港中文大学。这里的中文不是语文的意思，而是文化之意。据说当时想了很多名字——中国大学、中华大学，最终还是钱穆坚持，不如叫"中文大学"。在校长人选的问题上，钱穆还坚持必须由中国人担任校长，为此曾与"港英政府"斡旋良久。

香港中文大学成立后，事态的发展出乎了钱穆的意料。据钱穆新亚时期的弟子、《中国经济史》一书记录整理者叶龙先生回忆，正是钱穆力主的中国人校长李卓敏，在中大正式合并之后，与他的办学理念发生了明显分歧。叶龙回忆说，钱穆一心想将西洋文化融入中国文化，办一所特殊的中文大学；而李卓敏则要办一个普通的中文大学。李卓敏到任后，新亚、崇基、联合三院院长每周开一次联席会议，如果遇到意见分歧，便举手表决，当场通过，没有机会再议。钱穆再也不能延续他秉持的"新亚精神"，再加上成员背景复杂，各方制衡，在一次次联席会议上，他离自己的办学理想越来越远。

眼见"新亚精神"渐渐变质，一切与"平日怀抱的做人理想不符"，钱穆无力回天，终于灰心离去。1965 年，钱穆提出辞呈。据叶龙讲述："李卓敏对他讲，如果辞职，便无法补发新亚自成立以来未发的薪水，如果退休，则可以补领薪水，还能领一笔数十万港元的退休金。"结果是钱穆宁可放弃大笔退休金，也要辞职以示气节。钱穆卸任新亚书院校长后，应聘马来亚大学任教。

1966 年，"文化大革命"开始了。钱穆远走台湾。

1968 年，钱穆膺选台湾"中央研究院"院士，终于报了 1948 年中央研究院第一届院士选举中因学历不够没有留学背景而落选的"一箭之仇"。

1969 年，钱穆应张其昀之邀任台湾"中国文化学院"（台湾"中国文化大学"）史学教授。又应蒋复璁之约，任台湾故宫博物院特聘研究员。此后很长时间里，钱穆专致于讲学与著述，出版了很多作品。

从 1977 年冬天开始，钱穆胃痛病日益严重；1978 年春，他又患上黄斑变性症，双目失明。同年，他抱病赴港任新亚书院"钱宾四先生学术文化讲座"主讲人，讲稿结集为《从中国历史来看中国民族性及中国文化》一书。

1979 年，钱穆赴港出席新亚书院三十周年纪念会。

1980 年夏，钱穆在夫人陪同下到香港与阔别三十二年之久、生活在大陆的三子（钱拙、钱行、钱逊）、一女（钱辉）相见。1981 年，钱伟长与他的堂妹（中国工程院院士）钱易到香港做学术演讲，在新亚书院院长金耀基的安排下，年过八旬的钱穆赴港探亲，见到了数十年未见的长侄、长女，钱穆相当激动。叔侄两人情谊深厚，却数十年无法相见，又听闻钱伟长曾被划为"右派"，让钱穆相当挂念，此番探亲终于了却了多年夙愿。钱穆勉励女儿钱易："吃些苦没什么""只希望能做好一个中国人，用功读书做学问。"

1984 年，钱穆九十岁，在港门人举行寿庆活动，先生得以与二子、二女及孙子（钱松）和孙女（钱婉约）团聚了一个月，享受天伦之乐。同年他获颁台湾地区行政管理机构文化奖章。

1986 年 6 月 9 日下午，钱穆在素书楼讲最后一课，临别赠言："你是中国人，不要忘记了中国！"至此告别杏坛。1989 年，钱穆赴港参加新亚书院四十周年纪念会。

1990 年 8 月 30 日，钱穆于杭州南路寓所过世，享年九十五岁。

钱穆一生著述颇丰，专著多达八十种，其代表作有《先秦诸子系年》《中国近三百年学术史》《国史大纲》《中国文化史导论》《文化学大义》《中国历代政治得失》《中国历史精神》《中国思想史》《宋明理学概述》《中国学术通义》《从中国历史来看中国民族性及中国文化》等。此外还有结集出版论文集多种，如《中国学术思想史论丛》《中国文化丛谈》等。

钱穆逝世后，他的新亚书院弟子、新亚书院院长兼香港中文大学副校长、美国哲学学会院士余英时称钱穆"一生为国故招魂"，并称"胡适是个受到他那个时代限制的学者，只管领一代风骚，但钱先生却不会限于时代格局而褪色，时间愈久愈能看出他的价值……将来中国文化还未灭绝，就会有人认识他不朽的一面"。

钱穆的灵骨曾暂存于台北阳明山永明寺，约在 1992 年，由有关人士完成了钱穆的遗愿"归葬大陆"。钱穆墓坐落在苏州市吴中区金庭镇秉常村的一座没有泥土、不能种树的山冈上，坟后墓墙上有一黑色石碑，碑文："遵先父遗愿，1992 年 1 月 9 日归葬于此。"碑前有一形似书卷的石案，彰显读书人的特点，供人祀奠。

金岳霖

没有故乡的教授

出生在湖南的浙江人

金岳霖，字龙荪，原籍浙江省绍兴市诸暨县，祖父金春生，父亲金珍，字聘之，是诸暨县学庠生，太平天国起义时，远赴湖南投奔任永定县知县的堂叔祖金兆基，入幕做师爷。根据金岳霖的回忆："父亲是浙江人，在湖南做小官，可能是一个知府级的官。"金珍热衷于洋务运动，是盛宣怀手下的一员得力干将。金珍曾经担任过湖南铁路提调之职，也在黑龙江省穆河金矿当过总办，在总办任上，被抓到俄国的圣彼得堡，不久返回长沙。金岳霖母亲唐淑贤是湖南理学大师唐鉴的孙女，出身于书香门第，官宦之家。金珍夫妇一共育有九个孩子，七个男孩，两个女孩，金岳霖在家中排行第七。

虽然金岳霖生在湖南长在湖南，但他自己却不自认为是个湖南人。他在回忆录里提到过"我的老家庭""我们的房子"这些话，但没有提到"我的故乡"。在回记录中金岳霖写道："虽然我的母亲、舅舅、舅母都是湖南人，我可不能因此就成为湖南人。"金岳霖心目中他应该是一个浙江人。据赵岳阳发现的出版于1935年《灵泉金氏宗谱》记载："涵一百四十五，名岳霖，字龙荪，游学美国，哲学博士，现游欧洲。生于光绪乙未年闰五月廿二日。""涵"是金岳霖在灵泉金氏家族中的辈分，"一百四十五"表示在灵泉金氏族中同一辈分的人当中的排行。按照这个记载，金岳霖的观点是正确的。

金珍夫妇对孩子们抱有很高的期望值，要求是科举功名加技术实业。而金岳霖的出生似乎增加了金珍的信心。据说他出生的那一天，他的父亲骑马从长沙回家，在路上遇到了一条大蛇，吐着信子，盘于当道。孩子出生后，金珍当即给儿子取名"岳霖"，字"龙荪"。"霖"者，天降吉雨之意；金岳霖出生之前，其父调盘蛇当道，中国人认为蛇就是小龙，"荪"指的是一种香草，即石菖蒲，《楚辞·九歌·少司命》有"夫人自有兮美子，荪何以兮愁苦"之句，这里的"荪"是指少司命，即执掌人间子嗣及儿童命运的女神。以后的事实果然证明，金岳霖确实天资聪颖、不同凡响。

1901年，六岁的金岳霖来到了由胡子靖在湖南创办的私立学校——明德小学读书。在明德小学，金岳霖读的是"四书""五经"。他天资聪颖，

记忆力惊人，读书几乎是过目成诵。据说一天晚上，金岳霖姐姐听到金岳霖在睡梦中居然口中念念有词"大学之道，在明明德，在亲民，在止于至善。知止而后有定，定而后能静，静而后能安，安而后能虑，虑而后能得。物有本末，事有终始，知所先后，则近道矣……"（孟斜阳《痴情大先生：金岳霖别传》，广西人民出版社），居然是《大学》中的语句，而且背得一字不差。从此，金岳霖梦中背四书的故事便传开了。

读书并没有占据金岳霖所有的童年生活，小时候的金岳霖特别喜欢玩蛐蛐，每到蛐蛐鸣叫的时节，金岳霖就把它们捉来，让其一对一厮杀。金岳霖的梦想是有朝一日他能得到一只能打败所有蛐蛐儿的"万人敌"。在听说五哥的萍乡煤矿有一只蛐蛐儿界的"张翼德"时，小小的金岳霖好生羡慕，他很想得到这只蛐蛐儿。金岳霖心中还有个小小的计划：先让它在长沙摆擂台，打败城内所有蛐蛐儿中的强手，然后越过武汉三镇，直取上海，一旦拿下，大概就天下无敌了（孟斜阳《痴情大先生：金岳霖别传》，广西人民出版社）。金岳霖对自然界中动物的喜好，被金岳霖保留了一生。

1907 年，金岳霖被送进教会办的长沙雅礼学校念书。在雅礼中学，金岳霖因为跳级，只读了四年书便于 1910 年年底从雅礼中学毕业。他决心报考清华学堂，此时的他年仅十五岁。雅礼中学同学中，有不少纨绔子弟，而金岳霖则与一位家境贫寒而极富才学的同学相交甚好，被同学誉为患难中相知相助的"管鲍之交"，在与这位知交分别时金岳霖在留言簿上以诗相赠："马周未必终褴褛，李白何尝老布衣。"不仅显示出青春少年的不凡抱负，也表达了对朋友的鼓励和期许。

从清华到美英

首次报考清华学堂的金岳霖，却以失败告终。在长沙，金岳霖参加了国文、算学和英文的三场考试，国文题目是"士先器识而后文艺"论，这句话出自唐人裴行俭。由于金岳霖没有读过裴行俭的原文，所以在考试中难以申论发挥。1911 年，十六岁的金岳霖在北京考入清华学堂的高等科，开始接受具有美国式特色的教育。

初入清华的金岳霖似乎过得并不是十分开心，清华的学生来自全国各地，使得他与同学交流起来不是十分方便；再者清华学堂的伙食好像不是

十分符合金岳霖的胃口，他便带头给学堂提意见，甚至趁着美国人胡美来清华参观的时机，直言这里的伙食"不好，吃不惯"。为此，金岳霖还被时任学监的周诒春狠狠地批评了一顿。

到了1911年10月，辛亥革命爆发，十六岁的金岳霖欣喜若狂，剪去了脑后的辫子，并仿照唐代崔颢的《黄鹤楼》写了首打油诗：

辫子已随前清去，此地空余和尚头。

辫子一去不复返，此头千载光溜溜。

一时间，这首诗传遍清华学堂，很多人因此都知道了金岳霖的名字。

清朝覆灭后，清华学堂的学生们纷纷离开了学校，高等科里只剩下金岳霖一个人。苦于回家没有路费，便与六哥金岳禔和其他长沙籍的学生们来到了长沙郡馆。几天后，长沙郡馆为学生们筹集的路费被人全部卷走，金岳霖只得经天津搭乘海轮到上海，然后到湖南长沙，几经周折后总算和家人团聚。

1912年5月，清华学堂复课，金岳霖再次北上，返校读书。再返清华的金岳霖如鱼得水，担任了英文班学生会委员，后来又成为学生会主席。在清华学堂周六晚的英文辩论和演讲中，原本英文功底不错的金岳霖显得游刃有余，他以流畅纯熟的英语表达能力，很快在各类辩论、演讲比赛中脱颖而出。日后有美国"头号中国通"之称的哈佛大学教授费正清评价金岳霖"英语几乎达到了炉火纯青的地步。他能在音调、含义、表情等各方面分辨出英语中最细微的差别"（费正清《费正清自传》，天津人民出版社）。除了英文以外，摄影、演话剧、编辑半年刊也成了金岳霖清华生活的一部分。1913年夏，由于与他关系最好的六哥金岳禔在游泳时不幸溺水身亡，金岳霖护送六哥的灵柩再次回到湖南。

1914年，金岳霖以优异的成绩从清华学校高等科院毕业。金岳霖抱着要吸收新思想、新知识，就要学习西学，就必须到西学的故乡去的理想于1914年9月考取了官费留学生，赴美国宾夕法尼亚大学学习。在这里，受家庭因素的影响，金岳霖决定学习商科。

1917年，金岳霖在宾夕法尼亚大学获得了商学学士学位，然后考取了地处纽约的哥伦比亚大学研究院。在这里，他决心潜心研究一门"万人敌"的学问——西方政治学。

此时的哥大聚集了胡适、张奚若、宋子文、孙科、蒋梦麟等一大批"人中之杰"。在哥大，金岳霖依然十分活跃。他与张奚若、徐志摩三人成了志同道合的好友。他与张奚若等人共同发起成立了中国自由主义者同盟，与张奚若、徐志摩发起和创立了《政治学报》，传播进步的民主政治思想。

1918 年，金岳霖凭借论文《州长的财政权》获得了哥伦比亚大学硕士学位。论文体现了金岳霖美国式的依法治国的政治思想。论文写道："州长不再是年代相隔很远的暴君代理人，而是人民的公仆。"（王中江《中国近代思想家文库——金岳霖卷》，中国人民大学出版社）此后金岳霖继续在哥伦比亚大学攻读政治学博士学位。在哥伦比亚读书期间，金岳霖听过很多名家的课程，但是对金岳霖影响最大的是邓宁所教的政治学，正是邓宁的这门课程，让金岳霖领受了格林和休谟的学说，以至于他后来的博士学位论文就是《论格林的政治学说》。1920 年 7 月，二十六岁的金岳霖顺利拿到哥伦比亚大学的政治学博士学位。1921 年 6 月，由于金岳霖的母亲去世，金岳霖匆匆回到中国。办完母亲的丧事后，金岳霖与张奚若、徐志摩相约来到英国学习，由于在哥伦比亚大学曾经听过英国政治学家拉斯基、拉瓦斯和巴克的演讲，金岳霖决定就读于世界顶尖名校英国伦敦大学政治经济学院。在伦敦，金岳霖的学术兴趣发生了转变，原来的"万人敌"学问——政治学变成了根本"无科学可言"，于是他由政治学转向了哲学。在通读了休谟的著作《人性论》和罗素的《数学原理》后，他决定离开伦敦大学政治经济学院，前往剑桥大学专攻哲学。在哲学领域中，他对苏格拉底、柏拉图、亚里士多德、洛克、休谟、康德、罗素等都进行了广泛而深入的研究，并将他们的思想和理论融会贯通，构建出自己的哲学、逻辑学体系。

早在金岳霖在美国留学时，结识了一位美丽的外国女子，中文名叫秦丽莲。关于秦丽莲，金岳霖的好友唐笙在《怀念金岳霖先生》一文中写道："她是美国人，头发剪得很短，个子高高，说话很响，一点儿不文雅，也不好看，所以我不怎么喜欢她。"（孟斜阳《痴情大先生：金岳霖别传》，广西人民出版社）但金岳霖却很喜欢她，由于两人都崇尚试婚，因此在国外就已同居。那是在 1924 年的时候，赵元任夫妇游学欧洲的时候，碰巧也遇见了在欧洲游历的金岳霖，彼时他的身边，跟着的是一个金发碧眼的美国姑

娘。当时，在巴黎的留学生非常穷，赵元任、杨步伟好似大救星一样降临，因为他们手边还比较富裕，很多人向他们借钱。一天，赵元任、杨步伟到饭馆吃饭，恰好碰到在候车的金岳霖，于是，三人一起去保定饭馆吃饭。也许赵元任、杨步伟出手大方，老金说，看样子你们很阔，钱多不多？能不能借点？杨步伟只好借三十元，谁知拿到钱后，金岳霖和秦丽莲就去意大利游玩了（杨步伟《杂记赵家》，辽宁教育出版社）。

金岳霖涉足逻辑学的研究却与秦丽莲有着直接关系。据说1924年的一天，他、张奚若和秦丽莲在巴黎圣米歇大街上漫步，遇到一些人不知为什么事情争得很凶。他们三个人驻足倾听，不自觉地加入辩论之中，张奚若和美国姑娘各支持论辩的一方。辩论中有逻辑问题，可是当时他们却不知逻辑是什么，于是便对逻辑发生了兴趣（刘培育《金岳霖：真正的哲学家》，《中国社会科学报》2014年4月8日）。这一幕的发生其实也有一定的必然性，金岳霖天生就有极强的逻辑性，据说他十几岁的时候就对古语"金钱如粪土，朋友值千金"这句话产生了异议，并且按照逻辑推理得出了"朋友如粪土"的结论（金岳霖《哲意的沉思》，百花文艺出版社）。

金岳霖的天性加上在欧美受到的教育，使他产生了独特的思想。1922年北京《晨报》发表他的长文《优秀分子与今日的社会》，表达了希望知识分子能在经济上独立的观点，他说："我开剃头店的进款比交通部秘书的进款独立多了，所以与其做官，不如开剃头店，与其在部里拍马，不如在水果摊子上唱歌""不做政客，不把官当作职业""如果把发财当作目的，自己就变成一个不折不扣的机器""能有一个独立的环境，要与一群志同道合者在一起。"

扬名清华园

1925年，受徐志摩之邀，金岳霖回国，先在中国大学任教。1926年7月，应赵元任之邀，到清华学堂教授逻辑学，并创立了哲学系。直到1952年院系调整，清华哲学系并入北大哲学系为止，二十六年里的系主任一直由金先生与冯友兰先生交替出任。

清华学堂创立哲学系时，只有金岳霖一个老师，同时他兼任系主任，学生有沈有鼎和陶燠民两人。据沈有鼎回忆："老师金岳霖、同学陶燠民

和我三人有共同创立清华哲学系的荣誉。从后来的发展和成就看来，这样的荣誉我和陶燠民实在担当不起。这完全是金先生一个人的动劳。"从1927年起，金岳霖为清华哲学系本科，从1930年起又为清华哲学研究所开设逻辑和符号逻辑的课以及洛克、休谟、布莱德雷等专题研究的西方哲学课。1932年，还到北大兼教符号逻辑课。

清华学堂哲学系十分重视逻辑教育，新生一入学就开逻辑课，不仅学习普通逻辑，还要学习数理逻辑。金岳霖的逻辑课很受学生们喜欢。他上课总是搬一把椅子摆在讲台边，往上一坐低着头，有时甚至闭上眼睛，所讲的内容早已烂熟于心，胸有成竹，比较注重即席式发挥。1930年时在历史系读书的学生胡乔木说："我是金老的学生，受金老一年形式逻辑的教育。"他高度评价说："金岳霖先生对中国逻辑学和哲学的贡献是不可磨灭的。"金岳霖的清华弟子、后来的中国著名哲学家与哲学史家冯契说："我1935年考进清华哲学系，大一时听了金先生的逻辑课，便对他严密的逻辑分析方法十分钦佩。"作家汪曾祺说："金先生教逻辑。逻辑是西南联大规定文学院一年级学生的必修课，班上学生很多，上课在大教室，坐得满满的……"（钱耕森《金岳霖与清华大学哲学系》，《中华读书报》2011年5月18日第5版）此后三十多年里，金岳霖培养的逻辑学家或哲学家，包括沈有鼎、王宪钧、周辅成、孙道升、任华、张遂五、殷福生（殷海光）、冯契、王浩、周礼泉、唐稚松、苏天辅、土雨田等。除了教学，他还发表了大量哲学学术论文，如《唯物哲学与科学》《自由意志与因果关系的关系》《说变》《论自相矛盾》《休谟知识论的批评》《内在关系与外在关系》《论事实》等。

此时的金岳霖意气风发，在清华园里永远是腰板笔挺，西装革履，皮鞋擦得油光可鉴，持手杖，戴墨镜，常年戴着一顶礼帽，极富绅士风度。只是当时民国时期的文人教授们流行长袍马褂，金岳霖入乡随俗，后来也穿上了长袍。金岳霖业余生活也十分丰富：做对联，赏名画，喜爱京剧，并且自己能唱，打网球水平很高，像一位专业运动员，还参加斗蛐蛐比赛，用一只九厘八的红牙黑打败了一分重的明星翅子，而且金岳霖还是一位美食家。

此时的金岳霖不论是在工作方面还是生活方面都表现出他与众不同的

气质。据当时还在清华读书的季羡林回忆，1932 年 9 月 14 日，清华的开学典礼上，金岳霖发表演讲，说在动物园里有各种各样的动物，而猴子偏最小气，最不安静。人偏与猴子有关系，语意暧昧。结论是人类不亡，是无天理。他甚至对"人类"感到悲观："我也怕人，并且还不大看得起人类这样的动物。我总觉得世界演变到人类的产生，无论从方向或结果着想，总不能说是十分满意。"（季羡林《清华园日记》，辽宁美术出版社 2002 年版）而季羡林的判断是："金岳霖最好""他一看就是个怪物。"（季羡林《清华园日记》，辽宁美术出版社 2002 年版）

金岳霖在清华教书，但不住在清华，而是与秦丽莲一起住在北京城里。他的房间里摆着许多蛐蛐罐子，吃饭时与他所养的斗鸡平等共餐。据赵元任的太太杨步伟回忆，有一次，金岳霖突然给赵元任家打了个电话，请杨步伟赶快过来帮忙，而且越快越好，并且承诺事情办好了，请他们吃烤鸭。结果在杨步伟和赵元任两人匆忙赶到金岳霖家后，才知道是金岳霖养了一只母鸡，由于每天吃鱼肝油太多，有个蛋三天没有生下来，请杨步伟帮忙动手术取下来，杨步伟在日本学过妇产科专业（杨步伟《杂记赵家》，辽宁教育出版社 1998 年版）。

1931 年年底，金岳霖去美国哈佛大学学习。这时，著名学者怀特海也在哈佛大学教书，于是，他向怀特海教授学习请教，获得很大的收获。金岳霖在清华任教期间，完成了第一部著作《逻辑》，此书由清华大学出版部印成讲义教材。1936 年，《逻辑》一书由商务印书馆列入"大学丛书"出版。金岳霖的弟子殷海光曾经这样赞美《逻辑》："此书一出，直如彗星凌空，光芒万丈。""……这是中国人写的第一本高水平的现代逻辑，也仅仅就这部书来说，真是增一字则多，减一字则少。"（民国文林《细说民国大文人：那些思想大师们》，现代出版社）

金岳霖借其天生的逻辑感、非凡的理性思维能力，成为我国形式逻辑的集大成者、数理逻辑的开拓者。因为有开山辟路之功，金岳霖在逻辑学界声名鹊起，人们尊称他为中国的"G.E. 摩尔"（乔治·爱德华·摩尔，英国哲学家，新实在论及分析哲学的创始人之一），金岳霖也得到了"金逻辑"的雅号。他在校园里散步，常常被人认出来，当时很多学界的人都以和金岳霖相识、相交为荣。

陈岱孙就是能够与金岳霖相识相交的一位教授，他与叶企孙先生同住清华北院七号住宅。当时几位单身教员和一两位家住城内的同事，在他们住宅组织了一个饭团。金岳霖是饭团最早成员之一。"在抗战之前的十年期间，他一直住在城内，每星期来校三天。在校之日他住在工字厅宿舍，都在我们这个饭团就餐……""金先生给人的第一个印象是不修边幅，随遇而安。他的两眼视力不好，怕光，所以无论是白天黑夜，他都戴上一个绿塑料的眼遮。加以一头的蓬乱的头发，和经常穿着的一身阴丹士林蓝布大褂，他确实像一个学校的教师。"（陈岱孙《往事偶记》，商务印书馆）

除了陈岱孙以外，与金岳霖相识相交的还有梁思成与林徽因夫妇。当时梁家住在北京北总布胡同三号，由于林徽因的关系，他们家成了有名的社会沙龙，胡适、沈从文、张奚若、徐志摩等名流经常到访。徐志摩与金岳霖是老朋友，早在1922年3月，徐志摩在柏林提出与原配张耀银离婚时，就有人撮合，让金岳霖"接盘"。一天，徐志摩到梁家时带来了他的朋友金岳霖，这个叫"老金"的人因独特的气质，很受梁家的欢迎。关于金岳霖，冯友兰曾经这样写道："金先生的风度很像魏晋大玄学家嵇康。嵇康的特点是'越名教而任自然'，天真烂漫、率性而行，思想清楚，逻辑性强，欣赏艺术，审美感高。我认为这几句话可以概括嵇康的风度，这几句话对于金先生的风度，也完全可以适用。"（冯友兰《怀念金岳霖先生》）

很快，金岳霖也被美丽年轻的女主人林徽因迷住了，甚至把家搬到了梁家隔壁。按金岳霖自己的说法是："他们住前院，大院；我住后院，小院。前后院都单门独户。"从此金岳霖开始了后半生"逐林而居"的生活。金岳霖自幼擅长做对联，一次他看到梁、林夫妇为了测绘数据在房屋上下忙活，就即兴编了一副对联："梁上君子，林下美人。""梁上君子"是正话反说，"林下美人"则是暗指东晋才女谢道韫。明代高启有赞美梅花的诗句"雪满山中高士卧，月明林下美人来"，可见林徽因在金岳霖心中的位置。

金岳霖最终与梁家成为好朋友，基本上成了梁家一员。金岳霖曾给朋友、美国著名汉学家费慰梅写信说："我离开了梁家，就跟丢了魂儿一样。"1936年金岳霖与朱自清等六十六位教授联合发表《教授界对时局的意见》，提出抗日救亡的八项要求，显示了爱国知识分子在民族危亡时强烈的社会责任感。一次金岳霖与时任清华大学图书馆馆长的钱稻孙谈论抗日问题（钱稻孙，与鲁迅、许寿裳三人合作设计中华民国的国徽），金岳霖表示非抗日不可，钱稻孙坚决反对，认为抗日不只是亡国，还要灭种。金岳霖听了以后，很想打他一顿。

云南生活

"七七事变"后，金岳霖随清华大学迁往国立长沙临时大学，与冯友兰等人住在南岳。两个月后，金岳霖随校前往云南西南联大，随文、法两院驻蒙自，一个学期后回昆明，居住在大西门外的昆华农校，还养了一只斗鸡，这只斗鸡跟他一个桌子吃饭。1938年，梁家来到昆明后，于第二年在昆明东北约二十里的龙泉镇龙头村，自己建了一套房子，金岳霖就在旁边为自己加了个耳房，来与梁家同住，直到1940年冬天。

在西南联大，金岳霖除给大一学生讲授"逻辑"外，还开设了一门名为"符号逻辑"的选修课。据哲学家任继愈先生回忆，金岳霖讲课时他常常"不带书本，不带讲稿，走进课堂只带一支粉笔。这支粉笔并不使用，经常一堂课下来，一个字也不写"（任继愈《忆金先生一堂教学和两则轶事》）。金岳霖讲课的方法也比较独特，在课堂上，他经常采取现场考查的方式，由学生当场作答，平均成绩优秀的学生则奖励免于期末考。这种方式很受学生欢迎。汪曾祺在《金岳霖先生》一文中写道："金先生的样子有点怪。他常年戴着一顶呢帽，进教室也不脱下。每一学年开始，给新的一班学生上课，他的第一句话总是：'我的眼睛有毛病，不能摘帽子，并不是对你们不尊重，请原谅。'他的眼睛有什么病，我不知道，只知道怕阳光。"金岳霖在大教室上课，下面坐得满满的，学生很多。由于联大没有点名册，那么多的学生他不能都叫得上名字来，为解决上课提问的问题，金岳霖有时一上课就宣布："今天，穿红毛衣的女同学回答问题。"（汪曾祺《金岳霖先生》）于是所有穿红衣的女同学就都有点紧张，又有点兴奋。那时联大女生在蓝阴丹士林旗袍外面套一件红毛衣成了一种风气，而穿蓝毛衣、黄毛衣的极少，因为如果在课堂上回答金先生的问题流利清楚，也是件出风头的事。

金岳霖在西南联大众多的学生中，有三个人不得不提，其一是林国达，

一个华侨学生，操广东普通话，最爱提问题，问题大都奇奇怪怪。他大概觉得逻辑这门学问是挺"玄"的，应该提点怪问题。有一次他又站起来提了一个怪问题，金先生想了一想，说："林国达同学，我问你一个问题：'Mr. 林国达 is perpenticular to the blackboard（林国达君垂直于黑板）'，这什么意思？"林国达听傻了，想了半天不知道怎么回答，因为林国达当然无法垂直于黑板，但这句话在逻辑上没有错误。其实金岳霖就想表明在逻辑上没有错误的句子，不一定没有问题。后来林国达游泳溺亡了，金先生上课，说："林国达死了，很不幸。"这一堂课，金先生一直没有笑容（汪曾祺《金岳霖先生》）。

其二就是王浩，金岳霖在西南联大开设一门选修课符号—逻辑课程，由于难度较大，听课的人不多，王浩却是例外，他能够听懂此门学问的奥妙。金岳霖经常会在讲述过程中停下来，问王浩，你以为如何？于是，你来我往之间，这堂课就成了师生二人的对话（汪曾祺《金岳霖先生》）。王浩后来成为国际知名逻辑学家，成了美国哈佛大学教授、美国文理科学院院士、英国大不列颠科学院院士。

其三，就是冯契，在联大读书时，冯契报名上前线参战。金岳霖异常激动，连连说："好好，我要是年轻二十岁，也要到前线去扛枪。"后来，冯契前往延安参加抗日并转战山西、河北等地。1939 年回联大复学，金岳霖见这位扛枪的学生回来，就约他在住处长谈，并感慨八路军真能打仗。冯契后来成为华东师范大学教授、上海哲学会会长（孟斜阳《痴情大先生：金岳霖别传》，广西人民出版社）。

金岳霖爱护学生，很给学生面子，一次上课时，金岳霖提到"code"这个词，没有对应的中文词，勉强可以翻译成"题帽"，端木蕻良灵机一动，建议翻译成"楔子"，这令金岳霖欣喜异常，连连称赞。但对于同事有时就不是很讲情面。有一次，沈从文让金岳霖去一个沙龙给少数爱好文学、写写东西的同学讲一点什么，沈从文出的题目是《小说和哲学》，大家以为金岳霖一定会讲出一番道理，不料金岳霖讲了半天，结论却是：小说和哲学没有关系。

1938 年，金岳霖动笔写《知识论》，初稿完成于 20 世纪 40 年代初，那时候日本飞机经常来昆明轰炸。"我只好把稿子带着跑。警报到了北边

山上，就坐在稿子上。有一次轰炸的时间长，天也快黑了，我站起来就走，稿子就丢在山上了。等想起来再回去找，已经不见了，只好再写。一本六七十万字的书，不可能记住的。所谓重写，只是重新写。"（刘培育主编《金岳霖的回忆与回忆金岳霖》）1948年12月《知识论》重新写成后，金岳霖将书稿寄给商务印书馆，但由于时局动荡和随后的政治运动，这部书稿直到1983年才由商务印书馆正式出版。因此，金岳霖认为"这本《知识论》是一本多灾多难的书，是我花精力最多……时间最长的一本书"（金岳霖《知识论》）。

1940年，金岳霖在商务印书馆出版《论道》一书。冯友兰在评价《知识论》和《论道》时认为："道超青牛（老子），论高白马（公孙龙）。"1941年，国民政府教育部举行学术评议会，评选抗战以来的学术著作。投票的结果是冯友兰的《新理学》和金岳霖的《论道》并列第一。因为一等奖只设一名，《论道》屈为二等奖。《论道》和《知识论》与1935年出版的《逻辑》构成了一个庞大精深的哲学体系，也奠定了金岳霖专业哲学家的学术地位。

1943年6月，应美国总统罗斯福邀请，金岳霖、费孝通、张其昀等人由昆明出发，到美国进行为期一年的学术文化交流。8月，在芝加哥大学举办的中国问题座谈会上，金岳霖以《当代中国的教育》为题作了发言。他强调："为了工业化，不可只注重工程学和经济学，一定要同时发展纯自然科学、社会科学和人文科学。"（《金岳霖文集》第四卷，甘肃人民出版社）访美期间，金岳霖去华盛顿拜访了罗素。金岳霖很钦佩罗素，他们之间除了谈哲学，还重点谈了战争。金岳霖表达了中国抗战一定能胜利的判断与决心。1944年，金岳霖还到纽约拜访了胡适。其实金岳霖对胡适始终是敬而远之的态度，并且认为胡适是一个"哲学的外行"（梁漱溟、艾恺《这个世界会好吗——梁漱溟晚年口述》，上海东方出版中心2006年版）。一年学术交流期满后，金岳霖重新返回西南联大。

坐等解放

抗战胜利后，1946年，西南联大面临解散，金岳霖准备随清华大学回到北平。经过八年的抗战，中国共产党及其领导的人民军队不断壮大，大

有取代南京政府建立新政权之势。有人问金岳霖："回北平后，倘若共产党来了怎么办？"金岳霖回答："接受他们的领导，他们不是洋人，不是侵略者。"（陈新华《风雨琳琅：林徽因和她的时代》，中信出版集团）

1948 年 3 月，国民政府中央研究院召开年会，选举确定了八十一名中央研究院的首届院士，吴敬恒、金岳霖、汤用彤、冯友兰四人为哲学领域的首届院士。

长期以来，金岳霖一直声称自己对政治不感兴趣，但这并不影响他的政治倾向和政治判断。一次他面见蒋介石，蒋介石问他为什么不加入国民党，他摇头回答，我对政治不感兴趣，蒋介石无言以对、脸色铁青。1943 年，蒋介石发表《中国之命运》。在西南联大，教授们非常反感蒋介石，甚至拒绝阅读这本每人必须阅读的书（孟斜阳《痴情大先生：金岳霖别传》，广西人民出版社）。1947 年 2 月，朱自清、金岳霖、俞平伯、陈寅恪、许德珩、张奚若、汤用彤发表《十三教授保障人权宣言》，对北平军警摧残人权、非法捕人表示抗议。1947 年 10 月 1 日，国民党政府宣布民盟是"中共之附庸"，民盟分子"参与叛乱，反对政府"，之后宣布民盟为"非法团体"，勒令解散。11 月 8 日，金岳霖、俞平伯、许德珩、钱伟长等四十八位北大、清华、燕京三校的教授联名发表《我们对政府压迫民盟的看法》。1948 年 6 月，金岳霖与一百零三人签名发表《抗议轰炸开封宣言》。1948 年，为了抗议美国扶日政策，金岳霖拒领美国救济面。北平解放前夕，蒋介石派来飞机接各大高校教授、专家去台湾，此时的金岳霖手里拿着国外几个大学的聘书，却坚决不走，坐等解放。

中华人民共和国成立后的金岳霖

中华人民共和国成立后，受苏联哲学理论影响，形式逻辑被认为是伪科学，但金岳霖却不以为然，用很逻辑的形式维护了逻辑。1949 年 1 月 10 日，时任北平军事管制委员会文管委主任的钱俊瑞来清华园，在大礼堂给全校师生做形势报告。学生们都说报告做得好，金岳霖也认为做得好："好就好在句句都符合形式逻辑。"

1950 年，著名哲学家艾思奇到清华做演讲，批评形式逻辑是伪科学。主持演讲会的金岳霖带头鼓掌，表示自己完全同意和接受他的批评，不过

他又说："艾先生讲得好，因为他的话句句都符合形式逻辑。"（孟斜阳《痴情大先生：金岳霖别传》，广西人民出版社）好在金岳霖的学术成果得到了毛主席的认可。据金岳霖回忆，毛主席在怀仁堂接见金岳霖时说："你搞的那一套还是有用的。"（刘培育主编《金岳霖的回忆与回忆金岳霖》，四川教育出版社1995年版）。1956年春节，毛泽东在宴请知识界人士时对金岳霖说："数理逻辑还是有用的，还要搞。希望你写个通俗小册子，我还要看。"（刘培育《金岳霖思想研究》，中国社会科学出版社2004年版）

1950年，金岳霖任清华大学文学院院长；1952年，全国高校院系调整，全国六所大学哲学系合并为北京大学哲学系，金岳霖历任北京大学哲学系教授、系主任，中国科学院哲学研究所一级研究员、副所长。1953年，金岳霖年加入中国民主同盟，任中央委员、中央常委。1954年，他被选为中国科学院哲学社会科学部学部委员。1955年，中国科学院哲学社会学部成立，金岳霖任学部委员。9月底，他任哲学研究所副所长兼逻辑研究组组长。

1955年4月1日，林徽因去世。金岳霖听闻后不禁恸哭。早在四川李庄生活时，由于营养不良，林徽因的身体日渐消瘦，经常发烧，卧床不起。1941年至1943年期间，金岳霖经常往返昆明与李庄之间。金岳霖的到来让林徽因十分开心。为了让林徽因尽早恢复健康，金岳霖在市场上买了十几只刚刚孵出的小鸡。这些小鸡长得很好，后来开始下蛋，就让难得吃到鸡蛋的人十分开心。中华人民共和国成立后，高强度的古建筑的保护工作使得林徽因一直都很虚弱，最终导致结核病再次复发。在贤良寺举行的林徽因的追悼会上，金岳霖眼泪没停过，并为她送上了一副挽联："一身诗意千寻瀑，万古人间四月天。"林徽因去世多年后的某一天，金岳霖郑重其事地邀请一些至交到北京饭店赴宴，没有任何理由。直到开席，金岳霖站起来说："今天是徽因的生日。"顿时举座感慨唏嘘，有些人偷偷地掉眼泪。

林徽因去世后，金岳霖曾有与名记者浦熙修结婚的打算。20世纪50年代，民盟中央组织在京中央委员学习，金岳霖作为中央常务委员，积极参加，并因此认识同组的著名记者浦熙修（浦熙修，彭德怀夫人浦安修的姐姐），二人过从甚密，金岳霖常约浦熙修到家用餐。不久，他们相爱，准备结婚，不巧的是就在这个时候，浦熙修身患重病，到了卧床不起的境地。

最后两人还是没有结婚。

1956 年，金岳霖完稿《罗素哲学批判》一书。1956 年，金岳霖加入中国共产党。金岳霖入党后，毛泽东主席请他到家中吃饭。在座的客人还有章士钊和程潜，均为湖南人。金岳霖进门后，毛主席向章士钊和程潜说："这是中共党员金岳霖。"一句话感动得金岳霖热泪盈眶。

1958 年，金岳霖参加一个访英文化代表团，在牛津大学住了几天。这期间，金岳霖在伦敦海格特公墓瞻仰了马克思墓，也顺便到剑桥大学拜访了当年的老师巴克。

1966 年"文革"开始，由于金岳霖德高望重，与世无争，所以并没有受到多大的冲击。中国科学院哲学所中绝大多数人认为，金岳霖虽然是资产阶级学术权威，但并不反动，所以对金岳霖只是做了例行公事的批斗，由金岳霖做检讨发言，学部印发《批判金岳霖参考资料简编》应付了事。不过金岳霖自己倒是经常进行自我批判。1968 年年底，全国开展知识分子上山下乡运动，金岳霖已经做好了到农村去养鱼的心理准备，为此还专门自修了一些养鱼的专业知识。

1977 年，金岳霖时常因患肺炎住院。1978 年 5 月，首次全国逻辑学讨论会在中央党校举行，金岳霖参加了会议并致辞，他的第一句话是："盼望好久了的逻辑学工作者的会议开幕了，这是值得我们庆祝的大事！"（刘培育《金岳霖晚年的几件事》，《中国社会科学报》2016 年 1 月 5 日第 880 期）

晚年的金岳霖住在职工宿舍里，有一个老汉帮他做饭，有一段时间，金老家里同时有三个保姆。1962 年梁思成与清华大学建筑系资料室的林洙结婚后，考虑到金岳霖晚年生活的诸多不便，梁思成的儿子梁从诫便跟金岳霖住在一起，帮助金岳霖做很多事情。

1981—1983 年，金岳霖断断续续地写了约五万字的回忆录，完成了一篇一万五千多字的论文。1982 年 3 月 7 日，金岳霖给哲学所党组负责同志写信，表示"感谢党，感谢毛泽东同志，感谢全国劳动人民把中国救了，（被）瓜分问题完全解决了，四个现代化问题也一定会解决"。同时他说，自己死后"请勿开追悼会，骨灰请让风吹走"（刘培育《金岳霖晚年的几件事》，《中国社会科学报》2016 年 1 月 5 日第 880 期）。

金岳霖一生为人慷慨大度，对金钱没有太多的追求，直到晚年时还在谋划死后要留给照顾自己多年的厨师一笔钱作为其养老金使用。但是在1983年11月《知识论》出版后，社科院哲学所的所长和党组书记去看望他，并请他提要求，谁知金岳霖不假思索就说："我要钱。"然后掰着手指头说："我的《逻辑》不要钱，《论道》也没要钱，但《知识论》一定要给钱。"领导闹了半天才知道老金指的是稿费，一时不免有点儿尴尬。其实，金岳霖要钱是为了多交党费。

晚年的金岳霖住在北京东城区干面胡同，他患有冠心病，几年来，因肺炎住院已是几进几出了。他身体衰弱、行动不便。1983年，因为林徽因诗文首次编纂结集工作，有工作人员到家里拜访金岳霖，当看到林徽因所写的《八月的忧愁》时，金岳霖激动万分。工作人员取出一张泛黄的三十二开大的林徽因照片，问他拍照的时间背景，他接过手，大概以前从未见过，凝视着，嘴角渐渐往下弯，像是要哭的样子。许久，他才抬起头，像小孩求情似的说："给我吧！"当得到以后翻拍了一定送他一张的承诺时，金岳霖做拱手状，郑重地说："那好，那好，那我先向你们道个谢！"（陈宇《暮年金岳霖重谈林徽因》）

1984年10月9日，金岳霖在北京逝世，享年八十九岁。据说金岳霖临终之时，手里拿着的正是林徽因的相片，努力抬一抬眼，只为了多看最爱的人一眸，执着着不肯离去，生怕忘记了此生最爱的女人。根据金岳霖的遗愿，他死后被安葬在八宝山革命烈士公墓梁思成和林徽因墓旁，永远陪伴着最爱的女人——林徽因。

傅斯年

没有学位的留洋生

傅斯年，字孟真，生于 1896 年 3 月 26 日，山东聊城人。

显赫家族

傅斯年的家族，曾是鲁西名门望族，其七世祖傅以渐乃清朝开国状元，官至武英殿大学士、兵部尚书。傅以渐以后，傅氏堪称"官宦世家"，获取功名，中举人、进士或成为庠生（明清科举制度中府、州、县学生员的别称）、太学生（在国子监就读的学生）者不下百余人，在朝为官和出任封疆大吏者几代不绝。傅以渐三代后人傅绳勋是 1814 年（嘉庆十九年）进士，曾任翰林院庶吉士、武英殿协修、军机处章京，后外放任浙江、江西、江苏等省巡抚。傅斯年的曾祖父傅继勋是道光年间拔贡【科举制度中选拔贡入国子监的生员的一种。清制，初定六年一次，1742 年（乾隆七年）改为每十二年即逢酉岁一次，由各省学政选拔文行兼优的生员，贡入京师，称为拔贡生，简称"拔贡"】，官至安徽布政使，以清正廉明、慈祥化民著称，清末名臣李鸿章、丁宝桢，均为他的门生。归乡后，傅绳勋、傅继勋兄弟二人均致力于地方文教事业。

傅斯年祖父傅淦，是傅继勋三子，少负才名，博通经史，能诗善画，精通医理，且长于武技，二十八岁得到贡生资格后，但无意仕进，布衣一生。傅淦兄弟七人，分家时他将祖上的楼房全部让给了兄弟，自己只要了一座马厩。傅斯年一生乐于助人，颇有祖父谦恭超然之风。

傅斯年父亲傅旭安，举人出身，曾任山东东平县龙山书院山长。傅旭安作为山长，为人敦厚，极为爱护自己的学生。在自家经济困顿之时，仍竭力出资帮助好读书的青年才俊。侯延塽便是傅旭安出任龙山书院山长后，来到龙山书院读书，并由傅旭安代为解决一切费用。侯延塽苦读三年，先后得中举人、进士，后授刑部主事。

"黄河流域第一才子"

傅斯年四岁时，祖父对他开始启蒙教育，祖孙二人同床共寝，每天破晓，尚未起床，便口授历史故事，从盘古开天辟地，系统地讲到明朝"那些事"。傅斯年不满五岁，傅淦便选聊城最好的先生孙达宸，送他入了私塾。在孙氏塾馆读了一段时间后，傅家世交朱家出资请另一位塾师马殿仁到家开馆

授徒，傅斯年便就近与朱家子弟朱笠升一起就读。读私塾后，傅斯年每天放学回家，祖父都会督导他读书习字，不准有丝毫懈怠。

傅斯年的成长除了祖父傅淦厥功至伟之外，其母李氏夫人（叔音）也是功不可没。李氏夫人出生在聊城城西的一个地主家庭，虽然识字不多，却接受了严格的家庭教育，贤孝识大体。

1904年（光绪三十年），傅斯年八岁之时，时年三十六岁的傅旭安卒于东平龙山书院。李氏夫人立即挑起家庭重担，百般筹划，维持家庭生活。实在万不得已时，不得不从遮风挡雨的断壁残垣中，拆一些砖瓦变卖。即便如此，李氏夫人仍严格督促斯年兄弟，好好读书，一切费用均以一己之力承担。李氏夫人对两个儿子要求十分严格，如若儿子有了过错，她立即把脸一沉，进行责罚，在儿子面前形成了无上权威。

严师出高徒，严母出孝子，傅斯年自幼有其祖父为其打下的童子功，再加上聪颖，过目不忘，熟读儒学经典，1906年，他十岁入东昌府立小学堂，据称他在十一岁时就读完了十三经。虽说在同窗中，傅斯年年龄最小，但比他大的同学，都向他请教，由此，他被称为"黄河流域第一才子"。

1908年冬，侯延塽将年仅十三岁的傅斯年带离故乡来到天津，1909年傅斯年考入天津建立最早的一所官办中学——天津府立中学堂。在读中学时，十六岁的傅斯年就由祖父和母亲做主，与聊城县绅士丁理臣之女丁蘸萃姑娘拜堂成亲。丁蘸萃号称聊城第一美女，略通文墨，但由于长期生活在乡下高墙大院之中，生活方式与傅斯年反差极大。由于傅斯年长期在外求学与丁氏媳妇长期分居，没有感情基础，最终于1934年夏季，在傅斯年擦着满头大汗，咬牙掏出了一笔"青春损失费"后，总算与丁氏在济南协议离婚。

名师们的爱徒

1913年，傅斯年以名列第一名成绩考入北大预科乙部，与顾颉刚等人同学，1916年升入北大本部国文门。当时在北大笑傲一时的刘师培、黄侃和陈汉章等人物，都对傅斯年格外青睐。黄侃尤对其宝爱有加，寄望极高，时加奖掖，希望对方成为自己衣钵的继承人。

据《黄侃年谱》记载（司马朝军《黄侃年谱》，湖北人民出版社），

1916年，他在北京大学讲授词学，从清代词论家周济《词辨》选录二十三首，称为"词辨选"，作为讲义发给学生。1917年，据《北京大学日刊》十二号所载，黄侃于该年在本科一年级同刘师培一同开设"中国文学"（一周六时，黄、刘各三时）、二年级"中国文学"（一周七时，黄四时，刘三时）。1918年《北京大学日报》三十八号所载《文科本科第二学期课表》，黄侃所讲授科目为中国文学门一年级"中国文学概论"、二年级"魏汉六朝文学"、三年级"魏汉六朝文学"和"唐宋文学"。根据黄侃与刘师培的课表可以看出，刚刚入学北大的傅斯年至少主修或旁听过黄侃一门以上的课程。事实上，当时的傅斯年的确对黄侃十分崇拜，是有名的"黄门侍郎"，黄侃也是十分得意。

然而好景不长，1917年9月，年仅二十六岁的胡适出任北大教授，与陈独秀、李大钊、鲁迅等人高举大旗，开始"新文化运动"。当时的胡适，刚从海外归来，博士加身，可谓春风得意马蹄疾。他的课堂，学生如云，大家都很想听这位胡师的高见。顾颉刚听了胡适的课后，认为胡适很有学问，便建议傅斯年也去听。傅斯年不仅去听了，还发问，一问一答之间，胡适的汗就下来了。胡适后来坦言："他当时就发现了，像傅斯年、毛子水、顾颉刚这样的学生，国学根底比他还好，所以他常常提心吊胆，激励自己，要加倍用功。"

像傅斯年这样的学生，确实不好教。在北大的时候，有一位叫朱蓬仙的教授，也是大名鼎鼎的章太炎老先生的门徒，可是讲起《文心雕龙》来，实在是不敢恭维。于是，在课堂上，他就舛误迭出，学生深以为苦。然而，须知要举发这些错误，得"拿证据来"（胡博士语），学生的笔记终不足为凭。恰有某生，借到了朱大教授的讲义全稿。傅斯年高兴得不行，一夜看完，一下子逮住了三十几条错误，由全班签上名上书校长蔡元培，请求补救。

新文化运动中的大将

在与胡适深入接触后，傅斯年也从"黄门侍郎"变成"新文化运动"中的一员大将。

受陈独秀、李大钊、钱玄同等人以及《新青年》《每周评论》的影响，傅斯年与罗家伦、顾颉刚等人，于1918年岁末，在北京大学红楼图书馆

的一个房间里，发起成立了北京大学第一个学生社团——"新潮社"，这一举动得到了蔡元培、陈独秀、胡适、钱玄同、李大钊等师长的直接指导与帮助。

1918 年 12 月 13 日，《北京大学日刊》刊登了《新潮杂志社启事》。启事说："同人等集合同趣组成一月刊杂志，定名曰《新潮》。专以介绍西洋近代思潮，批评中国现代学术上、社会上各问题为职司。不取庸言，不为无主义之文辞。成立方始，切待匡正，同学诸君如肯赐以指教，最为欢迎！"启事还公布了首批二十一名社员名单。全体社员均为杂志的撰述员。杂志社下设编辑部和干事部两个部门，均为三人编制，任事者由社员选举产生。

1919 年 1 月 1 日，《新潮》杂志正式创刊。在新潮社的首届职员中，编辑部的三位依次是傅斯年、罗家伦和杨振声；干事部的三位依次是徐彦之、康白情和俞平伯。杂志甫一出版，便受到了社会读者的广泛欢迎，创刊号一个月内就再版了三次。《新潮》出版后，成了《新青年》最坚定的同盟军。

傅斯年在《〈新潮〉发刊旨趣书》中提出个性自由、人格独立的主张，"以为群众不宜消灭个性。故同人意旨，尽不必一致"，倡导青年学生"为未来社会之人，不为现在社会之人；造成战胜社会之人格，不为社会所战胜之人格"。在轰轰烈烈的"新文化运动"中，傅斯年写了许多文章，传播自由思想，支持文学革命，评论社会问题。他先于同辈青年启蒙觉醒，怀着强烈的人文关怀，批判传统糟粕，批判残酷现实，奔腾于时代浪潮之尖，不仅成为公认的学生中的意见领袖，而且显露出未来学术领袖的精神气质和风范。

《新青年》《新潮》被保守人士视为"非圣乱经、洪水猛兽、邪说横行"。1919 年 1 月 28 日，《北京大学日刊》刊登了"《国故》月刊社成立会纪事"，称《国故》月刊社于二十六日下午一时，在刘坤叔先生宅内开成立大会，教员到者六人，同学数十人。《国故》月刊社的总编辑为刘师培、黄侃，《北京大学日刊》列名的编辑是陈汉章、朱希祖、马叙伦、梁漱溟等人。《国故》月刊第一期介绍说，办刊宗旨"是慨然于国学沦夷，欲发起学报，以图挽救"。之后傅斯年在《新潮》上与《国故》的马叙伦等人展开了激烈的争辩。

1919 年巴黎和会上中国外交的失败，引发了伟大的"五四运动"。1919 年 5 月 1 日，北京大学的一些学生获悉巴黎和会拒绝中国要求的消息。当天，学生代表就在北大西斋饭厅召开紧急会议，决定 1919 年 5 月 3 日在北大法科大礼堂举行全体学生临时大会。5 月 3 日晚，北大全体学生召开大会，傅斯年等二十名学生被推为代表，负责第二天大示威的组织事宜。

　　4 日一大早，傅斯年便来到了堂子胡同国立法政专门学校，主持十三校学生代表会议。十三校学生代表会议决定：各校代表立刻回校去集合本校同学，下午 1 点在天安门前集合汇集，全体抗议帝国主义在巴黎和约上关于山东问题的不公正的规定。下午，三千余学生在天安门集会，傅斯年担任游行总指挥，扛举大旗，走在队伍前列。

　　游行队伍走至东交民巷美国使馆门前受阻，有人忽然提出找曹汝霖算账，但遭到了北大学生傅斯年的反对，他说，为什么不按计划进行？一旦群情激愤到了曹宅出了意外，我负不了这个责任，可是傅斯年的话无济于事，游行队伍很快到了赵家楼曹汝霖宅邸，遂演出了火烧赵家楼一幕。学生们还痛打了待在曹家的章宗祥。

　　军警赶到时，大部分游行示威的人已经撤离。这一天，受北京学生联合会的委托，许德珩起草了《五四宣言》，尖锐地揭露了帝国主义的强盗行径，呼吁"国民下一大决心，作最后的愤救"。之后许德珩和在外面维持秩序的三十二人，被捕入狱，而傅斯年离开现场较早，故未被捕。

　　从赵家楼回来的次日，作为学生领袖的傅斯年便急流勇退，与运动脱钩了。据罗家伦回忆，导火线是 1919 年 5 月 5 日，"不知为何第二天在开会的时候，有一个冲动到失去理智，失去了平衡的同学同他打了一架，于是他大怒一场，赌咒不到学生会里来工作"（罗家伦《元气淋漓的傅孟真》）。与傅斯年冲突的对象，傅斯年的侄子傅乐成说是胡霹雳，后来的台湾"中研院"院士王汎森说是许德珩，罗家伦说是姓陶的浙江籍学生。冲突的程度，有说傅的眼镜被一掌打掉，有说傅挨了耳光，有说傅挨了一拳，总之是傅斯年吃亏了。

　　其实傅斯年退出"五四运动"可能还有更深层次的原因，一是受胡适影响，胡适对学运保持距离，更不支持罢课。胡适曾提议把北大迁到上海，傅斯年、罗家伦都表示同意。还是陈独秀出面把傅斯年、罗家伦叫去训了

一顿，此事才算结束；二是傅即将毕业，根本没有做职业革命家的想法，认为自己学本无成，只想闭户读书，努力提高学问。

1919 年 9 月 9 日傍晚，傅斯年、张国焘等五名北京学生代表，随蒋梦麟到美驻华使馆，欢送退休回美的芮恩施公使。双方交谈时，傅斯年表明自己的志向："此后当发愤为学术上之研究，谋劳动者之生活，以知识谕之众人，以劳力效之社会""独立创造新生活，以图淘汰旧生活。"（汪修荣《民国教授往事》，河南文艺出版社）

1919 年 6 月，傅斯年在济南参加山东官费出国留学考试，成绩优异，考了 82 分，第二名。但考官们都不主张录取，因为他是《新潮》主编，是"五四运动"总指挥，是闹事的激进分子。北大学长、时任山东省教育厅科长陈雪南力排众议，说："成绩这么优越的学生，而不让他留学，还办什么教育！"傅斯年有惊无险，最终过关。出国留学前，北大校长蔡元培书陆游《初发夷陵》诗句"山平水远苍茫外，地辟天开指顾中"相赠，勉励他在学问上豁然开朗、开天辟地。

不为拿学位的留学生

当时到欧美留学是一种时尚，其中相当一部分人是想出去混个洋学位回来好做敲门砖。傅斯年出国读书主要是抱着济世之心，并不是为了拿学位。他在英国伦敦大学学习生理学、实验心理学、数学；到柏林大学学习相对论、比较语言学、地质学和德国哲学；到法国图书馆阅读敦煌卷子。哪里有著名教授，哪里有著名学者，他就到哪里去听课（邓广铭《回忆我的老师傅斯年先生》），所以他去过欧洲好几个国家，进过几个大学，读了七八年，却没拿过一个学位。

1925 年，在德国柏林大学深造期间，傅斯年认识了俞大维，两人从相识到相知，堪称莫逆之交。从小也饱读诗书的俞大维，也是名门之后，曾对人说起："搞文史的人中，出了个傅胖子（傅斯年），我们便永远没有出头之日了。"俞大维特别欣赏傅斯年，便从中牵线搭桥，将幼妹大綵介绍给傅斯年。俞大维手足八人中，俞大綵排行第七。她从小饱读诗书，长于文学，从上海沪江大学毕业，尤擅英文，且写得一笔好字，作得一手绝妙的小品文章。1934 年 8 月，在北平，傅斯年与俞大綵喜结连理。

为学术而奔走

1926 年 12 月，傅斯年学成回国，应中山大学委员朱家骅邀请到中山大学担任文学院院长兼国文系和历史系主任。傅斯年在中山大学开设了中国文学史、《尚书》、《诗经》、陶渊明、诗心理学等课程，并为中山大学聘请了顾颉刚、鲁迅等一大批国内知名教授、学者。

1928 年，傅斯年与顾颉刚一起创办了历史语言研究所，简称"史语所"，随后他离开中山大学，担任史语所所长。同年傅斯年领导了河南安阳殷墟的发掘工作，十年时间先后发掘十五次，取得了一大批在世界上引起极大反响的研究成果。这次挖掘体现了傅斯年的领导才能和公关能力，"可以说中国没有傅孟真，就没有 20 世纪 30 年代的安阳殷墟发掘，没有当初的殷墟发掘，今天的考古学就完全是另一个样子"（邓广铭《回忆我的老师傅斯年先生》）。

对于傅斯年的领导才能和公关能力这一点，傅斯年自己也十分自负，北大二十五周年校庆时，傅斯年在演讲中不无调侃地说："蒋梦麟先生学问不如蔡子民先生，但是能力却比蔡先生高明，他自己的学问比不上胡适之先生，但他的办事却比胡适之高明。"最后他笑着批评蔡、胡两位先生说："这两位先生的办事真不敢恭维。"（蒋梦麟《忆孟真》）

1929 年，傅斯年兼任北京大学教授，讲授"中国上古史专题研究"及"中国古代文学史"，其间先后兼任社会科学研究所所长、中央博物院筹备主任、国民参政会参政员、中央研究院总干事、政治协商会议委员、北京大学代理校长等职。

九一八事变爆发后，北平知识分子在北平图书馆召开了一个会议，傅斯年首先提出书生何以报国的问题。最后的讨论结果是，以自己所学报效祖国，编一部中国通史，从历史角度证明东三省历来是中国固有领土，此后北大历史系以这一课题为己任。《东北史纲》第一卷即傅斯年所作，作者用大量无可辩驳的史料证明，东北自古就是中国的固有领土。

1932 年 5 月，傅斯年与胡适、丁文江、蒋廷黻等人创办《独立评论》周刊，胡适任主编，主要编辑有丁文江、傅斯年、翁文灏等十余人，标榜"独立"精神，其发刊词称："不倚傍任何党派，不迷信任何所见，用负责的

言论发表各人思考的结果。"傅斯年在《独立评论》上发表了大量爱国文章，揭露日本侵略，批判对日妥协，号召全民抗战，是同人中最活跃的一个。

1933年，为了妥善保存由1930年西北科学考察团瑞典考古学家贝格曼（F.Bergman）在额济纳河流域的黑城发现的一万余枚简牍，即"居延汉简"，傅斯年经过与胡适协调，把简牍移到北大文史研究所，加速整理。北平沦陷后，傅斯年又将这批材料运往美国妥为保管，使之免于沦落日伪之手。

1935年，日本特务机关幕后策划了"华北五省（河北、山东、山西、察哈尔、绥远）自治事件"，妄图使华北五省脱离中国版图，独立于中华民国政府，投靠日本。傅斯年与胡适挺身而出，反对华北特殊化。1935年"一二·九"运动爆发时，傅斯年是北大的兼职教授，是坚决支持抗日的。

1935年9月，傅斯年的儿子出生在北平，按照傅家年谱，本应以乐字为排行，但傅斯年给儿子取名仁轨，就是仰慕唐代在朝鲜对日本打歼灭战的大将刘仁轨（俞大綵《忆孟真》）。此时的傅斯年已在学界有大鳄之名，呼风唤雨，霸气十足，人称"傅大炮"。

傅斯年的大炮脾气，在很大程度上继承了母亲的遗传基因，每当母亲李叔音发脾气时，傅斯年即长跪不起，听任母亲斥责，直到老母亲发完脾气，让儿子起来，傅斯年方才站起。

仁轨出生后，傅斯年决定把母亲李叔音接到北平，以享天伦之乐。

1936年春，史语所南迁，傅斯年辞去北大兼职。1937年全面抗战爆发后，傅斯年以中央研究院史语所所长兼北京大学文科研究所副所长的身份，同北大、清华、南开等三所大学校长及学界名流反复商讨权衡后，力主将三校师生撤出平津，在当时相对安全的湖南长沙组建临时大学，这一决定得到了南京国民政府的同意。后随着战事深入，长沙临时大学迁至昆明，并改名"国立西南联合大学"。

"七七事变"后，蒋介石在庐山召开谈话会，傅斯年以社会名流的身份参加，后加入国防参议会，1938年到1945年任参议员。

抗战期间，傅斯年以身作则，作为学者和史语所所长，他随史语所九次搬迁，跋涉于广东、北平、上海、南京、长沙、昆明、四川、南京、台湾。除了分内事，他还一心想着国家的大事，俞大綵回忆道，在李庄（四川南溪李庄镇位于宜宾下游十九公里处的长江南岸，下距南溪县城二十四公里，是一个不大的古镇。同济大学、中科院两个研究所，梁思成、刘敦桢、林徽因等人为骨干的中国营造学社，包括西南联大的一些研究生都曾来到这里）的几年间，孟真待在家里的时间更少了，常去重庆，心烦焦虑，为国家危急存亡奔走呼号。

傅斯年对母亲也是无暇顾及，由于忙于搬迁之事，无奈之下，他只能委托自己的两个侄子，护送母亲回安徽和县暂住。在重庆，他的两个侄儿来见他。见到二人，意味着众多亲人已来到安全之地，傅斯年相当开心。可当得知母亲大人并没有逃出来时，傅斯年简直气疯了，当场甩给两个侄儿一人一记耳光。随后马上安排人手，终于把母亲从硝烟滚滚的安徽接了出来，由陆路逃至汉口，最后抵达长沙。史语所迁至昆明之后，傅斯年又把母亲接至重庆，安置在歌乐山下，一个较为安全的地方，与弟弟傅斯严（字孟博）一起生活。

每每想起母亲逃难之事，傅斯年总是心怀愧疚。他曾对同事言及："老母亲幸能平安至后方，否则将何以面对祖先？"

1941年，傅斯年母亲因胆结石引发的疾病，永远倒在了医院。当得知母亲故去的那一刻，傅斯年心如刀绞，他也是身患高血压，刚刚才从医院出院。傅斯年只能强打精神，拖着病体，为母亲竭尽全力地料理后事。在俞大维的帮助下，傅斯年将墓地选在歌乐山附近的一个小山顶上。

"大炮"的品性

傅斯年是有名的"傅大炮"，只要是公事，只要涉及国家利益，他便知无不言，言无不尽。抗战期间，傅斯年任参议员时屡次攻击当时的行政院院长孔祥熙，因此二人闹得不可开交。特别是太平洋战争爆发后日军占领香港，包括一级陆军上将陈济棠、廖仲恺夫人何香凝女士、蔡元培夫人、陈寅恪、茅盾、郭沫若等社会名流与文人学者被孔祥熙夫人及女儿孔令伟阻止登机离港的事件发生后，孔祥熙更是成为众矢之的。1944年，傅斯年在参政会上向行政院院长孔祥熙发难，揭发孔贪污舞弊，骂他是皇亲国戚，蒋介石最后不得不亲自出面宴请傅斯年，想替孔祥熙说情。不久行政院院长便换了人，显然傅斯年没有给这位委员长以足够的面子。

傅斯年与宋子文的斗争同样富有戏剧性。1947年2月15日和2月22

日，傅斯年分别发表了《这样的宋子文非走开不可》和《宋子文的失败》两篇文章，痛批当时行政院院长宋子文："自抗战以后，所有发国难财者，究竟是哪些人？照客观观察，套购外汇和黄金最多的人，即发财最多的人。"硬是把宋子文逼下台。

日本投降的消息传到重庆的晚上，他从聚星村住所里拿了一瓶酒到街上大喝，拿了一根手杖，挑了一顶帽子到街上乱舞，结果大醉而归。

傅斯年对蒋介石也不是百依百顺、言听计从。傅斯年早年加入国民党，三十年代后退出。在一次傅斯年与蒋介石的谈话中，傅斯年说道："委员长我是信任的，至于说因为信任你也就该信任你所任用的人，那么砍掉我的脑袋我也不能这样说。"（屈万里《傅孟真先生轶事琐记》）。

1948年7月初，国共双方兵力的对比已由战争爆发时的3.14：1，变为1.3：1。共产党领导的军队已经有实力与国民党领导的军队进行战略决战。此前傅斯年与夫人及儿子于1947年6月，到美国疗养，此时准备回国，有朋友写信告诉傅斯年国内战局，让留在美国。傅斯年回信说："余绝不托庇异国。"（陈槃《师门识录》）1948年8月，傅斯年一家从美国乘船到上海，当时国民党政府宣布禁令，禁止私人收藏美元、黄金等。刚从美国回来的傅斯年虽然只有三十八美元，但他仍然认为美元虽不多，却是原则问题，坚持把美元换成了金圆券。

1950年5月20日上午，傅斯年在台湾地区立法机构答复教育行政的咨询时过度激动，引发脑出血而猝逝，年仅五十五岁。傅斯年去世后葬于台湾大学校园，校内设有希腊式纪念亭傅园及"傅钟"；其中，傅钟启用后成为台大的象征，每天逢整点，钟响二十一声，因傅斯年曾说过："一天只有二十一小时，剩下三小时是用来沉思的。"

罗家伦

少将校长

1928年9月18日，一个身穿少将军服的中年人站在清华学校的讲台上，宣誓就职，郑重宣布国立清华大学的成立，并发表了《学术独立与新清华》的演说，他就是被国学大师陈寅恪称为"儒将风流"的罗家伦。

少年"老夫子"

罗家伦出生于1897年12月21日，字志希，笔名毅，生于江西进贤。罗家原籍浙江上虞，清雍正年间五世祖汉文公始迁居山阴，着籍绍兴。罗父传珍公字沛卿，四十岁后更号钝庵，晚年署钝翁。早年他游幕江西，工书画、精篆刻，是风雅之士。清末及民初，他在江西进贤、万年、都昌、奉新等县为知县。其为政期间，兴农业、重教育、乐善好施，清廉勤政，颇有政声。据说传珍公在进贤时，曾捐俸购麻种万斤，分散民间，教其种植，并设夏布场以为示范（陈明珠《五四健将罗家伦传》），以至于若干年后，罗家伦由欧美返国，见家中有新织夏布数匹，皆为进贤民众所赠。

罗家伦是在良好的家教中长大的，既有严父督责，亦有慈母感化。罗母周氏，名霞裳，字琼仙，具文采。据罗家伦回忆："三岁时，吾母置我于膝上，教以识字，并背诵短诗；入家塾后，晚间则于素灯前为我温课。"罗家伦从四岁入私塾，念那"天命之谓性，率性之谓道，修道之谓教"（《小戴礼记·中庸》）这样形而上学的经文。十三岁读《周礼》《仪礼》《尔雅》。对于罗家伦而言，童年时期的家庭教育远比私塾教育产生更深远、更直接的影响。

罗家伦九岁那年，慈母早逝，但父亲罗传珍对罗家伦怜爱有加、悉心指导。"晨起，犹未早餐，必盘旋父榻之前或跪榻几或坐小凳上，以听父讲授历史中先民之故事。凡此典故，均由吾父加以选择，认为有兴趣而且富于教育意义者，先于夜间录入小册，讲授既毕，既以此小册付余复习；日恒二三则，如是者数年。"（罗家伦《蓼莪集》，《罗家伦先生文存》第九册）父亲对罗家伦的教育，既包括背诵经籍这样的旧学，也包括《中国古代史》《读史方舆纪要》《天下郡国利病书》，甚至包括邹容《革命军》这样的新知。

1911年，十五岁的罗家伦在南昌美国教师高福绥的英文夜校补习外文，1914年，罗家伦十八岁时入上海复旦公学就读。在此期间，罗家伦初识黄兴、戴季陶等人，而黄季陆、吴南轩等则是他当年的同班同学。罗家伦在复旦公学期间表现活跃，曾担任《复旦杂志》编辑，因其旧学基础好，常下笔千言得到"老夫子"外号。复旦公学在当时很有言论自由的精神，复旦学生也对政治产生了浓厚的兴趣，罗家伦崇拜君宪派的梁启超，但每次遇到君宪派与革命党之间的私斗，罗家伦每每选择让步，因此他给人留下文弱书生、胆小鬼的印象。许多年以后人们才改变了对罗家伦的这种印象，并盛赞罗家伦勇于公义、怯于私斗。

北京大学的弄潮儿

1917 年罗家伦从上海考入北京大学，主修外国文学。关于这次入学，1996 年出版的《民国野史大观》有一则《罗家伦破格录取》的小故事：

有一次，胡适在北大招生委员会说："我看了一篇作文，给了满分，希望能录取这名有文学天才的考生。"

在座委员均无异议，主持会议的校长蔡元培也同意了。可是翻阅这名考生的成绩，却发现数学是零分，其他各科都平平，但蔡、胡二位对所作的决定并无悔意。这名"破格录取"的考生就是罗家伦（李泽平、伍恒山、袁华编著《民国野史大观》，江苏文艺出版社 1996 年版）

这时的罗家伦学习兴趣极为广泛，选课很多。他是新潮派人物，但他也常听几位守旧派大师的课，如辜鸿铭主讲的英国诗歌课程。罗家伦在《回忆辜鸿铭先生》一文中提到，有一次在教室，辜鸿铭被气得站起来，拿手敲着桌子对他说道："我当年连袁世凯都不怕，我还怕你？"

对北大的师长，罗家伦最崇拜的就是蔡元培，他以"伟大"和"崇高"来形容蔡元培的人格。据传，罗家伦看上了蔡元培先生的女儿，为此他还给蔡先生写信，要求蔡元培将爱女嫁给他！蔡先生复信一封，大意是：婚姻之事，男女自主，我无权包办。况小女未至婚龄，你之所求未免过分。这件事在北大传为笑谈（萧劳《我在北大的几点回忆》，《文史资料选编》第 23 辑，北京出版社 1985 年版）。

蔡元培没有将爱女嫁给罗家伦，但他对罗家伦的重视和提拔却是千真万确。1917 年，北大首创用学生主持"教授会"，四个学生领袖傅斯年、罗家伦、张国焘和康白情分别担任四个学院的"主任"；1919 年 5 月 3 日

夜，北大学生千人大会做出第二天游行示威的决定之后，蔡元培即招五个学生领袖开会做筹划，这五大领袖分别是傅斯年、罗家伦、许德珩、段锡朋、康白情。

1920年，"五四运动"中的佼佼者纷纷出国，蔡元培向南洋烟草公司募来款项，亲自选出这届北大毕业生中几个最堪造就的人才赴美留学，除段锡朋、汪敬熙、康白情、周炳林四人外，罗家伦也在其中，由此看来，蔡元培对罗家伦的确不薄。1940年，已经执掌过清华大学与中央大学，时年四十四岁的罗家伦在《伟大与崇高——纪念先师蔡孑民先生》一文中写道："高山仰止，景行景止，千百年后，先生的人格修养，还是人类向往的境界。"

在北大教授中，罗家伦最常接触和亲近的是胡适和李大钊。和李大钊的接触，是因李大钊热心支持新潮社，和胡适接近多是文学革命的热情。

罗家伦主修的是外国文学，一定选过胡适所开的英文课程。罗家伦又爱选听外系的课，其中有学分的六门便在胡适所属的哲学系。胡适与罗家伦是同一年来到北大的，年龄上的接近、胡适的谦抑、学生的狂妄，使得胡适与傅斯年、罗家伦等人形成了一种亦师亦友的微妙关系。在讨论问题处理情况时，他们虽然对胡适口称"先生"，但不自觉地常常流露出"指教"的口吻，觉得自己可以帮助胡适做出决策。但随着时间的推移，胡适内里的刚正，富有人性而原则上充满勇气和道义的人格力量，使弟子们折服。在"新文化运动"方面，罗家伦无疑是胡适最忠实热烈的追随者、支持者之一。在北大的一系列的工作中，罗家伦几乎成了胡适的助手。无论在思想观念和学术追求上，罗家伦都非常明显地受到胡适的影响。

在北大的同学中，罗家伦自认为与傅斯年最亲切，然后是段锡朋（书诒）、杨振声（金甫）、狄福鼎（君武）、吴康（敬轩）等。而傅斯年最佩服的则是段锡朋。罗家伦回忆，最初与傅斯年结交，先是在哲学系同上过三门课，而他们开始有较深的了解，却是在胡适之先生家里。那时他们常去，先是客客气气的请教受益，后来此地竟成为讨论争辩肆言无忌的地方。

罗家伦与傅斯年有很多共同的爱好，如都喜欢读外国书、都喜欢跨系选科、都有些恃才傲物，夜郎自大。傅斯年结婚后，常向罗家伦夸奖夫人

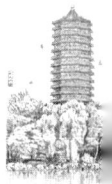

俞大綵的小品写得如何好，小真书写得如何好，儿子仁轨出生后，又向罗家伦夸奖他的儿子如何聪明。罗家伦的回复是"犬父竟有虎子"，傅斯年听后，却为之大喜。

因为对《新青年》中一部分的文章感觉不甚满意，罗家伦、傅斯年、顾颉刚等人决定创办一个自己的杂志与《新青年》抗衡，这一决定得到了当时北大文科学长陈独秀的支持，并愿意由学校提供经济方面的支援，而胡适则愿意做新杂志的顾问。

在 1918 年 10 月 13 日新潮社的第一次预备会议中，罗家伦决定新杂志的名称叫作《新潮》，同时对杂志的性质和风格确定了三点：（1）批评的精神；（2）科学的主义；（3）革新的文辞。10 月 19 日，第二次会议召开，新潮社正式成立，确定了社中的职务。当时确定的职务名单是：

编辑部：

主任编辑　傅斯年

编　　辑　罗家伦

书　　记　杨振声

干事部：

主任干事　徐彦之

干　　事　康白情

书　　记　俞平伯

《新潮》创刊号于 1919 年元月元日出版，其中共有二十一篇文字，而傅斯年和罗家伦两人就写了十四篇之多。傅斯年的《〈新潮〉发刊旨趣书》和罗家伦的《今日之世界〈新潮〉》两文，标明了杂志的宗旨，胡适在《什么是文学》中说："文学是人生的表现和批评，从最好的思想里写下来的有思想、有感情、有载体、有合于艺术的组织；集此众长，能使人类普遍心理，都觉得他是极明了、极有趣的东西。"【罗久芳《胡适与罗家伦》，（台湾）《华美族研究集刊》2003 年第 6 期】

罗家伦对傅斯年充满敬佩，他回忆编辑《新潮》时，傅斯年的工作以及给他的影响时写道："《新潮》能有这种成就，得力于孟真最多。当时孟真和我虽然一道从事编辑工作，可是孟真实为主编，尤其是前几期……当时我写的文章虽然也有人喜欢看，可是我总觉得不如孟真的厚实，这使

我常常警惕在心。"（罗家伦《元气淋漓的傅孟真》）

1919 年 4 月，传来了中国在巴黎和会谈判失败的消息，特别是日本要求中国撤换两个专使的消息传来，北大大学生极其愤慨，学生自发捐了几百块钱打电报，一方面打电报给巴黎和会中国代表，要求他们坚持；一方面通电全国，反对因为外国压迫而撤换本国专使。"到 5 月 1、2 日的时候，外交部消息一天恶似一天，傅孟真、许德珩、周炳琳、周长宪和我等几个人商议，要在北京取一种积极反抗的举动，但是我们当时一方面想对于国事有所主张，一方面对于北大又要保存，所以当时我们有一种非正式的成议，要在 5 月 7 日国耻纪念日，由北大学生在天安门外率领一般群众暴动，因为这样一来，北大的责任可以减轻。"【罗家伦《蔡元培时代的北京大学与五四运动》，（台湾）《传记文学》第五十四卷第 5 期，1978 年 5 月】不料 3 日那天由于邵飘萍的到来，北大学生决定在第二天（5 月 4 日）联合各校发动运动，并且当场在北大学生中推举二十个委员负责召集，罗家伦便是其中一个。

5 月 4 日上午十点前后，罗家伦刚刚从城外高等师范学校回到北京大学新潮社，狄福鼎推门进来，说是今天的运动不可以没有宣言，北京八校同学推举北大起草，北大同学又决定让罗家伦执笔，于是他便站着靠在一张长桌旁边，写成了著名的《五四运动宣言》："现在日本在万国和会上要求并吞青岛，管理山东一切权利，就要成功了！他们的外交大胜利了！我们的外交大失败了！山东大势一去，就是破坏中国的领土！中国的领土破坏，中国就亡了！所以我们学界今天排队游行，到各公使馆去，要求各国出来维持公理。务望全国工商各界，一律起来，设法开国民大会，外争主权，内除国贼，中国存亡，就在此举了！今与全国同胞立两条信条道：中国的土地可以征服不可以断送！中国的人民可以杀戮不可以低头！国亡了，同胞起来呀！"（罗家伦《五四运动宣言》，《文存》第一册）

对于这份宣言，罗家伦的评价是："这个宣言，可以说是在中国几十年来，是比较有影响的一篇很短的文字。"（罗家伦《五四运动的经过和感想及青年对国家民族的责任》，《文存》第五册）

5 月 26 日，罗家伦以"毅"的笔名在《每周评论》第 23 期发表了《"五四运动"的精神》一文。这篇文章正是"五四运动"这一名词的首创。

"游学"归来参加北伐

1920 年年初，罗家伦获得穆藕初奖学金的资助，赴美入普林斯顿大学研究学习文学、历史和哲学，兼学教育。

1921 年 6 月，蔡元培抵达纽约，罗家伦 6 月 1 日前往纽约迎接蔡元培。此后三周时间，他全程陪同并协助安排蔡元培的行程，并将蔡元培的行程写成《蔡孑民先生游美纪略——东西学术界之大提携》，于 1921 年 8 月连载于北京《晨报》。1922 年秋，罗家伦因慕杜威及 Dean Woodbridge 两位教授之名，转入哥伦比亚大学研究院就读。

1923 年冬，罗家伦离美赴欧前往德国，通过德文考试以后，开始在柏林大学听哲学和历史哲学方面的课程，也旁及社会学、人类学、民族学等方面的课程。

这一年，国内学术界发生了一场科学与玄学的争论，此时正是罗家伦醉心于哲学研究的高潮。这个争论也触发了罗家伦的兴致，最后写成一本书就叫《科学与玄学》，并将这本书的书稿让商务印书馆出版。其间，罗家伦还得到了商务印书馆经理张元济的赏识，准备把女儿嫁给他。此时的罗家伦常常到刚刚离婚的张幼仪（徐志摩前妻）家里去看望她，并且显示出超出常人的关心与热心，当听到张幼仪说出五年内不准备结婚的信息后，便再也没有像以往那般频繁、准时地去探望张幼仪了。

1925 年，罗家伦转入法国巴黎大学，依然主修哲学和历史，其中有一段时间赴英国牛津大学，意在搜集近代中国史料。在英国，罗家伦计划编辑一种"中国近百年史料丛刊"，一方面对各专题研究分别刊行，一方面编辑刊行近百年可靠难得的史料。后一类包括西人官方文件、个人记载以及中国当年总理衙门档案与私人当局者的记录（《五四健将——罗家伦传》）。8 月，罗家伦返回法国继续在巴黎大学的学习。在巴黎期间，罗家伦由伯希和提名推荐成为巴黎亚洲学会会员。

完成了欧美各国学习的"游学"而非"留学"经历后，1926 年 6 月 18 日，罗家伦从马赛搭船归国，7 月 23 日抵达上海。8 月，罗家伦受聘到东南大学历史系做教授，开设有"西洋近百年史"和"中国近百年史"课程，还曾组织一门叫"近代西洋学术概观"的课程，拟邀请十二位教授讲课，分

十七种，有近代历史、近代科学（分理数、生物、化学等）、近代政治思想及制度、近代经济思想及制度、近代哲学、近代美术等（《五四健将——罗家伦传》）。9月，罗家伦从上海回到南昌安顿家人，正赶上孙传芳与北伐军在南昌交战，罗家伦家中遭到孙传芳部队的抢劫，钱物被洗劫一空，并且本人也被刺刀捅伤。

1927年年初，罗家伦正在南昌国民革命军总司令部访友时，遇到了蒋介石，一席谈话之后，他毫不犹豫地参加了国民党北伐队伍，担任起编辑委员会委员长、参议及法制委员等职务。几个月后又由蒋介石任命为总司令部参议，随即又任总司令部政治部编辑委员会委员长，授少将军衔，素有"儒将"之称，自此追随蒋参加北伐。

1927年4月，国民革命军攻下南京，为了配合北伐和"清党"，培养"党务"人才，决定创办中央党务学校，蒋介石任校长，戴季陶任教务主任，罗家伦任副主任。由于蒋介石与戴季陶公务繁忙，学校许多实际事务多由罗家伦负担。学校建成后，罗家伦运用他的关系，将东南大学、北京大学、金陵大学、复旦大学的一干名教授召集到中央党务学校任职。一个月后，蒋介石通电下野离开南京，罗家伦代理校务会议主席，主持学校一应事务。

1927年11月，罗家伦在上海与张维桢结为夫妻，由蔡元培为他们主婚。早在1920年冬，上海举行"全国学生联合会成立大会"，已是"五四"骄子的罗家伦作为主要演讲者在南京路上摆开了舞台。台下八千多名学生中，就有上海女子学校的校花张维桢。演讲结束后，张维桢挤到了会场前台，简单地自我介绍后递给了罗家伦一张联系地址和姓名的字条。罗家伦与张维桢的第一次通信，是罗家伦寄给了张维桢两张风景明信片，而张维桢直接回赠了一张她个人的小照片。从这个交往中可以看出罗家伦的"小心"与张维桢的"大方"。

罗家伦的小心是有依据的，因为他本人其貌不扬，而张维桢则是上海文人张钧丞的女儿，后毕业于沪江大学政治系和美国密歇根大学，是个实实在在的才女加美女，后来二人虽然经历了多年的爱情长跑，感受到了情感上的春夏秋冬，但是终成正果。关于二人还有一些传闻，如张维桢是公认的北大校花，曾给罗家伦开出了三大条件：一、要留学取得洋博士学位；二、学成后回国任教，当大学校长；三、夫妻不可公开并行，要保持相当距离等三个条件。罗家伦为了求得美人芳心而一切都答应，等等，可能是有人把他在北大期间的风流韵事加以渲染而讹传，也可能就是杜撰，以故意恶心罗家伦有才无貌。

清华大学的少将校长

1928 年 5 月 1 日，北伐军攻克济南。3 日，国民革命军与日军在济南城外爆发了武装冲突，罗家伦与熊式辉二人受命与日军交涉，结果初入政坛的罗家伦临危不惧，据理力争，不辱使命。1928 年 8 月 17 日，南京国民政府在取得美国公使同意后，正式任命罗家伦为清华大学校长。9 月 18 日，罗家伦在清华宣誓就职，在他的宣誓誓词中，特别提出了"学术独立"四个字。

在罗家伦执掌清华期间，给清华大学带来的变革包括以下方面。

一、提出了四化政策。

（一）廉洁化。在过去均视清华校长为肥缺优差，开支浮滥，账目不清，这实在无以面对国民和友邦的善意。之后财政必定公开，使大家共同监督。

（二）学术化。以往中国学校皆过借贷生活，缺少独立精神。此后清华成为中国学术策源地，第一集中本国学者，不当有丝毫派别观念。第二聘请国外专家，使与本校教员学生共同研究。第三提倡教员学生热心研究的风气。以上三点，当努力做去，五年以后，或可有相当的成效。

（三）平民化。以前，一般社会均视清华为贵族学校，由于清华生活较为舒适，在校学生教员或不免流于享乐主义，此后当立为矫正。

（四）纪律化。养成学生有秩序，有组织，能听命令，急公好义的精神【《整理校务之经过期计划（上董事会之报告）》，载《国立清华大学校刊》第一二号，1928 年 11 月 23 日】。纪律化的实质就是军事化。罗家伦的纪律化实际上和国民党"党化"教育、推行"一党专制"是分不开的。实际上纪律化执行时间也不过半年时间。据冯友兰回忆，所谓的军事化就是每天早上六点上早操，由于学生的抵制，天冷后早操无形中取消了。

二、改立废董

改立废董，就是要求将清华改归教育部管辖，并废除董事会制度。由于清华大学的设立始于"庚子赔款"的退款，所以清华大学的前身一直隶

属于当时的外交部。1928 年，清华学校更名为国立清华大学后，由教育部（大学院）、外交部共管并成立了一个由外交部和大学院共管的董事会，而且基金的管理也不纳入规程，而是由一个外交部部长、大学院院长和美国公使三人组成的"清华基金保管委员会"管理。董事会的存在以及基金内部的黑幕，使得罗家伦的很多设想不能施展。由于对清华大学由两部共管和董事会制度的不满，罗家伦曾三次提出辞职，而政府则一再挽留。1929 年，罗家伦决定把清华基金交给中美人士合组的中华教育文化基金董事会代管，主权属于清华，支配权属于教育部，保管权则属中华教育文化基金董事会，这个计划得到了美国公使马慕瑞的赞同。在随后的国民政府议会上通过废除董事会，清华改归教育部。

三、调整院系结构

在清华大学率先成立文理法三个基础学院，其中文学院分为中国文学、外国文学、哲学、历史、社会人类学五系，理学院分数学、物理、化学、生物、心理等五系，法学院设政治、经济两系，将有名无实的农学系、音乐系、体育系一律裁撤。

四、加强清华大学的基础设施建设

从 1930 年到 1932 年，生物馆、学生宿舍、图书馆、气象台先后落成，其中最漂亮而且影响最大的恐怕是图书馆（智效民《罗家伦的校长生涯》，载于《八位大学校长》，长江文艺出版社 2006 年版）。

五、重新规定学术标准与选择教授。

罗家伦到清华后，对于教师宣布旧约均作无效，必须重新洗牌换将。大清洗在清华园迅速展开，"教职员留者另发聘书，否则均在斥去之列"（《吴宓日记》）。原清华教授五十五人，解聘了三十七人，另外从国内外聘请著名教授十九人，包括国文系教授杨振声、钱玄同、沈谦士；历史系教授朱希祖、张星烺；地理系教授翁文灏，葛利普；政治系教授吴之椿、浦薛凤以及美国籍教授克尔文；经济系教授陈锦涛；历史系教授冯友兰、邓以蛰；数学系教授孙镛；物理系教授吴有训、萨本栋；化学系教授谢惠；生物系教授陈桢；工程系教授孙瑞林等。半年后又相继聘请具有学术声望的萨本铁、周培元、杨武之、张子高、熊庆来、李继桐、俞平伯、杨树达、刘文典、蒋廷黻、叶公超、陈总（陈岱孙）、张奚若、肖燧等人到校任教（岳

南《大学与大师——清华校长梅贻琦传》，中国文史出版社）。

有趣的是，罗家伦严格要求教师，但他自己的授课水平却不是很高。罗家伦在清华主讲近代史，每周三小时，规定文法科学生一律选修。到第二周的时候，只剩学生一人，第三周只剩教授一人——站在讲台上茫然四顾的罗家伦自己，到了第四周，整个教室台上台下空无一人。据当时选修的清华学生周培智说：罗家伦在清华"事实上只讲课两周即辍讲，一律给予三学分了事"（岳南《大学与大师——清华校长梅贻琦传》，中国文史出版社）。

六、规划清华学生规模

在罗家伦心目中，像美国普林斯顿大学这样学生人数不过两三千人，却产生许多学术贡献，要优于美国许多二三万学生的大学。罗家伦到校时，原来学生不到四百人，所以他就职后立即开展第二次考试招生工作，并且开始招收女生。当时报名学生约二百三十人，其中女生约五十人，结果共录取五十一人，其中女生十五人。

1930 年 5 月，清华学生会代表大会上提出"请罢校长自动辞职案"，掀起了"驱罗运动"。5 月 23 日，罗家伦向教育部辞职，离开清华。罗家伦请辞清华大学校长之后，10 月应王世杰之邀到武汉大学任历史系教授。两个月后，他应蒋介石的邀请年底回南京就任中央政治学校教务处主任。

罗家伦不相信短期训练能培养人才，认为知识技能需经长期训练，他希望能将中央政治学校办成伦敦大学经济政治学院和巴黎政治学校的学术水准，所以来到这所学校后，罗家伦确定了该校四年的大学制，学生前三年在校学习，四年级第一学期实习，第二学期回校讨论、研究、做论文。

1931 年九一八事变以后，罗家伦看到国家危亡迫在眉睫，提倡积极做备战的准备，主张在国内要联合自救，外交上要采取运用"国联"的政策，并特别强调知识分子应尽的责任。罗家伦不愧有军人背景，对战争有着超乎寻常的洞察力。1932 年 9 月，他在中大毕业同学会上发表演说，提出中大应负起复兴中华民族的责任，他还说："本人观察，现在的国难虽甚严重，但尚非最严重的时期，五年之内，当更有重大国难发生。"1933 年，他在政校讲"太平洋战争与中国前途"时，更详细地分析了第二次世界大战爆发的必然性，并预测"总在 1935 至 1940 年，这个大战是再也不可避免的"，同时他主张应在国防建设的各方面积极做出备战的努力（罗久芳《胡适与罗家伦》，台湾《华美族研究集刊》2003 年第 6 期）。

从清华校长到中央大学校长

1932 年 8 月 26 日，国民政府正式任命罗家伦为中央大学校长。10 月 11 日，在全校大会上，罗家伦作了题为《中央大学之使命》的就职演说，并为中央大学提出了"诚、朴、雄、伟"四字校训。罗家伦执掌中央大学后，给中大带来的变化包括以下方面。

一、改良学科建设。将地处上海的商、医两个学院划出独立，南京仅存文、理、法、教育、工、农六个学院。邀请毕业于麻省理工学院机械科的罗荣安来中大创办自动工程研究班（后改为机械特别研究班），培养了我国最早一批航空工业专门人才，并于 1938 年成立了国内第一个航空工程系。在罗家伦的倡导下，中大校务会议决定发行两种学术刊物：一种是"国立中央大学丛刊"，登载专门研究之著述，分为《文艺丛刊》《社会科学丛刊》《教育丛刊》《农艺丛刊》；另一种是"国立中央大学专篇"，对于特别有价值的著作专印成册（《五四健将——罗家伦传》）。

二、改善办学条件。罗家伦上任后的前五年，用于校舍建设方面的经费达八十七万元，先后建成或扩建了图书馆、体育馆、生物馆、东南院、南高院牙医院、音乐教室、游泳池和学生宿舍等。在改善硬件的同时，罗家伦为中央大学招揽了一批著名的专家教授，如留美的数学博士孙光远和曾远荣、化学博士庄长恭、生物博士孙宗彭；留日的物理博士罗宗洛；留学法国的由居里夫人为中国培养的唯一物理博士施士元、地理博士胡焕庸和王益涯等。另外还包括经济学家马寅初、艺术大师徐悲鸿、张大千，著名诗人宗白华、闻一多、徐志摩，农学家梁希、金善宝，天文学家张钰哲，医学家蔡翘，生物学家童第周，化学家高济宇，政治学家张奚若，建筑学家刘敦桢和杨廷宝等（《五四健将——罗家伦传》）。在罗家伦的号召下，中央大学群英荟萃、盛极一时。

三、精选办学校址，扩大招生规模。罗家伦认为，现在的校址地处闹市中，不适合研讨学问，且面积较小，首都大学在国家用人的时候，绝不应只是上千人的大学，所以准备在南郊中华门外约七公里的石子岗一带，

建一座占地八千亩能容纳五千至一万学生的新的首都大学。由于全面抗日战争的爆发，罗家伦的这一宏伟蓝图没有实现。

1931 年，日本帝国主义在中国东北制造了九一八事变，1932 年又在上海发生了中日淞沪之战，1935 年日本又对晋察冀问题提出无理要求。5月下旬，罗家伦利用到成都觐见蒋介石的机会，在重庆做了实地考察，并预想到一旦中日之间爆发大规模的战争，重庆将是中央大学理想的安身之所。回到南京后，他便要求学校定做九百个大木箱，以备不时之需。

"卢沟桥事变"爆发时，罗家伦正在庐山参加蒋介石举办的一个大规模的训练班，并被聘为庐山训练团的讲师。从庐山回到南京后，罗家伦很镇定地组织了三大学联合招生考试，然后马上组织学校员工把重要的图书、仪器一起装到事先准备的箱子里准备搬运。上海失陷后，日军飞机开始轰炸南京。罗家伦力排众议，毅然决定将中央大学搬迁到重庆。罗家伦敏锐的目光使得战时的中央大学不仅能开设理论课程，甚至能开设实验课程。战时主持高等教育管理的吴俊升就曾称，中央大学是"迁校最迅速而完整的"（唐润明《抗战时期中央大学的内迁及其影响》），同为内迁学校，南开大学的校长、著名教育学家张伯苓对比中央大学和南开大学时也不无感慨地说，抗战开始后中央大学和南开大学都是鸡犬不留，但是两个"鸡犬不留"的结果却是截然不同的，主持中央大学内迁的罗家伦也由此得到了一个"托德曼的哥哥——托德快"的戏称（托德曼为当时德国任中国大使）。

抗战期间，罗家伦将中央大学的课程也进行调整，以适应战时的需要，如理学院开设弹导学、军用化学等课程，正式成立航空工程系，毕业的学生在抗战时期及以后为中国空军服务。在重庆的中央大学还开发了数十种刊物、教材，创办了十余个全国性的教育文化研究团体。

出任印度大使与为蒋介石最后的效命

1941 年秋，罗家伦辞去中央大学校长的职务，在家照顾自己的两个女儿。长女久芳生于 1934 年，次女久华生于 1937 年。抗战发生后，罗家伦将家人从杭州搬到安徽屯溪，抗战中期又迁往贵阳，由中央大学实验学校校长杨希震夫妇为罗家伦代为照顾。但只要罗家伦有时间，总是不忘对两

个女儿耳提面命，督促她们学习。在罗家伦的影响下，他的两个女儿后来都成为历史学学者。

1941年9月，国民党党政工作委员会任命罗家伦为滇黔区考察团团长。1942年，国民党政府准备开始经营西北，把部分责任交付罗家伦。罗家伦考虑父亲年迈，一再力辞。1943年罗父病逝于贵阳，罗家伦拒收奠礼，登报敦请送礼者改送树苗儿，在中大实验学校内造纪念林，永为学校公产。

罗家伦在父亲丧事完毕后，1943年4月返回重庆，宣誓就任新疆监察使一职。6月，他率队考察陕、甘、宁、青、新五省区。1945年11月，罗家伦作为民国代表到伦敦，出席创设联合国文化教育科学组织的伦敦会议。会后罗家伦得以重游牛津、剑桥等地，再转欧洲，重访美国，1946年春回到上海。1946年2月，国民党国防最高委员会常务会议决议，同意罗家伦辞去新疆监察使一职。

1947年1月31日，蒋介石在官邸约见罗家伦，让其出任首任驻印大使。5月1日，罗家伦从上海搭飞机经香港，3日抵达加尔各答，5日到新德里，7日拜会了尼赫鲁。5月底，罗家伦分别拜会了印度教首领甘地和回教首领真纳，各方接触的结果，令罗家伦深感印度独立在即，而印巴分治势所难免。6月3日，印度总督蒙巴顿正式宣布了印巴分治方案，尼赫鲁代表印度，真纳代表巴基斯坦，巴德符辛代表锡克教徒分别表示赞同。按照罗家伦的提议，英国向印度移交政权的时间选定在8月15日零时，表示即将进入光明的意思。

1947年7月3日，罗家伦邀请尼赫鲁一家到大使馆晚餐，席间谈到了印度国旗的设计问题。罗家伦的建议是，国旗中间用阿育王的图案替代甘地土布运动的纺车图案，得到了尼赫鲁等人的认可。在接收政权典礼中，罗家伦还向印度国会赠送了一首名为《为印度自由而高歌》的英文诗。1948年1月30日，甘地遇刺身亡，罗家伦代表民国政府前往吊唁。2月3日，罗家伦写了《圣雄证果记》一文，寄往国内的《东方杂志》。

1948年2月1日，国民政府特派罗家伦为庆贺锡兰（斯里兰卡）独立特使。8日，罗家伦抵达科伦坡，10日参加独立典礼。

印度独立之后，其领土野心顺势展开，中国与印度之间因为西藏问题不断发生纠纷。对于印度官方印行的地图和宣传片中的地图都将西藏划在

中国领土之外一事，罗家伦曾以照会的方式向印度政府指出错误，发出要求更正的抗议。

1949 年 4 月，针对印度外交部发声将承认中华人民共和国一事，罗家伦晤访尼赫鲁等人试图加以劝阻，但以失败告终。直到 1949 年 12 月 29 日，印度宣布承认中华人民共和国的前一天，罗家伦还希望做最后的努力。30 日中午 12 点，印度正式宣布承认中华人民共和国。12 月 31 日，罗家伦集合大使馆全体人员，亲自降旗撤馆。1950 年 1 月 1 日，罗家伦召集使馆工作人员及眷属，并邀请旅居新德里的张君劢、查良钊、张大千等人在大使馆举行纪念典礼，1 月 21 日撤离使馆。罗家伦离开新德里后，由加尔各答乘坐飞机经停马尼拉，于 1950 年 2 月 1 日返抵台北。

1950 年 8 月，罗家伦受命担任国民党"中央党史史料"编纂委员会主任委员，着力于国民党党史及中国近代史料方面的编纂出版工作。

1952 年，蒋介石再次提出文字改革，希望简化汉字。为了取得大众支持，他指派罗家伦在报刊上写文章制造舆论。罗家伦亲自写了一篇《简体字之提倡甚为必要》的文章，论述汉字应该简化、需要简化，交由国民党《"中央"日报》《中华日报》《新生报》刊登。罗家伦的观点受到了胡秋原等人的激烈反对，罗家伦甚至被国民党内的大佬抨击为"为赤匪宣传"。

1957 年，罗家伦又被蒋介石派为台湾"国史馆"馆长。1963 年后，罗家伦出现记忆力衰退现象，经医院检查是血管硬化引起的脑功能衰退，无药可治。1969 年 2 月，罗家伦辞去"国史馆"馆长之职，6 月他因吸入性肺炎住院治疗，病情始终不能遏制，于 1969 年 12 月 25 日辞世，享年七十四岁。

梁思成

中国建筑大师

起源于日本的生命

1898 年 6 月 11 日，中国大地上出现了一次具有爱国救亡意义的变法维新运动，这是中国近代史上一次重要的政治改革，也是一次思想启蒙运动，史称"戊戌变法"。这场短命的"百日维新"运动虽然最终以失败告终，却也给国人留下了一些让人世代难忘的名字，一个是著名的"戊戌六君子"，另一个是大名鼎鼎号称"南海圣人"的康有为，再有一个就是有国学大师之称的梁启超。

据《梁氏世系图谱记载》，梁氏始祖是宋代进士出身的梁绍，到十二代后的梁谷隐时定居在广东新会茶坑村。传至梁思成曾祖父梁维清时，梁家已经十世为农了。梁维清发奋读书，最终考取秀才，出任过新会县教谕（县教育局局长）。梁思成的祖父梁宝瑛连秀才也没有考上，最终只是个乡村的私塾教员。于是，梁家又把希望寄托在梁启超身上。梁启超两三岁时，就由出身书香门第的母亲教他识文断字，四五岁时由祖父梁维清亲自为他讲解"四书""五经"等科举书目，并学习颜真卿、柳公权等名家法帖。

1884 年中，年仅十二岁的梁启超考中秀才。1889 年 9 月，十六岁的梁启超考中举人，受到主考官李端棻的特别青睐，并将其堂妹李蕙仙嫁给了梁启超。此后，梁启超踏入仕途，实现了其祖父等梁氏族人多年梦寐以求的夙愿。1895 年春，乙未科进士正在北平参加会试，等待发榜。这时传来《马关条约》割让台湾及辽东半岛、赔款白银二亿两的消息，在北京应试的举人群情激愤。梁启超与康有为集结六百零三名举人，联名上书光绪帝，反对清政府签订丧权辱国的《马关条约》。

随后不久，朝廷开始了"戊戌变法"。变法失败后，梁启超开始了流亡日本的生涯。在日本，梁启超先是主办了《清议报》，三年后《清议报》停刊，再办《新民丛报》，宣传改良主义，主要观点就是：保皇斥后。为了实现理想，梁启超等人甚至四处筹钱，准备"择时进京擒了慈禧"。

梁启超的政治愿望没有实现，但 1901 年 4 月 20 日，在日本东京，梁启超实现了他的另一个愿望：长子梁思成出生了，这让梁启超的心中深感宽慰。梁思成出生时是天生残疾，他的两条腿夸张地向外撇开，几乎能使两脚尖相对。梁启超急忙请来外科医生对他进行矫正治疗。一个月后，梁

思成的脚板基本恢复正常，不会影响日后的正常行走。残疾的双腿治好后，梁思成竟然体弱多病，打针吃药简直成了家常便饭，梁启超及其家人都担心，这样一个男婴是否能够成活。一天，梁思成的母亲李蕙仙在梦中见到一个婴儿向她啼哭不止，于是第二天请来一位圆梦先生进行解梦。圆梦先生说，那是先前夭折的男儿要求梁家承认他的长子地位（梁启超在梁思成之前有过一个儿子，但在"戊戌变法"失败后不幸夭折）。梁家允准后，多病多灾的梁思成才开始茁壮成长，这就是梁思成后来被弟妹们称为二哥的原因。

迁居横滨后，幼年时期的梁思成在家得到了来自母亲和女佣的很好照顾，在大同学校附属的幼稚园里，他同样得到善良得像母亲或姐姐一样的日本女教师的关怀。当然梁思成真正的姐姐思顺也是他很好的玩伴。

梁思成的弟妹们陆续出生后，由于经济和居住条件等方面原因，梁启超举家来到神户郊外的须磨，住在了一位华侨的名为"怡和山庄"的别墅里。由于别墅的前后两面能够分别传来阵阵的海啸声和松涛声，所以梁启超便形象地将这栋别墅更名为"双涛园"。

据梁思成回忆："在'双涛园'的四年间，是我童年时代最快乐的时期，每天与兄弟一起沿田间小道步行到鹰取车站，然后乘火车到神户的同文学校上学。野花野草、蚂蚱、青蛙之类，都令我兴趣盎然。"（窦忠如《梁思成传》，百花文艺出版社）鹰取火车站的工作人员对这些来自"双涛园"的孩子也十分友善，有时连车票也不检查，就让他们上车。赶上因为孩子们乘车迟到，小火车已经缓缓开动时，工作人员就会把他们抱上火车，甚至会故意延迟几分钟开车。至于迟到的原因据妹妹梁思庄解释，小时候的梁思成每天总要在去车站的途中大便一次，然后才能继续走。其他小朋友都急得跺脚，但梁思成风雨不改，所以最后总要一起匆匆跑去车站。

少年时期的梁思成十分爱好运动，梁启超专门为他的孩子们聘请了一位日本海军退役军官，教他们游泳。如果室外温度达不到母亲规定的80华氏度，梁思成就在温度计上做手脚，不是吹气，就是用双手摩擦，使温度计升温，这个小伎俩被母亲识破后，他就采取软磨硬泡的方法，争取得到母亲的同意。流亡到日本后，梁启超与"南海圣人"康有为在政治上有了一定的分歧，两人一见面便开始激烈辩论。这种辩论在梁思成看来，是

康有为惹自己的父亲生气，梁思成和梁思永兄弟二人决定对他进行报复，报复手段就是在康有为下海游泳时偷偷地潜入水中揪他的胡子，这个举动让康有为无可奈何哭笑不得。

童年对于梁思成来说不仅仅都是快乐，也有让他痛苦的时光。思成、思永兄弟俩经常欺负妹妹，如果这事被"娘"（王桂荃，随梁启超正妻李蕙仙嫁入梁家的丫鬟）知道了，他们得到的惩罚只是给妹妹道歉。如果梁思成考试成绩不好，母亲李蕙仙可是毫不客气，"用鸡毛掸捆上铁丝抽"。每当此时，"娘"总是心疼梁思成用身子护着他，抽打就落在"娘"的身上。事后"娘"温和地对梁思成说："成龙上天，成蛇钻草，你们看哪样好？不怕笨，就怕懒……看你爹很有学问，还不停地读书。"（罗检秋《新会梁氏：梁启超家族的文化史》，中国人民大学出版社）

清华园中无所不能的梁家长子

辛亥革命后，梁启超成了大英雄，1912 年 11 月 14 日，在国内当政者以及诸多党派的热烈期盼下，梁启超乘船抵达天津大沽口，在日本流亡了十四年的他再次踏上了中国的土地。第二年，梁家滞留在日本的家人也启程回国。他们在天津原意大利租界内的一栋西式洋房里定居下来。1913 年 9 月，梁启超被北洋政府任命为司法总长，他便在北京靠近紫禁城的南长街找了一所四合院，随后将梁思顺、梁思成和梁思永几个大点的孩子接到北京一同居住，十二岁的梁思成先后进入北京崇德国小和汇文中学就读。

童年时代的梁思成虽然在日本的华侨学校上学，但在父亲的影响下，他自幼就攻读《左传》《史记》等古籍。梁启超效仿其祖父梁维清，借每天晚饭后"饭桌故事会"的机会向孩子们灌输传统悠久的中华文明，这使梁思成对中国古文化有良好的基础和浓厚的兴趣。在汇文等学校学习了英语等课程后，1915 年，梁思成考入了其父任教的清华学堂。

梁思成在清华的八年间表现得十分出色，这都要归功于清华学堂富有特色的教育培养、梁启超的悉心教化与梁思成自身的才能三者的结合。

梁思成曾明确表示"我很感谢母校对我的培养"（林洙《梁思成、林徽因与我》，中国青年出版社），清华学堂培养了梁思成勤俭的生活作风。"那时候学校在生活上对我们管得很严，清华有不少大官阔佬的子弟，但

是不管家里寄多少钱来，都由斋务处掌管，学生花钱要记账，周末斋务处检查，乱花钱不记账要记过的。"（林洙《梁思成、林徽因与我》，中国青年出版社）梁思成的勤俭与梁启超的"寒士家风"教育有着密切的关系，后者要求孩子们像"寒士"那样勤俭和好学上进。

清华学堂也培养了梁思成高雅而广泛的兴趣爱好。在清华期间，梁思成拥有"最有才华的小美术家""首屈一指的小音乐家""一个有政治头脑的艺术家""跳高王子""美术编辑""管乐队队长""爱国十人团"和"义勇军中坚分子"等荣誉性头衔和职务。

在清华大学出版社出版的《梁思成先生诞辰八十五周年纪念文集》一书中，我国著名建筑专家陈植写道："在清华的八年中，思成兄显示出多方面的才能，善于钢笔画，构思简洁，用笔潇洒。曾在清华年报（1922—1923）任美术编辑，酷爱音乐，与其弟思永及黄自等四五人向张蔼贞女士学钢琴，他还向菲律宾人范鲁索学小提琴。约在1918年清华成立管乐队，由荷兰人海门斯指挥，1919年思成兄任队长，他吹第一小号，亦擅长短笛……此外，思成还与同班的吴文藻、徐宗漱等四人将威尔斯的《世界史纲》译成中文，由商务印书馆出版。"在清华梁思成学会了钢笔绘画，并在1922—1923年担任清华校刊《清华人》的美术编辑，创作了大量的封面画、栏头画、插图及写生画和速写等美术作品。

除了音乐和美术之外，梁思成还具备很好的体育天赋。虽然他天生就存在腿部的残疾，但这不影响梁思成对体育运动的热衷，在日本生活时期，梁思成喜爱游泳，并且在七岁时就学会了骑自行车。清华的体育名师马约翰教授到晚年还对他印象深刻："中国学生在国外念书都是好样的，……体育方面也不能落后。像施嘉炀、梁思成等体育都是很好的。"（徐百柯《民国风度》，九州出版社）而晚年的梁思成也曾对他的学生说："别看我现在又驼又瘸，可是当年还是马约翰先生的好学生，有名的足球健将，在全校运动会上得过跳高第一名，单双杠和爬绳的技巧也是呱呱叫的。"（《清华大学建筑学院的创办者——梁思成与林徽因》，清华校友网）

有着极其深厚国学修养的梁启超，唯恐梁思成迷失在西学中，而渐渐遗失了中华优秀的传统文化，所以极力提倡"整理国故科学化，与西洋文化相沟通"。1920年至1922年的每个夏天，梁启超都在自己家中开设国

学课堂，亲自为梁思成等兄弟姐妹几人和年轻的门生讲授诸如《国学源流》《孟子》《墨子》《前清一代学术》等。由于梁启超担任清华学堂国学研究院的教授，梁思成也经常去听课，于是在课堂上就经常传出梁启超"不时地呼唤他坐在前排的儿子'思成擦着黑板'，梁思成便跳上台去把黑板擦干净"（梁实秋《讲演》，载《梁实秋散文》，浙江文艺出版社）。

梁思成遗传了梁启超的政治头脑，被黄延复称为"一个有头脑的政治家"（黄延复：《有政治头脑的艺术家》）。"五四运动"中，梁思成是清华学生中的小领袖之一，是"爱国十人团"和"义勇军中的中坚分子"。被军警拘禁后返回清华时，梁思成受到学校教职员和同学百余人排列大门两旁迎接的礼遇。

梁思成与林徽因的爱情与事业

梁思成在清华期间不仅收获了学识，还收获了爱情。1919年夏天，在北京梁启超的书房中，梁思成第一次认识了林徽因。关于梁思成与林徽因的婚姻问题，林徽因的父亲林长民与志同道合的挚友梁启超早就私下讨论过。在梁启超的眼中，林徽因是冰雪一样的清纯女子，而在林长民眼中，梁思成是赫赫有名的青年才俊。在梁启超与林长民的精心安排下，才有了1919年夏天那次的初识，也就是这次初识给梁思成留下了"特别令我动心的，是这个小姑娘起身告辞时轻快地将裙子一甩，翩然转身而去的那种飘洒"的印象。梁思成与林徽因相识后依然回到清华学堂继续他的学业，而林徽因在培华女子学校就读不久，便于1920年年初夏随同父亲前往英国学习。

1923年，梁思成毕业于清华学校高等科，准备前往美国留学。5月7日，北京各大专院校的学生将在这一天到天安门前举行集会，以纪念八年前的"国耻日"。作为"五四运动"时期清华学堂"爱国十人团"的中坚分子的梁思成，与弟弟梁思永骑着摩托车追赶游行的队伍。当摩托车行驶到南长街口进入主道时，被北洋政府陆军部次长金永炎的轿车撞到。肇事者没有下车进行救护，只是从车窗里扔出一张名片留给前来处理事故的警察，然后驾车而去。当时医院检查的结果是梁家两兄弟均为轻伤。不过这对于梁思成来说是一个致命的误诊，真实的情况是，梁思成不仅脊椎受到了严

重损伤，而且右腿也是复合性的股骨骨折。经过三次手术治疗后，梁思成的右腿比左腿短了一厘米。因为车祸，梁思成不得不推迟赴美留学行程，只能在住院期间温习梁启超布置的《论语》《孟子》和王先谦的《荀子集解》。

为了躲避徐志摩的纠缠，林徽因随同父亲林长民于1921年10月从英国返回国内。在梁思成住院期间，林徽因是日日陪护。因为是在夏季，为了防止伤口发炎，林徽因每天都帮梁思成擦洗身子，对梁思成关爱有加。对于林徽因这样留过学的身边有一堆男性好友的新派女子，梁思成的母亲本就反感，看到林徽因对手术恢复中的梁思成的举动，梁母李蕙仙认为这样的行为就是轻浮，没有一个女子该有的矜持，于是更加反对二人的婚姻了。

李蕙仙的反对虽然让梁思成、林徽因二人感到苦恼，但在世人眼中他二人确实是一对"黄金组合"。张清平在其作品《林徽因传》中写道："梁思成是坚实的基础和梁柱，是宏大的结构和支撑；而林徽因则是灵动的飞檐、精致的雕刻、美丽的栏杆。他们一个厚重坚实，一个轻盈灵动，他们的组合无可替代。"事实上未来一生献身于建筑事业的清华生梁思成并非只是一个"理工直男"，他身上的浪漫气息也不输给以写诗著称的徐志摩，梁思成曾在一段野外勘测笔记中写道："桥是那么伟大，但也能娇小妩媚。秦少游为'秋千外，绿水桥平；东风里，朱门映柳'的绚丽景色所动，李健吾（我国现代著名作家、戏剧家、翻译家、评论家）爱看'直下小桥流水，门前一树桃花'，欧阳修更痛快，他偏喜欢'独立小桥风满袖'，多么潇洒！"（窦忠如《梁思成传》，百花文艺出版社）如此看来，梁思成的文采也足以和林徽因相匹配。

1924年6月，梁思成与林徽因结伴前往美国宾夕法尼亚大学，在林徽因的引导下准备报考建筑系。由于错过了该校春季招生的时间，所以他们结伴来到康奈尔大学预备班进行两个月的学习与适应。在康奈尔大学，梁思成选修了户外写生、水彩静物和三角三门课程，林徽因选修了户外写生和高等代数课程。9月，梁思成在宾夕法尼亚大学建筑系入学注册，而林徽因则因为建筑系不招收女生，所以在美术系注册入学。1926年春天，林徽因担任了建筑设计课的助教与辅导员。就在梁思成、林徽因二人进入宾夕法尼亚大学读书的同时，梁思成的母亲李蕙仙因病逝世。

梁思成在宾夕法尼亚大学读书期间，深受法国著名建筑大师雷克的"布杂艺术"影响。但由于梁思成具有深厚的中国国学功底，所以在学习期间，他有意地将西方建筑理念与中国建筑文化进行了很好的结合，因此曾获得两次设计金奖及其他奖项。引导梁思成将研究重心放在中国建筑史道路上的则是古米尔教授。一个偶然的机会，当梁思成听完古米尔教授的讲课，他认为这是世界上最有趣的一门学问。课后他直接找到古米尔教授，向他毫无掩饰地表达了自己对这门课程的喜爱。当时欧洲各国对本国的建筑已有系统的整理和研究，并写出本国的建筑史，唯独中国从来没有把建筑当作一门艺术，反而是日本的学者大村西崖、常盘大定和关野贞等人已经对中国的建筑艺术开始了一些研究，并取得了一定的成就，这让梁思成心中产生了一种危机感。

1925 年，梁启超给梁思成、林徽因二人寄来了一部由北宋哲宗和徽宗年间的土木建筑家李诫所修撰的《营造法式》，这部相当于今天的建筑设计手册和建筑规范蓝本的书，堪称中国最古老、最权威的一部建筑学专著。这部对当时的梁思成、林徽因而言难懂得像"天书"一般的《营造法式》将会影响梁思成未来一生的职业生涯，也更加坚定了他要研究中国古代建筑、编写《中国建筑史》的强烈愿望。从此梁思成一门心思研究学业，甚至推掉了林徽因主动提出的约会。

1927 年 2 月，梁思成提前完成学业获得建筑学学士学位。同年 7 月被宾夕法尼亚大学授予建筑学硕士学位。1927 年 12 月 18 日，身在北京的梁、林两家人按照中国传统为梁思成、林徽因二人举办了庄重严谨的订婚典礼（其时林徽因的父亲林长民已于 1925 年 12 月在担任奉系军阀将领郭松龄的幕僚长时，在反对张作霖的一次战斗中被流弹击中身亡）。

在雷克的建筑事务所短暂实习后，梁思成以要"研究东方建筑"为理由，向哈佛大学提出攻读博士学位的入学申请，进入哈佛大学人文艺术研究院。当时西方对中国建筑进行研究的学者很少，只有赛伦和波胥曼两人，写有《北京的城墙和城门》《北京的皇家宫殿》《图画中国》《中国建筑》等几本专著书籍，并且由于他们都不懂中国建筑的文法，简直是以外行的角度描述中国建筑。哈佛大学所存的参阅史料不足以支持梁思成完成他的《中国宫室史》的博士学位论文，在梁启超建议下，征得导师同意之后，

梁思成准备回国进行实地调查研究，以便高质量地完成他的博士学位论文。在回国之前，梁思成、林徽因首先前往加拿大渥太华梁家大姐梁思顺处准备结婚。婚礼定在了 1928 年 3 月 21 日，之所以选择这个日期，正是为了纪念《营造法式》的作者李诫。

得知梁思成、林徽因二人结婚的消息，梁启超给二人准备了三份大礼：一、美元三千；二、一份详细的蜜月旅行计划；三、十几张名片，利用自己的名声为他二人旅行提供便利。关于梁思成、林徽因二人蜜月旅行的实际线路已经无据可考，根据二人的照片可以看出，英国、瑞典、挪威、德国、瑞士、意大利、西班牙、法国等地，他们确实是光顾过。

1928 年 7 月，正在欧洲旅行的梁思成夫妇接到了梁启超的来信，告之已经代替梁思成接了正在筹建中的东北大学建筑系系主任一职的聘书，梁思成与林徽因只好提前结束了欧洲的蜜月之旅，从莫斯科乘火车返回中国。在归国途中，梁思成准备了一份筹建建筑系的草案。在这份草案中，除了谈及建筑系的组织构成外，还把将要开设的课程也详细罗列出来。

梁思成与林徽因不仅是东北大学建筑系的创办者，更是仅有的两名建筑学授业教师。林徽因负责讲授美术和建筑设计，梁思成则讲授建筑学概论和建筑原理、建筑史课程，据 1929 年考入东北大学建筑系的学生张翔回忆："先生虽然个头不大，但双眼炯炯有神，而且带着对建筑学专业的无比热爱和自信，给人以很大的感染力。他常说'任何一项建设，建筑必须先行，建筑是工程之王'。"（程唯珈《梁思成：用建筑承载使命》，载《中国科学报》2019 年 12 月 10 日）

1930 年考入北京大学建筑系的中国著名建筑师张镈回忆梁思成时写道："梁公当时只有二十七岁，却已经学问渊博。梁公讲课的一个大特点是高度的'视觉化'，每讲到一个实例，都要在黑板上准确地把建筑的平、立、断面画出来。"（窦忠如《梁思成传》，百花文艺出版社）"就建筑艺术而言，对我一生影响最大的是两个人，一个是梁师思成，他的影响主要体现在理论修养方面；另一个是杨师廷宝，他对我的影响，主要是设计实践方面的，正与梁师相辅相成。"（《张镈：人民大会堂的总建筑师》，《大众日报》2009 年 4 月 15 日）

1928 年年底，因梁启超病危，梁思成夫妇从东北赶回北京协和医院探望，直至梁启超病逝。梁启超辞世后，梁思成和林徽因在北平香山卧佛寺东侧为其设计并监修了墓碑，这是梁思成夫妇联袂设计并付诸实施的第一件作品。1926年8月，梁思生和林徽因的女儿在东北沈阳出生，名叫"再冰"，很显然这个名字是为了纪念"饮冰室老人"梁启超的。

从1929年起，梁思成邀请了陈植、童寯和蔡方荫等人来到东北大学建筑学系任教，按照梁启超的建议，他们还成立了"梁陈童蔡营造事务所"，设计了吉林大学教学楼（又称"石头楼"，今吉林省吉林市东北电力大学校舍）、吉海铁路总站站房（今吉林西站站房）等作品。1929年，时任校长张学良出资四百银元征集东北大学校徽图案，林徽因设计的"白山黑水"获奖，就此成为东北大学的校徽。

在教学之余，梁思成与林徽因开展了对北陵等古建筑的调查测绘，这也为他们后来进一步研究古代建筑及编写《清式营造则例》《中国建筑史》等著作打下了基础。20世纪20年代，由于交通的发展，有人认为沈阳的钟鼓楼阻碍交通，提出应该拆除，梁思成为此奔走，并对相关官员表示："毁坏容易保护难，它们一旦消失就不能再恢复了！"可惜功亏一篑。1930年，梁思成根据在东北大学讲授"中国雕塑史"课程的讲稿，整理完成了著作《中国雕塑史》。

1930年冬天，林徽因因肺病复发，返回北平休养。1931年，梁思成也离开沈阳回到北平，结束了在东北大学的执教生涯。"九·一八"事变爆发后，东北大学师生背井离乡，正在发展中的建筑学系仅存在三年就不得不暂告结束。

从东北大学回到北京后，梁思成在北京北总布胡同三号安了自己的新家。1931年9月，梁思成、林徽因正式加盟了由朱启钤创建的中国营造学社，梁思成担任法式部主任，林徽因任学社校理。首先，梁思成对朱启钤所收集的关于建筑工程方面的手抄本和秘籍进行系统的整理和研究，由于缺少统一性和规范性，这些文献所记载的内容名词混乱、术语难解，为了搞清楚这些名词，梁思成来到故宫，向当年故宫的老匠师请教。对于整理的结果，梁思成定名为《营造算例》，在1931年的《营造学社会刊》中分三期陆续刊出。随后梁思成将研究的突破口选在了1734年（雍正十二年）颁行的清工部《工程做法则例》上。梁思成拜杨文起和彩画匠祖鹤洲为师，以

故宫和北京的许多其他建筑为教材标本，终于搞懂了清工部《工程做法则例》，并在此基础上于1932年3月完成《清式营造则例》一书。对于这部书，《清式营造则例》前言中写道："自这部书出版以来的近半个世纪中，一直是中国建筑史界一部重要的教科书。无论中国和外国，凡是想升堂入室，深入弄懂中国古代建筑的人，都离不开《清式营造则例》这个必经的门径。"（梁思成《清式营造则例》，中国建筑工业出版社）

根据美国宾州大学时的学长、著名建筑学家杨廷宝的提示，1932年春，梁思成来到河北省蓟县，对蓟县独乐寺进行考察测绘。根据实际考察结果以及林徽因查阅《盘山志》所载内容，以及清华大学蔡方荫先生采用土木工程中的比较计算法进行测定，梁思成确定独乐寺为辽式建筑，是当时所见最古老的建筑，并写出了《蓟县独乐寺观音阁山门考》，于1932年刊登在《中国营造学社汇刊》第三卷第二期上。

从1932年至1937年，梁思成先后考察了河北宝坻县广济寺三大士殿、河北正定隆兴寺及其他古建筑，山西大同上下华严寺、善化寺、云冈石窟以及应县木塔和浑源县的悬空寺、河北赵县的赵州桥、山西冀中地区十三个县的古建筑、浙江省六个县的古建筑、山东曲阜孔庙、河南龙门石窟及山东中部十九个县的古建筑、山西和陕西部分市县的古建筑，先后撰写了《云冈石窟中所表现的北魏建筑》《赵县大石桥即安济桥》《晋汾古建筑预查纪略》《曲阜孔庙建筑及其修葺计划》《杭州六和塔复原计划》《浙江杭县闸口白塔及灵隐寺双石塔》等调查报告。在梁思成诸多野外古建筑的考察中，最应引起中外学术界特别重视的，就是1937年6月，他与林徽因及莫宗江、纪玉堂等四人对山西五台山佛光寺的考察。经过四人精心的勘察从而确定，佛光寺建造于唐僖宗乾符二年，即公元875年，从而否定了日本建筑学者所称中国境内已经没有唐代以前的古建筑群，如果中国学者要想研究唐代建筑，只能到日本的奈良去这一断言（窦忠如《梁思成传》，百花文艺出版社）。

"七七事变"后，1937年9月5日凌晨，梁思成不得不携全家五人仓促离开北京，踏上流亡之路。从感情上来说，梁思成是不愿离开北平的，北平的家里有两个年幼的孩子（1932年，梁从诫出生在北平，取名"从诫"是为了纪念《营造法式》的作者李诫）和年老且缠足的岳母，再加上林徽

因的肺部检查出空洞，而梁思成自己也行动不便。当时，中国营造学社已宣布解散，很多同事已经离开北平，特别是 1937 年 8 月的一天，梁思成忽然收到一封署名"东亚共荣协会"的请柬，邀请他参加即将召开的一个会议。虽然梁思成出生在日本，对日本很有感情，但此时的他不愿意得到日本人对他的"特别关注"，所以，梁思成一家带好早已收拾妥当的贵重物品和一些古建筑资料，离开家门，登上了开往天津的长途汽车，经青岛、济南、徐州、郑州、武汉到达长沙。在长沙短暂居住后，由于日军进攻长沙，梁思成一家经过四十多天的奔波，来到昆明。

在昆明，梁思成不顾脊背与拔掉满口牙齿带来的疼痛，对昆明周边的五十余处主要古建筑进行调查。刘敦桢到达昆明后，中国营造学社得以真正复社，便由刘敦桢带队对中国西南地区展开了大规模的古建筑调查活动。

中国营造学社搬到龙泉镇后，梁思成与林徽因二人在龙头村为自己设计了一套住宅，北平北总布胡同的老街坊金岳霖也在旁边自建一房，便于照顾梁思成一家的生活。

西南联合大学成立后，受梅贻琦委托，梁思成夫妇二人为西南联大设计校园，由于严重缺乏建筑材料，梁思成几经修改设计图纸，把梁思成最初设想的高楼大厦，变成了茅草屋。1940 年 11 月底，林徽因独自带着两个孩子及母亲再次随中国营造学社由昆明郊外搬到了号称"万里长江第一镇"的四川李庄，梁思成因病暂时留在昆明。

李庄的生活依然艰辛，首先是林徽因结核病复发，卧病在床五年之久，其次是林徽因的弟弟林恒（林恒，国民党军队飞行员）在一次对日空战中牺牲，这让林徽因母女悲痛不已。最后是严重缺乏生活物资。由于严重的通货膨胀，整个大后方的物资十分匮乏，梁思成的家中出现了梁思成做饭、种菜、金岳霖养鸡的局面。即便是这样，梁思成一家也经常入不敷出，梁思成甚至将陪伴多年的派克金笔和手表换成两条草鱼，回到家"幽默地"对林徽因说："把这派克笔清炖了吧，这块金表拿来红烧。"傅斯年出于正义与仗义，还特别为梁思成一家向教育部申请了两三万元的补助，虽然实际到款只有一万元，但这对当时任何一家人来说都已经是一笔巨款了。

艰苦的生活并没有影响梁思成的工作热情。此时已经身为中国营造学社社长的梁思成身边已经聚集了一批年轻有为的年轻人，其中就包括了时

年不足二十岁，后来成为中国国家文物局古建筑专家组组长的罗哲文。在李庄的日子里，梁思成把主要精力放在了研究《营造法式》和撰写《中国建筑史》等资料整理与著述上。到了1945年抗日战争胜利前夕，梁思成带领两名助手已经完成了"壕宅制度""石作制度""大木作制度"等图样以及部分文字的注释工作。特别需要指出的是，1943年，梁思成还用英文撰写了《图像中国建筑史》，在美国出版发行。

为清华大学创建建筑系

抗战胜利后，梁思成、林徽因离开四川李庄，往来于重庆、昆明之间，直到梁思成接到清华大学建筑系主任的聘书后，1946年7月全家回到了北平，住进清华大学新林院8号。

摆在梁思成面前最困难的一件事情就是新成立的建筑系缺乏师资，所以梁思成首先要做的就是四处聘请教员。梁思成先后为清华大学建筑系聘请了程应铨、汪国瑜、朱畅中、郑孝燮、侯允敬、李宗津、吴良镛和高庄等人加盟。

在返回北平之前，梁思成受教育部指派前往美国"考察战后的美国建筑教育"，同期耶鲁大学邀请他在1946—1947学年作为客座教授到纽黑文去教中国艺术和建筑，而普林斯顿大学则希望他参加1947年4月"远东文化与社会"国际研讨会的领导工作，普林斯顿大学因他在中国建筑研究方面的贡献，还授予他荣誉文学博士学位。在耶鲁，梁思成遇到了耶鲁建筑系的年轻教师邬劲履，并指导他重新设计毁于战火中的长沙雅礼大学的中国校舍。

从美国回到清华后，梁思成极力推荐吴良镛前往美国，跟随著名国际城市规划大师萨里宁学习，并与林徽因一起为他写了推荐信，梁思成的这一举动也成就了一位未来的两院院士——建筑大师吴良镛。梁思成还对清华大学建筑系的教育模式进行了改革，提出了"体形环境"的教学理念。他认为建筑教育不单是要培养建筑师，还要造就广义的"体形环境"和城市规划人才。他将建筑系更名为营建系，下设"建筑学"和"市政规划"两个专业，并相应地调整了课程，增加了社会学、经济学、人口问题、土地利用和社会调查等社会学科。

1947年2月，梁思成受国民政府外交部委托，出任联合国大厦设计委员会的中国代表，参与大厦的设计工作。对于梁思成的工作，美国建筑大师乔治·杜德利评价说："他的加入对于联合国设计委员会是一大好事，尽管我们当中很少有人知道他或他的事业。他给我们的会议带来了比任何人都多的历史感，它远远地超越了勒·柯布西埃所坚持的直接历史感。"杜德利还说："梁思成对尼迈亚的从北到南高层平板的建筑方案给予热情支持，它最后得到委员会的一致批准。"（窦忠如《梁思成传》，百花文艺出版社）1947年9月，由于林徽因的肺结核病急剧恶化，梁思成返回中国。

鉴于梁思成在建筑领域所做出的开拓性贡献，1948年4月1日，国民政府评选他为中央研究院人文学部艺术史方面的院士。同年8月，他参加了在南京召开的中央研究院成立二十周年庆典和第一次全体院士会议。

梁思成与新中国的建筑

1948年12月下旬的一个晚上，梁思成在清华园新林苑8号的家里迎接了老朋友张奚若以及两位中国人民解放军军官。他们来找梁思成的目的，是请他在解放军攻城部队的军用地图上标出北京城里哪些属于需要重点保护的文化古迹和文物建筑，以免在解放军不得已攻城时遭到炮火摧毁。这让梁思成、林徽因夫妇激动不已，他们几乎不假思索不参阅任何资料，当即便在那张军用地图上一一标明了北京城里诸多文物古建筑的准确位置。

当人民解放军代表再次拜访梁思成后，面对的已经是全国解放战争中的文物保护问题了。梁思成组织了清华大学建筑研究所人员，在极短的时间内，为全国各地人民解放军的高级将领和指挥员编制出了长达一百多页的《全国重要文物建筑简目》。

1949年北平解放后，梁思成先后被委任或当选北京市人民政府都市计划委员会委员、中南海怀仁堂设计师、中国人民政治协商会议筹委会"国旗国徽初选委员会"顾问、中国人民政治协商会议特邀代表等职务。1950年1月，梁思成被任命为北京市都市计划委员会副主任委员。

在1948年9月召开的中国人民政治协商会议第一次会议上通过决议，确定了即将成立的"中华人民共和国的国旗为红底五星旗"。随后梁思成根据全国政协会议对原国旗方案的修改意见，带领清华大学营建系设计小

组成员采用坐标方法，确定了国旗的比例和五星的大小与位置方向，并绘制出了第一张中华人民共和国国旗图案的施工图。

国旗设计方案比较顺利，而国徽的设计过程要复杂很多。1949 年 7 月，《人民日报》刊登启事，向全国人民征集国旗、国徽、国歌方案，其中提出对国徽图案的设计要求：要有中国特征、政权特征以及庄严富丽的形式。经过征集，国徽方案有一百余件。这一百余件来稿中，有的只是一种设想，没有画出设计图来；有的只是一幅草图。后来周总理指示：扩大范围，多找些专家来参与国徽的设计工作，集思广益，于是清华大学营建系的梁思成、林徽因等都被吸收进来，这就形成了以中央美院的张仃、钟灵、周令钊等由美术家组成的城里设计小组和以梁思成、林徽因夫妇领导的清华大学营建系的由建筑师组成的城外两个组。

对于美术家们提出的坚持把天安门放进去的设计想法，梁思成并不赞同，他批评美术家们设计的方案像"鞋袜商标"，认为天安门是封建统治的象征，新中国的国徽不应使用。梁思成认为："国徽不是寻常的图案花纹，它的内容的题材，除象征的几何形外，虽然也可以采用任何实物的形象，但在处理方法上是要强调这实物的象征意义的……"（刘守华《国徽在开国大典之后诞生》，《新民晚报》2013 年 1 月 1 日）全国政协第一届委员会第五次常务委员会作出决议后，梁思成依然认为："我觉得一个国徽并非是一张图画，也不是画一个万里长城或天安门就算完事。……采取用天安门式并不是一种最好的方法。最好的是用传统精神或象征东西来表现。"（刘守华《国徽在开国大典之后诞生》，《新民晚报》2013 年 1 月 1 日）

在毛主席、周总理做了工作之后，两个小组的意见才得以统一。1950 年 6 月 12 日上午，梁思成在清华新林院 8 号自己家中，向参加国徽设计的教师们传达了周总理的指示精神，并介绍了美术家们设计的国徽图案形式及国徽审查组的几点意见，发动大家讨论设计新的方案。在一个多星期的时间里，营建系教师们反复探索、反复推敲、反复修改，最后拿出国徽设计方案。1950 年 6 月 23 日，全国政协一届二次会议的闭幕式上，通过了清华大学设计的国徽图案。同年 6 月 28 日，中央人民政府会议审议通过了改进的国徽图案。

1949 年 9 月 3 日下午，中国人民政治协商会议的全体与会代表一致通

过建造人民英雄纪念碑，随后北京市都市计划委员会便向全国征求人民英雄纪念碑的设计方案。在收到的一百八十余份应征方案中，大致可以分为三种类型：一是采用平铺在地面的方式，二是以巨型群体雕塑像的形式，三是使用高耸矗立的碑形或塔形。梁思成赞同采用碑的形式，并积极组织清华大学营建系师生参与设计。在1952年5月专门成立的"人民英雄纪念碑兴建委员会"中，梁思成任副主任。

早在1949年9月，梁思成曾致信时任北京市市长兼都市计划委员会主任聂荣臻，提醒他注意首都建设工作的"慎始"，并立即纠正已经开始的乱建行为。在梁思成心中，已经形成了一个以日本军国主义者在侵华战争中经营过的"居留民地"（今北京西郊五棵松一带）为基础而设计的一个市中心方案。1949年12月，苏联著名规划专家巴兰尼克夫为北京城市规划做了《关于北京市将来发展计划的问题的报告》，具体提出了《关于改善北京市市政的建议》。在此基础上北京市建设局提出了一份《对于北京市将来发展计划的意见》，对苏联专家的建议表示完全赞同，这与梁思成的设想完全不同。

1950年2月，梁思成与陈占祥一起撰写的《关于中央人民政府行政中心区位置的建议》即"梁陈方案"面世，主张在北京西郊另建行政中心，完整地保留北京古城原有的格局。1951年4月，梁思成在《新观察》杂志上发表了《北京——都市计划的无比杰作》，对北京旧城的格局与建设大加礼赞。但是虽然梁思成与陈占祥不断经过"退而求其次"的努力，北京旧城的城墙、牌楼等建筑分别以封建帝王的遗迹、阻碍城市建设与交通发展、城墙功能失效的各种原因，被拆除、损坏殆尽，对此，梁思成曾对时任中共北京市委书记兼市长的彭真直言道："在这些问题上，我是先进的，你是落后的，五十年后，历史将证明你是错的，我是对的。"（窦忠如《梁思成传》，百花文艺出版社）

1954年秋末，梁思成因病住进同仁医院。1955年春节前后，在建筑界展开了对"以梁思成为代表的资产阶级唯美主义的复古主义思想"的批判。1955年10月2日，一位毕业于清华大学的年轻学生在《学习》杂志上发表了题为《论梁思成对建筑问题的若干错误见解》一文，曾经的战友刘敦桢在1955年第一期《建筑学报》上发表题为《批判梁思成先生的唯

心主义建筑思想》，就连梁思成自己也写下检讨批评自己"在新中国成立以来的六年多时间里……影响了许多建筑师的设计思路，引导他们走上错误的方向，造成了令人痛心的浪费"。最令梁思成痛心的是，1955年4月1日林徽因在北京同仁医院病逝，自此梁思成终成一只失行的孤雁。

1955年6月，梁思成当选首批中国科学院技术科学部学部委员，同年担任国家科委建筑组副组长。1957年2月，他当选中国建筑学会副理事长。同年在全国的"反右运动"当中，梁思成成了"反右"对象。做完多次检讨之后，梁思成委托周恩来总理向毛泽东递交了一封长信，强烈要求加入中国共产党，并在1959年得到了批准。1960年8月，梁思成当选全国文艺界联合会第三届全国委员会委员；1961年12月，他当选中国建筑协会第三届副理事长；1962年6月，梁思成不顾多人的反对，与同在清华大学建筑系工作的林洙结婚。据说林洙初到清华的时候才二十岁，而梁思成第一次见到林洙时就夸过她漂亮。在林洙进入清华前，也经常得到林徽因的帮助。林洙与梁思成先生共同度过了艰难的岁月，给梁思成以极大的精神安慰。

1964年12月，梁思成当选第三届全国人民代表大会常委；1966年3月，他当选第四届中国建筑协会副理事长，6月，他完成《营造法式注释》（上卷）。

"文化大革命"开始后，梁思成受到冲击。从1969年开始，梁思成因病全年在北京医院治病，直到1972年1月在北京病逝。

沈从文

行伍出身的教授

凤凰，亦作"凤皇"，古代传说中的百鸟之王。《山海经》中的记载是"有鸟焉，其状如鸡，五采而文，名曰凤皇"。《山海经·南山经》记载："丹穴之山……有鸟焉，其状如鸡，五彩而文。名曰凤凰，首文曰德，翼文曰义，背文曰礼，膺文曰仁，腹文曰信。是鸟也，饮食自然，自歌自舞，见则天下安宁。"《说文解字》载："凤之象也，麟前鹿后，蛇头鱼尾，龙文龟背，燕颔鸡喙，五色备举。出于东方君子之国，翱翔四海之外，过昆仑、饮砥柱，濯羽弱水，暮宿风穴，见则天下大安宁。"据说，凤凰性格高洁，"非梧桐不止，非练实不食，非醴泉不饮"。

凤凰城中出生的顽童

在中国湖南湘西，有一座城市，名曰"凤凰"。美丽的传说，意喻着秀美的山河，秀美的山河孕育着杰出的人物。沈从文就出生在湖南湘西的这座凤凰城。

沈从文的祖先在明朝时曾做过知县一类的小官。1795年（乾隆六十年），湘西爆发湘黔苗民大起义，全家出走铜仁避难。1801年始返故里，从此，沈家人沦为平民，靠帮人耕种谋生。

1851年，洪秀全、杨秀清等人在广西金田村发动了农民起义。1853年，太平军定都天京（今南京）。为镇压太平天国起义，曾国藩于1853年被任命为帮办团练大臣，在湖南各地招募乡勇，创建"湘军"，与太平军作战。凤凰城农民沈岐山的长子沈宏富便是那时投奔的湘军，因战功显赫，最后官至贵州提督，相当于今天的贵州省军区司令，是年为1863年，沈宏富年仅二十六岁。1865年，沈宏富携家带眷返回凤凰镇筸城定居，次年于道台衙门对过的中营街，买了一栋旧民宅，拆除后重建了一座小巧别致的院落安居。不久沈宏富因病离世，年仅三十一岁，死后留下一份家产。

沈宏富无嗣，寡嫂张氏为乡下小叔子沈宏芳娶了一位苗族姑娘，她后来给沈宏芳生有二子，长子沈宗泽，次子沈宗嗣，并以宗嗣过继给沈宏富。由于当时苗族备受歧视，凡苗民或与苗民所生之子，一律不能参与文武科举，因此，当那位苗族妇女为沈家生了两个儿子以后，便被远远地嫁了出去。不久沈宏芳又娶了第三房妻子，先后生下三个儿子，两个女儿。那位过继给沈宏富的沈宗嗣，就是本文的主人公沈从文的父亲。

湘西地方民风彪悍，沈宗嗣立志像嗣父沈宏富那样从军，希望以军功得到一官半职，于是从小就练了一身武艺，年轻时便投身清军效力。1892年，沈宗嗣娶黄素英为妻。黄素英是土家族，在娘家排行第六，故又被人称作"六姑"，其父黄河清是凤凰最早的一名贡生，当时是本地唯一的读书人，后来做本地守文庙的书院山长。黄素英从小便是读书识字，还懂医学，思想较为开明，是当地第一个会照相的女子。沈宗嗣与黄素英婚后共生有九个子女，长大成人的有三子二女。

1900年6月，八国联军攻占天津大沽口炮台，沈宗嗣于乱军中逃出，从大沽口返回湘西家中。从军报国的梦想破裂后，沈宗嗣就安于在家守着祖业为生。1902年12月28日凌晨，沈宗嗣和黄素英的第二个儿子降生于人世，被取名为沈岳焕，这个孩子后来改叫沈从文。

沈岳焕天资聪明，很得家里人喜爱，四岁时，母亲便开始教他识字，待到他六岁时，便开始出疹子，经此一病原本健康肥壮的沈岳焕变成了一个小小的"猴儿精"。

沈岳焕六岁时开始进入私塾读书，先生姓杨，与沈家是亲戚，沈岳焕应该叫他姨夫。学馆里的作息表是：早上——背书、温书、写字、读生书，背生书，点生书，散学；早饭后——写大小字，读，背背全读过的书，点生书；过午后——读生书，背生书，点生书，讲书，发字带认字，散学。每天周而复始（凌宇《摘星人：沈从文传》，湖南文艺出版社）。学习的内容是《幼学琼林》，而后《孟子》《论语》《诗经》，由于沈从文上学前已识过不少字，加上记忆又好，因此，平平静静地度过了半年的私塾生活。

"猴儿精"沈岳焕性格上也像个"猴儿精"，小小的私塾关不住他的身体，也关不住他的心，于是他开始逃学。逃学是需要用谎言掩饰的，于是他也就学会了撒谎。然而纸里包不住火，逃学事发后，气得父亲要剁掉他的一个手指头。恐吓没有起到作用，反而激发了沈岳焕的抵触情绪，他不仅逃学，而且趁先生午睡时，给先生脸上画胡子、衣服上贴王八。家里开始埋怨私塾管教不严，于是一年以后让沈岳焕换了一个私塾。

私塾永远关不住沈岳焕的心，市面上的一切，不论是染坊师傅的踩布作业、豆腐作坊的制作工艺、扎冥器租花轿的铺子、城西监狱关押的囚犯，都能引起沈岳焕的极大兴趣，然他更感兴趣的是看大水与捉蟋蟀、斗蟋蟀。

总之，凤凰城里所出现的一切现象，都比私塾里的东西更加吸引沈岳焕。

这年冬，武昌起义发生后不久，凤凰城里的气氛突然紧张起来，街道上随时可见清兵严查革命党人的活动，小城失去了往常的和平与宁静。由于接受了孙中山先生的民主革命思想，在凤凰城里的沈宗嗣也在暗中积极准备接应城外的革命军。结果是，攻城的起义队伍被守军击溃，清军紧接着开始了搜捕与屠杀。屠杀持续了一个多月，好在沈宗嗣没有暴露，躲过了一劫。由于全国大环境的变化，1912 年年初，凤凰道、厅衙门被迫宣布投降，革命在凤凰城算是成功了。沈宗嗣因暗中参与革命成为本地要人。但在省议会代表选举中失败，一气之下他跑到了北京。在北京因刺杀袁世凯失败，沈宗嗣连夜逃出关外，在赤峰、建平一带做科长十二年之久。（《从文自传》）

1914 年前后，凤凰有了新式小学。1915 年，沈岳焕从私塾转到设在城内王公祠的第二小学，半年后再转入第一小学读书。

与私塾相比，新学校的人数多了很多，课余活动的内容丰富了不少，不用成天背书，每七天还有一天休息，而且老师也不再责打学生，但是依旧约束不了沈岳焕的自然天性，他的任务依然是一个字："玩。"他不仅课余时间去玩儿，而且就是请假也要去玩。比赛、爬树、采药、看戏、钓鱼、捉蚂蚱、逛街、看风景、游泳成了他的家常便饭。因为担心游泳会出危险，大哥不让他去，因此他还学会了与大哥斗智斗勇。不仅如此，他还学会了掷骰子赌钱和说各种下流野话。如果赌博赢了，便拿钱立刻买东西吃，如果运气不佳，就悄悄地从后门溜回家中，径直去找外婆，从她那里将输掉的钱补足。

少年从军

1917 年年初，由于哥哥北上千里寻父，家里只有母亲操持，母亲拿沈岳焕没有办法，他便报名参加进了"预备役兵技术班"。在技术班的训练使他的体质结实了很多，同时也磨炼了性格的坚韧。1917 年 4 月，技术班解散，沈岳焕小学毕业报名进了初中。这一年沈家几近破产，再加上二姐去世，母亲为了阻止他学坏便让他参军，这样还没等中学上完，他就跟军队下辰州了。到辰州后，沈岳焕被编入支队司令的卫队，不久因整理内务得到了上司夸奖，加上从预备兵技术班学得的知识，被升为上士班长。不到一年，又由于字写得好，在怀化升为上士司书，住书记处。在怀化的一天，沈岳焕来到了司令部，正在陪司令打麻将的司法长问他叫什么名字，听到"沈岳焕"三个字后，司法长摇晃着脑袋，拖着私塾先生读古文时的那种腔调说道："哈，岳焕，岳焕，焕乎？其有文章，我看你就叫从文吧。"（凌宇《摘星人：沈从文传》，湖南文艺出版社）从此，沈岳焕就变成了沈从文。这段时间沈岳焕（沈从文）跟随部队参加了军阀之间的混战。1920年9月，沈岳焕所在的军队全军覆灭，他领了遣散费和身份证明，回到了凤凰家里。

从部队回来后，沈从文懂事了。他知道不能闲着在家里待下去，应该去找点儿事做。于是，他来到了芷江，暂住在刚从县长任上下来的五舅家里。不久五舅担任了芷江警察所所长。由五舅安排，沈从文在警察所里做了一名办事员。再后来警察所的职权有了些调整，原属地方财政保管处负责的本地屠宰税划归警察所征收，于是沈从文便兼任收税员。

在芷江，沈从文还有一个在当地名望最高的亲戚，就是出过民国政府总理的熊希龄的家族成员。由于熊希龄和母亲妻儿迁居北京，所以芷江的熊公馆便由熊希龄的七弟熊捷三照顾，熊捷三即沈从文的姨夫。此时的沈从文已是熊捷三家中的常客，并且在熊捷三家中阅读了很多书籍。在芷江，沈从文给人一个好学上进的印象，由于工作认真，其月薪已从原先的十二千文加到十六千文。他还学会了刻图章、写草书，做半通不通的五律、十律、旧诗。此时，沈母在凤凰已将家中房屋卖掉，于是带沈从文的九妹来到芷江与儿子住在一起，卖屋所得近三千块银元全部存入钱庄，交由沈从文交管。

沈从文十八岁的时候，开始了第一次恋爱经历。沈从文既聪明又能干，既是熊府的亲戚，还有母亲卖屋所得的三千块银元存在钱庄里，本地很多有钱有势的人物便想要他做女婿，其中包括两个芷江著名大族龙家的女儿，一个芷江有名望李姓人家的女儿，当然也包括熊捷三自己的女儿。不过此时的沈从文已经有了自己的心上人，经好友马泽淮的介绍，他喜欢上了马泽蕙的姐姐马泽蕙。受狄更斯小说的影响，沈从文拒绝了大户人家的要求，决定追逐自己的爱情。

这时，马泽淮开始不断地向沈从文借钱，他似乎很讲信用，今天借钱，

明天还钱，然后借走再还回来。在无数次的循环之后，沈从文终于发现家里卖房子得来由自己经管的那笔钱有一千块左右不翼而飞，无论如何也找不出这笔钱究竟到了哪里。沈从文明白自己上当了，他感到在芷江再也无脸见人，于是给母亲写了一封信，信上说："我做错了事情，对不起家里，再也无脸见人。我走了，这一去永远也不会回来了。"他将这封信连同钱庄存钱的票证一起留在家里，搭上一条开往常德方向的船，悄然地离开了芷江。

在常德，他无意间遇到了表哥黄玉书（著名画家、中国画院院士、中央美院教授黄永玉的父亲），是他大舅的儿子。俩人同住在一家小客栈里，每天无所事事，就到常德大街小巷，河边码头四处闲逛。这也符合沈从文从小养成的爱看热闹、对事好奇的性格。由于兄弟二人没有经济来源，两人的生活越来越差，不得不依靠赊账来过日子。好在表兄生性豁达，沈从文也懒得操心。几个月后，经同在常德的向英生介绍，黄玉书与沈从文一起到桃源县陈渠珍手下一个叫贺龙的支队司令那里去做事。贺龙很爽快地答应让黄玉书做一个月十三块钱的参谋，沈从文当一个月九块钱的差遣。

还没等二人上任，黄玉书与当地一所小学的老师杨光蕙谈起了恋爱，沈从文扮演的是情书写手与信使的角色。时间一长，沈从文感到很是无聊，正好在贺龙那里看到了表弟聂清，这时又有了从军的念头，于是离开了常德，搭船前往保靖。不久，他在陈渠珍的部队里做了四块钱一个月的司书，后来升为九块钱一个月的机要收发员，后又调回到保靖司令部，留在陈渠珍身边做书记。闲暇时，便在会议室里看看书。

这时聂清的父亲，沈从文的三姨夫，陈渠珍过去的老师聂仁德来到了保靖。聂仁德是个饱学之士，不论旧学、新学都很有功底。沈从文几乎每天都要到聂仁德那里，听他谈"宋元哲学"，谈"大乘""因明"，谈"进化论"，于是，他有了不安于目前生活的打算。

此时陈渠珍经营湘西，正在大力办学校、兴报馆、出刊物，于是沈从文又被临时调到报馆，兼做校对。在这里沈从文再一次开阔了眼界，明白了一些新的道理。在报馆工作三个月后，沈从文再次回到司令部，很快便得了伤寒，高烧七天后，沈从文大难不死，病情逐渐好转。经历一场大病，加上好友陆弢、文颐真、堂兄沈万林等人的去世，沈从文决定离开保靖，到北京去发展。这时，湘西各县正在筹办各种学校，为造就师资决定派送学生出省，或去省城学习。沈从文向陈渠珍说了自己想去北京读书的打算，陈渠珍答应让沈从文领三个月的薪水，还说："你到那儿去看看，能进什么学校，一年两年可以毕业，这里给你寄钱来，情形不合，你想回来，这里仍然有你吃饭的地方。"（凌宇《摘星人：沈从文传》，湖南文艺出版社）于是，沈从文拿了陈渠珍写的手谕，到军需处领了二十七块钱，独自离开了保靖。到沅陵看望父母后，他从常德乘船，经洞庭湖、武汉、郑州、徐州，经天津到达北京。

卖文为生

1922 年夏天，一个"乡下人"站在北京前门广场上，他知道"自己开始进到一个使我永远无法毕业的学校，来到那个永远学不尽的人生了"（《沈从文自传·一个转机》，人民文学出版社）。沈从文先是住在了西河沿儿的一家小客店，然后搬到了前门外杨梅竹斜街的西西会馆，这是一所专为湘西读书人入京应试考进士、举人或候补知县落脚的地方，会馆的管事姓金，是沈从文的一位远房表哥。沈从文住在这里的好处是可以不付租金。

沈从文来北京的本意是想找机会进一所大学读书，然而读大学必须经过入学考试，这对只有高小毕业文化程度的沈从文，无疑是一道难以逾越的难关。沈从文便不再做正式升学打算，开始了自学生活。每天简单地吃过早饭后，就一头扎进京师图书馆，直到闭馆时才返回住处。沈从文在这里读了许多杂书，如《笔记大观》《小说大观》《玉梨魂》等（凌宇《摘星人：沈从文传》，湖南文艺出版社）。如果图书馆不开门，他便自己看随身带来的那本《史记》，或者到附近的琉璃厂去看看。在西西会馆住了半年后，沈从文搬到了沙滩附近离北大红楼很近的银闸胡同一个公寓里，还特地为他的房间取了一个名字，叫作"窄而霉小斋"。

就此，沈从文成了北京大学没注册的旁听生。他领过国文讲义，听过日语课，也兼或去听历史和哲学。在北大，沈从文结识了一大批志同道合的文学上的挚友、同好，如冯至、黎锦明、陈翔鹤等，他们互相切磋、交流、激励。在彼此间的相互熏陶之下，沈从文就此走上了文学之路。尽管有了听课的自由和权利，沈从文仍想成为正式学生，获得一张大学毕业文凭。

1923 年秋，沈从文参加了燕大二年制国文班的入学考试。由于基础差，面试时，一问三不知，结果得了零分，主考官十分同情他，甚至把两元报考费也破例退还给了他。从这时起，沈从文对正式入学死了心。于是他一面时断时续地在北大听课，一面在公寓那间"窄而霉小斋"里开始无日无夜地伏案写作。文章写成后，就分别寄给北京各杂志社和报纸文学副刊。

沈从文在此间的文学创作也并非一帆风顺，他和众多的文学爱好者一样，屡屡遭受退稿的厄运。文稿不被采用，没有经济来源，沈从文在北京再次过上在常德时那样有上顿没下顿的日子。1924 年冬，沈从文于百般无奈中怀着一丝希望，写信向几位知名作家倾诉了自己的处境，其中就包括在北京大学担任统计学讲师的郁达夫。11 月 13 日，郁达夫来到了沈从文的"窄而霉小斋"，简单的谈话后，郁达夫知道沈从文的窘境，便邀请沈从文出去吃饭。据沈从文晚年回忆："后来他拿出五块钱同我出去吃了饭，找回来的钱都留给了我，那时的五块钱啊。"（郁风《三叔达夫》）郁达夫看望沈从文回去的当天，写下了著名的文章《给一个文学青年的公开状》，文中为文学青年设计了摆脱目前困境的上中下三策：去外面找工作，或者去革命，去制造炸弹；想法弄几个路费，返回湖南故土；去应募当兵，或者做贼去偷。

三个月后，沈从文以"休芸芸"为笔名，在《晨报》副刊上发表了散文《遥夜》。这篇文章被北京大学教授林宰平看到后，托人找到沈从文，把他请到自己家里。1925 年 5 月，经林宰平和梁启超的介绍，沈从文在香山慈幼院图书馆得到了一份工作，月薪二十元。由于人际关系问题，沈从文没有向慈幼院任何人打招呼，自己解聘了自己，依旧住进那间"窄而霉小斋"。不久，沈从文短期离开北京到东北投奔教学生画画的哥哥。

1925 年年初，沈从文结识了胡也频，当时丁玲与胡也频虽住在一起，但未同居，听说沈"长得好看"，又是老乡，就和胡去见他，所以也就结识了丁玲。由于两人都是湖南人，所以很快拉近了彼此之间的心理距离。因房租便宜，三人均住在香山，丁玲与胡也频不善理财，生活靠丁母汇款接济，常为小事争吵，沈从文则居间说和。为了谋生，1925 年 4 月，丁玲曾给鲁迅写信求助，但她的字体极像沈从文，鲁迅误以为是沈从文冒充女性戏耍他，由此产生误会。鲁迅在给钱玄同的信中写道："这一期《国语周刊》上的沈从文，就是休芸芸。他现在用了各种名字，各种玩意儿。欧阳兰也常如是。"（鲁迅《致钱玄同》，载《鲁迅书信集》上卷，人民文学出版社）当沈从文得知这一消息后，也是同样生了气，在鲁迅生前，沈从文始终不愿与鲁迅见面。

自1924年12月《一封未曾付邮的信》见报以后，1925年至1927年，沈从文的作品越来越频繁地见于《晨报》副刊和《现代评论》，1926年，他的小说开始在《小说月报》上发表。1926年，北新书局出版了他的散文、小说、戏曲、诗歌合集《鸭子》。1927年，他的小说集《蜜桔》由新月书店出版。

1927年，母亲和九妹从湘西来到北京，和沈从文住在一起，一家三口的生活全靠沈从文的稿酬收入。这一年4月，蒋介石在南京成立国民政府，取代北洋军阀政府的统治。随着中国政治重心的南移，出版业的中心也出现了变化，北新书店及新月书店先后迁往上海，《现代评论》也离京南下。

3月，胡也频和丁玲也来到了上海。此时丁玲与胡也频、冯雪峰正处于三角恋爱的旋涡中，沈从文不停地居中调节。等到冯雪峰退出不久，又传出了丁玲与胡也频、沈从文三人之间的风风雨雨。沈从文听到有关传闻是在1931年1月，那是他从武汉大学返回上海的寒假期间。

1928年7月，沈从文与母亲、九妹重回上海后，与丁玲、胡也频商定编辑出版《红黑》《人间》杂志。胡也频的父亲来到上海后，答应为他们转借一千元，筹办刊物和红黑出版社。由于办刊物的思想不统一，到1929年春，沈从文、胡也频、丁玲三人所小的刊物开始险象环生，最终停刊。此前，由于不忍心看着自己儿子受苦，沈从文的母亲已经离开上海，独自返回湘西。

喝下一杯最甜的酒

1929年1月，沈从文经徐志摩的介绍来到了胡适任校长的上海中国公学为讲师，主讲大学部一年级的"新文学研究"和"小说习作"。早在1925年9月，沈从文前往松树胡同七号拜访过徐志摩，经这次见面相谈，二人结为好友。同年10月1日，徐志摩接编《晨报》副刊，在当天发表的《我为什么来办，我想怎么办》一文中，徐志摩将沈从文与胡适、闻一多、郁

达夫等人一起列为约稿作者。1925年3月，沈从文的散文《市集》发表时，徐志摩写了《志摩的欣赏》，称赞沈从文用"浓得化不开的情怀，描述了多美丽多生动的一幅乡村画"。胡适之所以聘任沈从文，虽然是看在徐志摩的面子上，但更重要的是，作为一个有理想的教育家，胡适正试图突破大学中文系呆滞的教学模式，希望借沈从文的创作能力为中国公学中文系注入新鲜血液。

第一次登台授课的时候，沈从文既兴奋又紧张。在这之前，他做了认真而充分的准备，估计资料足够一小时使用。当时他已小有名气，同学们也都想一睹这位作家的风采，所以来听课的学生极多，这些学生中，就包括沈从文未来的妻子张兆和。当沈从文穿着一件半新不旧的蓝布长衫，站在讲台上抬眼望去，只见黑压压一片人头，心里陡然一惊，大脑一片空白，在众目睽睽之下，他竟然呆了十几分钟而一言不发。等到开口讲课时，他一面急促地讲述，一面在黑板上抄写提纲，原来预备一小时的内容，十多分钟便匆匆完成。最终，他只得拿起粉笔在黑板上写道："我第一次上课，见你们人多，怕了。"事后有人向胡适告状，胡适一笑了之："上课讲不出话来，学生不轰他，这就是成功。"

课讲得不好，却不意味着不能萌发爱情。一次失败的课程，却让他看到了一双善良的眼睛，眼睛的主人就是张兆和。

张兆和原籍安徽合肥，家居苏州，祖上系清末合肥籍的淮军首领张树声，历任两广总督和代理直隶总督。据说当时的中国，除了宋氏三姐妹，民国时最负盛名的闺秀就得算张兆和四姐妹了。叶圣陶断言："九如巷张家的四个才女，谁娶了她们都会幸福一辈子。"张兆和1932年毕业于中国公学大学部外语系，毕业后任中学教师，1949年就读于华北大学二部。1941年开始发表作品，著有短篇小说集《湖畔》《从文家书》等。

张兆和的出现，让沈从文常常寝食不安、坐卧不宁。沈从文在校园里散步时，常常情不自禁地朝张兆和住的学生宿舍跑去。有一天，张兆和忽然接到一封薄薄的信，据说那一封情书仅只一页，寥寥数语，而分量极重（张充和《三姐夫沈二哥》），拆开来看，才知道是自己的老师沈从文写来的，信中只写了一句话："我不知道为什么忽然爱上你？"张兆和没有回信。那时候十八岁的张兆和是中国公学校花级的人物，她不仅有着极高的文艺

天赋，而且体育天赋也很突出，是中国公学女子篮球队的队长，而且是女子运动全能第一名。这样的张兆和收到了很多人写给她的情书，她是一律保存，按照"青蛙一号""青蛙二号""青蛙三号"……来排序，这是情窦初开、刚刚十八岁的"合肥四姐妹"之一的张兆和给追求者们的编号。后来二姐张充和取笑说沈从文大约只能排为"癞蛤蟆第十三号"，但偏偏是这个"癞蛤蟆第十三号"，最终吃到了天鹅肉。

沈从文最初对张兆和的追求让她有些不知所措，甚至有些反感，就是在张充和眼里，沈从文的印象也不是太好，她回忆说："可我们并不觉得他是个尊敬的老师，不过是会写白话文小说的青年人而已。"（张充和《从第一封信到第一封信》）面对张兆和的冷淡，沈从文甚至想到了自杀。为了防止事态进一步恶化，张兆和不得不带着沈从文写给她的情书找到胡适，请求胡适的帮助。胡适认真地看了沈从文的信后，反而劝张兆和不妨答应沈从文，并表示沈从文"非常顽固地爱你"。从胡适那里没有得到想要的结果，从此，张兆和抱定了你写你的，与我无关的态度，听任这事的自然发展。好在沈从文的情书写得实在是好，如"我行过许多地方的桥，看过许多次的云，喝过许多种类的酒，却只爱过一个正当最好年龄的人"，这样的文字是很容易让一个涉世未深的姑娘感到心跳的。慢慢地，一份她并未明确意识到的爱，在她的潜意识里悄悄萌芽。张兆和的沉默与退避对沈从文无异于一种间接的鼓励，他以乡下人的憨劲继续着这场马拉松式的求爱过程（凌宇《摘星人：沈从文传》，湖南文艺出版社）。

1930 年 5 月，胡也频和丁玲突然回到上海，并见到了沈从文，原来他俩在山东都参加了政治运动，胡加入了"中国左翼作家联盟"，二人的稿件一时都有了"问题"。胡也频和丁玲这次回上海不仅仅是"避难"，同时他们也在劝说沈从文加入"左联"，但遭到了沈从文的婉言拒绝。由于政治见解不同，胡也频和丁玲对沈从文也有了些隔膜，从此，三个曾经志同道合，甚至传出种种绯闻的年轻人之间产生了龃龉。

1930 年，由于胡适准备离开中国公学，所以，这年秋天，沈从文离开上海去武汉大学担任现代文学史的教学。在那里，他尝试着学了点儿英文，结果却连二十六个字母也念不准，只好作罢。

1931 年 1 月，沈从文从武汉回到上海，与张兆和会合。这时胡也频已

经加入中国共产党，并被推选为全国苏维埃代表会议的代表。不久胡也频被捕入狱，虽然沈从文通过胡适、陈立夫等人的关系，并且请了律师多方营救，但最终胡也频还是惨遭杀害。4月，在郑振铎、徐志摩等人的帮助下，沈从文陪同丁玲乘车返回湖南。1933年5月，丁玲被捕，沈从文积极参与营救，在此过程中，由于误信了一些传言，二人产生了一些误会，基本上埋葬了两个人之间的友谊。

1930年6月，杨振声出任青岛大学校长。他效法蔡元培，提倡学术自由，兼容并包，希望把青大办成全国一流大学，于是聘请闻一多任文学院院长兼中文系主任，梁实秋任外文系主任。1931年秋，沈从文应杨振声之邀去青岛大学担任讲师。在青岛，沈从文主讲"小说史"和"散文写作"，月薪一百元。11月21日，沈从文在校长杨振声家里得到了徐志摩因飞机失事已于两天前不幸遇难的消息，随后立刻赶到齐鲁大学参加了徐志摩的葬礼。

1932年夏，张兆和大学毕业后，回到苏州老家，在青岛的沈从文因为不堪相思之苦，决定赶到苏州，去看望自己的梦中情人。而张兆和每每都以在图书馆学习为理由，将他拒之门外，倒是二姐张充和助了沈从文一臂之力。在张充和的劝说下，张兆和来到沈从文住下的宾馆，以"我家有好多个小弟弟，很好玩，请到我家去"为名，邀请他到家做客。沈从文到苏州前，特地绕到上海，请巴金替他挑选一批中外文学名著，作为送给张兆和的礼物，这次到苏州，张兆和只收下了《父与子》和《猎人日记》两本书。等回到青岛后，沈从文开始加紧布局其追爱攻坚战：他给张家二姐张充和写信，拜托她帮忙成全，并托她询问张父对此事的态度。张兆和的父亲给出了一个极开明的答案：儿女婚事，他们自理。1932年年底，身在青岛的沈从文收到了来自苏州的两封电报，其中一封电报的内容只有一个字："允"；另一封电报的内容是："乡下人喝杯甜酒吧！"据说，这也是中国最早的一份白话文的电报。

1933年年初，沈从文与张兆和二人终于订婚，不久同去青岛。张兆和到青大图书馆从事英文编目工作。

1933年夏，教育部委托杨振声编写中小学教科书，于是他辞去青岛大学校长职务，不久沈从文追随杨振声也来到了北平，与朱自清等人一起参与教科书编写工作。9月9日，沈从文与张兆和在北平中央公园水榭结婚。据张兆和的妹妹张充和回忆："当时没有仪式，没有主婚人、证婚人。"婚房中也没有什么陈设，四壁空空，无一般新婚气象，"只是两张床上各罩一锦缎，百子图的罩单有点办喜事的气氛，是梁思成、林徽因送的"。据《沈从文年谱》（吴世勇编，天津人民出版社2006年版）记载："1933年9月9日，沈从文与张兆和在北平的中央公园水榭举行婚礼，请客约六十人，客人大都是北方几个大学和文艺界的朋友。"就在他结婚的同一个月里，沈从文应《大公报》之聘，从吴宓等人手里接编了该报的文艺副刊。秋天，巴金来到北平，住在沈从文家里。那时沈从文每天在院子里的老槐树下写作《边城》，巴金则在科室里着手中篇小说《雪》的创作。此时的沈从文也开始了对文学青年的培养与扶植。

沈从文的才与情

1934年1月，因母亲病重，沈从文回到了阔别十余年的故乡。由于种种原因，沈从文在凤凰老家没有久留，就匆匆地离开了湘西，此次行程促成了《湘行散记》一书的形成。回到北平的沈从文继续他的文学创作，1934年4月《边城》完稿成书。11月20日，沈从文与张兆和的长子沈龙朱生于北京府右街附近达子营。

命运这时与沈从文开了一个玩笑，近四年辛辛苦苦追到手的妻子张兆和与沈从文开始出现问题。张兆和与沈从文初时的想象不完全一样，张兆和才貌双全，贤惠有余而浪漫不足，而诗人高青了的出现正好弥补了张兆和身上所缺的浪漫。高青子是福建人，对文艺颇有喜好。她对沈从文所有的小说非常熟悉，简直是沈从文的铁杆粉丝。为了照顾高青子，他将她的作品直接推荐给了《大公报·文艺》的主编。借着交流文学的借口，他们搞起了暧昧，而这种偷偷摸摸的行为刺激无比，那时候沈从文像"入了魔"般的满脑子都是高青子的身影。

1936年春节刚过，沈从文就在家中公开了与高青子的婚外恋，张兆和气得回到苏州娘家。妻子的顿然离去，也让沈从文顾不上和高青子的情情爱爱，满心思地想要挽回妻子，甚至还像之前那样一直给张兆和写情书。最后张兆和还是回到了沈从文身边，但他们的关系再也回不到从前了。

1937 年 5 月，沈从文第二个儿子虎符出生。两个月后，抗日战争全面爆发。8 月 12 日，沈从文和杨振声、朱光潜等人乘车离开北平，向天津出发，再转道向南。一路上风风雨雨，途经烟台、济南、南京、武汉、长沙，他们最终于 1938 年来到了云南昆明。沈从文最初在西南联大师范学院执教，被西南联大聘为副教授，第二年转入北大任教授。其间有三个插曲值得一提。其一是从济南到南京的路上，朱自清的儿子与几个青年一起下车，投奔了共产党领导的抗日游击队；其二是因为共产党方面准备邀请十位作家去延安，包括沈从文、巴金、茅盾、老舍、曹禺、萧乾等人，因此沈从文到长沙会见了"中共四老"之一的徐特立；其三是沈从文再次回到了家乡。经过三兄弟的短暂团聚后，沈从文目送已是国军上校团长的弟弟沈岳荃率部开赴抗日前线。特殊时期短暂的家乡生活，促生了小说《长河》。

在西南联大，沈从文主要教三门课：个体文学写作、创作实习和中国小说史。由于沈从文湘西口音十分浓重，学生听得不太清楚，多少影响了他的讲课效果。不过总体上，他的教学还是受到学生，尤其爱好写作的学生的欢迎的。据汪曾祺回忆："沈先生怕把他的课叫作'习作''实习'，很能说明问题，如果要讲，那'讲'要在'写'之后，就学生的作业讲他的得失。""沈先生是不主张命题作文的。学生想写什么就写什么，但有时在课堂上也出两个题目。沈先生出的题目都非常具体。我记得他曾给我的上一班同学出过一个题目：'我们的小院有什么？'有几个同学就这个题目写得相当不错的作文，都发表了。他给比我低一班的同学曾出过一个题目：'记一间屋子里的空气！'……他认为先得学习会车零件儿，然后才能学组装。"（《沈从文先生在西南联大》）

沈从文被聘为西南联大副教授后，高青子因沈从文的推荐，也在西南联大图书馆任职。比起不烫发、不穿高跟鞋的张兆和，高青子更能吸引沈从文，两人再一次陷入火热的爱情之中，这使得一年后张兆和到昆明与沈从文一家团聚时，更加不能原谅沈从文。即使 1941 年高青子彻底离开了沈从文，这个矛盾也没有真正解决。直至沈从文去世，也没有得到张兆和的谅解。

沈从文到昆明不久，收到了中华全国文艺界抗敌协会总务部主任老舍的一封来信，请他出任云南文协第一任主席，被沈从文婉拒。然而沈从文

并没有置身于抗战文学运动之外。1939 年 1 月，沈从文发表了题为《一般或特殊》的文章；1942 年，沈从文再写《文学运动重造》。这两篇文章发表后，相继遭到来自左翼文学阵营的激烈批判。他的观点被概括为反对作家从政论，被视为反对作家抗战的反动文学思潮，并于 1943 年遭到了《新华日报》的批评。

在昆明期间，沈从文除了上课、编写中小学教材、处理家庭问题等种种事务之外，最大的成就就是完成了《长河》的创作。《长河》是他到昆明两个多月后开始写的。从 8 月 7 日起在香港《星岛日报·星座》副刊连载，至 11 月 19 日，共六十七次，未完。刚落笔的时候，《长河》只是一个中篇的构思，可是写作的过程中发现这个篇幅容纳不了变动时代的历史含量，就打算写成多卷本的长篇，从十三万字，到三十万字的预计篇幅。一直到 1945 年 1 月，昆明文聚社终于出版了这部小说，因此前屡遭删节，出版时只剩十一万字。

抗战胜利后，1946 年夏，沈从文一家离开昆明，随北大复校回到北平，住在中老胡同的北大宿舍。沈从文继续在北大执教，同时还担任了天津《益世报》文学周刊和《大公报》文艺副刊等四个刊物的编辑工作。就在沈从文重返北平的同一个月，国民党集结五十万大军，在安徽来安至江苏南通的八百里战线上，向共产党领导的苏皖解放区大举进攻，全面内战终于爆发，击碎了多数中国知识分子和平、民主、建国的梦想。沈从文以悲悯的眼光审视着这场战争，它在沈从文眼里没有是与非、正义与非正义的界限。他将重造民族生机的责任寄托在非党派、非集团的学有专长有"理性"的知识分子身上。由于沈从文反对以派别反派别，不愿参加任何形式的派别与集团活动，因此有人称他为"第四条道路"的鼓吹者。

1948 年，一场逐渐加强的风暴正降临在沈从文的头上，他的《从现实学习》《一种新希望》，还有《芷江县的熊公馆》等文章遭到了批判。特别是 1948 年，郭沫若在香港出版的《抗战文艺丛刊》上发表了一篇《斥反动文艺》的文章，列举了他的各种"反动"言行。

在"运动"中沉浮

1949 年年初，国共两党开始对沈从文的去留问题展开了争夺，此时的

沈从文早已拿定了主意：不去台湾。1月15日，北平和平解放。3月，北大校园里一部分进步学生发起了对沈从文的攻击，并张贴了一幅大标语："打倒新月派、现代评论派、第三条路线的沈从文！"对沈从文的创作几乎全面否定。外界的政治上的否定，让沈从文的精神达到了崩溃，在1949年两次选择了自杀。病愈出院后，沈从文工作关系留在了北京大学，人被安排到中央革命大学研究班学习，有关方面组织学习的目的是帮助这些旧社会过来的知识分子适应新的社会和已经发生巨大变化的时代，在政治上认同新生政权并向其靠拢。

研究班的学习结业后，沈从文曾随工作组去四川宜宾，参加过一段时间的农村土地改革工作，再回北京后，又被抽调去清理整顿北京的古董店。清理工作结束后，沈从文决定留在历史博物馆，从事文保工作，这一决定导致沈从文与文学创作的最终告别。沈从文对文物的兴趣可以追溯到1921年至1922年，他在保靖时曾替陈渠珍整理古籍、管理旧画和陶瓷文物。刚到北京时，他常到琉璃厂、天桥、廊坊头条、二条、三条各处跑，去欣赏古董店和地摊儿上出售的文物。三十年代他的生活状况好转后便不知节制地购买收藏了各种文物……在这个新的事业领域内，沈从文写了很多文物研究的学术论文，撰写了《唐宋铜镜》《战国漆器》《中国丝绸图》《龙凤艺术》等一部部专著。

1953年，第二次全国文学艺术工作者代表大会召开，沈从文以美术组的成员与会，并受到了毛泽东、周恩来等国家领导人的接见。同年，沈从文被安排参加了中国人民政治协商会议。

在随后的"三反""五反""大鸣大放""反击右派进攻"等运动中，沈从文都身不由己地参与其中，其间有得有失。1963年，按照周恩来总理的安排，沈从文着手《中国古代服饰研究》的写作。1964年年初稿完成，准备1964年冬付印作为中华人民共和国成立十五周年献礼，但未能如愿。

"文化大革命"开始后，沈从文被视为革命对象，运动一开始就被揪了出来，沈从文的工作也变成了负责打扫历史博物馆的女厕所和拔草。

1969年9月末，在《人民文学》杂志社任编辑的张兆和被安排到了湖北咸宁。12月底，沈从文被吊销了北京户口也被送到了湖北咸宁，随后被安排到了双溪。1971年，沈从文与张兆和被安排到丹江，住在了一个偏僻的采石场附近的荒山沟里。1971 年冬，沈从文因病获许返回北京，半年后张兆和申请退休，得到批准，也结束了干校生活回到北京。回到北京后的沈从文，小心翼翼地生活。按照国家文物局领导的意见，重新核对了《中国古代服饰研究》专著。

1976 年 1 月 8 日周恩来总理逝世后，沈从文接到一张特别通知，去北京医院向周恩来的遗体告别。粉碎"四人帮"后，1978 年，沈从文从历史博物馆调到中国社会科学院历史研究所工作，在那里，沈从文进行了《中国古代服饰研究》一书的最后校正和增补工作，1979 年 1 月最终完成。

1980 年 10 月 27 日，沈从文与夫人张兆和乘坐的飞机在纽约肯尼迪机场降落。在美访问期间，沈从文夫妇一直住在张充和夫妇家里。沈从文的来访受到美国文化界、学术界的热烈欢迎，哥伦比亚大学、圣若望大学、斯坦福大学、加州大学伯克利分校、旧金山州立大学纷纷邀请沈从文前去演讲。1981 年 2 月 8 日，沈从文与张兆和从旧金山结束访问回到北京。

1985 年 12 月 19 日，为祝贺沈从文从事文学创作和文学研究六十周年，《光明日报》在头版头条显著位置发表了题为《坚实地站在中华大地上——访著名老作家沈从文》的长篇专访，表达了对沈从文在文学方面对中国的贡献的高度肯定。

1988 年 5 月 10 日下午，沈从文心脏病发作离世。在神志模糊之前，他握着张兆和的手说："三姐，我对不起你。"这是他最后的话。18 日上午在八宝山举行的告别仪式上，只有少数至亲好友参加。

梁实秋

地道的北京教授

地道的北京男孩

1903年1月6日，梁实秋出生在北京东城勾栏胡同的一个富裕家庭里。勾栏胡同在明清时期是风月场所的集中地，在旧时名气很大，连皇帝都知道它的所在。民国后因北洋政府内务部在此而得名做内务部街，梁家的宅子就是这条大街的20号。

高台阶上的梁家宅院的大门虽然不大，但是黑漆红心的大门上浮雕着一副对联："忠厚传家久，诗书继世长。"门框旁边木牌上刻着"积善堂梁"四个字。大院拥有三十余间房屋，有前院、后院、正院、左右跨院、院儿内有假山、鱼缸，还有紫丁香、石榴树、梨树、海棠、榆树等各种树木。

宅子是梁实秋的祖父梁芝山定居北京后所购买。梁芝山是河北沙河人，通过科举走上仕途，曾在广东做官，官至四品。梁实秋的父亲梁咸熙原籍河北大兴，被梁芝山领为养子。梁芝山卸任北归时，在杭州停留，为了使梁咸熙能够参加乡试，将梁家的籍贯改为浙江钱塘。梁咸熙于京师同文馆毕业后，供职于京师警察厅，是个开明的知识分子，尤其酷爱金石学。梁实秋的母亲沈舜英，杭州人，生于1884年，她十八岁嫁到梁家，生育过五子六女，梁实秋排行第四。上面还有一个哥哥，两个姐姐，父亲给他取名梁治华，字实秋。

梁家的家教很严，按照现在的标准来看严格得近乎苛刻。孩子们的行为举止，穿着打扮稍有不慎就会遭到祖父母的责骂。祖父母住的上房也不能随便进入，但如果听到召唤动作又不能过于迟缓。吃饭时祖父母也是"吃小灶"，虽然菜式与大灶没有多大差别，但是这种仪式还是必须存在的。赶上心情好时，祖父母也会往孩子嘴里加上一口菜，不管孩子是否爱吃，也用这种方式表示关怀。所以梁实秋跟祖父母并不是很亲近，感情较为疏远。

但梁实秋也有与祖父沟通良好的时候。有一次听到门外"打糖锣儿"的动静后，孩子们蜂拥而出，然后就是祖父的召唤。"……我们战战兢兢地鱼贯而入，他指着我问：'你手里拿着什么？'我说：'糖。''什么糖？'我递出了手指粗细的两根，一支黑的，一支白的。我解释说：'这黑的，我们取名为狗屎橛；这白的为猫屎橛。'实则那黑的是杏干做的，

白的是柿霜糖，祖父笑着接过去，一支咬一口尝尝，连说：'不错，不错。'他要我们下次买的时候也给他买两支，我们奉了圣旨，下次听到'糖锣儿'一响，一拥而出，站在院子里大叫：'爷爷，你吃猫屎橛，还是吃狗屎橛？'爷爷会立即答腔：'我吃猫屎橛！'"（梁实秋《雅舍谈吃·疲马恋旧秣，羁禽思故栖》）

与祖父的严厉不同，梁实秋能够从父母那里得到温暖，对他，父亲好像特别宠爱，常带他去厂甸儿游玩儿。有一次逛厂甸儿的人特别多，梁咸熙差点儿把梁实秋丢在那里。梁咸熙是个美食家，经常光顾北京那些有名的饭庄酒楼，尤其喜欢光顾厚德福饭庄。梁咸熙与厚德福的老板陈莲堂是莫逆之交，常劝他扩大营业，后来在厚德福也入了少量的股份。六岁时，梁实秋随父亲去美食街的致美斋吃饭（致美楼，北京八大楼之一），梁实秋先生所著《锅烧鸡》一文的说法是："（致美斋）因生意鼎盛，在对面一个非常细窄的尽头开辟出一个致美楼，楼上楼下全是雅座。"异想天开了，梁实秋竟喝起了酒，父亲也未加禁止，岂料几杯酒下肚后，梁实秋竟有了醉态，站在椅子上，舀了一匙高汤，泼在了父亲身上。酒醒后梁实秋很是后悔。以后梁实秋喝酒的机会多了起来，尽管他酒量很大，但"花看半开，酒饮微醺"这句话成了他酒宴上常说的的箴言。

总体上说来，梁实秋的童年是自由快乐的，打雪仗、堆雪人、放风筝、捉昆虫、吹"玻璃喇叭"、打灯笼、小小的赌博、听戏等，老北京胡同里长大的孩子应有的快乐，梁实秋都有体会，应该说由于梁实秋家境较好，他所得到的快乐应该更多一些。我们以吃饭为例来看一看梁实秋的老北京十年生活：关于"臭名昭著"的北京豆汁儿，梁实秋说过，"豆汁之妙，一在酸，酸中带馊腐的怪味儿；二在烫，只能吸溜吸溜地喝，不能大口猛灌；三是咸菜的辣，辣得舌尖发麻，越辣越喝，越喝越烫，最后是满头大汗"（郑启五《我的豆汁之旅》，《厦门日报》2007年3月27日）。据作家高维生介绍："……坐在福全馆儿点一道烧鸭，必须在对面的灶叫上几碗'一窝丝'，这是吃一次一辈子忘不掉的打卤面。……梁实秋去过隆福寺街的'灶温'，他家是小规模的'二荤铺'（'二荤'有多种解释，一般是小规模低档次的饭馆），拉面真是一绝。……北平人讲究吃炸酱面，他吃的自然是一定要抻面。四色菜码一样也不能少：掐菜、黄瓜丝、萝卜缨、芹菜末。

面要过水。'二荤铺'里所谓的'小碗儿干炸'并不佳，酱太多，肉太少。梁实秋家里的酱曾得到过名师的指点，酱炸得要火候恰到，炒到八成加茄子丁，最后加摊好的鸡蛋。"（高维生《才情梁实秋》，北京工业大学出版社）至于炸灌肠儿、麻豆腐、香椿拌豆腐等老北京人爱吃的小吃，也很有讲究。在以后梁实秋先生的作品中可以经常见到，表现出他对老北京深深的怀念。

根据北京大学教授唐晓峰的理解："所谓老北京，指的不是一种知识的属性，而是全面的人文属性，包括品性、趣味、道德、礼俗、亲朋之道、饮食举止、世家风范，甚至包括毛病、陋习等。"（唐晓峰《人文地理随笔》，生活·读书·新知三联书店）

数学糟糕的小学生

1907年，梁实秋开始上小学，学校是位于内务部街西口儿的五福学堂，离家不远，上学很方便。上学第一天，学监带领着学生向先师孔子的牌位行三跪九叩礼，这让梁实秋甚为不满。所以，这所学校没给他留下什么印象，他觉得只是"浑浑噩噩地过了一阵"（梁实秋《我的小学》，载《梁实秋散文》第二集，中国广播电视出版社）。学校关门后梁咸熙请贾文斌来家里教梁实秋和他的二姐、大哥念书。1910年，梁实秋被送进私立贵族学校陶氏学堂读书。这所学校收费很高，但梁实秋也没有学到什么。"武昌起义"爆发后，陶氏贵族学堂解散。这时梁实秋的祖父母相继离世，梁咸熙成为这个大院的主人，全家人也剪掉了辫子。梁实秋本对辫子没什么好感，与时人不同，他是高高兴兴地到新式理发馆剪掉了辫子。1912年夏，梁实秋来到东皇城根儿新鲜胡同公立第三小学读高小，在这里，他受到了一些好老师的良好教育。

在第三小学的三年学习，梁实秋的心情总的来说是愉悦的。他认真地学习英文，并屡次因为成绩优异受到"嘉勉"。梁实秋英文好，是因为他有一定的英文基础，在未进小学前就和父亲学习过英文。在他学习的课本《华英初阶》里就包含着他已经熟读过的课文。梁实秋毕业的时候，他的英文老师还送给他一本原版的马考莱《英国史》。除英文课外，中国历史、手工课、音乐课、玩足球、做体操他也很认真，但唯独对算术课不能开窍，

一提起鸡兔同笼一类的算题，脑袋就大。他抱怨说："像鸡兔同笼一类的题目，我认为是专门用来折磨孩子的。"（宋益乔《梁实秋传》）1915 年，他以优异的成绩抱着大量的奖品离开了这所学校。

梁实秋书读得好，与他的家庭有关。他父亲有专门的藏书之所，名叫"饱蠹楼"。小时候梁实秋帮助父亲晒过里面的藏书。梁咸熙爱读《扬州十日记》《大义觉迷灵》等书，并常把其中的故事讲给梁实秋听。

在梁实秋的小学教育中，"写字是一件大事，在'念背打'教育体系当中占一个很重要的位置。从描红模子的横平竖直，到写墨卷的黑大圆光，中间不知有多大勤苦。记得小时候写字，老师冷不防地从你脑后把你的毛笔抽走，弄得你一手掌的墨。这证明你执笔不坚，是要受惩罚的。这样恶作剧还不够，有的在笔管上套大铜钱，一个，两个，乃至三四个，摇动笔管只觉头重脚轻"（梁实秋《雅舍忆旧·写字》）。

那时候北京的冬天很冷，大姐给他用绒绳织了两个网子，一装墨盒，一装墨水瓶，同时做了一副棉手筒，梁实秋两手伸进筒内，提着从一个小孔塞进的网绳，于是两手不暴露在外而可提携墨盒、墨水瓶了，缓解了冬天冻手的问题（《梁实秋散文·北平的冬天》，人民文学出版社）。后来在清华读书时，他也每天早晨起床后先练习写大字，还组成了一个名叫"清华戏墨社"的写字小圈子。

收获满满的清华生活

1915 年 8 月末，梁实秋作为中等科的一年级生来到了清华园，这次离家被他称为"第二次断奶"。同学们来自各个省份，梁实秋是北平人，北平人不多，但占有天时地利的优势。一到星期天，他交上一封家长的信，就能获准出校返家。梁实秋回到家里，母亲就要亲自下厨给他"炒冬笋木耳韭菜黄肉丝"。梁实秋的母亲是个烹饪高手，就连玉华台饭庄的核桃酪的手艺她也不以为然，有很多拿手绝技。

清华要求严，规矩多，梁实秋刚到清华，每次碰见校长周寄梅（周诒春，字寄梅）不敢直视，觉得胆战心惊。清华对德的修养特别着重，学校规定每两个星期写家书一封，交到斋务室登记才能寄出，北平的学生也不例外。清华的学生身上不许带钱，一律存在学校，平时用钱哪怕一角都要记账。

梁实秋的文学创作从清华起步。在清华园里看小说属于被禁之列，但梁实秋喜欢看，还买了一部《绿牡丹》，躺在床上偷偷地看，曾被教务处检查卫生的先生发现，但好在没有受到进入"思过室"的处罚。

在写作上，让他获益最多的是国文教师徐镜澄。徐老师教他作文方法，写文章要开门见山，避免废话，舍得割爱。

清华的课程以英语为主，梁实秋应对有余，最使他头疼的是数学和体育。在小学的时候，梁实秋的数学就是"老大难"。进入清华，体育又是一件头疼的事请。梁实秋跑四百码，要用九十六秒才到终点，人也差不多昏了过去。铁球、铁饼、标枪、跳高、跳远也只是勉强及格。最困难的是游泳，按照当时清华的规定，不会游泳就不能毕业，也不能留洋。据梁文骐回忆："父亲爱看体育竞技。但体育运动是父亲之所短。在清华读书时，马约翰先生主管体育，督导甚严。父亲的游泳课不及格。补考，横渡游泳池即可。据父亲说，砰然一声落水，头几下是扑腾，紧跟着就喝水，最后是在池底爬，几乎淹死。老师把他捞起来，只好给他及格。"（梁文骐《我的父亲梁实秋》）

"五四运动"爆发时梁实秋十八岁，已进入中等科四年级学习的他参与了这场运动。经过这场大变革，梁实秋对知识的渴望更是急切。他对阅读到了一种痴迷的状态，胡适的《实验主义》《尝试集》《短篇小说集》《中国哲学史》，周作人的《欧洲文学史》《域外小说集》，王星拱的《科学方法论》，潘家洵译的《易卜生戏剧》，托尔斯泰、萧伯纳、罗素、柏格森、泰戈尔、王尔德都是他阅读的内容。

1920年，梁实秋与一些学友发起组织"小说研究社"，第二年改名为"清华文学社"，闻一多任书记，梁实秋为干事。在《清华周刊》梁实秋任编辑。《清华周刊》是学生刊物，上至总编，下至发行，大都由学生担任。梁实秋给《清华周刊》写社论和编辑每一个星期的稿，在写稿和编辑刊物上得到初步练习，他的写作起步也就是从这时开始的。梁实秋第一篇翻译小说《药商的妻》1920年9月发表于《清华周刊》增刊第6期；第一篇散文诗《荷水池畔》1921年5月28日发表于《晨报》第7版。利用在《清华周刊》做编辑的机会，梁实秋访问过胡适等不同的文化名人，领略到他们鲜明的个性和为人处世的态度。

梁实秋除了结识了胡适等导师级人物，也结识了程季淑。程季淑是安徽绩溪人，出身名门，比梁实秋年长两岁。她的祖父曾官至直隶省大名府知府，父亲在北京经营笔墨店。当时程季淑已从北京女高师毕业，在北京女子职业学校教书。

他们的第一次约会是 1921 年的秋天，在程季淑的一个女伴的介绍下，在北京女子职业学校的会客室里。当时梁实秋送给程季淑一张他的照片，程季淑很喜欢。若干年后，这张照片放进了程季淑的棺材内，成为她的永久陪伴。

留学美国

1923 年 6 月，梁实秋从清华毕业，按照清华的人才培养方向，毕业后应该走上出国道路，但梁实秋有些犹豫，他不想离开北京，也不想去美国。早在一年前，他就和清华的挚友闻一多一起交流去美国有没有必要，"早听说美国是汽车的王国，去了是否被汽车撞死？"结果，提前一年到达美国的闻一多写信给梁实秋："我尚未被汽车撞死……国外的生活能大开眼界。"（高维生《才情梁实秋》）1923 年 8 月，梁实秋带着程季淑送给他的《平湖秋月图》起身到上海，坐船去美国。

在杰克逊总统号上，梁实秋遇到了许地山和冰心。冰心那时已经小有名气，发表的《繁星》和《春水》等作品，梁实秋已经阅读过。于是在船上，这个年轻人决定临时办一个壁报——《海啸》，冰心著名的《乡愁》《惆怅》《纸船》等，都是在此期间完成。后来他们选了十四篇作品以《海啸》为专辑，发表在《小说月报》第 11 期上。

1923 年秋，梁实秋来到了坐落于美国西部的小城珂泉，哈佛大学属下的科罗拉多大学就坐落在这里。梁实秋很喜欢珂泉，他买了十二张风景明信片寄给闻一多，一个星期后闻一多也来到了这里。

他们先是在一个报馆排字工人家里各租一间房，后来为了省钱搬到了学校宿舍。梁实秋的数学底子很差，所以在大学他补修了数学课，另外选修了"近代诗"和英国后期浪漫主义诗人"丁尼逊与勃朗宁"。获得文学学士学位后，他申请就读哈佛大学研究生院。一年后梁实秋来到波士顿的哈佛大学学习批评文学。在哈佛，给梁实秋影响最大的是比较文学的权威

白璧德教授。白璧德偏好秩序、稳健、理性，抵触偏激、冲动、非理性的言行，这很符合梁实秋的口味。吴宓、陈寅恪、林语堂都是白璧德的崇拜者。在哈佛大学，中国留学生很多，几个人合租了一处公寓，大家过起"初级共产主义"的生活。

1925 年，波士顿地区的中国留学生在美术剧院上演《琵琶行》，剧本是梁实秋翻译的，并且饰演蔡中郎。事后冰心与梁实秋开玩笑说"朱门一入深似海，从此秋郎是路人"（仿唐代诗人崔郊《赠婢》中的诗句"侯门一入深似海，从此萧郎是路人"）。"秋郎"从此变成了梁实秋的笔名。

1925 年秋，梁实秋便离开哈佛，转学到纽约的哥伦比亚大学。关于转学的原因，现存资料很少，有人猜测可能与哈佛大学拉丁文和现代外语水平（法语或德语）的要求有关。就在梁实秋在哥伦比亚大学顺风顺水地学习的时候，国内的程季淑来信，告诉梁实秋说家里正在给她介绍对象，再不回来就要嫁人了。梁实秋只能提前两年回国，还好他的学业已经完成。

1926 年 7 月，梁实秋乘"麦金莱总统号"客轮回到中国。

1926 年 8 月，梁实秋南下南京，到东南大学任教，讲授《英国文学史》，这一年他年仅二十三岁。他在东南大学校门对面租下一栋平房，一切布置妥帖后，写信给程季淑："新房布置一切俱全，只欠新娘。"（梁实秋《槐园梦忆》，载《梁实秋散文》第二集，中国广播电视出版社）同时在《晨报》副刊上发表了《与自然同化》《卢梭论女子教育》《喀赖尔的文学批评观》《文学批评辩》《西塞罗的文学批评》等文。

1927 年 2 月 11 日，梁实秋与程季淑在北京南河沿欧美同学会举行了隆重的婚礼。婚礼很热闹，称得上高朋满座。出现的一个小插曲是，梁实秋不小心在婚礼上把结婚戒指丢了。这时程季淑表现出了大家闺秀的修养，她安慰梁实秋："没关系，我们不需要这个。"（梁实秋《槐园梦忆》，载《梁实秋散文》第二集，中国广播电视出版社）

梁实秋婚后，国民革命军已逼近南京。在父亲的劝说下，梁实秋夫妇乘火车离开北京前往南京。随即他们乘船前往上海，在爱文义路租了一个廉价的房子安居下来。

北伐军占领南京东南大学后，改名为中央大学，梁实秋没有得到许聘。从 5 月 1 日起，梁实秋主编《时事新报》副刊《青光》。梁实秋接办《青光》后，

规定旧式文言文的稿子一律不用，只用白话文，应酬性的敷衍之作全部排除，只采用较严肃的或幽默的作品，而且尽量采用来稿。梁实秋除了编稿外，还为《青光》写一些千字左右的小短文，这些短文后来挑选了四十六篇，辑为一册，题为《骂人的艺术》，由新月书店出版。8月梁实秋到暨南大学执教，并在复旦大学、光华大学等兼课，于是辞去了《青光》的职务。

1927年，胡适、徐志摩、丁西林、叶公超、闻一多等齐聚上海，经过酝酿，决定开办一个新月书店。新月书店的出现，为梁实秋活跃的思想提供了一个展示的平台。

1927年8月，由新月书店出版了梁实秋的《浪漫的与古典的》，这是他的第一本文学论文集。

1928年年初，梁实秋在《新月》创刊号上发表了一篇《文学的纪律》，主要包括五点，这是他对作家从事文学创作所提的要求，也体现了"新月派"对文学创作的基本看法和所遵守的准则；1928年4月10日，梁实秋又在《新月》1卷2号上发表《文人有行》，批评了中国传统文人沾染的不良嗜好；1928年6月10日，梁实秋在《新月》月刊1卷4号发表《文学与革命》，否定文学的革命性；1928年12月10日，《新月》月刊1卷10号发表了梁实秋的《罗素论思想自由》，针对国民党的专制统治，"提出天下最专制的事无过于压迫思想"（《才子梁实秋》）；针对鲁迅和左翼提出的批评，1929年7月10日，《新月》第2卷第5号上，梁实秋发表《论批评态度》；1929年9月10日，《新月》第2卷第6、7号合刊发表《文学是有阶级性的吗》，一文宣扬文学是没有阶级性的。在这一时期，梁实秋的主要辩论对手就是鲁迅，他们之间的辩论，是从1927年6月4日梁实秋在上海《时事新报·学灯》上发表《北京文艺界之分门别户》一文开始的。1927年10月11日《复旦周刊》创刊号重新刊出了梁实秋的《卢梭论女子教育》。当时鲁迅非常推崇卢梭，见有人攻击他的偶像，他当即在《语丝》周刊上发表了《卢梭与胃口》杂文。鲁迅的《丧家的资本家的乏走狗》的发表是论战进入高潮的标志。从鲁迅与梁实秋当时的声望和能力来说，二人本来就不在一个层次，即使梁实秋再能骂人，也只能被骂得体无完肤。

但梁实秋十分尊敬鲁迅。鲁迅去世后，梁实秋选择保持沉默，再也没有说过一句他的坏话。当他去台湾讲学的时候，学校要取消在课本上的鲁

迅文章，梁实秋非常反对这种行为。就像伏尔泰所说："我不同意你说的话，但我誓死捍卫你说话的权利。"按照梁实秋自己的话说，二人之间的辩论，不是因为个人恩怨，只是对同一个问题有着不同的看法和理解。

1927年12月1日，程季淑生下了大女儿梁文倩。1929年，梁实秋把家搬到上海爱多亚路1014弄。1930年4月15日，儿子梁文骐出生。

1930年，蔡元培任青岛大学筹备主任，成立了国立青岛大学，杨振声出任第一任校长。杨振声到上海邀请梁实秋和闻一多去青岛大学执教。经考察，闻一多被聘为中文系主任，梁实秋被聘为外文系主任兼图书馆馆长。梁实秋一家住在了鱼山路四号。第二年，他们把家搬到鱼山路七号，在院子里种满了果树，程季淑的母亲也来到了这里。1933年2月25日，梁实秋女儿梁文蔷在这里出生。

在青岛大学任教期间，梁实秋在胡适的号召下，开始翻译莎士比亚的作品，截至抗战开始，已经翻译了《哈姆雷特》《麦克白》《李尔王》《奥赛罗》《威尼斯商人》《如愿》《暴风雨》《第十二夜》八部。

在青岛大学的生活，对于梁实秋来说还是相当愉快的。校长杨振声在校务会后经常在顺兴楼或厚德福设宴招待同人。顺兴楼是当地的老馆子，比较著名的有爆双脆、锅烧鸡、酱汁鱼、烩鸡皮、拌鸡掌、黄鱼水饺等；厚德福是北平的馆子，后在梁实秋的影响下，老板陈莲唐在青岛开的分号，拿手菜是清炒或黄焖鳝鱼、瓦块鱼、琵琶燕菜、铁锅蛋、核桃腰、红烧猴头菇等。经常在一起的有杨振声、赵太侔、闻一多、梁实秋、陈季超、刘康普、方令孺、邓中存，他们号称是"酒中八仙"，每次要喝三十斤的花雕。不只喝酒，还要猜拳，行酒令。自谓"酒压胶济一带，拳打南北二京"。

除了喝酒，梁实秋当然还要战斗。从1932年下半年起，他经常在刘士英编的《图书评论》和他自己执编的天津《益世报》所属的《文学周刊》发表文艺评论文章，与鲁迅、左翼作家等多人进行涉及多领域的辩论。1934年7月，他将《新月》时期和这期间发表的文章挑选了三十一篇，编为《偏见集》，由正中书局出版。

九一八事变后，青岛大学的学生去南京请愿，在校务会上，他支持校方开除了为首的若干学生。1934年7月，梁实秋携家眷离开青岛大学，前往北京大学任外文系主任的同时担任研究教授。回到北京后，年事已高的

父母非常高兴，这让梁家三代大小十余口人重新过上了安稳的生活。

梁实秋在北大具体讲授英国文学史和英文诗歌这两门课程。鉴于梁实秋的名气，开学之初，一下聚集了一百多人前来听讲。但是他的英国文学史是用中文讲课，这引起英文系二年级同学的不满，认为梁实秋不能用英语讲课。再有就是他对学生的态度好像也不十分友好。据《梁实秋在北大》一文说："我向大家讲这门课程，其材料的来源我不告诉大家。假如你们有看书看得多者，知道这是从何处截取来的，也没多大关系。总之，我就照着这样讲下去。""我教你们读诗，就是读诗而已。至于诗的内容，诗的音调，如何去鉴赏，我都不教。"（《梁实秋在北大》，《大学新闻周报》1934年10月5日）如此一来，英文系的学生准备把梁实秋轰下讲台，后来还是胡适出面，双方妥协，梁实秋才化解了这个危机。

在北大校园里，梁实秋又结识了一些新朋友，其中就有周作人与朱光潜。朱光潜对梁实秋的影响很大，二人之间不同美学思想的争辩，堪称三十年代文坛各种论争的一个典范。

1935年11月，梁实秋创办了《自由评论》周刊。在创刊号上，梁实秋在发表了《算旧账与开新账》的文章，呼吁政府还政于民，实行法治。

1937年6月，由北平市市长秦德纯出面，邀请梁实秋参加了庐山谈话会。能够得到蒋介石的重视，梁实秋很开心。到达庐山后梁实秋发现，蒋介石并不是真心想听取他们的意见，这让梁实秋感到很失望。

1937年7月，北平沦陷后，梁实秋的北大同事张忠绂的朋友偷偷告诉他，他已经上了日本人的黑名单，以先走为上。而此时程季淑的老母亲重病在身，程季淑无法随行，于是他只身离开北平南下。夫妻一别就是六七年，直到1943年程季淑的母亲病故后，她才带着孩子们来到重庆，与梁实秋团聚。

梁实秋登上了去天津的火车，然后取道青岛、济南，奔赴南京，投效政府。在南京，教育部发给梁实秋二百元生活费和"岳阳丸"头等船票一张，让他前往长沙候命。一个月后，叶公超等人推举梁实秋返回北平接教授们的家属，于是梁实秋赶紧动身搭船一路奔波返回北平，在北平三个月后，由于岳母身体原因，程季淑还是不能随行，他只好自己一人返回后方。

1938年7月，在汉口召开的第一届一次国民参政会上，梁实秋当选参

政员。此后，直至抗战胜利后，梁实秋连续参加了四届参政会。10月，梁实秋参加教育部的"中小学教科书编辑委员会"，担任特约编辑兼教科书编委和中小学教科书组主任。梁实秋主编了两套中小学教材。

1938年9月，梁实秋应邀担任《中央日报》《平明》副刊主编。12月1日，梁实秋在《平明》发刊之日发表了一篇《编者的话》。此文刊出后，立即引起了强烈的反响，鲁迅、老舍、王任叔等将梁实秋当作鼓吹"文学与抗战无关"论者而加以批判，直至20世纪80年代。1939年4月，梁实秋和教材编委会人员奉命疏散至重庆北碚，他辞去了《平明》副刊主编职务。

1939年9月，梁实秋与吴景超夫妇一起出资购买北碚主湾10号平房一栋，梁实秋将其命名为"雅舍"，老舍、冰心等人经常到这里聊天叙旧。1940年，应刘英士邀请，梁实秋在《星期评论》陆续发表小品文《雅舍》《孩子》《音乐》《信》《女人》《男人》等十篇小品，总体为"雅舍小品"，之后又在《时与潮》副刊等发表了《狗》《客》《脸谱》等七篇小品文，翻译了《亨利四世》下篇、《呼啸山庄》、《吉尔先生之情史》等。1940年1月，国民参政会第一届第四次大会决议组织"国民参政会华北慰劳视察团"，梁实秋、余家菊是慰劳视察团的团员。慰劳视察团的任务是"宣达中央意旨，慰问居民，并视察居民状况，及其他文化、宣传、交通、经济等事项"（刘炎生《才子梁实秋》）。慰劳视察团的行程路线，包括延安。梁实秋对延安抱有很大的兴趣，他很想亲自看看共产党控制的地方究竟是什么样子。在西安，他们接到了从重庆转来的毛泽东主席的电报，毛泽东表示欢迎慰劳视察团前往延安，但不欢迎梁实秋与余家菊，理由是他们"拥汪主和"。对此梁实秋虽有辩解，但慰劳视察团也只能取消延安之行。

从1940年7月起，梁实秋担任编译馆社会组主任及翻译委员会主任。他们翻译了《资治通鉴》《罗马史》《诗学》等一些中外世界名著，梁实秋自己写了十几篇"雅舍小品"。1944年夏天，程季淑与三个孩子来到重庆，与梁实秋团聚。抗战胜利后，梁实秋一家在重庆等待返回北平。1946年7月，闻一多被杀害，梁实秋愤怒不已。1946年秋，梁实秋一家搭乘国民参政会的专轮离开重庆直下南京，然后取道上海，搭乘飞机返回北平，与父母团聚。

回到北平后的梁实秋担任了北平师范大学英语系教授。利用寒假，他到国民党东北保安司令杜聿明创办的沈阳东北中正大学兼课。1947年1月

起，应耶鲁大学博士、中央研究院院士张纯明的邀请，梁实秋陆续在《世纪评论》和天津《益世报·星期小品》等刊发表"雅舍小品"十四篇。

1948 年 12 月 13 日，梁实秋带着文骐、文蔷动身赴天津。16 日乘"湖北轮"经仁川、釜山、中国香港，于 1949 年元旦抵达广州。程季淑随后动身从北平乘飞机到南京，经上海赴广州与梁实秋相会。梁文蔷则留在北京大学继续求学。

在广州，梁实秋经常到中山大学英语系讲课，与系主任林文铮成为好朋友。

中国人民解放军渡江战役胜利后，国民政府教育部部长杭立武来到中山大学，邀请梁实秋去台湾参加编译馆的工作，梁实秋接受了这一邀请。

1949 年 6 月底，梁实秋与程季淑和次女梁文蔷乘华联号轮船抵达台湾基隆，梁文骐则因为考上北京大学返回了北平。

梁实秋的老同学徐宗涑派人把梁实秋一家从基隆带到台北。在台北，由徐宗涑介绍，梁实秋认识了林挺生。林挺生在台湾致力于经营实业，由于仰慕梁实秋的学问，便请他们住进自己的一栋日式房屋德惠街一号。

全家安顿后不久，梁实秋便被林挺生聘为"大同工业学校"董事长并授课，7 月，台湾师范学院院长刘真带着聘书前往梁实秋下榻之所，聘他为英语系教授。

此后，梁实秋代理了编译馆馆长的职务，但是不久他就辞去了代理馆长，并离开了编译馆。

1949 年 11 月，梁实秋《雅舍小品》由台湾正中书局出版。《雅舍小品》出版后，立即受到台湾读者的欢迎，"誉之者盛称篇篇短小精悍，举凡人性百态，顺手拈来……严肃中见幽默，幽默中见文采"（关国煊《梁实秋先生略传》，载《台湾传记文学》第五十一卷第六期）。1960 年，时绍瀛将《雅舍小品》译成英文，由台湾远东图书公司出版，远销北美和东南亚各地。据说《雅舍小品》"先后印出三百多版，至今销售不衰"（梁文茜《忆雅舍》，《新文学史料》1993 年第 4 期）

1952 年，台湾大学拟聘请梁实秋任教，并特地准备一栋相当宽敞的宿舍给他，而台湾师院为了挽留梁实秋，也决定拨一栋宿舍给他。最后梁实秋听从程季淑的意见留在了台湾师院。这一年夏天，梁实秋一家搬进了云

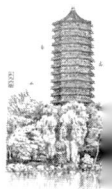

和街 11 号。

1953 年，梁实秋在台湾师院任英语系主任。1955 年 6 月，师院改名为师范大学后，梁实秋任文学院院长兼英语系主任，1956 年又兼任英语研究所主任。在梁实秋担任文学院院长期间，受到了美国亚洲协会的资助，创立"英语教学中心"。1956 年梁实秋又与美国康奈尔大学合作，创办"国学教学中心"。在文学院，梁实秋建立了国文研究所和英语研究所，1956 年招生，是台湾各大学中最早成立的国学研究所，而且最早开设了博士班。

对于英语教学，梁实秋十分重视，他认为各系一年级的"基本英语"课特别重要，一定要由最好的教授任教。梁实秋还先后主编了《远东英汉辞典》《远东迷你英汉辞典》《远东英汉大辞典》《远东英汉五用辞典》《远东专科英语读本》《新中兴本高职最新英文读本》《革新本远东高中英文读本》《革新本远东初中英语读本》等。

1958 年，梁文蔷赴美留学后，梁实秋夫妇在安东街 309 巷买了一块地皮，1959 年 1 月迁入新居。

1958 年，由远东图书公司出版了梁实秋的《谈徐志摩》。1962 年台湾重光出版社出版了《清华八年》。1963 年 1 月《文星杂志》第 63 期发表了《忆新月》。

1960 年 7 月，梁实秋参加了在美国西雅图召开的学术合作会议，会上他代毛子水宣读了《人文状况》一文，受到了与会者的欢迎。会后梁实秋前往伊利诺伊，看望新婚后的女儿梁文蔷。二十天后梁实秋返回台湾。1964 年，台湾文星书店出版了梁实秋的《文学因缘》。1966 年夏，六十四岁的梁实秋向台湾师范大学正式提出退休申请。8 月 14 日，台湾师大英语系及英语研究所同人在欣欣餐厅设宴，为梁实秋举行了退休仪式。

退休后的梁实秋并没有沉醉于游山玩水的生活，而是立即扑在翻译莎士比亚戏剧的事业上。早在梁实秋从重庆回北京时，他的父亲就询问过翻译莎士比亚戏剧的进展情况。因为抗战期间，他只翻译了一部，父亲嘱咐他"无论如何，要译完它"（梁实秋《槐园梦忆》，载《梁实秋散文集》第二集，中国广播电视出版社）。梁实秋为完成夙愿达到了废寝忘食的地步，经过一年的拼搏，终于翻译完莎士比亚戏剧三十七种。他接着又用了一年的工夫翻译了莎士比亚的三部诗集，至此便名副其实地完成了《莎士比亚

全集》（四十册），共四百万字，并于 1967 年至 1968 年由远东图书公司出版。

　　1969 年年初，在梁实秋的主持下，《徐志摩全集》（六册）出版。

　　1970 年 4 月 21 日，梁实秋与程季淑飞往美国西雅图梁文蔷家里，补度他们的"蜜月"。6 月底他们在梁文蔷夫妇的陪同下，祖孙三代抵达华盛顿。离开华盛顿后，他们又来到了纽约，在纽约停留四天后，来到了尼亚加拉瀑布，后经加拿大返回美国底特律。在底特律，他们参观了福特汽车生产厂，两天后返回西雅图。四个月后，8 月 19 日，梁实秋一行返回台湾。返台后梁实秋写了《西雅图杂记》一书，于 1972 年由远东图书公司出版。

　　1972 年 2 月，美国总统尼克松访华后，中美关系走向正常化。梁实秋认为国际形势急剧变化，于是他下了决心卖掉台湾的住房，于 5 月 26 日到美国。1974 年 4 月 30 日，梁实秋与程季淑来到居所附近市场买一些午餐的食物，这时市场门前的一个铁梯突然倒下，正好击中了程季淑头部。经抢救无效后，程季淑与世长辞，终年七十四岁。5 月 4 日，程季淑安葬于西雅图市北的槐园。梁实秋将程季淑第一次见到他时的一张照片放入她的棺内。之后在程季淑的墓地旁边为自己买下了一块墓地，准备将来与她葬在一起。8 月 29 日，梁实秋写成《槐园梦忆》一书，于 1974 年由远东图书公司出版，到 1975 年 4 月，竟接连印行五版。

　　程季淑去世后，梁实秋虽然与女儿一家住在一起，但他自己感觉是在西雅图过着"单身监狱"的生活。远东图书公司的老板出于好心，借着出版《槐园梦忆》的机会，让梁实秋到台湾散心。1974 年 10 月 3 日，梁实秋从美国飞回台湾，下榻于仁爱路四段华美大厦 10 楼 213 房间。在这里，梁实秋遇到了韩菁清。

　　11 月 27 日，台湾著名歌星韩菁清跟随谢仁钊到远东图书公司去取一本梁实秋主编的《远东英汉大字典》。谢仁钊与梁实秋本是朋友，听说梁实秋从美国回来后，谢仁钊带韩菁清去拜访梁实秋，并请他到林森路统一饭店喝咖啡。在交谈中梁实秋觉得韩菁清有一定的古文功底，二人有相见甚晚的感觉。

　　这次见面，给梁实秋留下了很深的印象。韩菁清的出现对于梁实秋来说"是一位小天使，自天而降，光眼夺目，她慑服了我，我五体投地地佩

服她"。后据梁实秋说："我和你的姻缘在那一瞬间已经决定。"（叶永烈选编《梁实秋韩菁清情书选》，上海人民出版社）韩菁清的回忆是："我在回忆我们第一次约会，遇那爱情的萌芽。天啊，真是甜蜜的一段情呢！"（叶永烈选编《梁实秋韩菁清情书选》，上海人民出版社）连续几天的约会下来，韩菁清感觉到梁实秋在爱着自己，而她也爱上了梁实秋。

但年龄的差距使韩菁清感到畏惧，韩菁清甚至带梁实秋去看相，怎奈梁实秋用情书做"炸弹"，"炸"得韩菁清也不知所措了。

1975 年 1 月 11 日，因为要处理程季淑意外身亡的诉讼案，梁实秋暂时返回美国西雅图。在离别之前，梁实秋向韩菁清表示将尽快返台与她结婚。3 月 29 日，梁实秋飞回台北。第二天台湾电视台播出了梁实秋返台的电视新闻，报纸以《相识五个月，相思六十天》为题，刊载了梁实秋返台和准备与韩菁清结婚的详细报道。

1975 年 5 月 9 日，七十二岁的梁实秋与四十四岁的韩菁清顶住了多重压力，在台北国鼎川菜厅举行了婚礼，证婚人是林挺生。

结婚后，梁实秋的精神状态变得年轻、愉快、充满活力，韩菁清从衣、食、住多方面，全方位对梁实秋进行了细心的照顾，为梁实秋提供了一个很好的生活与写作环境。在此之后，梁实秋大量的作品连续出版发行，可以证明这段婚姻给他带来的好处。

从 1975 年起，梁实秋为报纸副刊"四宜轩杂记"专栏撰稿，至 1978 年 10 月，他将发表过的文章集结为《梁实秋札记》一书，由时报出版公司出版。1980 年 1 月，梁实秋的《白猫王了及其他艺术》由台湾九歌出版社出版。

1974 年后，梁实秋与身在大陆的梁文茜经梁文蔷取得联系，后经国民党疏通后，他获准跟大陆的子女可以直接信件往来。1980 年 6 月，梁文骐随同华罗庚到香港参加一个数学会议，梁实秋闻讯后立即从美国赶来香港，见到了梁文骐。1981 年，梁文骐前往美国留学，带着两个女儿住在梁文蔷家里。暑假时，梁实秋专程前往梁文蔷家看望了梁文骐和两个孙女。1982 年 6 月，梁文茜去美国西雅图探望梁文蔷，梁实秋也赶到了那里与女儿会面。

1985 年 1 月，梁实秋的《雅舍谈吃》由台湾九歌出版社出版，这是一本专门谈饮食文化的散文集，通过对大陆饮食文化的介绍，表现出对梁实

秋的大陆故土尤其是北京的追忆。在《馋》中，梁实秋的描写是："北平人馋，……开春吃春饼，随后黄花鱼上市，紧接着大头鱼也来了，恰巧这时候后院花椒树发芽，正好掐下来烹鱼。鱼季过后，青蛤当令。紫藤花开，吃藤萝饼；玫瑰花开，吃玫瑰饼；还有枣泥大花糕。到了夏季，'老鸡头才上河哟'，紧接着是菱角、莲蓬、藕、豌豆糕、驴打滚儿、艾窝窝，一起出现。席上常见水晶肘，坊间唱卖烧羊肉，这时候嫩黄瓜、新蒜头应时而至。秋风一起，先闻到糖炒栗子的气味，然后就是焦烤涮羊肉，还有七尖八团的大螃蟹。'老婆老婆你别馋，过了腊八就是年'，过年前后，食物的丰盛就更不必细说。一年四季的馋，周而复始的吃。"（梁实秋《雅舍谈吃》，台湾九歌出版社）这不是真的馋，而是一种品味，对过去生活的咂摸，对美食文化的理解。

1985 年 8 月，梁实秋的《英国文学史》和《英国文学选》由台湾协志工业丛书出版社出版；1986 年又出版了《雅舍小品》第四集。1985 年和 1987 年，梁实秋的《雅舍散文》一集、二集由台湾九歌出版社出版。

改革开放后，大陆对梁实秋一些言行做了重新的评价。

1986 年后梁实秋加快了衰老的速度，原有的糖尿病也更加严重。他的听力明显下降，行动也极为不便，基本上杜绝了社交往来，只是每天在家翻阅一些经史子集等古籍著作，尤其是韩愈的文章和杜甫的诗，他经常表示"遗憾至今有家归不得"（叶永烈《梁实秋的梦》，上海书店出版社）。

1987 年 10 月 1 日，就在台湾当局宣布开放民众赴大陆探亲政策的前一天，梁实秋病倒了。当晚 11 点，梁实秋正独自在书房写作，突然感到心脏不适，打电话给住在台北南岗的梁文骐。梁文骐赶到后与韩菁清一起把梁实秋送进台北中心诊所，经医生诊断为心肌梗死，并发出病危通知。11 月 2 日，梁实秋自己有了不祥的预感，说："菁清，我对不起你，怕是不能陪你了。"（叶永烈《倾城之恋》，江苏文艺出版社），他嘱咐韩菁清回家把装有他遗书的皮箱打开。11 月 3 日上午 8 时，梁实秋走完了自己的人生。

按照梁实秋的意愿，治丧之事一切从简，不组织治丧委员会，不发讣告，不登报，不举行公祭，不收奠仪，不举行任何宗教仪式。

11 月 8 日，韩菁清、梁文骐、梁文蔷和梁实秋的生前好友多人将他安葬在台湾淡水北新庄北海公园墓地。梁实秋穿着长袍马褂安卧在棺木里，身边放着文房四宝和他的著作《雅舍小品》《槐园梦忆》等。墓前竖立着由韩菁清题写的"梁实秋教授之墓"。

林徽因

人间四月

位于北京西郊的八宝山革命公墓是北平和平解放后，遵照周恩来"建立革命烈士墓地、教育人民群众"的指示，于 1949 年 11 月创建的。公墓内遍植苍松翠柏、庄严肃穆，是很多革命先烈最后的安栖之所。六年后，这里迎来了它的主体建筑格局设计者——中国著名建筑师、诗人和作家林徽因。

自古杭州出美女

林徽因是福建闽县（福州）人。林徽因的祖父是林孝恂，1889 年（光绪十五年）进士，初授翰林院编修，后历任浙江金华、石门、仁和、孝丰知县和海宁知州，在任期间创办了养正书塾、桑蚕职业学堂，是清朝末年创办新学的先驱之一。父亲林长民于 1897 年（光绪二十三年）中秀才，曾受教于林纾（林纾，字琴南，近代文学家，新文化运动的反对者）、林白水（林白水，字少泉，中国近代史上著名的记者、报人、新闻工作者），从小打下了深厚的国学基础，又受到了新学的启蒙教育。

林徽因 1904 年 6 月 10 日出生于杭州，是父亲林长民和母亲何雪媛结婚八年后的第一个孩子。何雪媛出身于浙江嘉兴一个商人家庭，十四岁嫁给林长民做二夫人。何雪媛既不懂琴棋书画，又不善操持家务，与风流儒雅、才华超群的林长民很不般配，所以既得不到丈夫的疼爱，也得不到公婆的欢心，就连住处也是在杭州蔡官巷林家宅子的最后一间院子东边的房间里。

林徽因本名"徽音"，是祖父按照《诗·大雅·思齐》"大姒嗣徽音，则百斯男"之意所取。三十年代初，她经常有作品见诸报刊，而另一位经常写诗的男作者也叫林徽音，报纸杂志在刊发他们的作品时，时常把两个人搞混，从那以后才女林徽音就改名成"林徽因"，按照林徽因的说法："我不怕人家把我的作品误作是他的，只怕将来把他的作品错当成我的。"（张清平《林徽因传》，百花文艺出版社）

1906 年，林长民赴日本留学，入早稻田大学，学习、研究政治经济，两岁的林徽因与母亲跟着祖父母一起生活。林徽因四岁时，祖父林孝恂让她由大姑母林泽民授课发蒙。与林徽因一起读书的还有大姑母的女儿王孟瑜、王次亮，三姑母的女儿曾语儿。几个姐妹中，林徽因年龄最小，也最贪玩，听讲时漫不经心，背起书来却滔滔成诵，口齿伶俐清楚，显得聪颖灵秀。

林徽因六岁时出水痘，"不过我家乡的话叫它做水珠。当时我很喜欢那美丽的名字，忘却它是一种病，因而也觉到一种神秘的骄傲。只要人过我窗口问问出'水珠'么？我就感到一种荣耀"（林徽因《一片阳光》）。

1910 年，林长民从早稻田大学获得学士学位毕业回国，在福建创办了福州私立法政学堂，担任校长。南京临时政府成立后，他就任临时政府参议院秘书长，后担任段祺瑞政府司法总长。随着林长民升迁的脚步，林徽因一家由杭州搬到上海。

1912 年冬天，八岁的林徽因随祖父迁居到了上海，住在福建南路 129 弄的精益里。林徽因与表姐妹们一同进入上海市爱国小学上学，这是一所由著名教育家蔡元培先生于 1901 年创办的学校，是"中国百所名校"之一。由于林长民与何雪媛的第二个女儿夭折，在上海林长民迎娶了他的第三位夫人程桂林。程桂林的到来，为林徽因增添了几个弟妹，也为她和母亲增添了许多烦恼。多年以后，她在《大公报》文艺副刊上发表的题目为《秀秀》的小说反映了她的心绪，不过这并不影响她依然是林长民最喜爱的孩子。

1914 年，十岁的林徽因又随同祖父一起来到北平前王公厂与父亲林长民同住。第二年，林徽因随家人迁居到天津英租界红墙道，父亲林长民仍住在北京。后来林徽因一家又搬迁到巴克斯道（今天的保定道）。这期间，照顾两位母亲及弟弟妹妹，还有时常与父亲通信商讨家事等诸多家务，都是由林徽因承担，十多岁的她几乎成了家里的主心骨。林徽因的挚友、美国著名汉学家费正清的夫人费慰梅曾回忆："她的早熟使家中的亲戚把她当成一个成人而因此骗走了她的童年。"（陈学勇《莲灯微光里的梦：林徽因的一生》，人民文学出版社）

巧遇梁思成

林徽因十二岁那年，家里把她和三个堂姐一起送进英国教会办的培华女子中学读书。这所学校有严格的校规，教师都是外籍的，全部用英语授课，学生平时住在学校，只有星期天才可以回家。在这里，林徽因受到了良好的英国贵族式的教育。林徽因美丽聪慧又热情，是学校里最被喜爱的女孩之一。

1919 年夏天，在北京梁启超的书房中，在梁启超和林长民的安排下，

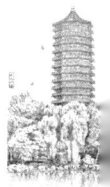

林徽因第一次认识了梁思成。林长民与梁启超本是挚友，林长民十分推崇梁启超。辛亥革命后，林长民极力促成梁启超回国参与政治。在林长民眼中，梁思成是一位青年才俊，在梁启超眼中的林徽因也是一位超凡脱俗的妙龄才女。关于二人的婚姻问题，林长民与志同道合的挚友梁启超早就私下讨论过。关于林徽因给梁思成的第一印象，梁思成和林徽因的女儿梁再冰写道："门开了……年仅十四岁的林徽因走进房来。父亲看到的是一个亭亭玉立却仍带稚气的小姑娘，梳两条小辫，双眸清亮有神采，五官精致有雕琢之美，左颊有笑靥；浅色半袖短衫罩在长仅及膝的黑色绸裙上；她翩然转身告辞时，飘逸如一个小仙子，给父亲留下了极深刻的印象。"（梁再冰《回忆我的父亲》）梁思成自也不俗，只需看看在清华期间梁思成拥有的"最有才华的小美术家""首屈一指的小音乐家""一个有政治头脑的艺术家""跳高王子""美术编辑""管乐队队长""爱国十人团""义勇军中坚分子"等这些荣誉头衔和职务就足以说明问题。两个年轻人开始碰撞出爱的火花。林徽因喜欢和梁思成在一起，他们无论是出身、教养还是文化构成，都有太多相似的地方，性情、趣味的相投使他们的交流十分默契。于是，在培华女中上学的林徽因盼着周末回家，盼着和梁思成相见。

游历欧洲

1920 年北京早春，林徽因收到了一封父亲的来信，信中林长民告诉女儿："我此次远游携汝同行，第一要汝多观察诸国事务增长见识。第二要汝近我身边能领悟我的胸次怀抱。第三要汝暂时离去家庭烦琐生活，俾得扩大眼光，养成将来改良社会的见解与能力……"（王臣《喜欢你是寂静的：林徽因传》，长江文艺出版社）原来，这是林长民辞去北洋政府的司法总长后，将以"国际联盟中国协会"成员的身份，被政府派往欧洲进行为时一年半的访问考察。想到能和父亲一起到欧洲去，林徽因心中仿佛有鲜花在盛开。

两个多月的海上行程后，1920 年夏初，林徽因陪着父亲来到了欧洲。按照出访计划，林长民带着林徽因游历了法国、意大利、瑞士、德国、比利时的一些城市，他们定居的地方是英国伦敦。由于工作需要，林长民经常外出，林徽因独自留在家中，在壁炉旁阅读英文书籍。她读维多利亚时

代的小说，读丁尼生、霍普金斯、勃朗宁的诗，读萧伯纳的剧本，这些书把她带入一个令她心醉神迷的世界。在伦敦，林徽因爱上了建筑，起因是她的女房东是一位建筑师，林徽因常和她一道出去写生作画。在与女房东的交谈中，林徽因知道了建筑师与盖房子工匠的区别，懂得了建筑与艺术密不可分。林徽因因此萌生出了对未来事业的朦胧憧憬。

1920 年 9 月，林徽因以优异的成绩考入了伦敦 St. Mary's College（圣玛丽学院）学习。1920 年 11 月 16 日，一个叫徐志摩的年轻人来拜访林长民。徐志摩，1897 年 1 月 15 日出生于浙江省海宁县硖石镇，父亲徐申如是清末民初实业家，开设有裕通钱庄与人和绸布号，是远近闻名的硖石首富。他给儿子取名"志摩"是因为有一个名叫志恢的和尚，替他摩过头，并预言"此人将来必成大器"。徐志摩在北大读书时曾由张君劢、张公权的介绍，拜梁启超为老师，还举行了隆重的拜师大礼。1918 年，徐志摩赴哥伦比亚大学攻读经济学博士，但徐志摩却喜欢西方文学、哲学，尤其崇拜英国哲学家、剑桥大学的教授罗素，于是便从美国转学到英国。但此时由于罗素在中国讲学，他只好就读于伦敦大学政治经济学院，重新攻读经济学博士，后在著名作家狄更斯的帮助下，成为剑桥大学正式研究生。

徐志摩很快与林长民成为无话不谈的朋友，甚至玩起了互通"情书"的游戏。不仅如此，徐志摩与林徽因也逐渐熟悉起来，他发现林徽因读书很多，而且思维活跃，见识清新。特别是林徽因说英语时标准的牛津音，听起来舒服极了。渐渐地徐志摩再到林家时，已经不再是单纯地拜访林长民，而是想见见林徽因，与她说说话。于是伦敦潮湿的冬雾里，圣诞节与新年的长假期间，温暖的壁炉旁，留下了徐志摩与林徽因无尽的聊天的身影。他们聊拜伦、雪莱、华兹华斯和济慈，不仅仅是背诵，还有背景介绍与点评；他们也谈政治，徐志摩告诉林徽因，德国人太机械，法国人太任性，美国人太浅陋，而英国的现代民主政治是最好的政治制度。他认为英国人是自由的，但不是激烈的；是保守的，但不是顽固的。尽管林徽因不懂政治，但依然为徐志摩所打动。以徐志摩当时的才学，赢得一个涉世未深的浪漫少女的好感不是一件很难办到的事情。

但两人中陷入更深的显然是徐志摩。此时他已与张幼仪结婚六年，并且张幼仪与他的儿子阿欢也正在伦敦伴读。为了林徽因，徐志摩选择了与

张幼仪离婚。

面对徐志摩热烈的追求，林徽因理智地选择了逃避，或是为了梁思成，或是遭到了家人反对，或是自己的童年生活带来的阴影。1921 年在林长民安排下，林徽因随父亲归国，继续在培华女子学校学习。

决定梁思成的命运

伦敦的生活不仅仅给林徽因带来了浪漫的生活，也影响了梁思成的一生。重新回到梁思成身边的林徽因向梁思成谈起了欧洲大陆那些"凝固的音乐""石头的史诗"，梁思成也在这一刻决定了自己的专业选择。

1923 年 5 月 7 日，就在梁思成、林徽因准备赴美留学深造之前，发生了一件重大的事情。这一天是"国耻日"，北京各大专院校的学生将在这一天到天安门前举行集会。梁思成与弟弟梁思永骑着大姐思顺送给他的摩托车向长安街驶去，追赶游行的队伍。当摩托车行驶到南长街口进入主道时，被北洋政府陆军部次长金永炎的轿车撞到。肇事者没有下车进行救护，只是从车窗里扔出一张名片留给前来处理事故的警察，然后驾车而去。门房老王赶到出事地点，把梁思成背回家。医生赶来后，做出了初步的检查和诊断，梁思成腰部以上没有任何问题，可能是左腿骨折，救护车把梁思成送进了医院。不过这对于梁思成来说是一个致命的误诊，真实的情况是，梁思成不仅脊椎受到了严重损伤，而且右腿也是复合性的股骨骨折。经过三次手术治疗后，梁思成的右腿始终比左腿短一厘米。

林徽因放暑假后就每天来病房看望梁思成，给他带当天的报纸和梁思成喜欢的画册，还有他爱吃的冰镇杏仁酪。在病房里，林徽因为梁思成读小说、背新诗，为了防止伤口发炎，林徽因每天都帮梁思成擦洗身子。对于林徽因这样留过学的身边有一堆男性好友的新派女子，梁思成的母亲李蕙仙本就反感，看林徽因对手术恢复中的梁思成毫不避讳的照顾举动，李蕙仙认为这样的行为就是轻浮，没有一个女子该有的矜持，于是更加反对二人的婚姻了。

1922 年 8 月，徐志摩与刚刚为他生下第二个儿子彼得的张幼仪追随林徽因返回中国。1923 年由徐志摩、胡适发起，在北京西单石虎胡同七号租了一个院子，成立了"新月社"并创办了《新月》杂志。林徽因与表姐王

孟瑜、曾语儿经常参加在石虎胡同七号院举办的各种活动。梁启超、丁文江、林长民、张君劢、陈源、林语堂、徐志摩、王赓和陆小曼夫妇、余上沅、丁西林、凌淑华等也是这里的常客。从这个时期开始，林徽因进入了北京知识界的社交圈，并从事文化活动。在"新月派"诗人陈梦家选编的《新月诗选》中，林徽因的《笑》《深夜里听音乐》《情》《仍》四首诗入选。

1924 年 4 月，梁启超、蔡元培以北京讲学社的名义，邀请印度诗哲泰戈尔来华访问。泰戈尔是印度百科全书式的哲人，著作等身。他的抒情长诗《吉檀迦利》获得 1913 年诺贝尔文学奖，英国政府曾封他为爵士，但他表示了拒绝。在泰戈尔访华期间，徐志摩负责接待、陪同并担任翻译。林徽因始终伴在泰戈尔身边，参加了所有其在北大、清华、燕京等大学的演讲与拜会末代皇帝溥仪的活动。

当时报刊上有这样的记载："林小姐人艳如花，和老诗人夹臂而行，加上长袍白面、郊寒岛瘦的徐志摩，有如苍松竹梅的一幅三友图。"（呈咏《天坛史话》）为了欢迎泰戈尔的到来，新月社成员用英语赶排了泰戈尔的歌剧《齐拉德》。在剧中，林徽因饰演公主齐拉德，徐志摩饰演爱神玛达那，梁思成担任舞台布景设计。泰戈尔离开北京时，林徽因、梁思成一起到车站送行，而徐志摩则陪同泰戈尔前往太原。

1924 年 6 月初，二十岁的林徽因与二十三岁的梁思成一起前往美国。在康奈尔大学，林徽因选修了户外写生和高等代数两门课程，梁思成则选了三角、水彩静物和户外写生三门课程。9 月他们来到了宾夕法尼亚大学建筑系报到。校方告知他们，为了便于学校的管理，建筑系只收男生，不收女生，于是林徽因改报了宾大美术系，同时选修了建筑系的主要课程。在宾夕法尼亚大学，由于林徽因在绘画、制图方面并没有什么基础，所以她几乎是从头学起，但林徽因悟性极强，教绘画的老师对她十分赞赏。

恋人之间总是避免不了各种原因的争执，特别是来自梁思成姐姐的不满（梁思成到达宾夕法尼亚大学不久，母亲因病离世）。在遇到不顺心的事情时，林徽因便不停地想家和亲人。1927 年 2 月 6 日，在给胡适的信中，林徽因写道："我这两年多的渴想北京和最近残酷的遭遇给我许多烦恼和苦痛。我想你一定能够原谅我对于你到美（国）的踊跃。我愿意见着你，我愿意听到我所狂念的北京的声音和消息……"（林徽因《你若安好，便

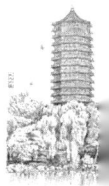

是晴天》）在给徐志摩的信中写道："我的朋友，我不要求你做别的什么，只求你给我个快信，单说你一切平安，多少也叫我心安……"（同上）

1925 年 12 月，在美国的梁思成与林徽因收到了梁启超的两封来信，信中说时任东北军第三军团副军团长郭松龄幕僚长的林长民，因反对张作霖，在巨流河一带遭到了张学良率领的奉军伏击，"（林长民）（一）系中流弹而死，死时当无大痛苦，（二）尸骸已被焚烧，无法运回了……"并告知梁、林二人"此时不必回国"（《与梁思成书》，载于《梁任公年谱长编》）。父亲的去世，使林徽因重新认识了自己在林家的地位，也重新认识了她与梁思成的爱情。

1927 年，林徽因从宾夕法尼亚大学毕业，获得美术学士学位后，她选择了耶鲁大学戏剧学院，在帕克教授的工作室继续学习舞台美术设计，而梁思成获得建筑学硕士学位后，申请进入哈佛大学研究生院攻读东方艺术博士学位。

1927 年 12 月 18 日，在北京，梁启超与林徽因的家人一起按照中国人的习俗为梁思成与林徽因操办了隆重的订婚仪式。

1928 年 3 月，林徽因和梁思成离开美国，前往加拿大渥太华梁思成大姐梁思顺处举行了婚礼。林徽因为自己设计了具有古典与民族情调的"民族形式"的结婚礼服。婚后按照梁启超的安排，他们踏上了欧游的旅途。

法国的巴黎，意大利的罗马……都留下了梁思成与林徽因的足迹。林徽因早年曾跟随父亲林长民到过欧洲许多城市，但这次不同，卢森堡公园、凯旋门、巴黎圣母院、卢浮宫、圣彼得教堂、西斯廷教堂等建筑，达·芬奇、伦勃朗的画作，米开朗琪罗的"挣扎的奴隶"，古希腊雕刻家阿历山德罗斯的"米洛斯的维纳斯雕塑"，等等，在两位相爱的建筑师眼里，自然格外与众不同。

夫唱妇随的浪漫生活

1928 年 7 月，在中国驻西班牙公使馆，林徽因与梁思成收到了梁启超的两封信，其中一封是关于梁启超的病情，另一封是告诉梁思成已经替他接了东北大学的聘书，月薪二百六十五元。这时距开学还有一个多月，梁、林二人匆匆结束了漫游，从苏联乘火车回国。林徽因的到来，使梁家充盈

着喜气洋洋的气氛，特别是思成最小的弟弟不满五岁的思礼天天挨着林徽因不肯离开半步。8月底，梁思成赴东北大学任教，林徽因回福州看望母亲。

林徽因在福州没有停留很长时间，就收到了全国唯一的建筑系系主任梁思成的来信，请求她来东北帮忙任教。林徽因的到来，诠释了拉斯金对"真正妻子"的解读，使在东北的梁思成有了"家"的感觉。东北的生存条件比较恶劣，10月的夜里就已经上冻，而且匪患成灾。"当时东北时局不太稳定，各派势力在争夺地盘。一到晚上经常有土匪出现（当地人称'胡子'），他们多半从北部牧区下来。这种时候我们都不敢开灯，听着他们的马队在屋外奔驰而过，那气氛真是紧张。有时我们隔着窗子往外偷看，月光下胡子们骑着骏马，披着红色的斗篷，奔驰而过，倒也十分罗曼蒂克。"（林洙《困惑的大匠梁思成》，山东画报出版社）

在东大建筑系，林徽因担任专业英语课和美术装饰史课的老师。学生爱上林徽因的课，那是一种艺术享受，"与其说学生们接受的是知识和学问，不如说他们接受的是文化艺术的感染和熏陶。这种感染和熏陶如同润物细无声的春雨，点点滴滴渗透了年轻易感的心灵"（张清平《林徽因传》，百花文艺出版社）。

1928年12月，因为梁启超病重，林徽因与梁思成从东北赶回北京。梁启超逝世后，林徽因与梁思成为他设计了一座高大的墓碑，墓碑上刻着"先考任公府君暨先妣李太夫人墓"这是林徽因、梁思成从美国学成回国后设计的第一件作品。

回到东大后，由于梁思成在宾夕法尼亚时的同学陈植、童寯和蔡方荫等人先后来到东北大学任职，几个年轻人创办了"梁陈童蔡营造事务所"。该事务所为吉林大学设计了校舍并且完成了建造，也为北方交通大学锦州分校完成了设计和预算（因九一八事变爆发，未能完工）。1929年林徽因为东北大学设计的"白山黑水"图案，成为东北大学的校徽。

1928年8月，梁再冰出生后，林徽因少年时得过的肺病复发。因为东北的气候不适于肺病的疗养，林徽因于是带着他们的宝宝回到北京，与母亲住在了一起。1931年，梁思成结束了一个学年的课程后，从东北大学辞职回到北京。在东大的三年里，梁思成、林徽因等人一起为东北大学建筑系培养出了刘志平、刘鸿典、张镈、赵正之等一批人才。

1931 年夏天，林徽因一家来到了香山双清别墅进行疗养。其间，梁思成与林徽因一起考察了附近的一些古代建筑，其中包括"全北平唯一的一处唐代布局的寺院"——卧佛寺，与其他游客到这里只是关注大佛不同，他们更加关注的是这座建筑的结构与布局。在杏子口金代遗留下的三座石佛龛前，梁思成为林徽因留下了坐在佛龛台基上握笔在膝上书写的照片。

　　金岳霖、沈从文、徐志摩也常常到香山看望林徽因，由于北京城到香山路途较远，他们往往是周六下午从北京出发，晚上住在香山脚下的旅馆里，第二天早晨再赶到双清别墅。徐志摩与林徽因一起谈诗，谈诗人，也谈自己。其时徐志摩已与陆小曼结婚，婚后陆小曼的生活方式使徐志摩十分不适应，由于徐家断绝了与徐志摩的经济往来，使他必须在三所大学里不停地兼课挣钱，并在北京与上海之间穿梭往来。此时的林徽因已经变成了他的小姐姐。在香山养病的日子里，林徽因开始写诗和写小说，在短时间里，她写了《谁爱这不息的变幻》《那一晚》《笑》《深夜里听到乐声》《情愿》《仍然》《激昂》《一首桃花》《莲灯》等诗作。她的诗也被徐志摩拿走，在刚刚创刊的《诗刊》或《新月》上发表。她的第一篇小说《窘》发表在 1931 年 9 月的《新月》上。

　　从双清别墅回到家里，林徽因的身体好了很多，北总布胡同三号院儿恢复了昔日的欢乐气息。在这个四合院里收获最大的应该算是金岳霖了。北总布胡同三号院儿是有名的社会沙龙，林徽因扮演的是"闲谈支持人"的角色。经常到访的朋友有胡适、沈从文、张奚若、邓叔存、钱端升、徐志摩、李济等，女眷还有张奚若夫人杨景任、陶孟和夫人沈性仁。后来还有金岳霖。金岳霖是徐志摩引荐的朋友，在清华大学任哲学系教授，人称"老金"。金岳霖到来后，很快就被美丽的女主人迷住了，金岳霖把家搬到了梁家的后院隔壁，成为梁家的一员。而林徽因也爱上了这个理性又能说会道的单身汉。据梁思成后来回忆："可能是在 1931 年（应为 1932 年），我从宝坻调查回来，徽因见到我时哭丧着脸说她苦恼极了，因为她同时爱上了两个人，不知怎么办才好……老金的回答是'看来思成是真正爱你的，我不能去伤害一个真正爱你的人'……所以我们三人始终是好朋友。"（林洙《困惑的大匠梁思成》，山东画报出版社）

　　1931 年 11 月 10 日，林徽因、梁思成、徐志摩一起参加完在清华举办

的为欢迎英国的柏雷博士一个茶会后，徐志摩晚上再次来到林徽因家，告知林徽因准备搭乘免费的南京飞北京的邮政航班回上海。主人不在，徐志摩便在桌上留言："定于明早六点飞行，此去存亡不卜……"（林徽因《一片阳光：林徽因散文选》，中国三峡出版社）看到留言后，林徽因急忙拨通了电话，劝他改坐火车。徐志摩的回答是："你放心。""很稳当的，我还要留着生命看更伟大的事迹呢，哪能便死？……"（林徽因《一片阳光：林徽因散文选》，中国三峡出版社）于是双方约定徐志摩19日回北京到协和礼堂给为外国使节讲《中国的宫室建筑艺术》的林徽因捧场。

19日中午，林徽因、梁思成还收到了徐志摩在南京登机前发的电报，告诉他们飞机下午三点抵南苑机场，请派车来接。梁思成在机场一直等到下午四点半，也没有见到徐志摩所乘坐"济南号"邮政航班的踪影。他不知道此时的徐志摩已经离开了人世。

由于怀有身孕，林徽因没有到济南向徐志摩的遗体告别。1931年12月7日，她在北京《晨报》副刊上发表了《悼志摩》一文。为了纪念徐志摩，新月社的同人们计划设立"志摩奖金"，他的亲属和朋友则着手收集徐志摩已发表和未发表的作品，筹划编辑《徐志摩全集》。

在整理徐志摩诗稿的时候，林徽因发现，从胡适那里得到的日记资料中没有与自己相关的在康桥那段时间的日记记录，这让她心里感到很失望与疑惑。在一次聚会当中，张奚若表示，叶公超前些天曾在凌淑华那里看到了徐志摩的康桥日记，并说他俩预备一起为徐志摩作传。林徽因明白了凌淑华在向胡适移交资料的时候，已经做了手脚，真正的康桥日记存放在凌淑华手中。于是，林徽因决定向凌淑华讨要那本"康桥日记"，看看里面到底写了什么内容。凑巧的是，凌淑华为了编辑一部《志摩信札》之类的书，主动找到了林徽因，希望能从林徽因这里得到一些志摩的信件。当林徽因表示向凌淑华借康桥日记用来一观时，凌淑华表面答应，却以各种理由拒绝后，林徽因最后得到的依然是被剪切的缺少二人在英国时交往记录的康桥日记。这丢失的部分永远成了一个谜。

进入20世纪30年代，梁思成、林徽因开始了从华北地区扩展开去，实地考察中国明清以前的古典建筑的计划。此时林徽因正值怀孕期间，所以没有跟随梁思成去蓟县独乐寺、宝坻县的西大寺，但仍然收获颇丰。

1932 年，林徽因《论中国建筑的几个特征》在《中国营造学社汇刊》上发表，她还完成了建筑学论文《北平建筑杂录》，为燕京大学设计了地质馆，还与梁思成一道设计了燕京大学灰楼女大学生宿舍。

1933 年，儿子梁从诫一岁后，林徽因与梁思成一起考察了大同的云冈石窟，然后，梁思成等人去应县佛宫寺考察辽代木塔，林徽因自己回到北京。

1934 年春节，脱稿两年的《清式营造则例》一书由京城印书局印行出版。梁思成在序言中写道："内子林徽因在本书上为我分担的工作，除结论外，自开始至脱稿，以后数次的增修删改，在照片之摄制及选择，图版之分配上，我实指不出彼此分工区域，最后更校读增删。所以至少说她便是这本书一半的著者才对。"（《梁思成全集》第六卷）同年林徽因的小说《九十九度中》发表于《学文》的创刊号上，引起了不凡的社会反响。1934 年 10 月，梁思成、林徽因应浙江省建设厅厅长曾杨普的邀请，前往杭州考察，拟定六和塔的重修计划。11 月 19 日两人从杭州乘火车返回北京。

1935 年夏，林徽因、梁思成二人应美国汉学家费正清夫妇之邀，到山西避暑考察，在近一个月时间里，们走遍了文水、汾阳、孝义、介休、灵石、霍县、赵城等地，所考察的古建筑不下三四十处。

1935 年 12 月 9 日，爆发了"一二·九运动"，林徽因的同父异母弟弟林恒在军警驱赶中伤势比较严重，伤好后放弃了清华大学机械系一年级的身份，报考了航空学校，后成为国民党空军的一名飞行员。梁思成的小妹梁思懿也参加了大游行，事后被林徽因送往武汉。

1936 年 5 月，林徽因与梁思成和刘敦桢、陈明达、赵正之等人一起考察了龙门石窟。1937 年 6 月，林徽因、梁思成与莫宗江、纪玉堂一起前往五台山寻找佛光寺。在这次考察中，林徽因利用她的勤奋与智慧，与梁思成等人一起确定了佛光寺的唐代建筑身份。

李庄的艰难岁月

1937 年 7 月 29 日，日军分三路进入北平城。营造学社的社长朱启钤老先生把学社的工作托付给了梁思成。经过清点后，梁思成、林徽因把其中不便携带的研究资料存入天津租界英国银行的保险库。8 月的一天，梁思成收到一封署名"东亚共荣协会"的请柬，邀请他参加日本人召集的一

个会议，梁思成、林徽因知道他们离开北平的时候到了。林徽因、梁思成带着女儿梁再冰与儿子梁从诫及林徽因的母亲一起从北京乘车到天津，然后经烟台、潍坊、青岛、济南、郑州，经过"上下舟车十六次，进出旅店十二次"（林徽因写给沈从文信中之语）的周折，最后来到了长沙。在朋友的帮助下租住在长沙韭菜园教厂坪 134 号一座灰色砖楼里。

日军的轰炸机开始频繁地光顾长沙城，炸弹落在了他们的身边，炸毁了他们的房子。梁思成与林徽因下定决心，离开长沙到昆明去。从长沙到昆明要路过沈从文的老家湖南省凤凰县，应时在武汉的沈从文邀请，林徽因决定去看看沈从文笔下的美丽的湘西及沈从文的家人。几天后林徽因、梁思成与沈从文的兄弟们相约，待战争结束后再来这里相聚，然后再次踏上去昆明的道路。

当汽车开到湘黔交界的晃县时林徽因病倒了，高烧至四十度。这个偏远的小县城既没有医药，也没有住处。好在八位等待去昆明的空军学院的年轻学员为他们腾出了一个房间，才得以安顿下来。同行的一位女医生为林徽因开了一些中药，两周后，林徽因才退了烧。从 1937 年 12 月 24 日至 1938 年 1 月，经过三十九天的跋涉，林徽因一家终于抵达昆明。刚刚到达昆明，梁思成就病倒了，林徽因被迫承担起了全部家务，做起了过去女佣所做的所有事情。为了解决生活问题，林徽因到云南大学为学生补习英语，每周六课时，一个月下来大约可以得到四十元的酬金。除此之外，林徽因与梁思成一起也承接一些帮人设计住宅、庭院的社交或公益活动。等到刘敦桢、莫宗江、陈明达、刘志平等人陆续来到昆明后，营造学社又恢复了工作。

刚到昆明时，林徽因一家租住在昆明城内一个黄姓人家的房子里。后来在昆明东北二十里处的龙泉镇龙头村，林徽因与梁思成联袂建造了唯一为自己设计的房子。李济、钱端生、冯友兰、陈梦家、金岳霖等也在这里建房居住。曾经在晃县为林徽因解决燃眉之急的那几个航空学院的年轻人已经毕业，并在空军服役。他们在休息的时间也会到龙头村林徽因的家里度假，林徽因对待他们就像对待自己的弟弟林恒，不幸的是，这些年轻的空军飞行员在以后几年的对日空战中都牺牲了。

1939 年秋，梁思成与刘敦桢、莫宗江、陈明达等人离开昆明到四川考

察。他们利用半年时间，访遍了四川境内近四十个县的古建筑。而林徽因自己独自在家操持家务，这时的昆明物价飞涨，在金岳霖、费正清和费慰梅夫妇等一众朋友的帮助下，勉强度日。

1940年12月，营造学社随着中央研究院史语所搬迁到四川省南溪县李庄。由于梁思成发起了高烧，所以只能留在昆明治病。林徽因自己带着两个孩子和母亲乘卡车离开昆明去四川。到李庄不久，林徽因也病倒了，连续高烧四十度不退。梁思成不久也来到了李庄，担当起了医生、护士和厨师的角色。1941年春天，林徽因同父异母的弟弟林恒在保卫成都的一次空战中牺牲。鉴于林徽因的身体状况，梁思成没有第一时间把这个噩耗告诉林徽因。金岳霖放暑假了，也从昆明来到李庄，为林徽因养鸡补充营养。身体稍有恢复后林徽因就开始做一些自己力所能及的事。她教育自己的孩子，给他们背诵和讲解古诗词，也给他们读英文版的罗曼·罗兰的《米开朗基罗传》和《贝多芬传》，还翻译整理了一篇四万多字的《现代住宅设计的参考》，并刊载在《中国营造学社汇刊》第七卷第二期上。在梁思成《中国建筑史》的研究和写作中，她承担了宋、辽、清的建筑发展史的写作和绘图工作与文字加工润色工作。在英语版的《图像中国建筑史》的前言中，梁思成写道："……最后，我要感谢我的妻子、同事和旧日的同窗林徽因……没有她的合作与启迪，无论是本书的撰写，还是我对中国建筑的任何一项研究工作，都是不能成功的。"抗战胜利了，尽管林徽因躺在床上衰弱得很厉害，但是她还是来到镇上的茶馆去庆祝抗战胜利。在梁思成陪伴下，林徽因离开居住了五年的李庄来到了重庆。在那里他们会见了周恩来派来探望他们的龚澎，这是梁思成与林徽因第一次近距离地和共产党人交谈。后来在乔治·马歇尔将军访华期间的一次晚宴上，林徽因带着儿子梁从诫再次与共产党和苏联代表欢聚一堂。在重庆中央研究院招待所，美国著名的胸外科专家奥·埃娄塞尔断言，林徽因最多还能活五年。

1946年2月，在金岳霖等人的安排下，林徽因启程飞往昆明。不久她再次回到重庆，和全家一起住在中央研究院招待所等待返回北平。

1946年7月，林徽因、梁思成全家乘飞机回到北平，因为两位大师的到来，清华大学从此有了自己的建筑系，梁思成被聘为建筑系主任。林徽因一家住在清华园新林院八号的教授楼，离金岳霖和几个老朋友都很近。

不久，国民政府教育部和清华大学委派梁思成赴美考察战后美国的建筑教育，梁思成把建筑系里的工作，间接地委托给了林徽因。林徽因的家里成了很受年轻教师喜爱的谈论和沟通场所。

建设新中国的日子

1947 年夏天，医生建议林徽因接受一侧肾摘除手术，身在美国的梁思成闻讯后匆忙从美国返回清华。待到 12 月 24 日手术做完后，虽然手术本身很成功，只是林徽因的体质实在太差，术后伤口长时间不能愈合。

1948 年春节后，林徽因的身体有些好转，在金岳霖的鼓励下，她开始整理抗战时期的一些诗作。《昆明寄景》《六点钟在下午》《年轻的歌》《病中杂诗九首》分别发表在 1948 年杨振声主编的《经世日报·文艺周刊》和朱光潜主编的《文学杂志》上。梁思成继续忙着清华大学建筑系的工作，金岳霖一声不响地帮助着林徽因。每天下午三点半，金岳霖准时来到梁家，为林徽因带来各种书刊并读给她听。张奚若、陈岱孙以及建筑系的一些朋友也经常来林家喝下午茶。

1948 年的一天，林洙来到了林徽因家里，请林徽因帮助她补习英语，以便考入清华大学，慢慢地林洙融进了梁家的生活圈子，更没想到十几年后，她将成为梁家的女主人。1948 年 12 月，中国人民解放军已经将北平围成了一座孤城。国民党政府拟就了北京各大学欲"抢救"的教授名单，梁思成也在被"抢救"之列。以前梁思成、林徽因所接触的共产党人曾给他们留下很好的印象，他们决定留下来。在中国人民解放军攻城部队准备攻城之前，梁思成、林徽因在家里为部队代表在他们的军用地图上标下了北平城内需要重点保护的建筑文物。

1949 年 1 月 31 日下午两点，中国人民解放军由西直门列队进入北平城。当人民解放军代表，再一次来到清华园听取梁思成的意见时，梁思成迅速组织人员在最短的时间内编写了《全国重要文物建筑简目》。林徽因则对全册的条目一一审核，并在扉页的说明中明确提示："本简目主要目的在供人民解放军作战及接管保护文物之用。"

1949 年 3 月，林徽因被清华大学聘为建筑系一级教授，主讲《中国建筑史》，并为研究生开设住宅概论等专题课。林徽因上课从不局限于教科书，

她往往从一个问题出发，古今中外，旁征博引，仿佛带领学生曲折穿行于建筑艺术的历史长廊。5月，林徽因被任命为北京市都市计划委员会委员。9月，林徽因和清华大学的十位教师接受了设计国徽的任务。同时，她还出任了人民英雄纪念碑建筑委员会委员。她还是北京市第一届人民代表大会代表、全国文代会代表。中华人民共和国的国徽图案，几经设计、讨论、修改后，两个设计小组把改好的方案，提交给了全国政协国徽审查组，作为主要设计者的林徽因、梁思成因病没有参加讨论。清华大学和中央美术学院设计的两种国徽图案，摆放在周恩来总理和政协国徽审查委员会委员的面前。两种方案各有千秋、难分上下。田汉等人支持中央美术学院的方案，而张奚若等人则支持清华大学的方案。在周恩来总理征求李四光的意见时，李四光指了指清华的国徽模型说："我看这个好，天安门广场宽广，五星红旗布满天空，够气魄。"周总理听取了李四光等人的意见，又对一些设计细节提出修改意见。

1950年6月23日，全国政协第一届二次会议在中南海怀仁堂召开，林徽因被特邀出席会议。在毛泽东的提议下，全体与会代表起立，以鼓掌的方式通过了中华人民共和国国徽。9月20日，中华人民共和国中央人民政府主席毛泽东签发主席令，公布了国徽图案。

中华人民共和国成立后，立即开始了全国的发展建设。对于作为新中国首都的北京市未来的城市发展，梁思成与南京的建筑学家陈占祥一起，共同拟定了《关于中央人民政府行政中心区位置的建议》（梁陈方案）。这个建议与苏联专家、北京市人民政府乃至中央人民政府的一些主要领导人的意见相左。梁思成几经抗争，除了获准保留团城等少数建筑外，梁思成的意见全部败北。在梁思成的抗争过程中，林徽因始终站在梁思成一边，为梁思成提供了支持。

1951年4月，梁思成、林徽因在《新观察》发表了《北京——都市计划的无比杰作》。8月，他们组织清华大学建筑系编译组译注了《城市规划大纲》。8月，在《新观察》杂志上，林徽因发表了《谈北京的几个文物建筑》，介绍了天安门广场、千步廊、团城、北海白塔的历史和艺术价值。林徽因与梁思成一起还翻译了苏联沃罗宁教授的著作《苏联卫国战争被毁地区之重建》。

1952 年第一至第十一期的《新观察》杂志，连载了林徽因撰写的以《我们的首都》为总题目的十一篇文章，向人们介绍中山堂、北京市劳动人民文化宫、故宫三大殿、北海公园、天坛、颐和园、天宁寺塔、北京近郊的三座金刚宝塔、鼓楼、钟楼和什刹海、雍和宫、故宫这些历史建筑。9 月 16 日，梁思成、林徽因在《新观察》上发表了《祖国的建设传统与当前的建设问题》。

1951 年年底至 1952 年，全国开展了"三反""五反运动"。由于梁思成、林徽因当时承担了中华人民共和国国徽和人民英雄纪念碑这样光荣而神圣的设计任务（梁思成负责纪念碑整体的设计，林徽因忙于纪念碑基座上花环、花圈、花环等标饰图案的设计），所以他们并没有受到实质性冲击。

1953 年 9 月，林徽因应邀参加了全国文学艺术工作者第二次代表大会。

1954 年，中国建筑协会成立，林徽因被推选为理事，并担任建筑学报的编委之一。同年梁思成、林徽因完成了专著《中国建筑史》，并当即油印五十册以供各高校相关课程的教师作为教学参考。1954 年秋冬之际，林徽因病倒了，住进了北京同仁医院。她的病房紧挨着梁思成的病房。

1955 年春节过后，梁思成的病情稍有好转，但林徽因的身体却一天天地衰弱。就在这个时候，全国建筑界开始了对"以梁思成为代表的资产阶级唯美主义的复古主义思想的批判"。这一切对林徽因的打击是致命的。

1955 年 3 月 31 日深夜，从北京同仁医院的住院部，传出了林徽因呼唤梁思成的声音。林徽因以极其微弱的声音对护士说："我想见一见思成，我有话对他说。"护士的回答是："夜深了，有什么话明天再说吧。"但是林徽因没有等到"明天"。1955 年 4 月 1 日早上 6 点，林徽因永远离开了这个世界，这一年她五十一岁。

在北京市金鱼胡同贤良寺举行的林徽因追悼会上，悬挂着金岳霖教授和邓以蛰教授题写的挽联"一身诗意千寻瀑，万古人间四月天"；在北京八宝山革命公墓，矗立着梁思成设计的墓碑，上书"建筑师林徽因之墓"。

华罗庚

中国数学的圆心

"罗呆子"曾经数学不及格

1910年11月12日，华罗庚出生于江苏常州金坛区。华罗庚的父亲大名叫华瑞栋，号祥发，人称华老祥，父母早亡，由大哥华锦祥一手拉扯大。华老祥年轻时迫于生计从祖籍江苏丹阳迁来金坛。华老祥中等个儿，瘦瘦精精，他识字不多，但珠算、心算特别好。华老祥十三岁开始做学徒，学做生意，曾经自己开了三家门店，曾任"县商会丝业董事多年"（韩可吾《蜚声国际的天才数学家——华罗庚》）。后因一场大火与经营不善，华老祥只剩下一家名叫"乾生泰"的小店维持生存。华罗庚的母亲是江苏省武进县人，笃信佛教。

华罗庚上面有一个姐姐，叫华莲青，是华老祥夫妇结婚多年后才生下的，到华老祥四十岁那年，华罗庚出生，按照当地的风俗，"放进箩筐避邪，同根百岁"，所以取名"罗庚"，小名"罗罗"。由于是家中独子，小时华罗庚很得父母的溺爱。有一次家里人在一起打纸牌，大人们只顾兴致勃勃地玩，没有人去理会华罗庚，他不高兴了，就去阻止他妈妈出牌，阻止不住时，索性爬到桌子上对着大家撒泡尿，把纸牌冲走了。像他这样胡闹，竟没有人管他。华罗庚小时说话不清，行动不灵，寡言少欢，所以乡里人给他取了一个外号，叫"罗呆子"。

不过"罗呆子"仿佛命挺大，三岁的时候与母亲坐车在桥上掉进了河里，二人被打捞上岸，幸免于难。"罗呆子"喜欢骑马，他在一个小木凳上钻了一个洞，用一根绳子套着当马骑；也喜欢看戏，不仅全神贯注地看，而且追着戏班子看。

华罗庚曾就读于金坛仁劬小学，因成绩不好，他没有拿到毕业证书，只拿到一张修业证书（华罗庚《聪明在于学习，天才在于积累》，《中国青年》）。

1922年，韩大受在金坛开办了金坛县立初级中学，刚刚从小学出来的华罗庚成为这所学校的第一届学生。韩大受早年在上海就读于健行公学，后在南京两江优级师范读书，曾任金坛县民政署教育科长兼县视学，著有《训诂学概要》《列宁年谱》《经学通论》《史学通论》《师范教学》等著作。

韩大受很关心华罗庚的成长，因华家困难，免去华罗庚的学费。华罗

庚贪玩，数学不及格，韩大受积极引导他，还以自己的做人标准告诉华罗庚，"做人要正，待人要诚，学习要勤，工作要实，生活要俭，做一个有益于社会、有益于国家的人"（吴宗元《华罗庚教授的五位老师》，载《金坛文史资料》第八辑）。

华罗庚在初中时的数学老师叫李月波，书教得好，但华罗庚贪玩学得不好，初一时每次考试只给他六十多分，甚至不及格。初二时华罗庚开始在学习上发力，李月波老师的数学课，华罗庚就可以免试了，原因是题目对华罗庚来说太容易。

在金坛中学，最欣赏华罗庚的应该是王维克老师。王维克原名王兆祥，曾在南京海河工程学院就读，是张闻天的同班同学。因参加"五四运动"，他被开除后到上海大同大学继续学习。华罗庚字写得不好，数学习题本也不工整，经常涂改。但王维克发现他在解题时善于思考，有新意，便注意培养华罗庚。王维克留法回来后，再到金坛初中任职，还将与华罗庚有很多的交集，这是后话。

中国最早的职教生

1917 年 5 月，由于认识到中国工业不发达，科学技术落后，黄炎培、蔡元培、梁启超、张元济、马相伯等四十八人创办了中华职业教育社，黄炎培主持设立中华职业学校，招收清寒子弟，只要初中毕业即可，学制两年，甚至可以免交学费。学校向学生提供职业训练，培育科技人才。黄炎培身体力行，把自己的儿子也送入中职校学习。

华老祥也懂得"学而优则仕"的道理，无奈家里太穷，供不起华罗庚继续念书，初中毕业后，决定让华罗庚进入中华职业学校学习。经过考试，华罗庚进入了中华职业学校的商科。

在此读书时，华罗庚已经对数学产生了浓厚的兴趣。这种爱好表现为华罗庚对数学不仅仅是学习，而是对数学的钻研与创新，就是国外学者称赞华罗庚所特有的数学"直接法"。所谓直接法，就是用尽量简单初等的数学工具及单刀直入的方法来处理数学中的一些重要问题。欲达到这种境界，就要不断地对自己取得的结果进行删繁就简的工作（王元《华罗庚》）。作为学生的华罗庚对数学的创新并没有得到学校教师的欣赏，尽管他解题

的结果完全正确，但是由于解题思路与过程不符合教师的要求，同样引起了教师的不满。但是作为华罗庚个人而言，这种创新还是使他收获颇丰。

在上海学习期间，华罗庚曾获得上海市珠算比赛第一名，也可以理解为华罗庚是中国第一届数学竞赛冠军。当时参赛的选手多为银行职员与钱庄伙计，拼打算盘的实力，华罗庚显然不是对手。但是华罗庚创新了传统打算盘的方法，再加上他擅长心算，所以压倒了所有高手。

在中华职业学校，华罗庚还与他的英文教师邹韬奋学会了"挂黑板"的教学方法。当时，邹韬奋在中华职业学校兼任英文教员，对于提问回答不上来的学生，第一次是原地罚站，第二次在讲台前罚站，第三次就在讲台前面墙罚站，华罗庚就遭到过惩罚。这种方法很灵，学生们都很用功，华罗庚自己也在全班的英语成绩得到了第二名（梁羽生《华罗庚传奇》，《花城》1981年第3期）。后来华罗庚自己当上了老师，对于学生也采用这种方法，不少经过华罗庚训练的学生都感到受益匪浅。

由于生活过于窘迫，1927年华罗庚被迫辍学回家，在父亲经营的"乾生泰"小店里当了一名伙计。此时，华罗庚手里的数学资料是从王维克那里摘抄来的一本"大代数"、一本"解析几何"及一本五十页的"微积分"。华罗庚对数学很用心，所以他的心思根本不在生意上，怠慢客户的事情常有发生，父子之间经常冲突，华老祥经常把华罗庚的演算稿撕毁，或者放在火炉里烧掉。

华罗庚的数学天赋终于帮上"乾生泰"的大忙，在一次收购蚕丝的生意上，"乾生泰"账面亏损了一千多元，对于"乾生泰"这是一个天文数字。在华罗庚的帮助下，华老祥终于理顺了账上数字，同时也使他认识到华罗庚的学问还是有用的。

1927年，华罗庚与吴筱元结婚。吴筱元家庭更为贫穷，其父早年曾就读于保定军官学校，但在她五岁时不幸去世。吴筱元是金坛城中女子小学毕业，端庄漂亮，是一位中国贤妻良母型的女子。1928年，他们有了一个女儿，叫华顺；1931年，儿子华俊东出生。

展现数学天赋

1928年，在法国巴黎大学攻读天文与数理，师从过居里夫人的王维克

归国。1929 年，他就任了金坛初中校长之职，遂聘请华罗庚到校任会计兼庶务，月薪十八元。正当王维克准备提拔华罗庚担任初一补习班的数学教员时，金坛发生了流行性大瘟疫，华罗庚不幸染病，卧床半年，连医生都觉得华罗庚已经无药可救。好在他命大，居然死里逃生。不过由于长期卧床最终落下了左腿残疾的毛病，走路时被人戏称按"圆规与直线"行走。在王维克帮助之下，身体残疾的华罗庚得以担任初一补习班的数学教员工作。因为此事，王维克遭到告状，被迫离职。好在韩大受接替了王维克的校长职务，华罗庚可以继续留校担任会计职务，只是不能教书了。不过左腿的残疾更加坚定了华罗庚研究数学的决心。

1929 年 12 月，《科学》14 卷 14 期上面发表了华罗庚的第一篇论文《Sturm 氏定理的研究》。1930 年 12 月《科学》15 卷 2 期上面发表了华罗庚的另一篇论文《苏家驹之代数的五次方程解法不能成立之理由》，对苏家驹发表在《学艺》1926 年 7 卷 10 期上的《代数的五次方程之解法》提出了疑问。这一篇论文使他受到了熊庆来、杨武之等老一辈数学家的关注。1931 年，华罗庚被熊庆来调到清华大学数学系当助理教员。

这个被熊庆来誉为"他日将成为异军突起之科学明星"的华罗庚到达清华后，给熊庆来带来的第一个难题是如何安排职务，按照华罗庚的学历，即使在清华当一个助教也不够格（清华大学教师的级别是助教、教员、讲师、副教授、教授五级）。熊庆来只得在数学系安排他做个助理员，工作就是整理图书资料、收发文件、带领文具、绘制图表、通知开会等杂务，月薪为四十元（助教的工资为八十元）。

华罗庚初到清华时，熊庆来安排他先去听解析几何与微积分两门课程，然后再到他自己的算学分析班来旁听，这显然低估了华罗庚的实际数学水平。按照华罗庚自己的认知，他当时的数学水平已经达到了算学系三、四年级的程度。但他不好直接驳回，而是自行其是。熊庆来很快了解到华罗庚的实力，在他备课时遇到疑难或有做不出的习题，时常请华罗庚过来帮忙解决。后来在他的著作《高等算学分析》的《序言》里，表达了对作为其助手华罗庚的感谢。

1933 年，华罗庚的数学才能已经被大家认识。郑桐荪（清华大学原算学系创办人之一，曾任清华大学教务长）表示像华罗庚"这样有才气而又

多产的数学家，应以全力支持他成功"（徐贤修《纪念郑桐荪师百龄诞辰》，载《郑桐荪先生纪念册》，吴江县文史资料室与柳亚子纪念馆编）。在郑桐荪、杨武之（数学家，启蒙与指导华罗庚研究数论，诺贝尔物理学奖获得者杨振宁之父）、叶企荪等人的全力支持下，华罗庚破格被提拔为助教，取得了教授微积分的资格。华罗庚在教大一微积分时，对于班里边的进步同学，一般给予提高一级的成绩。

华罗庚来到清华之前，共发表过六篇论文，分别属于"三角"、"初等函数"与"积分"，都是初等数学方面的研究。到清华后他开始致力于对高等数学的研究。1934年，华罗庚共发表了八篇论文，在国外六篇发表的论文中，其中五篇刊登在日本《东北数学杂志》上面。1935年，他又发表了七篇论文，除一篇在《清华大学理科报告》上发表外，其余均在国外杂志上发表，其中一篇文章发表在世界上最重要的数学杂志——德国的《数学年鉴》上面。1936年他接连发表六篇论文，其中五篇发表在国外数学杂志上。

1934年，华罗庚被委任为中华文化教育基金会董事会乙种研究员。1935年，他再次被清华破格提拔为教员。1936年，浙江大学数学系主任苏步青教授挑选华罗庚担任《中国数学会学报》的助理编辑。1936年在叶企荪、熊庆来、杨武之等人大力推荐与帮助下，华罗庚得到中华文化教育基金会每年一千二百美元的乙种资助，以一个访问学者的身份去英国进修（王时凤《记华罗庚教授》）。华罗庚在夫人吴筱元的陪同下，与周培源结伴，从上海乘轮船到海参崴，再经西伯利亚大铁路到莫斯科、柏林，最后到达剑桥大学。

美国数学家、控制论的创始人诺伯特·维纳（当时译作温纳）在清华讲学时很器重华罗庚，曾向英国著名数学家、剑桥大学的哈代推荐过他。此时哈代正在美国旅行。据说哈代曾留有一张字条给同事海尔布伦："华来时，请告诉他，他可以在两年之内获得博士学位。"（王元《华罗庚》）。按照华罗庚的学术水平，取得一个剑桥大学的博士学位应该不成问题，但是由于资金问题，华罗庚选择了放弃。所以海尔布伦问及此事时，华罗庚表示不想念博士学位，只要求做一个访问学者。他来剑桥大学的目的是求学问，而不是为了学位。

在剑桥，华罗庚师从哈代学习数论与分析，听了霍尔教授的群论课，也与海尔布伦、达文波特、埃斯特曼、兰金、赖特、蒂奇马什等未来的数学家成为朋友。1938 年，华罗庚放弃了留在英国继续研究的机会，回到了昆明西南联合大学。在以后出版的哈代与赖特合写的名著《数论入门》中，华罗庚在英国期间的几个结果得到引用，这也许是近代中国数学家最早被外国名家引用的结果。

1937 年全面抗战爆发后，华老祥做主自己留下看家，由吴筱元带领她的母亲及华顺、华俊东到乡下姐姐华莲青家避难。随后又与华莲青一家共同前往江西吉安。在吉安，他们与华罗庚取得了联系，华罗庚要他们前往昆明。几经周折到达昆明后，在时任云南大学校长熊庆来、清华大学数学系主任杨武之的帮助下，华罗庚一家在距离联大不远的青云街租下了房子，安顿下来。

1938 年，华罗庚乘船经马六甲海峡、新加坡抵达中国香港，然后乘飞机直达昆明。华罗庚的回归对于西南联大而言肯定是一件好事，但也带来了一个难题，就是如何安排华罗庚的职位。按照当时教育部的规定，教授必须由助教、讲师、副教授一级一级提升而来。但华罗庚在去剑桥大学之前，仅仅是清华大学的一名教员，地位在讲师之下。时任清华大学理学院院长兼任西南联合大学理学院院长的吴有训在教授聘任委员会讨论华罗庚时，与杨武之等人力主将华罗庚直接越过讲师与副教授提升为教授。就这样，华罗庚历时七年，从一个仅念过一年职高的学生，成为全国最高学府的正教授，这是全国所有公立、私立大学空前未有的例子。

华罗庚在剑桥大学时已经萌发了研究华林－哥德巴赫问题的蓝图。华罗庚到达昆明后，仍继续他在剑桥大学时的研究工作，他决定写一本专著，全面论述三角和的估计及其在华林－哥达巴赫问题上的应用。1940 年，华罗庚用八个月时间完成了《堆垒素数论》的写作。当《堆垒素数论》写成后，教育部却几乎无人能够评审。老一辈数学家何鲁在阅稿时一再对人说"此天才也"。何鲁为该书做了长序，还和熊庆来等一起主张对华罗庚授予数学奖，这是当时政府颁发的第一个数学奖（《何鲁与华罗庚》，载《文摘报》1984）。

书稿完成后，最初投交苏联科学院发表。但由于战争条件比较艰难，

直至 1947 年才在苏联以俄文出版，后来于 1953 由中国科学院出版中文版。1957 年中文版经修订后再版。《堆垒素数论》全书共分十二章，除西格尔关于算术数列素数定理未给证明外，全书是自给自足的，即所有的定理证明均包含在书中。前六章除第二章为关于除数函数的一个不等式外，其余均为三角和的估计方法方面最重要的定理，这些结果都是解析数论的基础与最基本的方法。《堆垒素数论》系统地总结、发展与改进了哈代与李特尔伍德圆法、维诺格拉多夫三角和估计方法及他本人的方法，发表四十余年来其主要结果仍居世界领先地位。国际性数学杂志《数学评论》高度评价说："这是一本有价值的，重要的教科书，有点像哈代与拉依特的《数论导引》，但在范围上已越过了它。这本书清晰而深入浅出的笔法也受到称赞，推荐它作为那些想研究中国数学的人的一本最好的入门书。"《堆垒素数论》先后出版为俄文版、匈牙利文版、德文版、英文版等，成为 20 世纪经典数论著作之一。

在当时世界数论界，华罗庚已经是领袖之一，此时他却决心要基本上中断他的数论研究，另起炉灶，原因是对于这方面的研究已经很难再有突破。华罗庚决定走自己的路。他将自守函数论、矩阵几何学、典型群论与多个复变数函数论放在一起研究，从而形成了具有自己特色的开拓性工作。

华罗庚并不满足于学术上的成就，他希望为中国的抗战事业做更多的事情。1943 年，华罗庚参加中央训练团，结识了时任工兵署长的俞大维。在一次实弹射击科目训练后，俞大维告诉华罗庚，有一个难解的数学题目，请教过许多国外专家，都无法解决，邀请他今天晚上到家里。在俞大维家吃完晚饭后，俞大维将题目交给华罗庚，告诉他几个月之内完成即可。第二天一早，华罗庚就来到了俞大维住处，把演算过程的稿纸呈交给工作人员，自己回家休息去了。华罗庚解答了这个难题，据说就是密电码问题。也有文章说，该密电码就是美国截获的日本轰炸昆明所使用的密码【王学曾《华罗庚与密码》，载《传记文学》（台湾）1984】。华罗庚本人对这件事情的解释很简单，就是使用了莫比乌斯函数加反函数的推演换算方式，最终将其翻译成明文。抗战胜利后，华罗庚到美国治疗残腿，得益于俞大维的帮助。

抗战时期，西南联大的生活十分艰苦，连吃穿都成问题。1939 年，华

罗庚的第二个儿子华陵出生。到 1945 年第三个儿子出生时，华罗庚已经穷得无钱送吴筱元去医院，只好在家里接生，华罗庚给孩子取名为华光（有花光钱的寓意）。为了节省开支，1943 年华罗庚曾宣布戒烟，直到抗日战争胜利后。

1945 年 8 月 15 日梅贻琦邀请华罗庚等几位同人吃饭，当晚得到了日本投降的消息，大家开始喝酒狂欢。华罗庚略带醉意地回到家里，从衣襟中掏出一条香烟，现在他又可以抽烟了。

1946 年，华罗庚收到苏联科学院与苏联对外文化协会的邀请，2 月 25 日，他从昆明乘飞机经加尔各答、卡拉奇、德黑兰，苏联的巴库，于 3 月 20 日抵达莫斯科，开始对苏联进行访问。在苏联，他会见了著名的数学家维诺格拉多夫、柯尔莫哥罗夫、彼得罗夫斯基、阿历山德罗夫、庞特里亚金、凯尔泰斯、德隆奈、舍盖尔、尼柯尔斯基、马尔什尼希维里、盖尔锋德、刘斯透尔尼克、谢多夫、倍尔芒、沙法累维奇、林尼克、马尔柯夫、莫斯海里希维里和波兰数学家瓦尔菲茨。除了参观、学术活动和在大学演讲外，苏联朋友表示愿意为华罗庚治疗腿疾，预计治疗时间为四个月，费用为零。仅仅从治疗费用上，就让华罗庚感到两个不同社会的巨大差距。但因为华罗庚即将去美国访问，所以未能在苏联治疗腿疾。

访苏回国后，经政府派遣，华罗庚、吴大猷、孙本旺、李政道、朱光亚等八人到美国研习两年。研习期间，华罗庚等三位每月各四百美元，五位学生略少一些。从上海出发的"美格将军"号轮船上，华罗庚巧遇冯玉祥将军。到达美国后，华罗庚到了普林斯顿高等研究所做研究工作，又在普林斯顿大学数学系教授数论课。

在普林斯顿高等研究所研究期间，华罗庚接受了大腿骨与盆骨间的手术，治疗费用则由时任教育部部长兼中央研究院代院长的朱家骅为之筹集。手术后华罗庚的左腿能够伸直行走了。

1948 年春，华罗庚到伊利诺伊大学任教，吴筱元将母亲及上一年刚刚出生的华苏安排回金坛老家居住，与华俊东、华陵、华光乘飞机来到美国厄巴纳。3 月华罗庚当选中央研究院第一届院士。

回到祖国怀抱的华罗庚

中华人民共和国成立后，华罗庚决定离开美国，回国效力，尽管伊利诺伊大学和华罗庚的一些朋友劝说他留在美国，但华罗庚已经是归心似箭了。据说华罗庚连一部分工资都未领，就与吴筱元一起带着三个儿子由旧金山乘船抵达香港。在香港，华罗庚写下了《致中国全体留美学生的公开信》，表达了他奔向新中国的决心。

1950 年 3 月 27 日，中国各大报纸在醒目位置刊登了一条新闻：闻名全世界的我国数学家华罗庚教授已于本月 16 日自美国返抵首都北京，并已回清华大学任教。回国后的华罗庚有了一个新的任务：重新筹建中国科学院数学研究所。

1949 年 11 月 1 日，中国科学院正式成立。由于原有的数学研究所已迁往台湾，苏步青、华罗庚、周培源被任命为新"数学研究所筹备处"的正、副主任委员。1952 年 7 月 1 日，数学研究所筹备处取消，数学研究所正式成立，华罗庚担任所长。担任所长期间，华罗庚仍在清华大学任课。

1951 年 8 月，中国数学会第一次代表大会在北京大学召开，华罗庚为大会主席团成员之一，会上当选中国数学会理事。同年，他担任了《数学学报》的总编辑。

为了了解苏联科学院发展壮大的历程及如何领导全苏科学研究的经验、苏联科学的现状及发展方向和开展中苏两国间的学术交流，1953 年 3 月，中国科学院组织了以钱三强任团长，张稼夫任党委书记，包括华罗庚、赵九章等二十六人参加的中国科学院访苏代表团。能够参加这个代表团，打消了华罗庚心中的一些疑问，人也变得开朗了一些。在北京前往莫斯科的火车上，华罗庚突发灵感，用钱三强的名字出了一个上联："三强韩赵魏"，然后用赵九章的名字给出了下联："九章勾股玄。"

1950 年，毛泽东主席宴请华罗庚等一些著名回国工作的科学家，毛泽东勉励华罗庚，让他培养出一些好学生来，华罗庚当即表示一定努力。1955 年冬数论组成立后，华罗庚亲自领导两个讨论班：一个是"数论引导"讨论班，一个是"哥德巴赫猜想"讨论班。在华罗庚的主持下，吴方、魏道政、徐孔时、王元、严士健、任建华、越民义等人完成了《数论导论》。

《数论导论》全书六十六万多字，引起了国际上的重视。

选择"哥德巴赫猜想"作为讨论组的讨论班体现了华罗庚的战略眼光。哥德巴赫猜想讨论班分四个单元来进行：

1. 史尼尔曼密率、曼恩定理与赛尔贝格方法。

2. 布伦筛法、布赫夕塔布方法。

3. 林尼克大筛法、瑞尼定理。

4. 素变数的三角和的估计方法、西格尔定理、维诺格拉多夫三素数定理（王元《华罗庚》）。

可喜的是，在这个进程中，年轻的数学家王元取得了很大成果，1957年春，王元证明了（2，3）$_R$，并且在广义黎曼猜想成立的前提下，证明了（1，3）$_R$。遗憾的是，这个讨论班的计划并没有完成，因反右斗争的到来，只进行了一百二十四单元就中断了。

1954年后，华罗庚着手写作《德国数学百科全书》中的《指数和的估计及其在数论中的应用》。本书写成后于1959年在东德正式出版。王元与吴方将本书由德文译成中文，1963年在科学出版社出版。

1954年《多复变函数论中典型域上的调和分析》一书初稿完成，1958年由科学出版社出版。此书一出版就引起了国际上的高度重视。首先是苏联科学院 Steklov 数学研究所于同年来函要求将此书翻译成俄文出版。1963年从俄文版再翻译成英文版，由美国数学会出版。丘成桐教授（菲尔兹奖、瑞典科学院卡拉夫奖、美国国家科学奖获得者）说"华罗庚这方面的研究成果领先世界十年"（陆启铿《华罗庚关于典型域上多元复变数函数论的研究》）。

1955年6月，中国科学院学部成立，华罗庚成为数理化学部委员。在华罗庚倡导下，从1956年开始，在全国举办中小学数学竞赛活动，该项活动在后来若干年中，由于政治斗争的出现几度停止，又几度复兴。1956年8月13日至19日，中国数学会在北京举行了规模空前的论文宣读大会，会上华罗庚分别做了《指数函数和与解析数论》《典型域上的调和分析报告》。

1956年4月，毛泽东主席提出了"百花齐放，百家争鸣"为发展科学文化事业的基本方针，科学家们对"双百方针"表示了普遍的拥护与欢迎。

1957年4月10日，《人民日报》发表社论《继续放手贯彻"百花齐放，百家争鸣"的方针》。6月8日，中共中央发出了"关于组织力量准备反击右派分子的进攻的指示"，开始了反右斗争。由中国民主同盟几位负责人提出的《对于有关我国科学体制问题的几点意见》成了批判的靶子。郭沫若将其定性为"右派分子"的"反社会主义的科学纲领"。华罗庚作为著名的数学家与中国民主同盟的重要成员（华罗庚是1950年9月加入中国民主同盟的）自然也脱不了干系。6月23日，《人民日报》发表了华罗庚的"检查"，题为"几点平常的道理"。检查分为三段：为什么忘记得这么快；在反教条主义的幌子下；不晓得知无不言本身有个界限（王元著《华罗庚》）。26日《人民日报》发表了千家驹、华罗庚与童第周在全国人民代表大会上的发言，题为"我们也被右派分子利用了一次"，发言直接批判了章伯钧与罗隆基。7月14日，《人民日报》再次刊登了华罗庚的又一次检讨，题目是《我愿以这件事作为教训》。最终华罗庚没有被划分为"右派分子"。

1958年6月2日，经邓小平批准成立了中国科学技术大学，校长由郭沫若兼任，华罗庚被任命为副校长兼应用数学系主任。在科大，华罗庚讲授微积分、数学分析及应用、复变函数论、高等矩阵论及其应用等课程，并倡导了"一条龙"教学法。在继续从事数学理论研究的同时，华罗庚努力尝试寻找一条数学和工农业实践相结合的道路。华罗庚发现，数学中的统筹法和优选法是在工农业生产中能够比较普遍应用的方法，可以提高工作效率，改变工作管理面貌，于是他编写了《统筹方法平话及补充》《优选法平话及其补充》，亲自带领中国科学技术大学师生到一些企业工厂推广和应用"双法"，为工农业生产服务。

"大跃进"时期，中国各个领域的发展都受到了影响。这几年，华罗庚的数学工作被迫中断，数学所也变成了一个"四不像"的"大杂烩"。华罗庚虽然不敢公开地、过多地表达他的不满，但也常常在一些文章中借题发挥。

1961年后，数学所成立了"所务委员会"，在工作中与华罗庚出现了矛盾，特别是华罗庚的入党要求屡屡受阻，原因是他曾经加入国民党，以及他在反右斗争中的严重政治问题。于是，1964年他公开要求辞去数学所

所长的职务，转到中国科学技术大学去工作。最后华罗庚的人事关系转到科大，但仍挂着数学所所长的名。到科大后华罗庚不去管理学校的事情，只是专心教书与做科学研究。华罗庚把全部兴趣都放在"双法"的普及工作上面，并且成立了一个"统筹学研究室"。1963年，他和学生万哲先合写的《典型群》一书出版。

"文革"中的华罗庚

"文革"时期，为了保护华罗庚，1970年3月4日，周恩来总理作出了批示："首先要给华罗庚以保护，防止坏人害他。次之，应追查他的手稿被盗线索，力求破案（1969年，华罗庚在科大的办公室的门被撬开，丢失了一些数学手稿，但没有财产损失，此案始终未破）。再次，科学院数学所封存他的文物。请西尧（刘西尧，时任周恩来派驻中国科学院的'联络员'）查清，有无被盗痕迹，并考虑在有保证的情况下，发还他。从次，华的生活，亦不适合再随科大去'五七干校'或迁外地（1969年发布了林彪的'一号通令'，中科大被迫决定迁往安徽合肥），最好以人大常委会委员身份留他在京，试验他所主张的数学统筹法。"（《周恩来选集》下卷，第455页）这样华罗庚的工作关系就由中国科学技术大学转到了全国人民代表大会常务委员会。

1970年4月20日，国务院生产组召集七个工业部的负责人开会，华罗庚在会上向大家介绍统筹法。第二汽车厂、二七车辆厂等企业当即提出要华罗庚到他们那里去普及"双法"。自从华罗庚研究推广"双法"开始，多年间，华罗庚及其学生的身影出现在祖国多处地方，北京、南京、上海、甘肃、福建、广西、山西和西南各省都有他们的足迹，农业、机械、电子、化工、军工、桥梁、铁路等行业都留下过他们的汗水。"双法"甚至得到了当时中国最高领导人毛泽东的认可。

早在1965年年初，陈景润曾宣称，在GRH之下，他已得到（1,2），即证明了（1,2）$_R$。1972年，陈景润将他的（1,2）证明全文投给《中国科学》，由闵嗣鹤与王元审查，闵嗣鹤与王元出于为国争光的目的，冒着风险支持了陈景润的观点，这样（1,2）的详细证明终于在1973年面世。陈景润在他的文章里写下了感谢华罗庚对他的鼓励及感谢闵嗣鹤与王元对他帮助的话。

陈景润 1949 年至 1953 年就读于厦门大学数学系。大学毕业后，他由政府分配至北京市第四中学任教。陈景润实在不适宜教书，后因口齿不清，被"停职回乡养病"。1954 年，他被调回厦门大学任资料员，1955 年 2月，经当时厦门大学校长王亚南先生推荐，回母校厦门大学数学系任助教。1956 年，他发表《塔内问题》，改进了华罗庚先生在《堆垒素数论》中的结果。1957 年 9 月，由于得到华罗庚的重视，他调入中国科学院数学研究所任研究实习员。

1975 年，华罗庚应邀率小分队去黑龙江普及"双法"，在哈尔滨得了心肌梗死病。经治疗，华罗庚虽然脱离了险境，但他的健康已大不如前。病好了一些后，他给毛泽东写了一封信，表示愿意"走与工农兵相结合的道路"，愿意"为经济建设服务"。毛主席在批示中表示了对华罗庚的关怀。

殒命日本

"文革"结束后，1976 年中科院数学所召集会议，全国各著名大学数学系均派代表来数学所商谈如何恢复数学研究、数学研究如何制定各个学科的发展规划、如何在全国布局等问题。1977 年 4 月，华罗庚被任命为中国科学院副院长。

1978 年 11 月，在成都举行了中国数学会年会，华罗庚自始至终领导了这次会议。会议期间华罗庚敏锐地注意到，长时间的"左"倾路线导致学风的败坏，学术界出现粗制滥造、争名夺利、任意吹嘘的现象。1978 年，华罗庚因患心肌梗死再次住院，1979 年 1 月 19 日，时任党和国家最高领导人的华国锋到北京医院亲切探望他。

1979 年 3 月，在杭州召开的中国数学会理事会会议上，华罗庚继续当选理事长。3 月底，华罗庚应英国伯明翰大学邀请到英国访问。其间，他应邀到荷兰、法国与西德访问了一个多月。华罗庚在伯明翰大学、伦敦数学会、牛津大学、剑桥大学、曼彻斯特大学等多处作了学术报告。通过这次访问，华罗庚感到经过十年浩劫，中国数学界人才的缺乏，同时也有了"弄斧必到班门"的体会。1979 年 6 月 13 日，正在伯明翰大学校园出席欢送会的华罗庚收到了一个好消息，他被同意加入中国共产党。同年华罗庚去

法国访问时，接受了法国南锡大学授予他的荣誉博士学位。

1980 年 8 月，华罗庚由北京启程到美国进行访问。在近三十所大学、三家公司进行了演讲。通过这次访问，华罗庚再次深刻感到我国基础理论研究人才的匮乏。在美国访问期间，华罗庚还与陈省身、丁肇中、丘成桐等杰出的华人科学家进行了交流。

1981 年 4 月，华罗庚到合肥中国科学技术大学讲学，同行的有数学所的杨乐、张广厚、王元、吴方等人。国内二十几所大学近百人前来听讲。

1982 年，香港中文大学授予华罗庚名誉理学博士。同年华罗庚当选美国科学院外籍院士。

1983 年 10 月，华罗庚应美国加州理工学院的邀请，以访问学者的身份再访美国。此次访美，华罗庚与美国的贝克脱公司、洛克菲勒基金会等进行了项目合作。

1983 年 11 月，在意大利的里雅斯特召开了第三世界科学院成立大会，华罗庚出席并当选院士。

1984 年，华罗庚接受了美国伊利诺伊大学的荣誉理学博士，同年去美国科学院参加院士会议，他在花名册上用中文签了名。

1985 年，德国巴伐利亚科学院选举华罗庚为院士。

1985 年 6 月 3 日，华罗庚率领柯小英（华罗庚长媳，医生，负责华罗庚的保健工作）、陈德全、计雷等一行应日本亚洲协会的邀请乘机赴日本。考虑到年龄与身体问题，在访问期间日方只安排华罗庚做一次报告。华罗庚一行到达日本后，受到日本朋友的盛情款待。在准备报告过程中，华罗庚一反常态一直在回顾过去，回顾从 20 世纪 50 年代开始的后半生工作。他画了一张表口述给柯小英要她整理。

12 日下午两点，华罗庚到达日本学士院，会见日本数学界的院士们。他将刚刚出版的《华罗庚科普著作选集》送给各位院士。下午 4 点，在日本数学学会会长小松彦三郎的陪同下，挂着拐杖的华罗庚满面笑容地走进东京大学的一间报告厅。

华罗庚离开轮椅后自始至终站着演讲。由于担心语言之间的翻译会影响报告效果，他征求了会议主席与听众的意见，决定用英语直接讲。规定的四十五分钟演讲时间已到，他已经满头大汗。在征求会议主席与听众的

意见后，脱掉西装，解掉领带的华罗庚又把演讲时间延长了十几分钟。最后，华罗庚说"谢谢大家"，在暴风雨般的掌声中坐了下来。日本数学家白鸟富美子女士捧着一束鲜花向讲台走去。这时华罗庚突然从椅子上滑了下来。在场的中国教授和日本医生惊叫着去扶他。他的眼睛紧闭着，面色由于缺氧而呈现紫色，完全失去了知觉。

6月12日晚10时9分，东京大学医院宣布，华罗庚因突发心肌梗死，心脏完全停止了跳动。6月15日，载有华罗庚骨灰的专机在下午三时降落在北京机场。

6月21日，国家领导人和首都各界代表在北京八宝山革命公墓礼堂，为华罗庚举行了隆重的追悼会。华罗庚的骨灰被安葬在北京八宝山革命公墓。

2004年，华罗庚的妻子吴筱元去世。2006年，有关部门将华罗庚与爱妻吴筱元的骨灰迁到华罗庚家乡——江苏省金坛市，他们合葬于新落成的华罗庚纪念馆新馆，了却了这位数学大师魂归故里的遗愿。

季羡林

敢说真话的语言学家

1911 年，中国大地上正在酝酿着一场巨大的革命风暴，从这一年开始，统治中国两千余年的封建社会，开始走上了覆灭的道路。就在这政治上风起云涌，社会上动荡不安的时期，8 月 6 日，在山东省西北部清平县一个名叫官庄的贫穷村庄里，一个男孩悄然诞生了。没有人会想到，这个孩子就是未来精通十二国语言的国际著名东方学大师、语言学家、文学家、国学家、佛学家、史学家、教育家和社会活动家季羡林。

季羡林，字希逋，又字齐奘。季家祖上务农，季羡林的爷爷有三个儿子，老大季嗣廉就是季羡林的父亲，老二季嗣成，老三送给了别人。季羡林的祖父母去世得早，嗣廉、嗣成两兄弟只好投奔堂伯父，后到济南谋生。济南挣钱也不容易，嗣廉独自回家务农，嗣成留在济南挣钱。依靠嗣成在济南打工寄回的钱，嗣廉娶上了媳妇。季羡林的母亲姓赵，家里很穷，没上过学，连名字都没有，一生走过最远的路是从她的娘家到五里外的婆家。

季嗣成的运气比较好，闯关东时买了十分之一的湖北水灾奖券，竟然中了大奖，回到家后盖了瓦房，置了田地。但好景不长又恢复了从前贫困的状况。

季羡林出生后，一家三口只能依靠半亩多地生存，所以生活对于季羡林来说就是"饿"，能吃上"白的"（白面）是他的最高理想。季羡林小的时候安静、温顺，十分可爱，同村一位奶奶很喜欢小季羡林，只要他来到门外叫一声"奶奶"，就会给他半个"白的"馒头吃。幼年的季羡林如果能喝上一碗肉汤或是吃上一块牛肉，就已经是天大的恩惠了。1917 年春节过后，六岁的季羡林离开了官庄，跟随叔父到济南上学。年幼的季羡林不愿意离开母亲，但也改变不了现状，只能在心里暗暗地发誓，一定要好好读书，争取考上大学，再找一个好工作，把母亲接出来尽尽孝道。然而没有人能够想到，在未来十几年时间里，季羡林只回家与母亲见了三次面。第一次是在上小学的时候，回家为大奶奶奔丧，第二次回家是在上中学的时候，回家探望卧病在床的父亲，第三次是父亲去世后为父亲奔丧。几十年后，能够陪伴母亲的就只有季羡林自己的骨灰。

季嗣成没有儿子，所以季羡林就成了嗣廉、嗣成兄弟俩的希望。按照季羡林自己的说法："我生下来时，全族男孩儿就我一个，成了'稀有金属'，传宗接代的大任全压在我一个人身上。"（季羡林《病榻杂记》，新世

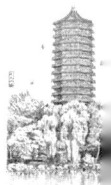

出版社 2006 年版）。叔父季嗣成首先把季羡林安排在一个私塾里学习，在家里的时候季羡林曾跟一个名叫马景恭的"马先生"学过识字。季羡林对识字很有兴趣，人又聪明，是一个读书的材料。

在这个私塾学堂里，季羡林读的是旧时的发蒙课本。第二年季羡林离开了私塾，到南城内升官街的第一师范附小就读。校长王士栋，字祝晨，是山东教育界的名人，在教育界享有盛誉。此人在民国初年曾担任过教育界的高官，也是山东教育界的元老。清华毕业后季羡林回到山东省立济南高中教书时，这位王校长成了他平起平坐的同事。

王校长是一位新派人物，他在学校用白话文教书，这很合季羡林的胃口。季羡林在这里待了不到两年，没有给他留下多少记忆，因为一篇名传世界的童话《阿拉伯的骆驼》引起了叔父季嗣成的不满，他马上给季羡林转学到南圩子门里的新育小学。

新育小学的入学考试很有趣，季羡林因为认得一个"骡"字，被定为高小一年级，而一位比他年长两岁的亲戚不认识这个字，便被定为初小三年级。

总体上看，季羡林的少年生活就是一个中国普通男孩的正常生活。他聪明，好学，却也贪玩；让老师喜欢，却也因为顽皮被老师责打；他喜欢打架，欺负人，也被人欺负，喜欢小兔子和推铁环；虽然婶母的照顾与母亲相比要大打折扣，却也是人之常情。好在叔父对他确实不错，尤其是对季羡林学习英文和古汉语给予了坚决支持。

小学阶段对英文的爱好让季羡林在考正谊中学时尝到了甜头。英文考试题目是翻译一段话："我新得了一本书。已经读了几页，不过有些字我不认识。"（梁志刚《人中麟凤季羡林》，东方出版社）季羡林很快交卷了，并且被直接录取到一年半级，他占了半年的便宜。正谊中学只是一个二、三流的中学，校长是鞠思敏，是民国初年山东教育界的领袖人物之一。鞠校长极为关心青年学生的成长，特别是在道德素质方面，更是倾注了全部心血。他想把学生培养成有文化、有道德的人。

刚进正谊中学的时候，季羡林并不是十分喜欢念书，他是班里年龄最小的学生，也是好学生，但他主要的兴趣是玩，钓蛤蟆、捉虾，比上课要有意思得多。但季羡林喜欢英文。上中学后，季羡林利用业余时间，在济

南城内按察司街南口附近的尚实英文学社跟随冯鹏展继续学习英文，学费每月三块大洋。季羡林在这里学习很有收获，打下了深厚的英文根底，在中学时期他的英文成绩年年全班第一。

除了英文外，他还喜欢古汉语，学校有位徐金台老师，古文很棒，很受师生的尊敬。他在课外办了一个补习班，学生只需交上几块大洋，就能够随班上课。教的书是《左传》《史记》一类的古籍。叔父很支持他，而且亲手抄了一本厚厚的《课侄选文》亲自给季羡林讲，内容都是程朱理学的文章，唐宋八大家的一篇也没选。古文学习让季羡林受益匪浅。

初中毕业后，季羡林留在正谊中学读高中。教国文的杜老师和教英文的郑老师，在未来季羡林的成长中起到了榜样的作用。

1926年秋，季羡林考入山东大学附属高中。季羡林从小安静乖巧，从六岁离开母亲，开始跟随叔叔婶婶生活，难免在心理上有一种自卑的感觉，他本身胸无大志，连报考著名的一中的勇气都没有，自认为将来能够混上一个小职员就足以令他心满意足了。但是在山东大学附属高中，他发生了改变。

山大高中坐落在济南北园白鹤庄。正谊中学的校长鞠思敏先生也在北园山大高中兼课，讲伦理学，算是老熟人了；讲历史和地理的祁蕴璞先生是山东教育界名人，精通日文，能给学生讲出欧美及日本的最新知识；国文教员王昆玉老师讲《古文观止》，他很欣赏季羡林的作文。在老师的鼓励下，他自己找来《韩昌黎集》《柳宗元集》以及欧阳修、三苏等大家的作品，认真地研究了一番。英文本身就是季羡林的强项，在读高中时，他开始购买和阅读原版英文小说，并尝试翻译。讲诸子的王老师对《论语》很有研究。总之，在北园高中的两年时间，改变了季羡林的学习态度，他由一个贪玩的孩子变成了一名品学兼优的学生。

高中一年级第一学期考试结束后，季羡林得到了山东省教育厅厅长兼山东大学校长王寿彭的奖励。王寿彭是光绪二十九年（1903年）的状元，也是一位有名的书法家，他的字很受藏家追捧。学校当时对高中学生表彰的标准是：每个班的第一名，且平均分要达到95分以上，奖品是王寿彭亲笔书写的一个扇面和一副对联儿。结果是高中六个班中，能够达到获奖条件的只有季羡林。王校长给季羡林的扇面上抄录的是一首厉鹗的七言诗：

净几单床月上初，主人对客似僧庐。

春来预作看花约，贫去宜求种树书。

隔巷旧游成结托，十年豪气早销除。

依然不坠风流处，五亩园开手剪蔬。

那副对联写的是：

美林老弟雅詧：

才华舒展临风锦；意气昂藏出岫云。

一个十五岁的少年被状元公亲切地称为"老弟"，让季羡林深感荣幸。王寿彭的一个表彰，造就了季羡林在山东大学附属高中的"六连冠"。

1928 年 5 月，日军占领济南后季羡林辍学一年。他以济南"五三惨案"为背景，写出了第一篇短篇小说《文明人的公理》。

1929 年，日军撤出济南，山东大学附属高中改为省立高中，这是全省唯一的高中。季羡林回到这所学校继续读书。

教他国文的老师是来自上海的青年胡也频。胡也频在课上不讲《古文观止》，也不讲新文学作品，而是滔滔不绝地讲无产阶级革命，这让学生们感到很新鲜，他们买来当时流行的马克思主义文艺理论书籍学习。胡也频还成立了现代文艺研究会，季羡林是积极追随者。

1931 年胡也频遇害后，接替他的是同样来自上海的左翼青年作家董秋芳。董秋芳是鲁迅的朋友，还是著名翻译家。与胡也频不同的是，董秋芳在课堂上不讲现代文学，也不宣传革命，而是老老实实地教课，小心翼翼地批改学生作文。他的作文题目很特别，没有具体的题目，只是"随便写来"，意思是想写什么就写什么，想怎么写就怎么写。季羡林以前读过《庄子》《史记》，还读过唐宋八大家、公安派、桐城派的很多作品，后来又看了鲁迅、胡适、茅盾、周作人、郭沫若、巴金、老舍、郁达夫等人的作品，所以写出的文章很受老师欣赏。1928—1929 年他创作了《文明人的公理》《医学士》《观剧》等短篇小说，署笔名希道，在天津《益世报》上发表。后来在季羡林的回忆中满怀深情地说："这全出于董老师之赐，我毕生难忘。"（《季羡林自传》，当代中国出版社 2008 年版）

1929 年，季羡林十八岁，按照叔父和婶母的要求，与邻居家的女儿彭德华结婚。彭德华比季羡林大四岁，端庄、勤快、贤淑、孝顺，读过几年小学，

认识千把字。但由于长时间不读书，她所学的那些字也渐渐忘掉了。1933年他们有了女儿婉如，1935年又有了儿子延宗。由于延宗自小很少得到季羡林的教诲，父子关系一向冷淡。

1930年夏，季羡林高中毕业，按照叔父的要求去报考当地的邮政局，结果名落孙山。不久他从济南来到北平，同时报考了北大和清华两所大学。据考证，当年清华的党议考题是"孙先生民生史观与马克思唯物史观差异何在？"国文的考题是二选一：一、"将来拟入何系，入该系之志愿如何？"二、"新旧文学书中，任择一书加以批评"。据《我眼中的张中行》记载，北大的国文考题是："是何谓科学方法？试分析详论之。"英文除了一般的作文和语法方面的试题外，还另加一段汉译英，汉文是："别来春半，触目柔肠断。砌下落梅如雪乱，拂了一身还满。"（出自李煜《清平乐·别来春半》）最后还加上一段英文听写。

能同时被两所顶尖的大学录取，是凤毛麟角的事情，季羡林是其中之一。考虑到上清华将来出国留学的机会较多，季羡林选择了清华。他的家乡清平县政府也决定每年资助他五十块大洋。

在清华，季羡林选择了西洋文学系，由于在高中时学习过德文，所以选择了德国文学专业。他学习的课程除了德文、英文、法文之外，还有国文、英国文学史、欧洲古典文学等多门课程。他还选修了俄文和希腊文。吴宓教授和叶公超教授都曾是他的老师。吴宓教的"中西诗之比较"和"英国浪漫诗人"课程对季羡林影响很大。不过季羡林对很多老师表示了不满，认为其中一些教授连教中学都成问题。

季羡林喜欢听陈寅恪的"佛经翻译文学"课程，也喜欢听朱光潜先生的"文艺心理学"即美学。季羡林觉得听陈先生讲课，如夏季饮冰，简直是最高最纯的享受；听朱先生讲课，感觉如沐春风，成了一种乐趣。他在《学海泛槎》一书中写道："朱、陈二师的这两门课，使我终身受用不尽。"朱自清、俞平伯、冰心、郑振铎等教授的课他也都听过。

在清华季羡林也结识了郑振铎、老舍、沈从文这样的文化名人。在郑振铎同巴金等人一起编辑《文学季刊》时，季羡林也曾应邀担任编委或特约撰稿人；老舍曾为季羡林理发买单；沈从文与张兆和的婚礼，季羡林居然也收到了请柬。

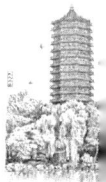

1933 年秋季开学不久，季羡林接到了"母病速归"的电报，他急忙买好车票，登上开往济南的火车。等到季羡林赶到家里时，他的母亲不是病了，而是已经去世了。处理完母亲的丧事，季羡林再一次离开了故乡。

1934 年，季羡林大学毕业，济南山大高中校长宋还吾邀请他到学校当了一名国文教员，月薪一百六十元。季羡林战战兢兢、如履薄冰。他自选教材，选了一些中国古典文学作品，有唐宋散文、明人小品、李商隐的诗，还有点儿外国文学作品。在课堂上，他重点讲解文中的典故和难懂的句子。在课下与学生一起聊天，打乒乓球，成了学生很好的伙伴。他的学生中，有个名叫牟善初的男生，作文成绩全班第一。季羡林认为，他将来可以成为一个出色的作家。几十年后，牟善初担任了中国人民解放军总医院的副院长。在济南，季羡林主编了一个名叫《留夷》的文学副刊，他把学生的优秀作文发表在副刊上，每千字可得一元稿费。

季羡林不善交际，不能成为校长的亲信，所以季羡林也感到自己在这里的饭碗难保。这时，清华大学文学院院长冯友兰与德国方面达成协议，建立双方交换留学生制度，研究生的路费、置装费由本人负担，中国留学生在德每月一百二十马克。季羡林立即向清华提出申请，他在清华的四年，成绩全优，完全符合要求。1935 年，他被录取为赴德国的交换留学生，可以去德国学习两年。

季羡林这时犹豫了，叔父年老而且失业，两个孩子，一个两岁，一个刚刚出生不久，他自己一走，家里等于失去了顶梁柱。不过，叔父和全家对他出国留学都表示了坚决的支持。

1935 年 8 月 31 日，季羡林和乔冠华等人，在北平前门车站等车，开始了万里留洋征程。火车出山海关，进入"满洲国"，9 月 4 日，他们上了苏联的国际列车，从满洲里出境，到达莫斯科。车停两天，重新登车穿过波兰，9 月 16 日他们到达了德国首都柏林。

季羡林初到柏林，在魏玛大街找了一间房子，生活所用物品一应俱全，房东是犹太人。让他感到很不习惯的是吃饭。中国人习惯一日三餐，而德国人每天只吃一顿热餐，而且经常吃生的食物。

在柏林大学的外国学院，季羡林第一件事就是补习德语。季羡林在外国留学生德语班的最高班，老师叫赫姆，季羡林的口语水平提高得相当快。

在柏林，中国的留学生很多，但是真正学习做学问的不多，季羡林和乔冠华除外，他俩每天都去大学上课，几乎形影不离。一个月后，季羡林和乔冠华完成了德语补习后，乔冠华去了舍平根继续学哲学，季羡林来到了哥廷根大学。

哥廷根是一所大学城，数学家高斯、化学家温道斯、文学家格林兄弟都曾在该校执教。老学长乐森珣为季羡林安排了住处，房东姓欧泊扑尔，男主人是市政府的工程师，女主人善良慈祥。季羡林与两位老人朝夕相处，成了这个家庭的一员，十年没有搬过一次家。

刚到哥廷根时季羡林对学业方向有些迷茫。在清华时他旁听陈寅恪先生的佛经翻译课，动过学梵文的念头。12月下旬，学校贴出通告，下学期瓦尔德·施密特教授开设梵文课。瓦尔德·施密特曾是陈寅恪的同学，季羡林决心在 1936 年春季开始的那个学期学习梵文。

学习梵文的学生很少，开始只有季羡林一个学生，后来有两个德国学生加入学习。按照学校的规定，考博士必须读三个系，一个主系，两个副系。季羡林的主系当然是印度学。在副系的选择上他不愿意投机取巧，坚决不选汉学。他选了英国语言学，又选了一个阿拉伯语，一年之后又改学斯拉夫语——俄语，外加塞尔维亚语——克罗地亚语。

在德国的老师中，同季羡林关系最密切的是瓦尔德·施密特教授。他的教学方法很独特，第一学期教授梵文语法，教完简单的字母后，就多练习，语法让学生自己去钻研。第二学期就讲授梵文原著《那罗传》，接着读迦梨陀婆的《云使》等。从第五学期起进入真正的讨论班，读中国新疆吐鲁番出土的梵文佛经残卷。第四学期刚刚念完，导师就主动同他商量博士学位论文题目定为《〈大事〉偈陀中部分限定动词的变化》。

欧战爆发后，瓦尔德·施密特教授应征入伍。不久他的儿子也加入了德国军队，并且战死在东部战线上。

瓦尔德·施密特入伍后接替他的是西克教授，季羡林感觉西克教授对他就像自己的祖父一样十分爱护，并且对他抱有很高的希望。当时由于哈隆教授推荐，季羡林在汉学研究所兼任讲师，月薪一百五十马克。西克教授看到季羡林生活很辛苦，亲自找到文学院长，要求为他增加薪水，并且主动向季羡林传授他的看家本领，一个是《梨俱吠陀》，一个是印度古语

法《大疏》，一个是《十王子传》，最后一个是吐火罗文。

吐火罗文是原始印欧语中的一种独立语言，1890 年在新疆发现。此语言有东西两种方言，习称吐火罗 A（焉耆语）、吐火罗 B（龟兹语）。残卷发现时，世上无人能懂，后在西克、西克灵和舒尔策三人的共同努力下，用了二十年时间才读懂。后三人合著的《吐火罗语语法》名扬全球。

学习吐火罗文不是大学的官方任务，西克教授也没有丝毫征询季羡林意见的意思。季羡林只好舍命陪君子。于是季羡林与一位来自比利时的学生，组成了一个"特别班"，开始学习吐火罗文。季羡林成为中国学习吐火罗语的第一人。20 世纪 80 年代，根据新疆博物馆送来的四十四章八十八页吐火罗文残卷，季羡林克服了重重困难，完成了焉耆语《弥勒会见记》剧本的汉译本、英译本和注释本。1998 年英译本在德国出版。

博士学位论文是学位考试中至关重要的一项，季羡林用了两年多的时间查阅各种资料。1940 年，他的论文基本写好。季羡林没有打字机，自己也不会打字，帮助他打字的是伊姆加德。此时，伊姆加德对季羡林已经情有所属，帮他打印毕业论文的代价，是要季羡林陪伴自己去看一看这个一直生活的城市。在毕业论文写作过程中，季羡林陪伴着伊姆加德走过了城市的每个角落，也一起看电影，一起做所有小情侣都会做的事情。

不过最后季羡林还是选择了退却，因为他已有妻儿。时值中国正在抗战，季羡林也要报效国家，因此不可能留在德国。若干年后，有人到德国打探伊姆加德的消息，令人意想不到的是，伊姆加德一直在等待季羡林，终身未嫁。

按照规定，考试日期应该三个系同时进行，但瓦尔德·施密特正在家休息，英文教授勒德尔也有病住院，所以 12 月 23 日考试时，季羡林只考了梵文和斯拉夫语言学。第二天季羡林应邀到瓦尔德·施密特家去过平安夜，老师告诉他，他的论文、印度学、斯拉夫语言都是优。1941 年 2 月 19 日，他的英文口试也得了一个优。这样他的博士考试大获全胜，最终获得了博士学位。

由于二战中德国与日本的关系，所以季羡林回国的签证成了问题，他被迫留在了德国，直到 1945 年 4 月，美军的坦克开进了哥廷根。当时，经过一番周折后，季羡林和几个中国同学从德国经瑞士、法国的马赛于 1946

年 2 月 8 日登上了 Zea Hellas 号英国客轮，3 月 7 日，到达西贡。4 月 9 日季羡林他们离开西贡，登上了一条开往香港的轮船"中华号"，4 月 25 日到达香港。5 月 13 日，他们从香港登船，乘上了开往上海的轮船。5 月 19 日，季羡林踏上了阔别十年的中国土地。

由于内战正在激烈进行，季羡林不能回到家乡济南，他往家里寄了一点钱，结识了诗人臧克家。

不久季羡林来到南京暂住，住在上海老朋友李长之办公室里。白天闲得无聊，就去鸡鸣寺、胭脂井、玄武湖等地游览。在上海、南京，季羡林结识了梁实秋，探访了从英国回到上海的恩师陈寅恪。陈寅恪在英国治疗眼疾时就曾向北大校长胡适、代校长傅斯年和文学院院长汤用彤推荐他去北大任教。在陈寅恪的介绍下，季羡林拜会了傅斯年。傅斯年对季羡林到北大执教表示欢迎，但按照北大的规定，最高只能聘为副教授。在秋季开学之前，季羡林仍然在南京住在李长之那里，并且发表了几篇短文，如《老子在欧洲》《忆章用》（章用为章士钊的次子，季羡林在德国留学时的挚友）《一个故事的演变》《梵文五卷书——一部征服了世界的寓言童话集》。

季羡林到北大任教后仅一个星期，汤用彤通知他，学校决定任命他为正教授兼文学院东方语言文学系主任，这个升职速度在北大历史上是从来没有过的事情。

北大东语系是北大最小的一个系，仅有五位老师，一个梵文班只有三名学生。北大图书馆藏书丰富，但是与季羡林研究相关的藏书凤毛麟角。古印度语言学研究搞不成了，他翻译了马克思论印度的几篇论文，翻译了恩格斯用英文写的《英国工人阶级状况》和几篇德文小说来打发时间。后来专心研究中印关系和比较文学史。

在翠花胡同居住期间，季羡林写出了几篇论文。1947 年 10 月，季羡林的《浮屠与佛》发表在《中央研究院史语所集刊》第 20 集上，这篇论文的发表得出了"佛"早于"浮屠"的结论，回答了胡适与陈垣争论的问题。《列子与佛典》得出了《列子》成书时间不会早于公元 285 年。《论梵文 td 的译音》是为纪念北大五十年校庆而作。罗常培的评价是"考证严谨，对斯学至有贡献"。除此之外，还有《一个流传欧亚的笑话》《木师与画师的故事》《从比较文学的观点看寓言和童话》《"猫名"寓言的演变》

《柳宗元〈黔之驴〉取材来源考》《〈儒林外史〉取材来源》《佛教对宋代理学影响之一例》等文。在《忠告民社党和青年党》这篇时评中，抨击了国民党这两个"姨太太"的丑恶表演。

1947年暑假，季羡林乘飞机回了一次济南。此时叔父年迈多病，早已丧失了劳动技能。马氏生母早已病故，家中全靠叔父续取的婶母（老祖），每天摆小摊卖香烟、炒花生和糖果维持生计。妻子已经苍老，女儿婉如已经十六岁，儿子延宗也已经十二岁了。季羡林是个知恩图报的人。叔父去世后，1962年，季羡林把老祖和妻儿接到北京，一起生活了近三十年。

季羡林回到济南的事情惊动了时任山东省政府主席的王耀武，他派人请季羡林去他的官邸赴宴，表示欢迎他回山东工作，并派人给季家送来了面粉、白糖等礼品，他的车队惊动了二里长的佛山街，从此季家声名大振。

北平和平解放后，华北高等教育委员会决定，南京东方语言专科学校并入北大东语系。再经过以后几次合并，到1952年8月，全系师生达五百一十六人，成为北大第一大系。

1951年，季羡林当选北京市人民代表和北京大学工会组织部部长、秘书长、沙滩分会主席。1952年北大搬到西郊后，他担任了北大工会主席。同年他被评为一级教师。

1951年，新中国派出第一个大型文化代表团访问缅甸和印度。经胡乔木推荐，季羡林作为团员参访。代表团到达广州后，季羡林到岭南大学看望了恩师陈寅恪。这是季羡林和陈寅恪的最后一次相见。代表团经中国香港、仰光、加尔各答，1952年1月返回北京。

从1954年起，季羡林连任三届全国政协委员。

1956年，季羡林翻译了《沙恭达罗》，同年加入了中国共产党，担任中国科学院哲学社会科学部学部委员，还当选了中国亚洲团结委员会委员。1959年，他把《沙恭达罗》搬上了中国青年艺术剧院的舞台。1962年，季羡林翻译了迦梨陀娑的另一部名剧《优哩婆湿》。同年季羡林当选中国亚非学会理事兼副秘书长。

1959年7月，季羡林写成了《研究学问的三个境界》，1962年5月，完成《春满燕园》，这两篇文章被选入不同的课本或选本，影响了不止一代人。

1968年春夏之交,季羡林被关进了"牛棚"。1969年2月,牛棚宣告解散,季羡林回到了家里。

1970年,工农兵学员进校后,季羡林被分配到东语系当了一名门房。门房的工作很轻松,可是季羡林又不是一个闲得住的人,他决定翻译蜚声世界文坛的印度两大史诗之一的《罗摩衍那》。1971年秋季开学后,由于国内国外政治形势的需要,季羡林获得了重登讲台的机会。从1973年起,季羡林用了五年多的时间,把《罗摩衍那》八大册翻译完成了。1994年,《罗摩衍那》中译本荣获中国第一届国家图书奖。

"四人帮"垮台后,季羡林的处境逐渐得到了改善。1978年2月,他当选第五届全国政协委员,同年3月担任了南亚研究所所长。7月,季羡林被任命为北京大学副校长,12月再次当选北京大学工会副主席。1979年1月,他恢复东语系主任职务。

复出后的季羡林立即投入紧张的著作工作。按照中华书局的要求,他重新对玄奘的《大唐西域记》进行整理。1985年中华书局出版了《大唐西域记校注》,1994年这部书也获得第一届国家图书奖。1981年为满足印度女作家特丽耶·黛维夫人的愿望,他将其作品《家庭中的泰戈尔》翻译成中文,1985年由漓江出版社出版。

1979年暑假,季羡林应新疆大学之邀,到天山南北考察讲学。考察结束后,季羡林来到了敦煌。从新疆和甘肃回到北京后,"中国敦煌吐鲁番学会"应时而生,季羡林成为会长。1985年10月,季羡林写成《敦煌学、吐鲁番学在中国文化史上的地位和作用》。1988年,在北京召开的中国敦煌、吐鲁番学会年会上,季羡林提出了"敦煌在中国,敦煌学在世界的口号"(梁志刚《人中麟凤季羡林》,东方出版社)。

1980年冬天,季羡林率领中国社会科学代表团访问联邦德国,回到了哥廷根。他来到了曾经居住过整整十年的房子,房子还在,房东欧泊扑尔太太早已离开了人世。他去寻访伊姆加德,但伊姆加德也离开了。在这里,他见到了瓦尔德·施密特教授,并送给他一本汉译《罗摩衍那》。

1981年1月,在季羡林倡导下,北大成立了北京大学比较文学研究会,季羡林为会长。研究会出版了《北京大学比较文学研究丛书》和《北京大学比较文学研究会通讯》。

1981 年，一张有关制糖术的敦煌残卷，辗转送到了季羡林先生手中，季羡林惊喜之至，开始了对"糖"的考证，最终于 1998 年完成《糖史》的写作，这是季羡林一生用力最勤、篇幅最大的一部学术著作。

1981 年，聊城师范学院正式建立的第二年，季羡林应邀来学院参加新生开学典礼，举办了《从比较文学谈到中印文化交流》的学术讲座，并成为聊城大学发展史上第一批聘请的校外兼职教授。1982 年 10 月 10 日，季羡林受聘任聊城大学名誉院长，并写下了"鲁西最高学府，山东璀璨明珠""聊城师范学院图书馆"的题词。

1978 年，《中国大百科全书》筹备工作开始，季羡林出任《外国文学》卷编辑委员会副主任委员。1982 年 9 月下旬，《外国文学》卷（两册）相继出版。同年，应吕叔湘等人邀请，一起指导《语言文字》卷的筹备工作。1984 年，他出任《语言文字》卷编委会主任委员，同年又受聘为《中国大百科全书》总编辑委员会委员。

1987 年，季羡林发表了长篇学术论文《佛教开创时期的一场被扭曲、被遗忘了的"路线斗争"——提婆达多问题》，对佛祖释迦牟尼与提婆达多的斗争问题提出了自己的怀疑，第一次权威性地证明："提婆达多实际上是一个非常有才能，而且威望很高的人，提婆达多代表的是唯物主义倾向，是进步的。"（季羡林《佛教十五题》，中华书局 2007 年版）

在 1991 年启动的国家"八五"至"九五"重点图书出版项目《传世藏书》工作中，季羡林担任了总编纂。

1992 年夏，中国东方文化研究会历史文化分会正式提出编纂出版《四库全书存目丛书》的计划，1992 年 12 月 23 日获国务院古籍整理出版规划小组批准，列为国家级重点项目。1993 年 1 月，《四库全书存目丛书》编纂出版工作委员会成立，由季羡林担任总编纂。

为了能使后人全面了解和研究东方文化，1993 年，季羡林倡导并亲自主持《东方文化集成》大型学术丛书的编纂，并于 1997 年正式出版第一批专著。

1994 年，季羡林获得了北京大学特别奖，在还不知道奖金数目是多少的情况下，他就拿出一万元捐给故乡官庄。同年季羡林的妻子彭德华因病去世，季羡林要求作为儿子的延宗出两万元丧葬费，一个要求出，一个不愿出，结果父子交恶。季羡林便扬言要与之断绝关系。

1999 年，印度文学院授予季羡林名誉院士。同年季应台湾圣严法师的邀请，到台湾进行了为期一周的访问。其间，他特意到胡适和傅斯年的墓地凭吊。

2001 年 5 月 17 日，北京大学隆重举行"庆祝季羡林先生九十华诞暨从事东方学研究六十六周年大会"。国务院副总理李岚清、全国人大常委会副委员长雷洁琼、外交部部长唐家璇发来贺电。8 月，季羡林的家乡聊城和临清市的党政领导邀请他回故乡庆祝九十岁生日。祝寿大会后，季羡林在写《故乡行》时特别强调"我的生日从旧历折合成公历是 8 月 2 日"。这次回家，季羡林许下了将来会睡在娘身边的诺言。2006 年 5 月 14 日，北京大学举行"庆祝东方学学科建立六十周年、季羡林教授执教六十周年及九十五华诞"盛大集会，国务院总理温家宝写来了亲笔贺信，赞扬季羡林为"人中麟凤"。

2006 年 9 月 26 日，中国翻译协会授予季羡林翻译文化终身成就奖。他在表彰大会上的书面发言中说："我一生都在从事与促进中外文化交流相关的工作，我深刻体会到翻译，在促进不同民族语言和文化交流中的重要作用。自从人类有了语言，翻译便应运而生。在世界文明发展的历史长河中，在中华民族伟大复兴的进程中，翻译始终都是不可或缺的先导力量。中华几千年的文化之所以能永盛不衰，就是因为通过翻译，可以说，没有翻译就没有社会的进步，没有翻译，世界一天也不能生存。"（梁志刚《人中麟凤季羡林》，东方出版社）

进入 21 世纪，季羡林的身体出现了很多状况。2001 年 12 月，季羡林小便便血，住进了 301 医院，2002 年后，季羡林的大部分时间是在 301 医院度过的。

2009 年 7 月 11 日北京时间 8 点 50 分，季羡林在北京 301 医院因突发心脏病去世，享年九十八岁。

季羡林去世后，多位中央领导同志以不同方式，通过北京大学转达对季羡林先生辞世的深切哀悼，并委托北京大学向季老亲属表示慰问，并敬赠花圈。

按照季羡林先生生前遗愿，他的骨灰分为三个部分：一部分在北京，一部分放在河北，另外一部分放在山东老家。2010 年 4 月 5 日清明，季羡林的骨灰在他的家乡山东省临清市康庄镇官庄村安葬。至此，季羡林先生实现了他生前立下的"回到母亲身边"的遗愿。

钱伟长

万能科学家

多才多艺的钱家公子

1912 年 10 月 9 日，位于江苏省无锡县鸿声乡七房桥村的钱家出生了一个男孩，这个给全家带来喜悦的新生儿，就是未来世界著名的科学家、教育家、杰出的社会活动家，中国科学院院士钱伟长。

七房桥村的钱家曾是当地的一个大家族，据说是吴越国王钱镠六世孙钱进的后裔。明代中叶时为当地首富，清朝同治年间，钱家更是五世同堂，并一门走出两位举人。当时朝廷为贺此事曾御赐"五世同堂""贡士及第"两块牌匾（柯琳娟《以国家需要为专业的科学家——钱伟长传》，江苏人民出版社）。到清朝末期，钱家家产大多败尽，钱家成为既没有人做官、经商，也没有田产，祖辈三代都是靠教书过日子的一个书香门第、诗书家庭。

钱伟长的曾祖父钱鞠如，是清代举人，长于音韵，体弱多病，但有坚韧不拔之志，曾用上等宣纸手抄"五经"。钱伟长的祖父钱承沛，清末时曾中过秀才，后以私塾教书为业。钱承沛有四个儿子，长子钱挚，次子钱穆，三子钱艺，四子钱文。钱承沛牢记"子孙虽愚，诗书须读"的祖训，先后送两个儿子钱挚、钱穆去读私塾。

钱承沛思想先进，经常阅读上海出版的报纸，接受孙中山平均地权的思想，建立起了"钱氏怀海义庄"。钱氏族人把原先由个人管理的田地交由义庄管理，义庄则聘两三位账房先生主管收租、交税和福利工作。作为族长，他和一位公推的副族长负责监督工作。义庄规定，凡是七房桥的孤寡老人及失去父亲的未成年孩子，每人每月可以从义庄领取一斗米、一贯钱作为生活之资（《钱伟长的故事》，林承谟主编，华中科技出版社）。"钱氏怀海义庄"的做法，使七房桥的经济恢复了生气。钱承沛去世后，钱挚与钱穆的学业都得到过"钱氏怀海义庄"的资助。几十年后，1950 年中国土地改革时，曾经富甲一方的七房桥只评出两个地主和几个富农，其余都是贫下中农和村镇贫困户，而且评出的两个地主还都是早年已迁入上海的工商户；"文化大革命"期间，红卫兵批斗"资产阶级反动学术权威"钱伟长，指控他在旧社会能顺利读完中学和大学，还得以出国留洋，由此推断出他的家庭一定是地主、官绅，甚至还可能是土豪，为此清华大学造反派三番五次地派出专案组到钱伟长的老家七房桥调查他的身世，结果发

钱伟长 万能科学家

529

现，钱伟长出身贫寒，家里一没钱二没势，父亲只是一个贫穷的乡村教师。之所以出现这种现象，主要是因为当时村里大量的土地都由钱氏怀海义庄统一管理，不属于各家各户了（《钱伟长的故事》，林承谟主编，华中科技出版社）。

钱伟长的父亲钱挚原名恩第，字声一，1889 年出生，幼年家贫，在果育小学读书，由荡口义庄保送常州府中学堂（江苏省常州高级中学前身）读师范科，任班长兼理化室助理员。毕业后因品学兼优，常州府中学堂监督屠元博推荐他到南京高等师范学堂深造，因家庭经济困难，钱挚返回家乡培养三位弟弟读书。民国初年，钱挚在无锡七房桥重新开办"七房桥又新小学"。自任校长。而后他又到荡口、后宅等地办学、任教，颇有声望。武昌起义后，钱挚与弟钱穆及族中青年办起了革命团练。

1913 年，作为创始人之一，钱挚在梅村办了无锡县立第四高等小学，钱挚任教务主任。后无锡荣家在荣巷创立公益学校，钱挚又被聘为教务主任。北伐后，无锡县在学前街县学里设立无锡县中，钱挚又任县中教务主任兼舍监。北伐胜利后成立了无锡乡村师范学校，钱挚任校长。1928 年 10 月，钱挚病逝，年仅三十九岁。钱伟长的母亲是一个没有文化的农村妇女，在家里养蚕、挑花、糊火柴盒操持家务。

钱伟长在很小的时候，就在家人的教育下开始读书认字。父亲要求他写日记，帮助奶奶记账，四叔钱穆教他识字写字（钱穆，字宾四），八叔钱文教他写文章（钱文，字起八）。钱伟长的童年生活既有与同龄玩伴一起在大自然中尽情玩耍的场景，又有在家中刻苦读书的内容。据钱伟长回忆："但每逢寒暑假，父亲和叔父们相继回家，……一到晚饭后，每天有一小时的音乐活动，父亲善琵琶和笙，四叔善箫，六叔好笛，八叔拉一手好二胡。"（钱伟长《八十自述》，海天出版社）钱伟长说自己"就在琴棋书画的文化环境中受尽了华夏文化的陶冶"（《人生第一课——民国名家忆家庭教育》，王木春主编，华东师范大学出版社）。钱伟长父亲与叔叔喜欢下围棋，他们下棋时钱伟长就在一旁观战并作输赢记录。开学后，父亲、叔叔们返校，钱伟长自己也经常打谱。后来钱伟长在上学时多次参加校内比赛，都战绩非凡，围棋成了他终身的业余爱好。

1915 年 12 月，钱家老宅起火，化作了断壁残垣，钱家搬到荡口，居住在钱穆的一位学生家名叫"复盛墙门"的空宅院里。

跟随叔父成长

1917 年秋，钱伟长进入富盛桥东岳庙初级小学学习。1919 年秋，钱穆受邀去后宅镇筹建泰伯乡第一小学，他主动要求带上钱伟长同行，这样钱伟长在后宅小区住了两年。钱穆调任厦门集美学校任教后，1922 年秋，钱伟长也转学到荡口镇北司前弄小学初级小学就读，1923 年升入荡口镇中鸿模小学高小一年级。1925 年，钱挚离开梅村小学，被无锡荣巷荣家办的公益学校聘为教务主任，便带着钱伟长一起来到了公益学校。钱伟长被插在了六年级，与荣毅仁同学。北伐后学校停办，1926 年 5 月，钱挚带着钱伟长回到荡口。同年秋钱伟长进入由我国近代著名的理论家、古文家、教育家唐文治先生创办的无锡国学专修学校学习。1927 年年初，无锡县立初中成立，钱挚任教务主任，兼授中文历史，钱伟长也来到县立初中一年级就读。北伐军占领无锡后，县立初中关闭，钱挚再次回到荡口。这样钱伟长在不断的颠簸中，在十一年的时间里，断断续续地上了五年学，度过了初中阶段。

1928 年秋，苏州中学开始招生。钱穆在此任教，嘱咐钱伟长来参加考试，最终钱伟长以榜上最后一名被录取。这已经是个很不错的成绩了，因为钱伟长在上学期间，数学没学过四则运算，平面几何只学过不到一个学期，立体几何、三角函数、外语、物理都没有学过，只是他的国文成绩十分出色，文章写得好得了第一名。这个故事若干年后在钱伟长报考清华大学时将再次得到续演。

尽管钱挚兄弟四人才华出众，但是没有一个人有较高的文凭，希望全在钱伟长一人身上。苏州高中开学时，钱挚送钱伟长上学，快到学校时，他对钱伟长说：无论家里多么困难，我都希望你能够成为家里的第一个大学生。苏州高中名师荟萃，你只要努力学习，大学总是有望考取的。对于以后大学的学费，你不必操心，而且如果你成绩好的话，很有可能考取助学金和奖学金（柯琳娟《以国家需要为专业的科学家——钱伟长传》，江苏人民出版社）。一个月后钱挚病逝，此时钱伟长只有十五岁。

在苏州高中的三年中不管是否喜欢，钱伟长都努力学习学校开设的所

有课程，据钱伟长回忆："在这三年里，我如痴似狂地学习，苏州园林如画，名胜山水从未亲临游览。像虎丘、寒山寺这样的闻名中外的圣地，也是在六十岁以后才有机会亲临访问的。我既不参加同学们的游戏、运动和其他课外活动，也不到同学家串门访户，只记得去过几次沧浪亭，那是因为苏州市图书馆那时设在沧浪亭。"（钱伟长《八十自述》，海天出版社）

高中课程中，钱伟长最喜欢的是地理课，教师是第一本中国分省地图的制作者陆侃舆，钱伟长不仅学到了自然地理知识，而且也学到了一些历史常识。钱伟长最害怕的是数学，要学三角、大代数、解析几何等，由于基础太差，物理、数学、化学、生物等课程只达到中下游的水平。高中阶段钱伟长写了自己的第一篇论文《春秋日蚀考》，获得江苏省最高奖。

物理考 5 分的学生到清华学习物理

1931 年，钱伟长高中毕业，在四叔钱穆的鼓励下，钱伟长决定报考大学。他一口气报考了清华、中央、浙大、唐山、厦门五个大学，结果都被录取，并获得了清寒奖学金（我国氯碱工业的创始人吴蕴初设置）。四叔钱穆建议钱伟长到清华大学学习。

钱伟长进入清华应该算得上中国高考史上的佳话之一。当时各大学的入学考试都是自主命题，那一年清华大学的入学考试的国文考题和历史题目都是由我国著名历史学家、清华大学四大导师之一的陈寅恪先生出的。国文考试有一道题目是要求学生对对子，陈寅恪出的上联是"孙行者"，标准答案是"胡适之"，但有位考生给出了"祖冲之"的下联，陈寅恪觉得也很不错。这位考生更是交上了一篇文采斐然的作品，作文题目是《梦游清华园赋》，陈寅恪给了这位学生满分。当时四叔钱穆受聘为北京大学副教授，同时也在清华兼课，陈寅恪把这份满分的卷子让钱穆看，钱穆觉得笔迹像侄子钱伟长，放榜后一查果然是他，《梦游清华园赋》也刊登在《清华周刊》上。陈寅恪出的历史考题只有一题，就是让考生写出二十四史的全部书名、作者、卷数和注者。这自然难不倒钱伟长，历史考试钱伟长也得了满分。但是在数理上一塌糊涂，物理只考了 5 分，数学、化学共考了 20 分，英文因没学过是 0 分。结果钱伟长以总分 225 分、第七名的成绩被清华大学录取。

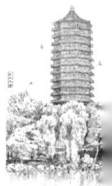

钱伟长身体弱小，身高只有一米四九，清华大学对入学的要求是一米五以上，而且体重过轻，肺活量不足，负责体检的马约翰教授直喊"不合格"。钱伟长担心被淘汰，在最后一项跑步时，只是死命地奔跑。马约翰教授被感动了，这样钱伟长成了清华历史上最矮的新生。入学后钱伟长开始注重体育锻炼，最终成了校运动队长跑、跨栏、足球等多个项目的优秀运动员，他的身高最后也长到了一米六五。钱伟长以优异的文科成绩考入清华后，历史系的陈寅恪教授欢迎他去历史系学习，而中文系的杨树达教授则希望他到中文系学习。此时正值九一八事变爆发，钱伟长希望走科学救国的道路，决心弃文学理。当时的清华物理系汇聚吴有训、叶企孙、萨本栋、赵忠尧、周培源、任之恭等六位名教授，钱伟长决心学习物理。那时清华物理系招收的学生很少，物理系吴有训教授认为钱伟长理科太差，不仅学不好物理，而且浪费了物理系的一个名额，所以希望他去学习中文或者历史。在叶企孙教授的调解下，吴有训、杨树达、陈寅恪、钱穆、钱伟长等多方达成了一个协议，钱伟长试读一年，如果数理化三门课有一门不到70分，就转回文学院学习。

物理系课程不多，四年只学十二门课：大学普通物理、理论力学、热学热力学、电磁学、光学和声学、电动力学、量子力学、统计力学、近代物理、原子物理、相对论、无线电学，但这些都是精选的重点课。在吴有训教授的指导下，钱伟长选修了数学系和化学系的一些课程。数学系是熊庆来教授的高等分析，杨武之教授的近世代数，赵访熊教授的复变函数和微分几何。化学系是高崇熙教授的定量分析、定性分析，黄子卿教授的物理化学和萨本栋教授的有机化学。那个时候钱伟长与华罗庚可能是清华大学中最勤奋的两个人。

第一学期结束时，钱伟长的物理考了60多分。第一年结束后钱伟长顺利升入二年级。后来他成了物理系最优秀的学生之一。

1935年，钱伟长和同学顾汉章合作完成了论文《北京大气电量的测量》，这是我国自行测定大气电量的第一批数据。这篇论文于同年6月在青岛举行的物理学年会上宣读。这一年清华大学毕业后，钱伟长同时考上了中央研究院南京物理研究所的实习研究员与清华物理系研究生，四叔钱穆帮他选择了在清华继续读书。同时吴有训教授也帮他申请了一个"高梦旦奖学

金"的名额，每年三千元，连续三年。这样钱伟长留在清华物理系，跟随导师吴有训教授主攻 X 光衍射。在读研期间，他还在黄子卿教授的指导下研究溶液理论，并与黄子卿教授合写了一篇论文，又在叶企孙教授的支持下，分析研究了铈的原子光学谱学。以后还对气体的状态方程和弱性薄板的弯曲等问题做了一些研究。

"一二·九运动"时，钱伟长参加了多次抗日救亡大游行。在游行时钱伟长结识了孔祥瑛。孔祥瑛祖籍山东滕县，出身于名门，是孔子第七十五代孙，自幼受到良好的文化教育。三十年代的孔祥瑛就读于天津南开女中，初中就和同学创办《嘤鸣》刊物。1934 年，孔祥瑛考取清华大学文学院国文系，是朱自清的弟子，并担任清华大学校刊《清华周刊》文艺部编辑。1939 年元月，钱伟长与孔祥瑛在西南大学再度相聚。8 月 31 日在钱穆、朱自清、吴有训等人的主持下，钱伟长和孔祥瑛举行了婚礼。

1935 年 12 月，清华学生组织了清华自行车南下宣传队，钱伟长任副组长。1936 年 1 月 15 日宣传队全体成员在南京遭到逮捕，不久被释放。那时候钱伟长是极少数的公开参加抗日救亡运动的研究生之一。

"卢沟桥事变"后，清华大学、北京大学等学校陆续南迁。因为旅费的问题，钱伟长没能跟随清华的大部分师生南迁，而是经人介绍到天津英租界私立耀华中学教初三、高一物理，并兼任女生班班主任，直到 1939 年 1 月，他才抵达位于昆明的西南联大。钱伟长到达西南联大后，因为叶企孙教授被评为中央研究院评议会秘书，有关热力学的课程就由钱伟长来教授，这样钱伟长变成了西南联大的物理系教师。

从 1937 年到 1939 年，钱伟长先后发表了三篇光谱学论文，其中《对稀有元素硒的单游离光谱分析》开了我国稀土元素研究的先河。

顶级的物理学家

1939 年，钱伟长参加了中英庚款基金会举行的第七届留英公费生考试，钱伟长与林家翘、郭永怀一起榜上有名（原计划力学专业一个名额，最后破例三个名额）。

1939 年秋，新婚后不久的钱伟长从昆明乘火车一路辗转到达香港。由于此时英法对德宣战，香港的所有船只全部被征为军用，出国留学决定延

期，钱伟长等人原路返回。1939 年年底，中英庚款基金会通知学生们 1940 年 1 月底前在上海集合，改道去加拿大。由于护照上有日本的签证，同学们纷纷把护照扔到了黄浦江里以示抗议。直到 1940 年 8 月，学生们才在上海乘坐俄国"皇后"号邮轮，二十八天后到达温哥华，9 月 17 日抵达多伦多。

钱伟长到达多伦多大学时，英国皇家学会会员、多伦多大学应用数学系创办者辛格教授正在该校任教。钱伟长等三人都选择了应用数学系，钱伟长专攻弹性力学。辛格教授请三人介绍自己的研究方向和近期课题的进展情况，结果发现钱伟长与他自己都在研究板壳内禀理论。钱伟长在西南联大任教时，看到一本《弹性力学的数学理论》的书，决定研究一种统一的以三维弹性力学为基本的内禀理论。辛格教授要求钱伟长把他自己研究的宏观方程组和钱伟长研究的微观方程组两种理论合起来写成一篇论文，作为献给分冯·卡门教授的礼物。两个月后一篇署名"辛格教授和钱伟长合著"的《弹性板壳的内禀理论》在冯·卡门祝寿文集中如期发表，引起了包括爱因斯坦在内的许多著名物理学家对钱伟长论文的重视，这篇论文曾是美国应用力学研究生在 20 世纪四五十年代必读的材料。1941 年 6 月，钱伟长获得多伦多大学应用数学学士学位。

在以后的三年间，钱伟长以《弹性板壳的内禀理论》为基础，完成了以薄板薄壳统一内禀理论为内容的博士学位论文。1944 年分三篇，在美国布朗大学主办的应用数学期刊上连载。钱伟长的博士学位论文还包括了从三维弹性理论导出壳体宏观平衡方程的证明。1942 年，钱伟长获加拿大多伦多大学应用数学系博士学位，年底成为美国数学学会正式会员。

1943 年 6 月，钱伟长正式加入冯·卡门教授领导的加州理工大学古根海姆实验室喷气推进研究所任研究工程师。在这里他遇到了林家翘、郭永怀、周培源、钱学森等人。实验室是美国联邦政府资助的研究开发中心，除了从事太空和行星探索外，也会部署地球轨道卫星，并开发从公共安全到医疗等领域的技术。由于二战的需要，实验室也接受了五角大楼下达的关于研制新型火箭的任务。1943 年到 1946 年，钱伟长在这个实验室主要从事火箭的空气动力学计算设计、火箭弹道计算、地球人造卫星的轨道计算等，也参加了火箭现场发射实验工作。当伦敦正在遭受德国 V-1、V-2

导弹威胁的时候，丘吉尔向美国请求援助。这件事被传到著名科学家冯·卡门主持的喷气推进研究所。钱伟长正在研究所从事火箭、导弹的设计试制工作，他仔细研究过德国导弹的射程和射点后发现，德国的火箭多发自欧洲的西海岸，而落点则在英国伦敦的东区，这说明德军导弹的最大射程也仅如此。据此，钱伟长提出：只要在伦敦的市中心地面造成多次被击中的假象，以此蒙蔽德军，使之仍按原射程组织攻击，伦敦城内就可避免遭受导弹的伤害，英国接受了这一建议。几年后，丘吉尔在他的回忆录中谈及此事时，赞赏道："美国青年真厉害。"可他不知道这个年轻人是中国科学家钱伟长（《钱伟长二战时助伦敦免遭德国导弹袭击得丘吉尔赞赏》，凤凰网）。

在加州理工大学喷射推进研究所工作期间，钱伟长发表了两篇重要论文，一篇是《超音速对称锥流的摄动理论》，它被学术界认为是世界上第一篇有关"奇异摄动理论"的论文，还有一篇就是在冯·卡门教授指导下发表在美国 1946 年第 1 卷《航空科学月刊》上的《变扭的扭矩》。这是冯·卡门一生中最后一篇关于固体力学的文章，冯·卡门教授评价"这是一篇最富有经典味道的力学论文"（曾文彪《校长钱伟长》，上海大学出版社）。

抗日战争胜利后，钱伟长谎称回国探亲，于 1946 年 5 月 6 日带上一些简单的行李和书籍乘船回国。7 月，清华大学邀请钱伟长担任工学院机械系教授。8 月初，钱伟长回到北京清华园。9 月，孔祥瑛带着年满六岁的儿子元凯从成都来到了北京，这是他出生后第一次见到爸爸。一年后他们的长女开来出生。

抗日战争胜利后，中国国内物价飞涨。为了生活，钱伟长几乎承包了清华大学、北京大学、燕京大学所有应用力学、材料力学和高等材料力学的课程，还在物理系讲授理论力学、振动、弹性力学基础、传热学、轴的回转等高年级课程。钱伟长的讲课风格追随他的老师吴有训和叶企孙，简明、干净、实用，把最新的知识揉进课程之中，而且善于现场"抓挂"。1948 年 12 月，人民解放军兵围北京城，钱伟长在远处传来的隆隆炮声中为学生讲课，一颗流弹击碎了教室的窗户。钱伟长灵机一动，开始给学生讲解弹道是怎么计算的。两个小时内，两百多学生没有一人离开教室。

1947 年，钱学森回国与蒋英完婚，看到钱伟长生活窘迫靠借贷度日，建议他再去美国喷气推进研究所工作。在美国大使馆办理手续时，填表中的一个问题是如果中国和美国开战，他能不能忠于美国，钱伟长坚定地写了一个"no"。

用专业建设新中国并得到毛主席的庇护

1949 年 3 月，清华大学成立委员会，钱伟长为常委并兼任副教务长。1950 年 5 月，钱伟长被选为北京市人民代表大会代表。同年 12 月，他随中央慰问团赴东北慰问抗美援朝志愿军的回国伤病员。

1951 年，钱伟长开始招收新中国力学专业的第一批研究生，叶开沅、陈致达、顾求琳等跟随钱伟长学习。9 月，新中国派代表团出访印度和缅甸，这是中华人民共和国成立后第一个大型代表团，出发前周恩来总理接见了代表团成员，这是钱伟长与周总理的第一次近距离接触。

1952 年 6 月，全国院系大调整后，钱伟长被任命为清华大学教务长，年底当选中国民主同盟中央委员会常务委员。1954 年，他当选全国人民代表大会第一届江苏省人民代表和中科院学部委员会兼中科院学术秘书。

1956 年 1 月，中国成立力学研究所，钱学森任所长，钱伟长任副所长。5 月，钱伟长参加波兰国际固体力学研讨会和流体力学研讨会。7 月，他参加中国科技访问团，出访苏联、波兰、罗马尼亚、匈牙利、民主德国、保加利亚、捷克斯洛伐克、南斯拉夫等八个国家。8 月，钱伟长作为中国代表团副团长参加在比利时布鲁塞尔召开的第九届理论和应用力学国际大会，并做了《长方板大挠度问题》和《浅球壳的跳跃问题》的报告。年底波兰科学院授予钱伟长院士称号。这一年钱伟长与叶开沅合作出版了中国第一本弹性力学专著《弹性力学》，由科学出版社出版。

1956 年，钱伟长因为在有圆薄版大挠度问题上的工作荣获国家科学奖二等奖。他提出了以中心新挠度为最小参数的摄动法，这也是国际力学界所称的"钱伟长法"。"钱伟长法"被力学界公认为最经典、最接近实际而又最简单的解法。

1954 年到 1956 年，新中国开始制订科学技术发展的十二年计划。这个计划由周恩来总理亲自指导，确定了五十六个项目。在这些项目中，钱伟长放弃了自己最擅长的专业，他提到的只有五项，一个是原子能，一个

是导弹、航天，一个是自动化，还有计算机和自动控制。钱伟长的提案受到了众多科学家的质疑，只有两个人站在钱伟长这一边，就是钱学森和钱三强。2009 年，在上海大学，钱伟长接受了中央电视台《大家》栏目专访，回忆当时的情景时，钱伟长说："只有两个人支持我了，他们都是刚回来的，一个是钱三强，他是搞原子弹，他本身就需要这个东西；一个是钱学森，他是搞航天的。他们两个人帮我们谈判，吵了一年多了，最后周总理说，'三钱'说的是对的，我们国家需要这个。"1956 年 4 月规划结束后，钱伟长被任命为国务院科学规划委员会会员，并负责筹建自动化研究所及自动化学会。

1956 年，钱伟长被划为"右派"，在做"右派"的时间里，钱伟长同时做了大量的工作。1960 年，钱伟长摘掉了"右派"的帽子。虽然如此，但清华大学的工作依然是他的"禁区"，但是他可以在北京地区冶金学界和金属学界讲授弹性力学课程。1961 年，他在北京航空界讲述飞机结构的颤动理论，又开设了空气弹性力学课程。直到 1962 年，钱伟长再次登上了清华讲台，讲授应用数学、微分方程、弹塑性力学等课程。

1964 年 3 月，钱伟长写成《关于弹性力学的广义变分原理及其在板壳问题上的应用》，寄给《力学学报》，可是直到 1978 年这篇文章才得以首次发表。

"文化大革命"开始后，钱伟长和其余四十名老师一起，下放到首都特殊钢厂劳动，成了一名三班倒的炉前工。在首钢，这个力学专家依然充分发挥了作用，和工人们一起为生产做了多种设计改造。

1969 年夏天，清华领导通知钱伟长返校，与几百名清华教师一起去江西鄱阳湖边的鲤鱼洲农场从事劳动改造。首钢"工宣队"的领导为了保护钱伟长，拒绝了清华大学的要求使钱伟长能够留在首钢。

1970 年 5 月，美国作家韩丁访华，周恩来总理指定钱伟长在家中接待。以后钱伟长还在家中接待了英国记者格林、美国作家斯诺。1972 年尼克松访华前，他还接待了作为先遣人员的黑格将军。

1971 年 10 月，"文革"后中国派出第一个访问团访问美国、加拿大、英国和瑞典四国，钱伟长是访问团成员之一。由于清华大学"革委会"的阻挠，这个消息一直没有传达给钱伟长，直到代表团临行前一天，周恩来

总理亲自打电话，才把正在特钢（首钢公司下属单位）劳动的钱伟长叫了回来。由于没有准备，钱伟长穿着劳动服和解放鞋就去见周总理。结果钱伟长没来得及回家，穿着周总理的鞋和周总理秘书的衣服，就直接出国了。代表团回国后，钱伟长交了一份有关四国环保工作的五万字的报告，并提出了有关我国环保管理和政策的建议。

1972 年至 1974 年，钱伟长接到了为解放军坦克研制大电流高能电池的任务。当时的情况是我军坦克的电池打火两百次就需要更换，而国外的坦克可以打火近四百次。钱伟长组织了一个高能电池研究小组进行专题攻关。他们的辛苦和汗水换来了成功，经过努力，他们终于研制出超过国际水平的锌—空气电池，不仅体积小重量轻，而且耐用，一块电池打火五百次以上，大大提高了我军坦克的战斗力。1975 年这项工作获得了北京市科技进步奖。

被亲点为大学校长

1976 年，邓小平对钱伟长提出了三个任务：第一个任务是宣传"四个现代化"，第二个任务是宣传和平统一政策，第三个任务是参加《不列颠百科全书》的出版工作（柯琳娟《以国家需要为专业的科学家——钱伟长传》，江苏人民出版社）。

1979 年夏天，中共中央对被错划成"右派"的人士给予改正，其中就包括钱伟长。1980 年 6 月 30 日，民盟中央撤销了关于钱伟长被划为右派的决定，恢复民盟中央常委和文化委员资格。但是清华大学对钱伟长的"右派"改正工作却出现了明显滞后，这让他很是不满。1980 年 8 月，在邓小平同志的积极推动下，中国大百科全书出版社和美国不列颠公司签订了出版中文版《简明不列颠百科全书》的协议，钱伟长任联合编审委员会中方委员之一。1982 年 10 月 15 日，当时钱伟长正在无锡开办《变分法有限元》的公开讲座，突然接到清华大学党委的电话通知，任命他为上海工业大学校长。这个任命让钱伟长感到十分惊喜。因为当时对钱伟长的任命有两个方面的障碍：一是政治上的，钱伟长不是中共党员，而且还有右派问题；二是年龄，我国任命干部一般一向有年龄要求，一般规定六十岁以上就不再任命为大学校长，而此时钱伟长已经七十周岁了。在这里特别要提出的

是，对于钱伟长的任命是来源于中央组织部的任命，而并非教育部的任命。据事后钱伟长回忆说："我要感谢邓小平，是他解放了我。"而且邓小平还对钱伟长说，你在北京树敌太多，现在上海工业大学正在物色一人做校长，我看你就到上海去吧，并且给他许诺"可以一直当校长"（曾文彪《校长钱伟长》，上海大学出版社）。这样钱伟长就成了中国任职时间最长的校长，也是一位年龄最大的现职校长。

钱伟长主持上海工业大学后，与香港著名爱国商人王宽诚建立了一个基金会，任务就是选一百名留学生，给他们提供贷款，让他们到美国去，学习先进技术，以为国家培养科技人才，支持国家的教育事业。钱伟长建议成立一个十六人的考选委员会，由大师级人物组成，除了他自己和王宽诚以外，包括李政道、林家翘、陈省身、田长霖、陈岱孙、张龙翔、钱临照、卢嘉锡、吴富恒、费孝通、汤佩松、黄丽松、马临、薛寿生等。第一批决定了五十个学科，考四门：一门是英文，还有三门与专业有关的课程。原则是每个学科不论有多少人参加考试，只取一名学生，英文必须及格，三门专业课加起来必须超过二百四十分，宁缺毋滥。第二批只考三门与专业相关的课程。结果第一批招收了五十一人，第二批招收了三十八人。

当时的上海工业大学只是一个四等学校。钱伟长发现这所大学存在许多弊端：一是学校和社会脱节，二是校内各系科、各专业之间的隔绝，三是教育和科研之间的隔绝，四是教育学的隔绝，钱伟长称之为"四堵墙"。为了拆除这四堵墙，他在上海工业大学进行了一系列改革。

为了适应社会发展的新趋势，上海工业大学淘汰了一些传统的专业课程，增设机械自动化和机器人、精细化工、应用数学和力学、通信工程、工业外贸、经济管理、会议信息等专业。

钱伟长认为，学生不仅要"专"也需要"博"。他曾经表示：理工科学生必须懂人文科学，必须具备一定的文学、艺术方面的素养。他在谈到智力开发和人才培养问题时说："专业人员历史知识没有，地理知识没有，很危险哪！"（《智力开发和人才培养问题》，载《钱伟长文选》第二卷）上海工业大学的学生入学后前两年不分专业，一起学习基础课，到第三年再分专业学习专业课程。

钱伟长在上海的另一个大动作就是对教师队伍的培养。当时有一些教

师，上课从来都是抱着书抄黑板，然后念一遍，接着让学生抄，然后就再抄一黑板，再念一遍。钱伟长看不惯这种老师的授课，他自己讲课从来不用讲稿。他认为，学校最大的任务就是教会学生们自学能力。钱伟长说："一个教师没有自己的东西，照本宣科地念一通的话，还不如请个播音员来念。"（《加强和改进"两课"教育的问题》，载《钱伟长文选》第四卷）后来钱伟长下令，凡是照本宣科的老师，学生可以缺课，可以不上他的课。"如果一个教师只会念书，那赵忠祥不是比他念得更好？"（柯琳娟《以国家需要为专业的科学家——钱伟长传》，江苏人民出版社）

钱伟长认为，高校教师要给学生上课，要做科研，要联系一个工厂义务兼一个职务。他说："你不教课，就不是教师；你不搞科研，就不是好教师……教师的提高不是靠听课进修，而是主要靠做科研工作，边研究边学习，缺什么学什么，边干边学，这是极其有效的方法。"（钱伟长《论教学与科研关系》，载《群言》2003年第10期）

1994年，上海工业大学、上海科技大学、原上海大学、上海科技高等专科学校合并成立了新上海大学，钱伟长任校长。上海大学成立后，作为校长的钱伟长积极申报"211工程"，努力将上海大学建成一所一流大学。要想在全国高校内排进前一百名，对年轻的新上海大学来说困难重重。在多方努力下，直到1996年年底，上海大学才最后跻身于211工程之中。

钱伟长在上海就任大学校长期间，自己的学术研究工作丝毫没有停顿，1982年，因为他在广义变分原理方面的工作，再次获得国家自然科学二等奖。1983年，他又发现了一种临界变分状态，因此创出了"高阶拉氏乘子法"，这是他对广义变分原理做出的又一突破性贡献。

电子计算机产生于20世纪中叶，80年代以后开始普遍运用。由于汉字形状的特殊性，方块汉字在电子计算机上遇到输入的难题。当时，美国IBM公司、王安公司、联邦德国的集团公司都有人要解决汉字输入问题，也取得了一定的成果，但是应用起来十分复杂。钱伟长认为"中文计算机将由中国人自己搞，我们会做出世界上最实用、最优化的中文计算机来"（柯琳娟《以国家需要为专业的科学家——钱伟长传》，江苏人民出版社）。1981年6月21日，中文信息研究会在天津成立，钱伟长当选理事长。1985年，钱伟长发明"钱码"——钱氏汉字计算机输入法。在20世纪80年代，钱伟长还承担过两项国家重点攻关课题，提出了仪表弹性元件和波纹管膨胀节的理论计算方法。

1997 年 9 月 23 日，钱伟长获得"何梁何利基金""科学与技术成果奖"，时任国务院副总理的朱镕基特意找到钱伟长的座位，说："我今天以学生的身份颁奖给老师。"1998 年 4 月，钱伟长参加上海大学部分学生干部座谈会，对在座人士自豪和激动地说，"朱总理是 1947 年进清华大学，1951 年毕业的。1950 年、1951 年他担任了清华的学生会主席。他有四门课是我教的，这四门课他都是课代表。"（曾文彪《校长钱伟长》，上海大学出版社）

2010 年 7 月 30 日，钱伟长在上海逝世，享年九十八岁。钱伟长病重期间和逝世后，党和国家多位领导人前往医院看望或通过各种形式对钱伟长逝世表示沉痛哀悼并向其亲属表示深切慰问。2010 年 8 月 7 日，钱伟长的追悼会在龙华殡仪馆举行。

丁石孙

北大民选校长

1998 年，正值中国近现代第一所国立综合性大学——北京大学建校 100 周年之际（北京大学创立于 1898 年维新变法之际，初名京师大学堂）。百年来，北京大学为中国所做的贡献有目共睹。在北京大学百年校庆的纪念活动中，著名学者季羡林发表讲话时说，北大历史上有两位校长值得记住，一位是蔡元培，另一位是丁石孙。

富家子弟

丁石孙，江苏镇江人，1927 年 9 月 5 日出生于上海西门路润安里 43 号。按丁石孙自己的话说，他是姜子牙的后代（袁向东、郭金海《有话可说——丁石孙访谈录》，湖南教育出版社）。丁石孙原名丁永安，因出生前过继给伯祖丁石樵做孙子，所以又名丁石孙。据说丁石孙的祖上是读书人，做过小官，但到曾祖父时家境衰落。丁石孙祖父丁传科，字子盈，学徒出身，颇具商业头脑，精明能干，到北方各地收购粮食、糖运往上海销售，因此挣下了很大的基业，在镇江可以说是非常富裕，属于当地有名望的人家。丁石孙的外祖父家也十分富裕，在上海与丁石孙的祖父合资建造了房子，取镇江润州古名而将上海的房子定名为润安里。

丁石孙的父亲叫丁家承，字若农，毕业于上海南洋中学，拥有高中学历，国文相当棒，还写得一手好字，没有正式职业。丁家承自学了一些简单的西医知识，在家自己开了个小诊所，免费给人看病，丁石孙的母亲叫刘惠先，曾跟随家里聘请的教师学习过一段时间。丁家承、刘惠先婚后生有二子二女，丁石孙是老大。

丁家承一家的生活基本上是由丁传科供养，丁传科给丁家承一家每月三百块大洋生活费，不够用时还可到丁传科在镇江的分店支取。

丁石孙年幼时新式学校在中国已经开办起来，但是由于祖父丁传科思想保守，认为进洋学堂会学坏，不许丁石孙念小学，所以八岁之前丁石孙一直待在家里，由父亲教国文，母亲教英文。母亲教的英文十分简单，就是 "a book" 和 "a dog" 之类最基础的东西，父亲外出时也教他背诵《长恨歌》《琵琶行》之类的古诗。

父母对丁石孙的学习监督并不紧，丁石孙的学习压力也不大。1935 年前后，丁石孙被父亲送进了私塾。私塾的先生姓张，毕业于上海光华大学。

私塾里有十来个学生，他们需要自己买书，并带书桌。丁石孙记得向张先生学习过《古文观止》、开明英文、数学等课程。"八·一三淞沪会战"之后，镇江的形势也很紧张，丁石孙就不再上学，全家逃难来到汉口。在武汉，丁石孙有幸目睹了中国空军和苏联援华航空志愿队在武汉上空进行的空中保卫战。

由于经济问题，1938年5月，丁石孙随父母乘坐飞机到香港，然后乘船到上海。在上海父亲请了一个家庭教师帮助他们兄妹四个准备入学考试，结果丁石孙顺利考入了南洋中学，弟妹三人则考入了位育小学。

南洋中学开设的课程很全，有数学、英语、语文、地理等科，但丁石孙对国文老师很反感，"让我们念《孝经》，身体发肤受之父母之类。他还把孔子说得很神。现在还记得他说孔子是接受上天的旨意，写《春秋》句，所谓'端门受命而作春秋'。这位老先生给我的印象是既迷信又腐朽。我认为这样的学校不能上，于是只在南洋中学初中念了一年就另考入光华附中"（袁向东、郭金海《有话可说——丁石孙访谈录》，湖南教育出版社）。

初中期间丁石孙数学成绩一般，初三、高一时学习平面几何，丁石孙觉得比较难，不会做题，就抄别人的作业，考试也只得40多分。

1939年11月，丁石孙的母亲去世，丁石孙休学在家。1941年时直接考入光华附中高一年级。为了不被老师发现，他便将丁永安的名字改为现名丁石孙。

1940年，丁石孙祖父去世后，他的家庭生活不再富裕如前，全家搬到威海卫路的威海别墅居住。

太平洋战争爆发后，丁石孙离开了南洋中学，在家庭教师的推荐下来到乐群中学继续读书。乐群中学在上海不算是好学校，但是丁石孙遇到了两位好老师。

一位是教英语的谢大任老师。谢老师授课注重发音，所以后来丁石孙的英语发音读得很准，而且也养成了查字典的好习惯。另一位是数学老师，北京师范大学毕业，人长得很难看。代数课用《范氏大代数》做教材，丁石孙和同学有问题就去找他，老师也经常从霍尔（Hall）和奈特合著的《高等代数》中出一些比较难的题目给他们做。乐群中学请了一位中国人教日语，出于对日本的憎恨，学生们都不愿意学，老师也是睁一只眼闭一只眼。

日语考试完全是靠作弊通过的。

为参加"学运"被大学开除

1944 年，丁石孙从乐群中学毕业，考入上海大同大学。这是一所私立综合性大学，时有"北南开，南大同"之美誉，创建人和校长是中国数学会首任会长胡敦复。丁石孙家中没有大学生，不懂得如何选择专业，考虑到毕业后能进入上海电力公司，收入比较高，丁石孙便选择了电机系。丁石孙不擅长机械制图相关的课程，考试常常得"C"。机械制图课程画一张图通常需要几个星期，并且图画得很糟。既然如此，丁石孙便在 1945 年暑假之后转入数学系。

当时社会对学习数学没有多少认知，觉得学数学没有前途，所以数学系的学生非常少。大同大学开设的数学课程也不全，丁石孙只念过线性代数，分析学得也很初等，甚至不懂 $\varepsilon-\delta$ 和连续的概念。由于学校经常安排丁石孙他们与化学系的学生一起听课，所以他倒学了不少化学课。

大学期间，丁石孙的英语水平有了很大提高，原因是在大一时，学校要求学生每周写一篇英文作文，丁石孙的成绩都是"C"，而其他同学都是"A"。请教同学后他知道他写的是中国英文，别的同学写的，是真正的英国英文，改进的方法就是要背一些英文范文。于是丁石孙找了一本很有名的英文散文集，每天背一篇，坚持了两个多月。

大学时期的丁石孙还是比较活跃的。大一时，丁石孙和电机系的四位同学成立了一个类似于社团的 T-Party 组织，T-Party 开始主要讨论宗教问题，后来发展为讨论有神论、无神论，曾就人有无灵魂举行过辩论会。虽然这样的讨论很幼稚，但丁石孙却非常认真。他还曾花了不少时间读一本佛教的书，这为丁石孙后来接受佛教的禅宗思想做了思想上的准备。

抗战胜利后，被日寇占领了八年的上海终于迎来了中国军人。大家一开始情绪很高，中国的军队很受欢迎。但丁石孙很快看到，抗战虽然胜利，但人民的生活并没有得到改善，而是接收大员大肆贪污，他对国民党产生了失望的情绪。

1946 年 5 月，在中共地下党领导下，大同大学学生会组织了"要和平、反内战"的集会，时任上海市市长的吴国桢到学校做过一次演讲，试图说

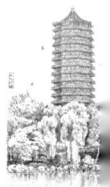

服学生不要搞运动，要安心上课。吴国桢的论调当即受到了中共地下党时任大同大学学生会主席何裕民的批驳。

1946 年 5 月 16 日，上海人民团体联合会召开理事会，决定组成上海人民团体代表团赴南京请愿，向国民党当局呼吁和平、要求停止内战。6 月 23 日，丁石孙参加了欢送和平请愿团去南京的大游行，并且受中共上海地下党委派，组织到上海北站欢送雷洁琼、马叙伦等人。"下关事件"的发生对丁石孙的政治态度影响很大（"下关事件"是指 1946 年 6 月 23 日，以马叙伦、雷洁琼为首的上海人民和平请愿团去南京国民政府和平请愿时，在下关火车站被特务袭击，马叙伦等均被严重殴伤）。

丁石孙在上海大同大学读书时，学校有个以机电系学生为主体的读书会组织，名叫"乌托邦"。1946 年下半年的一天，乌托邦读书会在学校里贴了海报，说要讨论罗素的《宗教与哲学》，希望有人参加。丁石孙没读过这本书，就到图书馆借阅，觉得挺感兴趣，就参加了这次讨论会，并且成为会员。

丁石孙读到大学三年级时，学生中反对黑暗势力、争取光明自由的斗争此起彼伏。1947 年年初，丁石孙进入大同大学学生会，担任宣传委员，负责壁报的出版，这年 5 月，全国爆发了轰轰烈烈的"反饥饿、反内战、反迫害"运动，丁石孙在中共地下组织领导下，组织同学们罢课、游行。丁石孙与学生会的其他三位同学到南京请愿，结果被抓，先是被抓到上海警察局，后将他们转移到一个外表是花园洋房的特务机关。被捕期间，他在监狱里读了郑昕写的《康德哲学》。一个星期之后，丁石孙被保释。等他回到学校时，才得知自己已经被大同大学开除了。被学校开除以后，丁石孙读了罗素的《我们对客观世界的认识》《西方哲学史》，冯友兰写的《贞观六书》《六祖禅宗》。为了谋生，丁石孙到上海的中、小学校兼课，还做家庭教师，寻求经济独立。

丁石孙被大同大学开除以后，1947 年，乌托邦读书会改组，丁石孙被选为五人小组两领导之一。由于他比较关心政治，属于激进的一种类型，所以负责一个政治思想小组，定期讨论一些政治思想问题。当时乌托邦读书会还出版了一个名叫《半月》的刊物。由于怀疑乌托邦读书会具有某些政治倾向，这个组织当时受到了国民党与共产党两大政治组织的同时关注，

共产党还派人加入了乌托邦读书会以掌握情况。丁石孙的这一经历，给他未来的生活带来了一定麻烦。

丁石孙的自尊心极强，在被学校开除以后，他决定重新报考大学。他先后报考了上海交通大学、杭州浙江大学，都没有被录取。一位好心的老师告诉他，南方的大学里都有一份黑名单，因为他曾被开除，是不会录取的，要考就到北方。所以丁石孙报考了清华大学和燕京大学。由于在大同大学数学系的学习并不全面，丁石孙的数学功底比较薄弱，所以在去参加考试的路上，他坐在三轮上翻看一本影印的迈克达菲的《抽象代数引论》，第一次知道群、环、域的概念，结果考试时刚好考到这几个定义。

在清华真正懂得了数学

清华大学与燕京大学两所学校都录取了他。丁石孙选择了清华，在数学系继续读三年级。1948 年初秋，丁石孙离开上海，乘海船到天津，再到北平清华。

丁石孙说："从上海到北京，这是我人生中一次很大的转折。到了清华，我才在段学复等教授的指导下，真正懂得了什么是数学，才开始对数学产生了浓厚的兴趣。"（《敞开心灵之门——访全国人大常委会副委员长、民盟中央主席丁石孙》）

丁石孙这一级数学系学生有十人。他发现自己数学懂得太少，与同学们的差距很大。当与他同班的曾肯成和高他两个年级的万哲先讨论伽罗瓦理论时，丁石孙连伽罗瓦群的一个具体例子都不知道。

丁石孙听了很多数学课，有杨武之的初等数论、闵嗣鹤的复变函数、吴光磊的射影几何以及北京大学王湘浩到清华开的代数数论课。这些教师都是当时中国非常优秀的数学家。通过自学和听课这两种方式，丁石孙的数学水平有了很大的提升。华罗庚与程民德回国后，丁石孙选修、旁听了他们的广义矩阵论与一致空间的课程。来到清华大学以后，丁石孙终于迈进了数学的殿堂。此时丁石孙与万哲先、曾肯成结成了很好的朋友，人称"铁三角"。

出于对哲学的喜爱，丁石孙还选修了王宪钧的逻辑实证课与沈有鼎开的逻辑课。为了能读法文数学书，他又选修了吴达元的法语课，最后其法

语水平可以媲美从越南回来的同学。平津战役开始后，清华大学停课，丁石孙闲着没事儿，学会了下围棋。1948 年 12 下旬，丁石孙加入了中国人民民主青年同盟（简称"青盟"，是接受中国共产党领导的进步青年团体）。为了集中精力学习，他拒绝了由"青盟"自动转入青年团。1949 年，清华园解放不久，丁石孙被选为清华大学学生会副主席，在毕业前夕参加了清华大学在上海的招生工作。

1950 年暑假，丁石孙得到了由时任清华校务委员会主任叶企孙签名的清华大学毕业证书。由于成绩出色，他还得到了系里对成绩优秀的学生发的一百元人民币的奖励。在教务长周培源的帮助下，毕业后的丁石孙留在清华大学任教。

刚刚留校的丁石孙在数学系担任江泽坚和闵嗣鹤的助教。江泽坚为机电系学生讲高等数学，闵嗣鹤为数学系三年级的学生讲代数数论，丁石孙为他们批改学生作业。按照清华的传统，丁石孙还兼顾图书馆的一些工作。他每周抽两三个上午到图书馆工作，同时还被选为数学系的工会小组长，负责组织大家学习。

中华人民共和国成立初期，中苏关系成为最主要的对外关系，俄文图书开始大量涌入中国。丁石孙便向一位名叫冯康的老师学习俄语，也到外文系去听俄语课。通过这两个方法，不久他就可以读俄文数学书。后来丁石孙在北大曾参加过俄文比赛，并获得了一等奖，获得奖金一百元。

1950 年 6 月，新中国的科学院建立不久，著名数学家苏步青、华罗庚、周培源、江泽涵（江泽坚堂哥。江泽坚还有个弟弟江泽培。江家这三兄弟后来都成为我国著名数学家）等人着手筹建数学研究所。万哲先和曾肯成跟随华罗庚去了数学所，丁石孙表示愿意留在清华，原因是丁石孙毕业时欠了很多债，亟须偿还，而当时数学系的工资是四百斤小米，数学所是三百斤。

1951 年，根据教育部的决定，清华招收了一批"工农兵学员"。上面要求利用三个月的时间，使他们能够达到考大学的水平。数学系、物理系、化学系一些高水平教员给他们讲课，一些高年级的学生做辅导员，丁石孙的任务是负责带领这批辅导员。

1951 年冬，全国开始了"三反""五反"运动，中央在高校发起了轰

轰烈烈的思想改造运动。清华大学数学系的华罗庚、段学复等都受到了学生和年轻教师的批判。批判段学复的理由，是说他有名利思想，原因是经常催着大家写论文。年轻教师认为写论文的做法不合理，中年教师觉得写论文的压力比较大。在思想改造运动中，丁石孙阅读了胡乔木写的《中国共产党三十年》和列宁写的《唯物主义与经验批判主义》，思想发生了转变，产生了要加入中国共产党的念头。由于丁石孙没有入团的经历，1952年上半年，经数学系的民盟负责人蓝仲熊介绍，丁石孙加入了中国民主同盟。

被命运安排到北大

1952年，清华大学数学系和燕京大学数学系在全国高校院系调整中并入北大数学系。北大仿照莫斯科大学力学数学系模式将数学系改为数学力学系，简称数力系，由段学复任主任。当时为了支援全国其他地区高校建设，丁石孙曾被系里计划调往新疆，段学复表示不惜要用六个人去换他，丁石孙才得以留在北大。

院系调整以后学生人数激增，教学成了数力系最主要的任务。丁石孙被分配在代数教研室，虽然只有二十多岁，但已能独当一面地开设代数方面的课程。第一年丁石孙既要教一年级的大课、翻译教材，又要给闵嗣鹤做助教，批改三年级的数论习题，后来甚至要给化学系基础不好的学生补习中学数学知识。

20世纪50年代初，中国总体上都是仿照苏联模式进行工作，北大也不例外，按照苏联顾问的要求，北大数力系专门开设了习题课，据丁石孙反映，这种习题课的效果非常好。1954年，他还在全校做了一个报告，介绍习题课的经验。总体上讲，丁石孙的教学理念与教学方法很显然受到了苏联凯洛夫《教育学》的影响。北京大学赵春来教授将丁石孙的教学特点概括为质量高、数量大、极其认真负责。他认为丁石孙在教学上花费的精力可能是数力系所有教师中最多的。

丁石孙对教学极为投入和用心，讲课效果非常好，在学生中可谓有口皆碑。张恭庆在《中国科学院院士张恭庆追忆丁石孙老师》一文中写道："丁石孙先生是我们大学的高等代数课老师。1954年秋我刚进大学时，他给我们上习题课……丁先生高高的个子，声音洪亮，说话简短扼要，逻辑性极强，

第一次见面就给我留下了年轻有为的印象。一个学期后……丁先生既上大课又带习题课。"

北大数力系53级学生，后为北京大学教授的陈堃銶回忆说："丁石孙老师讲课时洪亮的声音，清晰的概念和严谨的逻辑，吸引着我们这些初入数学殿堂的年轻人。"北大数力系54级学生，后为北京理工大学教授的叶其孝对丁石孙高等代数课程的记忆是："丁石孙先生讲课没有讲稿，但是声音洪亮、条理清晰、深入浅出，对学生严格要求、耐心辅导。"数力系55级学生，后为中国农业大学教授的潘承彪表示："丁石孙先生讲课神采奕奕有独特风格，听他的课是一种难得的数学享受。讲课时他从不看书也没有讲稿，只有很少一看的小纸条一张。讲课的目的清楚，问题引入自然，思想、概念、方法、技巧、证明过程及举例解释、前后内容联系等一环扣一环，没有一句多余的话。"（王涛《丁石孙：我对数学是有感情的》）

数力系考试采取口试形式。口试比笔试更能检测出学生的水平。高等代数考试由丁石孙一人主持，每天考八小时，要连续考十六天。

数力系那时实行的是班主任制度，丁石孙担任了54级一、六、九班的班主任。对于那些少数基础太差、学习非常困难的学生，讲完大课后还要给他们补课。经过几年的努力，一部分学生终于赶上来了。对于成绩较好的学生，丁石孙则组织他们成立科学小组，并亲自负责代数小组。代数小组每周活动一次，每次丁石孙在《美国数学月刊》上挑一两篇文章，让学生们讨论。有时也找一些题目让学生们做，写一些小论文。这些努力使得北大数力系54级不但整体上学习较好，而且思维活跃，眼界开阔。后来这个年级涌现了胡文瑞、刘宝镛、王选、张恭庆、张景中、朱建士和周巢尘七位院士和两位卫星、导弹总设计师，班主任不仅负责教书，还兼管学生们的学习、思想和生活方面的事情，甚至有女学生来向丁石孙咨询谈恋爱的问题。丁石孙关心学生们的全面发展，经常参加他们的课外活动，学生们都特别愿意和他聊天。"我个人非常喜欢听他讲国际、国内数学界的人和事。例如，法国有个布尔巴基学派、德国在二十世纪三十年代是世界数学的中心、苏联数学学派在世界上有很大的影响、华罗庚先生对矩阵有独到的技巧、陈省身先生在微分几何与拓扑学上有重要的贡献，等等。

这些内容使我们对数学的兴趣愈加浓厚。他还向我们介绍数学的主要分支都研究些什么，哪些课程特别重要，传授给大家学好数学的经验。"（《中国科学院院士张恭庆追忆丁石孙老师》）

到北大不久，丁石孙被任命为系里的民盟小组组长，江泽涵、段学复、徐献瑜这些大教授都是他领导的盟员。1953 年，他还被选为数力系工会的组织委员，负责指导各个工会小组的活动。正是由于工会系统这个平台，丁石孙结识了他未来的妻子桂琳琳。

从 1953 年开始，数力系的科研工作也开始提上日程。丁石孙自学了庞特里亚金的《连续群》，并构造出了一个非 T4 的 T3.5 空间，比布尔巴基学派的迪厄多内 1939 年给出的例子要简单。此外丁石孙还参加了段学复的群论和李代数的讨论班，开展了对李代数的研究。同年，他还开始担任《数学通报》的编辑。1954 年，丁石孙晋升为讲师，那时教授和副教授很少，讲师属于高级知识分子。1955 年，丁石孙以民盟的身份加入中国共产党。

1956 年丁石孙和桂琳琳结婚。桂琳琳 1933 年 1 月 3 日出生于浙江省宁波市慈城镇。抗日战争开始不久随外祖父迁移到上海并开始上学。1950 年，时年十七岁的桂琳琳考入燕京大学化学系。1952 年院系调整，转入北京大学化学系，1953 年由于第一个五年计划需要，提前毕业，留北京大学任教。桂琳琳毕业后先是当了校工会的组织干事，后为化学系教授。当工会干事时，她曾到数力系来了解情况，可能是看到了当时丁石孙带领的数力系的工会活动工作搞得比较好，对丁石孙产生了好感，二人开始了恋爱。

《科学院大院的故事》中对这段恋爱的描写是："……数学界确实有几个美男子，他印象最深的，却不是王元先生，而是他们系的一位老师。当时北大数学力学系男学生眼镜众多，感情问题上往往入不敷出，但这位老师出乎寻常的一表人才，轻易把化学系一位校花追到了手，夫唱妇随，羡煞鸳鸯。化学系同仁吃不到葡萄，又不好说葡萄酸，于是见到这位老师就不怀好意的称他'化学系的女婿'，好歹占些口头便宜。这位老师叫作丁石孙，后来当了北大的校长。"（萨苏《科学院大院的故事》）

1956 年，丁石孙和桂琳琳结为伉俪，婚后育有二子。同年暑假，丁石孙被任命为系里的教学秘书。同年，丁石孙参加全国高考命题。

1956 年 1 月，中央召开了知识分子问题会议，周恩来总理在会上做了《关于知识分子问题》的报告，中国开始大规模向科学进军。中国数学会于 8 月 13 日至 19 日组织了论文宣读大会，丁石孙参加了这次会议并提交了两篇论文，其中一篇论文加强了华罗庚在 1951 年得到的关于全矩阵环上若尔当自同构的结果，另两篇论文刻画了一类幂零微分李代数的性质，并对它们进行了分类（王涛《丁石孙：我对数学是有感情的》）。《人民日报》在这次会议报道时，将丁石孙列为青年数学家中的佼佼者。

1958 年 1 月，北京大学安排一部分教师下放劳动锻炼，数力系、图书馆系和中文系大约二十个人下放到门头沟区斋堂镇达摩村，丁石孙担任领导小组组长。

在达摩村，丁石孙每天跟着老乡去劳动，也跟着北京市商业系统下来的一批干部修过路，大炼钢铁的时候，还当过炼铁队的队长。成立人民公社后，不知从哪里刮来一股风，要求"深挖地"，据说是可以增加粮食产量。丁石孙就带着四个人，每天背着行李，带着铁锹出去深挖地，走到哪个村就吃落到哪个村。

后来，上级领导提出，教员不能只参加体力劳动，还应发挥知识和技术的特长，所以，丁石孙他们又干了两件事儿，一件事儿是帮助当地办小学，另一件事儿，就是抽出几个人，负责用杏做原料酿酒。结果是吴光磊的小学开办下来，而酒却没有酿造出来。

从 1959 年开始，北大提出要整顿教学秩序，逐渐恢复正常上课。按照系里的安排，丁石孙组织一批四年级的学生搞控制论，手头的资料就是一本名叫《控制论》的科普书。丁石孙也不懂什么是控制论，但是他发现这本书比较务虚，只是提出一些观点，并没有真正的解决办法。当时世界上比较时髦的还有计算机，编程还处于初级阶段，于是他就领着学生学编程，就是为机器编制一种语言。当时美国和苏联也在搞"程序自动化"。美国人设计出了"FORTRAN"语言，苏联人写出了一本书《程序自动化》。研究中丁石孙发现，要真的把这些东西从理论上搞清，就一定要把数理逻辑搞明白，弄通算法，于是他就给学生开设了算法论的课程。那个时期，世界上也是刚开始进行计算机语言研究，丁石孙他们距世界先进水平差距并不大。

1959 年下半年"反右倾"的时候，丁石孙受到了批判，系党总支剥夺了他的项目领导权，所以就放弃了这个研究方向。

1960 年，全国兴起了一股超声波热，认为超声波可以创造很多奇迹。当时数力系让丁石孙带学生到国棉二厂去搞超声波，丁石孙不是学物理的，其实不懂超声波是怎么回事，只是领导让他们"超"，他们就"超"。后来数力系派人到国棉二厂找到了丁石孙，告知他被定为阶级异己分子，被开除党籍。一条罪状是说他隐瞒了自己名下的房地产，另一条罪状是说他父亲行医，帮别人流产，出了事儿，被判了刑。事实上这两件事情是客观存在的，但丁石孙却全然不知，这也是事实。暑假后丁石孙从国棉二厂回到北大，帮着过去的学生张恭庆改习题。

1961 年暑假，桂琳琳带着他们的大儿子丁诵青回上海，帮助丁石孙把房地产问题与他父亲的问题搞清楚，写了份材料交给了校党委。当时刚刚开过"七千人大会"，校党委正准备给 1960 年以后的冤假错案甄别平反，所以就恢复了丁石孙的党籍，并且从 1961 年暑假开始恢复他讲大课，继续教代数，1962 年还让他当 60 级学生的年级主任。这时候的丁石孙情绪很坏，不想搞研究，只想把他的高等代数讲义出版，然后就离开北大。

"四清"运动开始后，1964 年 1 月，丁石孙被学校派到怀柔县张各庄公社搞"四清"。6 月在怀柔县城进行了集训，学习桃园经验。9 月集训结束，他被分配到朝阳区三间房当工作队长继续搞"四清"。11 月回到北大。

1965 年上半年，丁石孙与数力系和无线电系一起搬到了北大在十三陵附近新建的分校。1964 年春节，在一次座谈会上，毛泽东发表了他对教育的一些看法："现在书多得害死人，近视眼成倍增加，课程多，砍一半。"（《毛泽东在春节座谈会上对教育革命的指示和学制研究的简报》，中国科学院档案，1964–1–75）。教育部为了落实毛泽东的指示，1965 年年底，在上海组织了修订各科的教学大纲、重新编写教材的讨论。丁石孙的任务是写一本《高等代数简明教程》，内容要比原来教材少 1/3，并且要在 1966 年暑期前出版。丁石孙采用了"剪刀加糨糊"的方法，从 1953 年他和聂灵沼、王萼芳翻译的斯米尔诺夫的《高等数学教程》第三卷第一分册中挑选内容，自己再添加点儿东西，把前后的内容连接在一起。1966 年 2 月，初稿完成，由高等教育出版社出版，并且准备拿到日本的图书展会上进行展览。《高

等数学教程》出版后，由于"文革"的原因，直到1971年丁石孙通过在书店买旧书的方式才见到这本教材。1978年由王萼芳、石生明对《高等数学教程》稍作修改，改名《高等代数》于1988年出版，并获得高等学校教材一等奖。

1967年春，学校安排丁石孙到校劳动，任务就是拆洗被子和缝被子（1966年、1967年，盛行全国大串联，北大是当时运动中心之一，外地的学生串联到北大，学校需要提供被褥）。

1968年，串联停止后，丁石孙又被安排到昌平一个叫太平庄的村子种地，几天后回到学校，被关进了"黑帮大院"，就是所谓的"牛棚"。据丁石孙回忆，"牛棚"的生活包括干活、批斗、挨罚、挨打，但也有人在里面谈恋爱，搞婚外恋。

1969年第四季度，根据备战需要，丁石孙一家三口与北大两千多人一起下放到江西鲤鱼州。

鲤鱼州人员是按照部队的规矩，编成连队，桂琳琳的化学系是三连，数力系与物理系合并为四连，主要工作是种水稻，丁石孙负责在连队里种菜。鲤鱼州的伙食很差，能吃上一次肉卷就算是美味佳肴了。

1970年4月前后，桂琳琳跟三连一起去德安，与清华的一部分人修建化肥厂。为解决两地分居问题，领导安排丁石孙也去德安。正在鲤鱼州小学的丁诵青，自己留在鲤鱼州。在德安，丁石孙当上了连队司务长，可以到南昌去采买物资。

1971年庐山会议后，北大干校撤销，丁诵青跟着中学行动，桂琳琳因为怀孕回到上海。9月底，丁石孙一家三口在北京团聚。

1972年，丁石孙参加了北大数力系组成的一个应用数学小组，到棉纺厂去推广正交设计。与此时华罗庚正在全国推广的优选法不同，正交设计可以解决多因素问题。正交设计的推广让此时的华罗庚有些不开心。

20世纪70年代，电子通信发展速度相当快，密码编译和破译由概率问题转到代数领域，为此1974年总参三部希望北大给他们办培训班，讲授一些代数知识。丁石孙参加了其中的教学工作。

"批林批孔"运动结束后，丁石孙带着学生到北京化学分析机厂联系实际。学生在工厂上课，最后考试都给及格。丁石孙上午上课，下午在车床、

刨床上跟着师傅干点活儿。

粉碎"四人帮"后，恢复系主任制度后，丁石孙当了系里的副主任。

高考恢复后，1977 年北大数学系没有招生。1978 年恢复招生后，丁石孙提出系主任必须上课，他主讲高等代数课。同年，美国中学数学教师代表团来华，丁石孙负责接待工作。这是他第一次接待外国学者。

1978 年，我国恢复招收研究生制度，丁石孙和聂灵沼合招了赵春来和张良诚两位代数数论方向的研究生。丁石孙主讲交换代数这门课程。同年，身为讲师的丁石孙主持了北大数学系提拔副教授的工作。紧接着就是由周培源主持，学校学术委员会来评正教授，数学系提了两个人，一个是丁石孙，一个是钱敏，他们都是由讲师破格提为教授。丁石孙平时科研做得少，愿意排在钱敏之后。他本人也主动与周培源说过三次，放弃这次提拔。最终结果数学系只提了一个教授，就是丁石孙，钱敏被评为副教授。1980 年年底经民主选举，丁石孙成为北大数学系主任。1981 年，丁石孙被教育部评选为全国第一批博士生导师。

迈向国际舞台

1980 年，美国教育协会在伯克利召开四年一次的年会，丁石孙等五人组成代表团，代表中国参加。这是他第一次参加国际上的学术会议。在飞机上他碰到了华罗庚。华罗庚是会议特邀的，在会上作报告，讲优选法，待遇比他们要高，有专人到机场来接。1980 年，整个中国都不富裕，丁石孙又是第一次出国，所以很看重金钱。为了节约，他们五个人只要了两个房间，第二天也不敢到餐厅去吃饭，只吃一些最便宜的早餐。

会议期间中国留学生举办欢迎会，华罗庚、丁石孙等人去参加。一个来自台湾的学生站起来骂共产党，以华罗庚的身份，不便于与一个年轻学生辩论，还是丁石孙挺身而出，维护了党和国家的利益。丁石孙的谈话让华罗庚感到很满意。

1978 年以后，我国加快了向国外派遣留学生和进修人员的步伐，特别是《邓小平同志谈清华问题时关于派遣留学生问题的指示》提出："……要成千上万的派，不是只派十个八个……要千方百计加快步伐，路子要越走越宽。"1981 年，丁石孙向北大自然科学处处长提出："派年轻的出去

固然是对的，但他们回来以后掌不了权，左右不了学校的发展，应该派一批青壮年出去。"（袁向东、郭金海《有话可说——丁石孙访谈录》，湖南教育出版社）丁石孙这个建议被接受了。

1982 年，经哈佛大学教授格里菲斯介绍，丁石孙到哈佛大学数学系进修。在那里，他并没有着急做论文，而是老老实实地听课，做基础性工作。在此期间，丁石孙除了听课外，也做一些学术讲座，参加一些学术会议，同时也访问了美国的几所大学以及游览了一些美国的风景。

1983 年 11 月底，丁石孙离开哈佛大学，接到美国国家数学科学研究所（伯克利数学所）研究员陈省身的邀请到伯利克数学所进行访问，同时陈省身也希望丁石孙能到南开大学去给他做副手，丁石孙婉言谢绝了。不久后丁石孙离开美国回到中国。

北大的民选校长

1983 年 10 月，教育部、人事部、中组部在北大搞了一次由副教授、副处长以上的人参加的民意测验，事先没有提任何候选人，让大家任意填写校长、副校长人选，不记名，然后教育部又专门把票收走（袁向东、郭金海《有话可说——丁石孙访谈录》，湖南教育出版社）。1984 年 3 月，刚刚从美国回来的丁石孙被任命为北大校长，他也是北京大学历史上首任民选校长。在宣布会上，丁石孙明确表示，希望大家给他三个月学习的时间，在这三个月里，原来怎么搞还怎么搞，"不要希望我有三把火，中国的事情不是三把火解决得了的"（《精神的魅力——教育家丁石孙访谈录》，《百年潮》2006 年第 9 期，第 4—10 页）。

丁石孙主政北大后，作出了一系列的改革，其中既有丁石孙自认的得意之作，也有他反思后感觉到的败笔：

第一，对北大学生食堂的改革。丁石孙出任北大校长时北大有七八个学生食堂，当时北大规定学生食堂不能盈利，学校根据吃饭学生的人数给予食堂补贴，但一个食堂由哪些系的学生吃饭也是由学校制定的。这样做食堂能够旱涝保收，但没有积极性，饭菜质量不好，学生意见很大。有些学生给丁石孙寄来了几张饭票，让他亲自去吃一吃，甚至有些学生打电话把他骂一顿。丁石孙的改革很简单，就是引入竞争机制，饭票各食堂通用，

学生自主选择。同时也改善了食堂工作环境，降低了职工的劳动强度。前后一年多的时间，北大食堂管理走上了轨道，在北京市的高校里首屈一指。

第二，1985 年，丁石孙改组了北大学术委员会，在年龄上画了个杠杠——六十五岁以上的就不参加学术委员会。学术委员会改组后，北大提了一批年轻教授、副教授。

第三，改变了北大没有退休年龄的规定。经过学校党委讨论决定，北大教师六十五岁以后一定退休，院士也一样。

第四，尽管当时北大的经费连一个亿元人民币都达不到，但是丁石孙认为，北大的科研应该追求有独创性的、有世界影响的科研成果，坚持提出了"创办世界一流大学"的口号。

第五，1985 年，北大成立了经济管理系和管理科学中心，丁石孙本人担任主任，厉以宁、陈良焜担任副主任。

第六，1986 年，在丁石孙的授意下，北京大学结束了与潍坊华光公司的合作，成立了北大新技术开发公司，后更名为北大方正。

1985 年 10 月，日本创价大学授予丁石孙名誉博士学位。1988 年 5 月，美国内布拉斯加大学授予丁石孙名誉科学博士学位。仪式结束后，丁石孙参观了美国伊利诺伊大学、哈佛大学。在哥伦比亚大学，丁石孙见到了李政道。在参观完美国西部的另外几所大学后，丁石孙来到了加拿大，在温哥华访问了不列颠哥伦比亚大学。6 月他回到了中国。1985 年至 1989 年，丁石孙作为北大校长多次到德国（此时还有东德、西德之分）、法国、苏联、波兰等国进行学术访问。1988 年，经民盟推荐，丁石孙当选全国政协委员。

1989 年 6 月 1 日，丁石孙从夏威夷回到北京后，向教育部提出辞职。

回到数学系后，丁石孙除了在北大教授课程外，1990 年南开大学数学研究所搞数论年，他去讲了椭圆曲线这门课。1993 年，丁石孙在北大开设了一门新课，叫类域论，这是他在北大教的最后一门课。1993 年全国政协换届，丁石孙被选为常委，同年，他的工作关系也由北大转到民盟中央，开始在民盟工作。1994 年，丁石孙当选民盟中央常务副主席。1996 年当选民盟中央主席。1998 年 3 月，丁石孙当选第九届全国人大常委会副委员长，成为国家领导人。1998 年 5 月，丁石孙参加了北大百年校庆活动。1999 年 12 月 19 日，他去澳门参加了 1999 年 12 月 20 日澳门回归仪式。

2000 年，丁石孙连任中国民主同盟主席。2003 年，他任第十届全国人民代表大会常务委员会副委员长。2005 年，他辞去中国民主同盟中央主席职务。2019 年 10 月 12 日丁石孙在北京逝世，享年九十三岁。

丁石孙　北大民选校长